아타나시오스와 콘스탄티우스

아타나시우스 & 콘스탄티우스

펴낸날 ‖ 2021년 2월 21일 초판 발행

지은이 ‖ 티모시 D. 바네스

옮긴이 ‖ 주승민

펴낸이 ‖ 유영일

펴낸곳 ‖ **올리브나무** 출판등록 제2002-000042호

경기도 고양시 일산동구 정발산로 82번길 10, 705-101
전화 070-8274-1226, 010-7755-2261
팩스 031-629-6983   E메일 yoyoyi91@naver.com

ISBN 978-89-93620-97-9   93230

이 책은 저작권법에 따라 보호를 받는 저작물이므로 무단 전재와 복제를 금지합니다.
이 책의 전부 또는 일부를 사용하려면 반드시 저작권자의 서면 동의를 받아야 합니다.

값 28,000원

아타나시오스 & 콘스탄티우스

콘스탄티누스 가문의 제국 내에서 신학과 정치

티모시 D. 바네스 ● 주승민 옮김

올리브나무

역자 서문

정치와 신학의 만남 속에서
기독교의 본질을 정리해 주는 명쾌한 보고

성서를 어떻게 이해하고 실천적인 삶을 사는가는 우리의 근본적인 과제이다. 그런 점에서 오늘의 실존을 거울처럼 비춰주는 A.D. 313년 밀라노 칙령을 통한 기독교 공인 이후의 역사 현상은 우리 크리스천 삶을 돌아보는 맑은 거울과 같다. 하지만 인간의 생사여탈을 마음대로 좌지우지하던 전제 군주의 문화 풍토에서 원수까지 사랑하라는 교훈으로 역사적 대격변이 일어난 상황들을 너무 감동적으로 인류가 수용한 감이 없잖아 있다. 그래서 감동에 집중하느라 기독교의 공인된 이후를 좀 더 확대해 이해하지 못한 아쉬움이 우리들의 현실 속에 자료의 빈곤뿐 아니라 역사 이해에 적잖은 편협성을 피할 수 없었다.

여기 번역해 출간해 내는 「아타나시오스와 콘스탄티우스」는 그 빈 공간을 채워주는 중요한 자료가 될 것이다. 차원 높은 연구를 통해 20장으로 구성해 이 저서는 출간되었다. 기독교 호황기임에도 불구하고 잠들지 않은 지성으로 목양과 신학함에 집중한, 그래서 "세상에 저항하는 아타나시오스"라는 별명을 획득한 정통 신학의 수호자, 아타나시오스의 영웅적 활동을 잘 보여준다. 그리고 그의 정당성에 정치적 동기로만 일관했던 황제들의 일그러진 정치 활동을 통해 교회와 정치의 관계성에 대한 역사적 교훈을 잘 소개해 주고 있다. 그래서 우리가 가진 지식에 무지는 더욱 지적 향상을 가져오고 오해와 곡해에는 성서의 올바른 이해와 역사적 정황에 무엇이 진리이며 무엇이 거짓인지의 정확한 분별력을 얻게 해준다. 이 저서는 "역사가는 예언자," "예언은 역사적 정확성에서"라는 논법이 어떻게 성립되는지, 그 진면목을 보여줄 것이다. 상세하고도 정확하며 섬세한 연구 결과로 번역하는 데 시간 투여가 만만치 않았지만 보람된 번역 과정이었다.

2021년 2월 말로 정년퇴임을 기다리면서 역자는 익숙했던 일자리를 떠나는 이 전환기에, 더구나 유례없는 코로나 19로 인한 팬데믹의 위기 속에서, 집중력을 발휘해 기념될 만한 일을 찾게 되었다. 그러던 중 어떤 요식 절차보다 또한 내 개인의 연구 업적을 정리하는 저술 작업을 할까 하는 생각도 해 보았다. 그러던 중 이 책을 손에 쥐게 되었고, 역사신학의 교수로서 이 전환의 시기에 더 가치있는 일은 앞서 문제 제기했던 그 문제를 가장 잘 비춰주는 지혜를 제공할 역서가 괜찮겠다는 생각에 머물렀다.

티모시 바네스(T. D. Barnes) 교수의 역작, 셀 수 없이 많이 등장하는 지리적 자료, 등장인물들에 대한 저자의 명쾌한 이해, 그리고 정치와 신학의 만남 속에서 기독교의 본질을 정리해 주는 명쾌한 보고를 우리의 모국어로 여기 번역 출간하게 되었다. 지난 시간 동안 저자의 문장들을 곱씹으며 책에 등장하는 초대 교회의 지리적 상황들을 바이마르 출판사의 「Historischer Atlas der Antiken Welt」 지도책을 참고 점검했다. 기독교 공인의 주역이었던 콘스탄티누스 대제와 그의 자녀 콘스탄티누스 2세, 콘스탄티우스, 콘스탄스, 그리고 조카였던 율리아누스, 요비아누스의 시대를 거치면서 교회와 정치와의 관련성이 정리되었다. 그리고 기독교 정통신학의 수호자였던 아타나시오스의 역사적 업적들을 부족하지만 번역 정리했다. 그러한 흐름을 통해 저자는 정치가와 신학자 사이의 인물됨의 비교와 함께 기독교 신앙의 진수는 다름 아닌 불굴의 십자가 정신으로 성서신학의 핵심인 삼위일체 신학을 지키는 것이라는 역사적 다이내믹을 우리에게 저자는 전달하고 있다.

  황제들이 교회의 정당성을 어떻게 훼손했던가의 정치적 동기에 관계없이 기독교 정통의 수호자였던 아타나시오스는 주변의 굳은 동역자들과 함께 정통 신앙의 발견에만 그치지 않고 혼돈스런 정치적 격변 속에서도 진리의 빛을 한결같이 세상을 향해 비추어 주었다는 사실을 분명하게 이 저서는 밝히고 있다. 기독교 역사의 진실을 추구하는 한국의 독자들에게 중요한 지침서라 확신하면서 이 방향에 관심을 갖는 이들에게 큰 유익이 되길 희망해 본다.

주승민

아타나시오스는 분명 폭력적 당파 성향의 인물(Party-man)이며, 한 분파의 수장(Head of a Party)이었다. 따라서 그는 다른 사람들의 문제보다도 자기 자신과 자신이 당면하고 있는 사건들을 특별히 더 걱정해야 할 때에도 그러지 않았다. 이는 분파의 수장들에게서 보이는 공통된 성향이기도 하다. 그리고 나는 그의 "정직함"과 "공정함"에 대해서 말할 필요를 느끼지 않는다. 분열과 파당의 이 시대에는 그런 "증언"에도 별다른 주목을 기울이지 않기 때문이다.

W. 휘스턴

An Historical Preface to Primitive Christianity Reviv'd (런던, 1711), 98

저자 머리말

이 연구의 제일 중심되는 목적은
현대의 역사 연구 기술을 사용하여 아타나시오스에 대해 잘못 표현되고 있는 배경을 검증하기 위함이다. 지난 16세기 동안, 4세기 교회 정치와 교회사에 대한 진정한 본질을 발견하기 위해 많은 흔들림이 있어 왔다. 만일 어떤 독자들이 내가 저술했던 많은 내용들이 역사 연구보다는 범죄 수사를 하는 것처럼 더 많이 느껴진다면 그것은 도움이 될 수 없을 것이다. 거기에는 오랫동안 중요한 사실들이 숨겨져 있어서 내가 취하고 있었던 탐구들이 진지한 역사적 분석을 위한 본질적 전제 요구들을 구성하고 있다 할 것이다. 결국, 나는 아타나시오스 자신에 관해 때때로 내가 지닌 사색적 결론이 콘스탄티누스 로마 제국과 그의 제국의 후계자들 안에 있는 그 감독들의 역할에 대한 일반적 묘사를 확신시켜 주며 간단히 일관성 있음을 보여주고자 노력해 왔다.

　내가 시도한 연구는 제도적 후원과 지속적으로 학문적 환경 내에서 일하도록 하는 기회 제공 없이는 불가능했을 것이다. 1983년에서 84년까지 토론토 대학은 나에게 안식년을 제공해 주었고, 존 S. 구겐하임 재단의 회원으로, 그리고 옥스퍼드의 울프슨 대학은 방문 교수로, 콘스탄티누스 사후 교회 정치에 대한 바른 분석을 그때 내가 탐구하고 있었던 것을 저술하도록 해주었다. 자신을 위해 아타나시오스가 저술했던 자료들을 이해하고 해석하는 과제는 내가 생각했던 것보다는 훨씬 어려웠고 복잡했다. 그렇게 내 안식년은 이전에 계획했던 것을 절반도 미처 끝내지 못하고 훨씬 더 많은 문제들을 남겨두어 출구로 나아가게 하기보다는 더 힘들게 가로막는 것 같았다. 아타나시오스의 활동에 관한 나의 중요한 생각들 몇몇은 1984년 옥스퍼드에서 있었던 연속된 세미나에서 제시되었고, 몇 가지 것들은 1985년에서 1992년 토론토 대학의 대학원 과정에서 제시되었던 것이다. 그 저술의 마지막 형태는 이러한 청중들의 도움말과 도전된 질문 속에서 많이 빚을 지고 있다. 캐나다의 사회과학과 인문학 연구위원회는 작은 연구를 부여해 주어서 최종 원고를 완성하도록 촉구해 주었다. 토론토 대학은 1990년에서 1991년 연구년을 제공했을 뿐 아니라 여러 해 동안 더욱 더 아타나시오스와 콘스탄티우스 같은 사람들의 행동 양태 내면에 대한 것들의 내 통찰력을 심화시키도록 해주었다.

완성되기까지 오랜 시간이 걸렸지만 감사하게도 내가 저술을 시작한 이래 극도로 가치있는 저술들이 출판되어 만날 수 있는 행운을 누렸다. 특히 한스 크리스토 브레넥케(Hanns Christoph Brennecke)의 푸아티에의 힐라리우스(Hilary of Poitiers)에 대한 학위 논문과 그의 유사본질주의자들에 관한 교수 채용 논문(Habilitationsschrift), 로윈 윌리엄스(Rowan William)의 아리우스 신학 연구와 알베르토 캄플라니(Alberto Complani)의 아타나시오스의 「부활절 편지」 문제에 대한 우수한 설명을 곁들인 연구서, 그리고 저자의 사후에 간행된 R.P.C. 핸손(Hanson)의 4세기 신학 논쟁에 대한 방대한 연구물들이다. 더구나 최종 개편 작업 동안 글렌 톰슨(Glen Thompson) 박사는 친절하게도 나에게 자신의 출간되지 않은 3, 4세기의 교황들 간의 서신 왕래에 대한 콜롬비아 대학의 논문 복사본을 전해주었다.

나는 다양한 단계를 거쳐 오는 동안 원고를 읽어주었고 더욱 향상되도록 해준 분들에게 특히 감사를 드린다. 마우리스 와일스(Maurice Wiles)는 조심스럽게 1988년에 처음 10개 장들의 원고를 읽어 주었으며 그것을 위해 많은 도움이 되는 조언을 해주었다. 로원 윌리엄스와 퍼거스 밀라(Fergus Millar)는 1991년과 1992년 가을과 겨울 동안 소중한 시간을 내주어 몇 군데 결정적인 실수에서 구출해 주었고 최종 완벽판이 되는 데 정독을 아끼지 않았다. 반면에 하버드 대학 출판사를 위해 일하는 익명의 두 심사위원은 지적이고도 사려 깊은 보고를 해주어 내가 최종 다섯 개 장을 투고하도록 설득했다. 마지막으로 마가릿 풀톤(Margaretta Fulton)에게 감사의 빚을 지게 되었는데, 그는 도움이 되는 심사위원들이 선출되도록 여러 해 동안 인내를 가지고 기다려 주었으며, 내가 작업이 끝났다고 생각한 이후에도 변화의 필요성에 대해 확신시켜 주었다. 그 같은 도움이 없었다면 이 책은 아주 다른 방향의, 기이하기까지 한 책이 되고 말았을 것이다.

티모시 D. 바네스

아타나시오스의 연대표
활동 사항과 저술들

325	여름	니케아 공의회 참석
328	6월 8일	알렉산드리아 감독으로 임직
335	7월 11일	두로 공의회 참석하기 위해 알렉산드리아를 떠남
	11월 7일	골로 추방됨
337	6월	추방으로부터 귀향을 허락받음
	?7월	비미나키움에서 콘스탄티우스와 첫 대면
	11월 23일	알렉산드리아에 재입성
338	봄	카파도키아 가이사랴에서 콘스탄티우스 면전에 등장
339	4월 16일	로마를 향해 이집트 출발
	여름	「범세계적 편지」
?c. 340		「아리우스주의에 대항하는 강론」
342	가을	밀라노에서 콘스탄스와 첫 대면
343	여름	트리어에서 콘스탄스와 두 번째 대면
	가을	세르디카 공의회 참석
344	4월	나이수스에 체재
	?가을	아드리아노폴리스 방문
345	봄	아퀼레이아에서 콘스탄스 법정에서
	여름	콘스탄티우스에 의해 알렉산드리아 귀향이 허락됨
345	가을	트리어에서 콘스탄스와 마지막 면담
346	여름	아퀼레이아에서 로마로 여행 거기서 시리아로 감

		안디옥에서 콘스탄티우스와 세 번째 면담
	10월 21일	알렉산드리아에 재입성
349		「아리우스주의에 대한 반박」
352		「니케아 공의회에 관하여」
353		「콘스탄티우스 면전에서 변증」
356	2월	그의 교회로부터 추방되고 알렉산드리아를 떠남
356	봄	「이집트와 리비아 지역 교회 감독들에게 편지」
356-362		알렉산드리아와 이집트 어느 지역에서 은둔
357		「그의 도주에 대한 변증」
		「아리우스주의의 역사」
359	가을	「아르미늄과 셀레우키아 공의회에 관하여」
362	2월 21일	알렉산드리아에 돌아옴
	10월	이집트 상류 지역으로 도피
363	가을	요비아누스와 안디옥에서 면담
364	2월 14일	알렉산드리아로 돌아옴
365	10월 5일	알렉산드리아에서 은퇴
366	2월	공식적으로 알렉산드리아의 감독으로 복귀됨
373	5월 2일	사망

차례

- 역자 서문
- 저자 머리말
- 아타나시오스의 연대표 —활동 사항과 저술들

Ⅰ. 서론 · 17
Ⅱ. 알렉산더 감독 · 34
Ⅲ. 아타나시오스와 콘스탄티누스: 역사와 변증 · 50
Ⅳ. 카파도키아 여행 · 77
Ⅴ. 로마에서의 아타나시오스 · 101
Ⅵ. 율리우스와 마르켈루스 · 117
Ⅶ. 콘스탄스의 개입 · 129
Ⅷ. 세르디카 공의회 · 144
Ⅸ. 아타나시오스와 아드리아노폴리스의 순교자들 · 163
Ⅹ. 알렉산드리아로 귀향 · 172
Ⅺ. 349년의 징계와 그 상황 · 184
Ⅻ. 마그넨티우스의 장악 · 196
ⅩⅢ. 시르미움, 아를레스, 그리고 밀라노 · 210
ⅩⅣ. 변증, 논쟁, 그리고 신학 · 232
ⅩⅤ. 새로운 신학적 논쟁들 · 260
ⅩⅥ. 유사본질 신조 · 275

XVII. 장로로서의 국가관료 · 289
XVIII. 황제와 교회, 324-361년 · 313
XIX. 감독과 사회 · 332
XX. 에필로그 · 339

부록 1. 부활절 편지들 · 343
부록 2. 아리우스주의에 대한 반박 저술 · 360
부록 3. 콘스탄티우스 면전에서 변증 · 367
부록 4. 니카이야 공의회의 날짜 · 371
부록 5. 소크라테스에게 있는 이야기와 연대순 · 375
부록 6. 소크라테스, 소조메누스, 사비누스 · 382
부록 7. 테오도레투스 안에 있는 자료들 · 390
부록 8. 콘스탄티노플의 바울 · 394
부록 9. 황제의 체재와 여행(337-361) · 407
부록 10. 신조와 공의회들(337-361) · 421
부록 11. 두서없는 역사 편집 · 429

Notes · 431

• 역자 후기 · 568

I
서론

　아타나시오스는 인상 깊은 역사 인물로 자리매김되고 있다. 그는 황제들, 사상가들, 그리고 금욕주의자들이 실제보다 더 부각되는 시대에 살았지만, 홀로 '세상에 저항하는 아타나시오스'로서 서 있었을 때조차도 로마 황제들의 위협에 두려움 없이 용기 있게 맞설 수 있었던 영웅의 이미지를 가지고 있다. 그렇지만 무엇이 정확하게 아타나시오스의 위대성에 관한 본질인가? 328년에서 373년까지 알렉산드리아의 감독, 다시 말해 새로운 기독교 로마 제국에서 이집트의 대도시 교회 감독이라는 정치적 지위가 그에게 덕이 될 수 있었을지라도, 그를 기독교의 덕목인 온유함과 겸손에 있어서 전혀 모자라지 않는 인상적인 인물로 평가하는 것은 불가능한 일이다.
　현대 세계에서 가장 인상 깊고 가장 칭찬할 만한 아타나시오스의 초상화가 그리스도교에 치명타를 가하는 한 사람의 글로부터 등장한다는 것은 모순이라고 할 수 없을 것이다. 에드워드 기번(Edward Gibbon)은 그를 '거대한 군주 국가에서 콘스탄티누스 대제의 타락한 아들들보다 자질과 능력이 월등히 나았다.'라고 묘사한다. 그리스도교와 종교적 열광주의를 향한 기번(Gibbon)의 적대감은 그로 하여금 동시대의 세련되고 도시적인 사람들과는 전혀 다른 인물로 아타나시오스를 주목하게 하였다. 아타나시오스는 무엇보다도 '한 가지 목적을 한마음으로 융통성 없이 추구하는' 의지와 결단력을 가졌고, 이런 의지와 결단력은 실패를 모르는 정치적 본능, 언제 황제에게 저항해야 하고 언제 더 나은 유익을 위해 포기해야 하는지를 분간하는 데 있어서 실패를 모르는 판단력과 결합되어 나타나곤 하였다.[1]

불행히도, 기번의 아타나시오스에 대한 묘사는, 생동감이 넘침에도 불구하고, 크게 잘못 오도된 것이다. 일단, 기번은 자신의 비평적 방어막을 내려놓고 인간 행동의 동기들에 관한 그의 일반적 회의주의를 내려놓았다. 그는 독자들에게 '틸몬트와 베네딕트회의 편집자들이 열심히 아타나시오스의 업적에 관련된 모든 사실들을 수집했고, 제기된 모든 어려움들을 검토했다.'고 한다. 그리고 '우리는 아타나시오스 자신의 편지들과 변증서들에 관한 풍부한 펀드로부터 우리의 가장 권위있는 자료들을 끌어오는 유익을 누려야 하고 또 그 유익들을 증진시켜야 한다.'고 한다. 그것은 두 가지 차원에서 실수를 범하고 있다. 틸몬트와 베네딕트 편집자인 몽포꽁(Montfaucon)은 스키피오네 마페이(Scipione Maffei)가 1738년에 세상에 내놓은 아타나시오스의 후기 경력에 관한 옛 자료를 모르는 상태에서 했던 것이다.[2] 기번(Gibbon)은 훗날 율리아누스와 요비아누스의 통치에 이르렀을 때 그것에 대해 언급은 했지만, 아타나시오스와 그의 경력에 대한 자신의 중요한 설명에 이 새롭게 등장했던 증거들을 도외시했던 것이다. 게다가 기번은 아타나시오스 자신의 저서들을 결코 소유한 적이 없어서, 피할 수 없이 아타나시오스의 경력에 대한 기본 지식에 중요한 자료들이 틸몬트의 것이라는 사실에 의구심을 가질 수밖에 없었다. 더욱 진지하게 자기 자신을 위한 아타나시오스의 탄원 내용들이 '권위있는 자료들'로 취급될 수 있는지의 여부를 기번은 질문해 보는 과제를 회피해 버렸다. 그는 아타나시오스를, 정직하지 못하며 하찮은 정신의 소유자들인 적들의 잘못된 비난과 무지한 조작에 의해 계속 공격당하는 천재성을 지닌, 높은 지성과 세심한 지도자로 예의와 정직을 지닌 사람으로 제시하고 있다. 그리고 기번은, 아타나시오스는 '결코 친구들의 신뢰와 혹은 그의 적들의 좋은 평가를 상실한 적이 없다.'고 주장하고 있다. 그중 후반부의 주장은 확실히 오류이다. 343년 세르디카(Serdica) (1598년 초에 출현된) 공의회의 동방 감독들이 남긴 서간들은 손해를 끼치며 통렬히 비난하는 언어로 아타나시오스를 꾸짖으며 자신을 반대하는 사람들에 대항해서 폭력적이며 협박하는 투의 언어를 사용해 몇 가지 특정할 수 있는 고소를 하고 있다.

　균형 잡힌 역사가는 아타나시오스에게 전적인 확신을 가질 수도 없고, 그의 대적들의 증언을 적당한 고려 없이 무시할 수도 없다. 이 연구는 다음의 전제로부터 시작되고 있다. 아타나시오스가 계속해서 그의 교회에서의 업적에 관한 중심 사실들을 잘못 표현하고 있다는 것, 특히 337년 부친의 사망 이후 로마 제국을 통치했던 콘스탄티누스 황제와 그 세 아들과의 관계에 대해, 그리고 콘스탄티누스 황제가 337년부터 361년까지 통치했던 제국의 절반인 동부에서 그리스도교회 내에서의 그 자신의 입장에 대해서도 잘못 표현하고 있다는 점이다. 그러므로 어떤 레벨에서 이 연구는 공통적으로 아타나시오스에 관심을 덜 갖고 있는 현대 인물에 관한 두 권의 책, 즉 사이먼스(A. J. A Symons)의 에드먼드 백하우스[3] 경(Sir Edmund Backhouse)에 관한 다채로운 업적에 관해서 연구한 프레데릭 롤페(Frederick Rolfe)와 휴 트레버-로퍼(Hugh Trevor-Roper)의 발견에 속한 생애 연구와 일종의 논리적 유사성을 지니고 있다. 롤프(Rolfe), 즉 '북경의 은둔자'의 입장에서 보면 아타나시오스는 속이는 자나 위조에 속한 인물도 아니다. 원래 자료로부터 아타나시오스에 반하는 유사성을 지닌 역사적 혹은 생애의 펼쳐진 내용도 놀라운 일이 아니다. 아타나시오스에 관해 훨씬 더 고상한 동기나 지속적인 성공을 품고 아타나시오스는 자신의 사건의 내용과 동시대인들이나 후손들에게 개인에 관해 자신의 변호를 더하고 있다.

아타나시오스의 업적을 비평적으로 접근한 최초의 학자는 에드워드 슈바르츠(Edward Schwarz)이다. 그는 「아타나시오스의 역사」라는 7권의 책으로 구성된 자료를 1904년에서 1911년 사이에 출판했다. 거기서 그는 아타나시오스와 다른 옛 저술가들에 의해 인용된 원 자료들로부터 혹은 중세기 수집물에 보관된 자료들로부터 제일차적으로 멜레티우스 논쟁, 그리고 아리우스주의 논쟁에 관한 역사를 재구성하려고 시도했다.[4] 그 연구 결과물들은 여전히 아타나시오스의 업적에 대한 우리의 증거로 제시되는 일체의 본질을 이해하기 원하는 사람들에게 필수불가결한 것으로 남아 있다. 그러나 여기 어디선가 슈바르츠는 주장하기보다는 선언하는 것이었다. 즉 그의 확증은 너무 자주 임시 변통적이고 단호한 명령식이라 그의 학자적 면모는 늘 소멸될 수 있는 것이었다.[5] 슈바르츠는 아타나시오스를 인간으로서 저술가로서 이해하려는 사실상의 노력을 하지 않았다. 사실 슈바르츠는 그를 자신의 입장보다는 더 고상한 어떤 것도 고려치 않는 권력에 굶주린 정치가로 그를 비난했고, '사실을 기술할 수 있는 철저한 극단에 선 한 정치가'요 '선전의 능력을 알고 있는 좋은 정치가인 교회의 군림가'로 진리에 대해선 조금도 고려하지 않는 사악한 팸플릿 제작자로 간단히 처리해 버렸다.[6]

자주 아타나시오스는 진리를 외면하거나 무시했을지 모른다. 그러나 그는 슈바르츠가 알고 있었던 것보다 더 교활하고 기술적인 거짓말쟁이일 수도 있다. 이율배반적으로 슈바르츠는 아타나시오스의 광범위하게 성공적이었던 사실의 왜곡—어떻게 황제들이 교회공의회의 결정 사항들을 취급했는지에 대해 잘못 표현한 것7) 등에 기반하여 4세기에 대해 자신의 많은 주관적 해석을 세워놓고 있다. 이 점에서 슈바르츠 연구의 지속적인 가치는 덜 역사적 재건에 놓여 있고, 그의 제안은 그가 결정한 일에 최선의 증거를 찾으려고 하면서 그것을 비평적으로 편집해 4세기 교회 정치의 감정에 치우치지 않는 객관적 설명에 대한 기초를 삼으려는 것이었다.

슈바르츠의 예는 한스-게오르크 오피츠(Hans-Georg Opitz)가 1930년대에 시작해서 1941년 그의 사망 시까지 남겨두었던 미완성의 아타나시오스의 작품에 대한 비판적 편집에 영감을 주었다.8) 유감스럽게도 아타나시오스의 역사적 연구는 최근까지도 슈바르츠를 뛰어넘지 못하고 있고, 그의 도그마적인 이전의 주장들은 자주 그것들이 마치 완전한 결론을 증거하는 것처럼 반복되어 오고 있다. 특히 뜨겁게 콘스탄티누스가 '아리우스파' 황제라고 길들여진, 그럼으로써 너무 자주 슈바르츠기 선언적으로 실수했다고 함으로써 관계된 사건의 관련 설명들을 세우기도, 적절히 역사적 판단을 하게 되는 실제적 기초를 적절히 연구하기도 불가능하다고 본 그 일도 비판 없이 한 권의 책은 받아들였다.9) 슈바르츠의 명석함은 적당한 신뢰를 받고 있던 다른 현대 작업을 사라지게 하고 있다. 즉 가장 유명한 아치볼드 로버트슨(Archibald Roberson)의 조심스럽고 상세한 아타나시오스의 정치적 저술에 대한 서문들,10) 노만 베인즈(Norman Baynes)11)의 약간 특징적으로 볼 수 있는 정확한 관찰, 그리고 아타나시오스의 제 1차 추방에 속한

폴 피터스(Paul Peeters)의 완벽한 설명 등이다.12)

아타나시오스의 업적에 대한 재건을 담은 이 연구는 필수불가결하게 슈바르츠의 7권의 책 (혹은 적어도 그의 수집된 학자적인 저술들이 완전히 재 프린트된 5권의 저서)13)에 가장 많이 빚을 지고 있음을 피할 수 없다. 그러나 그 작업은 아타나시오스와 그 동시대에 관해 저술해 오고 있는 이전 학자들에 의한 가치 있고 확실한 결과가 무엇이건 세워보려고 할 것이다.14) 그러나 콘스탄티누스에 대한 특별한 해석으로부터 진행되고 있기에 어떤 독자들은 논쟁점을 발견하게 되는 어떤 내용을 찾을 수도 있을 것이다.15) 특별한 정당성 안에서 여기에 제공되는 아타나시오스의 업적에 대한 재건은, 이 논쟁의 주제를 약하게 하기보다는 오히려 확고하게 할 것이라고 장담할 수 있다.

아타나시오스의 업적을 재건하는 기본적인 연대기 구조 형성은 그의 사망 후 오래지 않아 알렉산드리아에서 원래 형성된 두 자료에 의해서와 최근 마르틴(A. Martin)과 앨버트(M. Albert)에 의해 단행본으로 함께 편집된 자료에 의해 제공되고 있다. 그들은 스키피오네 마페이(Scipion Maffei)가 1738년 *Historia acephala ad Atnanasium potissimum ac res Alexandrinas pertinens*, 그리고 *Festal Index*로 출간했던 때에 처음으로 사용한 것에서 파생한 제목, 이른바 「두서없는 역사 편집」(Historia acephala)이라 명명하였다.16) 두 자료들은 알렉산드리아 교구의 총감독 기록물로부터 획득된 자료에서 통합하거나 추출한 것이며, 두 자료는 번역에서만 그리고 유일한 사본에서만 존재하고 그 자료에는 오류가 없으며 각각 자체적으로 구분된 문제만 제시하고 있다.

「두서없는 역사 편집」(Historia acephala)은 테오도시우스(Theodosius)로 불린 사제에 의해 합본된 문서 형태로 분명히 현존하고 있고, 지금은 베로나 대성당 도서관에 700년경의 라틴어 사본으로 보전되어 있다(베로나 도서 LX[58], fols.37-126, (in fols.105-112).[17] 몇몇 학자들의 연구 특히 터너(C. H. Turner), 슈바르츠 자신, 텔퍼(W. Telfer) 그리고 마르틴(A. Martin)은 「두서없는 역사 편집」이 현재의 모습으로 형성된 것은 아마도 아타나시오스의 생애 동안에 세 번의 중요한 변경을 거쳐 완성된 자료임을 나타내주고 있다.[18] 자료가 만들어져 현존하고 있는 중요한 네 번의 관계는 다음과 같이 조직화될 수 있다.

(1) 368년에 감독으로 아타나시오스가 감독으로 선택된 지 40년째 되는 해의 경우, 알렉산드리아에서 그리스어로 작성된 한 기록물은 아타나시오스 업적의 변동 사항에 집중해 멜레티우스파 분열 초기 이래로 알렉산드리아 교구의 역사를 요약해 놓았다.
(2) 아타나시오스가 368년 6월 8일 감독으로 책임 맡은 날부터 40년째 되는 해부터 373년 아타나시오스가 사망할 때까지 매년 누군가가 기록을 첨가(372년까지) 했다(5.10).
(3) 아타나시오스의 죽음 후 즉시, 아마도 385년과 412년 사이에, 이 기록은 콘스탄티노플 교회(1.4-7; 4.5-16)와 안디옥 교회(2.7)를 취급하는 페이지의 삽입과 연대기적 후기(5.14)를 추가하여 확장되었다.
(4) 420년경 베로나 사본에 간직된 다른 자료들과 결합하여 현존하는 텍스트가 축약되었고, 알렉산드리아에서 카르타고(Cartrage)로 보내져서 거기에서 라틴어로 번역되었다.

「두서없는 역사 편집」(Historia acephala)에 관한 몇 비평적 편집들이 출판되었다. 그중 가장 최신의 것은 긴 서문, 프랑스어 역본, 그리고 많은 분량의 주석을 간직한 마르틴(A. Martin)의 것이다.19) 마르틴의 서문과 주석은 이 책에서 충분히 논의되지 않은 「두서없는 역사 편집」(Historia acephala) 내에서의 역사적 문제에 관해 참조해야만 할 것이다. 그러나 거기에는 지버스(G. R. Sievers)가 사반세기 전 자신이 사망후 곧바로 여러 페이지로 출간한 충분한 가치있는 조직적 분석이 담겨있다.20)

「부활절 목록」(Festal Index)은 아타나시오스가 사망한 직후21) 알렉산드리아에서 수집본 혹은 뭉치로 된 편지들을 329년에서 373년 사이 매 부활절마다 썼던 글들을 아마도 동일한 인물이 배열하고, 순서를 정하며, 편집하고 출판한 부활절 편지들(Festal Letters)의 합본에 서문으로 쓰기 위해 작성되었다. 이 편집자는 그 자료를 다음과 같이 설명했다.

> 매년 달마다, 날마다, 그리고 어떤 주목할 만한 것들마다 알렉산드리아 왕의 아들과 지방 총독들과 모든 월령들, 그리고 '신들'에 속한 것으로 불려지는 날들에 대한 목록, 또한 편지가 보내지지 않은 이유, 그리고 포로로부터 돌아온 후 목록들로 구성되어 있다.22)

그러나 그는 역시 관련된 부활절 앞선 해의 기간 동안 아타나시오스의 활동에 관해서 많이 유입된 아타나시오스의 활동 정신들을 연대기적 자료에 첨가했다.23) 「부활절 목록」은 두 번째의 것으로 6세기 혹은 7세기에 만들어진 시리아 역본 사본의 서문으로만 존재하는데, 부활절 편지(Festal Letters)의 비알렉산드리아 문헌집이고, 이 번역본은 아마도 10세기에 해당하는 단행물의 사본 그 자체로만 현존하고 있다(영국

도서관 Add. ms. 1456p).24) 다행히 부활절 목록(Festal Index)의 가치는 주로 부활절 편지들(Festal Letters) 자체가 지닌 복잡한 연대기적 문제에는 주로 독립되어 있다.25)

「두서없는 역사 편집」(Historia acephala)과 「부활절 목록」(Festal Index)에서 무관하면 아타나시오스의 업적에 관한 조직적이고 신뢰할 만한 고대의 설명이 존재하지 않는다. 이를테면 모두가 다 부분적이며 불만족스런 자료들로부터 재구성되었음에 틀림없다는 것이다. 원본이 존재한다는 현 시대의 자료들이 문제점이 적다는 말이다. 가장 중요하게 직접적으로 관련있는 것들은 알렉산드리아의 아타나시오스의 적들이 334년 가이사랴에서 있을 다가오는 교회 공의회에 관해 언급하는 것(결코 모인 적이 없는)과 두로 회의 직전 335년에 이집트 메트로폴리스에서 발생했던 사건들을 기술하고 있는 두 편의 편지들이다.26) 더 평가하기 어려운 것은 현 시대 혹은 그 이후의 저술가들에게 인용되거나 수집본에 보전된 자료들이다. (이를테면 「두서없는 역사 편집」(Historia acephala)이 간직된 사본에 있는 아타나시오스의 두 편지들이다.) 19세기 후반이나 20세기 초에 이 많은 자료들에 대해 그 진본 여부에 관한 생동감 있고 때론 통렬할 정도로 논쟁이 있어 왔다. 그 논쟁은 거의 지난 10년 동안에 더 기리앉았다고 볼 수 있다. 이 전에서 이 연구는 수집된 사본에 보전된 모든 관련된 자료들이나 4, 5세기에 저자들에 의해 인용된 내용들에 속한 기본적 권위를 수용하고 있다. 또한 기록이나 언급된 것들이 어떤 관련을 맺고 있는지, 정확한 표현인지의 내용을 후에 답하고 있다. 그리고 사실에 속한 이유가 어떤 경우에 속하는지의 본질적 토론을 확증한 상태이다.

자료에 대한 어떤 계층구조의 다음 위치는 중요하게 아타나시오스나 동시대의 편중된 저술들, 4세기 중간 10년으로부터 비자료화된 증거가 당연히 자리잡혀야만 한다. 아타나시오스는 원인이 되는 저작자이다. 그리고 이 연구는 그의 교리서, 설교, 금욕집, 그리고 주석 작품 등을 정당화하려는 시도는 없다. 관심의 중심은 아타나시오스의 '역사적 저술들'이라 불리어지는 작품들에 있다는 것이다. 그리고 그것들은 정치적 팸플릿에 밀접히 관계된 유사성을 함께 보이는 작품들일 것이다.27) 이것들은 아타나시오스 사후에 수립되었다.28) 사본에 부여된 제목들은 그 손으로 쓴 것이 아니다. 그리고 저술된 날짜에 관한 어떤 경우에서는 논쟁이 있을 수 있다. 다음 목록은 그 수집된 라틴어 제목들과 저술된 지정 날짜와 함께 아타나시오스가 콘스탄티누스(Constantius) 통치 동안 저술했던 가장 중요한 논쟁적 소책자와 논물들 각자에 대해 부여된 영어 제목에 대해 말해주고 있다.

(1) 339년 3월 26일 직후에 쓰여진 「총대주교의 편지」(Encyclical Letter: Epistula encyclica or Epistula ad Episcopos)29)

(2) 「아리우스주의에 대한 반론」(Defense against the Arians; Apologia contra Arianos or Apologia secunda), 아마 이 저술들은 349년에 빛을 보았던 아타나시오스 생애 동안에는 출판되거나 회람된 적은 없을지라도 후에 다시 존립했음.30)

(3) 「니카이야 공의회에 관하여」(On the council of Nicaea; Epistula de decretis Nicaenae Synodi or De decretis Nicaenae Synodi or, 더 간단히 De Decretis), 로마 감독 리베리오의 편지에 답하여 352년에 쓰여졌으며 그에게 개인적으로도 글을 남겼다.31)

(4) 「콘스탄티누스 황제 앞에서의 변호」(Defense before Constantius; Apologia ad Constantium), 아마 두 단계로 저술된 것으로 353년, 357년으로 짐작된다.32)

(5) 「이집트와 리비아의 감독들에게 쓴 편지」(Letters to the Bishops of Egypt and Lybia; Epistula ad episcopos Aegypti et Libyae), 356년 봄에 기록됨.[33]

(6) 「그의 도피에 대한 변호」(Defense of His Flight; Apologia de fuga sua 혹 De fuga), 357년에 저술됨.[34]

(7) 「아리우스주의의 역사」(History of Arians; Historia Arianorum), 아마도 357년에 저술됨.[35]

(8) 「아리미눔과 셀루시아 공의회에 관하여」(On the Councils of Ariminum and Seleucia; Epistula de Synodis Arimini et Seleuciae or De Synodis), 훗날 첨가 자료를 넣어서 359년 늦은 말에 저술됨.[36]

아타나시오스 동시대인들 중에 그의 업적을 재구성하는 데 가장 중요한 저술가들은 사르디니아에 있는 카랄리스 감독 루시퍼(Lucifer)와 골 지방 푸아티에의 감독 힐라리우스이다. 불행히도 루시퍼의 폭력적이며 적은 양의 기록인 논물들이 자주 고도의 의미를 지니고 있을지라도[37] 실망스럽게도 사실상 역사적 가치로 보면 다른 자료에서는 알려지지 않고 있고 소량의 것뿐이다. 반면에 힐라리우스는 중요하고도 독립적 인물이며 350년 후반 신학적 만화경에서 그의 위치는 브레네케(H. C. Brennecke)에 의해 탁월한 단행본(궁극적으로는 실수하지 않았을지라도)으로 탐구되고 있다.[38] 신기두눔의 우르사시우스(Ursacius) 감독들에 대항해 방향지어진 힐라리우스의 역사-변증적 작품에 속한 단편들은, 다른 경우 완전히 잊혀질 수도 있었던 많은 필수적인 것들을 간직하고 있는데, 무엇보다도 343년 세르디카 공의회(Council of Serdica)에 참석했던 동방 교부들의 장문의 그리고 구체적 상황들을 알리는 편지들이었다.39) 그러나 380년 콘스탄티노플에서 행한 나지안 조스의 그레고리우스의 칭송은 아타나시오스 업적에 관해 유감스럽게도 적은 양에 불과했다.40)

    5세기의 표준적인 교회 역사는 콘스탄티누스와 그의 자녀들의 통치 하에 그리스도교회의 모습을 제시하고 있는데, 그것은 아타나시오스 자신에 관해 많은 양을 간직하고 있기도 할 뿐 아니라, 테오도시우스 황제 통치 때 저술된 주로 정확하지 않은 설명과 편중된 입장의 기록이다. 402/403년에 아퀼레이아의 루피누스는 11권의 책으로 된 라틴어판 「교회사」(Ecclesiastical History)를 출간했다. 처음 아홉 권의 책은 325년 가이사랴의 에우세비우스가 초간한 「교회사」(Ecclesiastical History)의 번역본이라고 고백하고 있다. 그리고 마지막 두 권은 루피누스(Lufinus)가 '부분적으로는 전 시대의 전승으로 갈리는 부분은 우리 자신의 기억이 생각나는 것'41)으로부터라고 하여 생략과 첨가를 반복하면서 기록되었다. 지금 살펴보면 4세기 루피누스가 설명하고 있는 바는 그가 수용하고 있는 것보다 더 많은 양의 번역에 의존하고 있고 적어도 쥴리아 통치에 관련한 그것은 밀접하게 가이사랴의 젤라시오가 테오도시우스 때에 저술한 분실된 「교회사」(Eclessiastical History)를 따르고 있다.42) 루피누스 의 원래 의도는 (짐작해서) 콘스탄티누스와 그 계승자들 하에 있었던 기독교회의 기본적 사건 기록을 구성하려는 데 있었던 것은 아니었다. 그러나 아직 젤라시오에 의해서 형성된 위에 첨가된 자료 이를테면 이베리아 왕국의 복음화 그리고 악숨(Axum)의 복음화43)에 대한 첨가된 자료를 봉합하려는 데 있었다. 그러나 후기 작품에 다시 등장하는 아리우스파 이단의 기본적 그림과 그것에 대항하는 아타나시오스의 투쟁을 만들어냈던 것이 젤라시오인지 루피누스 인지는 문제가 안된다. 명백히 중요 사항은 후대 교회 역사가들이 루피누스와 공유한 이야기 구성이 결점 투성이라는 것이다.44) 콘스탄티누스 대제로부터 유래한 한 파격적인 예로서 얼마나 치명적인 잘못으로 이야기 구성이 빗나갈 수 있는지의 것인데, 그것은 루피누스도 그의 추종자들도 인식할 수 없었던 것이다. 그런데 그 내용은 325년 니카이야에서 자신의 정죄 이후 아리우스는 몇 년 후 그러니까 327/8년 그리고 다시 335/6년 이 회에 걸쳐 정통적 신앙고백을 발표했다는 것이다.45)

스콜라 학파인 소크라테스는 에우세비우스를 뒤이어 306년에서 439년에 이르기까지의 교회사를 기록했다. 그는 그 책을 439년 혹은 그 이듬해에 출간했다. 처음 두 권의 교회사 책 두 번의 편집이었다. 처음 편집본에서 소크라테스는 고백하길 그는 루피누스를 맹목적으로 따랐다고 한다. 그래서 그는 사실과 연대기에 대해 거대한 실수를 했노라고 고백했다. 그가 아타나시오스의 책과 370년에 헤라클레아(Heraclea)의 감독 사비누스(Sabinus)가 편집한 수집본을 자유롭게 인용하며 저술했는데, 그것들을 통해 두 번째 편집을 작성했다.46) 소크라테스가 협의했던 에우세비우스와 아타나시오스의 작품들이 현존하기에 그가 인용한 많은 부분의 가치는 전적으로 자료에 의존적이다. 그러나 젊은 시절에 그가 콘스탄디노플에 살고 있었고, 거기서 노바시아노파 성직자였던 악사논(Auxanon)과 대화를 했으며 거기에서 콘스탄티누스 대제 시대에 속한 정보의 단편들을 기억해낼 수 있었다. 이를테면 니카이야 공의회에47) 노바시아노파 감독 아체시우스(Acesius)에게 무엇을 물었는지를 말할 수 있었다. 이렇게 소크라테스는 330년에서 340년 사이 곤란한 교회사의 시기에 중요한 사건들의 이야기들에 상황적 설명을 제공하고 있다. 그중에 그는 아타나시오스의 동료 감독 바울(Paul)의 소용돌이치는 업적을 상세히 기술할 수 있었다.48) 게다가 소크라테스는 분실된 자료를 자주 복원해 정밀하고 일반적으로 제국 사건에 관해 정확한 자료를 제공했다.49) 그리고 어느 곳에도 존재하지 않는 자료 이를테면 율리아누스 황제가 알렉산드리아 도시에 쓴 편지 같은 자료들을 인용하고 있다.50)

북시리아의 키루스의 감독(bishop of Cyrrhus) 테오도레투스는 몇 년 후 그의 「교회사」(Eccelsiastical history)를 진술했다. 449년에 완성한 것으로 보일지라도 면밀하게 늦은 420년경에 그의 이야기를 끝나도록 했다. 그렇게 함으로써 그는 당시 현존했던 감독들이나 신학자들에 관해 저술해야만 하는 어떤 의무를 피했다. 4세기에 테오도레투스의 역사서의 중요한 가치는 이중적이다. 그 저서는 충분한 인용을 제공하고 어느 곳에도 간직되지 않은 중요한 자료들을 간직하고 있을 뿐 아니라 시리아인으로 시리아어를 말하는 지도자로 테오도레투스(Theodoretus)는 시리아 전통과 지역에 속한 지식을 이용해 그의 전시대의 인물들 보다 안디옥 교회에 관한 사건을 더 완전하게 설명을 했다.51)

소크라테스와 같은 스콜라학파인 소조메노스는 콘스탄티노플에 정착하기 전에 아마도 광범위하게 여행을 했던 팔레스타인 출신이었을 것이다. 그의 자신의 교회사 서문에 이렇게 기록했다. 정확히 소크라테스가 마감했던 그 지점, 324년부터 439년까지 교회사 기록을 약속하는 젊은 테오도시우스 황제에게 헌사를 기록하고 있다. 소조메노스의 역사서는 끝나지 않았다. 450년 처음 전반에 저술되었던 것으로 나타난 아홉 번째 마지막 책은 스타일의 세련미가 모자랐고 불완전한 흔적이 분명하다(그것은 425년에 점차적으로 끝나는 기록이 되고 있다). 대조적으로 여덟 번째 책은 아주 세련되게 마무리되고 있다. 소조메노스는 소크라테스를 완벽히 사용하고 있지만, 소크라테스의 단순한 사실적

산문을 전통 역사기록물의 스타일에 근접한 웅장한 수사적 설명으로 탈바꿈했다. 그리고 많은 다른 자료, 특히나 법적인 본질에 속한 내용들에 관해서는 소크라테스를 보완하고 있다.52) 결과적으로 소조메노스는 그 실제적 본문이 보존되는 데 실패했으며 중요한 자료에 속한 내용들이 종종 기록이 되지 않고 있다. 이것들 중에는 335년 아타나시오스를 정죄하고 파면한 두로 공의회의(Tyre)의 형식적 변호를 포함하고 있고, 콘스탄스의 죽음 바로 직전에 다시 아타나시오스를 파면했던 안디옥에서 열린 공회의의 편지였다.53)

필로스토르기우스(Philostrogius)의 「교회사」(Ecclesiastical History)는 425년의 사건으로 마감하는데 루피누스, 소크라테스, 테오도레투스, 그리고 소조메노스와 독립적인 입장에 서 있다. 필로스토르기우스에 관해서는 아리우스의 좋은 명성과 정통성을 방어했던 유노미안에게 속했다.54) 필로스토르기우스 작품의 원 자료는 훼손되었다. 그러나 간단한 요약본과 9세기 포티오스의 저술로부터 더 완전한 발췌본은 다양한 비잔틴 텍스트에 있는 광범위한 단편들과 구문들의 정체성을 드러내주고 있다.55) 특히 「아르테미의 수난」(Passio Artemii)은 오랫동안 로도스의 어떤 요한의 작품으로 돌려지고 있었는데, 그러나 다마스쿠스 요한(John of Damascus)의 작품이라고 판정되고 있어서 그의 작품들 속에 편집되고 있다.56)

필로스토르기우스의 잊혀진 자료 중 하나는 매우 중요한 것 중에 속한다. 바티폴(P. Batiffol)에 의해 지정된 바 있는 4세기 중반 소위 아리우스주의의 역사 기록가에 의한 것이다.57) 그 단편들이 제롬 그리고 시리아인 미카엘(Michael) 같은 다양한 저자들로부터 발췌가 가능한데 요셉 비데즈(Joshep Bidez)가 분리된 부록으로 인쇄했다.58) 이 분실된 역사가의 자료를 정확한 빈티지 활자체로 아주 근접하게 정리할 수 있다. 그왓킨(H. M. Gwatkin)은 오래전 그가 유사본질(호모이안)주의에 속한 자라고 인정했고 테오도레투스와 「부활절 연대기」(paschal Chronicle)는 브레네케(H. C. Brenecke)가 최근 그왓킨의 관찰이 360년 후반으로 그를 연대를 매김하는 강한 입장을 세우고 있다. 한편 그를 에우세비우스의 「교회사」(Eccelsiastical History)의 정보를 처음 계승하는 자로 간주하는 주장을 세운 반면에 말이다.59)

그런 내용들이 아타나시오스의 업적을 재건하는 데 중요한 자료들이다. 그러나 이것들 외에도 (이미 거명된 이들 외에도) 다른 많은 저술가들이 의존할 만한 다른 정보들을 지니고 있다. 이 모든 관계된 증거들이 그 날짜가 무엇이든 그 유익한 결과를 위해 접근될 필요가 있다. 353년에서 378년 암미아누스 마르켈리누스(Ammianus Marcellinus)에 의한 로마 제국사의 정리와 군사 이야기는 아타나시오스를 후원하다가 체포된 리베리오(Liberius) 로마 감독 그리고 361년 알렉산드리아에 있던 그의 라이벌 게오르기우스의 죽음에 대한 알림을 지니고 있다.60) 400년 중 술피키우스 세베루스(Sulpicius Severus)는 아타나시오스와 푸아티에의 힐라리우스(Hillary)를 위해 세계사의 간단한 연대표에서 공간을 만들었다. 그것은 359년 아리미눔(Ariminum) 공의회의 기본적 이야기와 이전 10년 어간의 교회사에 관한 많은 가치있는 상세한 기록들을 제공해주고 있다.61)

불행히도 성자 아타나시오스의 기록물은 사실상 그의 업적을 위한 역사적 증거로는 무가치하다.62) 반면에 두 군데 9세기 자료들은 믿을 수 있도록 간주되는 340년에 관한 언급들을 분명히 하고 있다. 비록 초기의 확장된 본문에는 발견되고 있지는 않을지라도 말이다. 주로 소피스트인 아스테리우스(Asterius)는 341년 안디옥 '봉헌을 위한 공의회'(Dedication Coucil)에 참석했고, 호시우스는 세르디카 공의회

(Council of Serdica)의 결정사항을 확고히 하기 위해 코르도바(Corduba)에서 공의회를 개최했던 내용이 이 범주에 속한다.[63]

이 연구의 주제는 아타나시오스의 정치적 업적과 그 역사적 정황에 관한 것이다. 그의 업적은 니카이야 공의회와 테오도시우스의 등극 사이에 콘스탄티누스 제국 내에서만 취급될 수 있는 과정에 속하는 유일한 현상이라는 점이 주장될 것이다. 선정된 목표를 위해, 그 시대 교회 내부에서 그의 위치와 업적에 직접 관련이 있지 않는 한, 신학적이고 금욕적이며 그리고 거룩한 성자들의 기록물들이 아타나시오스 이름으로 전달되어 제기되는 복잡하고 뒤얽히는 문제들을 감히 다루려는 시도는 하지 않았다. 그러나 희망할 수 있는 것은, 아타나시오스 업적의 새로운 재건이 그의 인격, 그의 사고, 그리고 그의 신학을 더 깊이 이해하는 방향으로 이끌어가는 것이다.[64]

II.
알렉산더 감독

아타나시오스는 3세기가 끝나는 시점에 출생했다. 그의 출생에 관한 날짜에 대해 가장 초기이며 최선의 증거는 「부활절 목록」(Festal Index)에 있다. 거기에 나타나는 328년 6월 8일이 그가 감독으로서 선출된 날이 아직 서품을 받을 나이가 되지 않았다는 기초에서 도전이 되고 있다(목록 3). 성직으로 안수받는 최소한의 연령이 당시에는 30세였다(간주되는 것을 포함한다면 29세와 동일함).[1]

아타나시오스는 그의 전임자가 사망했을 때 집사의 직을 맡고 있었다. 그 반면에 그가 서품 되었을 때 바로 직후가 29세로 바뀌는 경우이기에 그의 출생의 그럴싸한 시간은 299년 여름으로 정해질 것이다. 계산된 것이 정확한 것인지 아닌지는 무관하게 「부활절 목록」의 내키지 않는 증언은 그의 탄생을 275년[2]에 두는 후기 전승에 무게를 두고 있음은 틀림없다. 왜냐하면 독립적인 수도원 전승은 새로운 감독의 나이가 그가 서품될 때 정확한 논쟁의 문제였다.[3] 아타나시오스는 역사에 알렉산더(Alexander)의 보호 내지는 후원으로 등장한다. 그런데 알렉산더는 리키니우스 황제(Licinius)가 '대박해'(Great Persecution)

를 끝낸 직후 알렉산드리아의 감독이 되었다. 그리고 그 대박해는 303년 봄에 시작되었다. 확실치는 않지만 그럴싸한 보고에 의하면 갈레리우스 '취소의 칙령'(Palinode)4) 전 처음 8년 동안에는 알렉산드리아에만 660명의 사람들이 생존했다고 주장되고 있다. 4세기 말 떠다니는 즐거운 이야기가 전해지는데, 알렉산더가 아타나시오스가 해변에서 한 소년으로 친구들과 감독 놀이를 하는 것을 발견했다는 것이다. 때는 알렉산더 감독의 전임자 311년 11월 늦은 날 순교를 당했던 베드로의 순교 기념일이었다. 알렉산더는 징조가 발생한 일치감을 발견했고 그 소년들을 자신의 집으로 데려가 그들을 교육했다. 아타나시오스는 특별한 미래를 약속하는 듯한 특별함을 보였고 그의 나이가 허락되자 그는 집사가 되었고 알렉산더의 신임 받는 조력자가 되었다.5)

이 이야기는 아타나시오스가 이집트 대교구에서 비천한 가정 출신이라는 사실을 분명히 암시해 준다. 그 추론이 346년에 콘스탄티누스 황제에 의해 확증되는데, 그는 아타나시오스의 '조상들의 터전'으로 그 도시에 대해 말했다(*Apol. C. Ar.* 51.2). 그리고 11년 후 그의 무시해도 될 만한 출발에 관해 의아해했다(*Apol. ad const.* 30. 3/4). 이 경우에 이디니시오스 자신이 그가 가난한 사람이었다고 주장과 함께 콘스탄티누스에게 저항했을 때 믿을 수 있는 내용이다(*Apol. c. Ar.* 9.4). 그 가정에 관해서는 거의 알려진 바가 없다. 아타나시오스는 339년에 도시로부터 그의 추방이 오래지 않은 시점에 사망했던 숙모에 관해 언급한다. 그때 그는 그녀에게 적절한 매장을 하지 못하도록 한 그의 적들을 비난했다. 그리고 친구들이 그때 그녀의 신분을 노출하지 않고 장례식을 치렀다고 한다(*Hist. Ar.* 13.2). 그리고 소크라테스는 365/6년에 4개월 동안 그의 가족 기념 묘실에서 숨어 지냈다고 알려주

고 있다.6)

아타나시오스는 그의 사고의 기초를 형성하는 데 의지했고 그의 전 생애에 걸쳐 저술활동을 한 것이 성서에 철저히 기반을 두고 성서 주석에 임했다. 그러나 그의 교육은 아마도 그리는 고전 문학에 접근하는 연구는 하지 않았다. 380년 콘스탄티노플에서 나지안조스의 그레고리우스에 의해 행하진 아타나시오스에 대한 칭송에서 그 자신이 교양있고 학식있는 그 당시 제국의 수도의 감독인 사람으로 아타나시오스의 교육은 기독교라는 점을 분명히 했다. 그러나 그레고리우스는 그가 비 기독교적인 재료들을 완전히 익숙하지 않았다거나 단순한 무지에서 그들을 경멸히 취급할 것을 결심했던 상황도 충분히 피할 정도로는 연구했다고 선언하고 있다.7)

어떤 때에 아타나시오스의 문화적 감각에 관해 많은 주장들이 있어 왔다. 그는 플라톤을 잘 알았을 뿐 아니라 호머를 인용했고 아리스토텔레스를 모방했을 뿐 아니라 「콘스탄티우스 앞에서 변증」(Defense before Constantius)은 디모스테네스(Demosthenes)를 모델로 삼았다8)거나 도움이 필요할 때마다 수사학적 전통 기능을 고용하는 습관이 있었다.9) 그러나 아타나시오스는 전 작품 중(Oeuvre) 세 번만 플라톤을 직접 언급하고 있다. 그리고 그 세 번 등장하는 예가 된 부분은 고전에서 가장 기념되고 넓게 알려진 부분들인데 다음과 같다.

「공화국」(Republic)의 서언 부분, 「티마이오스」(Timaeus)의 창조의 설명, 그리고 「정치학」(Politicus)10)에서 국가 관리를 타수(steersman)에 비유한 점 등이다. 그의 광범위한 학문을 설명하는 것으로 추정되는 대부분은 전혀 아타나시오스에 의한 저술이 아닌 네 번째 「아리우스파에 대항한 연설」(Oration against Arian)11)에서 등장한다. 아타나시오스는 그의 저술들을 동 시대의 수사학적 이론에 따라 저술하거나 배열하지 않는다. 심지어 「콘스탄티우스 앞에서 변증」(Defense before Constantius)조차도 그렇지 않고 천부적 열성으로 구성 표현된 것이다.12) 자연적으로 이 저술의 구조와 방법이 어떤 면에서 아리스토텔레스의 분석과 상응하지만 아타나시오스가 의식적으로 전통적인 수사방법론을 고용했다고 보여지는 면은 중요하지가 않다.13) 테르툴리아누스와 가이사랴의 바질 그리고 나지안조스 그레고리우스 같은 저작자들과 대조는 그 자체로 결정적이다.14) 그러나 더 비교해서 말할 것 같으면 이집트적인 것 자체로부터 유용한 것으로 볼 수 있다. 티무이스의 세라피온(Serapion)과 아타나시오스의 계승과 베드로의 「총대주교로부터 편지」(Encyclical letter), 「수도사들에게 편지」(Letters to the Monks)는 전통적 수사학의 기교들, 이를테면 어느 정도 단어의 연속적 반복(anaphora), 대조(parallelism), 두운법(alliteration), 유사 초음 사용(assonance)인데 아타나시오스에게서는 가장 정교한 자료에서조차 어느 정도도 사용되지 않고 있다.15)

아타나시오스가 보여주는 총체적 문화의 모습은 그가 성장한 배경을 반영한다. 알렉산드리아에서 기독교 교육은 한 세기 이상이나 유용했었다.16) 아타나시오스는 자신을 크리스천, 제 일차적으로 성서적 교육이 있다. 즉 구원을 위해 필요한 것, '성서에 대한 진실한 지식' 그리고 '그리스도 안에 있는 좋은 삶, 순수한 영혼, 그리고 선함'이 무엇인가를 가르쳤던 그이다.17) 사실 그가 저술한 모든 것들은 성서에 밀접히 기초하고 있다.18) 그의 철학적 문화는 두 종류의 상관된 논문들로부터 가늠될 수 있는데, 그의 이교적 초기 활동에 속하는 신학자로서 그의 신뢰하는 것들을 세우기 위한 것들을 저술했다. 그런데 그것들이 그리스 철학적 사유들과 어느 정도의 익숙함을 지니고 있다.19)

두 권의 논문들, 「이교도에 반하여」(Against the Pagan)와 「말씀의 성육신에 관하여」(On the Incarnation of Word)는 아타나시오스가 성장했던 사회에서 벌써 유행에 뒤진 크리스천 변증에 관한 문학 장르에 속한다. 그들은 그리스도를 믿는 행위가 결코 비이성적인 행동이 아님을 보여주기 위해 채택된 논문들이다. 아타나시오스는 크리스천 신학이 이교도 철학을 능가하고 있다는 점을 생각하며 주장하고 있다. 반면에 그리스 철학은 피로하고 더 이상 악마들은 이전 능력을 지니고 있지 않다고 보았다.[20] 아타나시오스는 당황치 않고 그리스 철학에 속하는 용어들과 아이디어들을 적당하게 조정하면서 일찍이 그의 위치를 중기 플라토니즘적으로 우세했던 용어를 사용하고 있다.[21] 그러나 제시하는 것들이 그 주변에서 맴도는 중요한 주제는 크리스천의 영적 성장이었다. 아타나시오스가 '하나님에 관한 지식은 그리스도를 통해 온다'라고 주장함으로 그는 구원 교리와 그것에 논리적 전제 즉 '그리스도가 진실한 하나님이며 진실한 인간이다'라는 전제에 집중하고 있다.

필연적으로 논쟁적인 동기의 결핍(대조적으로 거의 동시대의 저술이랄 수 있는 가이사랴 에우세비우스의 「복음서의 준비」(Preparation for the Gospel)와 「복음서의 입증」은 포르피리의 저서 「기독교인들에 반대하며」(Against the Christians)에 논쟁하고 있다)[22]된 그 상태는 저자의 동기에 관해 두 가지를 묻게 된다. 아타나시오스는 왜 이 책들을 썼는가? 어떤 청중을 향해서인가? 이 두 권의 책들은 이미 기독교를 수용한 친구에게 선물할 목적으로 저술을 했다고 계속 밝힌다.[23] 아타나시오스가 제일차로 염두에 두고 있는 청중은 크리스천임을 모든 과정을 암시하는 것 같다. 게다가 아타나시오스는 분명하게 주장하길 그의 스승들의 저술들이 그가 저술했을 때 그에게 유용하지 않았다고 주장하고 있다.[24] 그것은 그가 저술한 「이교도에 반하여」

(Against the Pagan)와 「말씀의 성육신에 관하여」(On the Incarnation of the Word)는 알렉산드리아 밖에서 저술했다는 것을 지적한 것 같고 그가 그 작품들을 서방 지역으로 유배 갔을 때 저술했다는 추론을 고무했다. 그러나 이 작품의 지적 혹은 지리적 전망과 이 작품의 저자의 지평이 알렉산드리아의 누군가가 쓴 것을 나타내 보이고 서방에 대해 불리하거나 무관심한 사람에 의해 쓰여진 것으로 나타난다.25) 이 점에서 만일 아타나시오스가 이 두 책을 알렉산드리아 부근에서 저술했다면 325년 니카이야에 여행 도중에 저술했을 수 있으며 그때 그는 몇 주간을 알렉산드리아 주민들보다 덜 기독교적인 환경에서 보내면서 저술했을 수 있다. 왜냐하면 두 저서들이 적어도 부분적이나마 박학의 견본으로 세계에다가 분명히 차기 알렉산드리아의 감독으로 비춰지는 젊은 집사가 알렉산드리아에 그의 지위가 합당하다는 것을 입증하기 위해 기록된 것으로 등장할 것임을 말하고 있다.26)

「이교도에 반하여」(Against the Pagans)와 「말씀의 성육신에 관하여」는 눈에 띌 정도로 분명하게 아리우스주의 논쟁에 관해 언급하는 일에 실패하고 있다. 이리하여 두 작품의 날짜를 정하는 데 거의 늘 아리우스주의가 언급되기 전 318년과 트리어(Trier)로 아타나시오스가 추방된 시기 335/336년, 338과 337년 어름 사이로 제시되어 오고 있다.27) 그리고 최근 강력한 주장들은 니카이야 회의 직전과 전통적으로 주장되어 온 336년 설이 있다.28) 새로운 제안은 아마도 이 두 날짜들에 관해 경쟁적 주장들에 정당성을 말하고 있는 것이다.

아타나시오스의 작품은 에우세비우스의 325년에 쓰여진 「신현현」(Theophany)에 약간 분명한 친근성을 보여준다. 그래서 저자가 에우세비우스의 문서를 읽었고 복사했다고 주장되어오고 있다.29) 그러나 많은 평행 문장들은 전통적인 변증자료를 독립적으로 사용한 데서 기인할 수 있다.30) 반면에 「이교도에 반하여」(Against the Pagans)와 「말씀의 성육신에 관해서」의 곳곳의 주장들은 일반적으로 아타나시오스에 대한 역사적 기록이며 독립적 주장들 몇몇은 밀접하게 에우세비우스와 평행선을 유지하고 있다.31) 그래서 두 권의 저서는 에우세비우스의 「신현현」(Theophany)과 비슷한 일반 주제는 논쟁하려고 마음에 품었다가 다른 신학적 관점으로 서술한 강한 인상을 남기고 있다.32) 그러므로 알렉산드리아의 감독으로 아타나시오스가 알렉산더의 가치 있는 후계자로 자신의 신뢰를 쌓으려고 325년에서 328년 사이에 저술했으며 또한 면밀하게 다른 크리스천들과의 극단적 논쟁과 교회 안에 흐르는 논쟁의 어떤 암시도 피하려고 했다.33)

아타나시오스는 때때로 동등하게 콥틱 공동체와 헬라 공동체에서 이중 언어와 이중 문화적 인물로 간주되었다. 이 점에서 그의 신학은 콥틱 학문과 헬레니즘적 영적 유산의 혼합을 나타내고 있다고 보일 수 있다.34) 왜냐하면 그것은 상부 이집트 수도사들 틈에 추방되어 시간들을 보낸 것으로부터 분명한 추론이 있게 되는 듯하다.35) 그리고 그의 설교와 금욕 작품들이 콥트어로 그렇게 많이 보전되고 있는 상황은 적어도 몇 작품들은 그 언어로 저술했다는 가정이 매우 그럴싸한 내용이다.36) 여기에서 우리는 아타나시오스가 본질적으로 이중 언어의 리더와 콥틱 교회의 리더이기도 한 '콥틱 저술가'로 묘사되어 오고 있다.37) 그러한 해석들이 전적으로 배제될 수 없는 것은 선험적인 기초에서이다. 그리고 그것은 아마도 시골 이집트 지역에서 헬라어를 알 수 없는 많은 기독교인들의 분포로도 동의되어야만 한다.38) 그러한 확실한 것이 있는데 현존하는 모든 아타나시오스의 저작물들 중 콥트어 자료들이 헬라어 원문이 분실되었을지라도 원래 헬라어 본문에서부터 번역된 것도 있다는 것이다.39) 콥틱 총대주교인 아타나시오스는 후대의 성인록에서 시대를 초월해 작품이 형성되는 것으로 나타나고 있다. 그가 콥트어로 저술 활동을 했다는 좋은 증거는 없다. 그러나 그의 펜으로 빛을 본 충분한 양의 작품들이 주어졌고 아주 미량이지만 개연성은 즉, 콥트어로도 저술 활동을 했다는 추론이 가능하다. 이것과는 달리 아타나시오스가 라틴어로 저술했을 것이라는 경우도 있다. 그러나 로마제국 라틴어를 말하는 지역에서 8년 이상을 보냈기에 거기에서 그는 그의 사건을 서방인들에게 설명해 설득하기 위해서 라틴어를 사용할 필요가 있었는지도 모른다.[40]

아타나시오스는 특별한 경우들에 있어서 그치지 않고 고정화되어 진행되는 이집트 안에서의 다툼을 그레코 로만 세계에 알렸다.[41] 교육받은 로마 제국의 엘리트 층에서는 그 안에서 문화적 엘리트에 속한 동료 일원이라는 점을 결코 인정하지 않았을지도 모른다. 초기부터 신뢰할만한 증거는 지속적으로 아타나시오스는 군중 속에 속한 사람이었다. 그는 결코 한가하며 문화화된 환경 속에서 태어나 이집트 대도시에 속한 지방 귀족 출신의 귀공자가 아니었다. 또한 출생시부터 이집트 시골의 중부 층에 속한 부류도 아니었다. 그러나 알렉산드리아에서 만났던 그리스와 태생적 이집트 세계의 분위기를 결합한 느낌은 분명히다.[42] 그의 하층 출신의 기원은 갈등의 긴 생애 동안 그를 잘 봉사할 수 있었던 상황을 제공해 주지는 못했다. 325년에 아타나시오스는 니카이야 공의회에 알렉산더를 수행했고 그는 논쟁 동안에 그의 감독 곁에 동석했다[43] 그리고 훗날 그의 정치적 협조자들이 되었던 이집트 밖의 감독들과 아마도 친근함을 갖게 되었다. 니카이야 회의는 중요한 회무로 서로 충돌했다. 자발적인 거세문제로부터 대도시 감독들의 재판 그리고 부활절 날짜에 이르기까지였다[44] 그러나 그 중 두 가지의 심각하고 압력이 되었던 문제는 공의회가 이집트의 관심 문제였던 분열과 교리적 논쟁으로 곤란스러웠던 내용이었다.

'대박해 기간 동안' 베드로 감독은 알렉산드리아에서 추방되었다. 그때가 아마 305년 5월 동방 지역을 막시미누스(Maximinus)가 통과하기 시작했던 그때이다. 그리고 그는 기독교 박해를 강화했다. 그 즈음에 멜레티우스(Melitius)가 배교했던 자리, 리코폴리스(Licopolis)의 감독으로 여러 감독들의 안수권을 포함해서 베드로가 지녔던 의무를 행하기 위해 직무를 감당하기 시작했다.45) 그때 알렉산드리아 감독은 후에 도시에 돌아왔을 때 지역 공의회를 열고 그를 파문했다(*Apol. C. Ar.* 59.1). 박해가 지속화되고 멜레티우스는 팔레스타인에 있는 탄광으로 내쫓겼고 그는 거기서 '순교자의 교회'라 일컬어지는 분열 단체를 조직했다. 311년 죽어가던 갈레리우스는 박해 중지 명령을 내렸고 멜레티우스는 이집트로 돌아왔고 지역 교회를 분리하는 공동체를 조직했다46) 파피루스는 그의 성공의 범위를 설명해주고 있는데, 334년 아집트 중부 지역, 상부 사이노폴리테(Cynopolite)라 명명되는 동쪽 사막 하토르(Hathor)에 멜리데 수도원, 테바이드 지역에 멜리토스 수도실과 그들의 동료들이 거주할 수 있는 알렉산드리아 자체에 멜리티아인 동조자들의 네트워크가 자리 잡고 있었다.47)

아리우스는 또한 다른 조직에 속한 도전이었다. 313년 알렉산드리아에서 알렉산더가 감독으로 임명된 지 얼마 되지 않아 리비아 출신 아리우스가 항구에서 가까운 바우칼리스 교회에서 유능한 설교가로 명성을 얻게 되었다.48) 습관에 따라 도시의 규모와 기독교인 인구의 범위 때문에 아마도 알렉산드리아의 사역자들은 각기 자신의 교회에서 설교할 수 있었다49) 그러므로 대부분 다른 도시에서 평범한 성직자들에게 없는 독립성을 누리고 있었고 그는 그 기회를 활용하여 그 자신의 신학적 관점을 확장시킬 기회를 사용하고 있었다.

여전히 논쟁은 아리우스 관점의 출발과 정확한 본질에 접근했다(아마도 늘상 계속해 접근할 것이다). 적대적인 오류로 표현된 견해를 권위있는 보고로 전이시킨다는 것은 결코 쉬운 일이 아니었다. 그래서 아리우스는 자신이 한번 더 그의 견해를 재 언급했고 수정했다.50) 게다가 역사가들은 용어의 문제에 봉착했으며 시대착오(anachronism)적 위험성에 민감했음에 틀림없었다. '아리우스주의'(Arianism)란 용어가 경멸적인 분리주의 표시로밖에 증명되는 기원이 전적으로 역사적 분석상 합법적으로 사용될 수 있는가? 만일 그 '아리우스주의'가 사용된다면 아리우스 자신의 분명한 신학으로 정의되기만 하든가 혹은 자신이 그들과 공감할 수 없는지의 여부를 교회가 관용이 가능한 허락된 범위 내에 아리우스의 견해가 놓여 있다는 누군가의 고려가 있는 것으로 한정되어야만 했다. 규범적으로 자신을 '아리우스파' 혹은 '신아리우스파'(Neo-Arian)로 자신을 규정하는 어떤 4세기에는 생각하는 이가 없었다. 그 표지는 부끄러운 용어였다. 다시 말해 아타나시오스와 그의 동료들은 습관적으로 그들의 모든 반대자들을 '아리우스주의자'로 돌리는 광범위한 정의를 채택했다. 4세기 초 중간 10여년 어간에 심각하게 정치적 분열이 (신학적이랄 수 있는) 아리우스를 교회로부터 따로 밀리해야 할 진직인 이단으로 고려했던 사람들과 적어도 한두 가지 극단적인 형식들을 내려놓고 교회의 전통적 가르침이 허락하는 범위 내에 들거나 가이사랴 에우세비우스가 정의했던 '교회 신학'(Ecclesiastical theology)51)의 테두리 안에 속한다고 그의 견해를 생각하는 사람들로 구분되어 있다. 전자의 견해를 동조하는 사람들은 후자의 견해를 취하는 가이사랴의 에우세비우스를 포함해 '아리우스주의자' 혹 '아리우스 열광주의자' 모두를 함께 뒤섞어 놓는 일을 급히 하지 않는다. 그러나 그것은 객관성을 추구하는 현대 역사가들에 의해

서는 그 용어의 계속적인 사용을 정당화하지 않는다.52)

그 정확한 본질이 무엇이든 간에 아리우스의 견해들은 반대를 불러일으켰고 불평스러움이 알렉산더에게 쌓였다.53) 아리우스는 그의 감독에게 복종함으로 반응했고 자신의 이름과 알렉산드리아의 다른 성직자와 집사들의 그룹으로 그의 견해가 전통적이며 알렉산더의 것이 속한다고 주장한 언급을 제출했다.54) 아리우스가 그 견해를 수정하길 거부했으므로 감독은 아리우스의 고상한 견해들을 평가했던 이집트 리비아에서 온 약 백 명의 감독들로 형성된 공의회를 개최했고 그들과 함께 공감을 표시했던 모든 이들을 파문했다.55)

알렉산더는 만일 아리우스가 놀라거나 억압을 느낄 가능성이 있었다고 생각했더라면 잘못 계산했던 것이다. 리비아의 성직자는 이집트 밖에 힘 있는 친구들을 지니고 있었다. 오래전부터 아리우스는 팔레스타인, 시리아에서 중요한 감독들의 지원을 받고 있었고 알렉산더가 가이사랴의 에우세비우스, 라오디게아의 테오도루스, 두로의 파울리누스, 아나자르부스의 아타나시오스, 베리투스의 그레고리우스, 리다의 아에티우스와 함께 그의 주장 즉 일시적인 상황이 아닌 상태에서 성부는 성자에게 우선적으로 존재한다는 그의 견해를 공감한 동방의 모든 교부들을 저주했다는 주장을 할 수 있었다.56) 알렉산드리아의 감독과 알렉산드리아의 성직자 사이에 논쟁이 곧 전 동방교회의 골을 깊게 만들었다. 감독회의는 아리우스 측에 비중을 두었다. 두로의 파울리누스, 가이사랴의 에우세비우스 그리고 스키토폴리스의 패트로필루스와 비두니아의 감독에 의해 팔레스타인에서 개최된 공의회의 현존하는 보고서가 그렇게 말하고 있다.57) 이 부분에 관해 알렉산더가 비잔티움의 감독 알렉산더에게 편지를 썼고 로마의 감독 실베스터에게도 편지를 남겼다.58) 더 나아가 그것은 보여주길 아리우스가 이집트 밖에서 자신을 보호했을 뿐 아니라 알렉산드리아에 돌아와 폭력이 있었지만 그 도시에 아리우스를 따르는 조직체를 형성했다.59)

젊은 아타나시오스는 곧 토론에 그 천성적 자질과 열정을 보일 기회를 갖게 되었다. 두 개의 회람 편지가 알렉산드리아에서 알렉산더의 이름으로 보내졌고 아리우스 논쟁에 관한 초기부터 유래했던 자료가 되고 있다. 다른 편지가 한 명인 동료 감독 알렉산더에게 보내진 것인데 유일한 옛 저자에 의해 비잔티움 감독에게 보낸 편지라고60) 인용되어 언급되고 있는 반면에 그 중 하나는 '도처에 흩어진 가장 존경받고 사랑받는 동료 가톨릭교회 사역자들'에게 보낸 편지이다. 아타나시오스의 손이 두 편지 내에서 숨어 있어 왔다. 그러나 예를 들면 후자의 편지는 아리우스주의자들의 이미지를 그리스도를 처형했던 이들이 남겨놓았던 그 옷을 나눈 자들로 그리고 있다(요 19:23-24). 그것은 편지가 쓰여진 당시에는 고상한 생각이었다. 그러나 그것은 분열과 이단에 대해61) 아타나시오스가 좋아하는 이미지 중 하나가 되었다. 그러나 두 편지들은 어휘와 문체 그리고 주장의 방법에 있어서 달라 그것을 한 저자의 작품이라 생각하기 어렵고 아타나시오스의 스타일과 사고를 반영해 주는 회람편지이다.62) 알렉산더에게 보낸 편지는 지적인 예리힘과 정확성에 모자라고 단지 위대해 보이고자 하는 노력을 감출 수 없는 내용이었다. 그리고 그 작성자는 자신의 신축적 내용에 관해 너무 많은 긍정적 언급을 감행해서 어떤 논쟁에서는 전략적 실수와 함께 위험에 처할 수 있는 상황이었다. 추측 상 저자 자신은 알렉산드리아 감독이다.63) 회람편지는 대조적으로 아타나시오스의 솜씨를 보여준다. 그것은 훨씬 더 효과적이며 단단하게 주장되는 작성이 되어서 시끄러움과 저항을 불러일으키는 어떤 고상함을 지닌 반대적 입장을 완전히 정리할 수 없는 상태에서 아리우스 신학을 공격하는

데 칭송받을 만하게 성공하고 있는 것이었다.64)

논쟁의 한 단계에서 리키니우스는 감독회의의 모임과 결속을 금지했다. 아마도 그것은 니코메디아의 에우세비우스의 추천에 근거해서일 것이다.65) 324년 콘스탄티누스가 동방을 점령했을 때 등장한 싸움이 더 강도 높게 다시 불타올랐다. 콘스탄티누스는 싸우지 말 것을 아타나시오스와 아리우스에게 동시적으로 편지를 썼다. 그들이 단지 신학과 철학의 내부적인 문제만 달랐고 신의 법의 중심된 원리를 둘러싸고는 아니기에 말이다. 그래서 콘스탄티누스는 그의 편지를 충실한 사신 분명히 코르도바의 호시우스를 통해 알렉산드리아에 보냈다. 그리고 그에게 콘스탄티누스는 서로의 문화들이 화해를 노력하도록 지시했다.66) 알렉산드리아에서 회의가 있었음에도(「아리우스주의에 반대하는 변증」 74.3/4, 76.3) 호시우스의 사명은 실패했고 확대공의회가 앙카라에서 회합되도록 요청되었다.

호시우스가 법정에 돌아왔을 때 324년 12월 20일에 안디옥교회의 감독 필로고니우스(Philogonius)가 세상을 떠나 무질서한 상태였다.67) 호시우스는 50명의 동방교부들을 소집해 그 회무를 관장했다. 필로고니우스를 계승해 에우스타티우스(Eustathius)를 세웠고 안디옥교회 사태를 진정시키려고 했다. 또한 공의회는 복잡하게 작성된 신조를 채택했고 그것을 인간 구원을 위해 필수적인 진실하고도 사도적인 가르침이라는 것을 수락하길 거부했던 세 명의 탁월한 감독들을 예비적으로 파문했다. 그들은 라오디게아의 테오도루스와 네로니아스의 나르키소스(Narcissus) 그리고 가이사랴의 에우세비우스였다. 그러나 단지 안디옥의 결정은 단순히 예비적이었다. 다가오는 '앙카라에서 있을 크고 거룩한 공의회'에서 합법화될 때까지 말이다.68)

콘스탄티누스는 절박한 공의회를 니카이야로 옮겼다.69) 파문된 감독들은 자신들을 재정립했고 공의회는 아리우스를 둘러싼 신학적 논쟁들을 토론하기 시작했다. 논쟁은 그 틀을 만든 지도자들이 아리우스는 물론이고 그의 중요한 후원자들도 전적으로 수용할 수 없을 것이라고 기대한 신조가 작성되기까지 시간을 끌었다. 그러나 콘스탄티누스는 아리우스에 동정을 가진 대부분 사람들이 수용 가능한 용어들의 해석을 제공했고 현장에 있던 감독들이 아리우스와 연대되었던 두 명의 감독을 제외하고는 다 그 신조에 싸인을 했다(프톨레마이스의 세쿤두스와 마르마리카의 테오나스). 결국 그들은 아리우스와 그의 견해를 비난하길 거부했던 몇몇 감독들과 함께 추방당했다.70)

멜레티우스파의 분열은 덜 완고한 조치를 요구했다. 니카이야 공의회는 멜레티우스파 성직자들을 이집트 가톨릭교회에 재통합하려고 시도했다. 그 공의회는 멜레티우스 자신의 지위로 리코폴리스 감독을 수용했고 또 멜레티우스가 합법적으로 봉헌해 안수를 이미 주었던 성직자들을 인정해 받아들였다. 그러나 그 공의회는 더 이상 멜레티우스에게 안수할 것을 금했고 어떤 지역에 있든 멜레티우스파 평직자들은 알렉산드리아의 알렉산더 감독에게 안수받은 이들보다 서열이 낮다는 것을 선언했다. 반면에 어떤 멜레티우스파 감독이 알렉산더의 권위를 인정하기만 하면 완전히 성직자적인 특권을 지니게끔 했다. 게다가 회중이 원하고 알렉산드리아의 감독이 동의하면 그때는 그런 감독은 가톨릭교회 감독이 사망했다면 그를 대신할 수도 있었다.71)

니카이야 공의회는 이집트나 그밖의 교회들에게 평화를 가져올 수 없었다. 니코메디아의 에우세비우스나 니카이야의 데오그니스가 신조에 서명을 했으나 아리우스와 그에게 돌려지는 특별한 신조에 관해 꾸짖거나 파문하는 데는 동의하지 않았다. 공의회는 그들에게 일치를 따를 것을 명령했지만 그들에게 순종을 위한 시간을 허락할 수밖에 없었다. 세 달 후 에우세비우스와 테오그리스는 그들의 감독들과 갈등(멜레티우스파이거나 분열주의나 콜루투스(Colluthus)에서 어떤 알렉산드리아 지도자들과 협의를 했다. 니카이야 공의회에서 만들어진 결정에 의해 결국 두 감독들이 자신들의 교구를 속였다는 것을 콘스탄티누스는 선언을 했으며, 그들의 회중들에게 새로운 감독들을 선택할 것을 초대했다.[72] 그러나 2년 안에 아리우스 동조자들은 동방 교회에 등극을 획득했고 공동체에 그의 재진입을 준비했다. 가이사랴의 에우세비우스가 중심적 역할을 했다. 그는 327년 안디옥 공의회를 주재했고 도덕적 비열함으로 에우스타티우스를 폐위시키고 두로의 파울리누스를 대신 세웠다. 같은 공의회는 가자의 아스클레파스를 폐위시켰고 아마도 다른 다섯 시리아와 팔레스타인 감독들도 그리했다(「아리우스주의에 반대하는 변증」 45.2). 그들은 발라네아의 유프라티온, 팔투스의 시마티우스, 가발라의 시마티우스, 안타라두스의 카테리우스, 뵈레아의 키루스(*Fug.* 3.3; *Hist. Ar.* 5.2).[73] 모든 감독들이 에우세비우스가 아마도 인정했던 이들로 대체되었다. 그리고 파울리누스와 그의 친근한 계승자가 오랫동안 생존해 있지 않았을지라도 안디옥의 메트로폴리탄 교구는 330년까지 안전하게 파실루스(Faccillus)의 손 안에 놓여 있었다.[74]

에우스타티우스가 제거되었을 때는 아리우스와 니코메디아의 에우세비우스, 데오그니스가 가톨릭교회와 재결합하길 바라는 그들의 욕망을 표현한 것보다 그리 오래 되지 않았다. 아리우스와 그의 동료 성직자였던 유조이우스는 그들 신앙고백을 제출했다. 콘스탄티누스는 그것을 검토했고 그 내용을 니코메디아 공의회에 제출했으며 멜레티우스파 분열을 끝내기 위한 회합으로 그는 삼았다. 공의회는 327년 12월(혹 328년 1월이었을 지도 모른다)에 황제가 자리한 가운데 모였다. 그것은 아리우스, 유조이우스, 에우세비우스, 데오그니스를 연합에 재가입하도록 했으며75) 멜레티우스파 성직자들을 이집트의 가톨릭교회로 재통합하도록 한 새로운 판단을 설정했다.

   콘스탄티누스는 니코메디아에서 개최될 공의회의 결정사항을 배서했다. 그러나 알렉산드리아의 알렉산더는 올 마음이 없었고 자신과 이집트 내에 있는 교회들과 함께 아리우스와 교제할 것을 재수락하길 거부했다. 그는 멜레티우스파에 속한 성직자들을 교회 직제에 되돌아오게 했을지는 몰라도 아리우스와 어떤 타협을 거절했고 황제가 그의 재의사 표명을 강요하는 데 압력을 감행할 때 편지를 써서 아타나시오스를 법정으로 보냈다.76) 아타나시오스가 부재했었을 때에 알렉산더는 328년 4월 17일에 사망했다(*Index Pr.*). 알렉산드리아에 돌아와서 알렉산더와 멜레티우스를 지지하던 44명의 감독들을 발견하고 분열을 치료하기 위한 감독의 선택에 골몰했다. 328년 6월 8일 공통의 결정이 도달하기 전 6, 7명의 감독들이 디오니시우스 교회에 들어가 그를 알렉산드리아의 감독으로 지명했다.77)

III.
아타나시오스와 콘스탄티누스: 역사와 변증

아타나시오스는 373년 5월 2일 그가 사망할 때까지 거의 45년을 알렉산드리아 대도시 교구를 다스리고 있었다. 그러나 그의 신분 보장이 안정되어 있지 못했고 방해받지 않고 평탄한 상황은 결코 아니었다. 멜레티우스파 조직체는 그들 자신들의 경쟁 선출했고 아타나시오스는 즉시로 자신의 위치를 방어하려 했다. 7년 이상 넘게 그는 성공했지만 콘스탄티누스 통치 동안 마지막 18개월은 골 지방으로 추방되어 그곳에서 지냈다. 337년에 아타나시오스가 돌아오도록 허락되었지만 곧 다시 폐위되었다. 그리고 카파도키아의 게오르기우스가 339년 봄부터 345년 6월 사망 시까지 알렉산드리아 감독으로 그를 대신해서 일했다. 아타나시오스가 346년에 추방에서 돌아와 다시 그의 교구에서의 역할을 10년 동안 감당했다. 그러나 다른 카파도키아인 게오르기우스가 349년 그를 대신했고 356년에 다시 아타나시오스는 그의 교구로부터 떠나게 되었다. 게오르기우스가 알렉산드리아에 왔고 361년 12월까지 그는 공식적으로 그 도시의 감독으로 인정되었다. 게오르기우스가 군중에 의해 죽임을 당한 후 아타나시오스의 신학적 반대자들이 아타나시오스 생애 마지막 12년 동안 알렉산드리아 교구를 다스릴 계승자를 세웠고, 그것은 그의 사망 후 몇 년 동안을 차지하고 있었다. 이 얼룩진 이력은 사실 현저하게 동방 기독교 교회 안에 배열된 정치적 신학적 배열뿐 아니라 정치적 변화의 만화경에 의존되어 있기에 간단한 요약으로 표시되는 것보다 더 복잡하게 얽혀 있다.

337년까지 콘스탄티누스는 하나된 로마의 유일한 통치자였다. 337년 봄부터 340년 봄까지 그의 세 명의 생존한 자녀들이 셋으로 제국을 분할했다. 아타나시오스가 잘 알고 있었던 유일한 황제 콘스탄티누스가 (트리어에서 335-337년 그의 추방 시부터) 총체적인 헤게모니를 주장했다. 그러나 그는 단지 영국, 골, 스페인만 다스리게 되었고 콘스탄티우스가 키레나이카로부터 트라키아까지 아치 형태로 된 지역을 다스렸고 그의 형제를 틈바구니에 자리잡고 있던 콘스탄스는 그리스를 포함 발칸의 대부분 그리고 이탈리아, 아프리카를 통치했다. 340년에 콘스탄티우스는 콘스탄스의 통치 지역을 침범했다. 그리고 그의 패배로 콘스탄스가 모든 그 영역의 통치자가 되었다. 350년에 콘스탄스는 살해당했으며 배신자 마그넨티우스는 그가 통치했던 모든 지역을 점령하려고 했다. 이 시도에 성공하지 못했고 353년 늦여름에 콘스탄티우스는 한 사람의 통치권 하에 전 제국을 재연합했다. 그 같은 영토 확장을 돕기 위해 그는 안디옥에서 351년에서 354년까지 살았던 두 명의 카이사르(Caesars: 부황제들), 갈루스를 임명하여 통치하게 했고, 355/356년 겨울에 골(Gaul)에 보냈던 율리아누스를 임명했다. 360/1년경에 율리아누스는 그의 종속된 위치를 동의하지 않고 평등함과 독립을 주장했다. 그러나 시민 혁명이 361년 11월 3이에 콘스탄티우스의 사망으로 돌발했다. 이후 20개월 동안 유일한 단독 황제로 율리아누스는 그가 페르시아 전투에서 사망할 때까지 콘스탄티누스의 개혁을 무력화하는 데 주력했다. 363년 기독교인 요비아누스가 황제로 추대되어 로마 군대를 위험에서 구출했고 율리아누스의 종교 정책을 역으로 돌려놓았다. 요비아누스가 곧 사망하게 되자 두 형제 발렌티니아누스와 발렌스는 협동 황제가 되어서 364년 여름에 제국을 그들 사이에 나누어서 다른 쪽 사건에 간섭하지 않기로 한 점에 동의를 했다. 아타나시오스는 발렌티니아누스나 발렌스 이전에 사망했고 테오도시우스 등극은 콘스탄티누스 제국의 마지막을 표시했으며 그 황제 하에서 결국 아타나시오스의 긴 감독직의 업적 전체도 연출이 끝나게 되었다.

328년에서 373년 사이 아타나시오스의 행불행의 상황은 철저하고 밀접하게 이와 같은 정치적 변화와 연결되어 있었다. 그러나 그의 콘스탄티누스와의 관계는 콘스탄티누스가 324년 동방의 황제가 되어서 그가 감독으로 처음 만났던 황제였으며 337년 이후 그의 업적의 대부분 보다 더 잘 증명이 되는데, 그의 저서 「아리우스주의에 반대하는 변증」에서 완벽한 설명을 해주고 있기 때문이다. 그러므로 아타나시오스의 업적은 가장 적합하게 328년에서 337년 사이 그의 선택적이며 같은 사건들의 잦은 오류적인 제시로 주장되고 있는 한 그의 정치적인 투쟁에 대한 상세한 나열로 시작된다.

즉시로 새 감독은 그의 선택을 콘스탄티누스에게 편지를 써서 알렸다. 그리고 도시 의회의 결정 사항을 증거로 제시하면서 그가 알렉산드리아 시민들의 일치한 선택으로 대표되었다고 말했다.[1] 쇼크를 받은 멜레티우스파 사람들은 그들 자신에게 동조하는 감독들 선택으로 진행해갔다. 그러므로 그의 감독직의 초기로부터 두 가지 방향의 전선에 부딪쳤던 것이다. 한편으론 이집트 내에서 멜레티우스와 그의 교구권을 주장하는 알렉산드리아의 경쟁 감독자들에 대하여서와 이집트 외부의 알렉산드리아에 그의 귀환을 얻어 그의 재정착을 완성하려는 아리우스 동조자들에 대해서였다.

그 투쟁은 오래였고 복잡했다. 그 이전의 알렉산더처럼 아타나시오스도 니코메디아의 에우세비우스 그리고 콘스탄티누스 대제로부터의 제안, 그가 아리우스와 그의 동조자들을 교회의 사귐에 돌아오도록 해야 한다는 점을 수용하라고 요구된 요구를 거절했다(Apol. C. Ar. 59.4-6). 그는 또한 멜레티우스파를 향해서도 힘을 사용했다. 이에 대해 그들은 니코메디아에 대표자들을 보내서 평화로이 모임을 갖도록 황제의 허락을 요구했다. 에우세비우스는 법정에서 대표단에게 우호적이었고 그들이 콘스탄티누스와의 청취권을 얻게 했고 330년 여름에 그들과 함께 궁극적으로는 충분히 아타나시오스를 추방할 수 있는 넉넉한 힘을 입증할 동조자들을 규합했다.2)

이 동조가 만들어진 후 곧 그리고 추정컨대 에우세비우스의 사주를 받아 몇몇 멜레티우스파 사람들이 그들이 마치 국가에 세금부림을 형성토록 한 것처럼 그에게 면 외투들을 공급해 달라고 요구했다는 점을 들어 아타나시오를 고소했다. 아마도 테바이드(Thebaid)에 물러나(목록 2)3) 아타나시오스는 두 명 사제들을 협정에 보내 그의 사건을 호소했다(Apol. c. Ar. 60/314). 알렉신드리아에 그가 돌아온 후 마레오티스에 여행했을 때 거기에 한 사건이 발생하는데, 아타나시오스를 20년 동안이나 괴롭혔던 사건이었다. 그의 신뢰할 만한 동조자인 사제 마카리우스(Macarius)는 콜루투스에게서 안수 받은 성직자였던 어떤 이스큐라스에 의해 사용되는 성배와 재단을 뒤엎어 깨뜨렸다. 알렉산드리아에서 324년에 그의 감독직을 위해 제출한 제안이 거절되었다(Apol. c. Ar. 63. 1-4).

331/332년 겨울 경에 아마도 황제에 의한 소환에 따라 (자신의

요구에 의식적으로) 아타나시오스는 콘스탄티누스 황제 앞에 네 가지 혐의점으로 등장했다(「부활절 편지」 4.5; *Apol. c. Ar.* 60.4; 「목록」 3). 멜레티우스파들은 강요죄를 재차 피력했고 마카리우스가 아타나시오스의 명령을 따라 이스큐라스(Ischyras)의 성배를 깨뜨렸다는 혐의를 말했다. 또한 아타나시오스가 교회법 상 허락된 나이보다 더 어린 상태에서 감독직을 받게 되었다고 고소되었으며 니카이야 공의회 때 공식적인 책임자(*magister officiorum*)의 자리에 있던 필루메누스(Philumenus)에게 뇌물을 공여했다고 고소되었다. 그 고소는 콘스탄티누스의 호위병 중 한 명이 황제를 시해하려는 구상을 했다고 비난받고 있는 사실과 연관되어 있는 것이다.4)

콘스탄티누스는 양 측의 얘기를 들었고 아타나시오스에 대항하는 추궁을 기각시켰다. 그리고 아타나시오스는 부활절 전에 승리 속에 알렉산드리아에 돌아왔는데 (332년 4월 2일에 해당한다) 그때는 법정에서 이집트 기독교인들에게 크게 기뻐하는 환호의 편지를 쓴 뒤였다(「부활절 편지」 4; 「목록」 3). 그 직후 그는 아마도 아리우스가 발을 못 붙이도록 확실히 하기 위해 리비아의 펜타폴리스(Pentapolis)를 방문했다. 그 개입이 아리우스로 하여금 어떤 무분별한 행위를 불러일으켜 분열로 해석되었고 황제를 분노케 했으며 결국 대중을 향해 장문의 그리고 독립적인 편지로 그를 비난하게 했다.5)

아리우스 동조자들은 알렉산드리아의 감독을 폐위시키려고 계속 애를 썼다. 멜레티우스파들은 콘스탄티누스에게 계속 아타나시오스가 마카리우스를 사주해 이스큐라스(Ischyras) 성배를 깨뜨리도록 했다고 썼으며, 또 첨가하길 더 심각한 고소라 할 수 있는 힙셀레(Hypsele)의 감독인 아르세니우스의 살해를 계획했다고 덧붙였다(*Apol. c. Ar.* 63.4). 334년 봄에 황제는 그의 이복 동생 안디옥에 거주하면서 "센서"(Censor: 검열관: 역주)라는 관직으로 동방을 책임지고 있던 달마티우스(Dalmatius)에게 살인의 책임을 조사해(*Apol. c. Ar.* 65.1) 그 문제를 팔레스타인 가이사랴에서 모일 감독회의 앞에 그 문제를 제출하라고 지시했다.6) 니코메디아의 에우세비우스는 계획된 회의를 위해 시리아로 여행했고(*Apo. c. Ar.* 65.4) 이집트의 멜레티우스파는 준비에 착수했다.7) 그러나 아타나시오스는 참석을 거부했다. 대신 아르세니우스를 추격해 두로에 숨어 생존해 있는 그를 발견했고 황제에게 편지를 쓰길 가이사랴 회의를 포기하라고 했고 아타나시오스에게 황제로 확신을 보내게 되었다(*Apol. c. Ar.* 65.3/4, 68).

아타나시오스의 다른 적들은 그를 폐위시키려고 아직도 다른 시도를 했다. 니코메디아의 에우세비우스는 멜레티우스, 콜루투스, 그리고 아리우스 동조자들을 설득해 콘스탄티누스에게 연대된 편지를 써서 아타나시오스를 대적했다. 그 내용에는 아타나시오스가 이집트에서 반대자들에게 억압을 했으며 그의 바람을 성취하기 위해 폭력도 사용했다하는 새로운 진술을 포함시켰다. 콘스탄티누스는 오래 끌어온 논쟁을 끝내기 위해 두로에서 감독회의를 개최하도록 명령했다. 시리아의 전 행정 장관이었던 코메스 플라비우스 디오니시우스는 회의의 진행을 감독했고 질서유지도 했다. 모든 관심 있는 분파들이 그것은 그들이 원하건 원치 않건 간에 이뤄진 일이었다.8)

공의회가 개최되었을 때에 아마 안디옥의 감독 플라실루스(Flacillus)가 주재하였을 것이다.9) 그의 고소자들은 아타나시오스를 묘사하기를 교회사건에 조직적으로 폭력을 고용했던 으스대는 고위성직자로 말했다. 멜레티우스파에 속한 펠루시움(Pelusium)의 감독 칼리니쿠스와 이스큐라스(Ischyras)는 아타나시오스가 성배를 깨뜨리고 감독좌를 파괴하라고 명령했다는 고소를 반복했다. 그들은 첨가해 주장하길 아타나시오스가 두 그룹에 속한 그들의 사람들을 잘못 대했다고 했다. 자주 그는 이스큐라스를 감옥에 가뒀고 한 번은 황제의 형상에 돌을 던지라 했다는 잘못된 고소로 그를 감옥행에 처하라고 히그누스(Hygnus) 행정 장관을 설득했다고 말했다. 그는 칼리니쿠스(Callinicus)를 파직했는데, 그는 확실히 알렉산더의 알렉산더와 교제 속에 있었음으로 가톨릭교회에 속한 감독임이 틀림없다. 그리고 그를 대신해 사제 마르쿠스(Marcus)를 대신해 세웠는데 단지 칼리니쿠스가 성배를 깨뜨린 의심을 자신이 스스로 분명히 할 수 있을 때까지 그와 교제를 거부했기에 그리했고, 칼리니쿠스가 군인들에 체포되고 고통당하고 시련당하도록 배열했다고 주장했다. 다섯 명의 다른 멜레티우스파 감독들은(유플로스, 파코미우스, 이삭, 아킬레우스, 그리고 헤르메온)도 그들에게 속한 사람들에 대한 폭력을 불평했다. 술수로 감독직에 오른 바 있는 아타나시오스는 그의 임명이 부당하다고 하는 그들의 순수한 신념에 대해 그들을 공격했고 옥에 가두었다고 주장한다.[10] 멜레티우스파는 아르세니우스에 관한 그들의 행위를 다음과 같은 이유로 정당화했다. 사실로는 실수였지만 살해의 고소가 아타나시오스 측의 한 감독 플루티아누스(Plutianus)가 의심없이 그의 편에 행동함으로 아르세니우스 집을 불태웠고 아르세니우스를 구타했으며 그를 창고에 가뒀다는 근거로 말이다. 결국 아르세니우스가 사라졌을 때 즉 아타나시오스의 명령 즉 살해하라는 말대로 되었다는 결론을 내릴 수 있는 정당성이 되는 합리적 추론이라고 주장했다.[11]

아타나시오스와 그의 지지자들은 그 고소에 저항했다. 그러므로 그 공의회는 조서란을 마레오티스(Mareotis)로 보내길 결정했다. 그 구성은 그야말로 필연적으로 가혹한 논쟁을 야기했다. 다수가 6명의 멤버를 뽑았는데 이집트 감독들은 그들 각자가 편파적이라고 거절했다.

니카이야의 데오그니스, 칼케돈의 마리스, 헤라클레아의 테오도로스, 몹수에스티아의 마케도니우스, 신기두눔의 우르사키우스, 그리고 무르사의 발렌스인데, 훗날 그들이 첫 신앙 지도를 그가 330년에 일리리쿰에 유배 가 있는 동안 아리우스로부터 기독교적 내용을 지도 받았다고 추리했다(「이집트와 리비아 감독들에게 편지」 7). 디오니시우스로부터 주의를 기울여 공정하게 한다고 했지만 다수가 고집을 부렸던 것이다. 위원회는 이스큐라스(Ischyras)를 데리고 이집트로 갔다. 여기에 기록된 저항 문서들이 위원회의 활동과 그 사건의 내막들과 관련해 등재되어 있다(Apol. c. Ar. 73.2-81.2).

위원회가 이집트에서 그 전말을 조사하는 동안 두로 공의회는 예루살렘에 있을 공의회를 연기했다. 거기서 동일한 감독들은 여름 중간에 거룩한 성묘 교회의 웅장한 새 교회를 봉헌하고 한 번 더 다시 아리우스를 정통신학 관점의 수용자로 성도의 교제 안에 수용했다.12) 그 후 그들은 두로로 돌아와 그 회무를 끝마치게 되었다. 심문위원회는 그들이 탐문했던 요약본을 생산했다. 그들은 아타나시오스가 잠재적 증인들을 제거했다고 불평했지만 그들은 마카리우스가 적절하며 확신을 주는 증거로 지지될 수 있는 즉 그의 명령에 기초해서 이스큐라스의 성배를 깨뜨렸나하는 법적인 책임을 발견해냈다. 공의회는 보고서를 접수했고 아타나시오스를 파면했다. 그때 아타나시오스는 이미 두로에서 떠나 있는 상태였다(Apol. c. Ar. 82.1; Apol. ad. Const. 103). 항구를 지키는 군인들의 눈을 피하기 위해 어둠이 덮인 상태에서 비밀스레 뗏목으로 빠져 나왔던 것이다.13)

아타나시오스의 파직에 대해 언급하는 기초들은 네 가지 설명을 구성하고 있다. 첫째로, 그의 도망이 그의 죄책을 비난했다는 것이고 둘째는, 334년 가이사랴에 자신을 드러내지 않았다는 점이 황제나 교회 공의회를 경멸했으며 셋째는, 두로에 악당들을 대동해서 그가 그의 동료 감독들을 비난하는 동안 공의회 업무를 방해했으며 넷째로, 이집트에 보내진 위원회가 성배를 깨뜨린 고소에 관해 충분히 입증할만한 전말을 발견했다는 것이다.14) 위원회는 멜레티우스파를 교회의 교제에 수용했고, 아리우스의 정통성을 재언급했으며, 알렉산드리아의 새 감독을 지명했다(*Hist, Ar.* 50.2). 불행히도 어떤 자료에도 그의 이름이 소개되지 않고 있다. 아마도 그는 오랫동안 아리우스와 함께했던 피스투스(Pistus)였거나 멜레티우스 사망 후 멤피스의 감독이었던 아마 요한 아르카프(John Arcaph)였을는지 모른다.15) 그러나 이 사람 중 어떤 사람이 위원회에 임명되었다면 좋지 못한 결과요 이 점에서 신뢰할 수 없는 지명에 관해 얼마간 어떤 곳에서건 농 섞인 내용을 흘릴 것인데 그렇게 하지 않고 있다. 더 개연성이 있는 것은 335년 여름16)에 알렉산드리아의 멜레티우스파 감독으로 파피루스가 증거하는 헤라이스쿠스(Heraiscus)에 의해 아타나시오스가 대치된다. 그런데 그 실존에 관해서 아타나시오스는 모든 그의 저서들 속에서 알고 있지만 침묵을 유지하고 있다.

아타나시오스의 적들은 그의 운명을 예상할 수 있었다. 그러므로 6명의 지도급 감독들은 이름을 걸고 콘스탄티노플의 공의회 결정 사항을 수용하게 된다. 그들은 니코메디아의 에우세비우스, 니카이야의 데오그니스, 스키토폴리스의 파트로필루스, 가이사랴의 에우세비우스, 신기두눔의 우르사키우스 그리고 무르사의 발렌스이다(*Apol. c. Ar.* 87.1). 그들은 사실상 황제가 이미 아타나시오스에 대한 파직과 그들이 조심스레 계획한 비난을 무효화시켰던 것을 발견하게 될 제국의 수도에 도착했다.17)

아타나시오스는 10월 30일에 콘스탄티노플에 도착했다(「목록」 8).

콘스탄티누스가 부재하고 있었던 상태였다. 황제가 11월 6일에 도착했을 때 아타나시오스가 그를 영접했다. 그에게 알려주길 그의 적들이 다시 나쁜 고소로 자신을 불명예스럽게 한다 했고 그들을 그의 임석 중에 대면하길 허락해 달라고 청했다. 콘스탄티누스는 그의 요구를 허락해 감독들을 다시 한 번 두로 법정에 올 것을 요청했고, 그 결과 아타나시오스의 사건이 공정히 결정될 수 있게 했다. 그는 공의회가 무엇을 결정했는지 알리지 않고 있다(그는 쓰지 않았다). 그러나 그는 적대감이 진리를 모호하게 하고 있다는 생각을 했으며, 그들이 자신들의 불공정을 입증할 필요가 있다는 점을 감독들에게 알렸다(*Apol. c. Ari.* 86-2-12). 그렇게 해서 그는 아타나시오스가 떠난 후 자신에 대항해 결정했던 두로 공의회의 정죄를 무효화 내지 무력화시켰다.

아타나시오스가 콘스탄티누스에게 가서 말하여 그로 하여금 이 편지를 쓰게 하기 전 몇 시간 안에 니코메디아의 에우세비우스와 그의 다섯 명의 동료들이 이집트의 다섯 명 감독들처럼 두로에 도착했다 (*Apol. c. Ari.* 87. 1/2). 아타나시오스의 적들은 공의회의 결정 사항들을 이미 콘스탄티누스가 그들에게 앞서 허락지 않았기 때문에 제시할 작은 지점도 없었음을 알 수 있었다. 새로운 고소가 필요했다. 에우세비우스는 아타나시오스가 곡식을 실은 배가 알렉산드리아에서부터 콘스탄티노플로 항해하지 못하도록 방해하는 위협을 통해 반역을 했다고 고소했다. 콘스탄티누스는 위엄스럽게 말하면서 새로운 고소에 답할 것을 요구했다. 아타나시오스는 중상자들에게 비탄하면서 비난했다. 일개 가난한 한 개인 시민이 그렇게 능력을 발휘할 수 있겠습니까 하면서 말이다. 에우세비우스는 맹세하길 알렉산드리아의 감독은 부유하며 영향력이 있고 비양심적이라고 했다(*Apol. c. Ar.* 9.3/4). 그는 의심없이 콘스탄티누스에게 최근 예루살렘에서 그의 정통성을 재확인한 아리우스를 향한 아타나시오스의 오랜 동안의 냉담함에 대해 상기시켜 주었다. 아타나시오스가 그의 평정심을 잃고 콘스탄티누스에게 하나님께서 그들 사이에 궁극적으로 심판하실 것이라고 경고했을 때 황제는 그를 트리어(Trier)로 보냈다.[18] 그러나 그는 그를 그의 교구로부터 파면하지 않고 형식적으로만 심문했다. 그리고 그는 단순히 더 나은 심문을 해야 한다며 그의 직무로부터 떠나 있도록 해야겠다고 생각했다.[19] 아타나시오스는 콘스탄티노플을 떠나 트리어로 11월 7일에 떠났다(「목록」 8). 그러기에 여전히 기술적으로는 알렉산드리아의 감독이었다.

335년 아타나시오스의 추방은 교회 공의회에 의해 정죄되고[20] 파직된 감독에게 황제에 의하여 부과된 보통 추방이 아니었다. 콘스탄티누스가 감독회의 결정에 법적인 힘, 즉 하나님의 제사장들이 어떤 지방 장관들보다 더 신뢰할 만한 기초에서[21] 그들에게 반대 명령을 내릴 수 없는 힘을 주어 그것에 의해 자신도 역시 공의회의 결정들을 받아들여 결단코 자신도 특별하게 모인 감독들의 결정이 신적인 영감에 속하는 것으로 간주되어야 하는지의 여부를 결정할 권리를 자신이 간직하고 있지 않을지라도 그렇게 되었다. 게다가 그는 감독들의 회의를 소환할 권리를 주장했고 실행했으며 그 의제를 한정지었다. 이리하여 그는 어떤 이에 반대해 법적 고소의 상태에 놓인 감독을 면탈할 수 있는 능력의 소유자였음을 느꼈다. 그러나 그는 징벌하지 않았다. 현 감독의 범죄 확증과 지속적인 폐위는 그의 동료들의 공의회가 지닌 유일한 권리였고 특권이었다. 331년 혹은 2년 그리고 333년, 334년에 아타나시오스에 대한 콘스탄티누스의 처리는 정확히 이 패턴을 유지했다. 331/2년에 그는 아타나시오스를 법정에 세웠고 쌈마티아(Psammathia)에서 청취했으며 그에 대항한 고소들을 무력화했다.

그러나 어떤 상황에서도 황제는 그를 죄인으로 몰지 않았고 폐위시키지도 않았다. 그는 아타나시오스에 반대하는 자명한(prima facie) 경우가 있음을 결단했다. 그래서 그는 감독회의를 열어서 그를 재판하게 했다. 사실 그는 333/4년 경에 그렇게 했다. 검열관 달마티우스에게 아타나시오스가 아르세니우스의 살해를 교사했다는 고소를 조사하도록 처음으로 지시했을 때 그는 가이사랴에서 감독들을 소환했다. 그러나 그가 아타나시오스의 무죄를 확신하자마자 공의회를 해체했다. 335년 12월 6일에 콘스탄티누스는 두로 공의회의 합법성을 인정하지 않았다. 그것은 공의회가 공정성과 편파적이지 않은 상태에서 이루어지지 않았다는 기초에서 그에게 도달되지도 않았다. 그리고 골 지방에 후속적인 추방도 전혀 그 규율을 변경하지 못했다.

20년 후 아타나시오스는 한 경향성을 제시했는데, 결코 전적으로 그의 첫 추방 동안 상황의 기술을 전적으로 잘못 이끌어 가지 않고 제시했다.

> 에우세비우스의 중상모략의 결과로[22] 콘스탄티누스는 감독들을 골로 그에 대항하여 모의를 꾸민 사람들의 야만적 적대감 때문에 일정 기간 보내지 않았다. 이와 같이 축복받은 콘스탄티누스 현 황제의 형제였던 그도 그의 부친의 사망 후에 그의 편지에서 보여지는 대로 상황을 명확히 했다. 그는 에우세비우스파에게 그들이 원했던 대로 감독을 보낼 것에 설득되지 않았고 반면에 그는 그들이 보내기로 원했던 그들을 방해했을 뿐 아니라 그들이 그렇게 시도했을 때도 끔찍한 위협으로 그들을 억압했다(Hist. Ar. 50. 2).

두로의 감독들이 아타나시오스를 계승할 자를 지명했을지라도 황제는 이 지명의 정당성을 수용하지 않았거나 알렉산드리아에 계획된 계승자를 세우는 일을 거부했다(*Apol. c. Ar.* 29.3). 그런 행위들은 콘스탄티누스가 아타나시오스의 파직을 무력화할 것을 생각했다는 것을 암시한다.

불규칙적인 상황이 황제가 살아있는 동안 계속되었다. 폭동이 있었음에도 수도사 안토니우스로부터 요구가 있었음에도 콘스탄티누스는 아타나시오스를 재차 부르길 거절했다. 알렉산드리아와 안토니우스에게 보낸 편지에서 그는 자신의 거부 의사를 정당화하길 그는 트러블메이커이고 감독회의에서 가한 그를 향한 징계는 그가 쉽게 채찍을 내려놓기는 쉽지 않다 했다. 그러나 동시에 공평하게 보이기 위해 두로 공의회가 그들에게 직을 주었던 장소를 차지하려고 했던 멜레티우스파를 검열했고 그는 아르카프의 요한을 유배 보냈다.23) 콘스탄티누스가 사망했을 시까지 아타나시오스의 지위는 아주 모호했었다. 두로 공의회의 결정들은 합법적이 아니어서 아타나시오스는 여전히 알렉산드리아의 합법적 감독이었다. 반면에 황제는 그를 골로 유배시켰고 황제가 달리 칙령을 내릴때까지 거기에 억지로 머물러 있어야만 했다.

아타나시오스가 328년에서 335년 그의 「아리우스주의에 대항한 변호」에서 그의 업적에 대해 제공하는 설명은 완전하고 직접적인 것이 아니었고 의도한 바도 아니다. 그러나 신실한 설명이 되려고 목적한 바여서 아타나시오스를 콘스탄티누스가 어떻게 평가했고 그를 공격했던 적들에 대한 부정직성을 설명하는 자료들의 과도함을 인용하고 있다. 아타나시오스는 아마도 「아리우스주의에 대항한 변론」의 현재 보호된 형태를 349년경에 저술했을지라도 338년 보다 더 늦지 않은 328년에서 335년 사이에 그의 업적과 관련된 자료 제공을 편집했다. 그리고 341년 여름 이전에 진행되어온 연수대로의 설명을 확실히 발췌했다 할 것이다[24]. 그것의 역사적 가치는 매우 크다. 왜냐하면 「아리우스주의에 대항한 변호」이 책 없으면 콘스탄티누스와 관련된 아타나시오스의 진실한 과정은 결코 재건립될 수 없었을 것이다. 그럼에도 불구하고 아타나시오스가 자신을 선호하는 발아래에 제시하기 위해 어떻게 사실을 파악하고 선택하고 진행시켜 나가고 있는 것을 묻는데 필요하며 건설적인 내용이 되고 있다.

출발은 축약되어서 모호하다. 아타나시오스는 재빠르게 멜레티우스파 분열의 원인(306)으로부터 니코메디아의 에우세비우스와 멜레티우스의 연합(310)으로 이동한다. 327년 12월에 니코메디아 공의회는 아리우스를 정통으로 선언하고 교회 교제에 그를 받아들였던 점을 고통 속에서 숨기고 있다. 그럼에도 불구하고 그 공의회에 대한 눈길을 피하는 듯한 암시가 그의 깨어있음을 피하고 있었다. 그는 불평하고 있는 것이었다.

> 5개월이 지나지 않아서 축복된 알렉산더가 죽었다. 그러나 마땅히 조용히 남아있어야 할 멜레티우스파가 그들이 다시 수용되었음을 기뻐하고 있었다. 그들이 토한 사실을 잊어버리는 개들처럼 다시 교회를 괴롭히고 있었다. (59.3)

이 5개월이 무엇을 뜻하는가? 공백 기간이 다른 적절한 텍스트로 덧붙여져야만 하는가 아니면 327/8년 겨울 니코메디아 공의회와 328년 4월 17일 알렉산더 죽음 후 알렉산드리아 감독이 세워져야만 하는 일에 있었던 경쟁 사이의 시기를 표현하는 것인가?[25] 아타나시오스는 결과적으로 이 두 방향의 적대 세력들에 대한 특징을 정리하려고 희망했다. 멜레티우스는 베드로 감독이 박해기 동안에 우상에게 희생제를 드린 일을 포함 많은 잘못된 행위들에 관해 이집트 감독회의에서 파직시켰던 분열주의자였다(59.1). 그럼에도 불구하고 니카이야 세계 공의회는 아리우스와 그의 동료들을 한정해서 이단으로 낙인을 찍은 같은 시간에 멜레니아누스를 교제 안으로 다시 돌아오게 했다(59.3). 그러므로 아타나시오스는 그들이 멜레니안파를 수용할 준비가 되었어야 했다고 주장했다(59.4/5). 그의 활동 전체를 통해 아타나시오스는 그가 아리우스를 생각했던 이들과 상관을 맺을 때 단순하고 간단한 원리를 선언했다. '그리스도를 공격하는 이단은 결코 가톨릭교회와 교제를 가져서는 안 된다.'(60.1)였다.

아타나시오스는 330/1과 331/2에 그를 대항하는 비난에 관해 간단히 설명하기조차 한다. 그 비난들은 콘스탄티누스의 두 편지를 간단히 소개하는 데서 묘사되고 있다. 처음 소개되는 제국의 편지, '이시온(Ision)을 꾸짖으면서(고소자들 중 한 명이다) 나를 그 앞에 대면하도록 호출했다'는 구절이 불행히도 사본으로 전달되는 중 텍스트로부터 빠지게 되었다(60.3). 그러나 332년에 쓰인 두 번째 편지는 완전하게 보존되고 있다(61/2). 콘스탄티누스는 아프리카의 가톨릭 크리스천들에게 모든 미움을 내려놓고 서로 사랑할 것을 그들에게 힘주어 말하면서 편지를 썼다. 그는 비통하게 하나님의 백성들 가운데 평화를 깨뜨리는(즉 멜레티우스파) 사람들을 비난했다. 악한 자들이 황제의 시간을 낭비하게 하고 교회로부터 추방당할 만한 상황일지라도 그들은 알렉산드리아 감독에 대항해 우세할 수 없었다. 콘스탄티누스가 그의 확실한 확신으로 주장하듯 그렇게 아타나시오스는 진실로 하나님의 사람이었다.

아타나시오스는 깨어진 성배에 관한 곤란한 문제에 방향을 돌렸다. 멜레티우스파는 마레오티스에 나아갈 길이 막혔고 결국 모든 교회는 평화적 분위기였다. 그때 어떤 이스큐라스, 악한 사람이 성직자인체

폼을 잡으며 그의 마을을 위태하게 할 때 그렇게 되었다. 그 장소에서 정당히 안수를 받은 성직자가 그 지역을 방문한 아타나시오스에 정보를 주었고 사제 마카리우스를 이스큐라스를 소환하기 위해 보냈다. 두 사람은 이스큐라스가 아파서 누워 있는 것을 발견했고 그의 아버지에게 그들에게 알려진 것을 행하는 일을 그가 멈출 것을 말했다. 이스큐라스가 회복되었을 때 그는 멜레티우스파에 가입했고, 그들은 에우세비우스(니코메디아의)와 교류해 마카리오스가 거룩한 성배를 깨뜨렸다는 이야기와 함께 그들 자신이 숨도록 했던 아르세니우스가 아타나시오스 명령대로 살해당했다는 이야기에 입을 맞췄다. 전혀 사제가 아니었던 이스큐라스는 멜레티우스파에 의해 조작된 비방들에 실망해 아타나시오스에게 와서 기록으로 사과문을 제출했다. 그것은 완전히 인용될 가치가 있다.

축복된 교부(papa) 아타나시오스에게 이스큐라스가 주 안에서 인사 올립니다. 감독님이시며 내가 교회에 속하기 위해 당신에게 왔을 때 당신은 마치도 내가 내 자신의 의도로 이 모든 과정을 저질렀던 것처럼 내가 전에 말했던 것에 관해 나를 꾸짖었습니다. 지금 내가 이 변호를 써서 제출하여 내가 그렇게 했던 것은 폭력이 나에게 있었고 이삭, 헤라클리데스, 레오폴리스의 이삭 그리고 그들과 함께 있던 이들이 나를 구타했기 때문임을 알 수 있게 해드립니다. 이 일에 내 증인으로 하나님을 택하여 겸손히 내가 그들이 주장하고 있었던 내막을 당신은 모르지만 내가 완전하게 잘 알고 있는 것을 제시합니다. 성배를 깨뜨리는 어떤 일도 거룩한 탁자를 뒤엎는 일도 없었던 것에 대해 그들이 이 목적 즉 나를 압력 넣어서 이 주장을 만들도록 강요한 폭력을 사용함으로 발생했던 것입니다. 이 변호를 내가 지금 당신에게 하는 것입니다. 기록으로 당신에 이 내용을 전달합니다. 당신의 권위 하에 함께 모이는 사람들 중 일원이 될 수 있는 권리를 선택하며 주장하면서 나는 당신이 주 안에서 번성케 되길 기도합니다(64. 1/2).

이스큐라스는 그의 선언을 아타나시오스에게 마레오티스에 있는 다른 마을들로부터 온 6명의 사제들, 알렉산드리아에서 온 세 명의 집사들 그리고 마레오티스로부터 세 명의 신자들이 보는 앞에서 제출했다(64.3). 이것도 매우 의미 깊은 자료다. 여러 해에 걸쳐 그의 고소 내에서 주어진 이스큐라스의 고집스런 주장, 아타나시오스에게 반대하는 원래의 불평보다는 폭력에 의해 훨씬 더 많이 얻어졌다는 것이 이 변호이다.26) 하나의 내부적 모습은 의심 없이 시기로 얼룩진 사건으로 인증된 것이 드러나고 있는 것이다. 이스큐라스는 여기에서 성배를 깨뜨리는 일도 없었고 또 재단이 뒤엎어진 경우도 없었다고 선포한다. 지금 아타나시오스의 이같이 중요한 야만성에 대항하는 방어 전선은 아스키라스가 적당하게 안수받은 성직자가 아니기에 그의 울타리에는 거룩한 성배나 재단이 있을 수 없다는 것을 주장하는 것이었다. 공격적인 주장이 있었을 때 교리 문답자들은 성만찬을 할 수 없는 이들이었으며 이스큐라스 자신도 매우 심하게 병든 상태여서 침대에 누워 관련된 시기에 목회의 섬김을 실천할 수 없었던 것도 주장했다.27) 방어 전선에 등장한 함축된 의미는 공격 사건이 비록 기술적으로 야만적인 것이 아닐지라도 이스큐라스가 공격을 받았다는 점이다.

또한 합법적인 다른 전선은 공격이 사실상 발생했다는 결론에 이른 것이다. 이스큐라스는 자신을 감독이라 폼 잡고 멜레티우스파와 불일치하는 콜로더스의 추종자였다(12.1, 76.3).28) 그리고 그는 알렉산드리아 근처 마레오티스(Mareotis) 콜로더스파 수녀원 사제로 활동하고 있었다. 아타나시오스 자신은 그가 마레오티스에 갔었고 그때 이스큐라스에 관해 들었던 것을 인정하고 그는 마카리우스 사제를 보내 그에 대해 처리하려 했다(63.3). 여기서 생각되어야만 할 것은 아타나시오스가 주장하듯 마카리우스는 이스큐라스를 소환할 지침을 받았을 뿐 아니라 적절한 조치를 발휘해야만 했다. 여기 이 지점에서 멜레티우스파의 주장이 맞는 것이다. 즉 마카리우스가 이스큐라스에 의해 행해지는 예배를 방해했고 그것은 아타나시오스의 명령을 따라 그렇게 한 것은 본질상 맞는 주장이다.

아타나시오스는 다음 자신이 아르세니우스를 살해했다고 주장한 내용을 다루었다. 콘스탄티누스는 그 사건을 조사하도록 검열관 달마티우스에게 명령했다. 그러나 아타나시오스의 사신들은 아르세니우스를 발견해냈고 두로의 감독 바울 앞에 그를 내놓았다. 그때 콘스탄티누스는 '검열관의 법정'을(334년 가이사랴의 갑작스런 공의회와 동일시 되어야 한다. 아타나시오스는 어느 곳에서도 말하지 않고 있다.) 중단시켰고 동방으로 향해 오는 길에 다시 돌아갈 것을 명령했다(65.1-4). 아타나시오스는 다섯 편의 편지들 모두를 인용하고 있다.

(1) 데살로니키의 알렉산더가 요한 아르카프의 음모를 그가 드러낸 점에 대해 축하하며 아타나시오스에게;
(2) 안테오폴리테 마을에 프테멘쿠르키스의 수도원 사제였던 핀네스(Pinnes)가 요한에게 경고하길 아타나시오스의 사신들이 아르세니우스를 산 채로 찾아내었으니 아타나시오스를 비난하지 말아 달라고 청하는 편지;
(3) 아타나시오스에게 '왜곡되어 불법을 행하는 멜레티우스파'에 의해 행해진 고소에서 분노를 표출하며 자신의 변호를 발표하라

고 그에게 촉구하는 콘스탄티누스의 편지글;
(4) 그의 권위에 복종하며 아타나시오스에게 가톨릭교회와의 교제에 들어가게 해달라고 요청하는 아르세니오스의 글;
(5) 아타나시오스와 화해를 수용하면서 법정에 출두하라고 요한에게 콘스탄티누스가 전하는 편지(66-70).

두로 공의회는 더욱 풍부한 취급마저 받았다. 그것은 필수적이었다. 왜냐하면 338년에서 341년 사이 연이은 안디옥 공의회는 더 이전의 판결을 반복했을 때 마카리우스가 그의 명령에 따라 이스큐라스의 성배를 깨뜨렸기에 아타나시오스가 야만적인 죄목으로 설정됨으로 335년 9월에 마레오티스를 방문한 심문단의 발견 사실에 호소했기에 그런 상황이었다.29) 아타나시오스는 두로 공의회를 신뢰하지 않을 필요성이 있었다. 335년 혹은 339년 그의 추방에 대한 법적 근거가 합법적이 아니기 때문이 아니라 모든 지역의 기독교인들이 감독의 기능에서 그를 면제해 그를 자동적으로 신뢰하지 않음으로 그를 죄있다고 보아 그 야만성을 고려하지 않도록 해야되기 때문이었다. 이스큐라스가 마레오티스에서 감독이 되어 343년 아타나시오스의 정죄에 자신의 이름을 그 한계에 기록해야 한 지점에서 범죄에 대한 단순한 부정만으로 충분치 않았다.30) 아타나시오스가 그의 죄인으로 발견된 그 과정을 신뢰하지 않는 것으로 해야 할 필요를 느꼈다.

아타나시오스는 두로 공의회를 폭력으로 진행되었고 더구나 세속 관리에 의해 되었음을 묘사했다. 검열관 디오니시우스는 에우세비우스를 위한 보호자들과 함께 보내졌다. 마카리우스는 묶여서 두로에 군사적 호위와 함께 끌려갔고 아타나시오스도 참석하길 강요당했으며 군인들에 의해 끌려갔다(71, 1/2, 72.1, 82.1). 위원회가 모였을 때 검열관은 자리잡고 앉았다. 고소 당한 멜레티우스파와 아리우스는 재판석에 앉아있었다. 그러나 아타나시오스는 '그들 위협적인 사람들의 모임'으로부터 철수했다(렘 9:2). 두로 공의회가 부적절히 진행되었다는 그의 주장에 진실성을 보이기 위해 아타나시오스는 중심적 관점 각자를 증거하기 위한 자료들로 나열해 인용하고 있다.

(1) 멜레티우스가 알렉산더에게 제출한 성직자 명단.[31] 이 명단에 이스카리우스 이름이 포함되어 있지 않았으므로 그는 성직자일 수 없었다. 그러므로 아타나시오스의 고소자는 아타나시오스가 지적한 바처럼 마땅히 청문회를 받지 말아야만 한다(72.6).
(2) 16명의 성직자 그리고 알렉산드리아 교회의 다섯 집사들이 검열관에게 제출한 서류(73). 위원회는 그들과 함께 이스큐라스를 데려오고 마카리우스나 아타나시오스는 아니었다. 알렉산드리아 성직자들은 그들이 조사하는 동안 임석할 것을 요구했다. 그러나 그 요구를 거절함으로 위원회는 그들 편파성을 드러냈고, 아타나시오스에게 충성했던 성직자들은 미래의 '순수한 공의회' 앞에 그들의 발견 사실들을 증명하기 위해 저항에 돌입했다.
(3) 두로 회의에(74/5) 미레오터스 성직자들의 편지(15명 성직자들과 15명 집사들). 성직자들은 이스큐라스가 확실히 성직자가 아니었다는 것을 설명하고 있다. 그는 콜리토스에 의해 안수받았다고 주장했다. 그러나 코르도바의 호시우스의 주재 하에 알렉산드리아에서 개회된 공의회는 그의 안수를 비합법적인 것으로 선언했다. 고소 건들도 성배로 깨뜨려지지 않았고 제단도 아타나시오스 자신이나 그의 동조자 어떤 이들에 의해서도 붕괴된 적이 없음으로 모두 사기행위에 불과했다. 그리고 위원들도 특히

이집트의 총독 필라그리우스가 증인들을 폭력으로 위협했기 때문에 아타나시오스에 반대하는 증거를 획득하는데 비합법적으로 진행했다.

(4) 335년 9월 8일 이집트 총독 필라그리우스에게 제출한 동일한 진술서; 총독 친위대에 속한 플라비우스 팔라디우스의 *curious palatinus docenarius* 와 플라비우스 안토니우스의 *biarcus centenarius* (76). 마레오티스의 성직자들은 이스큐라스가 성직자가 아님을 맹세로 주장하고 역시 교회도 없었다고 말했고 성배도 깨어진 적이 없다고 맹세했으며 그들은 황제에게 그들의 선언을 위한 설명회를 요청했다.

(5) 전체 회의에서 이집트 감독들의 편지(77). 아타나시오스의 후원자들은 공의회가 적들에 의해 지배되고 자신들의 증언들은 불만족하게 거절당하며 제안된 심문을 위한 위원회 멤버도 부적당했음을 주장했다.

(6) 플라비우스 디오니시우스에게 48명 감독들의 편지는 같은 불평을 반복하면서 그에게 개입할 것을 요청하고 있다(78).

(7) 두로에 참석했던 가톨릭교회 감독들 모두의 인용으로 디오니시우스에게 아타나시오스의 사건이 황제에게 언급되도록 하는 요청의 편지(79).

(8) 디오니시우스에게 테살로니카의 알렉산더에게 심문위원회 멤버를 거절하는 편지(80).

(9) 에우세비우스와 그와 연대된 이들에게 쓴 디오니시우스의 편지(81: 단지 부분만 인용됨). 디오니시우스는 아타나시오스와 알렉산더에 의한 저항 세력에 속한 감독들을 알려주면서 그들에게 그의 초기의 충고 즉 위원회 멤버들이 일치된 투표로 선택되어야

함을 밝힌다(81).

한 가지 생동감 있는 자료는 분실되었다. 위원회가 진행했던 심문에 관한 완전한 의사록은 위원회가 제안했을지라도 총독이 위협을 했을지라도, 군인들이 차고 있던 칼을 뒤흔들었을지라도 증인들은 이스큐라스가 고소가 주장되던 때는 병중이었고 아타나시오스를 향한 공격은 거짓이었다는 점을 보여주고 있다. 적들은 강하게 의사록에 억압을 가했다. 그러나 기록했던 것을 러퍼스(Rufus)가 그 내용을 확증할 수 있었기에 소용이 없었다. 그러나 발췌본이 로마의 감독 율리우스에게 보내졌고 그것들을 아타나시오스에 전달했다. 그의 적들은 그들이 숨기기를 원했던 바를 그가 얻어서 읽었기에 지금 분노하게 되었다(83).

아타나시오스는 두로에서 빠져나와 도주했다. 그가 그 이야기를 계속하기 전에 그는 두로에서 예루살렘으로 공의회를 수정했던 감독들에 실망해서 비난을 가했다(사실 황제의 강압적인 초청이 있었다). 그리고 그 때에 아리우스를 교회 교제에 다시 수용했다. 그는 자신을 재판한 사람들이 '세계 공의회'의 결정을 전복시킨 보여주기 위해 공의회 편지의 서문을 인용하고 있다(84). 그리고 그는 이스큐라스가 마레오티스의 김독으로 정해졌는지 설명히는데 한 교회가 그를 위해 설립되어야 한다는 비합법적인 주장을 싣고 있는 범교회적 편지를 인용하는데 그것은 그가 잘못된 고소를 성사시킨 점에 대한 보상이었다(85).

결론을 위하여 아타나시오스는 그 자신에게 돌아와 그는 콘스탄티누스가 화가 나 감독들을 두로로부터 호출한 편지를 인용하는데, 그 편지는 황제가 자기를 골에 추방하기 위해 면담을 하는 것을 요약하며 콘스탄티누스 황제가 알렉산드리아 기독교인들에게 그를 의탁하는

337년 6월 17일의 편지를 인용한다(86/7). 한 번 일치하여 335년 11월 6일의 편지가 두 종류 편집이 살아있는 형편이다. 그 이유는 아타나시오스의 인용문인 텍스트는 키지코스의 젤라시오가 재생한 편집사 약간 단어의 변형을 보일 뿐 아니라 젤라시오가 인용하고 있는 단락과 일정 부분이 결핍되어 있고 생략되어 있다.32) 불일치에 대한 설명은 무엇일까? 일반적 기초에서 아타나시오스가 그의 동시대 많은 사람들이 모았던 자료들을 변조할만큼 어리석거나 모험스러웠다고 하는 점이 불명확하다. 이 점에서 475년에 저술했던 젤라시오는 아타나시오스에 의해 보전된 순수 본문을 다시 외부의 것을 삽입했거나 재 기록했음에 틀림없다.33) 그 같은 진단은 실제적 변형에 대한 설명일 수 있다. 더군다나 그 편지들은 아마도 24시간 안에 작성된 직후에 사건들이 발생했으므로 「아리우스에 대한 변론」의 출판이 출현할 때까지 아주 광범위하게 회람되었을 것이라고 추정하는 것은 현명하지 못하다. 젤라시오에게만 간직된 부분들은 황제의 다른 연설들이나 편지들에서 발생하고 있는 것들은 콘스탄티누스에게 속한 순수 구절들을 포함하고 있다.34) 그리고 적어도 한 구절 안에 있는 작은 변화들은 만일 표면적인 단계에서만이라면 아타나시오스가 변조했다는 분명한 증거를 무심코 드러내는 것이다. 젤라시오의 편집인 콘스탄티누스는 쓰길:

내가 제국의 행렬, 우리의 이름을 빛낸 모든 행운의 주인공들인 콘스탄티노플 서민들을 따라 들어갔을 때…

이 부분에 대한 아타나시오스의 상응하는 기록물은 다음과 같이 읽혀지고 있다.

내가 내 발을 콘스탄티노플의 명성있는 자들과 전적으로 행운을
지닌 조상들에게 내 발을 내딜 때에(그가 말을 타고 있는 중에
발생했다)…

마치 콘스탄티누스 대제의 편지 부분인 것처럼[35] 해당 구절을 현대 편집자가 프린트했을지라도 '그가 말을 타고 있는 때에 발생되었던'이란 기록은 원자료에 남아있는 내용이 아니고 아타나시오스에 의한 편집상 첨가이다. 더 중요한 것은 콘스탄티누스의 조상(patria)이 발칸에 속했으므로 새 도시인 콘스탄티노플을 메타포나 불분명한 속임수 없이 그의 조상의 땅이라고 칭할 것 같지는 않다.[36] 게다가 제국의 행렬은 독립적으로 입증이 되지 않는다. 즉 콘스탄티누스는 335년 10월 23일에 니코폴리스(Nicopolis)에 머물러 있었다.[37] 그리고 아타나시오스는 그의 귀가를 기다리며 10월 30일 즈음 수도에 있었다(「목록 8」). 그러므로 기술적 기초에서 젤라시오는 이 페이지에서 더욱 우선권을 두는 듯했다[38].

아타나시오스가 젤라시오의 필요에 의해 결론되는 문장을 생략했다 함은 어떤 불길한 의미가 있는 것은 아니다. 「아리우스파에 대항하는 변호」에서 인용된 몇몇 자료들은 삭감되지 않았으며 아타나시오스는 나쁜 신앙의 비난이 없이는 그곳을 떠날 수 없었을 것이다.[39] 그러나 그 편지의 긴 부분은 쉽게 설명될 수 있는 본질적인 다양성을 제공해주고 있다. 아타나시오스에게 본문은 감독이 황제에게 고귀함을 표시한 후 교환되어 나타나는 간단한 내용을 제공하고 있다.

그렇게 나도 아무 때나 그에게 말하지 않고 그를 대화에 초대하지도 않았다. 그러나 그가 계속 듣기를 원하였기에 내가 거절하고 내가 거의 그들 멀리 떨어지게 하는 동안 더 큰 자유로움으로 당신의

도착을 제하고선 우리로부터 그 외의 것도 원치 않는다고 주장했다. 그 결과로 그는 너의 출석의 필요성으로부터 고통스런 탄식이 가능했다(86.8).

젤라시오는 그가 콘스탄티누스 황제를 대면할 때 '슬픔과 애통' 속에 있는 아타나시오스를 제시했다.

우리는 그렇게 비천하고 던져질 그 사람을 보았다. 그리고 우리는 그가 아타나시오스, 우주의 하나님을 예배하도록 이방인들조차 굴복시키기에 충분한 거룩한 모습의 아타나시오스였다는 것을 알았을 때 그에 대해 말할 수 없는 동정심을 느끼게 되었다.

젤라시오의 콘스탄티누스는 분노 속에서 설명할 수 없는 언어로 331년 아타나시오스를 호출했고 그에 반대한 고소들을 철회하길 그때부터 계속적이었음을 언급하고 있다.

그러나 지금 두 번째 더 자유롭게 말하자면 두 번째 그에 대한 공격이 처음보다 가혹했음을 외치게 되었다. 우리에게 너의 도착을 제외하곤 어떤 것도 요구하지 않고 다만 그것을 요구했고 그는 너와 함께하는 궁핍으로 곤경 당하는 것을 탄식할 수밖에 없었다.[40]

젤라시오의 인용된 본문은 그가 황제에게와 그의 폭력 섞인 단어에 더 비용이 드는 상황을 제공했을 때 그 감독의 가련한 조건을 묘사할 때는 예리한 말들을 하지 못하고 있다. 고소죄에 대한 아타나시오스의 편집에 의하면 날카로운 구절들은 부드러워지고 더 모호하게 되었다. 그것은 아타나시오스가 억압당하고 있어서 구문들을 변경했으며 경험을 소환함으로 고통스러움을 느꼈거나 기록을 재생하길 꺼려했거나 한 결론을 유추할 수 있는 상황이 되었다.[41]

'폭력은 폭력을 낳는다.' 우연히 발견된 한 파피루스가 자신을 위한 아타나시오스의 많은 변호를 제시하고 있다. 결코 공론화를 의도하지 않은 개인 서한이 보존된 것이었다.[42] 그것은 알렉산드리아에 있는 멜레티우스파 갈리스토로부터 지명이 상부 사이노폴리테라고 불리는 멜레티우스파 지역 수도원에 있는 두 사제들에게 보낸 편지였다. 335년 5월 20일에(갈리스토가 언급하길) 레토폴리스의 감독이 여기에서만 입증되고 있는 헤라이스쿠스 감독과 캠프에서 식사하기 위해 왔다. 그러나 그 상황은 알렉산드리아의 멜레티우스파 감독으로 확실시 된다.[43] 아타나시오스의 후원자들은 헤라이스쿠스와 그의 초청자들을 체포하기 위해 왔다. 그러나 그들은 군인들이 살고 있는 병영에 숨어 있었다. 그들은 우연히 네 명의 멜레티우스파 수도사들을 붙잡아 구타해 거의 죽게 되었다. 그 후 그들은 알렉산드리아 외곽에서 주둔하고 있는 요양지를 급습했고 그 군대의 집정관이 석방하도록 명령을 내릴 때까지 거기서 발견된 다섯 명의 멜레티우스파 수도사들을 납치했다. 십성관은 헤라이스쿠스에게 그 공격에 대해 사과를 했고 그 내부에 *dux*의 군인들이나 캠프의 군인들이 당했었다. 그러나 그는 멜레티우스파들이 그들 감독을 보거나 감독이 그 캠프를 떠나거나 하는 것을 허락지 않았다. 아타나시오스의 정책은 그들 후원 감독들을 두로에 보내는 것이었다. 그러나 그의 안내자들은 필요하면 폭력을 써서라도 알렉산드리아에 감금시켜 놓는 것이었다. 그는 한 명의 감독을 푸줏간에, 한 사제를 수도원 감옥에, 그리고 한 집사를 그 도시의 중심되는 감옥에 가두었다. 이같이 분명히 알려진 사실 외에도 그 편지로 미루어

보면 헤라이스쿠스 자신도 일정 기간 동안 수도원을 떠날 자유를 갖지 못했다.

그의 무리에 관해 항변이 있음에도 불구하고 아타나시오스는 힘을 사용했고 알렉산드리아에서 조직적으로 폭력과 위험으로 그의 위치를 보호했다.44) 335년 파피루스 자료에는 상세하게 하나의 소규모 에피소드를 소개하는데, 거기에서 그는 반대자들을 억압했으며 교회 공의회에 참석하는 것을 방해할 시도로 폭력을 사용했다. 이것은 단순한 경범죄가 아니었다. 그것은 알렉산드리아 감독들이 기독교 로마 제국 내에서 그들의 권력을 유지했던 수단들 중 전형적인 예였다.

아타나시오스의 폭력은 테오필루스, 키릴로스 그리고 디오스코루스 같은 알렉산드리아 후기 감독들에 의한 유사한 행동보다 더 소수의 흔적들이 현존하는 자료에 남겨져 있다면 그가 힘을 다른 각도에서 사용했다는 것이 타당성이 아니라 그가 그것을 더 효율적으로 사용했으며 그가 자신을 후대에게 힘 안에서 무죄하다는 것을 제시하는 데 성공했으며 '하나님의 사람'으로 정직했고 진지했으며 올곧은 인물이었다는 점이 합당하다 할 것이다.

IV.
카파도키아 여행

콘스탄티누스는 337년 5월 22일에 사망했다. 그의 사망 후 네 주가 지난 후 제국의 법령은 모두 추방된 감독들이 자신들의 교구로 돌아갈 것을 명령했다. 그 명령은 그 당시 모든 황제들의 이름으로 발표되었다 (달마티우스 황제와 콘스탄티누스 대제의 세 아들도 물론이었다). 그러나 콘스탄티우스는 그의 부친의 정책을 해체하는 데 참여하지 않았다. 출발은 의심 없이 335/336년 이래 트리어 수도에 거주하고 있었던 콘스탄티누스에게 속한 것이지만 알렉산드리아의 추방된 감독의 충고를 따른 것이었다.

아타나시오스는 콘스탄티누스, 콘스탄티우스 그리고 콘스탄스의 연합된 행위로 추방된 감독들의 재건이라고 말하고 있다(「아리우스주의의 역사」 8.1). 그러나 그는 어떤 곳에서도 합법적 힘을 가졌던 공식적 행동을 인용하지는 않고 있다. 대신 콘스탄티누스가 337년 6월 17일에 '알렉산드리아 도시의 가톨릭교회 사람들에게' 그의 이름으로 썼던 개인 추천서를 인용하고 있다. 아타나시오스(그 편지로 소식을 드러내길)는 골 지방에 임시방편으로 그리고 부분적으로 2년간의 안전을 위해 보내졌다고 한다. 콘스탄티누스는 늘 그 감독을 그의 적절한 자리로 세우려고 의도해 왔다. 그러나 죽음이 그의 의도를 완성시키지 못하게 했다. 그러나 그의 자녀들과 계승자들이 그의 소원을 만족시켰고 그 위대한 인물을 환영하는 양떼 곁으로 돌려보냈다(「아리우스주의에 대항한 변론」 87.4-7;「아리우스주의의 역사」 8.2).

아타나시오스는 즉시 트리어를 떠났다. 그러나 그는 빠르게 가장 직접적인 길로 알렉산드리아로 여행하지는 않았다. 그 길에 그가 수행해야 할 정치적, 교회적인 직무가 있었다. 콘스탄티누스는 화해되었거나 적어도 누그러졌음이 분명했고 아타나시오스는 모이시아 수페리오르 지방에 속한 비미나키움에서 그와 내담을 나눴다. 만남의 결과는 알려지고 있지 않다. 사실 그 사건의 발생에 관한 단순한 사실만 알려주고 있는데 그것은 아타나시오스가 여러 해가 지난 다음에 단순히 지나가는 암시를 흘리고 있기 때문이다. 그러나 역사적 맥락은 명백하다.

콘스탄티누스는 판노니아에서 그의 형제들과 콘스탄티노플에서 돌아오는 길에 협의를 나누었다.[1] 콘스탄티누스의 세 아들들은 337년 8월 9일에 아우구스투스(로마 황제의 칭호;역자 주)로 선포되었다. 아마도 그들이 함께 만났을 때였다. 그 날짜가 되기 바로 직전 황제로 그들 동료였던 달마티우스와 모든 다른 가능성을 지녔던 황제 라이벌들은 그들이 다 콘스탄티노플에 있을 때 죽임을 당했다. 그 사건은 콘스탄티우스가 그들의 살육을 적어도 방해하지 않았거나 함께 음모한 속에서 이뤄진 사건이다.[2] 그가 아타나시오스를 만나게 되었을 때 그 마음 속에는 교회의 문제보다는 더 큰 비중이었다. 335년에 네 부분으로 제국이 나눠졌고, 카이사르를 위해 각자 하나 그리고 콘스탄티누스의 세 아들 사이에 재할당될 필요가 있었다. 그 사건에서 영토를 크게 확장되도록 한 그 형제들 사이에서 전략적으로 자리잡은 측은 콘스탄스였다.3) 콘스탄티우스는 새로운 제국의 동료들 속에서 우선권을 요구했다. 두 동생들이 그의 우선권을 인정했을지라도 그것은 공허한 형식에 불과한 그 이하를 표시한 것일 수 있다.4) 콘스탄티우스는 트라키아 관구를 획득했다. 그러나 곧 그의 부친이 그에게 남겨두었던 페르시아 전쟁은 그의 계속적 관심을 끌게 했다. 338년부터 12년 동안 콘스탄티우스는 동방 변경에서 전쟁을 했다. 안디옥은 그의 중심 거주지였고 일반적으로 겨울을 시리아에서 보냈으며 여름철은 메소포타미아의 전쟁을 이끌었다.5) 그러나 337년 그가 시리아에 돌아오기 전 아마도 그의 형제들과 협의를 진행하기 전 다른 군사적 비상사태가 그의 관심을 끌어들였다. 콘스탄티누스는 다뉴브의 북쪽 지역을 점령해야 했다. 원래는 트라야누스에 병합되었는데, 3세기 중엽에 매우 혼돈스러운 세월 동안에 포기되었다.6) 그의 사망 후에 곧 이 정복이 다시 비록 콘스탄티우스가 분명히 337년 사르마티아인들에 맞서 전쟁을 벌렸고 왕실 주체 세력들에 의해 승리할 것이라는 점이 신뢰되었을지라도 지속되고 있었다. 아타나시오스를 콘스탄티우스의 정치적 압력과 군사적 우선 정책에 대해 날카롭게 인식하고 그의 기회를 충분히 사용했다.7) 몇 년 후 세르디카 공의회에서 그의 대적들이 337년 여름 동안 격분해 생동하는 기분으로 활동한 상황을 묘사했다.

> 그는 오랜만에 골 지방으로부터 알렉산드리아에 도착했다. …그의 긴 여정의 되돌아옴을 통해 그는 교회들을 뒤집어 놓았다. 정리된 감독들을 재기시켰고 그들 교구에 돌아가도록 하겠다는 희망 섞인 약속을 했으며 현재 감독들이 살아있고 [어떤 죄목으로도] 정죄되지 않은 상태임에도 불구하고 이교도들에 의한 주먹질과 살인의 수단으로 불신자들을 감독으로 임명하는 의식을 거행했다. 그는 법을 무시했으며 모든 것을 자포자기 상태로 만들어버렸다. 결국

그는 알렉산드리아 교회들을 폭력과 살인과 전쟁으로 장악했다.8)

이 주장 배경에 있는 냉정한 사실은 아타나시오스가 그의 친구들은 돕고 폭력의 상황에 그의 적들을 배척했다는 것이다. 아타나시오스 자신은 훗날 한 에피소드를, 슬기롭지 못하게 불평들이 생겨난 것에 대해 지목했다. 콘스탄티노플의 나이 많은 감독 알렉산더, 비잔티움 훗날 콘스탄티노플을 23년 동안 목양을 담당했던 그가 337년 여름에 사망했다.9) 아타나시오스는 알렉산더의 사망 이후 논쟁이 되었던 서품 과정 이후 잠시 콘스탄티노플에 머물렀다. 제국의 수도에 거주하던 기독교인들은 열렬하게 니카이야 신앙고백을 지지하는 이들과 아리우스 견해에 동조했던 무리들 사이에 거의 절반 씩 분열되어 있었다. 니카이야 파들은 그 도시에 최근에 도착한 젊은 사제, 바울을 지지했고 후자는 오랜 기간 동안 그 교회의 집사였던 나이 지긋한 마케도니우스를 지지하고 있었다. 알렉산더가 그 둘을 비교하는 문서를 남겼는데 거기서 그는 바울을 교사요 선한 인물로 강한 선호도를 보여주었다. 바울이 마땅히 수용되어 선택되었으며 헌신 되게 되었다. 바울 지지자들이 습관이 요구하는 바대로 인접한 교구 감독들에 의해 그들의 결정 사항이 합법화되도록 기다리지 않음으로 아마도 그것은 바울을 콘스탄티노플의 감독으로 의칙을 집행하는 데 필수적인 세 명 감독 중 아타나시오스가 한 명으로 속해 있는 우선권이었던 것 같았다. 콘스탄티우스가 판노니아에서 돌아왔을 때 선거 과정을 점검했고 그것을 뒤엎어버렸다. 극변 지역의 감독들이 모인 거리에서 바울을 파면하고 그가 성직의 자리에 임명되어 있었기에 마케도니우스를 감독으로 후원했을지라도 니코메디아의 에우세비우스를 대신 세우게 되었다(*Hist. Ar.* 7.1).10)

이 어간에 아타나시오스는 제국의 수도를 떠났다. 황급히 그는 여행을 재촉했다. 그러나 시리아와 포이니케 그리고 팔레스타인의 교회 문제들에 개입할 시간을 할애했다.11) 그가 도움을 주어 혜택을 입은 자는 가자의 감독(특정될 수 있는 사항) 아스클레파스를 포함할 수 있다. 그는 326년에 추방당해 그의 교구에 돌아와 감독에 임명되었다. 그리고 추방 중 로마에서 아타나시오스를 후에 접하게 되었던 인물이었다. 아타나시오스는 337년 11월 23일(목록 10)에 알렉산드리아에 다시 돌아왔다.12) 아마 그의 대적들은 그를 파직시키고 다른 이를 세우려고 첫 단계를 시작했는데, 왜냐하면 감독회의가 337/8년 겨울에 아마도 콘스탄티우스가 안디옥에 있을 때13) 개최되어 아타나시오스를 파직시키고 알렉산드리아의 새 감독을 임명했다. 337/8년 겨울 아타나시오스를 파직하려는 실패의 시도에 대한 중심적이고 흔들림 없는 증거는 그를 제거하려고 알렉산드리아에서 감독회의가 생산한 공의회 편지에 의해 제공되고 있다. 때때로 그 공의회 날짜가 339년으로 잘못 소개되고 있기도 하다.14) 338년에 이집트 지역으로부터 감독들의 이 공의회는 이집트 수도에서 모이게 되었고 그의 적들이 아타나시오스에게 대항해 고소한 고소를 통해 그가 무죄한 사람이라 선언했다. 자신을 변호하기 위해 훗날 아타나시오스는 이 공의회의 편지를 인용했다. 적어도 개요를 살펴보면 추방에서 돌아온 후 그에게 놓였던 위험을 지적하는 것이었다(「아리우스주의에 대한 변명」 3-19).

에우세비우스파들은 (그들을 그렇게 규정하게 된다) 감독회의를 소집했다(3.2). 알렉산드리아의 편지에 안디옥에서의 공의회 회원권에 관해 불평이 들리지 않는 것을 볼 때 아마 전체 동방 지역에 속한 규모가 크고 대표단이 형성된 감독들의 콘클라베였다. 아타나시오스에게 대항하는 고소들은 옛것들 즉 두로 공의회가 심의했던 내용, 그리고 그가 추방에서 돌아온 후와 그 동안에 있었던 그의 행동과 관련된 새것들 둘 다였다. 공의회는 아타나시오스를 적어도 몇몇 치명적 설명들에 관해선 죄목을 발견하고 그의 교구로부터 그를 면직했고 피스투스를 그 대신 알렉산드리아의 감독으로 지명했다(Ep.「공의회 편지」 6.1). 모임에 참석한 감독들이 자신들의 서명을 첨가한 편지를 통해 다른 감독들에게와 세 명의 황제들 각자에게 공의회 결정 사항들을 전달했다(「아리우스주의에 대항하여 변호」 3.5-7, 19.4/5).

공의회는 328년에 있었던 아타나시오스의 선출이 비합법적이라는 옛 의혹을 다시 불러일으켰다.

> 알렉산더 감독 사망 후 어떤 소수의 사람들이 아타나시오스의 이름을 언급했고 6, 7명의 감독들이 그를 비밀히 그리고 사적으로 (sub rosa) 선출했다.15)

그러나 338년에 그 필요는 공식적 고소로 채택되지 못했다. 아타나시오스의 파직에 대한 공식적 기초는 세 가지로 구성이 되었다. 첫째로, 아타나시오스는 사제 마카리우스를 시켜 이스큐라스의 성배를 깨뜨리고 그의 제단을 파괴하라고 명령했다는 것이다(11.1-4). 이 고소는 완전히 두로 공의회에 의해 조사가 되었다. 즉 공의회는 마레오티스에게 탐문위원회를 보냈고 위원회는 그 지점에서 증거를 수집했고 입증되는 혐의를 발견했다(17.6). 두 번째로, 아타나시오스가 그의 귀환 후 사망과 살해 사건에 책임을 져야 한다(3.5-5.5). 그리고 셋째로, 사적인 이익을 정당화 하기 위한 절차를 적절히 하기 위해 이집트에서 과부들을 보호하기 위한 명분으로 콘스탄티누스에 의해 제공되는 곡물들을 팔았다(18.2).

아타나시오스는 물론 반감에 찬 공의회의 판결을 수용하려 하지 않았다. 그는 동료로부터 변호 받길 추구했다. 추측컨대 아타나시오스는 그의 대적들이 그를 심문하기 위해 위원회를 소집한다는 것을 듣자마자 그 친구들을 소집했다. 그러나 그 모임은 콘스탄티우스가 안디옥 공의회를 배서한 것은 그에게 편지를 쓴 후에(18.2) 이뤄졌다. 어떤 자료도 사실을 입증하지 못할지라도 아타나시오스는 그를 변호해 황제 앞에 제출한 공의회 편지를 받았음에 틀림없다. 사실 그것은 자신의 작성 문서이며 훗날 「아리우스주의에 대항한 방어」(Defense against the Arians)에 완전히 인용된 자료 제시의 초안이었다.[16]

'어느 곳에든 거하는 보편교회 감독들에게' 전달했던 그들의 편지 속에서 알렉산드리아의 감독들은 아타나시오스를 파문했던 공의회는 교회 공의회가 아니라고 불평했고 단지 제국의 분노를 미끼로 그를 죽이려고 목적하는 바를 계획한 음모에 불과하다고 했다(3). 아타나시오스는 아무도 죽인 적이 없다. 그리고 어떤 누구를 형 집행자에게 넘겨준 적도 어떤 사람도 감옥에 집어넣거나 유배시킨 적이 없다. 언도는 아타나시오스가 시리아(5.2-4)에 있을 때 이집트 총독에 의해 의문을 제기했던 사람들에게 형벌이 가해졌다. 아타나시오스의 적들은 이난이었나(5.5-6.2). 그리고 그들의 지도자 에우세비우스가 분명히 니코메디아를 위해 베리투스 교구를, 그리고 다른 교구(사실상 콘스탄티노플이다)를 위해 니코메디아를 포기한 교회법을 위반했을 뿐아니라 또한 정당하게 325년 이단을 일으켰기 때문에 감독으로 지위를 빼앗긴 것이다(6.6-7.3). 어떻게 그러한 인물들이 아타나시오스를 재판하는 자리에 앉아 있을 수 있다고 생각할까? 그에 대항하는 고소는 아리우스의 광기에 의한 구성이었다.

편지의 가장 긴 부분은 두로 공의회에서 제기된 고소건에 해당된다

(11-17). 아타나시오스가 아르세니우스를 살해했다는 혐의가 두드러진 부분을 차지하고 있다(8.4/5, 9.5-10.3). 아르세니우스가 여전히 생존해 있음으로 아타나시오스에 대항하는 고소가 얼마나 기초가 부실했는지의 예를 들 수 있었다. 이스큐라스의 성배는 훨씬 더 많은 분량의 토의를 내포하고 있다. 훗날「아리우스주의에 방어」같이 338년 알렉산드리아 공의회 편지는 아타나시오스가 마카리우스에게 이스큐라스에 속한 거룩한 성배를 깨뜨리라고 그리고 그의 제단을 전복시킬 수 없었다고 주장하고 있다. 왜냐하면 이스큐라스는 합법적으로 안수받지 않은 콜루투스(Colluthus)의 추종자였고 그가 성만찬을 거행한 것으로 주장했던 건물들은 교회도 아니었기 때문이다. 그러나 중심되는 주장은 아타나시오스에게 대항하는 335년의 고소는 적절치 않게 구성되었고 진행되었고 적절치 않은 판단이었던 두로 공의회보다 거짓이 더했다는 점이다. 심문 위원회가 치우친 것이었으며 335년에는 이집트 감독들이 아타나시오스의 대적들과 아리우스파 같은 멤버들은 거절했다. 그리고 위원회는 비합법적 방식으로 진행해나갔다. 공의회 멤버 중에는 박해 기간 동안 봉헌에 대해서 당연히 정당화되어서는 안 된다고 했던 가이사랴의 에우세비우스가 있었다.

> 어떻게 그들이 그것을 공의회라 감히 부를 수 있는가? 재판관(comes)이 임석했으며 감시관(speculator)도 착석했으며 해설가(commentariensis)들이 교회의 집사들 대신 우릴 인도하고 있었는데 어떻게 공의회라 칭할 수 있겠는가? (8.3)

이 페이지와 그 이후에「아리우스주의에 대항한 변호」에 등장한 확대 부분은 두로 공의회에 좌장으로 참석해 그 자리에서 회의의 신중함을 이끌었던 재판관(comes) 디오니시우스의 (그러나 오류인)

모임의 그림을 위한 유일한 기초이다.17)

　옛 고소는 강한 세속적 지배의 모습을 평가 절하하는 확대 부분으로 계속되고 있다.

> [디오니우스는] 말했고 그 착석했던 이들은 침묵을 지켰다. 오히려 재판관에게 순종했고 자체의 스타일을 지닌 감독들의 배제가 그의 충고로 방어가 되었다. 그는 명령을 했으며 우리는 군인들에 의해 끌려갔다. 아니면 오히려 에우세비우스와 그 동조자들이 명령했을 때 그는 그들의 결정을 온유하게 효력을 나타냈다(8.3).

　유사하게 다른 페이지는 마레오티스에서 이집트 집정관이 정확히 두로에서 디오니시우스가 했던 동일한 수법으로 처리했음을 불평하고 있다.

> 군사적 호위병들과 함께 재판관들이 바로 있었다. 그들은 어떤 말도 하지 못하게 했고 반면에 그들이 결단했던 것을 실행하기만 했다.18) 그렇게 또한 여기 이집트의 집정관은 그의 시종들과 함께 교회에 속한 모든 이들을 위협했고 어떤 누구에게도 신실하게 증거를 제시할 만한 기회를 허락하지 않았다. (14.4)

　같은 사건에 대해 덜 적대적 표현으로 디오니시우스는 공의회에서 명령을 내렸고 두로의 감독들에 다수에 의해 만들어진 결정들을 강화했다. 두로에서 아타나시오스 지지자들은 재판관(Comes)에게 공의회를 다스려달라고 요청했다. 그러나 그는 거절했다(「아리우스주의에 대항하여 변호」78-81). 그것은 공의회의 압박으로 개입하라는 것에 대해 디오니시우스가 거절한 것을 표현한 전적인 우스개 상황이었다.

편지에 따른 사건에서 아타나시오스의 제거를 확고히 하는 아리우스파의 중상모략이 있었다. 어떤 고소도 아타나시오스에 반대해 입증될 수 없었고 재판관마저 선입주견으로 그에 대해 폭력을 사용했을지라도 감독도 콘스탄티누스에게로 도피해 불평을 내놓았다. 거기에 대해 감독은 두로로부터 감독들을 다시 소환했다. 그러나 에우세비우스와 그의 동조자들이 도착했을 때 그들은 두로에서 심문했던 고소에 대한 언급은 하지 않고 대신 아타나시오스가 알렉산드리아로부터 콘스탄티노플로 곡물 제공을 방해했다는 주장을 했다. 그리고 에우세비우스는 부유하고 능력있는 감독이 이집트에서는 전능하게 되었다고 맹세까지 했다. 그러나 하나님은 은혜로웠고 콘스탄티누스는 자비로웠다. 아타나시오스는 집행을 당하지는 않았으나 유배는 당했다(9.1-4).

알렉산드리아 공의회의 편지는 두로에서의 공의회 절차가 비정상적이었고 그 판결이 비합법적이었다는 주장을 뒷받침하는 자료로 동봉되었다. 그 편지의 본문은 분명히 그와 같은 7개의 자료들에 호소하고 있다. 그리고 「아리우스주의에 대항하는 변호」는 그 자료 중 다섯 개를 간직하고 있다.

(1) 아타나시오스에게 이스큐라스의 편지(64, cf.17,6);
(2) 아르세니우스 사건에 관한 아타나시오스에게 콘스탄티누스의 편지(68, cf.9.5, 17.2);
(3) 335년 9월에 마레오티스 성직자들의 데모 (73-76, cf17.1);
(4) 알렉산더의 디오니시우스에게 온 편지(80, cf.16.1);
(5) 335년 9월에 예루살렘 공의회의 공의회 편지(19.2: 부분적으로 「아리우스주의에 반대한 변론」 84).

그 편지에는 현존하지 않는 두 개의 다른 자료들이 첨부되어 있다. 335년(5.4) 이집트 총독의 일일 보고서(ephemerides)로부터 발췌된 자료들(5.4)과 그리고 착복했다는 고소를 부정하는 것으로 알려진 리비아 펜타폴리스 감독들에 의해 아타나시오스를 위한 증언 목록들이다.(19.1) 더 나아가 편지들이 그들을 분명히 언급하고 있진 않지만 333년과 335년 사이에 쓰여진 7개의 편지 「아리우스주의에 대항한 변호」에서 완전히 인용된 편지들을 활용하는 것으로 나타난다.[19]

자료들이 주장하는 것들과 기술들은 아타나시오스의 손길을 보여주고 있고,[20] 사실 여러 해 후 자유로운 순간 그리고 다른 상황에서 그는 공의회 편지의 권위를 고백했다. 「콘스탄티우스 앞에서의 방어」는 항거하길

> 나는 당신의 동생에게 에우세비우스가 나에 대항해 편지를 그에게 썼기에 내가 알렉산드리아에 있는 동안 나를 방어해야만 했을 때 쓴 것 외에 (경우에) 그리고 그가 나에게 성경에 대한 복사를 명령했을 때[21] 그것을 생산해서 그것들을 보낼 때 외에는 편지를 쓴 적이 없다. (「콘스탄티우스에게 변론」 4.2)

여기에서 아타나시오스가 언급하고 있는 에우세비우스에게 대항한 자신의 변호는 분명히 338년의 알렉산드리아 공의회 편지이다. 아타나시오스는 그 복사본을 콘스탄스에게 (아마도 그러기에 콘스탄티우스에게도 복사했을 것이다) 그것을 보냈고 답신으로 콘스탄스는 아타나시오스에게 성서 복사본을 요청했다. 그것은 분명한 동정과 격려의 제스처였고, 의심 없이 가이사랴의 에우세비우스에게 콘스탄티누스와 유사한 요청을 소환했던 의도였다.[22] 콘스탄티노플의 새 도시에서 사용할 목적으로 헬라어 본문을 공급하라는 요구는 성서 본문에 일생을 걸쳐

관심을 가져온 성서학자로서 에우세비우스의 위치를 공식적으로 인정해주는 것을 규정한 셈이었다.23) 아타나시오스가 비슷한 학자적이며 학문적 관심을 가졌다고 생각할 이유는 없을지라도 콘스탄스의 요구로 헬라어 성경의 텍스트 전달의 결과가 발생했다. 그래서 알렉산드리아의 기원이 확실하고 그 정확한 내용과 순서가 정확히 아타나시오스가 훗날 367년 부활절 편지에서 정리한 성서 정경과 정확히 일치함으로 4세기 신구약 성경과 외경의 바티칸 사본은 아타나시오스가 서방에 보냈던 사본들의 하나였을 수 있었다(「부활절 편지」 39).24)

그 편지는 아타나시오스가 말하고 싶은 모든 내용을 다 포함하지 못하고 있다. 마지막 인사 부분은 누락되었고 지금도 남아있다시피 그 편지는 아타나시오스가 아직도 알렉산드리아의 감독이요, 여전히 교회를 어지럽히고 소란스럽게 하는 것은 분열주의자인 멜리티아인인데 그것들에 대한 경고를 재확인하는 것으로 마감한다.

> 그들은 사실상 이교도들조차도 적당하지 않은 안수를 하며 기록하기조차 부끄러운 일들을 감행한다. 여러분들에게 이 편지를 보내는 우리들에 의해 알려진 내용으로 여러분들도 파악할 수 있는 것입니다. (19.5)

편지의 복사판들이 중요한 도시 대도시 감독들에게와 많은 다른 이들에게도 배달되었다. 그리고 그 편지들은 안디옥 공의회가 아타나시오스를 대신할 감독을 임명하는 데 불신하는 곤란한 과제를 떠안고 있는 감독들에 의해 수신되었다.25)

한 명의 중요한 감독의 반응이 기록으로 남아 있다.26) 로마의 감독 율리우스(Julius)가 한 사제와 두 명의 집사에 의해 전달된 안디옥 공의회의 편지를 받았다. 그 내용에는 알렉산드리아 감독이 피스투스(Pistus)로 대리되었다는 것이었다. 얼마 후 즉시 알렉산드리아로부터 감독들이 로마에 도착해서 아타나시오스를 무죄로 선언했던 편지를 지니고 로마에 당도했다. 그들을 피스투스가 아리우스파이고(아마도 사제도) 니카이야 공의회가 이단으로 파문했던 프톨레마이스의 세쿤두스(Secundus)에 의해 안수받은 인물이라고 보고했다.27) 시리아로부터 온 사신들도 그 사실을 부인하지 않았다. 율리우스는 피스투스의 안수를 절대적으로 감독으로 임명치 말아야 할 기준으로 세쿤두스에 의해 이뤄진 것으로 취급했다: '가톨릭교회 안에서 합법적인 내용을 아리우스파 세쿤두스에 의해 이뤄진 것은 불가능하다.'라고 하면서 그것에 대해 인정한다고 하며 동의하는 것은 위대하고 거룩한 니카이야 공의회 결정을 불명예스럽게 하는 것이라고 했다(「아리우스파에 대항하고 변증」 24).

거기다가 율리우스가 아타나시오스의 사신들과 함께 안디옥 공의회 편지를 가져온 마카리우스, 마르티리우스 그리고 헤시키우스를 대면했을 때 그들은 율리우스가 새로운 공의회를 열도록 하는 요청과 함께 아타나시오스와 에우세비우스와 그의 동조자들에게 그들 모두가 로마에 함께 모여 모두의 면진에서 합법적인 재판이 기능하도록 할 수 있는 그때 정당하지 않는 표시를 가시화했다(「아리우스파에 대항하는 변증」 22.3).28) 많은 다른 감독들 아마도 다수는 같은 방법으로 피스투스의 지명에 반응을 보였다. 사건의 연속이 보여주다시피 그 선택은 곧 방어되지 않고 인정이 되었다. 콘스탄티우스는 의심 없이 아타나시오스의 적들을 고무했으며, 337/8년 겨울에 아타나시오스를 파문하는 공의회 한 자리에 참석했다. 그러나 공식적으로 감독들은 그들의 결정 사항을 편지로 그에게 전달했고(「아리우스의 역사」 9.1), 그는 뒤에 아타나시오스에게 편지를 썼다. 이 편지에 관해 확실히 알려진 것은 현존하고 있는 단순하고 인식이 가능한 암시는 당황스럽게 알렉산드리아의 그 감독을 질책하는 것이었다(「아리우스파에 대항하는 변증」 18.2). 그러나 그것은 아타나시오스를 법정에 소환한 것이었다. 감독은 감히 불순종하지 않고 그 자신을 위해 모여진 이집트 감독들의 이름으로 그가 썼던 편지와 함께 알렉산드리아로부터 떠났다. 338년 봄 콘스탄티우스 법정에 아타나시오스가 여행한 증거는 주로 간접적이다. 그것은 그의 업적에 대한 설명에서 그 일에 관해 거의 전적인 침묵을 유지하고 있기 때문이다. 그러나 「콘스탄티우스에게 방어」라는 책에서 그는 황제가 자신을 청취하려고 했을 때 세 가지 경우로 콘스탄티우스에게 말했던 주장에 기초해 저술을 남기고 있다.

> 어떤 장소와 때를 나의 고소자가 말하는가? 언제 내가 그러한 망발을 말했다고 나쁘게 주장하죠? 어떤 이들 앞에서 내가 미쳤거나 하듯 그런 일을 했다고 그는 올바르지 않게 나에 대해 말로 고소하는 것입니까? 누가 그의 고소를 지지하며 증거를 제공합니까? 왜냐하면 거룩한 성서가 말하듯(잠 25:7) '그의 눈이 보았던 것을' 누구도 당연히 '말해야만' 하는 것입니다. 나를 고소하는 이들은 결코 발생하지 않은 것들에 관해 증거를 발견하지 못할 것입니다. 그러나 나는 내가 거짓말을 하지 않을 것이라는 진실한 증인으로 당신의 동정심을 지니고 있습니다. 왜냐하면 당신의 기억의 탁월함을 알고 있기 때문에 당신이 내게 귀를 기울일 때 몇몇 경우에 내가 제시했던 말들을 당신이 다시 기억해보길 청합니다. 최초에 비미나키움에서고 두 번째로는 카파도키아의 가이사랴에서이며, 세 번째는 안디옥에서입니다. 그리고 또 기억해 보시길 바랍니다. 에우세비우스파들이 나에게 해를 가한 그 이후에도조차 내가 나쁘게

말했는지의 여부와 나에게 해를 가한 이들에게 누구에게 비난을 퍼부었는지를 기억해보시기 바랍니다. 마땅히 어떤 이들에 대항해 내가 말해야 하는 것임에도 비난조차 하지 않았다면 무슨 광기 어린 일이 나를 사로잡아 한 황제에게서 다른 황제에게로 중상모략을 계속하며 형제를 형제의 갈등 안으로 몰고가는 것일까요? 나는 당신에게 간청합니다.

처음과 세 번째 청취의 날짜와 장소들은 정확하다. 비미나키움에서 첫번째는 337년 여름, 아타나시오스가 트리어에서부터 알렉산드리아 돌아오는 중에 유일하게 발생할 수 있었다. 그때 그는 337년 11월 23일에 알렉산드리아에 들어왔다.29) 세 번째는 잘 증명이 되는데 346년에 아타나시오스는 시리아에 갔고 알렉산드리아로 돌아오기 전 안디옥에서 콘스탄티우스를 알현했다.30) 그러나 두 번째의 날짜와 장소는 무엇이었는지 여전히 의문이다.

「콘스탄티우스 앞에서 변호」는 분명히 처음 청취와 세 번째 청취 사이 가이사랴에서 콘스탄티우스의 청취사건이 있었음을 가르쳐준다. 반면에 아타나시오스와 콘스탄티우스의 337년과 346년의 움직임이 가능한 날짜의 배열을 매우 좁게 한계를 설정한다. 그것은 아타나시오스가 알렉산드리아로부터 서방으로 339년 4월 16일에 도주하기 전에 발생했어야만 했다. 그러면 언제가 정확한 것인가? 아타나시오스가 알렉산드리아에 돌아오기 전 콘스탄티우스와 두 번째 면담이 이뤄졌다고 자주 추정되어 오고 있다.31) 그러나 그것은 337년 가을에 추방에서 돌아왔다면 그것은 확실히 불가능한 일이다. 콘스탄티우스는 아타나시오스가 11월 23일에 알렉산드리아에 다시 입성한 동안에32) 그가 337/8 겨울을 보낸 안디옥에는 도달할 수 없는 경우였다(「목록 10」). 이 점에서 확실한 증거가 모자란다 할지라도 가이사랴에서 청취는 황제가 아르메니아의 통치자로33) 친로마적 인물인 아르사케스를 등극을 감독하기 위해 카파도키아에 갔을 때 338년일 수밖에 없다. 그렇지만 콘스탄티우스 면전에 아타나시오스의 출현은 337/3년 겨울, 안디옥 그리고 알렉산드리아 공의회에서 알려지는 것에 필수적 연속 사건이다.

말수가 적은 것과 주의력 그리고 은닉 상태가 아타나시오스를 그의 많은 변증의 어떤 부분에서 자신을 위해 카파도키아의 여행에 대한 상세한 내용과 가이사랴에서 황제를 만난 것과 알렉산드리아에 귀환한 내용 등을 남기지 못하게 했다. 그의 적들은 침묵에 대한 비슷한 동기를 갖고 있지 않았고 343년 세르디카에서 동방 교회 감독들의 편지는 이 여행 동안 그의 행위에 관해 불평을 늘어놓았다.

> 이후 아타나시오스는 여러 부분의 세계를 돌면서 사람들을 현혹시켰다. 그리고 그의 이집트에서의 범죄를 모르며 그의 활동도 잘 알지 못하는 순진한 감독들을 거의 그의 정직하지 못하며 해로운 요설로 속임수를 써 그들 각자로부터 증언을 요청하거나 그가 원하는 바대로 자신의 후원자들을 위해 새로운 교회들을 세웠으며 평화로운 교회를 혼란스럽게 했다. 그러나 이런 행동은 오랫동안 전에 거룩하며 탁월성을 지닌 감독들의 헌신적인 판단에 어떤 영향도 끼치지 못했다. 왜냐하면 공의회에서 재판하지 않은 사람들의 위탁사항은 결코 공의회의 판단이 아니다(그들의 절차에 의한 것이리) 그리고 아타나시오스가 청취되기 전 임석하지 않았다는 것이 알려진 것은 그에게 도움이 되거나 유익이 되는 것도 아니다.34)

그 불평은 337년 알렉산드리아의 그의 귀환 후 그가 로마에 도착하기 전 아타나시오스의 행동에 관련되어 있다. 그에 반해 초기 부분은 337년 그의 귀환 상황을 비난하고 있고 계속되는 부분은 율리우스와 다른 이탈리아인 감독에 대한 그의 기만에 관해 불평하고 있다. 그러므로 339년 봄 알렉산드리아에서 도주한 것과 로마에 그의 도착 사이에 있었던 그의 활동을 추정할 수 있는가?35) 어려운 상황이다. 아타나시오스의 도주에 대한 시간도 상황도 허락되지 않는다. 339년에 그는 알렉산드리아를 '비밀리에 그리고 몰래'(같은 편지가 그것을 설명하듯) 알렉산드리아를 떠나 가능한 한 체포와 죽음을 피하기 위해 잽싸게 콘스탄티우스의 영지로 도주했다(Ep. enc. 6. 3). 그리고 한 번 안전하게 (그는 아마도 아프리카의 길로 여행했다) 몇 주 만에 로마에 도착했고 거기서 그는 중요한 동지를 발견할 것을 알고 있었다. 그래서 동방의 감독들은 339년 아타나시오스의 활동에 대해 추론하진 못했어도 338년 봄 콘스탄티우스 법정에서 그리고 거기로부터 그의 여행 중 팔레스타인, 포이니케, 그리고 시리아의 감독들 중 후원의 총체에 관해서는 암시할 수 있었다.

이 여행에 관해서는 아타나시오스의 열 번째 「부활절 편지」 상황을 제공한다. 338년 부활절에 그것은 쓰여졌고, 그 부활절은 그 해에 3월 26일(30 phamenoth; 고대 이집트나 콥틱 달력에 7번째 달인데 그레고리력도 3월이나 4월에 해당된다: 역주) 이 편지는 현대 학자들로부디 실수로 전달된 본문이 광범위한 빈 공간을 지니고 있다는 것을 믿고 있는 이상한 몇 가지 이론들을 형성해왔다. 어떤 이들은 337년과 338년에 「부활절 편지」의 충돌이라고 하며 다른 이들은 첫 번 편집본(*edito princeps*)에 모호한 것들이 첨가된 숨겨진 빈 부분이 있어서 다양한 단편들의 섞인 것으로 보는 입장도 있다.36) 그러나 편지 날짜나 시리아 역으로 전달된 통합은 결코 어떤 경우의 의심도 발생되지 않는다.37) 아타나시오스는 338년 부활절 직전에 열 번째 「부활절 편지」를 썼고 그가 그것을 트리어에서 그 이전 해 봄 혹은 여름에 그것을 (시작했거나) 작성했다고 상상할 정당성은 없다. 아타나시오스가 지니고 있는 습관은 부활절이 다가왔을 때 매우 간단한 소통의 수단으로 오래전 이듬해 부활절 날짜를 전 이집트 교회들에게 알리고 '부활절 편지'에 적합한 아주 긴 설교문 편지를 보내는 것이었다.38) 그러므로 그는 338년 늦은 1월이나 2월에 열 번째 「부활절 편지」를 기록했음이 틀림없다.

그 편지는 그 작성자가 알렉산드리아(11)에 있음을 분명히 한다. 그러나 그것은 골 지방에 아타나시오스의 추방에 관한 언급으로 시작하고 있다.39)

> 내 형제들이여. 내가 여러분들로부터 멀리 여행하고 있을 때조차도 여러분 중에 거하고 있을 때의 습관을 잊지 않았습니다. 그것은 우리의 [영적] 조상들에 의해 전달되어 왔던 것입니다. 그리고 나는 여러분들에게 1년 동안의 거룩한 절기 그리고 그 축제의 날에 대해 침묵하거나 알리는 일을 실패하지는 않았습니다. 여러분들이 의심 없이 들었던 고통들에 의해 내가 고통당하고 있었을지라도 가혹한 시련이 내게 드리워졌으며 원거리가 우릴 떨어져 있게 했을지라도 진리의 적들이 우리의 자취를 추적했고 우리로부터의 편지를 발견하는 데 올무를 놓는 동안이라도 그들의 비난으로 우리의 상처에 고통을 더할지라도 우리는 주께서 우리 고통 중에 우릴 힘주시고 위로하심으로 그런 기계와 협박의 중간에서 빠르게 지날지라도 지구 끝에서조차도 여러분들에게 우리의 구원의 부활절을 말하고 알리는 일에 주저하지 않습니다. (1)

편지의 중요한 주제는 지속적으로 언급하다시피 하나님의 신실한 종들을 지속적인 보호하신다는 것이다. 아타나시오스는 두려움의 시대에 그의 양 떼들을 힘주시는 예견된 성서적 전례들을 정리하고 있다. 바벨론에서 하나냐, 아사랴, 미사엘(단 3:8-31), 이집트를 떠난 이스라엘, 사울 왕에 의해 쫓기는 다윗, 엘리사(왕하 6:13-17), 에스더, 바울 그리고 무엇보다 그리스도를 소개한다. 아타나시오스는 확고부동하게 하나님의 보호에 대한 그의 확신을 선언한다. 적들은 그를 파괴하기 위해 모든 수단을 동원하지만 그리스도 안에 거하는 자가 승리를 거둘 것이다. 그러나 그의 어조는 암울하며 걱정스러운 모습이었다.

332년 쌈마티아(Psamathia)에서 쓴 편지는 그의 무죄 석방 후 콘스탄티누스 법정에서 기록했던 승리에 찬 편지 같지 않게 쓰였다(「부활절 편지」 4). 338년 부활절 편지의 분위기는 어렵사리 최근 영웅처럼 유배로부터 돌아왔던 한 사람으로부터 기대할 수 있었던 것이었다. 그러나 그것은 알렉산드리아로 아타나시오스가 돌아온 행복감을 반영하는 것이 아닌 적들이 다시 그를 비난하고 파직시킨 후 그가 직면하고 위험의 중력을 반영한다. 아타나시오스는 용기있는 자세를 남겨놓고 있다.

> 오 사랑하는 형제들이여! 고통으로부터 위로가 수고로움으로부터, 쉼이, 질병으로부터 건강이, 죽음으로부터 불멸이 온다면 간단한 기간 동안 사람에게 닥치는 것에 의해 실망해서는 안 된다. 발생하는 고난 때문에 낙심하는 것은 옳지 않다. 또한 그리스도를 공격하는 악당들이 진실한 신앙에 저항해 음모를 꾸며도 두려워함도 적당치 않다. 그와 반대로 우리는 그런 상황들 속에서 더욱 하나님을 기뻐하고 그러한 것들을 시험으로 생각하고 선한 삶을 향한 실천으로 생각해야만 한다. 왜냐하면 어떻게 사람이 수고로움과 슬픔을 배제하고서 인내를 보여줄 수 있고 그의 적으로부터 어떤 공격이 없다면 행운을 위해 누군가가 어떻게 시험 받을 수 있을까요? (7)

적들이 고통과 시련과 수고로움 가까이 우릴 끌어당겨 우릴 전복시키려고 그의 최선을 경주하기 때문에 그러나 그리스도 안에 있는 이들이 적과 전투에 들어가고 분노에 인내를, 교만에 겸손을, 악함에 선으로 맞서는 한 그는 승리할 것이며, 이렇게 외칠 것이다. '내게 능력 주시는 자 그리스도를 통해 나는 모든 것을 할 수 있다'(빌 4:13). (8)

또한 편지의 어조와 내용이 사형을 선고받고 곧 그의 적들과 전투에 돌입해야만 할 것을 알고 있는 사람의 무의식적인 공포를 무심코 드러내고 있다.40) 아마도 아타나시오스는 그 편지를 알렉산드리아 공의회가 끝난 직후에 그가 제국의 법정을 향해 떠나기 전 안디옥에서 카파도키아의 가이사랴에 도착했던 그때에 작성했다.

「세라피온에게 쓴 편지」는 「부활절 편지」 11번째와 13번째의 시리아 역본에 위치하고 있는데 아마도 동일한 역사적 상황에 속한다.41) 아타나시오스는 그 편지를 이집트에 있는 전 감독들에게 방금 보냈던 부활절 편지의 보충으로 작성했다. 한 부분이 그의 교구에서 유지되고 있던 아타나시오스의 투쟁과 분명한 관련을 지니고 있다.

시리아로부터 온 몇몇 멜레티우스파들이 그들에게 속하지 않은 것을 받았다고 자랑했다. 내가 뜻하는 바는 그들이 가톨릭교회에 속했다고 간주하는 바인데 그 셈법에 관해 내가 여러분들에게 팔레스타인에 있는 우리 동료 사역자들의 편지 복사본을 보냈다. 그 결과 내용이 전달되었을 때 여러분들은 이 문제에 있어서 주장하는 이들의 거짓을 알 수 있을 것이다. 내가 전에 말했듯 그들이 자랑하고 있기 때문에 내가 시리아에 있는 감독들에게 쓰는 것이 필요했습니다. 그리고 즉시 팔레스타인에 있던 감독들이 우리에게

그들에 대항해 내린 판단에 일치하여 여러분들이 이 예를 따라
알 수 있도록 답신을 우리에게 보냈습니다.

시리아와 팔레스타인 감독들과 아타나시오스의 이 같은 관계들에 관한 다른 증거는 없다. 그러나 337년 가을에서 339년 봄 사이에 아타나시오스를 파직하려는 시도들에 관해 그들이 전혀 아무 일도 없었다는 것을 믿기는 어려운 일이다. 멜레티우스파는 두로 공의회 전에 아타나시오스 동조자들로부터 폭력을 당했으며 그가 귀환 후에 폭력 사용한 것을 불평했던 것이 멜레티우스파임이 의심없고 그가 안디옥에서 파직되었던 것에 대한 증거를 제시했던 이들도 멜레티우스파였다.

그의 공격적인 외교단, 콘스탄티우스와의 면전에서 아타나시오스 자신에 관한 변증은 337/338년 겨울에 적대적 공의회에서 나타난 그를 향한 정죄를 누그러뜨렸다. 338년 초 여름에 여전히 그 도시의 감독으로 돌아왔다. 그리고 즉시 수도사 안토니우스를 설득해 자신을 둘러싼 문제의 근원을 위해 그의 특권을 차용해 달라고 했다. 이집트 감독의 요청에 따라 안토니우스는 그의 산에서 내려와 알렉산드리아를 (338년 7/8월 경) 방문했고 그는 아리우스파를 비난했으며 이교도인들을 개종시켰고 귀신을 추방했으며 공적 예배에 함께히고서는 3일 만에 그곳을 떠났다.[42] 분명히 안토니우스의 방문은 알렉산드리아에서 그의 명성을 드러내는 아타나시오스에 의해 배열되고 지휘되었던 일이었다. 그러한 과시가 필요했던 것은 그가 지닌 권력 장악이 깨어지기 쉬운 것이었다는 점을 보여주었다. 아마도 안토니우스의 방문은 이집트의 새 행정관이 도착한 시기와 가까웠고 그의 과제는 알렉산드리아 감독의 제명을 감독하는 것이었다.

실패는 아타나시오스의 적들을 물러나게 하지 못했다. 그들은 다음

번에는 실패하지 않을 것이라 결단했다. 알렉산드리아로부터 사신들이 필라그리우스가 테오도루스 자리에 이집트 행정관으로 재임명 되도록 요청하는 제국 법정이 도착했다(「아리우스주의의 역사」 9.2). 분명히 그 사신들은 아타나시오스에게 반대하는 대적자들에게 속했다. 왜냐하면 필라그리우스는 335년에 조사위원회 활동을 도왔기 때문이다.(테오도루스는 337/338년 겨울에 안디옥 공의회에서 아타나시오스를 실형에 처하며 유배시키는 명령을 내렸던 이들에게 형벌을 가했던 행정관인 반면에) 콘스탄티우스에게 충분히 청원을 환영받게 되었고 그에 의하여 고무되어 승인되었고 필라그리우스는 대대적 환호로 두 번째 행정관으로 알렉산드리아에 들어왔다.43) 그는 그의 환관으로 아르사키우스를 대동했는데 아타나시오스에 대한 계획된 파직을 강제 집행하는데 그는 위치할 수 있었다(「아리우스주의의 역사」 10.1).

   338/339년 겨울 동안 다른 감독들의 공의회가 모였고 거기서 아타나시오스를 비난했으며 파직시켰다. 콘스탄티우스 황제도 배석했고 그래서 아타나시오스는 그의 후계자가 '법정으로부터'(「범교회적 서간」 2.1) 보내졌다고 불평할 수 있었다. 공의회는 다시 이스큐라스의 성배를 깨뜨리라는 명령에 대한 고소를 다시 제기했으며 두로 공의회는 아타나시오스의 죄책을 드러냈다. 그리고 그들은 다시 337년 알렉산드리아에 그가 귀환했을 때에 다시 그의 행동에 대해 정죄를 선언했다. 그가 도시에 들어왔을 때 많은 이들이 폭동으로 위협을 가했다. 그래서 아타나시오스는 몇몇은 공격을 했으며 다른 이들은 행정관에 의해 꾸지람 받도록 넘겨주었다. 그러나 알렉산드리아 공의회가 다투었던 당혹스런 책임 추궁이 결정되었다(「아리우스주의에 반대하는 변증」 18.2). 이 점에서 추론할 수 있었던 것은 아타나시오스가 황제 앞에 알현했을 때 성공적으로 혐의를 입증하지 못했다는 것이다. 반면에

재판 결과가 아타나시오스보다는 다른 이들이 더 죄책이 크다는 점 하나가 부각되었을지라도 새로운 고소거리가 제기되었다. 안디옥 공의회는 아타나시오스의 귀환이 보통의 규범에 반해서 감독들의 회의에서 금지 없이 자신의 의도대로 돌아왔다는 기초에서 적당한 것이 아님을 찾아냈다.44) 아타나시오스의 경우에는 적당하지 않다는 결론이 두로 공의회의 판결이 합법적이라는 것임을 가정했을 때만이 확실하게 되는 것이었다. 그 외 대부분은 의심스러운 전제일 뿐이었다. 그래서 의혹되는 부분은 327년에서 328년에 다른 안디옥 공의회가 분명히 정해놓았던 규칙에 대한 계획된 시도인데 그것은 아타나시오스를 제일차적으로 인정하지 않으려고 의도된 것이 아니라45) 콘스탄티누스가 337년에 세웠던 다른 감독들이 의심 없이 모두 판결을 받아 공의회들에 의해 파직되었던 것이다. 그리고 그 판결을 황제들의 부친이 배서했고 합법화했던 것이다.

아타나시오스는 일단 파직되었다. 안디옥 공의회는 적당하면서 그럴싸한 계승자를 투표했다. 율리우스(그리고 많은 다른 감독들 또한)는 피스투스(Pistus)에게 그 이전 해의 예외를 받아들이게 했지만, 그는 분명히 그렇게 하려고 하지 않았다. 니코메디아의 에우세비우스는 에메사의 에우세비우스가 최선의 후보자라고 결정을 내렸지만, 에메사의 에우세비우스는 원칙상으로도 그렇고 자신도 없어서 그 자리에서 물러났다.46) 그 일에 있어서 공의회는 어떤 오점으로 흠결이 없는 그레고리우스를 선택해 알렉산드리아의 새 감독이 되게 했다.47) 그레고리우스는 필라그리우스처럼 카파도키아인이었다. 새 감독이었던 그는 행정관을 의지할 수 있는 방법을 알고 있었다. 그는 그의 교구를 차지하기 위해 시간을 얼마 들이지 않고 알렉산드리아에 도착했다. 339년 3월 16일에 아타나시오스를 체포하려는 시도가 있었다. 그는 다음날 그 도시에서 숨어있게 되었다. 그리고 3월 22일은 그레고리우스는 알렉산드리아 감독으로 입성했고 마침내 아타나시오스는 그 도시를 빠져나와 이집트를 떠났다. (「목록」 11)

V.
로마에서의 아타나시오스

아타나시오스는 곧 광범위한 수의 감독들에게 보내는 「범세계적 편지」의 수단으로 알렉산드리아에서 그의 폐위에 대한 내용을 세계에 알렸다. 그는 편지를 '모든 지역에 있는 그의 동료 사역자'들에게 인사를 하는 것으로 시작해 자신의 '두렵고도 보호자 없는 고난'에 그들의 관심을 유도했다(1.1). 아타나시오스는 자신의 박탈을 벨리알의 자식들이 저지른 레위의 첩에 대한 강간 사건(삿 19:22-30)에 비교하면서 어느 곳에 있든지 크리스천에게 그들 자신들이 궐기해 옛 이스라엘 족속들이 옛날에 보여주었던 그 열심 못지않은 열심으로 도움 베풀어 줄 것을 힘주어 강조했다. 그 결과 교회를 향한 존엄성과 존경심에 끼친 모욕감이 복수가 일어나도록 해야 한다고 힘주어 말했다. 「범세계적 편지」는 최근 사건의 간단하고도 사실적 사건만 줄 것이라 약속했고 그래서 편지 수신자들이 확산될 수 있을 것이라 했다. 그리고 그 편지는 339년 봄 알렉산드리아에서 발생한 가해의 분노는 교회를 향해 가해졌던 어떤 것보다 심지어 로마 국가가 교회를 박해했을 때(1.2-1.9)[1] 조차 일어났던 분노의 정도를 능가하고 있다는 것을 보여준다. 알렉산드리아에서 최근에 일어난 사건에 대한 설명은 예견 상 일정한 경향심을 띄고 있다. 그리고 분노나 어떤 셈법이 그의 전문적인 직설적 화법에서 엄격히 연대기적 순서로 출발하고 있다.2)

알렉산드리아의 감독은 일상적으로 평화로운 예배의 자리에 있었으며 그의 회중은 예배 중에 기뻐했고 경건한 삶을 향해 더욱 발전되어 가고 있었으며 알렉산드리아의 모든 감독들은 완전한 평화와 조화 속에서 살고 있었다고 설명하고 있다. 그때 행정관이 갑작스럽게 그리고 기대하지 않은 상황인데 카파도키아인인 어떤 그레고리우스가 법정으로부터 아타나시오스를 대신하게 되었다는 점을 선언하는 칙령을 발표했다(2.1). 알렉산드리아의 그리스도교인들은 아타나시오스의 파직이 아리우스파의 조작의 결과로 합법적인 것이 아니라고 반기를 들었으며 저항을 위해 그들이 모였다. 아리우스파에 속한 행정관이며 그레고리의 동향인이었던 필라그리우스는 뇌물과 폭력의 수단으로 새 감독을 세웠으며 그는 이교도, 유대인 그리고 악당들로 구성된 갱단들에게 큰 보상을 약속했다. 그리고 그들을 칼과 곤봉으로 무장시켜서 그들 교회 안에 있는 크리스천들을 공격했다. 자객들이 포학으로 가해했는데 그것은 그리스의 어떤 비극보다 더 치명적인 것으로 나타났다. 교회와 세례반이 불탔으며 독신을 서원한 처녀들이 옷 벗김을 당했고 성폭행을 당했고 수도사들은 구타당했고 짓밟혔다. 유대인과 이교도들은 세례반에서 나체로 목욕을 했으며 처녀들과 금욕하는 이들에게 그들의 주를 부인하도록 강요했다. 심지어 죽임을 당하기조차 했다. 재단들은 이교의 희생제물로 더럽혀졌고 성서가 불태워졌다. 그때 그레고리가 그 도시에 영광스럽고 놀라운 광경으로 입성하는 동안 행정관의 갱단들에게 그들의 보상으로 교회를 약탈하도록 했던 것이다. 성금요일에 그는 행정관과 이교도들과 함께 교회에 들어왔고 청중들이 그의 폭력을 수반한 입당에 대해 혐오스럽게 생각하는 것을 목격했을 때 행정관을 충동시켜 한 시간이나 매질하게 했으며 34명의 독신 여성들과 기혼 여성들과 출신 성분이 좋은 남성들을 감옥에 가뒀다.

그레고리는 그의 추종자들은 다음날 알렉산드리아의 중요 교회들을 체포해 죽이려고 아타나시오스가 머물고 있는 교회를 포위했다. 그러나 아타나시오스는 '이 동네에 너희를 박해하거든 저 동네로 피하라'(마 10:23)는 교훈에 완전 무장되어 자신을 움직였다. 그의 적들은 부활절 주일조차 존경심을 갖지 않고 그리스도가 인류를 자유케 하신 그날에서 조차 크리스천들을 투옥했다. 그 같은 폭력의 수단으로 필라그리우스는 알렉산드리아 교회들을 장악해서 그레고리우스와 아리우스주의의 미치광이 광신도들에게 이양해서 하나님의 백성들과 가톨릭 성직자들은 아리우스 이단들의 불경건에 강제로 참여하거나 교회에 전혀 출석 못하거나 하는 형편에 처해졌다. 게다가 행정관을 통해 행동하는 그레고리우스는 선원들을 채찍질하여 심히 괴롭혔다. 그것은 분명히 아타나시오스가 도주하려는 것을 방해하려는 것도 그것에 대한 보복에 대해서도 그 일들을 수용하고 있지 않을지라도 그렇게 했다. 그레고리우스는 또한 그의 악한 동료들을 설득해 밀라그리우스 행정관이 콘스탄티우스에게 알렉산드리아 사람들로부터 유래하는 숨김없이 말하는 어조로 아타나시오스를 비난하는 칙령을 내려 달라고 하는 요청을 하게 했다. 그것은 한 배교자에 의해 기획되었고 이교도들, 우상숭배하는 신자들 그리고 아리우스파들이 서명을 했다(5.1-6). 간결하게 아타나시오스는 거듭 거듭해 저항했고 교회는 전에 그런 박해를 받아본 적이 없는 그런 박해 속에 있었다.

「범세계를 향한 편지」는 단순한 선전용이 아니었고 또 제 일차적으로 변증으로서도 아니었다. 아타나시오스는 매우 실제적인 결론을 내보였다. 즉 그의 편지를 받은 감독들이 자기의 계승자로 일컬어지는 인물을 알렉산드리아의 감독으로 인정치 말아 달라는 것이었다. 그레고리는 아리우스파이고 아리우스파만의 감독이며 전에 아타나시오스가 그에 관해 편지 썼을 때 모두가 거부했던 불운한 피스투스를 대신한 사람이다(2.3/4, 3/1, 4/1, 6.1/2). 그가 안디옥에 입성했을 때 그레고리우스는 모든 면에서 빌라도 앞에 가야바처럼 행동했다(4.3). 그를 알렉산드리아에서 감독의 자리를 그에게 주려고하는 시도는 모든 감독을 위협하는 에우세비우스 측근들의 부정직한 일이었다. 마침 그때 어떤 감독도 후계자가 갑작스럽게 제국의 권위로 그를 대신하지 못할 것이라는 것을 확신할 수 없었다(6.1-7). 그러므로 진실한 신앙을 지키려는 모든 감독들은 연대하여 그가 자신은 아리우스파가 아니라고 맹세했을 때라도 알렉산드리아의 감독으로 그레고리우스를 인정하길 거부해야만 한다고 말했다(7.1-8).

「범세계를 향한 편지」는 열정적인 호소력으로 마지막 장에서 강하게 실제적 목적을 추구하고 있다. 아타나시오스는 율리우스가 알렉산드리아의 편지를 받았을 때 아타나시오스의 경우를 고려하는 공의회가 이전 해에 개최되도록 제안했기에 로마 감독이 그레고리우스를 인정하지 않는다는 것을 알았다(7.2, 참고 「아리우스주의에 반대하는 변증」 24.213). 그러나 얼마나 많은 감독이 율리우스의 지도를 따를 것인가? 서방 감독이 그렇게 행동했을지라도 대다수 동방 감독들은 설득이 필요했다. 이점에서 「범세계를 향한 편지」는 일차적으로 아타나시오스의 파직에 참여하지 않았던 동방 감독들에게 향해졌다. 아타나시오스에 대한 억압이 전 교회의 규율과 신앙에 사실 위험이 되는지의 의심을 했던 많은 감독들도 이집트 교회에서 직접적인 위험으로 갈등하지 않았음에 틀림없다. 그 일이 그들 이익을 위해 아타나시오스가 강조했고 사실 그 주장은 에우세비우스와 그의 동조자들이 그들이 자주 평가했고 정죄해왔던 '아리우스파의 광기'에 속한 이단이라는 점을 강조한 것이다.

「범세계를 향한 편지」는 역사 기술은 아니다. 그리고 그것은 알렉산드리아의 감독 대치 상황이 정확성과 객관성을 결정하고 있다는 점을 불평하는 내용으로 채워져 있다. 그럼에도 불구하고 그 작품의 본질이 339년 봄 알렉산드리아에서 발생한 일에 대한 증거로 계속 사용 되어져야만 되는지가 계속 마음 속에 떠오르고 있다. 대체로 아타나시오스는 오히려 그 도시 교회 내에서 정확히 발생했던 것에 모호하다. 그는 '불에 탄 교회와 세계인'에 대해 이름을 밝히지 않는다. 그가 두 가지 경우 속에서 동일한 교훈이 있음을 강하게 강조하고 있을지라도 그렇게 밝히지 않고 있다(4.2). 그리고 그가 거주하고 있는 교회가 그 도시에서 유일하게 중요한 다른 교회인 것처럼 살고 있어도 역시 이름을 밝히지 않는다(5.1). 「범세계를 향한 편지」는 또 그것이 묘사하고 있는 사건 대부분에 관해 정확한 날짜를 제공하지 않고 있다. 아타나시오스는 가볍게 종려 주일 금요일이라고 흘린다(4.4). 「부활절 목록」은 그레고리우스가 알렉산드리아에 들어온 날은 3월 23일 금요일이라 암시하고 (「목록」 11)[3] 아타나시오스가 그 도시에서 추방된 날 이전은 4월 15일 부활절 주일로 표기된다. 아타나시오스 이야기에는 사실상 세 건물들이 언급되어 나타난다. 불타고 약탈당한 교회는 디오니시우스 교회[4]이고 아타나시오스가 거주했던 교회는 테오나스 교회(the Church of Theonas)(「목록」 11)였으며 폭력이 부활절 주일에 빈번했던 교회는 퀴리누스 교회(the church of Quirinus)(「아리우스주의의 역사」 10.1)이었다.

아타나시오스가 양측에서 폭력이 있었다는 사실을 막으려 했다는 것은 훨씬 더 중요한 문제였다. 그들이 훗날 디오니시우스 교회를 불태우며 그 제단을 더럽힐 목적으로 이방인들을 고용했다고 따지는 것을 믿을 필요는 없다.5) 그러나 아타나시오스를 따르는 이들이 그들이 동원할 수 있는 모든 힘을 다해 새 감독의 취임을 저항하는 일에 실패했다는 상황은 아주 그럴싸하다. 그러나 가장 의미심장한 위로는 「범세계를 향한 편지」 작성자 자신에 관심을 두는 것이다. 아타나시오스는 자신을 잘못된 동기를 품지 않거나 불평의 목소리를 내지 않는 이들에 적대시해 무죄한 자를 그의 교구로부터 황제나 지방 장관들의 수단으로 갑자기, 기대치 않게 혹은 경고없이(2.1) 배척하지 않는 그의 양 떼들에 관해 평화로운 목자라는 점을 묘사하고 있다. 멜레티우스파와 그들의 오랫동안의 불평들을 그래서 편리하게 잊어버리고 그의 실제적인 출교에 관해 조심스럽게 남긴 문자로 된 설명에서도 아타나시오스는 그를 일 년 전에 몰아내려고 한 시도에 대한 성공적인 투쟁을 말하는 것도 피하고 있다.6) 신중하게 제시된 내용은 선택적이고 표면에 드러나 있는 것대로가 아니었다. 사실 콘스탄티우스는 사실상 아타나시오스 대신 그레고리우스를 지명하는 안디옥 공의회에 착석하고 있었다. 이 점에서 그레고리우스가 '법정'으로부터 왔다는 아타나시오스의 주장은 전적으로 개연성이 모자란 것은 아니었다(2.1). 그러나 그레고리우스가 황제에 의해 실제로 임명되었다고하는 그의 불분명한 제안은 전적으로 잘못된 내용이다. 아타나시오스가 폐위되고 그레고리우스가 모여진 가독 회의에서 적절한 형식을 따라 이뤄져 그의 자리에 지명되었다. 아타나시오스는 결코 그 점을 수용하지 않았다. 그의 자신을 위한 반복된 변증의 중심된 원리는 그의 계속되는 폐위, 335년과 그가 트리어에서 돌아온 후 두 번뿐 아니라 다음 20년 동안 모든 다른 경우에 있었던 것에 대한 합법성을 논박하는 것이었다.

아타나시오스가 알렉산드리아를 떠나 아마 지체하지 않고 로마로 자신의 몸을 의지했다. 체포를 피하기 위해서는 모든 힘을 다해 콘스탄티우스 영지로부터 그가 로마의 감독 율리우스가 확실한 후원자임을 알고 있었다. 그러므로 아타나시오스는 거의 20년 후에 그가 '로마로 항해했다'(「아리우스주의의 역사」 11.1)고 기록했을 것이라고 믿어진다. 비록 343년, 그의 적들이 은밀히 그가 떠난 곳과 목적지에 관해 불평할 것이라는 점이 예견되었을지라도 말이다.[7]

아타나시오스가 로마에 도착한 날짜에 관해 분명하고도 직접적인 증거가 없을지라도 자주 그 날짜는 그가 339년 늦은 기간에 그곳에 도착했을 것이라고 가정이 되고 있다.[8] 그가 초 여름에 도착했다는 간접적인 증거도 분명하다. 그것은 아타나시오스가 383년에 콘스탄티우스를 위해 작성했던 콘스탄스와의 관련사항을 설명하는데서 측정된 시기이다(「콘스탄스에게 변호」 4.1-3). 그리고 또한 341년 아타나시오스를 위해 율리우스가 기록한 장문의 편지에서 암시된 날짜이다.(「아리우스주의에 반대하는 변론」 21-35) 이 편지에 있는 답글은 341년 1월[9]에 모였던 '안디옥 공의회 헌정사'를 향한 것인데 율리우스는 그가 아타나시오스와 소통함으로 그가 표준된 법을 위배했다고 하는 공의회의 비난에 의혹을 제기하고 있다(27.1-29.1). 그는 감독직의 파직에 의문을 제기하는 그와 완벽히 한계 되어져 있다는 점에 저항하면서 로마에 아타나시오스가 체류하고 있는 점에 관심을 돌렸다.

이 모든 일에 더해서 그는 여기에 여러분들과 오기를 원할 이들을 기다리며 1년 6개월이나 머물러 있다. 그의 체류로 그는 자신에 대한 여러분들의 비난을 설명했다. 왜냐하면 그는 완전하게 신뢰되지 않고 있었다는 점에서 여기서도 그렇게 되지 않고 있기 때문이다. 그리고 그가 이렇게 된 것은 그 자신의 생각에 일치해서가 아니라 내가 당신들에게 편지를 썼던 것처럼 편지를 받고 호출된 연후이기 때문이다. (29.2)10)

상황을 보면 율리우스가 언급하고 있는 18개월은 아타나시오스가 로마에 도착했고 율리우스가 논박하는 편지를 쓴 기간 동안의 상황 그 외의 것은 언급되기가 어렵다.11) 341년 1월에 모였던 '공의회 헌정사'가 시점이 정해짐으로 아타나시오스는 339년 6월이나 7월에 로마에 도착했을 것이라는 점이 자연적이다.

아타나시오스가 「범세계를 향한 편지」를 그가 로마에 도착 후 즉시 썼다는 점은 의심이 없다.12) 그러나 정치적 후원을 요청할 목적으로 339년 여름 동안에 썼던 유일한 편지는 아니다. 「콘스탄티우스 면전에서 변호」에 대한 솔직하지 않은 부분은 의도하지 않은 채 339년 아타나시오스가 곧 정치적으로 당혹하게 되었던 편지를 썼다.

> 알렉산드리아에서 떠나 나는 당신의 형제나 어떤 다른 이에게는 가지 않고 유일하게 로마로 갔다. 교회에다가 나의 근원적 문제를 맡기려고(난 이것만 고려중이었다) 나의 시간을 공적 예배에서 보냈다. 나는 당신의 형제에게 에우세비우스가 나에 대항해 그에게 편지를 썼고 내가 알렉산드리아에 있는 동안 내 자신을 방어해야만 했으며 그의 명령에 따라 거룩한 성서를 준비해 그것들을 보내야 하는 경우를 제외하고는 서신을 교환한 적이 없다. (내가 이것을 쓰는 이유는) 나를 방어하는 속에서 당신의 경건을 위해 진리를 말해야만 합니다. 그래서 3년이 지난 후 4년 되는 때에…(4.1-3)

이 페이지는 매우 신중한 주석이 필요하다. 아타나시오스는 여기에서 339년 4월에 알렉산드리아에서 떠난 것과 알렉산드리아를 떠나 로마에 도착한 이후 완전히 3년 이상 지난 그 어간에 발생했던 서방 황제와 그의 첫 번째 알현 사이 콘스탄스와 그의 거래에 대한 설명을 주고 있다. (그 부분은 두 가지 방법 중 하나로 설명이 가능하다.) 즉, 어떤 면으로 338년에 콘스탄스에게 보낸 그의 첫 편지로부터 아타나시오스를 3년을 셈하는 것으로 보지 않는 방법이 아닐지라도[13] 콘스탄스와 배신 행위로의 소통이라는 점에 대항해 자신을 변호하면서 아타나시오스는 그의 알현과 서방 황제들과의 서신 왕래를 분리해 고려하고 있다. 339년에는 양방향이 있는데 콘스탄티우스는 트리어에 거주하면서 골, 스페인, 영국을 다스렸고 반면에 콘스탄스는 아프리카, 이탈리아, 그리고 발칸 대부분을 다스리며 일리리쿰에 거주했다.[14] 그 부분의 논리는 피할 수 없이 아타나시오스는 콘스탄스는 물론 콘스탄티우스에게도 서신을 보내야 함을 암시하고 있다.

자신의 전달 속에서 그가 339년에 알렉산드리아를 떠났을 때 아타나시오스는 로마로 왔고 거기서 자신을 하나님께 예배하는 데 헌신했다. (아타나시오스가 그의 사정을 교회에 맡겼다고 했을 때 그 의미는 로마의 감독 율리우스를 암시하고 있다. 그러나 그를 아마도 전략상 지칭하는 것을 억제했다.) 아타나시오스는 강조해서 그가 콘스탄스 법정에도 혹은 '어느 다른 사람들에게도' 접근하지 않았다고 선언했다. 그러면 아타나시오스가 가지 않았던 이 '다른 사람들'은 누구이던가? 대답은 상황과 340년의 공식적인 선전으로부터 분명하다. 340년 봄 콘스탄티우스는 이탈리아로 침범해와 아퀼레이아 근처에서 죽임을 당한다. 그 때에 콘스탄티우스의 후원자들을 숙청하는 일이 뒤따랐고 당시 법무 행정관이었던 훗날 밀라노의 감독인 교부 암부로시우스가 현장에 나타난다.15) 그에 대한 기억이 사라졌다. 파멸되고 불명예스럽게 된 황제는 공식적으로 결코 존재하지 않는 '비인격체'가 되었다. 벌써 340년 4월 29일에 냉정하게 콘스탄스는 법무 행정관 마르켈리누스에게 '국가와 우리 자신들의 적'에게 주어졌던 세금 면제를 중단하도록 지시했다.16) 그러나 동방에서 콘스탄티우스는 그의 죽은 형제의 기억을 즉시 제거하지 않았다. 그것은 소위 「알렉산드리아 여행」(Itinerarium Alexandri)서문에서 황제가 페르시아 영토를 침략하는 것에 관한 소원이 그의 아버지와 형제 *maximi Constantini* 의 계승을 이어가는 것이 되기 때문이다.17) 그러나 그가 그 기억을 지우려 했을 때 그는 그것을 효율적으로 해냈다. 콘스탄티누스는 콘스탄스에 의해 지배되는 지역에서는 물론 아시아에서도 또한 통용되고 있던 동전에서 조차 이미 공적인 기록물로부터 제거되었다.18)

콘스탄티우스와 콘스탄스에 대한 칭송(아마 344/5년)에서 신실하게 콘스탄티누스는 단지 두 아들 즉 제국을 조화의 일치 속에서 통치하고 있는 공식적 라인을 반영해주고 있다.19) 「콘스탄티우스 면전에서 변증」은 지속적으로 같은 입장을 수용하고 있다. 아타나시오스가 콘스탄티누스에게 신실로 생각했던 것이 무엇이든 의무감이 있었다. 만일 그가 콘스탄티우스를 설득하길 원했다면 콘스탄스가 그의 하나며 유일한 형제라는 것을 보여주려 했다. 그의 '어떤 다른 이들'이란 표현은 일반적으로 4세기 문학 작품 속에 등장하는 형태의 일반적 복수 형태이다. 그래서 그 전체 표현은 콘스탄티누스가 유일하며 정확히 인정되는 것이었다. 아타나시오스의 변호의 이 부분은 직설적이며 사실상 정확하다. 339년에 그는 로마에 가서 그 당시 서방에서 통치하는 두 황제의 어느 쪽에게도 여행한 적이 없다.

그러나 아타나시오스는 두 가지 경우를 제하고는 콘스탄스에게 편지 왕래를 한 적이 없다는 것을 계속적으로 항변하고 있다. 처음은 338년에 그가 콘스탄스에게 알렉산드리아 공의회의 회의 내용을 담은 편지 복사본을 보냈을 때 (「아리우스주의에 반대하는 변증」 3-19) 그것은 아타나시오스 자신이 작성한 것이라고 「콘스탄티우스 면전에서 방어」라는 책이 진행되는 중 드러내주고 있다.[20] 두 번째 경우에 대해서는 그가 성서의 복사본들을 황제가 그에게 준비하도록 요구했던 성서 복사본을 보낼 때인데, 그때가 아타나시오스의 첫 편지에 아마 대답했을 때일 것이다. 상황이나 외적인 개연성으로부터도 아타나시오스가 두 번째 편지를 알렉산드리아를 떠나기 전에 썼는지 아니면 알렉산드리아를 떠난 이후에 썼는지를 확실히 추론하는 것은 불가능하다. 그러나 거기에는 아타나시오스가 말하지 않는 어떤 의미가 존재한다. 그는 콘스탄스에게나 '어떤 다른 이들'에게 편지 왕래가 없었다는 것을 저항하는 것이 아니라 지금 확실히 아타나시오스는 적어도 한 번 그가 338년 알렉산드리아 공의회의 의사록을 보냄으로 콘스탄티우스에게 편지 왕래를 하고 있다는 것이다. 게다가 콘스탄티우스는 트리어에 추방되어 있는 동안 친근하게 여겨서 콘스탄티우스 자신이 알렉산드리아 회중에게 친히 편지를 써 그가 337년 추방에서 돌아왔을 때 공동체의 감독으로 다시 추천했다는 것이다. 이렇게 볼 때 확신을 갖고 그가 로마에 도착했을 때 코스탄티우스에게 편지를 보냈다는 것이 확실하게 추론될 수 있다.

340년 콘스탄티우스가 이탈리아에 침범해 있을 때 아타나시오스의 편지는 도움받기 위해 추방된 감독들의 탄원서보다 덜 무죄한 것으로 해석이 되었다. 그 편지는 아타나시오스가 그의 동생을 침략할 것을 권고한 것으로 혐의를 받았다.[21] 그 혐의는 완전히 사실 아닌 것으로 드러났다. 그러나 그럴싸한 것이 있다. 콘스탄티우스는 아타나시오스가 알고 있었던 콘스탄티누스의 유일한 아들이었다. 337년 그렇게 도움이 되었던 그 좋은 관계가 골의 황제가 자신의 형제를 권좌에서 물러나게 시도했던 정치적 개연성이 되었다. 아타나시오스와 콘스탄티누스와의 연합이 콘스탄스가 그의 사건에 어떤 관심을 모이기 전에 지나간 3년 이상의 원인 중 하나가 되었다.

  로마에서 그가 자신의 경우를 교회에 맡기는 중 공적으로 사적으로 헌신 속에서 그의 전체 시간을 다 할애했음에도 불구하고 아타나시오스는 평신도와 성직자는 물론 도움을 구해 협조를 받으려고한 그의 기회를 놓치는 일을 하지 않았다. 다시 유일하며 특별하며 신뢰할 만한 증거가 아타나시오스 자신으로부터 주어진다. 「콘스탄티우스 면전에서 변호」라는 저서에서 로마에 어떤 탁월한 사람들이 그에게 '호감'을 제공했다는 점을 보여주었으며 그것들의 특수성을 그는 특별히 하는 경향성을 보였다. 350년 마그넨티우스와 반역적인 편지 왕래 대한 고소에 맞서 자신을 변호할 때 찬탈자에게 편지를 쓸 수 있었다는 것을 아타나시오스는 터무니없는 생각으로 무시했다.

> 내가 만일 그에게 편지를 했다면 내가 내 편지에 무슨 내용의 서문을 부인했을까? '나를 존경했던 사람을 살해한 것을 축하하며 내가 그의 좋은 관심을 망각할 수 있을까?' '나는 매우 확고하며 경건한 크리스천이었던 내 친구를 살해한 당신을 환영합니다?' '우리가 로마에서 우릴 거하게 영접해 주었던 축복된 기억을 지닌 황제의 이모로 적절하게 불려지던 유트로피아와 고상했던 아부에리우스와 신성한 스페란타우스 이들을 포함 다른 많은 선한 이들을 살해한 이들을 칭송할까요?' (6.5)

아부에리우스와 스페란타우스는 반면에 알려지지 않은 인물이다.[22)]

그러나 유트로피아, 콘스탄티우스(293년에서 306년까지 황제였던)의 딸과 테오도라는 336년 집정관 비리우스 네포티아누스의 부인이었고 율리우스 네포티아누스, 350년에 로마에서 황제로 선언된 인물의 어머니였다.23) 그녀는 마그넨티우스의 휘하 장군들이 그녀의 아들의 짧은 기간의 반역을 진압했을 때 의심없이 살해되었다. 제국의 친척으로 유트로피아는 아타나시오스를 위해 아마도 황제에게 간청할 수 있었다. 339년에서 342년 사이에 아타나시오스가 「콘스탄티우스 앞에서 변론」이라는 책이 말하고 있는 세 명의 인물 외에도 로마에서 다른 유명한 인물들을 접근했다는 것을 생각해야만 한다. 그는 유트로피아, 아브에리우스, 그리고 스페란티우스만 언급한 것은 그들이 훗날 마그넨티우스의 명령에 죽임을 당했기 때문이다. 5세기 초엽에 가능했던 것은 이집트의 수도사들에 관해 귀족 부인들에게 아타나시오스가 로마에서 말했던 것이고 그것으로 인해 서방에서 일어난 수도원 운동에 초기 영향을 끼쳤다는 것이다.24)

아타나시오스는 339년 알렉산드리아로부터 그의 추방을 공적으로 알리기는 충분하지 않았다. 황제들 콘스탄티우스와 콘스탄스에게 편지하는 것도, 로마 귀족 사회에서 유명한 그리스천들로부터도 지원을 구하는 일도 쉽지 않았다. 그는 정치적 활동만 가지고는 자신을 교구에 세우는 것이 충분하지 않다는 것을 아마도 보았을 것이다. 그의 투쟁을 이념적인 주제로 이끌어야 할 것이 필요했다. 「범세계를 향한 편지」에서 그는 그의 폐위가 전 교회를 위한 정통 교리에 대한 공격을 표현하고 있다는 것을 주장했다. 신학적 단계에서 주장하는 바를 증명할 필요가 있었다. 338년에 로마의 감독은 그를 지원했고 그가 339년 이탈리아에 도착했을 때 그를 환영했다. 그는 분명히 그의 사건 전말을 계속 지지받도록 의존될 수 있었다.25) 그러나 아타나시오스는 그 자신의 투쟁에서 궁극적 승리는 개인의 영예로운 고위 성직 복원보다 더 어려움에 있다는 것을 증명하는 일에 놓여 있었다. 그가 이 목적은「아리우스주의에 반대하는 강론」에 의해 아주 높게 추구되는 것 같았다. 그리고 그것은 340년 경 저술되기 시작했다.26)

아타나시오스의「아리우스주의에 반대하는 강론」세 권은 그들 타이틀에 따라 분리된 언급들일지라도 또한 누적된 내용으로 전개되고 있지는 않아도 시작부터 끝까지 하나의 본질적인 신학적 주제를 형성하고 있다.27) 서문에서 그는 그 문제를 취급하는 중요성에 대해 강조한다 (1.1-10). 아리우스는 죽지만 그가 아버지처럼 말한 이단은 살아서 번성한다. 아타나시오스는 그래서 아리우스 신학의 중요한 모습을 구성한다. 거기서 그는 아리우스의 '탈리아의 첫 일곱 구절을 인용하면서 소타디안 음율(Sotadean metre, Sotadean은 고대의 호모섹스를 뜻하는 형용사에서 사용되었다: 역주) 사용에 주의를 기울이면서 의문을 가하면서 자신이 몇 해 전 작성했던 아리우스와 그의 신학을 비판했던' 알렉산더의 편지를 반복해 인용하고 있다. 아타나시오스는 총체적인 문제를 미궁으로 제안했다. 두 신학 중 즉 크리스천 혹은 아리우스파 주장 중에서 어떤 것이 예수 그리스도를 진실한 하나님이요 동시에 하나님의 아들로 보는가 하는 것이었고 그리스도의 아들에 대한 본질적인 것이 아주 오랫동안 토론되고 있었다. 그러나 그 활동의 총체는 아리우스와 다른 이들이 그들의 신학적 위치를 성서적 지지를 첨가한 성서 본문들을 해석하는 데 모아졌다(특별히 잠언 8:22-25, 선호했던 증거 본문을 포함하고 있는데 "여호와께서 그 조화의 시작 곧 태초에 일하기 전에 나를 가지셨으며"라는 구절이다). 아타나시오스는 주장하길 아리우스 이단은 성서의 지지를 갖는다고 생각했을 때 그는 교묘하면서 거짓되었다고 주장했다. 그는 아주 길게 아리우스에 의해 첨가된 각 페이지들을 논박하면서 그 구절들이 정확히 해석되었을 때 그것들은 이단적 신앙이 아닌 정통주의를 지지한다고 보았다.

성서 주석이 그리하여 「아리우스주의에 반대하는 변론」이 주장하는 연결들과 그 본질을 제공해 준다. 아타나시오스는 전반적으로 하나님 아버지와 아들이며 로고스인 하나님과 생명과의 관계에 관한 세련된 관점을 두 방향이 확실하고도 세련된 관점을 대조시키고 있다.28) 아리우스주의로 잘못된 견해 3위의 세 인격은 전적으로 서로 유사하지 않다는 입장을 자신들의 결혼 배우자처럼 여겼는데 또한 그들은 아들은 아버지와 같지 않고 그와 무관하고 본질과 관계해 아버지께 낯선 존재 '아버지의 본질에 동떨어진 것'(1.6, 1.9, 1.17, 2.43, 3.14)으로 보았다. 그것은 아타나시오스와 소아시아의 '신학적 보수주의자'들 사이의 궁극적 화해를 미리 나타내 보여주면서29) 그가 340년 소아시아의 감독들에게 그 자신의 개인적 업적은 물론이고 그들이 궁극적으로 잘못된 신학을 포용한 집단과 자신들을 연합시키고 있다는 점을 제시하고 있다.

서론이 아리우스파 이단이 모든 것의 마지막 때 등장하는 적그리스도의 전조로 출현한 (1.1, cf.1.7) 깃으로 제시힌디 할지리도 「아리우스주의에 반대하는 강론」은 아리우스를 죽은 자로(1.3) 콘스탄티우스를 산자와 통치자로(1.10, 3.25) 언급하는 외에 그들의 시기에 대한 분명한 제시는 없다. 단순히 이것은 작품이 373년과 361년 사이에 쓰였고 356년과 360년도 때때로 지지를 받고 있다.30) 그러나 「강론」은 현저하게 호모우시오스란 용어를 방어하는 데 실패한다. 그것은 350년 초 아타나시오스와 그의 동조자들의 신학적 중심 단어였다.31) 「강론」이 목표로 한 대상은 아리우스 자신, 니코메디아의 에우세비우스 그리고 아스테리우스 소피스트와 희생자(1.32, 3.2, 3.60)였다. 거기다가 아타나시오스는 그들이 마치 유일한 아리우스주의자들인 듯 셋을 그들의 주장들을 기록하면서 충분하게 거칠게 대하는 것 같다(2.24). 아타나시오스가 그를 알렉산드리아에서 추방한 아리우스파 이단에 대항해 자신을 정통신앙의 챔피언으로 분명히 내세우는 동기를 가졌을 때를 339년 혹은 340년을 아주 우수하게 적절한 것으로 여겼다. 그가 아리우스 추종자들을 에우세비우스의 가르침으로부터 잘못된 교리를 가져왔다고 성토할 때(1.27) 그는 아마도 그의 중요한 정치적 적수를 명명한 것이다.

   339년에서 340년 사이, 로마에서 아타나시오스가 저술했을 것이라고 믿는 다른 지시사항은 그의 신학적 적수들을 공격하는 그의 방법에 있다. 그는 기억으로부터 아리우스의 탈리아(Thalia)를 인용하는데 그것은 모호하고 아직 정확한 요약이 아닌 자신의 감독의 이름으로 (1.516) 작성했던 알렉산더의 옛 편지에서 기초 된 것이었다.[32] 다른 각도로 아타나시오스는 그것들을 완전한 본문에서 취한 것처럼 아스테리우스로부터 9개의 발췌본을 인용한다.[33] 아타나시오스가 339년에서 340년 사이 로마에서 썼는지의 여부가 쉽게 그대로가 설명해준다. 그의 추방에서 동행했고 앙카라의 마르켈루스가 확실히 로마로 그와 함께 아스테리우스 복사본을 가져왔다. 마르켈루스는 「아리우스주의에 반대하는 강론」이 인용한 아스테리우스의 글에 오명을 남긴 가이사랴의 에우세비우스와 네로니아스의 나르키소스처럼 아리우스와 '아리우스주의자들'에게 오랫동안 공격을 가한 것이 336년에 무분별하다는 표시로 폐위되고 추방되었던 그가 바로 마르켈루스이다.[34]

VI.
율리우스와 마르켈루스

아타나시오스는 로마에 단지 신뢰할 만한 후원자 몇 사람과 함께 알렉산드리아로부터 왔다. 그의 문제 제기는 다른 추방자들이 도착해 정통주의 기독교가 위험에 빠졌다고 하는 그 주장에 덧칠을 할 때까지 분명한 진전을 받지 못했다. 마르켈루스는 314년보다 앞서 앙카라의 감독으로 입증되고 있다.[1] 그리고 325년에 니카이야에서 그는 자신을 아리우스의 냉혹하면서도 크게 공개화된 적으로 나타내 보였다.[2] 335년에는 예루살렘과 두로 공의회가 결정한 사항들에 서명을 거부했다. 그 회의들은 아리우스의 주장들이 허락된 기독교 교회의 한계에 녹인 것을 선언했으며 성도의 교제에 다시 참여시켰던 공의회였다.[3] 거기다가 마르켈루스가 자기주장을 취소하고 아리우스와 교제하지 않았다면 그의 교구를 융해 시키는 것이라고 공의회가 선언했을 때 즉시 그는 아리우스 뿐 아니라 그의 가장 분명한 후원자들도 잠정적인 이단자들이라고 증명하는 약 만 줄 이상이나 되는 책자를 작성해 콘스탄티누스에게 제공했다.[4] 이와 같은 과정들이 그의 옳지 못함을 증명했다. 콘스탄티누스는 336년 7월에 콘스탄티노플에서 감독회의를 개최해 아리우스를 정통으로 다시 선언한 마르켈루스를 폐위했고 바질을 앙카라의 감독으로 지명했다.5) 결국 마르켈루스는 추방을 당했다.

337년 모든 추방된 동방 감독들을 위한 콘스탄티누스에 의한 사면 칙령 하에서(「아리우스주의의 역사」8.1) 마르켈루스는 폭력 현장인 앙카라에서 돌아왔다. 집들은 불탔고 거리에는 싸움질이 계속되었고 마르켈루스는 무력으로 그의 교회를 박탈당했다. 그의 적들은 훗날 반대하는 집단에 속한 사역자들이 알몸이 된 채 공공장소로 끌려 다녔던 것을 불평했다. 바질은 성소에서 거절당했고 양쪽에서 압력으로 압박당해 거리로 던져졌으며 수녀들은 옷 벗김을 당했고 공적인 구경거리가 되기도 했다.6) 336년에 마르켈루스를 징계했던 감독들은 재빠르게 행동했다. 가이사랴의 연로했던 에우세비우스는 그의 펜을 들게 요청되었고 「마르켈루스에게 대항하여」란 두 권의 책을 저술했다. 그리고 동시에 복사판 자료와 함께 마르켈루스는 구원받을 수 없는 이단이며 그의 견해는 사벨리안적이며 유대적이라는 점을 증명하기 위해 3권의 「교회 신학」을 저술했다.7) 에우세비우스는 「교회 신학」을 안디옥의 감독 플라실루스(Flacilus)에게 보냈고 알렉산드리아의 감독으로 그레고리우스를 지명했던 그 같은 안디옥 공의회는 또한 마르켈루스를 파직시켰고 앙카라의 감독 바실리우스를 재임명했다.8) 결국 마르켈루스는 다시 유배 길에 올랐다. 그러나 아타나시오스 같지 않게 즉시 로마로 오지 않았다. 사실 앙카라의 추방된 감독은 340년 봄까지9) 로마에 도착하지 않았던 것 같다. 바로 그 같은 기간에 그는 먼저 일리리쿰으로 가 할 수 없이 콘스탄스 법정에 출두했고 콘스탄티우스의 사망 후 단지 로마에 갔었다.

율리우스가 곧 아타나시오스의 문제는 물론 마르켈루스의 문제까지

도맡았다. 그는 동방 교부들에게 아타나시오스와 마르켈루스가 정당하지 못하게 파직되었음을 불평했을 뿐만 아니라 동방의 감독들이 니카이아에서 있었던 결정 사항들을 포기함으로 교회에 무질서를 일으켰다고 불평했다. 그러므로 율리우스는 제안하길 그들이 (혹은 적어도 그들 중 얼마만이라도) 언급된 날짜에 로마에 와서 동서방 감독들 연석해 공의회를 갖자고 제안했다. 아마도 자신의 주재 하에서 그렇게 하자는 것이었다.10) 율리우스의 편지는 안디옥에 사제 헬피디우스와 필록세누스(「아리우스주의에 대항하여 변증」 20.1)에 의해 접수되었다. 그들은 즉답을 빨리 못하고 반면에 341년 1월까지 97명의 감독회의가 콘스탄티누스가 시작했던 대형 8각형 교회를 봉헌하기 위해 모였을 때까지 안디옥에서 기다릴 수밖에 없었다.11) 콘스탄티우스는 그 공의회가 교회를 봉헌할 때 (「공의회록」(Synodicus 22.2, 25.1)12) 현장에 있었고 감독들이 율리우스의 불평들을 고려할 때도 그 회의에 참석하고 있었다. 공의회를 위한 기초 작업은 339년 5월에 에우세비우스의 사망 이래로 팔레스타인 가이사랴의 감독 아카키우스(Acacius)가 맡았다. 에우세비우스의 잊혀진 「마르켈루스에게 반하여」가 340/1년13)에 저술된 것 같고 그 점에서 에우세비우스의 「마르켈루스에게 반하여」와 「교회 신학」이 339년에 있던 일이 이전의 비판이었던 것처럼 341년도 마르켈루스의 비판과 연결된 입장에 서 있다.

'봉헌을 위한 공의회'(Dedication Council)의 신학적 고려사항이 무엇인지는 재구성할 수가 없다.14) 어떤 옛날의 이야기도 그들의 과정을 보고하지 않고 그의 저서 「아리미눔과 셀레우키아의 공의회」와 공의회와 관련된 단순한 세 종류의 자료들을 아타나시오스는 인용하고 있다. 아리우스가 그들의 신학을 어떻게 변형시켜주는가를 보여주는 상황으로부터 그러하다. 그럼에도 불구하고 그같은 경향성에 반해 어떤 일은 아타나시오스의 이 세 자료 문서들에게서 유래된다 할 것이다. 그의 첫 인용은 다음처럼 시작한다.

> 우리들은 아리우스 추종자들도 아니다(어떻게 감독으로 우리가 일개 사제를 따를 수 있을까?) 그리고 또한 우리에게는 처음부터 전달되어오는 신조 외에는 결코 다른 것을 인정하지 않는다. 반면에 우리 자신들을 시험하며 그의 신조들의 동조자들을 지명한 후 우리는 그를 따른다기보다는 오히려 사귐으로 그를 수용했다. 그것은 우리가 들었던 것으로부터 이해한 것일 것이다. 왜냐하면 우리가 한 분 하나님을 믿는 결과로부터 무엇인가를 배우는 것이다…. (「공의회록」 22.3-5)

추종자들의 신조는 우시아($Oὐσία$)란 단어를 피하거나 성부 하나님과 성자 하나님 사이의 관계성을 논할 때 그 구성 요소들에 관한 어떤 것도 역시 수용하지 않고 피한다. 그리고 그것은 왕과 하나님으로 영원하신 아들을 주장함으로 마르켈루스를 목표삼고 있다(「공의회록」 22.5/6).15) 더구나 아타나시오스에 의해 인용된 간단한 발췌본은 아타나시오스에 의해 더 가혹한 풍자 안에서 인용되며 끝나게 된다. '더해질 것이 필요하다면 우리는 또한 육체의 부활과 영원한 생명을 믿는다'(「공의회록」 22.7). 아타나시오스는 자신의 인용구들이 '공의회에 의해 쓰여진 편지로부터이다'라고 밝힌다. 그 부분이 분명하게 감독들이 아리우스주의자들이라는 고소에 대답하는 것이었으므로 그것은 공의회로부터 율리우스에게로 왔음이 당연하다. 그것에 대한대답 속에서 율리우스가 신학적 문제들을 피했다는 것은 그가 적극적으로 이 신조의 언급을 공격하지 않았다는 것을 발견케 된다고 하는 사실이다.

아타나시오스의 두 번째 인용은 훨씬 더 길고 분명한 신조와 타협하면서 어색하게 저주로 결론을 내리면서 다음과 같이 선언한다. 성자는

'성부의 바로 그 신성의 이미지이시며, 본질이시고, 의지이며, 능력이요, 영광이다.'(「공의회록」 23.2-10)고 말이다.16) 안디옥의 감독들은 마르켈루스가 성자가 성부와 동일한 본질(ousia)이란 니카이아의 중심 주장과 전적으로 필적할 수 없는 성부의 '이미지'로 아들을 묘사한 것을 공격했으리라는 점을 무의식할 수 없는 상황은 아니었다.17) 그러므로 율리우스의 반응도 그와 같은 주장이었다는 것을 의심할 수 없다. 교회 안에서 자신의 그룹을 상당히 오랫동안 이끌어온 니코메디아의 에우세비우스는 율리우스, 아타나시오스 그리고 마르켈루스에게 그 내용이 포함된 자료를 보내는 것이 더 좋은 일이라는 점을 잘 알았다. 이 신조는 '봉헌을 위해 모여진 공의회'가 동방 감독들에게 회람시켰던 공의회 편지들로부터이며 그 다수는 그 신학에 동정적이었다.

아타나시오스는 또한 티아나의 테오프로니우스가 공의회에 제출한 신조를 인용하고 있다. 그는 아들 성자를 규정하길 '완전한 하나님의 완전한 하나님이시며 본질상 성부와 나란히 존재하시는 분(hypostasis)'이라 하면서 마르켈루스, 사벨리우스 그리고 사모사타의 바울의 견해를(「공의회록」 24.2-5) 따르는 누구든지 저주가 있을 것이라는 선언으로 끝이 난다. 이것은 아무래도 테오프로니우스 자신이 마르켈루스의 견해를 힘께 공유한다는 혐의를 받고 공의회의 면전에서 자신의 정통성을 입증하기 위하여 이 신조를 제출한 것으로 추론된다.18) 아타나시오스가 '그 동료의 신조를 수용한 후 그것에 그들 모두는 서명했다'(「공의회록」 24.1)라고 말했을 때 그는 크게 그곳의 경향성을 따르는 것이었다. 그리고 나머지 감독들은 정확한 교리의 어떤 면에서 그것을 수락하지 않고 그의 정통성을 입증하는 것으로 테오프로니우스의 신조를 받아들였던 것이다.19)

아타나시오스와 마르켈루스와 관련해 공의회의 실행에 관해20) 더 알려진 것은 그 일은 소조메누스가 공의회가 율리우스에게 보낸 요약편지와 율리우스의 답신 전체를 제공해줌으로 더 많이 알려지고 있다(「아리우스주의에 반하는 변증」 21-35). 율리우스에게 보낸 안디옥 공의회 편지는 니코메디아의 에우세비우스의 편지일 것이다. 그것은 기교 있게 쓰여졌고 합법적 주장을 내포하고 있으며 로마 감독을 향해 이율배반적이며 동시에 위협적인 내용이었다. 안디옥의 감독들은 율리우스의 제안인 연합 공의회를 거절했다. 로마 감독은 사도들에 의해 세워진 옛 교구의 주관자로 사실상 특권과 존경을 누리고 있었다. 그러나 율리우스의 제안은 교회적 실천과 어떤 경우의 장점에 의거하지 않고 우연히 정치적 중요성에 근거하여 뻔뻔함이 있었다. 사실 실천이나 장점에 의하면 서방 교회는 내적인 문제에 있어서는 마땅히 동방 교회의 판결을 수용해야 하며 그 역도 마찬가지여서 그것은 마치 과거 사모사타의 바울과 노바치안(25.1)에게 발생했던 것처럼이어야 했다(25.1). 더군다나 정해진 날짜는 불가능할 정도로 초기의 상황 특히 페르시아 전쟁이 서방 감독들을 그들의 위험 지역에 머물게 하는 상황이었다(25.314). 율리우스의 보호, 아타나시오스나 마르켈루스에게 베푼 호의는 신적으로 영감된 교회 공의회의 결정 사항은 후속의 공의회에 의해 전복될 수 없는 것이 표준 법률의 원리였는데 그것을 위반하는 것이었다(22.1, 22.6, 29.3). 그러므로 율리우스는 한 공의회를 제로 상태로 만들며 교회 분열의 불꽃에 부채질하는 상황이었다(25.1, 34.1). 그가 마르켈루스나 아타나시오스와 사귐을 철회하거나(r 편지는 그들의 죄악들을 반복 언급했다) 동방 교부들의 인정과 사귐을 자신이 녹여야만 했다(34.3-5).

사제 헬피디우스와 필록세누스는 안디옥에 341년 1월까지 머물러 있길 강요당했다. 그때 그들은 공의회의 편지를 로마에 있는 율리우스에게 배달했다(21.2). 벌써 율리우스는 그의 반격을 준비했다. 이탈리아로부터 50명 감독의 공의회 아마 이탈리아 밖의 서방 지역으로부터 연합 공의회를 위해 제안된 날짜에 만났고 율리우스가 준비했던 꾸지람의 편지를 배서했다.21) 재판관 가비아누스(Gabianus)에 의해 동방에서 느슨하게 받아졌던 그 편지는(20.3) '디아니우스, 플라실러스, 나르키소스, 에우세비우스, 마리스, 마케도니우스, 데모도루스22)와 안디옥에서 우리에게 앞에 말한 이들과 함께 편지를 보낸 이들에게' 향한 내용이었다. 그것은 완전히 마르켈루스와 아타나시오스를 방어하는 논조였다. 그 관점이 신실하게 거의 완벽하게 재생산되었다.23)

율리우스는 그가 전달 받았던 편지의 논조에 대한 불평으로부터 시작하고 있다. 자신의 편지를 통해 완전히 뒤바꿔 놓으려 한 주제에 관해서였다. 그것은 논박조였고 친절하지도 않았다. 그가 경외를 목적으로 하는 때였을지라도 말이다. 율리우스는 아타나시오스나 마르켈루스에 대항한 고소건을 재숙고 할 다른 공의회를 개최하자는 적절성을 먼저 다루고 있다. 그러한 절차는 그가 논리적으로 모순이 있는 것이라 주장했는데 니카이야 공의회의 지침으로 아주 오래전부터 금지된 것이었다(22.2).24) 더 최근 사제 마카리우스와 집사 마르티리우스와 헤리키우스는 338년 안디옥 공의회로부터 왔으며 그들 주장을 논쟁했던 알레산드리아로부터 사제들에 의해 직면하게 되었을 때 그들은 동의하길 율리우스가 당연히 공의회를 개최해서 정당한 결정이 모두의 면전에서 나타나야 한다는 점을 동의했다. 즉 동방 감독들이 마땅히 그들 신뢰할만한 사절들이 동의한 바대로 올바르고 정당하게 로마로 와야 한다는 것이었다(22.3-5). 게다가 율리우스와 감독회의를 존중하지 않는다는 책임 추궁은 동방 감독들 중 한 사람이 그보다도 훨씬 더 많은 죄가 있다는 것이었다. 아리우스주의는 니카이야에서 300명의 동방 감독에 의해 정리되었는데 판결이 이제는 동방 감독들이 존경하지 않을 뿐더러 무시해 버리고 있다는 것이다(22.2, 23.1). 그 이유로 알렉산드리아 감독으로 두렵게시리 자격이 없는 어떤 피스투스를 지명했다. 사실 그는 알렉산드리아의 알렉산더에게서도 니카이야 공의회에서도 파문 당한 바 있는 인물이었다. 그리고 그는 또한 니카이야에서 파문당했던 프톨레마이스의 세쿤두스에 의하여 사제로 서품되었다.(24.1-4) '만일 공의회의 그 결정이 합법적인 것으로 간주 되어버린다면' 편지의 수신자들이 이미 언급했던 바대로(22.6) 그대는 전 세계로부터 모여온 300명 대 공의회 감독들의 결정 사항을 몇몇 안 되는 감독들이 전복시켜 버리는 잘못이며 전 세계가 인준하고 이단으로 거절한 사람들을 지금 다시 교회적 사귐 안으로 받아들여야만 하는 잘못이다(23.1-2).

안디옥으로부터 도달한 공의회의 편지에 관해 율리우스의 불평은 그의 편지 3분의 1 이상을 차지하고 있다(21.2-26.3). 나머지는 아타나시오스와 마르켈루스를 교제 속에 영접해야 한다는 것을 정당화했다. 그는 그 경우들을 분리해 고려하고 있다. 아타나시오스에 관해 그는 불일치한 기록을 받았다. 338년 341년에 에우세비우스와 그의 동료들로부터 자주 모순이 있는 편지들을 받았고 이집트의 많은 감독들 그 부류의 감독들로(즉 338년 알렉산드리아 공의회의 편지) 온 아타나시오스에 반대하는 모든 고소들은 잘못된 것이라고 말하고 있다. 그의 처리 과정에서 증거에 기초해 율리우스는 아타나시오스에 반하는 모든 고소들을 수용하지 않았다.

율리우스는 언급하길 335년 마레오티스를 방문했던 심문단의 제출 서류를 조심스럽게 검토했다고 말했다. (338년에 마르티리우스와 헤시키우스에 의해 로마로 배송되었다.) 그는 아타나시오스의 저항을 정당하다고 피력하면서 위원회가 불공정하게, 비합법적으로, 편견을 지닌 견해를 말했다고 보았다. 비난을 했던 이스큐라스는 마레오티스에 있었으나 아타나시오스나 마카리우스는 그러질 않았다(27.4). 율리우스는 데살로니가의 알렉산더 편지와 재판관 디오니시우스에게 보낸 편지에 그리고 자신의 비난을 기탄없이 철수했던 이스큐라스 자신의 손으로 쓴 편지 그리고 아타나시오스를 동행해 로마까지 온 사제들과 집사들에 호소하고 있다(28.1-3). 그러나 제출 서류(*hypomnemata*) 바로 그것들은 율리우스의 중심되는 주장을 제공해주고 있다.[25] 자료 기록으로부터 아주 아타나시오스는 이스큐라스와 '작은 수도원 방'에 한 교리 문답자와 이스큐라스가 '작은 방'에서 마카리우스가 제기된 공격을 누락했을 때 동석하고 있었다는 것을 내보였다. '사실 이스큐라스는 문 뒤에서 아주 치명적인 거짓말을 말하고 있었던 것이다.' 결론적으로 이스큐라스는 서서 성례전을 확실히 집행할 수 없는 인물이었다. 게다가 이스큐라스는 사제가 아니었다. 그의 이름이 알렉산드리아에 제출된 멜레티우스파 사제단의 목록에는 나타나지 않고 있어서 더욱 그러하다(28.4-7).[26] 그러나 율리우스는 그러므로 아타나시오스를 비난하는 것을 거절하는 것이 정당하다고 보고 있다. 그는 사실 그를 여전히 알렉산드리아의 감독으로 여겼고 그를 로마로 초대했다(29.1/2). 분리된 공의회가 그의 경우를 재숙고할 것을 분리 공의회가 고찰할 것을 제안했다(30.1). 교회법을 대항해 행동했던 이들은 그레고리우스를 안디옥에서 알렉산드리아로 보냈던 이들이었다. 그 두 도시 사이의 거리는 공적인 도로 거리상(*cursus publicus*) 36만시오네스(*mansiones*: 36일 밤을 보내야 하는 거리: 역주)였다.[27] 그렇게 먼 도시에서 군사적 폭력으로 알렉산드리아의 감독을 내려놓게 하고 외국인 대신을 세웠다(29.3). 율리우스는 알렉산드리아에서 그레고리우스에 의해 거행된 포악함에 대해 웅변적으로 매끄럽게 정리하고 있는데 그것은 아타나시오스가 쓴 「범세계를 향한 편지」(30) 속에서 아타나시오스 자신이 예견한 것처럼 메아리치게 하는 것이고 분명히 복사하고 있는 것이라고 분명히 보여주면서 그렇게 하고 있는 것이다.

마르켈루스에 관해 율리우스는 로마 감독에게 보내는 편지 형식으로 자신의 요구에 따라 마르켈루스가 그의 신앙고백을 제공했다고 설명한다. 에피파니우스가 간직하고 있는 이 고백서에서28) 마르켈루스는 니카이야 공의회에서 내린 그 판결을 확신했던 사람들에 의해 건져온 이단에다가 책임 돌리는 것을 분명히 밝혔다. 그러나 그의 적들이 로마로 오는 것을 율리우스가 그들에게 편지를 보냈을지라도 거부했음으로 마르켈루스 자신은 1년 3개월을 로마에 머물면서 그에 반하여 고발하는 것이 잘못인 점을 드러내기 위해 그 자신의 손으로 산 여린 율리우스에게 보낸 그의 신학적 신앙을 표현한 선언문을 제출했다. 마르켈루스는 아버지와 아들을 분리시키는 그의 적들을 비난했다. 그렇게 분리시키는 것은 논리적 결론으로 두 하나님의 실존을 지지하거나 그 외에 성자 하나님을 비신적 세계의 질서로 물러나게 하는 것이라고 비판했다. 대조해서 그는 자신은 성서를 존중하며 한 하나님이며 그의 독생하신 아들 예수 그리스도 하나님과 분리할 수 없는 존재인 그를 믿는다고 항변했다. '그러므로 나는 믿는다'라는 로마 교회의 세례신조인 전통적인 듯한 내용을 전체로 인용하길 계속적으로 표명했다.29) 그는 율리우스가 동방 감독들에게 편지를 쓸 때 자신의 선언문 편지도 보낼 것인지 질문하면서 결론을 맺고 있다. 율리우스는 로마 공의회의 이름으로 편지를 썼을 때 마르켈루스가 325년(32.2-4)에 자신을 표명했던 것처럼 341년에도 정통주의 입장이라는 점을 증거로 제출했다라고 은연중 나타내 보여주었다(32.2-4). 왜 그러한 인물과 신앙적 교제를 거부해야만 할 것인가?

율리우스는 분열을 일으킨 동방 감독들을 꾸짖었다.(32.4) 아타나시오스와 마르켈루스 외에도 다른 감독들이 비정당하게 그들 교구로부터 추방되어 로마로 왔다. 반면에 많은 이집트 감독들은 로마 공의회로 다가오는 것을 금지 당했다(33.1). 알렉산드리아와 앙카라에서 폭력과 억압이 아타나시오스와 마르켈루스 축출 뒤에 따라와 감독들이 구타당하고 투옥되었다. 몇몇은 힘겨운 시민 예배 의식을 거행하는 데 강요되었으며 그레고리우스와 그의 아리우스파들과 단지 교제를 거절한다고 추방당하기도 했다(33.2/3). 율리우스는 그리스도 안에 있는 형제들이 고난에 대해 매우 실망한다. 그리고 연합 공의회를 개최하자는 그의 제안은 불운한 상황을(33.4) '옳게 세우며 치료'하기 위해 계획된 것이었다. 그는 희망을 표현했다. 대다수 동방 감독들이 현재의 불화를 야기했던 작은 음모에 속하는 조그마한 미움들을 자신의 소유가 아니라 말하자 그러면서 혼란을 멈추자라는 희망을 표시했다. 율리우스는 이슈들이 모든 현존하는 사람들과 함께 정리될 수 있도록 총체적 공의회를 반복 제안했다.30) 마르켈루스와 아타나시오스의 경우들은 사도 바울에 의해 세워진 교구, 그와 함께 로마의 감독들이 전통적으로 밀접하게 연결된 교구에 연관되어 있다. 그래서 그들은 파직되어야 할 감독들이 아닐 뿐더러 다른 감독들 사제들도 다른 곳으로부터 매우 유사한 비애의 이야기로 로마에 당도했다. 이리하여 율리우스는 동방 감독들에게 감독을 향한 박해를 사제들을 향한 박해를 끝내고 그들의 감독들에게 교회를 회복시켜 주안에서 항상 기뻐하도록 하자고 요청했다(34/5).

율리우스는 341년 여름에 편지를 썼다. 최근에 로마에 도착했던 추방된 감독들은 아마도 '봉헌을 위한 공의회' 즉, 341년 혹은 더 그럴싸하게 아타나시오스가 파직되었던 338/9년에 안디옥 공의회 초기에 파면되었던 사람들이었다.(율리우스가 특정하기는) 트라키아나 시리아 코엘레, 포이니케, 팔레스타인으로부터 추방된 이들이었다 (33.1). 정확히는 (트라키아 지방) 아드리아노플의 루키우스, 베뢰아의 키루스 그리고 발라네아의 유프라티온(코엘레 시리아) 트리폴리스의 헬라니쿠스(베니스)와 가자의 아스클레파스(팔레스타인에) 그리고 아마 다른 이들일 것이다.31)

아타나시오스와 마르켈루스의 행운에 대한 율리우스 편지의 영향은 완전히 어둠에 싸였다. 그것은 우연일 수 없었다. 그가 「아리우스에 반대하는 변증」과 「아리우스주의의 역사」에 대해 저술하기에 이르렀을 때 아타나시오스는 더이상 자신을 위해 콘스탄스가 개입하길 설득당한다고 하는 것을 설명하려는 경향성이나 어떤 바람을 갖고 있지 않았다. 그의 사건의 발단이 몇 해 동안 추방으로부터 귀환하라는 허락을 위해 그가 훗날 포기했던 앙카라 감독들의 정황들과 여러 해 동안 연결되어 있음을 알리는 더 이상 그런 경우도 아니었다.32) 마르켈루스는 단순히 343년 세르디카 공의회까지였는데 시야로부터 사라졌다. 341년 여름에 아마 작성된 율리우스에게 쓴 편지 속에서 로마를 떠날 것을 선언했다.33) 그는 의도된 목적지를 개방하지 않았다. 그것은 콘스탄스의 법정이었던 것이다. 마르켈루스는 서방의 황제에게 개인적으로 접근해 자신을 위해서 다른 감독들을 위해서 개입해 달라고 했던 것이다. 그러나 콘스탄스 앞에서 또 다른 한 해 동안을 완전히 붙들고 있었던 일이 아타나시오스를 끼고 발단된 내용이었다. 그리고 그는 더 큰 정치적 영향력을 가진 추방자가 자신의 법정에 왔을 때만 그렇게 행동했다. 342년 아타나시오스의 행운은 콘스탄티노플의 바울의 경우들과 밀접히 연관되었던 것이다.

VII.
콘스탄스의 개입

　마침내 아타나시오스는 346년 콘스탄스의 정치적 압력의 결과로 이집트에 돌아왔다. 그때 그는 만일 그의 형 콘스탄티우스가 서방에 추방된 알렉산드리아의 그 감독과 다른 동방 감독들이 귀환에 동의하지 않음 전쟁을 할 것이라고 위협을 했던 것이다.[1] 콘스탄스가 350년 초에 사망하자 아타나시오스는 제국의 보호자를 잃어버렸다. 그리고 시르미움의 공의회가 그를 351년에 정죄하고 그 고소는 높은 배신 행위를 포함시켰다.[2] 확실하고도 자명한 개연성은 그의 추방 기간 동안 아타나시오스가 두 명의 황제들 틈바구니에서 적대감을 일으킨 것으로 추정된다. 그러므로 340에서 349년 어간에 아타나시오스가 서로마 제국을 통치하던 황제와 어떤 관계를 정확히 맺었는지를 발견하는 것은 역사적으로 중요한 일이다. 반면에 육체적인 접촉이 없이 이러한 관계들의 어떤 면모들을 완전히 설명해주는 것 같은 유사한 내용들을 제공하는 유일한 옛 기록자는 아타나시오스 자신이기에 사실을 해명하기란 쉽지 않다. 결론으로 연대기적으로보다는 오히려 심정적으로 그 기록들로부터 설명 가능한 관련 증거와 추정을 확립하는 것이 가치 있는 일일 것이다.

「콘스탄티우스 면전에서 변호」(Defence before Constantius)는 개인적으로 황제에게 행한 연설문 같은 것이다. 아타나시오스가 실제적으로 황제 앞에서 연설을 한 것도 아니고 그러할 의도가 있었던 것도 아닐지라도 그는 확신시킬 필요가 있는 제일의 청중으로 온 맘을 다해 황제와 함께할 것을 염두에 두면서 연설문을 작성했다(현대 편집으로는 18장이며, 그와 별도로 후대에 2장 정도가 덧붙여졌다). 그리고 353년[3] 여름에 아타나시오스는 그것을 황제에게 보낸 것 같다. 아타나시오스는 콘스탄티우스가 그의 형제와 아타나시오스와 관계에 대해 알고 있다는 조심스런 고려와 함께 동방 황제를 반대해 콘스탄스에게로 돌아섰다는 고소에 대해 그의 변호를 작성했던 것이다. 그래서 그는 그의 능력을 콘스탄티우스에게 알려졌던(아마도 알려질 수 있었다고 보는) 오판된 사실을 위해 그의 능력을 심할 정도로 집중했다. 그렇다면 353년의 「콘스탄티우스 면전에서 변호」 원본이 콘스탄스와 아타나시오스의 관계에 무엇을 나타내 보여주는가?

「콘스탄티우스 면전에서 변호」의 네 장(현대 편집자들에 의해 편집된 본문 구분에 따라)는 아타나시오스가 '가장 경건하고 축복되며 영원히 추억될 황제'와 그의 형제(2-5) 사이에서 일으켰던 적대감에 대한 고소를 다루고 있다. 이것들 중 첫 장은 아타나시오스를 고소한 이들이 만든 책임 추궁은 벌써 「아리우스주의에 대항해서 변호」라는 책에서 이미 악한 기획으로 입증된 거짓이었어도 청중의 호의를 사로잡는 기법으로 작성되어 고소건이 진지하게 다뤄질 수 없음을 뜻하며, 콘스탄티우스가 아타나시오스에게 진리에 답하며 그것을 세울 수 있도록 기회를 줌으로 제국의 가치인 인내를 소유하고 있음을 보여주고 있다는 것이다(2). 네 장의 마지막 부분은 고소에 비중을 두면서 아타나시오스에게 관대함을 콘스탄티우스가 제공하고 있는 대화에 기초한 선험적 주장으로 그 평가를 결론 내리고 있다. 만일 그가 그렇게 해야 할 이유가 있을 때 그의 적에 관해 콘스탄티우스에게 불평하지 않는다면 그가 그의 형제 콘스탄스에게 중상하는 것을 상상하는 것도 분명히 모호한 것이다(5).[4] 두 장의 중간에 위치한 기술들은 콘스탄스와 아타나시오스의 만남을 지니고 있으며 그것을 다루고 있다.

아타나시오스는 전통 헬라 수사학적 문화에 깊이 물들어 있지 않았다. 그리고 철학을 제외하고는 어떤 전통 문학 장르에도 친근성을 보여주지 못하고 있다.[5] 이리하여 「콘스탄티우스 면전에서 변증」이라는 원본의 구조도, 그 개별적 부분들도 4세기 기독교 저자들에 의해 그렇게 많은 작품들의 구조 속에서 저변에 흐르는 이론들의 창의적 개념에 부응하지도 못하고 있다.[6] 콘스탄스와 관계하는 아타나시오스의 설명은 고대 수사학 교본에서 사용되는 용어 기술적인 면에서 '이야기'(*narratio*)라 불릴 수 없다. 이론가들이 일반적으로 간략하게 사실들에 관해 처음 이야기로 기술하는데 그것은 그 위에 바탕으로 주장들의 거대한 개조로 지속되며,[7] 아타나시오스는 이야기와 주장들을 결합시키거나 서로 조화시키고 있다.

그의 문학적 세련미는 결핍되어 있을지라도 아타나시오스의 천부적 지성과 세계에 대한 친근미가 자기 자신을 위해 힘찬 변호를 가능하게 했다. 그는 말하는 이 부분을 위해 특별히 논리적 구조를 택했다. 그는 우선 죽은 황제와 그의 대담을 지리적으로 그가 그를 단독으로 본 적이 없음을 증거하기 위해 토론을 했다. 그리고 그 점은 결코 그가 콘스탄티우스를 개인적으로 중상모략할 기회를 갖지 않았다고 한 것이다. 그 후 그는 콘스탄스와 교류에 대해 요약하길 쓰여진 소통을 포함해 연대기적 순서로 그는 단지 소환되었을 때만 그를 보았고 자신의 요구나 자신이 우선권을 가지고 법정에 접근한 적이 없었다. 만일 역사적 추론이 이 문서로부터 보여지고 있다면 아타나시오스가 말하고 있는 것은 그가 콘스탄티우스와 대화하고 있는 장소에 관해 그가 그들의 날짜와 사건 경우들에 관하여 무엇을 말하는 거와 분리해 분석 되어야만 할 것이다. 아타나시오스는 그의 설명에 관해 약간 귀에 거슬리는 어조를 설정하고 있다.

> 나는 진실로 그러한 고소에 대항하여 내 자신을 방어하는 수치로움으로 얼굴이 붉어져 있다. 나는 내가 자리하고 있는 곳에서 나의 고소자들조차 반복하지 못할 것이다. 왜냐하면 그는 자신이 거짓말 하고 있다는 것을 완전히 알고 있고 나도 정신 나간 사람이 아니며 내 자신을 그러한 것에 내 마음을 빼앗기는 의혹에 내놓을 만큼 의식이 모자란 사람도 아니다. 이런 연유로 나는 내가 방어하면서 내 말을 단지 전달하는 중이라면 나의 청취자들이 그들의 판단을 의심하는 경우라면 묻는 바를 어느 누구에게도 다하지 않을 것이다. 그러나 당신의 경건에다가 내 자신을 분명하고도 큰 목소리로 방어합니다. 그리고 내 손을 널리 펴서 내가 사도로부터 배운 바대로 '내가 내 목숨을 걸고 하나님을 불러 증언하게 하시니'(고후 1:23) 열왕기서에 기록된 대로 (이스라엘의) '여호와께서 너희에게 대하여 증언하시매'(삼상 12:5) (나에게 이 말을 인용하도록 허락해 준다면: 아타나시오스의 언급을 저자가 인용함) 나는 어떤 경우에도 축복된 기억을 지니고 있는 가장 경건했던 이우구스투스의 면전, 당신의 형제였던 콘스탄스 황제 앞에서 당신의 경건에 관해 결코 나쁘게 말한 적이 없습니다. (3.1-3)

그는 그 후에도 자신이 결코 콘스탄스만을 단독으로 본 적도 대화한 적도 없기 때문에 고소에 혐의가 없었음을 입증할 의도된 주장을 지속적으로 해나갔다.

　나는 나쁘게 주장하는 고소자들처럼 그를 자극하지 않았다. 반면에 나는 그의 앞으로 갔을 때 그는 당신의 관대함에 대해 말했다. 내가 아퀼레이아에 있을 때 탈라수스의 대사가 언제 포에토비오(Poetovio)에 올 것인가에 대해서조차 말씀하셨다. 내가 지속적으로 당신의 경건을 들먹였고 내가 원하는 것은 하나님께서 당신의 영혼에 계시하셔서 당신 앞에서 나를 중상모략하는 이들의 그 비방을 경계해달라는 것에 대해서도 하나님이 내 증인이십니다. 가장 관대하신 황제시여 내가 이 내용을 말할 때 나를 참으시고 나에게 당신의 은혜를 자유로이 베푸시옵소서. 그리스도의 사랑은 그렇게 가벼운 마음 씀씀이가 아니고 저도 그런 성격에 속하여 우리가 우리 사이에서 문제를 보존할 수 있을 때 형제를 형제에게 중상하며 다른 황제 앞에 다른 황제를 나쁘게 말할 수 있는 인물이 아닙니다. 그러기에 저는 정신 나간 사람이 아닙니다. 황제여, 그리고 저는 다음과 같이 말씀한 하나님의 말씀을 잊지 않고 있습니다. "심중에라도 왕을 저주하지 말며 침실에서라도 부자를 저주하지 말라 공중의 새가 그 소리를 전하고 날짐승이 그 일을 전파할 것임이니라"(전 10:20).

　은밀하게 왕(그리고 황제)이신 당신에 대항해 말한 것일지라도 숨겨지지 않는다면 내가 황제의 면전에서 그리고 함께 동석한 사람이 많은 중에 당신에 대항해서 말했다고 함이 믿어질 수 없는 것이 확실합니다. 왜냐하면 내가 당신의 형제를 만나기 위해 혼자 간 적이 없습니다. 그리고 그도 나와 함께 단 둘이서만 말씀한 적이 없습니다. 나는 늘 그가 계신 곳에 갈 때는 내가 지냈던 그 도시의 감독과 우연히 그곳에 와 지내고 있던 다른 감독들과 함께 동행했습니다. 우리는 함께 그를 만났고 함께 그 자리를 떠났습니다. 이 문제에 관해 아퀼레이아의 감독 포르투나티아누스

(Fortunatianus)가 증언할 수 있고, 호시우스 감독도, 파타비움의 감독 크리스피누스,8) 베로나의 루실루스, 엘리스의 디오니시우스9), 캄파니안 감독 빈센티우스10)들처럼 증언할 수 있습니다. 그리고 트리어의 막시미누스와 밀라노의 프로타시우스가 사망했음으로 군대 지휘관이었던 유게니우스가 증언 할 수 있다. 왜냐하면 내가 콘스탄스에게 무엇을 요구하고 그가 관대하게 내게 말하는 것을 커튼 앞에서 듣고 서 있었기 때문이다. (3.3-7)

아타나시오스가 대화를 나눴던 장소에 관해 무엇을 말하려고 했는지는 충분히 분명해졌다. 그는 늘 대화가 발생했던 그곳에서 그 도시의 감독이 대화 과정을 진행했고 손에 잡힐 듯 가까이에 다른 감독들도 동석했다는 것이다. 그리고 그의 설명이 대담이 세 도시, 아퀼레이아, 트리어, 그리고 밀라노의 세 도시에서였다는 수용에서 구성되고 있다. 아퀼레이아에서 그의 대담과 청취자들에 관해서 아타나시오스는 증인들의 무지를 소개할 수 있다. 즉 그 도시의 감독, 포르투나 티아누스(343년에서 357년까지 아퀼레이아의 감독으로 입증된다.)11) 뿐만 아니아 호시우스 감독, 루실루스, 디오니시우스 그리고 빈센티우스를 제시한다. 트리어와 밀라노에서 대담에 대해 340년 초에 이 도시들의 감독들이었던 막시미누스와 프로타시우스가 둘 다 353년 전 몇 년 사이에 사망했기에 가능했던 증언은 그렇게 직접적이거나 인상적이 못 되었다.12) 그러므로 아타나시오스는 유게니우스가 관계된 시대에 군대 지휘관 아니면 행정 지휘관이었는데 그에게 호소하고 있다. 분명히 아타나시오스 견해에 의하면 그가 353년 「콘스탄티우스 면전에서 변호」를 저술할 때 여전히 생존상태였다.13) 유게니우스의 정치적 영향력은 리바니우스에게서 잘 알려지고 있는데 그는 작은 유게니우스가 콘스탄스 시대에 위대하게 되어 362년 율리아누스에게 불평을

표현했으며 그가 지닌 권력을 이용 고린도의 아리스토 파네스의 재산을 몰수하기도 했다.14)

인용된 부분에서 다른 하나의 문제는 이 글이 더 진행되기 전에 설명을 요구한다. 누가 탈라수스(Thalassus)이며 왜 그가 포에토비오(Poetovio)에 오게 되었는가? 이다. 첫 번째 질문은 답하기에 쉽다. 아타나시오스의 말에서 탈라수스는 351년 여름에 마그넨티우스로 콘스탄티우스의 대사로 보내진 인물, 조시무스가 명명한 인물이 탈라수스인데 그와 분명히 동일인물이며 그는 경험 없는 갈루스 부황제의 권위의 직함으로 동방을 치리하는 책무를 맡은 총독으로 잘 입증되고 있다.15)

탈라수스는 353/4년 겨울에 죽음을 맞이했다 그러나 아타나시오스가 그 부분을 쓰고 있을 대는 생존해 있었고 사실상 이집트를 포함해 동방지역을 다스리고 있었던 인물이었다. 그런데 왜 아타나시오스가 아퀼레이아에 있을 때 탈라수스가 포에토비오에 왜 오게 되었는가가 즉시로 분명하지가 않다. 그러나 344/5년 겨울에 왜 아타나시오스가 그를 이곳에 언급하고 있는 이유를 설명할 수 있는 그럴싸한 역사적 상황이 있다. 그것은 탈라시우스의 대사직에 대한 대답에 있는 듯하다. 곧 콘스탄스가 그의 형에게 만일 아타나시오스나 콘스탄티노플의 바오를 다시 회복시키지 않는 다면 전쟁할 것이라는 위협을 가하고 있었던 상황이다.16) 설명하는 동안 충분히 관찰할 수 있는 것은 아타나시오스가 콘스탄스가 포에토비오에서 탈라시우스의 대사직 내용을 수용했다. 언급하는 동안 345년 봄 기간 동안에 머물렀다고 알려지는 확실한 범위 내에서 그 때에 그가 아퀼레이아에 있었음을 충분히 관찰할 수 있다(15.4;「목록」17).

아타나시오스가 아퀼레이아, 트리어 그리고 밀라노 세 도시에서만 콘스탄스와 대면했다고 정리하고 있지만 「콘스탄티우스 면전에서 변호」의 설명 부분을 분석해보면 몇 번 면담했는지 전체 숫자나 각 도시에 관해 어떤 것도 드러내지 않고 있고 단지 그들의 날짜나 장소들에 관해 아주 적게만 드러내고 있다. 얼마나 많은 교류가 거기에 있었는지, 언제 그것들이 발생했는지 발견하려면 이미 인용된 정리 부분의 계속된 지점으로 돌아가야 하는데, 그 내용은 둘러대는 듯하고 극단적으로 불안정하다.

이것들이 증거를 위해 충분할(지라도) 내 여행의 설명을 그럼에도 불구하고 정리하도록 허락해주세요. 그렇게 할 때 당신께서도 아무 근거 없이 나를 중상하는 이들을 징계할 수 있을 것입니다. 알렉산드리아를 떠난 후 저는 당신의 형제의 법정으로도 어떤 다른 곳으로 가지 않고 오직 로마로 갔습니다. 나의 사건을 교회에 맡기고 (단지 이것만 생각했습니다.) 내 시간을 공적 예배에만 집중했습니다. 당신의 형제에게 [경우에] 에우세비우스가 나에 대해 반대한 글을 썼을 때 그리고 내 자신을 알렉산드리아에 있을 때 방어하고자 했을 때와 내가 그의 명령을 받고 성서 복사본을 준비하는 그 것을 생산해 그들을 보낸 때를 제외하고는 결코 서신을 보낸 적이 없습니다. [내가 이것에 대해 말하는 것은 내가 당신의 경건을 위해 진리를 말해 나를 변호해야 하기 때문입니다. 그렇게 3년이 지난 후 제4년 그때에17)그는 나에게 내 자신을 그 앞에 보이라고 명령하는 글을 보냈습니다. (그는 그때 밀라노에 계셨습니다.) 내가 이유를 물었을 때 (나는 그때 몰랐으며 주께서 나의 증인이십니다.) 몇몇 감독들이 법정에 가서 그에게 요구하길 편지로 당신에게 말하길 공의회가 열리도록 하자는 것을 요구했음을 알았습니다. 나를 믿으십시오. 황제여, 그것이 발생된 경위입니다. 저는 거짓을 말하지 않습니다. 그래서 저는 밀라노에 가서 큰 대접을 받았습니다. 왜냐하면 그는 관대히 나를 보았고 그가 당신에게 공의회가 열릴 것을 위해 편지를 써 보냈음을 말해 주었습니다.18) 저는 여전히 그가 나를 골에 보냈을 때 앞에서 언급했던 도시에 머물고 있었습니다. 호시우스 교부가 거기에 역시 가기 때문에 우리 둘에서 [함께] 거기로부터 세르디카에 여행 할 수 있었습니다. 공의회 후 내가 나이수스(Naissus)에 거주할 때 편지를 써서 아퀼레이아에 올라간 후 당신이 쓴 경건한 편지가 거기에 있는 저에게 올 때까지 거기 머물러 있었습니다. 거기로부터 당신의 떠났던 형제에 의해 소환 받았을 때 골 법정에 갔으며 당신의 경건을 위해 그렇게 했습니다. (3.8-4.5)

이 긴 부분은 콘스탄스와 서신 교류에 지엽적으로 흐른 것을 제외하고는 연대기 순으로 진행되고 있다. 아타나시오스는 3년 내내 콘스탄스와 교류가 없었다는 주장과 함께 그의 중심 되는 주장으로 돌아온다. 그 부분의 논리는 로마에 그가 도착 후 3년의 전체 세월을 의미하고 있음은 338년 콘스탄스와 교류로부터19) 3년은 아니다. 그의 추방 4년, 그때에 342년 여름보다 더 이르지 않은 시점에 아타나시오스가 콘스탄스에 의해 밀라노에 소환되었는데, 그것은 '어떤 감독들'이 벌써 동서방의 연합한 공의회를 콘스탄디우스에 요구를 제안히는 편지를 이미 쓰도록 설득했기 때문이다(4.3). 누가 이 '어떤 감독들'일까? 복수는 익명의 '다른 사람들'이라고 콘스탄티누스 황제에게 앞서 언급한 것처럼 단순한 개인을 생각하고 있다. 그러나 여기에서 사실상 아타나시오스가 한 사람 혹 더 많은 감독들을 언급하고 있는가가 의도였는지 날짜와 그 사건의 쉬운 지정을 자체로 제공한다. 왜냐하면 342년 동안 콘스탄티노플의 바울이 트리어에 있는 콘스탄스 법정에 도달했기 때문이다. 그리고 그때 서방 황제는 모든 추방된 동방 감독들의 사건 발생 건들을 취급할 것을 결심하고 있었다.

337년 10월 이래로 니코메디아의 에우세비우스는 아타나시오스와 그의 동료들에 대항하는 움직임에 콘스탄티노플의 감독으로 진두지휘하고 있었다. 그런데 그가 341년 여름[20] 혹은 늦봄에 율리우스가 아타나시오스와 마르켈루스를 위해 로마로부터 화해를 위한 편지를 (적어도 에우세비우스가 답신을 보낼 수 있는 상황 전에) 받기 전에 사망했다. 에우세비우스를 337년에 대신해 그의 교구를 회복하려고 시도했다. 그는 폰투스의 추방 장소에서 떠나 콘스탄티노플로 돌아왔다. 동시대에 그 도시의 기독교인들은 바울을 반대했고, 감독으로 마케도니우스를 선택했다. 이 뉴스가 안디옥에서 겨울을 보내는 중인데 콘스탄티우스에게 전달되었다. 그는 군사 지휘관(*magister militum*)이었던 헤르모게네스, 이미 트라키아에서 약속을 지키기 위해 벌써 길을 떠났던 그에게 명령을 내렸다. 바울을 콘스탄티노플에서 추방할 것을 말이다. 헤르모게네스가 그 도시에 도착해 황제의 명령을 수행하려 했다. 그 때 군중들은 그가 머물고 있던 집을 불태웠고 그를 끄집어내어 불법으로 살해했다. 콘스탄티우스 자신은 깊어가는 겨울의 추위 속에서도 소아시아를 통해 급히(post-haste) 와서 바울을 거절하고 자유로운 곡물 공급을 절반으로 줄여 도시를 징벌했다. 그가 안디옥으로 돌아갔을 때 그는 그 도시의 감독으로 마케도니우스를 세웠다.[21]

헤르모게네스가 무너졌던 폭동은 342년 초에 속한다.[22] 콘스탄티노플에서 쫓겨난 바울은 트리어에 자신을 의존했고 그 곳 감독 막시미누스는 선한 의지와 정치적 후원을 이미 보여주었다. 343년 세르디카 공의회에서 동방 감독들에 의한 막시미누스에 반대하는 불평의 목소리가 이 일로 인해 더해졌다.

그는 우리가 골에 보냈던 우리 감독 동료들을 영접하길 거절했다.
그리고 사악하고 무모한 콘스탄티노플의 바울과 처음으로 교제를
시작했는데 그 자신은 바울이 콘스탄티노플에 호출되었기 때문에
그 같은 재난을 일으킨 장본인이 되었던 것이다. 그의 전략에서
많은 살인이 발생했었다. 일찍이 징계가 되었던 바울이 콘스탄티노플
에 들어오도록 초대되어 그는 그 많은 살인들의 원인 제공자였다.23)

여기에 동방의 감독들이 수사학적 결과를 위해 세 가지 분리된 사건들을 혼동하는 것으로 접근하고 있기에 연대기적 순서로 고려되어야 하는 막시미누스에 항거하는 세 가지 분명한 공격이 나타나고 있다. 첫째로, 막시미누스는 바울을 콘스탄티노플의 감독으로 처음으로 인정했다. '처음'이란 용어가 진실한 내용 지니고 있다면 337년 콘스탄티노플 교구의 바울의 처음 분위기와 그 고소가 연결되어 있었음이 분명하다. 그의 선택 후 즉시 트리어에 편지를 보냈는데 그것은 아타나시오스의 격려와 조언에서 아마 그렇게 한 것이었다. 둘째로, 341/2년 겨울에 막시미누스는 바울을 그 도시에 호출함으로써 콘스탄티노플에 살해가 일어나게 했다. 그리고 셋째로, 막시미누스는 네로니아스의 나르키소스, 헤라클레아의 테오도로스, 칼케돈의 마리스, 그리고 아레투사의 마르쿠스와 그들이 트리어의 콘스탄스에게 갔었기 때문에 교제를 거부하게 되었다. 소크라테스는 믿을만하게 이 감독들이 콘스탄트가 콘스탄티우스에게 세 감독들 중 한 명 대표가 자기에게 와서 바울과 아타나시오스의 편지의 정당성을 입증하게 보내 달라는 요구를 편지해 보낸 후 골에 갔다고 말하고 있다.24) 대사의 직무가 행해진 근접한 날짜는 342년에 행해지고 있다. 그래도 정확한 그때는 네 명 감독들이 그들과 함께 가져온 아타나시오스(「공의회록」 5. 2-5)와 소크라테스가 인용하고 있는 신조에 의해 분명해지는 날짜이다.25)

그래도 정확한 날짜는 바울이 트리어에 도착하고 콘스탄스가 편지를 보내고 콘스탄티우스가 응답하고 대표자가 안디옥에서 골로 여행을 가는 시간들이 허락되어져야만 하기에 342년 가을 이전에 결정되기는 어려울 수 있다. 트리어에 콘스탄스의 주둔은 분명히 342년 여름 동안인 것이 입증이 안 된다. 그러나 그 도시는 그의 법적인 거주지역의 하나였다. 그리고 그 여름 동안에 그는 라인강 하구 톡산드리아에 있는 프랑시(Franci)에 있었는데 그는 전후로 트리어를 통과했음을 암시하고 있다.26)

359년에 아타나시오스는 전형적으로 은닉하는 방식으로 네 명의 대사직 사역을 암시했다. (그가 선언하길) 아리우스주의자들은 '봉헌을 위한 공의회' 이후에 몇 달 안 되어 다른 신조를 작성해 그들이 중요하고 있다는 불일치성을 보여주었다. 그들은 그것을 나르키소스, 마리스. 테오도로스, 마르쿠스와 함께 가을에 보내어 '마치 그것이 공의회로부터 보내진 것으로' 했다(「공의회에 관하여」 25. 1). 아타나시오스의 연대기는 모호하고 오도되고 있다. '몇 개월'은 두세 달이 아니라 (주의하지 않는 독자는 그렇게 상상할 수 있듯이) 일년 반이나 되었다(341년 1월부터 342년 여름까지). 그러나 아타나시오스의 모호한 자료는 네 감독들의 대사 사역에 관한 두 가지 중요한 사실을 신고 있다. 그것은 공의회에 의해 보내진 (아마 안디옥에서 모였던) 것이며 막시미누스나 다른 감독들은 물론 콘스탄스에게 (모두 거기에 있었던) 보내졌다. 게다가 아타나시오스는 네 감독들이 가을에 가져왔던 신조를 인용하고 있다. 그것은 마르켈루스의 반대를, 안디옥 공의회가 작성한 이전의 신조 같은 것들을 대하려고 하는 분명한 시도였다. 신앙의 언급이 중요한 용어 본질($o \upsilon \sigma \iota \alpha$)를 피하고 있을지라도 아들은 하나님과 '다른 본질(hypostasis)(와) 사실 하나님이 아니시다'(「공의회에 관하여」 25.2-5)²⁷⁾는 아이디어를 이단이라고 강조하는 저주를 제거하려고 했다.

트리어에서의 네 명의 동방 감독들의 환영, 운명, 그리고 대사직의 흐름 등 모두가 똑같이 알려지지 않고 있다. 그러나 342년 늦은 때에 콘스탄스는 밀라노에서 아타나시오스를 대면하려고 호출했다.²⁸⁾ 트리어의 막시미누스와 바울은 효과적인 설득을 실행했다. 서방 황제는 서방 쪽으로 유배되어 온 모든 감독들의 챔피언이 되어 그들의 파직이 기독교 정통주의에 위협이 된다는 것을 확신했다. 다시 콘스탄스는 그의 형제에게 아마도 342/3년 겨울에 편지를 써서 동서방 감독들의 연합된 공의회를 주장했다(「콘스탄티우스 황제 면전에서 변호」 4.4). 콘스탄티우스는 그의 요구에 마지못해 동의했고, 한 날이 마침내 그들 사이 경계선에서 가까운 세르디카에서 두 형제들이 다스리는 감독들을 위해 정해졌다. 더 이상 아타나시오스는 혼자가 아니었다. 그의 당면한 과제는 서방 황제의 확고한 후원을 누리고 있었고 다른 감독의 경우와도 연결되어 그의 사건이 정통주의 사실상 되는 서방 감독과 서방 황제들로부터도 확정적이 되었다.

이 같은 상황에서 아타나시오스가 기록하고 있는 콘스탄스와의 다른 세 번 접견을 살펴보는 것이 적당할 것이다. 황제의 움직임이 그들의 근접한 날짜들을 세우고 있다.²⁹⁾ 342년 늦게 밀라노에서 첫 면담 후 금방 콘스탄스는 알프스를 넘어 골로 북서쪽을 향해가 1월 25일 경에 불로뉴(Boulogne)에 도착해 영어권을 건너 유명한 겨울나기를 했다.³⁰⁾ 두 번째 대면은 트리어였다. 그때 콘스탄스는 그들이 세르디카 공의회를 향하기 전에 아타나시오스와 호시우스와 함께 면담을 했다. "트리어에서 황제의 주둔은 343년 6월 30일이었음이 입증된다."31) 그러나 대면해서 면담한 것은 아마 몇 주 후의 일이었다.

아타나시오스의 연대기적 연구에서 그는 분명히 세 번째 면담을 언급하고 있지 않다. 정확히 그것은 당혹스러운 것이었기 때문이다. 그 면담은 콘스탄스가 전쟁으로 그의 형을 위협했던 이 후의 면담이었다. 그러나 그의 주장 '아퀼레이아에 올라가 그 후 나는 거기에 머물렀다'는(「콘스탄티우스 면전에서 변호 4.5」) 주장은 그의 초기의 수락, 즉 그가 아퀼레이아에서 면담을 했다(3.7)라는 주장과 결합되고 훗날 그와 콘스탄스가 345년 초기 어느 날인가 세 번째 면담 날짜가 부활절 날 아퀼레이아에서였다는 사상의 폭로와 연결한다. 그런데 그 해의 부활절은 4월 7일이었다(「목록」 17).

마지막 면담은 아타나시오스가 콘스탄티우스로부터 그가 알렉산드리아로 돌아갈 수 있다는 허락을 한 편지를 받고 난 후 트리어에서였다. 345년 여름보다 이른 때가 아닌 시점에 황제의 편지가 에데사로부터 써졌기에(「아리우스에 대항하여 변호」51.6) 346년 10월 21일에 알렉산드리아에 다시 들어가는 동안(「아리우스주의의 역사」 1.1; 「목록」 18) 그 날짜는 345년 여름 끝이나 이듬해 중간 사이에 해당될 것이 틀림없다. 그러나 테오도시우스 법전의 증거를 보면 콘스탄스가 346년 5월 5일에 판노니아 시르미움에 있었고 5월 23일은 북이탈리아 체세나에 주둔했다.32) 이 점에서 만일 아타나시오스가 트리어로 여행 간 콘스탄스를 면담할 필요가 있었다면 아마도 그 면담은 345년 가을 아니면 늦어도 345/6년 겨울 동안에 발생했다.

이 장을 중요하게 「콘스탄티우스 면전에서 변호」라는 책 속에서 콘스탄스와 그의 면담에 관해 말하는 것에 기초해 결론짓는다면 그 면담들이 발생했고 연속적으로 일어날 장소에 관해 분리해 그가 말하고 있는 것으로부터 추론되어 온 날짜 장소를 조직적 형태로 정리하는 것이 도움이 될 것이다.

   342, 가을   밀라노
   343, 7월/8월   트리어
   345, 늦겨울/봄 아퀼레이아
   345, 가을   트리어

VIII.
세르디카 공의회

콘스탄스는 342년 봄이나 초여름에 공의회를 개최하자고 서간을 콘스탄티우스에게 보냈다.[1] 343년 늦여름에 세르디카 공의회가 만나질 때까지 사실상 18개월이 지났다. 그 기간은 소크라테스가 공의회의 소집과 모임 사이에 끼여든 상황을 보고하는 일 년 6개월에 근접하게 일치한다.[2] 공의회는 논쟁해야 할 내용으로 가득 찼다. 그리고 동방과 서방은 그 문제들을 전적으로 다른 국면에서 토론했다(훗날 그들이 선언했듯). 서방교회 감독들은 그들 앞에 세 가지 중심과제를 보았다. 거룩한 신앙과 순수한 진리를 그것들을 위반한 자들로부터 구하는 것과 337년 이래 동방에서 직위 해제된 감독들이 정당하게 혹은 부정당하게 폐위되었는지의 여부를 결정하는 것과 동방교회에서 고소당해 학대당한 성직자들 그리고 괴롭힘 당하며 올바른 일에 대해 편 들다가 심지어 죽임을 당한 것에 대한 심문을 하는 것이었다.[3] 예상대로 동방 감독들은 다른 견해를 취하여 서방 황제의 주장에서 공의회가 개최된다는 것을 잘 인식하면서 공의회 참석을 극단적으로 저항하고 있음을 보여주었다.

콘스탄스는 여전히 이탈리아에 있다가 골에 간 아타나시오스를 호출했다. 그 결과 그와 호시우스는 세르디카로 함께 여행했다.4) 343년 여름에 아타나시오스는 트리어 제국법정에 느슨하게 와서 황제의 축복과 함께 호시우스와 세르디카 공의회로 갈 계획을 세웠다(「콘스탄티우스 면전에서 변호 4.4」). 알렉산드리아의 감독과 코르도바의 감독은 그들의 동료들과 콘스탄티노플의 바울을 포함 추방 중인 다른 동방 교회 감독들에 의해 동행 길에 올랐다. 거기다 더해 훗날 어떤 경우에 아타나시오스가 반대적 상황을 주장한다 해도(「아리우스주의의 역사」 15.3) 서방 감독들의 안전한 공급과 안전한 이동을 보장하려면5) 군대의 한 장군과 고위권력의 한 공무원이 그들을 수행했을 것이라 추정된다. 그러나 감독들을 호위했던 어떤 관리들은 그들이 세르디카에 도착하기 전 무대 뒤로 분별력 있게 사라졌다. 대조적으로 동방 감독들의 모임은 세속 권력에 독립적으로 세르디카에서 흩어져서 그들의 숙소가 정해져 있었던 것은 이러한 차이를 반영해주고 있어서 관리들이 흩어진 행위는 의도적으로 서방 감독들이 자신들을 나타내야만 했다.6)

동방의 감독들은 천천히 그리고 억지로 공의회로 다가왔다. 그들의 지도자들, 헤라클레아의 테오도로스, 네로니아스의 나르키소스, 안디옥의 스테파누스, 가이사랴의 아카키우스, 에베소의 메노판도스, 신기두눔의 우르사키우스, 무르사의 발렌스(라오디게아의 게오르기우스는 오지 않았다.)들은 그들이 동의하는 지점을 지니고 있었다. 그들은 우르사키우스와 발렌스가 콘스탄스가 지배하는 지역에 교구를 갖고 있었을지라도 동방에 회합을 가졌다. 그들은 정책을 조율하기 위해 몇몇 도시들에서 예비적 회의를 개최했다.7) 마침내 동방 감독들은 필립포폴리스(Philippopolis), 콘스탄티노플에서 북이탈리아까지 인도되는 고속도로를 따라 콘스탄티우스가 다스리는 지역 서부 쪽에서 가장 큰 도시에 도착했다. 여기서 그들은 343년 가을에 세 명의 신뢰할 만한 콘스탄티우스의 부하들, 군사행정관 스트라테기우스 무소니아누스, 군사 자문관 헤시키우스 그리고 행정관 필라그리우스, 339년 이집트의 총독으로 알렉산드리아 감독으로 그레고리우스를 세웠던 인물들의 사려 깊은 보호관찰 하에 모였다(「아리우스주의의 역사」 15.3; 「목록」 1.5). 필라그리우스(추정이긴 하지만)는 동방감독들이 수용해야 할 전략을 작성했다. 다시 말해 그들은 검토되고 있는 감독들이 그들의 지위가 결론이 날 때까지 공의회 회원으로 착석할 수 없다는 것을 강하게 주장하는 것이었다.[8]

감독들 모임은 완전히 고정화된 집단을 형성하지 못했다. 필라그리우스의 밀접한 경계가 있었음에도 두 명의 동방 감독들, 팔레스타인의 아리우스와 아라비아의 아스테리우스는 동방 감독들이 여장을 풀고 있던 그들의 서방 동료들과 문제를 토론하기 위해 빗장을 쳤다.[9] 게다가 동방의 감독들은 숫적인 열세에서 고통스러워했다. 거의 모두 합쳐 170명의 감독들이 공의회에 참석했다(「아리아주의의 역사」 15.3). 그러나 전체 중 동방에 속한 단체는 단지 76명뿐이었고,[10] 90명 이상의 서방 감독들이 세르디카에 참석했는데 추방당한 감독들은 포함시키지 않았다. (그러나 그들 중 몇 명은 서방 공의회 편지에 서명을 했다.)[11] 어느 교회 공의회서건 소수는 다수의 의지에 동의해야 하면서 혹은 수찬정지를 당한 운명에 직면한다. 아타나시오스 편에서 방향을 선회할 사람들이 첨가될 수 없다면 치명적인 약세에 놓이게 된다. 동방의 감독들은 어떤 서방 교회들 내에 충분한 어려움이 있는 것을 알아챘다. 그것 때문에 공의회 이후 그들은 그들의 공의회 편지 수신자 중에 도나투스, 카르타고의 도나투스파 감독을 포함시켰다. 달마티아에 살로나의 분열된 감독(그의 이름은 알려지지 않았다.)

캄파니안 감독들인 나폴리의 포투나투스, 데시데리우스, 그리고 유티키우스와 아리미눔의 교회 성직자12)를 포함시켰다. 그러나 세르디카 자체 내에서 아프리카 분열과 이탈리아에 불일치주의자들은 서방 감독들의 연합된 하나됨을 훼방했다. 그리고 그들은 평가할 수 없는 도덕적이고 정치적인 이익을 지니게 되었다. 비참해진 바울과 아타나시오스의 동조자들은 (그리고 아마 마르켈루스도) 세르디카에 폭력의 위협을 상기시켜주는 이들로 그들의 길을 따라 왔다. 공의회는 폭력의 위험이 예정되어 있는13) 과정이었다.

　동방 감독들은 필립포폴리스로부터 보낸 그들의 편지에서 불러일으켰던 원리에 자신들의 위치를 확고히 했고 견고하게 아타나시오스와 다른 추방자들을 포함시키는 공의회 멤버로 동석하기를 거부했다.14) 서방 감독들은 이미 그 주장을 거절한다고 썼다. 그들은 자신들이 인정했던 감독들, 그들이 신뢰될 수 없다고 본 그들에 대한 고소건들을 검증하기 위해 참석했고 복종하고 있는 감독들과 교제를 단절할 수 없다는 것이었다.15) 연장자의 덕스러움(그는 거의 50년 가까이 감독직을 수행하고 있었다.) 혹은 황제들이 그를 지명 (혹은 두 가지다) 했던 것 때문인지 공의회를 주관하는 위치에 있던 호시우스는 기교있게 분명한 타협인을 제공했다. 그는 아타나시오스의 적내사들은 그들이 불평 사항을 개인적으로 그에게 제공하기 위해 자신이 머물고 있는 교회에 오도록 초대했다. 그들이 그렇게 했다면 그들은 그가 그 사건의 결과에 정당한 결정을 제공하려고 했음을 확신할 수 있었을 것인데 말이다. 만일 아타나시오스가 죄의 책임이 있다고 알려지면 호시우스에 의해 공동체에서 추방되었을 것이다. 만일 그가 무죄로 발견된다면 그의 적들은 여전히 그를 수용하기를 거부했을 것이고 호시우스는 그를 그와 함께 스페인으로 돌아갔을 것인데 그렇지 못했다. 동방 감독들이 받아들이지 않았다. 혼자 궁리해 개인적으로 숙고했던 호시우스의 판결은 서방 감독들이 공식적인 전체 모임에서 정했던 것으로 에상할 수 있는 것이다. 동방 감독들은 반대 제안을 하게 되었다. (그들은 이미 그것을 결정하지 않았다면) 335년 마레오티스에 갔던 위원회 6명 중 5명이 여전히 생존해 있고 공의회에 참석 했기에 그들과 서방 감독 중 동일한 수가 함께 아타나시오스의 혐의가 된 범죄장면에 다시 접근해 확실한 진리를 세우자는 제안을 했다. 호시우스, 프로토게네스, 나머지 참석자들은 차례로 이 제안을 무력화 시켰다.16)

세르디카에서 두 파들은 하나의 공의회로 함께 만나기는 결코 어려웠다. 많은 날이 지나갔고 교회에 오랫동안 주장들이 계속되었다.17) 그 때 갑자기 정치적 상황이 급변했다. 콘스탄티우스로부터 페르시아를 무찔렀다하는 승리를 알리는 한 편지가 당도했다. 그것이 동방교부들을 결례하는 동기를 제공했다. 그들은 갑작스레 세르디카를 떠나 필리포폴리스로 돌아갔다. 세르디카 교회 감독인 유스타티우스를 통해 변변찮은 사과를 남기면서 말이다(「아리우스주의의 역사」 16.2/3). 그러나 그들이 떠나기 전 그들은 그들의 중요한 적들을 파문했고 긴 공의회 의 편지를 남겼는데 어림잡아 70명(미상)의 감독들이 서명을 했다. 알렉산드리아 그레고리우스, 니코메디아의 암피온, 서방에 불일치자라고 칭해지는 이들 그리고 '전세계를 통해 모든 우리의 동료 성직자들, 사제들, 집사들 그리고 거룩한 가톨릭교회 내에 있는 천하의 감독들' 모두의 서명으로 편지가 쓰여졌다.18)

그 편지 더미는 앙카라의 마르켈루스, 알렉산드리아의 아타나시오스, 콘스탄티노플의 바울, (이 부분은 불행히도 아주 전체적으로 빈 공간으로 분실되었다.) 가자의 아스클레파스, 아드리아노플의 루키우스, 그리고 서방의 친구들 호시우스, 세르디카의 프로토게네스, 트리어의 막시미누스, 나이수스의 가우덴티우스, 그리고 그들의 악한 리더인 로마의 율리우스, (그들은 불평을 했다) 그는 동방의 범죄자들에 교제의 문을 열었으며 강하게 그에 대해 반대하는 증언도 그를 고소하는 이들의 말을 듣지도 않고 아타나시오스를 변호한 이들에 대해 분명하고도 독설적인 비난으로 구성되어 있다. 그 편지는 침묵으로 남아있길 선택한 이들을 매도하기 위해 그 작성자들에 관해 선호할 수 있는 사건과 연합을 암시해주는 잘 저장된 것이며 대신할 수 없는 저수지와 같다.

그가 그들을 교제에 환영하기 전에 프로토게네스는 마르켈루스와 바울을 경계했던 감독 공의회의 결정들을 위해 참여했으며 그것을 수용했다. 앞선 내용은 네 가지 경우보다 더 적지 않은 것이다.19) 세르디카에서 다수파는 엘리스의 디오니시우스 감독과 디오클레티아나의 바수스 감독들을 포함시켰다. 전자는 같은 감독들의 다수에 의해 초기 심판임에도 그러했고 후자는 시리아에서 그가 이미 추방되었다는 범죄적 기록이 있음에도 그런 입장에 속했다. 그들 중에는 역시 또 프로토게네스가 많은 공격으로 빈난하고 있었던 테살로니카의 아에티우스도 섞였다. 당시 프로토게네스는 축첩을 용인했던 감독들과 교제를 거부하고 있다.20) 그리고 가자의 아스클레파스는 바울을 후원하기 위해 콘스탄티노플로 갔다. 이런 점에서 그는 인간의 피로 재판을 물들이는 수천의 살인을 일으킨 것에 대한 비난을 받고 있는 자의 편에 서 있게 되었다.21)

그 편지는 마르켈루스 이단성에 대해 매끄러운 웅변을 하고 있다. '모든 이단보다 더 저주받을 염병'으로 사모사타의 바울의 악행과 함께하는 사벨리우스의 오류와 몬타누스 신성모독을 결합한 것이라고 했다. 그 편지는 또 아타나시오스의 활동을 이스큐라스에 대한 공격부터 그가 명령하고 발생케 했던 폭력의 잦은 설명에 대해 분리화하고 있던 시점까지를 훑고 있다. 그러면서 그 내용은 동방에서 추방된 다른 감독들과 그들의 동조자들에 대항하는 특수한 고소의 차원으로 이끌어 간다. 즉 바울, 아스클레파스 그리고 루키우스는 약탈의 죄가 있고 살인을 교사했으며 막시미누스는 '자신이 많은 살인의 원인 제공자'가 되었다. 왜냐하면 그는 처음으로 바울과 교제를 했으며 그에게 추방에서부터 콘스탄티노플로 돌아오라고 격려했기 때문이다. 편지는 그 자체가 최근 사건들에만 한정시키지 않고 있다. 335년 아타나시오스의 직위해제에 서명한 불일치한 모습에 웃음거리가 되고 있을 뿐 아니라[22] 아타나시오스를 비슷하게 여러 해 전 아스클레파스의 직위해제를 수락한 것에 대해 의혹이 되고 있고[23] 호시우스는 지금 질병 상태에 있는(어쩌면 익명의 존재일 수도) 마르쿠스를 공격해 오랫동안 공식적으로 인정하지 않고 있고 징계 받는 죄인들을 옹호하며 전에 다치아의 감독이었다. 마술책을 쓴 것이 확증되었고, 지금은 공개적으로 축첩하며 매춘행위를 하고 있는 파울리누스와 친구관계를 끊지 않고 있으며 327년 그들의 직위해제 전에 안디옥의 유스타티우스와 팔투스의 사이마티우스와 연합이 되어 있는 것에 문제가 된다고 편지에 다루었다.[24]

동방의 감독들은 거룩한 가톨릭(보편적: 역주) 교회의 일치와 정통성과 교회의 전통을 위해서도 부드러운 관심을 고백하고 있다. 이리하여 교회의 일치와 평화를 무너뜨리는 행위 때문에 공의회는 훈련의 실천이 필요하며 적합한 것임을 고려했다고 주장했다.

우리는 공개적으로 가장 사랑하는 형제 여러분에게 도전합니다.
여러분 모두는 거룩한 공의회로부터 추방된 어떤 누구에 의해서

오도되거나 그들과 어떤 때에도 교제해서는 안 됩니다. 다시 말해 호시우스, 프로토게네스, 아타나시오스, 마르켈루스, 아스클레파스, 바울, 율리우스, 혹은 징계받은 어떤 사람들 혹은 그들과 편지로나 얼굴과 얼굴로 교제한 그들의 동료들과 말입니다. 이런 의미에서 여러분들은 그들로부터 편지를 받거나 편지를 쓰지도 마십시오. 가장 사랑하는 형제들이여, 그것이 곧 여러분에게 교회의 일치와 영원한 평화를 위한 생각을 지니라고 요청하는 것입니다. 그리고 그것은 곧 자신의 감독직을 벗어버리고 다시 그들의 실수로 잊어버린 것이 합당한 직위를 거듭 회복하려고 하는 이들을 거절하고 거룩한 삶과 무흠한 신앙을 지닌 거룩한 감독들을 선택하는 것이 남아 있습니다.25)

게다가 호시우스와 그의 친구들이 보편적이고 사도적 신앙을 위험에 빠뜨림으로써 동방 감독들은 그들의 편지에다가 그들이 영접한 이들이 그들 자신의 이름들을 정통주의가 위협당하고 있다는 항목으로 서명한 것을 첨부하는 것이 필요하다고 생각했다. 그들이 선언한 신조는 342년에 안디옥 공의회의 것과 동일하며 몇 몇 첨가된 저주문과 함께 나르키소스, 테오도로스, 그리고 마르쿠스에 의해 콘스탄스에게 전달되었다.26) 이 두 종류 신조들은 옛 스타일의 발표문이었다. 왜냐하면 그것들은 새로운 개념의 용어 호모우시오스(Homoousios)가 제기한 신학적 문제를 간단하게 무시하고 있다.27) 그들은 차원 높게 장식했으며 아마도 이 점에서 신학적으로는 타협의 기초가 되는 것으로 기획했다고 보여진다. 게다가 343년의 저주문은 342년 신조에서 채택된 것은 물론 새로운 것이어도 이단이라는 경향성에 속한 것이라는 서방 으로부터 오는 두려움을 배열시켰던 것이다.

제8장 세르디카 공의회 151

아들이(성자: 역주) '비존재(that which was not)로부터 도래한다고 말하거나 다른 위격(*hypostasis*)이며 하나님으로부터 임한 분이 아니다라고 하거나 그가 존재하지 않았던 시대나 시간이 있었다고 말하는 사람을 거룩한 보편적 교회는 이단으로 정죄한다. 그와 또한 유사하세 세 하나님이 존재한다거나 그리스도는 하나님이 아니시다거나 세대 이전에는 그가 그리스도도 하나님의 아들도 아니시다거나 아버지와 아들과 성령이 동일하다거나 아들이 출산된 분이 아니라거나 아버지께서(성부; 역주) 아들을 자신의 선택이나 의지로 출산하지 않았다고 주장하는 이들을 거룩한 보편적 교회(Catholic Church)는 저주한다.28)

342년부터 아리우스에 대한 평가는 마르켈루스를 비난하는 저주로 보완되어 가고 있고 동방의 감독들이 하나님의 삼위성에서 세 위격에 대한 오리겐의 교리를 열망하고 있다는 어떤 의혹을 논박하고 있다.29) 신학적 논쟁의 전선에서 동방의 감독들은 타협 가능성을 인정하는 온건한 입장을 수락했다.

서방 교부들은 공격적으로 개인과 신학적 전선을 향해 행동했다. 그들의 공의회 편지들의 중요한 부분은 분파적 비난으로 시작한다.

> 아리우스파 이단들은 자주 진실한 보편적 신앙을 지키려는 하나님의 종들을 거칠게 대항하며 행동한다. 그들의 비정상적인 교리들을 내밀면서 그들은 정통주의를 박해하려고 시도해 왔다. 그리고 지금도 그들은 그렇게 사납게 신앙을 공격하고 있다 그러나 그것은 가장 자비로운 황제들의 종교적 경건을 피하지 못할 것이다.30)

그렇다면 그 편지는 세르디카 공의회가 겪어온 과정을 돌아보고 있다. 과거에 에우세비우스파들이 아타나시오스와 마르켈루스에 대하여 거짓된 고소를 했지만 로마 감독 율리우스 면전에 그들을 실증시키지 못했다. 지금 그들(서방 감독들: 역주)이 한두 번이 아니라 그들의 비난에 이어서 여러 차례 세르디카 공의회에 참석하도록 하는 것을 끝까지 고집스럽게 거절하는 것은 전 세계에다가 그들의 악행과 거짓되었음을 전파하는 것이다. 그들은 연극적 기획으로 과열되는 폭력적 고소를 가지고 왔다. 그것들은 자신들의 철과 사슬을 메고 가는 추방자들, 여전히 추방 중에 있는 친지들, 추방 중에 사망한 이들, 타인을 위해 자신의 목에 재갈을 걸치고 있는 이들을 향한 폭력인 셈이다. 사실 그들은 폭력을 사용하는 것이었다. 트라이아노폴리스 감독이었던 테오둘루스가 그들의 적대감을 피하기 위해 헛된 시도로 실제로 패망한 반면에 그들은 도망하지 못했던 감독들을 살해하길 원했다. 아리우스주의자들에게 당한 희생들은 실제적 상처와 상처 자국들을 보여줄 수 있다. 신뢰할 만한 정통주의 감독들이 무장한 군인과 곤봉을 들은 갱단들, 감독관들의 위협, 처녀들을 알몸으로 벗기는 일, 교회를 소각하는 일, 하나님의 종들을 감옥에 투옥시키는 일 등에 대해 믿을만한 증거를 제시했다. 그러나 아리우스 파들은 스스로 거짓된 고소를 자행했다. 니카이야의 데오그니스는 아타나시오스, 마르켈루스 그리고 아스클레파스에 대해 황제의 분노를 불러일으키는 시도를 했으니 그의 이전 집사들은 데오그니스의 편지를 작성하기 전 공의회 참석자들이 들을 수 있게 큰 소리로 낭독했다. 그러므로 이단들은 가득 찬 죄스런 양심으로 세르디카에 와서 진리가 드러날 것이 두려워 공포 속에서 줄행랑을 쳤다.31)

그 편지의 다음 내용은 공의회가 고려하여 모였던 본질적 질문을 말하고 있다. 서방 감독들은 아타나시오스, 마르켈루스, 아스클레파스를 향한 고소들에 대해 다시 살펴보았다. 그들은 이스큐라스를 신뢰할 수 없는 증인으로 의구심을 표했다. 그리고 그들은 그에게 해당되는 이단적 견해를 마르켈루스가 주장하지 않았다는 기초에서 그를 변호했다. 뿐만 아니라 토론을 위한 전체로 그들에게 의견서를 제출한 것에 근거해서도 그를 변호했다. 그러면서 그들은 주장하길 아스클레파스를 파직했던 안디옥 공의회의 행위들은 그가 비난 받을 만한 인물이 아님을 증거하고 있다. 그리고 그들이 내어놓은 판결은 분명하게 아타나시오스, 마르켈루스, 아스클레파스와 '그들과 함께 더불어 하나님께 봉사하는 사역자들'이 그레고리우스, 바질 그리고 퀸티아누스 대신 그들 교구의 청중들에 의해 다시 감독으로 받아들여져야만 한다고 말하는 것이다. 그러나 테오도루스, 나르키소스, 아카키우스, 스테파누스, 우르스카키우스, 발렌스, 메노판투스, 그리고 게오르기우스 모두는 그들 교구에서 면직되어 신앙의 교제로부터 함께 추방되어야 한다. 그들에게 저주가 임하고 어느 누구도 그들과 교제하지 말아야 한다! 왜냐하면 별이 어둠과 그리스도가 벨리알과 함께 할 수 없다.32) 그 후 서방 감독들은 편지 수신자들에게 그들이 서명함으로 세르디카에서 작성된 결정에 대해 그들의 인준을 보여 달라고 호소했다.33) 주의를 기울인 간청이자 곧 그 편지의 몇몇 판들은 거의 300명의 서명자들이 첨부되어 있는 것들이 현존한다.34)

공의회 편지들에 속한 네 개의 판들 중 두 개의 판은 서방 감독들이 어떻게 신학적 문제들을 문제로 보고 있는지를 산만하면서 공개적으로 말하며 부주의한 언급으로 결론을 내리고 있다.35) 정당하게 이 주장은 '논쟁적인 난사'36)로 특징지어 지고 있다. 그것은 그리스도가 하나님이심을 의심하는 어떤 이들은 수찬정지 당해야 한다는 것으로 시작하거나 혹은 그는 말씀 각자의 완전한 면에서 아들인 점을 의심하는 자도 원숭이 같은 아리우스주의가 낳은 두 독사, 우르스카키우스와 발렌스처럼 수찬 정지당해야 한다. 그들은 자신들을 크리스천이라고 칭하는 반면에 주장하길 아들과 성령께서 십자가 지시고 죽으시고 다시 부활했다고 하며 아버지, 아들, 성령의 위격이 각자 다르며 분리된다고 주장한다. 대조적으로 서방 감독들은 '단지 한 위격만 존재한다.'고 주장하는데 이단들은 그들을 아버지, 아들 그리고 성령의 본질(οὐσία)이라고 한다. 그리고 그들은 또한 때론 아들이 아버지와 독립적인 어떤 인격적 실존의 종류이다 하는 동방의 입장에 반하는 마르켈루스의 영향을 때론 무심코 드러내는 양식으로 논쟁을 계속한다. 성부, 성자, 성령이 단수의 위격(hypostasis)을 공유하는 것을 강조하는 결과로 서방의 감독들은 삼위의 인격이 어떤 이해의 범주 내에서 분리될 수 있다는 점을 분명히 하는 데 실패하고 있다.37)

'우리가 믿는다.'는 모든 주장임에도 이 신학적 선언은 분리되어 회람될 형식적인 신조로 의도된 것도 아니다. 또한 논쟁을 위한 그럴싸한 내용도 아니다. 그것은 공의회가 끝난 후 우르스카키우스와 발렌스에 의해 제출된 분실된 자료에 필적하는 '사제들을 위한 분리된 논쟁 안내'로 뒤늦게 작성된 것이다.38) 내적 표준과 외적인 증거는 오히려 공의회 편지에 속한 부분으로 기안되었으나 서방 감독들은 공식적으로 수용하고 서명했던 편지의 최종 형태에서는 기안된 이 부분을 생략하기로 결정했다.39) 왜냐하면 알고 있던 입장에서 362년에 아타나시오스가 다음과 같이 주장했다.

> 공의회는 그런 자료를 만들지 않았다. 몇 사람들이[신조개] 니카이야 공의회 신조가 불충분하다고 주장함으로 우리는 신조를 쓰기를 원했고 급하게 그 일을 추진했다. 그러나 세르디카에 모였던 거룩한 공의회는 분개했고 어떤 것도 신조에 관해 더 이상 쓰여 지지 않도록 결정했다. 그리고 니카이야 교부들에 의해 인정된 신조로

만족했다. 왜냐하면 그것은 어떤 것도 모자라지 않았으며 경건으로 가득 찼기에 두 번째 신조가 결코 합당하지 않다라는 입장은 있을 수 없었다. 그래서 빈번히 신조의 형식을 작성하려고 한 사람들에게 초안이 되돌려졌다.40)

신학적 주장은 포기되었을지라도 곧 그 제안자들을 곧 당황하게 했다. 호시우스와 프로토게네스가 로마에 율리우스에게 그것은 니카이야 신조의 모호성을 설명하는 것이지 그것을 대신하려는 것으로 기안되었던 것이 아니라고 항의를 했다.41)

343년 상황에서 그 편지의 일면은 특별히 강조할 가치가 있다. 아타나시오스나 마르켈루스 그리고 아스클레파스만 그들의 서방 동료들이 볼 때 단지 추방당해 유배당한 감독들이 아니었다. 다른 이들도 그 곳에 역시 있었다. 이 긴 자료에는 임시되어 있고 이름은 거론되지 않고 있다.42) 그 중에 공의회 결정 사항에 원래 서명했거나 60명 중에 등장하는 아드리아노플의 루키우스가 있다.43) 더 중요한 생략은 콘스탄티노플의 바울인데 그는 콘스탄티노플의 이전 감독으로 동방 감독들이 그들의 편지에서 중요하게 목표로 삼은 인물인데 집중적으로 정확하게 그를 비난하고 있다.44) 바울에 관해 서방 공의회 편지에 침묵하고 있는 것은 세르디카에 그가 오지 않았다는 것을 증거하는 것이 아니다. 또한 343년 서방 감독들이 아타나시오스와 마르켈루스와 함께 그를 복권시키지 않았다는 말도 더더구나 아니다.45) 오히려 그것은 341/2년 겨울에 특히 콘스탄티노플에 비교회적 회복에 대해 폭동을 일으켰으며, 한 장군을 비합법적으로 살해해 그 도시에 제국의 형법이 있게 했던 그의 행위들에 대해 그럴싸한 방어책이 불가능했었음을 지적하고 있는 것이다.46) 서방 감독들의 침묵은 주도면밀한 전략적 고려였으며 그것이 곧 많은 교회사가들로 하여금 세르디카 공의회에 대한 설명에서 여러 세기 동안 바울을 생략하게 잘못 이끌었고 공의회가 그의 지위에 대해 토론한 것을 부정하게 했다. 그러나 소크라테스는 헤라클레아의 사비누스 정보를 은연중 취하여 분명히 주장하길 공의회는 아타나시오스와 마르켈루스와 함께 바울을 회복시켰다고 언급하고 있다.47)

모든 장소에 보낸 총괄 편지는 특별한 수신자에 의해 보충되어 이해된다. 서방 감독들은 로마 감독의 도덕적 지도력을 인정했다. 그러므로 그들은 율리우스에게 이탈리아, 시칠리아 그리고 사르디니아를 통해 알려진 그들의 결정사항을 그에게 요구했다. 율리우스가 동반되는 자료들을 읽을 수 있고 읽을 수 있고 그가 세르디카에 보냈던 사제들, 아르키다무스, 필록세누스, 그리고 집사 레오 등 대표자들에게 물을 수도 있었기에 공의회의 완전한 보고서가 불필요했다. 그러나 세르디카에 감독들은 간단히 그들이 발견한 것들을 요약할 필요가 있었을 뿐 아니라 공식적으로 그들이 파직했던 7명의 어떤 서방 감독들이 알 수 없는 누군가하고 교제하지 말아야 하는 이름들을 첨가해야만 했다. 또한 그들은 어느 곳에서도 언급안 된 에피소드를 암시하고 있다. (그들은 다음과 같이 말하고 있다.) 발렌스는 무르시(Mursa)에 소재한 자신의 교회를 버리고 아퀼레이아 교회를 인수하려고 했다. 그가 일으켰던 폭동에서 비아토르 감독은 쓰러졌고 심하게 발로 밟혔고 이틀 후에 죽고 말았다.48)

아타나시오스의 이집트에 있는 후원자들은 알렉산드리아 성직자에 의해 가져온 편지들을 서방 감독들에게 전달하려고 애썼다.49) 감독들은 알렉산드리아 교회와 이집트 리비아의 교회들에게 거의 동일한 편지들로 대답했다.50) 이 편지들은 자연적으로 그들 자신이 거의 배타적으로 아타나시오스에게 관심을 가지고 (그들은 선언하길) 그의 입증된 무죄는 마땅히 알렉산드리아에 그가 곧 회복되어야만 한다는 것이었다. 그러나 세르디카에서 서방 감독들은 또한 그들이 추방당했던 사제들 아프토니우스, 카피토의 아들 아타나시오스, 바울 그리고 플루티온을 교제로 받아들이고 에우세비우스에 의해 고소당한 그들의 무혐의를 또한 선포할 수 있었다. 거기에 더해 참을 수 없는 억압을 불평했던 마레오티스 교회에다가 편지를 썼다. 감독들은 그들이 슬퍼하지 말도록 했으며 핍박 속에서도 즐거워하라 했다. 거룩하고 위대한 공의회가 아타나시오스를 완전히 죄없다 하며 그의 적들을 파직시킨 것처럼 그들의 시련도 곧 결말이 날 것이 분명하다고 말했다.51)

서방의 감독들은 교리, 추방당한 감독들의 지위, 그리고 동방에서 그들을 동조했던 동조자들에 대한 억압 외에 다른 문제들을 고려 대상으로 삼았다. 그들은 동방과 서방이 같은 날 부활절을 축하하도록 하는 보증을 정하는 한 형식을 고안해냈다. 이전에 동방과 서방에서 사용되던 계산법이 두 교회들이 니카이야에서 정한 규칙에 따라서도 때때로 다른 날짜로 정해지게 되었다. 그 일이 정확히 343년에 발생해 로마가 부활절을 4월 3일로 지킬 때 알렉산드리아와 아타나시오스 교회는 파르무티 1일(3월 27일)52)에 지켰다. 세르디카에서 다음 50년간의 부활절 연대표가 수용되었다. 그래서 로마와 알렉산드리아의 감독들은 자신들의 판결문 속에 있는 내용으로 교회들에게 공포했다(「목록」 15).53)

또한 서방의 감독들은 현존하는 실제적 관심인 다양한 훈련 문제들을 토론했다. 이 토론들은 소위 세르디카 공의회의 명령으로 알려지고 있다. 그것은 법령의 초기 수립을 바탕으로 했고 후세대에 거대한 권위를 취득하게 되었다.54) 그들의 즉시 효과는 평가하기가 쉽지 않았다. 카르타고의 감독 그라투스가 아마 345년에 개최된 아프리카 공의회에서 그들의 권위에 호소했을지라도55) 그들의 갑작스런 재발견과 채택이 420년을 향할 때까지 로마를 제외하고는 서방에 그 법령이 알려지지 않은 것으로 나타나고 있다.56)

세르디카 공의회의 법령은 현존하는 헬라어, 라틴어 법령집이 두 개의 다른 편집본을 형성하고 있어서 본문에 대한 심각한 문제를 지니고 있다. 그것들은 형식적으로 수정되고 서명이 되고 공의회가 결정한 바를 설명하지 안고 오히려 원래 호소되었던 세부내용을 요약했던 것이다. 세르디카 공의회 '법령들'은 이리하여 본질상 급진적으로 325년 니카이야 공의회, 아를 공의회(314년), 앙카라 공의회(314년), 안디옥(아마도 328년), 그리고 라오디게아 공의회로부터(아마도 340년) 혹은 창키리 공의회(아마도 355년)에서 출현한 법령들과 차이가 있다. 왜냐하면 그것들은 파플라고니아의57) 감독들의 공의회 편지들을 부분으로 단순히 재생산하거나 분리시키고 있기 때문이다. 세르디카 공의회 '법령'들은 대부분 호시우스의 제안 형태를 지니고 있다. 그가 인정받기 위한 행동을 주고나했고 제시했다. 이 제안들은 때로 두 번째 말하는 사람에 의해 수정되고 그러기 때문에 공의회의 동의에 서명된 형식으로 선석으로 일치뇌시 않고 있다.58)

네 가지 중요한 문제들이 서방 감독들을 걱정스럽게 해 전체 법령 속에 반복되어 나타나고 있다. 즉 한 장소에서 다른 도시로 감독이나 성직자들의 자리이동, 감독의 임명, 교회 결정사항에 반대하는 고소 그리고 제국 법정에 감독의 방문에 관한 내용이다.59) 첨가해서 대부분 라틴 사본 전승 대부분에서는 사라진 두 법령들은 그들을 테살로니카 문제를 다루고 있는데 공의회에 참석한 감독, 아에티우스가 어떤 무사이오스와 유티키아누스가 감독되길 주장해 성직자들을 인수함으로 다른 상황을 맞게 된다. 아마도 두 사람은 아에티우스에 반대하여 세워졌다. 그래서 공의회는 평신도를 교제에 임하여야 한다고 결정했다. 그러나 인수했던 사제들은 그들 지위를 고립했다.60) 세르디카에서 형성된 것들의 총체적 적용에 속하는 많은 결정사항 뒤에 놓인 비슷한 지역적 문제들이 의혹의 대상이 되었음이 분명했다. 특히 지역 감독들 사이에 논쟁을 일으키는 법령들은 지역 내에서 결정이 되거나 아프리카에서 논쟁들에 의해서도 로마 감독에게 호소해야겠다는 동기가 형성되는 상황이었다.61) 호시우스와 메가라의 감독 알리피우스는 법정에 가는 것을 감독에 금지시키며 로마와 감독과 중요한 길에 자리 잡고 있는 감독들이 가로챌 수 있는 능력을 가진 집사를 보내 황제와 중재하도록 해야만 한다는 법령의 근본 동기를 배척했다. (그들이 불평하길: 역주) 너무 많은 감독들이 법령에 갔다고 특히 아프리카 감독들이 카르타고 감독 그라투스의 안정된 상담을 걷어차면서 그러했다. 그래서 미래에는 감독에 의해 황제에게 고소는 단지 진실로 억압상태에 있는 이를테면 구걸하는 자들, 과부, 그리고 고아들62)의 경우에만 허락되어져야 한다는 것이다. 그것은 또 카르타고의 대도시 교구를 주장했던 동방 교부들의 공의회 편지를 받았던 감독의 한 사람은 도나투스였고 이 일과 관련이 있다. 그를 따르는 그의 이름으로 명명되는 교회는 콘스탄티누스 하에서 누미디아 지배권을 획득했었다. 317년에서 321년 사이에 콘스탄티누스 황제는 조직적으로 억압을 했고 그가 리키니우스와 전쟁 중 사실상 공개적 분열 조짐에 관용이 되었고 다시 그의 통치 말년에 억압의 기준이 더 강화되었다.63) 콘스탄티누스가 사망한 후 10년 동안 어떤 방해가 알려진 바 없었으나 콘스탄스가 세르디카 공의회 몇 년 어간에 도나투스 교회를 일소하려고 다른 시도를 시작했다.64) 확실하게 분명한 평화의 시대로 날짜가 정해지는 상황에 공의회

법령을 현존하는 자료의 침묵은 잘못 오도되고 있는 것임을 드러내고 있다. 콘스탄스 하에서 아프리카 교회는 진실한 평화가 없었으며 단순히 적대감 속에서 자리에 앉아 있었다.

호시우스와 그의 동료들은 세르디카 공의회의 정치적 외교적 상황을 망각하고 있지 않았다. 콘스탄티우스와 콘스탄스 황제들은 동서방 감독들을 함께 모이도록 소환했다. 황제들에 의해서 고려된 단일 공의회가 모여진 적이 없음으로 각 황제들은 지금 자유롭게 자신의 영토에 속한 감독들의 결정사항을 수용했다. 그러므로 양쪽의 대표자들은 두 황제들에게 보고할 필요가 있었다. 동방 감독들이 작성했던 어떤 보고서도 남아있지 않다. 그들의 지도자들이 아마도 페르시아에서 승리한 콘스탄티우스를 축하하기 위해 인편으로 떠났기에 구두로 보고했고 현존하고 있는 지배적인 아타나시오스 편을 드는 그들이 콘스탄스에게 썼을 것 같은 어떤 편지도 보존해야 할 동기도 지니고 있지 않았다. 율리우스, 알렉산드리아, 그리고 마레오티스에 보낸 그들의 편지에서 서방 감독들은 '가장 축복된 황제들'에게 보고하는 암시를 주고 있는데 그 표현은 당시 널리 통용되고 있던 용례이다. (율리우스가 한 복사본을 받았다.)65) 만일 시성된 보고서가 두 황제들에게 보내졌다면 그것은 공의회에 대한 형식적이며 사실적인 설명이었음이 틀림없다. 서방의 감독들은 또한 특별히 콘스탄티우스만 별도로 읽혀지길 의도하는 편지를 썼을 것이고 그 편지의 분위기는 크게 동정심을 가진 성직자들에게 보낸 편지들과 판이하게 달랐을 것이다.66)
콘스탄티우스의 경건과 선을 행하려는 경향성(서방 감독들이 항거한) 확신을 주어서 가톨릭교회의 박해를 중단해 달라는 합리적 요구를 수용할 것이다.

당신의 지혜가 어느 장소에 있건 섭리가 지배하는 가운데 책임 맡은 그들의 유일한 관심과 생각이 공적인 일을 위한 것인 통치자들에게 안내해주시고 명령해 주시길 종교 탄압을 억제토록 성직자들의 사건들을 미래에 결정하는데 속단과 짓눌려 잠식시키거나, 주장함으로 억압하는 일을 중단하도록 해주십시오. 그리고 다양한 괴롭힘과 위협, 폭력 혹은 주먹다짐의 대상으로 무죄한 사람을 어렵게 하거나 괴롭히는 일을 중단하도록 명령해 주십시오.67)

황제는 그의 피지배자들이 자유롭게 살도록 해야 하는 의무가 있다. 그들이 기뻐하는 대로 살며 이단자나 아리우스주의자보다는 오히려 가톨릭 크리스천이 되도록 해야 하며, 그들이 그들을 가르칠 감독과 성직자를 갖도록 해야 하며, 그들과 함께 거룩한 성만찬을 나누도록 할 의무가 있다. 작성자들은 그들의 충성도 선언한다. 모두는 조용하고 예절을 지니고 있어야 하며 반란의 의심이 없어야 하며 반기를 들어 중얼거려서는 안 된다. 그들은 콘스탄티우스에게 추방이나 감금 속에 있는 탁월한 성직자들에게 그들이 있어야 할 자리에 세워줄 것을 간청했다. 아리우스주의는 '허구이며 두려운 역병'이며 니코메디아의 에우세비우스, 가이사랴의 에우세비우스, 나르키소스, 테오도로스, 스테파누스, 아카키우스, 메노판투스, 그리고 무지하며 적절치 못한 젊은이들, 우르사키우스와 발렌스 등이 침륜에 빠져 고안한 것이다. 그래서 그들과 교제하는 어느 누구건 그들의 범죄에 참여자가 되며 심판의 날이 왔을 때 영원한 징벌에서 고통당할 것이다.

IX.
아타나시오스와 아드리아노폴리스의 순교자들

세르디카 공의회 이후 아타나시오스가 알렉산드리아로 다시 들어가기 전 3년의 세월이 지났다. 왜냐하면 서방 공의회가 다시 세워주었던 추방된 감독들이 그들 교구를 확실하게 동방의 황제가 그들의 귀환을 동의해줄 때까지 소유를 보장받는 것이 재개될 수 없었기 때문이다. 세르디카 공의회 후 황제가 세르디카의 결정을 수락해 그가 다시 돌아올 수 있도록 허락을 동의한 후에도 아타나시오스와 콘스탄티누스 사이의 관계에 관해 동방과 서방 사이에 교회적 협의회 관해 어느 정도 알려진 것이 있다.[1] 그렇다면 345년 여름 그가 콘스탄티우스로부터 첫 편지를 받은 것과 공의회 사이에 아타나시오스는 무엇을 했을까? 338년 콘스탄티우스 법정에 여행과 함께[2] 그는 역사적 기록으로부터 후대에 지워버리길 원했던 숨겨진 의미심장한 활동들을 성공해 낸 듯하다. 「콘스탄티우스 면전에서 변호」는 그 인상을 전달하고 있고 「부활절 목록」은 확실한 사실을 드러내는 데 성공하고 있다. 공의회 이후 아타나시오스를 세르디카 국경도시로부터 나이수스로 이동해 거기서 방해없이 그가 아퀼레이아에 이동할 때까지 머물렀는데, 345년 아퀼레이아에서 부활절 계절에 도달했다. 그러니까 특히 344년에 '공의회에서 돌아오는 길에 나이수스에 있었고 거기서 부활절을 지켰다.'라고 한다(「목록」 16, 17), 「콘스탄티우스 면전에서 변호」 4.5 참고). 그러므로 아타나시오스가 부활절을 344년에는 나이수스에서, 345년 부활절은 아퀼레이아에서 지켰음을 부인할 수가 없다. 그가 어떤 지역도 간 적이 없다고 하는 제안이나 주장은 역사적으로 오류이다. 왜냐하면 아타나시오스가 이 기간 동안 콘스탄티우스 영지 내에 그의 족적을 남겼다는 것이 그의 저서에 거부할 수 없는 증거가 남아있기 때문이다. 그가 비합법적으로 동방제국으로 건너간 강한 가능성이 단순히 한 번이 아니라 두 번이라는 점이다.

「아리우스주의의 역사」는 웅변적으로 세르디카 공의회 이후 즉시 나타난 혐오스럽고 악한 동방 감독들의 잘못된 행위를 기술하고 있다. 그들의 잔인하고 악한 평신도들과 올바르게 생각하는 그들을 반대하는 감독들에게 가하는 공격들은 이전의 악행들보다 훨씬 컸다.

> 아드리아노폴리스 사람들이 그들이 공의회에서 느꼈고 죄책을 져야만 하는 것을 느꼈기에 [동방의 감독들과 교제하지 않으려 했기 때문에 그들은 콘스탄티우스에게 보고를 했고 제국에 속한 공장에서 10명의 평신도들이 참수를 당하게 했다. 행정장관 필라그리우스도 다시 이 사건에 참여했고 그들을 역시 도왔다. (이 사람들의 무덤이 도시 밖에 있었고 우리가 지나갈 때 그들을 보았다.) 그 후 그들은 그들 행위에 큰 성공으로 인해 자만하면서 그들은 잘못된 고소를 했다는 확신을 피해 자유롭게 되었기에 그들은 황제를 설득해 그들의 바람을 결실했다. 그들은 알렉산드리아에서 아르메니아로 두 명의 사제들과 세 명의 집사들을 추방하게 했다. 아리우스와 아스테리우스[3], 전자는 팔레스타인에 있는 페트라의

감독이었고 후자는 아라비아의 감독이었는데 그들은 동방 감독들을 빗장쳐 등을 돌렸기에 상부리비아로 추방당했을 뿐 아니라 폭력의 고통을 맛보았다. 아드리아노폴리스 감독 루키우스에 관해서도 그들이 루키우스가 그들을 비난하는 완전한 자유를 누리는 것과 그들의 불경건을 드러내는 것을 보았을 때 전처럼 그를 다시 목과 손을 철 수갑으로 채우고 그가 마지막을 보낼 장소로 그들이 알고 있듯이 유배를 보냈다. 그들은 디오도로스 감독을 제거했고 애니의 올림피우스와 트라야노폴리스의 테오둘루스, 트라키아의 감독들과 이단을 미워한 훌륭하고 정통주의에 속한 사람들을 처음에는 에우세비우스파들이 황제 콘스탄티우스에게 편지로 잘못된 고소를 했으며 두 번째로는 그들 도시와 교회로부터 추방하고 그들이 어느 곳에 있던지 사형에 해당하도록 고난을 받게 했다.4) 알렉산드리아에서 그들은 공포에 시달려도 된다는 심정으로 항구와 도시의 입구들이 수색되어 그들이 공의회로부터 허락에 힘입어 그들 자신의 교회로 돌아오는 경우에 그렇게 되어야 한다는 명령을 그들에게 내리도록 했다. 그들이 알렉산드리아에서 아타나시오스와 다른 이름 있는 사제들에게 행정관들이 만일 그 감독이나 그들 중 일부가 도시나 그 외 영지에서 발걸음 하는 것을 발견하면 행정장관들은 발견되는 이들이 참수되어도 좋다는 명령을 내리도록 했다. (「아리우스주의의 역사」 18.2-19.4)

아타나시오스는 이 부분에서 자신과 아드리아노폴리스의 루키우스에 대항해 취해진 일련의 행동들을 재빠른 되돌아보기로 전개다. 그들은 세르디카 공의회에서 회복되었고 그들의 추방당한 동료들에게 동정심을 보여주는 이들에게 억압과 징벌을 내렸고 어떤 동방 감독들에 저항하고 있었다. 아타나시오스가 (때때로 유일한: 역자주) 이 사건 각자에 대한 중요한 증거를 제시하고 있으므로 각자 것을 분리해 검증될 필요가 있다.

첫째로, 아드리아노폴리스의 곤경(18.2). 10명의 노동자들 아드리아노폴리스의 제국군대 공장에서 일하고 있었는데 그 공장은 무기와 방패를 생산하는 대규모 중요한 곳이었다.[5] 그런데 그들이 세르디카에서 돌아왔을 때 동방 감독들에게 무례하게 당한 후 죽임을 당했다. 만일 콘스탄티우스가 그들의 징벌에 관해 문의를 받았을 때 여전히 시리아에 있었다면 무기공들을 체포하는 일과 살해하는 일에 상당한 시간적 간격이 있었을 것이다. 그러나 황제는 343년 가을에 콘스탄티노플에 왔다.[6] 사형 집행 날짜는 아타나시오스가 언제 도시 밖으로 나가는 길가에서 살해당한 사람들의 무덤을 보았는지를 결정하는 어떤 연관성을 지니고 있다. 감독 루키우스 추방에서 체포, 추방, 그리고 죽음은 전적으로 무기공들의 실형 뒤에 전적으로 분리된 사건으로 등장하는 것이다(19.1). 루키우스는 세르디카에서 서방 감독들과 함께 있었다.[7] 그의 체포에 관해 아타나시오스는 독자적 증거를 가지고 있지는 않다. 그러나 분명한 추론은 공의회 이후 루키우스가 아드리아노폴리스에 돌아왔고 분명히 이러한 비협조적인 행위 때문에 체포가 되었다. 또한 아타나시오스는 루키우스의 죽음에 대해 「그의 도망에 대한 변호」에서 알려주곤 있지만 그렇게 상세한 설명에 속한 것은 아니다.

둘째로, 두 명의 사제들과 세 집사들이 알렉산드리아에서 아르메니아로 추방된 사건(18.3a). 이 일은 단지 이 부분과 「아리우스주의의 역사」 후반에서 아타나시오스는 콘스탄티우스가 그들을 344년 초 여름에 돌아갈 것을 허락했다(21.1)고 말하고 있다.

셋째로, 아리우스와 아스테리우스(18.3b). 팔레스타인의 감독 아리우스와 아라비아 감독 아스테리우스는 동방의 교부들과 함께 세르디카 공의회에 왔다. 그러나 그들은 서방 감독들과 연합함으로 공식적으로 결별을 선언했다. 결과로 아타나시오스에 의하면 그들이 함께 머물고 있던(15.4) 저택에서 바로 감옥에 가뒀다. 그러나 아직도 그들의 명단들은 서방 공의회 편지에 원래 서명이 남아있다.[8] 또한 그들은 마레오티스 교회에 보낸 공의회의 서안에 그들의 인사와 함께 서명이 더해지고 있고,[9] 서방 감독들은 그들이 공의회 초기에 참석했을 뿐 아니라 그들이 당한 학대 사실을 전달해주고 있다.[10] 반면에 아타나시오스에 의하면 그들은 상부 리비아에 보내졌다. 그것은 그들이 서방의 공의회 서안이 작성되어 서명되기 전 동방 감독들 중 남은 이들과 함께 세르디카를 떠났거나 그들이 훗날 동방 지역에서 사로잡혀 체포되었다 한 상황 같다.

넷째로, 디오도로스의 직위해제(19.2a). 디오도로스는 아시아의 인슐레아 지역 테네도스 감독으로 세르디카에서 서방 감독들의 공의회 편지에 서명을 했다.[11] 아타나시오스가 그의 직위해제와 그의 직분을 다른 사람에 맡긴 그 일에 관해 그보다 더 심각하게 불평한 것은 없는 중 디오도로스는 공의회 이전 서방에 왔고 거기에서 머물고 있었던 것이 추정된다.

다섯째로, 애니의 올림피우스(로도페 지역에서)와 트라아노폴리스의 테오둘루스 이들은 에게 해의 트라키아 해변의 작은 두 이웃 도시들의 감독들이다. 아타나시오스가 올림피우스와 테오둘루스의 이름들이 그 짝을 짓어 나타남으로 추론되는 것은 두 감독들이 그들이 세르디카에 도착하기 전 모였던 회합 중 하나에서 동방 감독들에 의해 수찬 정지당했던 것이다.[12] 아타나시오스는 이전에 지켜보았다. 즉 동방 감독들은 무소니아누스와 헤시키우스를 사용해 그들이 선택했던 일련의 희생자들에 대항해 테러하며 음모를 꾸미도록 하곤 했다(「아리우스주의에 대항하여」 15.3). 올림피우스와 테오둘루스는 그 후 체포를 피해 도망했고 공의회 이전에 혹은 항무 중13) 에 죽음을 맞이했다. 반면에 올림피우스는 세르디카에서 어느 정도 토론에 역할을 감당했고 공의회 결과가 무엇이든 자신이 안전한 피난처를 찾게 해달라고 호소하고 있다. 올림피우스의 제안에 호시우스는 범세계교회의 신앙을 동의하거나 진리를 방어한다는 이유로 정당치 못하게 폭력을 당하거나 추방을 당한 어떤 감독이건 그가 그 자신의 도시로 돌아갈 수 있거나 그에게 가한 나쁜 일이 치료될 때까지14) 그가 피신한 도시에 남아있길 허락되어야만 한다고 제안했다. 아타나시오스가 에우세비우스파의 행위에 관해 말한 것이 축약되고 불분명하다. 그러나 콘스탄티우스의 두 가지 제안, 하나는 공의회 전이고 또 다른 하나는 공의회 후인데 아마 그것은 콘스탄티우스가 343년 가을에 콘스탄티노플을 방문했던 가정에 뒷받침이 될 것이다.

여섯째로, 아타나시오스 자신(19.3-4). 아타나시오스의 불평은 적들이 그가 알렉산드리아로 향해 올 것이라는 기대 혹은 두려움이 있음을 암시한다. 그들이 알렉산드리아에 있는 관리들에 감독이나 그 안에 적혀있는 어떤 사제들이나 목을 벨 수 있게 해달라는 선언문을 보낸 유일하고도 합리적 동기는 아타나시오스가 이집트로 올 수 있다는 그들의 의혹 때문이다. 어떻게 그런 의심이 일어났던가? 사실상 어떤 기초를 갖게 된 것은 아타나시오스가 357년에 썼던 「그의 도주에 대한 변호」에서 이 시대에 대한 관련된 내용에 의해 확증되어진다.

> 그들은 테오둘루스나 올림피우스, 트라키아의 감독들과 우리, 그리고 우리에게 속한 사제들이 발견되기만 한다면 사형에 해당될 것이라는 그 방향에서 찾아야 한다고 억압을 가했다. 만일 우리가

그들 기대에 반대해 그 경우 역시 도주하지 안았다면 아마 우리는 그렇게 살해당했을 터였을 것이다. 그것 때문에 올림피우스와 그의 친구에 대항해서 총독 도나투스에게, 그리고 우리에 대해서는 필라그리우스에게 보낸 편지의 유입이었다. (「그의 도주에 대한 변호」 3.4-5)

아타나시오스는 여기서 어떤 더 초기에 관한 내용 혹은 경우들을 언급하는가? 마지막 부분은 339년에 이집트로부터 필라그리우스에 의한 그의 추방을 언급할 수 있는 것인지도 모른다.15) 그러나 테오둘루스나 올림피우스 감독의 도주, 도나투스에 관한 언급을 단지 콘스탄티노플의 총독만 일 수 있다.16) 나머지 다른 부분은 세르디카 공의회 시기에 닻을 내리고 있다. 게다가 아타나시오스와 그의 사제들을 우선적으로 찾으라는 명령은 공의회 이후에 몇 개월에 속한 것이다. 필라그리우스의 언급을 이 전제에 모순되지 않는다. 그는 동방 감독들을 세르디카에 동행했다(「목록」 15).17) 그리고 그는 아드리아노폴리스에서 공의회 후(「아리우스주의의 역사」 18.2) 같은 감독들과 교제를 거절했던 무기공들의 형집행을 실시했다. 아타나시오스가 그의 교구의 소유를 다시 되찾는 루키우스를 돕기 위해 이 어간에 동방 영지를 들어간 합법적 추론이다.

언제 아타나시오스는 아드리아노폴리스에서 사형 당한 사람들의 무덤들을 보았던가? 의견을 그렇게 표현한 모든 것에 의해 이뤄진 수락된 상황은 346년 알렉산드리아18)에 아타나시오스가 돌아갈 때 아드리아노폴리스를 통과했었음에 틀림없다. 그러나 346년 아타나시오스는 안디옥에서(「아리우스주의에 대항한 변론」 54.1) 콘스탄티우스 법정에 가기 전 로마에 갔다(「아리우스에 대항한 변론」 52.1). 이렇게 놀라울 정도로 압도하는 가능성은 그가 로마로부터 해상으로 시리아에 갔는데 발칸반도를 통한 내륙을 통해서가 아니었다.19) 반면에 만일 아타나시오스가 그의 교구로 돌아갈 때 루키우스를 동행했더라면 그가 거기서 무덤을 볼 가능성은 미루어 짐작할 수 있다. 그러나 그는 그가 지나갈 때에 무덤을 보았다고 말한다. 아드리아노 폴리스는 발칸반도에서 콘스탄티노플까지 뻗어있는 넓은 고속도로에 인접해 있다. 적어도 있을 법한 가능성은 그가 그 무덤을 344년(2년 반 만에) 그의 교구를 회복했던 그의 동료 콘스탄티노플의 바울을 동행해 그 도시를 가는 길에 보았을 수 있다는 것이다. 그 같은 상황을 기록하고 있는 이가 소크라테스이다. 그 도시에서 그 사건에 대한 지식에서 소크라테스는 그의 교구에 바울의 비합법적인 귀환과 세 번째 추방을 기록하고 있다.20)

    콘스탄티누스가 안디옥에서 바울이 콘스탄티노플에 돌아와서 도시의 감독으로 처신한다는 소식을 들었을 때 그는 총독 필립푸스에게 그를 추방하라고 명령을 내렸다. 헤르모게네스의 운명을 기억하고 있던 필립푸스는 그의 작업에 관해 기술적으로 접근했다. 그는 황제로부터 내려진 지침의 진실한 면을 숨기고 마치도 그가 평상시의 공식적 업무를 진행하는 것처럼 제우시푸스(Zeuxippus) 목욕탕으로 갔다. 거기서 그는 존경을 표하며 바울을 소환했다. 그리고 그의 충고가 필요하다고 말했다. 바울이 왔다. 그러나 바울이 왔을 때 총독은 그의 황제의 지침을 실행했다. 바울은 '재판 없이 가해진 자신의 징벌'이라 말한 소크라테스의 말처럼 그 사실을 받아들였다. 필립푸스는 그의 결말을 드러냈고 바울이 제 꾀에 넘어갔음을 알렸다. 그리고 그가 얼마나 총독의 무장 군인으로 대면하는 자신의 약탈적인 위치가 얼마나 적합하지 않는 것인지를 인식했다. 필립푸스는 재빠르게 바울을 제국의 궁궐로 이끌었고, 거기서 기다리고 있는 해외로 추방하는 배를 재촉했다. 그 배는 콘스탄스의 영지에서 가장 가까운 큰 항구 도시였고 바울의 출생도시인 테살로니카로 보내졌다. 그리고 로마제국의 동부에 금족령을 내렸다. 다른 말로 말하면 그는 콘스탄티우스 영지로부터 추방된 것이다. 콘스탄티노플에서 필립푸스는 그 후 아케도니우스를 감독으로 세웠고 그의 재취임시에 수반되었던 폭동에서 3천 명 이상이 죽었다. 군인들에 의해서 죽임을 당하기도 했고 압사를 당하기도 했다. 소크라테스에 의하면 바울은 곧 테살로니카를 떠나 고린도를 경유 이탈리아로 항해해 갔다.

　소크라테스가 이 사건을 세르디카 공의회 이전으로 이야기할지라도 그가 암시하고 있는 날짜는 권위가 없다.21) 반면에 바울을 콘스탄티노플에서 추방한 총독의 이름이 그 사건에 대한 최종 결정타가 된다. 도미티우스 레온티우스가 344년 7월 6일까지 콘스탄티우스의 총독이 되었음이 입증되므로22) 필립푸스는 344년 7월 전에는 총독일 수 없었다. 비록 그의 전임자가 그의 후반의 입증 후에도 얼마간 직무를 지킬 수 있다하더라도 말이다. 어느 곳인가 필립푸스가 처음으로 총독으로 등록된 날짜가 등장하는데 346년 7월 28일로 되어있다.23) 그럼에도 불구하고 교회 사건의 연속이 확실하게 바울의 추방은 344년 가을이나 344/5 이른 겨울로 징해지고 있다.24) (이 점에서 지시의 직무기 시작된 것일 수가 있다.) 바울은 아마도 필립푸스가 그를 직위해제 시키기 전 몇 주 동안만 콘스탄티노플에 있었던 것 같다.

X.
알렉산드리아로 귀향

세르디카 서방 공의회 편지는 안디옥에 카푸아의 빈센티우스와 콜롱)의 유프라테스 감독에 의해 전달되었는데 그들은 또한 추방된 동방 감독들이 돌아갈 수 있도록 콘스탄티우스에게 허락해 달라고 하는 공의회의 요구사항과 그의 형제에게 추방자들을 도울 것을 권하는 콘스탄스로부터의 편지를 가지고 왔다. 그들은 344년 시리아에 부활절이 되기 전에 도착했다. 그 해는 부활절이 4월 15일이었다. 불분명한 이유로, 안디옥 감독 스테파누스는 두 명의 사절들에 대해 불신을 조장하는 일을 시도했다. 중개자들로 제사장들을 사용해 그는 유프라테스와 밤을 보낼 매춘부를 고용했다. 그 계획은 매춘부가 무너지게 하려고 했던 상대는 나이가 많은 감독이어서 조용히 잠들어 버려 무슨 일이 일어났는지 알 수 없는 상황이었다. 그 광경을 여인이 보았을 때 수포로 돌아가고 말았다. 스테파누스의 대행자들이 기대했던 나쁜 고소를 만드는 대신 그녀는 소리쳐 폭력에 대해 불평하고 말았다. 날이 밝자 그 문제가 도시에 공개되었고 군중들이 모여들었으며 제국의 궁궐로부터 공무원들이 개입해야할 필요가 대두되었다. 조사가 진행되는 동안 매춘 중개업자는 그로부터 매춘부를 고용한 사제들을 지목했으며 그들은 또 스테파누스를 지목했다. 그 결과 스테파누스는 직위해제 되었고 레온티우스는 그의 직위에 감독이 되었다.

아타나시오스의 세르디카 공의회에 즉각적인 외교적 연속 사건에 대한 설명이 그와 같은 것이다(「아리우스주의의 역사에 대해」 20.2-5). 그것은 불완전했고 어떤 편파성이 있다. 테오도레투스는 아타나시오스가 덮어버린 사건에 관한 사건에 관한 기본적 사실로 그를 지지해준 권위있는 지역전통과 이야기의 기원을 지닌 것에 소설 같은 개편을 포함한 더욱 상세한 특별 이야기로 가득찬 내용을 가지고 있다.[1] 테오도레투스는 다음과 같이 이야기를 전개한다. 두 감독들이 348년에 평범한 행정관으로 파피루스에 입증되는 플라비우스 살리아임이 틀림없는 살리아누스 장군에 의해 동행되고 있음을 알린다.[2] 거기다가 어떤 감독이건 감독회의에서만 직위 해제되고 대치 가능함으로 테오도레투스는 스테파누스가 감독회의에서 정리되고 직위해제되고 있음을 설명한 것으로 수정하고 있다. 344년 부활절 후에 오래 지나지 않아 이 회의가 안디옥에서 모였음으로 연대기적 기초에서 344년 여름에 모여 아주 많은 분량의 신조를 수락했던 안디옥 공의회와 동일시하는 것 같다(「공의회에 관해서」 26).[3]

그 '장문의 신조'는 그것이 작성되는 정치적 상황을 반영해주고 있다. 그리고 그 기조는 '화해의 영이 숨쉬는' 것으로 적절히 특징지어져 오고 있다.[4] 자료는 서방의 청취자들을 완화시키도록 의도된 8개의 보충 설명 부분으로 이어지는 세르디카에서 동방 감독들에 의해 수용된 신조와 저주문을 포함하고 있다. 이 부분은 조심스럽게 본질($ουσια$)이란 용어를 피하고 있고 '아들이 아버지와 다른 위격이다'라는 표현을 부정한다. 삼위의 인격이 세 인격($prosopa$)으로, 그리고 셋 객관적 실체(*pragmata*)가 되는 것을 수용한다 할지라도 가장 강조되어야 할 것은 신성으로서 일치, 하나됨이라는 것이다. 동방 감독들은 중요한 신학적 문제에 있어서 화해를 이루기 위해 아들은 '모든 면에서 아버지와 유사하다.'라는 점을 주장했다. 반면에 그들은 장문을 통해, 그리고 공개적인 솔직함으로 앙카라의 마르켈루스와 그의 제자 포티누스를 비판했다. 포티누스를 최근에 시르미움(Sirmium)의 감독으로 세워졌다. 그의 이름은 스코티누스(Scotinus)5)(어둠이라는 헬라어 단어의 변형으로 '흑암의 사람'의 뜻임: 역주)로 바뀌져 불렸는데 빛을 실어 나르는 자 대신에 어둠의 사람, 그림자 인간이다. 공의회가 모였던 시간 후 얼마 되지 않아 아마 344년 9월에 콘스탄티우스도 역시 화해의 자세를 취했다. 그는 아르메니아로 추방당했던 알렉산드리아 성직자들의 석방을 명령했고, 알렉산드리아에서 아타나시오스에게 충성하는 성직자 평신도들도 더 이상 괴롭힘을 당하지 말아야 한다는 지침을 보냈다(「아리우스주의의 역사」 21.2, 참고 「목록」 16).

안디옥 공의회는 서방에다가 공의회 편지를 전달하기 위해 네 명을 보냈다. 테오필루스, 유독시우스, 마르티리우스, 킬리키아의 마케도니우스(「공의회에 관해」 26.1) 몇 사람은 늦게 개입했다. 아마 344년 후반에 콘스탄티노플의 감독으로 자신을 재건하려 했던 바울의 시도에 연관이 있었던 모양이다.6) 게다가 황제가 포에토비오에 있을 때 콘스탄스 법정에 왔던 탈라시우스라 하는 행정관에 의해 그 감독들이 동행하게 되었다. 그 사건은 콘스탄스와 그의 형제 사이에 뜨거운 적대감을 가진 고소에 대항해 자신을 방어했을 때 약간의 당혹감을 표현했던 유일한 옛 고전 작가인(「콘스탄티우스 면전에서 변호」 3.3) 아타나시오스에게 영향을 주었다.7) 동방 감독들은 밀라노 공의회, 345년 초 어느 달에 모였으며 콘스탄스가 현존하고 있었거나 아주 가까운 거리에

있었거나 했을 것이다. 바로 거기로부터 대답을 받았다.8)

이 공의회 절차는 잘 자료화 되지 못했다. 자료의 결핍은 이 시기에 보통으로 수용되어져야 한다. 그러나 밀라노 공의회는 대부분 공의회보다 더 흥미있고 의미가 있다. 왜냐하면 그 공의회는 신학적 자세와 인간적 충성의 중요한 변화들을 증거했다. 서방 감독들은 마르켈루스를 정리하는 데는 주저했을지라도 포티누스 감독은 징계했다. 그리고 마르켈루스와의 교제를 철회했다. 마르켈루스도 신중하게 그 문제를 밀어붙였고 공의회에 불참했다.9) 판노니안 감독들 우르사키우스와 발렌스 그의 교구들이 콘스탄스 영지에 있었고 아리우스파 이단들은 정리했으며 서방 감독들과의 교제에 수용되길 요청했다. 그런 충성의 변화에 대한 정치적 이득은 분명했고, 우르사키우스와 발렌스는 서방 교회들과 평화를 유지하는 데 방해되지 않았다. 그러나 동방 사신들은 공의회가 이단과 아리우스를 의식을 비난하고 그런 방식을 좋아하지 않았다.10) 밀라노 공의회의 단편적 보고들은 (관찰될 것이지만) 전혀 아타나시오스에 대해 재론하는 언급은 나타나지 않고 있다.

콘스탄스는 지금 결정적 결과를 가지고 개입했다. 그는 아타나시오스가 나이소스에 거할 때 그에게 편지를 썼다. 그리고 아타나시오스는 아퀼레이아에 있을 때 콘스탄스기 지기의 면담을 해주었고 그와 콘스탄스가 다 부활절에 아퀼레이아에 있었던 때를 암시해주고 있다.(「콘스탄티우스 면전에서 변호 4.5, 15.4) 그러므로 콘스탄스는 아타나시오스를 345년 봄 밀라노 공의회 바로 직전이나 직후 부활절이 4월 7일에 해당하는 날에 아퀼레이아에서 만났다.11) 더 나아가 그는 시민 전쟁의 분명한 위협을 포함했던 편지를 쓰기도 했다.

아타나시오스와 바울은 여기 나와 함께 있다. 그들을 심문한 것으로부터 나는 그들이 박해받은 것은 경건을 위함이었다는 것을 발견했다. 그리하며 만일 당신이 그들을 그들의 감독 자리에 세우려고 시도한다면 헛되이 그들에게 매달려 있는 자들을 추방하면서 내가 그 사람들을 당신에게 보낼 것이요. 그러나 말인 이런 행동을 취하길 거절한다면 내가 개인적으로 그곳에 가서 그들을 그들의 감독좌에 올려놓을 것이며 당신의 의지를 역행해서라도 그렇게 할 것입니다.

그것은 소크라테스에게서 인용한 정확한 의사표시이다.12) 그가 인용하고 있는 편지는 5세기의 다른 교회 사가들에게 알려지고 있고 그래서 결코 위조 문서이라고 치부되지 않고 있다.13)

아마도 가이사랴의 젤라시오를 번역한 루피누스는 원본에서 세 가지 중요한 변화를 가져온 같은 발췌의 옮겨 적기이다. 콘스탄티노플의 바울은 사라졌고 외교적 용이는 더 거칠어졌으며 아타나시오스의 적들을 징벌한다는 위협이 더해졌다.14) 필로스토르기우스와 테오도레투스는 콘스탄스가 그의 형제에 매우 비슷한 어조로 편지를 썼다고 보고하고 있다.15) 수용적으로 테오도레투스는 살리아 장군과 감독들 빈센티우스와 유프라테스가 344년 초에 안디옥에 위협하는 편지를 가져왔다고 언급했을 때 오류를 일으킨 것이다.16) 그러나 콘스탄스는 세르디카 공의회 직후 그의 형에게 즉시로 그리고 345년에도 물론 편지를 쓴 것이다.(「아리우스주의의 역사」20.2) 그리고 초기의 편지는 어감에 있어서 후자보다 더 부드러운 편지였다. 특별히 소조메누스는 특히 두 편지들을 다 기록하고 있다. 처음 것은 아타나시오스와 바울이 콘스탄티누스에게 요구했고 두 번째는 그에게 '그 사람들을 수용하라 그렇지 않으면 전쟁을 준비하라'라고 말한 것이다.17) 만일 테오도레투스가 343/4의 부드러운 편지와 345년 초 후자면서 더 악의적 편지와 혼돈한다면 그것은 소크라테스의 인용문의 정당성을 배격할 방법이 없다. 더 나아가 필로스토르기우스가 역시 아타나시오스의 귀환만 요구했던 편지를 보고했을지라도[18] 그는 소크라테스가 인용한 것과 같은 편지를 옮겨 놓은 것이라는 강한 제한을 말하는 상세한 부분은 그가 제공한 것이다. 즉 그것은 345년 5월15일에 집무실에서 입증되듯 그 내용은 황제의 재산을 관리하는 재무장관 유스타티우스에 의해 콘스탄티우스에게 전달된 것이다.[19]

아타나시오스는 기지가 없고 뜻이 없는 확신, 즉 소크라테스가 정확성을 지니고 있음을 확신하고 있다는 것을 제시하고 있는 것이다. 그의 「콘스탄티우스 면전에서 변호」에서 소크라테스가 인용하고 있는 내용이 권위가 있다고 볼 수 있다. 「콘스탄티우스 면전에서 변호」는 은연 중이면서 분명한 당혹감으로 '그가 아퀼레이아에 있을 때 탈라시우스 대사가 포에토비오에 왔을 때 경우에 대해 언급하고 있다' 이 때 다른 저술가나 보존된 자료도 분명히 이 대사직을 말하지 않고 있다. 그러나 아퀼레이아에 아타나시오스의 체류는 344년 여름과 이듬해 여름 사이에 놓인 날짜를 고정시킨다. 그리고 「콘스탄티우스 면전에서 변호」가 아타나시오스가 자신을 사망한 콘스탄스와 그 형제 사이에 불일치를 조장했다는 고빌에 대항해 자신을 변호하는 정황에서 직간접적으로 콘스탄스가 탈라시우스에게 분노의 대답을 했다는 사실도 확정 짓는다.

콘스탄티우스는 결국 항복했다. 행운이(혹은 하나님의 손길) 결정적인 주장을 제공했다. 339년에 알렉산드리아의 감독으로 아타나시오스를 대신한 그레고리우스가 345년 6월 26일에 사망했다(「아리우스주의의 역사」 21.2; 「목록」 18). 알렉산드리아에서 감독 선출의 합법적 절차가 아타나시오스의 재선보다 다른 결론이 없게 되었으므로 황제도 그 필요성에 굴복했다. 그는 에데사로부터 콘스탄스와 아타나시오스에게 여전히 아퀼레이아에 체류하고 있었는데 다음과 같은 말로 편지를 썼다.

> 우리의 폭넓은 관대함이 당신을 바다에 오랫동안 성난 파도가 치는 것처럼 사방에서 치며 휘몰아 괴롭히는 일을 허락지 않았습니다. 우리의 피곤함 없는 동정심이 당신을 조상들의 품 안에서 빼앗기게 해 당신의 소유물들이 약탈당하고 가혹한 광야에서 방황하게 하는 동안에 당신을 버려두지 않았습니다. 당신이 내 앞에 나타나 당신 자신의 진실을 우리 앞에 내려놓고 당신의 고통으로부터 구원을 요청한 것을 기다렸기에 내 숨은 생각의 목적을 소중하기 위해 오랫동안 기다렸을지라도 그럼에도 불구하고 아마 공포심이 당신이 뜻한 바를 가로막고 있었으므로 순차적으로 우리가 사연이 가득한 무게를 느끼게 되는 당신의 편지를 공식적으로 처리하게 되었으니 두려움 없이 속히 우리 앞에 오세요. 당신의 소원을 만족시키기 위해서 우리의 관대함을 경험하기 위해서 당신의 가정을 다시 세우기 위해서 그렇게 하세요 이 목적을 위해 짐은 당신의 사건을 처리하기 위해 나의 주인이시요 나의 형제인 콘스탄스, 승리의 황제에게 당신이 올 수 있도록 허락해 달라고 이미 청했습니다. 그 결과 당신은 우리들의 동의와 함께 당신의 고향 땅에서 다시 서게 될 것이며 우리 호의의 맹세로 이러한 것들을 수용하게 될 것입니다. (「아리우스주의에 반대한 변론」 51.2-4)

이것은 황제의 진지함을 숨기는 듯, 숨기지 않는 듯하는 외교적 용어이다. 그 내용이 그에게 합당한 것이 되었을 때에 아타나시오스는 콘스탄티우스를 존경하는 뜻으로 그에 대한 연민의 내용으로 그 편지를 인용할 수 있었다(「아리우스주의의 역사」 22/3). 그러나 그는 황제의 진실한 느낌에 관해 환상을 가질 수 없었다. 왜냐하면 그의 고난에 대한 콘스탄티우스의 새로운 동정심에 속한 표현이 얼마나 339년 이래 그를 향하여 보여준 실제적인 정책과 대조적인지 알았기 때문이다. 그러나 그것이 진지하건 책략적이건 간에 무조건적으로 콘스탄티우스 편지는 알렉산드리아로 돌아올 수 있다고 아타나시오스에게 약속했다. 콘스탄티노플의 바울도 비슷한 용어로 표현된 편지를 받았었다고 추정이 되어야만 한다. 비록 어떤 상세한 그의 돌아와야 할 날짜에 관한 것도 알려지고 있지 않을지라도 말이다.

아타나시오스는 346년 그러니까 콘스탄티우스의 첫 편지가 그에게 그렇게 하도록 허락한 지 완전히 일 년 지난 후 여름과 가을에, 골에 돌아오게 되었다. 왜 연기가 되었던가? 아타나시오스가 콘스탄티누스를 믿지 못해서 보증을 요청했었던가? 혹은 그밖에 그가 돌아오는 기간에 대해 논쟁이나 거래가 있었던가? 콘스탄티우스가 아타나시오스에게 자신의 법정에 설 것을 요청하는 다른 두 개의 편지가 있다. 첫번째는 그에게 전속력으로 공적 운송 시스템(curcus publicus)를 통해 전속력으로 법정에 오되 자신에 대한 걱정, 불안, 공포 없이 올 것을 요청했고 그렇게 되면 그를 알렉산드리아로 보낼 수 있을 것이라고 썼다(「콘스탄니우스 변선에서 변증」 51.5). 두 번째 편지는 일 년 전에 쓴 자신의 편지에 아타나시오스의 속도 조절을 한탄하면서 감독이 그에게 올 것을 재차 언급했다. 콘스탄티우스는 자신의 권면을 첨부해 집사 아키타스 편으로 보냈다(「콘스탄티우스 면전에서 변증」 51.6-8). 다양한 고위 공직자들(행정관 폴레미우스, 다티아누스, 바르디오, 틸라시우스, 타우루스, 플로렌티우스)이 황제의 요구를 지원했다. 아타나시오스는 그들의 이름을 남기고 있다. 첨언하길 황제의 요청을 신뢰하는 것보다 우정어린 그들의 확증을 믿는 것이 더 이해력이 더해졌음을 첨언하고 있다(「아리우스주의의 역사」 22.1).20) 문제들이 두 제국의 형제들 사이에 재빨리 정착이 안 되는 설정은 행정관의 연대기(consular fasti)에 기인한다. 346년 어간에 로마제국은 각기 다른 집정관들을 지니고 있었다. 동방에서는 콘스탄티우스가 자신을 (네 번), 콘스탄스가 자신을 (세 번) 선언했지만, 그 제국의 집정관 제도가 서방에서 수락되었는지의 좋은 증거는 최소한 그 해 늦은 시간까지는 없었다.21)

345년 가을에 아타나시오스는 콘스탄스에 의해 트리어 법정에 호출되었다(「콘스탄티우스 면전에서 변호 4.5).22) 왜 콘스탄스가 그를 호출했는지의 이유를 정확히 하는 것이 중요하다. 또한 그의 방문이 두 황제들 사이의 협상에 어떻게 영향되었던가를 아는 것도 중요하다. 그러나 345/346년 사이 외교적 교류활동이 늘 비밀스럽게 싸여 있을 것이다. 아타나시오스는 늘 그의 승리의 귀환에 대한 공적 단계를 강조하길 좋아했다.

트리어에서 아타나시오스는 아마 아퀼레이아로 왔다. 그의 알렉산드리아로 귀향이 최종적으로 동의되었을 때에 로마로 갔다. 거기에서 율리우스는 알렉산드리아 교회에 가져갈 웅변적인 증언을 그에게 제공해 주었다(「아리우스에게 대항하는 변증」 52/3).23) 그리고 거기서 그는 로마 귀족사회에서 동정심 많은 기독교인들과의 접촉을 새롭게 하는데 실패하지 않았다. 로마에서 아타나시오스는 시리아에 갔으며 콘스탄티누스 면전에 자신을 나타냈다. 그는 전적으로 완전히 브룬디시, 그리스와 소아시아의 남부 해안 혹은 메시나 해협을 통해24) 키프로스로 여행을 했을 것이다. 아타나시오스가 「아리우스주의의 역사」에 의하면 안디옥에 도착했을 때 황제가 약속했다고 한다. 하나님을 증인으로 하고 맹세하고 다시는 그가 아타나시오스에게 반대하는 중상모략을 듣지 않을 것이라 했다는 것이다(「아리우스주의의 역사」 22.2, 참고 「콘스탄티우스에게 변호」 4.5). 그것이 사실이건 아니건 확실히 콘스탄티우스는 알렉산드리아 감독에 대항하는 모든 현존하는 수단들을 제거시켰다.

황제는 이집트 총독 네스토리우스에게와 지방의 군대 장관에게 아타나시오스에 관련된 모든 편지를 돌려주라고 요청하는 편지를 썼다(「아리우스에게 반하는 변증」 56.1; 「아리우스주의의 역사」 23.3). 기병장교인 에우세비우스는 자료를 모집했고 알렉산드리아로 돌아오는 아타나시오스에게 복사본을 아마 전달했다. 이집트 총독과 아우쿠스팀니카 지역의 통치자(Praesides) 테바이스와 두 명의 리비아인에게 쓴 편지에서 콘스탄티우스는 다른 성직자에게 특권을 제거하지 않고 아타나시오스에게 충성하는 성직자들에게 시민의 예배로부터 자유를 회복시켜 주었다(「아리우스에 대항하는 변증」 56.2/3). 그는 모든 지역에 흩어진 감독들과 성직자들에게 회람 편지를 돌려 아타나시오스의 용서를 선언하고 그에 충성하는 성직자들에게 완전한 특권을 회복시켰다. '인간 조건에 내재하는 시련'의 '간단한 기간' 후 감독들은 '최상의 권력 의지로' 자유함을 얻었다(「아리우스에 대항하는 변증」 54.2-5). 콘스탄티우스는 또한 알렉산드리아의 크리스천들에게 아타나시오스를 적극 추천하여 빛나게 했고 혼란과 분열에 저항해 그들을 조용히 권면하면서 교회의 평화, 일치를 격려하는 편지를 보냈다.

안디옥에서 아타나시오스는 중요하게 레온티우스를 다시 세웠으며 개인 집에서 유스타디안에 속한 이들과 축하 예배를 드렸다.[25] 그 후 그는 남쪽으로 시리아와 베니스와 팔레스타인을 통해 여행을 했다. 라오디게아에서 사제였던 아폴리나리스를 만났고 우정을 맺었다. 그는 그 도시의 감독 게오르기우스의 적대감을 대하고 있었다.[26] 예루살렘에서 막시무스는 지역 공의회를 열어 그를 환영했고 다른 인상 깊은 증언으로 그의 길을 가도록 해주었다(「아리우스주의에 대항하는 변증」57). 아타나시오스가 알렉산드리아에 가까이 왔을 때 사람들은 그를 영접하러 떼를 이루었다. 346년 10월 21일에 그는 알렉산드리아 밖에까지 완전히 100마일 이상으로 '백성들과 모든 권력을 가진 자들'로부터 열렬한 환영을 받았다(「아리우스주의의 역사」 1.23; 「목록」 18). 그는 존경과 영광으로 도시에 인도되었고 그의 영광스러운 알렉산드리아 입성은 로마 황제가 출현하는 것보다 추방당한 감독의 귀환이 모자라지 않을 정도였다.[27]

그의 고향 도시 알렉산드리아에서 아타나시오스의 재건과 권력의 재탈환은 마르켈루스의 운명과 대조된다. 그는 불운의 때에 동료였으며 가까운 동조자였다.[28] 마르켈루스도 역시 343년 세르디카에서 회복이 되었었다. 그런데 그 일 후 그의 서방 지지자들이 점차 그의 교리가 지금 수락된 표준에 의해 돌이킬 수 없는 이단인 동방의 관점을 수용하고 있었다. 그리고 마르켈루스는 아타나시오스를 포용하는 그런 방향에서 그 관점을 주장하는 것을 조심하고 있었다.[29] 소크라테스와 소조메누스가 추정하길[30] 그는 세르디카 공의회 이후 앙카라에 돌아온 것 같지는 않다. 게다가 마르켈루스의 동방 지향의 감독들이 345년 밀라노에서 그를 방어하길 실패했던 사실은 346년 바울과 아타나시오스와 함께 동방에 돌아오도록 하지 않았다는 점을 시사하고 있다. 349년에 귀향은 361/2년까지 의혹 밖이었다. 그때는 율리우스가 콘스탄티우스 영내에서 모든 추방당한 동방 감독들을 세워 놓았다.[31] 아마도 마르켈루스는 자신이 기회를 십분 활용했던 것 같다. 앙카라에서 그의 후원자들 371년에 비합법적인 모임들이 아타나시오스에게 신조를 제시함으로써 말이다. 그 속에서 그들은 자신들을 '우리 아버지이신 마르켈루스와 함께 예배를 위해 모인 갈라디아의 앙카라에 있는 성직자와 다른 이들'로 표기했다.32)

마르켈루스는 314년 감독으로 처음 청중에게 자신을 드러내 보인 이래로 60년 90세 혹은 그 이상의 나이로 사망했을 때 까지 그의 실존을 드러내어 수동적인 인물로 삶을 마쳤다.33) 아마도 그는 서방 감독들이 그를 345년에 떨어뜨림으로 그 때 노년기의 약함으로 벌써 고난 중에 있었던 것 같았다. 마르켈루스는 자신을 이단의 흔적에서 정화되기 위한 노력으로 30년간의 헛된 세월을 채운 것 같다.34) 모든 경우에도 도움이 안 되었다. 왜냐하면 그가 381년 콘스탄티노플에서 공식적으로 정죄되었기 때문이다.35) 그와 신뢰를 위해 아타나시오스는 가이사랴의 바질이 그에게 그렇게 해달라고 요청했을지라도36) 징계의 연합에 동석하길 거부했다. 젊고 질투심 많은 에피파니우스가 마르켈루스에 관해 아타나시오스에게 물었을 때 그는 그를 옹호하지도 어떤 적대감도 표시 않고 단순하게 '얼굴에 웃음을 보이며 그가 악에 가깝다고 드러냈지만 그는 그를 자신이 혐의를 벗긴 자로 대우했다'37) 아타나시오스의 웃음은 신학적 의미보다는 다른 오히려 개인적 의미를 지니고 있있던 것이다.

XI.

349년의 징계와 그 상황

그의 추방기간 동안 아타나시오스는 조심스럽게 이집트 교회들과 알렉산드리아의 자신의 후원자들과 접촉을 계속 유지했다. 그는 계속 부활절 날, 이듬해 봄이나 여름에 찾아오는 날짜들을 이집트의 크리스천들에게 알려주었다. 그리고 그가 가능한 한 어느 때든지 온전한 부활절 편지(full festal letter)가 종려주일에 읽혀지도록 보냈다.[1] 알렉산드리아와 마레오티스 교회들로부터 세르디카에 온 성직자들과 서방 감독들 앞에서 그레고리우스의 그의 후원자들의 손아래에서 아타나시오스의 후원자들이 당한 고난을 기술한 편지를 큰 소리로 읽었다.[2] 공의회 업무가 다 끝났을 때 서방의 감독들은 알렉산드리아 교회와 마레오티스 교회들과 이집트와 리비아의 크리스천들에게 전체적으로 그들 메트로폴리탄의 재건을 알리며 편지를 썼다.[3] 반면에 아타나시오스도 그 자신의 교회와 60여 명의 다른 감독들에 의해 서명된 마레오티스 교회들 중 한 곳에 편지를 보내었다.[4] 그 이상 세르디카에서 만든 불평, 공의회 후 콘스탄티우스의 행동으로부터 분명한 것은 아타나시오스의 후원자들이 활동적이었고 그 도시에서 힘이 있었다는 점을 분명히 한다. 사실, 황제는 341/2년 혹은 다시 344년에 바울처럼 아타나시오스가 공식적인 허락 없이 그의 교구를

장악하는 재시도를 할까 두려워했다.5)

아타나시오스가 가졌던 7년 동안의 추방 기간 동안 그래도 알렉산드리아에 있던 후원자들에게 가졌던 근심스런 관심은 346년 그가 돌아왔을 때 그에게 정치적 유익이 되었다. 그레고리우스가 이 6년 동안 힘과 후원으로 반대하는 체계를 세울 수 있는 기회를 누리고 있었을지라도 그가 추방된 교구장의 능력을 약화시키는 데 성공했다 하는 흔적은 없다. 아타나시오스는 339년에 알렉산드리아 항만에 그의 후원자들에게 사용되었던 폭력에 대해 불평했다(*Ep. enc.* 5.5). 그러나 그의 반대자들이 도시 안에서 얻었던 어떤 성공은 당시 일시적인 것으로만 입증되었다. 346년 10월에 그래서 권력가들과 대중들은 그들의 귀향하는 감독을 환영하는 인파로 돌변했다(「목록」 18).

알렉산드리아 밖에서 아타나시오스의 후원자들과 반대자들에 대한 힘의 균형은 접근하기가 쉬운 일이 아니었다. 이집트 외곽에서 멜레티우스파와 아타나시오스에게 충성하는 파들이 불안하게 공존하는 일이 계속되었다. 320년에는 34명의 멜레티우스파 감독이 전체 숫자로 등록되었고 그는 알렉살더에게 복종하는 그 성직과 목록에 속했다(「아리우스주의에 반대하는 변증」 71.6). 그것은 분명 그 당시 멜레티우스파 감독에 속한 구성원들이었다. 335년에 아타나시오스는 두로 공의회에 자신에게 충성했던 48명의 감독들로 구성된 방어진을 붙잡고 있었다. 그런데 그 숫자는 우연이지만 이집트의 지방 숫자와 정확히 일치하는 것으로 등장한 숫자였다.6) 아타나시오스의 추방기간동안 트무이스의 세라피온이 억압의 상황과 그레고리우스를 후원하라는 유혹의 상황에 직면하여 이집트 지역들에서 충성스런 감독들을 지키는 과제가 맡겨졌다. 338년에 아타나시오스는 세라피온에게 이집트를 통해 교회들은 최근에 안내된 부활절 전 40일 금식하는 습관을 지킬 것을 가르쳤

고 새로이 임명된 감독들의 명단을 소개했다.7)

　아타나시오스의 두 번째 추방 기간 동안 이탈되는 일은 거의 없었다. 만약 있다면 멜레티우스파 감독들이 점차적이지만 서서히 기울어져 갔다는 것이다(「부활절 편지」 19.10). 이집트로부터 손꼽을 만한 감독들이 343년 세르디카 공의회에 참여했다. 그리고 동방 공의희 편지에 서명했던 모든 이집트 감독들은 멜레티우스와 아타나시오스의 적들인 마레오티스의 이스큐라스, 타니스의 유대몬, 펠루시움의 칼리니쿠스, 레토폴리스의 이삭(아마 유대몬이 그를 서명한 것 같더라도 세르디카에는 불참했다), 그리고 안티노폴리스의 루키우스8)였다. 347년 부활절 동안 346년 10월 그가 귀향하지 얼마 되지 않아 기록했던 부활절 편지는(Festal Letter) 편지 수령자들이 '누구에게 편지가 쓰여졌으며, 누구로부터 편지가 수령되었는지,' 16명의 최근 서명된 감독들이 일 수 있게 명단을 작성한 목록을 부록에 동봉하며 끝을 맺고 있다. 348년 아타나시오스에게 충성하는 이집트 전역의 감독 숫자는 335년의 거의 두 배가 되었다. 94명보다 더 적은 숫자가 아닌 감독들이 세르디카로부터 온 서방 공의회 편지 복사본에 그들의 서명을 첨가했다(「아리우스주의에 반대하는 변증」 49.3, Nos. 149-242).

　347년에 특히 의미있는 것은 「부활절 편지」가 아타나시오스 측에 멜레티우스파 이탈 현상을 보여주고 있다. 힙셀레의 아르세니우스, 뚜렷하게 닐로폴리스의 이삭, 크소이스의 이시도루스, 크리스마의 파울루스, 더 나아가 356년에 멜레티우스파가 아리우스파와 협력했다고 통렬하게 불평했을지라도 365, 367, 369년 「부활절 편지」는 멜레티우스파에게 특히 그들의 과도한 순교자 숭배에 대하여 지속적인 공격의 고삐를 늦추지 않았다.9) 두 명의 멜레티우스파 감독만이 359년 셀레우시아 공의회에 출석했다.10) 360년 후반 나일 계곡의 멜레티우스파는 더 이상 '옛 신앙인들'에 속한 시골의 작은 무리 이상이 아니었다. 제사장과 수도사들이 있긴 했으나 교회적 조직은 못 되었고 초기 시대의 감독들은 세상을 떠났거나 조직적으로 대화됨 없이 이탈되는 상황이었다.11)

아타나시오스에 충성하는 성직자들에게 제공한 세금 혜택은 멜레티우스파 성직자들과 그레고리우스를 지지했던 성직자들로부터 현재했던 특권을 빼앗은 것에 의존된 것은 아니었다(「아리우스주의에 반대하는 변증」 56. 2/3). 경쟁하는 감독식들이 있는 곳에서는 두 측이 다 시민의 예배로부터 자유를 누리게 되었다. 아타나시오스가 돌아온 직후 기간에는 아마도 헤르모폴리트에 속한 땅이 등록되어 할당되었다. 그것은 현존하는 지분으로 헤르모폴리트 지역에 땅을 소유했던 시민들과 그 지역에 그들의 큰 지분을 갖고 테바이드 내에 헤르모폴리스 사방으로 흩어진 시민들 중 하나를 목록화한 것이다.12) 이렇게 목록화된 것은 농경 사회에서13) 땅을 소유하는 양식을 보여주는 현명한 분석을 제시할 뿐 아니라 또한 그들이 네 명의 감독을 포함하고 있기도 함을 보여주고 있다. 120아루래(arourae) 이상을 소유하고 있는 헤르모폴리스의 디오스와 안티노폴리스에서 온 세 명의 감독이다. 그 감독은 아타나시오스가 347년에 선출했던 아리온, 이진에 티라누스와 교구를 분담했던(지금은 아마 사망함) 암모니아누스(혹은 암모니우스), 그리고 제거의 과정에서 그 도시의 멜레타우스파 감독의 한 명으로 세르디카 공의회에 출석했던 루키우스의 계승자였음에 틀림없는 마카리우스이다.14)

아타나시오스의 재건은 아마도 또한 권력의 새로운 집중을 반영하는 지방행정에 변화를 불러일으키는 계기가 되었다. 우연히 현존하는 종이 보관자료는 플라비우스 아비네우스가 이르시노이트 지방에 디오니시아스에서 항구의 지휘관으로 은퇴했을 때 필라델피아로 가져갔던 것인데 이 시대에 이집트에서 많은 공직자들을 임명한 지방행정관의 면모를 엿보게 한다.15) 테바이드에서 오랫동안 군 봉사 후 아비네우스는 블렘미에스의 대사들을 336년 콘스탄티노플에 호송했다. 거기서 콘스탄티누스와 콘스탄티우스 황제들은 그에게 명예스런 계급, 호민관으로 임명했다. 아비네우스(Abinnaeus)는 블렘미에스인들을 다시 그들의 본토로 인도했다. 다음으로 그는 시리아 히에라폴리스에서 테바이드에서 콘스탄티노플까지 병사를 모집했고(아마 339년에서 340년까지) 디오니시아스 항의 지휘관이요 알라 퀸타 프라에렉토룸의 총독으로 제국의 임명장을 받기에 이른다.

이집트에서 군 행정관이었던 발라시우스(Valacius)는 편지에 따라 행동하길 거부했다. 왜냐하면 다른 사람들이 비슷한 편지를 받았었기 때문이었다. 아비네우스는 황제에게 청원서를 제출했고 분명히 그는 342년 3월 39일에 디오니시아스에서 주임(*praepositus*)으로 그의 위치를 벌써 차지하고 있었음으로 우호적인 대답을 받았다.16) 344년이 지나는 동안 발라시우스는 아비네우스에게 포기한다는 편지를 불쑥내밀었다.17) 아비네우스는 법정에 여행을 통해 경쟁을 준비하고 있었다. 345년의 1월 2일에 보낸 두 편의 편지는 자신 외에 다른 사람의 이익에 앞장섬으로 그가 비용을 지불할 것이라고 약속했다.18) 다시 아비네우스는 성공을 거두었다. 그러나 그가 법정에서 자신을 드러낼 필요는 없었다. 아마도 345년에 발라시우스는 말에서 낙상해 그 사건으로 3일 만에 사망했다.19) 346년 5월 1일에 아비네우스는 공직에 재임용되었고 그는 그 직에 적어도 351년 2월까지 머물렀다.20) 발라시우스는 알렉산드리아에서 그레고리우스를 도왔다. 추정하건데 수도사들에게 태형을 가했고 감독들과 수도원 서약을 한 수녀들을 반 아타나시오스 감독들과 협력을 얻으려고 공격을 하기 일쑤였다(「아리우스주의의 역사」 12.3). 아비네우스 안에서 한 기독교인은 아르시노이트 지방에서 아타나시오스에게 동정심을 갖고 그를 적극적으로 후원했으며 발라시우스에게서 가졌던 큰 어려움은 그들 자신들의 정치적이고 교회적 충성에 기인한 것으로 이루어진 것이었다.21)

아타나시오스는 그의 감독직 초기부터 이집트 시골에 있는 수도사들로부터 선의를 받았으며 정치적 후원도 받았다.22) 336년에 그가 트리어로 추방된 후 안토니우스는 아타나시오스를 위해 콘스탄티누스에게 변호의 편지를 썼다. 그가 돌아온 후에도 338년 여름에 알렉산드리아를 방문해 전투하는 감독들에게 그의 후원을 입증해보였다.23) 이듬해 346년 이와같은 충성의 강함을 보여주었다. 안토니우스가 353년에 사망했을 때 아타나시오스와 트무이스의 세라피온과 그 자신의 제자들 사이에 그의 옷을 나눠주었다.24) 안토니우스의 외곽지대 산으로부터 나일강 북쪽으로 훨씬 더 나아가 테바이드의 파코미우스의 공동체는 이집트의 재건된 메트로폴리탄에 동등한 충성을 보였다. 몇몇 파코미우스 수도사들이 346년에 그가 돌아오길 환영하기 위해 알렉산드리아로 여행해 왔다.25) 반면에 354년 부활절 몇 주 전에 아타나시오스가 보낸 편지 중 수도사 드라콘티우스가 자신을 감독으로 헌신함을 촉구하는 내용은 이집드 수도사들이 알렉신드리이 메트로폴리탄에 의해 조절되는 교회 교권제도 밖에 남아 있으려 하는 독립 행위를 유지하길 원하는 내용을 보여주는데 그것은 어떤 표시인 셈이다.26)

아타나시오스는 이집트 밖에서부터 현저히 정치적 지원을 또한 받고 있었다. 그는 황제 콘스탄스와 서방 감독의 지속적인 선의를 기대할 수 있었다. 더구나 두 명의 그의 가장 오래된 적들이 방향을 돌려 그에게 가했던 모든 고소건에 대해 완전한 무죄를 고백하기 시작했다. 347년에 서방 감독 공의회는 로마에서 모였으며 포티누스를 정죄했다.27) 신기두눔의 우르사키우스와 무르사의 발렌스가 그들이 비록 공개적으로 2년 전 밀라노 공의회에서 '아리우스' 사상을 비판했을 지라도 아타나시오스에 대한 잦은 고소건으로 자신들의 직위해제의 원인이 되지 않을까 두려움을 가져 왔다. 그들은 로마 감독에게 다가와서 발렌스 자신의 손으로 쓴 편지를 그에게 제출해 그와 우르시키우스는 율리우스의 면전에서 함께 서명했다. 두 명의 일리리안 감독들은 그들이 지금까지 아타나시오스에게 가했던 모든 비난이 잘못되었고 어떤 근거가 부족한 것이었다고 선언했다. 형식적으로 로마의 감독은 이 선언을 받아들였고 그가 주관했던 공의회는 우르사키우스와 발렌스를 교제에 받아들였다.28)

두 명의 판노니안 감독들이 집에 돌아왔을 때 그는 트리어의 감독 파울리누스로부터 메시지를 가져온 모세라는 사제를 만났다. 그 편지는 아타나시오스에게 보낸 내용이었고 아퀼레이아에서 그들은 율리우스에게 서명한 편지의 복사본과 신뢰를 표현하고 있는 알렉산드리아 감독에게 안부를 전하는 간단한 편지를 그에게 제시했다.29) 모세는 아퀼레이아에서 알렉산드리아에 그와 함께 두 개의 자료를 배달했다. 적어도 아타나시오스가 어떻게 말할 가능성을 설명하는 가장 적절한 가정인데 우르사키우스와 발렌스의 두 편지의 복사본, 그 중 하나는 자신에게 쓰여진 것이고 트리어의 바울에 의해서 그에게 보내진 것 같다(「아리우스주의에 반대하는 변증」 58.1; 「아리우스주의의 역사」 26.2). 파울리누스는 아타나시오스에게 병에 걸린 막시미누스의 자리에 자신이 감독으로 선출되었다고 알려주는 편지를 썼다.30)

아타나시오스는 안정된 것 같았다. 그러나 콘스탄티우스는 바울과 아타나시오스의 콘스탄티노플과 알렉산드리아에 단지 정치적 연약성과 필요성으로부터만 재기를 허락했다. 아마 그는 메소포타미아에 군사적 상황이 힘으로 두 감독들을 재기시키라는 그의 형제의 위협을 저항할 수 없다는 것을 판단하고 있었다. 바울과 아타나시오스는 곧 다시 위험에 처한다. 콘스탄티노플의 감독이 더욱 취약해 349년 초 아마도 처음으로 공격을 당했다.

바울은 341/2년 겨울에 에우세비우스의 자리에서 콘스탄티노플의 감독으로 선출되었다. 그러나 그와 아타나시오스가 회복되었을 때 필수적으로 바울에게 그 자리를 포기해야 한다. 고소는 재판을 뜻했고 감독의 재판은 감독회의를 암시했다. 바울은 징계 받고 직위해제 되고 쇠착고에 사로잡혀 싱가라에 있었던 콘스탄티우스에게 보내졌다. 콘스탄티우스는 이미 그의 총독 플라비우스 필립푸스를 시켜 바울을 체포해 그를 안전하게 법정에 데려오라고 했다.31) 바울은 에메사에 갇혀 있었다. (추측건대 거기에서 법정이 열렸던 듯하다.) 에메사로부터 그는 카파도키아의 쿠쿠소스로 유배되었다. 그곳은 트로스 산맥 깊숙한 곳이었다(「아리우스주의의 역사」 7.1,3-6).32)

바울을 징계했던 공의회는 아타나시오스가 몇 년 후 저술했던 「아리우스주의의 역사」에서 모호한 시점으로 알려지고 있다. 아마 그 공의회는 신중해야 할 필요 때문에 콘스탄티노플 자체에서가 아니라 니카이야 혹은 니코메디아 같은 근저 도시에서 개최되었다. 그곳의 감독들은 교회정치에 있어 확실히 반대 진영에 서 있었다.33) 얼마 후 아마도 349년 가을에 공의회가 안디옥에서 열려 아타나시오스를 정리하고 직위 해제시켰다. 이 공의회는 소조메누스의 「교회사」에 분명한 증언으로 간직되어 있다.

> 콘스탄스가 만일 콘스탄티우스에게 전에 설명했던 대로 추방당한 감독들을 돌려놓지 않으면 전쟁도 불사하겠다는 위협을 가했기 때문에 제국의 두 절반이 서로 갈등 속에 들어가려는 여러 조짐들이

콘스탄스가 여전히 생존했을 중인데도 있었다. 그들이 이단이며 비정통적이라고 한 기초에서 직무에서 배제되었다가 회복된 이들을 니카이야 공의회를 거부했던 이들이 매우 고조된 기분으로 그들에게 형집행을 가했다. 그들은 특히 아타나시오스를 고소했다. 왜냐하면 그에 대한 그들의 과도한 미움 때문에 그러했다. 그들은 콘스탄스가 여전히 생존해 있고 콘스탄티우스가 그의 친구인 것처럼 행색을 해도 공개적 적대감을 감추지 않았다. 오히려 안디옥에 회의를 소집하여 길리기아, 나르키수스, 트라키아의 데오도로스, 니카이야의 에우게니우스, 스키토폴리스의 파트로필루스, 에베소의 메노판투스 그리고 다른 사람들 모두 약 30명가량의 감독들이 모여 모든 곳에 흩어진 감독들에게 아타나시오스가 공의회의 흠없는 사전 선언 없이 단지 그의 개인적 의견을 공유한 문자 활동을 통해서만 교회법의 위반으로 알렉산드리아에 돌아왔다는 결과를 편지를 써서 알렸다. 그들은 편지를 받은 수신자들에게 아타나시오스와 교제도 편지 교환도 말고 그들에 의해 선택되었던 게오르기우스에게 큰 관심과 교제를 나누라고 권면했다.34)

이 알림의 상황은 실수이고 혼돈되어 있다. 소조메누스는 안디옥 공의회가 아타나시오스를 직위 해제한 것이 율리우스의 죽음의 결과라 하고 있고 사건의 과정을 건너뛰어 거의 드물게 순서를 매기는 것 같다. 마그넨티우스의 죽음(353), 실바누스의 배신(355), 유대인 혁명(352), 갈루스 처형(354), 로마에 콘스탄티우스의 방문(357), 그리고 율리우스의 죽음(352)이다.35) 그러나 소조메누스가 공의회 자체에 관해 보고하는 것은 350년 1월 이전의 날짜를 가리킨다. 그리고 그것은 360년 헤라클레아의 사비누스에 의해 편집된 반 아타나시오스 화해 자료의 수집에서 발견될 공의회 편지로부터 나타난 것이다.36)

소조메누스는 참석했던 중요한 감독들의 이름을 제공하고 있고 그래서 날짜가 분명히 그를 혼돈케 하는 편지 내용에 대해 실수가 불가능했다.37) 게다가 그 공의회에 대한 사실이 아타나시오스 자신으로부터 확정할 수 있다. 「아리우스주의에 반대하는 변증」의 구조는 책의 출간을 설명하는 어떤 복잡한 전제를 필요로 한다. 말미에 약간의 반복 쓴 것이 있음으로 인해 두 부분의 형태 그리고 「아리우스주의에 반대하는 변증」의 전체적인 주장은 347년에서 350년 사이에 기본적으로 저술된 자료이다.38) 357년 사건을 암시하는 마지막 두 장의 대부분이 사라졌을 때 변동되어 「아리우스주의에 반대하는 변증」은 349년의 상황에 완전한 의미를 갖게 하는 논리적 흐름을 제공한다. 그런데 그것은 후대의 시점이 아니다. 아타나시오스는 비중있게 347년의 우르사키우스와 발렌스가 전에 작성한 선언서를 취소한다는 새로운 선언문에 의존하고 있다. 아타나시오스를 대항해 작성된 고소문을 철회한 후 그것은 그들이 둘러싼 사태를 350/1년에 극도로 원천적인 것으로 대하는 중심 주장이 되고 있었다. 결론으로 아타나시오스가 안디옥 공의회에 제출할 것을 위해 349년에 거의 현재 형태로 「아리우스주의에 반대하는 변증」을 작성했다는 가설은 소조메누스가 보고한 대로 진지한 문학적 문제를 풀어주며 그 작품의 동기를 설명해 주고 있다.

아타나시오스가 안디옥 공의회에 참석키 위해 이집트를 나가시 않았다 할지라도 모여진 감독들에게 「아리우스주의에 반대하는 변증」을 제출하기 위해 신뢰할 만한 사절들을 시리아에 보냈다. 그 작품은 두 개로 확실히 분리되는 내용들을 담고 있다. 두 번째는 아타나시오스가 거의 10년 전 로마의 율리우스를 위해 고친 바 있었던 방어의 재수정 부분이며 콘스탄티누스 대제 치세 때 그의 활동을 다룬다.39) 처음 부분은 자료를 길게 확대해 그의 행위들이 철저히 조사되고 완전히 변호되었다는 아타나시오스를 제시하기 위해 간단한 주석과 그들을 연결시킨 것이다.

(1) 338년 시작하는 날에 있었던 알렉산드리아 공의회 편지(3-9);
(2) 안디옥에서 있었던 '봉헌을 기다리던 중 있었던 공의회'의 공의회 편지에 답하는 341년에 율리우스의 편지;
(3) 세르디카에서 서방 감독들의 세 편지들, 처음 편지는 특히 알렉산드리아 교회에 보내진 것이고(37-40), 두 번째는 거의 동일한 언어로 이집트, 리비아 감독들에게 보낸 편지며(41), 세 번째는 모든 곳을 향해 범세계적 교회의 감독들에게 공의회 편지-서명자들이 283명 이하가 아닌 서명자들이 첨부되어 있다(42-50);40)
(4) 콘스탄티우스의 편지가 6편 포함되며 346년에 알렉산드리아로 귀향하는 아타나시오스의 귀환과 관련된 8권의 편지들(52-57);
(5) 율리우스와 아타나시오스에게 아타나시오스에 대항한 그들의 고소들을 취소한다는 우르사키우스, 발렌스의 편지들(58).

전반적인 주장은 독립적인 판단의 감독들, 사소한 반감에 의해 흔들리지 않는 공의회들, 콘스탄티우스 황제 자신조차도 과거 아타나시오스에게 반대해 만들어진 고소들이 모두 기초가 없는 것들임이 증명되었다는 점이다. 전에 쓰여진 「변증」의 두 번째 부분은 328년부터 콘스탄티우스에 의해 337년 재건될 때 까지 그의 감독직의 초기에 멜레티우스파와 아리우스파에 대항하여 아타나시오스가 투쟁한 것을 거슬러 이해하면서 처음 주장했던 것들을 주석하고 있다.

아타나시오스는 중상모략 때문에 영원한 심판을 짧은 당혹스러움이 었지만 좋아했던 우르사키우스와 발렌스에 의해 작성된 마음의 변화에 특별한 강조를 두었다(88.3). 서론과 결론 부분 분명한 저술의 상황을 보여준다. 아타나시오스는 그가 한번 더 자신을 그렇게 자주 실패했던 그의 적들이 아타나시오스의 전체 사건들이 아직도 다시 심판 되어져야 한다고 주장하는 그것을 다시 방어해야 할 필요가 있다는 것에 놀라움을 표하며 시작하고 있다. 그것은 얼마나 전적으로 헛된 일인가? '나의 경우는 앞으로 더 재판이 필요치 않다. 왜냐하면 그것은 재판이 한 두 번이 아니라 여러 차례 있어 왔다'(1.1). 아타나시오스는 자신을 변호해 왔던 공의회를 필름 풀어 놓듯이 나열한다. 이집트에서 거의 100명의 감독들이 모인 공의회, 로마에서 50명 이사의 감독이 모인 공의회, '콘스탄티우스와 콘스탄스, 가장 경건한 황제들의 요청에' 모여든 위대한 세르디카 공의회, 우르사키우스와 발렌스가 그들의 이전 중상모략을 회개함으로 확증을 지어 그것을 재판하는 공의회가 있었다. 그러므로 그렇게 많은 탁월한 감독들이 조사하고 그것에 관해 자주 하나, 일치된 판단을 한 그 문제를 다시 거론할 필요가 없다는(1/2) 것이다. 이와 같은 서문과 함께 아타나시오스는 상대적으로 간단히 연결짓는 설명으로 그가 결론에 도달할 때까지 확장해 자료를 인용하며 진행하고 있다. 결국 거기서 그는 사실을 알고 있는 모두는 고소들이 잘못이고 그렇게 많은 감독들이 그를 무죄하다고 선언한 것이 옳다는 것을 보여줄 수 있다고 선언하다(88, 90).[41]

「아리우스주의에 반대하는 변증」이 사실 앞서 있있는지 아닌지 의문시되는데 안디옥 공의회는 아타나시오스를 징계했고 직위 해제했다. 그러나 그 재판이 강화되기 전 혹 게오르기우스가 알렉산드리아 감독으로 세워지기 전 정치적 조건이 놀라울 정도로 갑작스레 변화가 일어났다.

XII.
마그넨티우스의 장악

콘스탄스는 대중적이며 넓게 존경받는 통치자는 아니었다. 361년에 아우렐리스 빅토르는 그를 극단적인 유아 성도착증을 지닌 자로 공격했고 급하게 변덕을 부리는 자요, 부패한 관리들을 등용하는 인물로 고소했다.[1] 더 진지하게 그는 고위 시민 관료들로부터도 군사적 고위 지휘관들에서도 소외되었다. 350년 1월 18일에 그의 가장 성공적인 장군은 오툉에서 아우구스투스로 선포되었다.[2] 콘스탄스를 대신했던 새 황제는 놀라운 선택이었다. 부친은 영국인이며 모친은 프랑스인인 아미앵 출신 마그넨티우스는 그의 활동을 보통 군인으로 시작했다. 그러므로 보통의 표준으로는 제국의 자색 옷으로부터는 전혀 자격이 없었다.[3] 콘스탄스는 도망가 지중해에 도착해 배를 타고 이탈리아에 가려고 애썼다. 그러나 그는 나르보 남쪽 헬레나에서 포로가 되어 죽임을 당했다.[4] 마그넨티우스는 곧 로마와 이탈리아를 장악했고 거의 10년 동안 골의 총독으로 충실히 콘스탄스를 섬겼던 파비우스 티티아누스는 2월 27일에 경찰 총 지휘관(*praefectus urbi*)이 되었다.[5] 마그넨티우스는 골을 건너 북이탈리아에 와서 에모나를 장악하고 율리아누스의 알프스를 통해 발칸에 이르는 길을 통제했다.6) 그러나 콘스탄스 지배권의 일루리온에 할당된 곳의 지배권을 얻는 데 실패했다. 콘스탄티우스의 딸 콘스탄티나는 로마에 거주했는데 3월 1일 황제로 하여금 일리리쿰에서 군대의 지휘관으로 상승하는 데 도움을 주었다. 후대의 거짓임에도 불구하고 베트라니오는 콘스탄티우스에게 도전하지 않고 두 번째 사실상의 배반을 미리 말함으로 황제로 선포되었다.7) 더 나아가 로마를 약탈로 장악하는 일이 피곤할 정도였다. 율리우스 네포티아누스는 콘스탄티우스 누이 유트로피아의 아들인데 6월 3일 왕으로 선언되었다. 그러나 두 달이 채 안 되어 마그넨티우스 군대에 의해 진압되었다.8)

적어도 초기에는 마그넨티우스가 서방의 황제로 콘스탄티우스로부터 인정받길 희망했다. 그리고 그는 그 결과를 위해 베트라니오와 콘스탄티우스와 타협했다.9) 그런데 전쟁이 불가피했다고 그에게 확신을 주었던 것이 네포티아누스의 배반과 억압이었다. 350년 7월, 8월(아마 그런 것 같다) 마그넨티우스는 자신의 상관의 위치에 있는 동료로 콘스탄티우스 이름으로 동전을 주조하는 일을 멈추었고, 그의 형제 데센티우스를 밀라노에서 카이사르로 선포했다.10) 약탈은 더 이상 콘스탄티누스 왕가가 연대되는데 영감을 주지 못했으며 오히려 그것을 대신했다. 그럼에도 불구하고 그는 콘스탄티누스의 증손녀로 알려졌던 유스티나와 결혼해 정치적인 합법성을 추구했다.11)

마그넨티우스의 정책과 선전은 약탈자로서 그의 위치의 연약함과 불충분하며 부패한 정권을 대신하려는 그의 주장을 반영해 주고 있다. 그는 자신을 처음부터 '로마 세계의 해방자'로, '군대와 지방의 수호자'로 묘사했다.12) 네포티아누스의 압박과 배반이 끝난 잠시 후 로마 동전 주조의 스템프는 '두 번째 재건된 자유'(*bis restituta libertas*)라고 적혀 있다. 그리고 '로마 도시의 갱신'(renobatio urbis Roma)이라 적혀 있는데 그것은 긴 역사와 전통에의 호소라 할 것이다.13) 트리어의 동전은 '성공적 시대의 회복'(fel(cium) temp(orum) reparatio)이었으며 그리스도를 상징하는 옷과 월계수로 승리를 이룬 초상화에 서서 군복을 갖춰 입고 변화된 모습을 띤 마그넨티우스 모습은 전통적 주제와 연합된 일종의 표현이다.14) 약탈자는 자신을 불운했던 콘스탄티누스의 아들 같지 않고 콘스탄티누스에게 자신을 비교했다. 대단한 정치적 군사적 성공을 거둔 것은 기독교에 콘스탄티누스의 개종에 기인한 것이라고 이해하면서 말이다.15) 그의 사후에 그를 전제 군주는 물론 이교도인이라고도 묘사했던 가혹한 후렴구가 있었음에도 불구하고 마그넨티우스는 기독교인이었다.16) 그러나 현존하고 있던 군주를 도전했던 인물로 그는 그것을 찾을 수 있는 지점에서 정치적 후원을 찾아야 할 필요가 있었다.

콘스탄티누스는 리키니우스를 동방에서 패배시킨 후 그가 거룩히 구별했던 이교도 사원의 파괴와 희생 제사의 금지를 서방에까지 확장시키는데 기울어졌다.17) 콘스탄스는 그 금지를 341년에 이탈리아까지 확장했고,18) 피르미쿠스 마테르누스는 신전의 보물을 장악했다. 그것은 350년 서방에서 시작된 과정이었다.19) 왜냐하면 로마 자체의 외곽지대에서 아르발 형제들의 옛 종교적 형제애가 여신 디아의 성소에 접근 할 때 목욕을 하곤 했던 일이 중단되었다. 그것은 사실 그들이 여신 숭배에 대한 매년 의식 수행을 중단했음을 암시한다.20) 353년에 콘스탄티우스가 명령했던 것을 '마그넨티우스의 권위에서 허락된 밤중 희생제사는 제거되어야 하며 허락된 악한 사항은 미래에 제거되어져야 함'21)을 실천함으로 마그넨티우스는 전임자의 이교 제사 금지에 대해 반대를 선언했다. 그런 공식적 희생 제사의 관용 정책은 이교도 귀족들과 환심을 사려고 하는 섣부른 시도처럼 보인다.

마그넨티우스는 매우 빠르게 아프리카를 접수했다.22) 그리고 동방에서 알려진 반대의 출발을 알렸다. 바울에게 마그넨티우스가 접근한 것은 투옥된 감독에게 운명적인 것을 입증했다. 바울은 6일 동안 좁고 어두운 방에서 굶주린 상태로 머물렀고, 필립푸스 총독의 명령에 추정컨대 교살 당했다. 폰티카의 대사였던 필라그리우스가 무엇이 발생했는지 그들에게 말했던 것을 아타나시오스의 친구들에게 편지를 썼다(「아리우스주의 역사」 7.3-6). 아타나시오스는 그의 동기를 살인자 자신을 감독하기 위해 허락된 것이 아닌 슬픔의 동기에 연유한 것이지만 더욱 그는 이집트를 향한 경고의 방법으로 그렇게 시도한 것이다.23)

아타나시오스에게 접근하기 위해서 마그넨티우스는 그의 사절을 조심스럽게 선택했는데 두 명의 감독이었다. 둘 다 갈리아 제국 출신자인 것 같지만, 이 사실 외에는 전혀 알려지지 않은 사람들이었다. 감독들은 그때 퉁그레스의 세르바티우스와 막시무스인데 그의 교구는 알려져 있지 않다. 두 감독은 아마도 세르디카 공의회의 결정을 확증한 340년에 개최된 갈리아 공의회에 참석했던 인물이다.24) 그들은 대사 중 리더였던 발렌스와 클레멘티우스에 의해 동반되었다. 그것은 그들이 군내 종사자들이기에 안전하게 추징되고 리비아의 길로 이집드에 들어왔기에 그들은 마그넨티우스가 아프리카를 장악하는 데 도움을 주었다. 적어도 표면적으로는 네 명은 대사로 콘스탄티우스에게 여행했던 것이다. 알렉산드리아의 이전 사건에 관해, 그들 영접에 관해 아타나시오스는 유일한 증거를 제시했는데 분명히 불쾌한 것이지만 그럼에도 불구하고 충분한 알림이 되고 있다(「콘스탄티우스 면전에서 변증」 9/10). 아타나시오스는 351년에 이미 350년 전 그의 형제에게 등돌려 콘스탄스를 향해 있었을 뿐 아니라 마그넨티우스에게도 서신을 왕래할 정도로 배신자라고 고소당하고 있었다. 「콘스탄티우스 면전에서 변호」는 이 고소에 답하는 것이며 그것을 논박하는 것이었다(6-11). 어떤 괴로운 변호의 과정에서 마그넨티우스의 사신을 수용한 직설적 설명이 될 것이 무엇인가 하는 점을 제공한다.

아타나시오스에 의하면 사신들은 찬탈자에 의해 그에게 보내진 어떤 편지도 갖고 오지 않았다. 그가 알지 못했던 사람에게 편지를 어떻게 쓸 수 있었을까? 알렉산드리아의 그 감독은 살해당한 콘스탄스의 친구요 칭송자로서 그가 죽음으로 표명된 것이 아닌가 하는 두려움이 있었다. 그는 최근에 콘스탄티우스로부터 죽은 그의 형제와 함께 가졌던 것보다 못하지 않는 친절을 보여주겠다는 약속을 담은 편지를 받은 터였다(10.1). 그는 사절들이 가까이 오는 것을 거부하고 공개적으로 그의 충성을 알려야 한다고 강조했다. 그는 군대장관 펠리시시무스, 가톨릭 수장 루피누스, 사병지휘관 스테파누스, 행정장관 아스테리우스, 훗날 공무집행관이 된 팔라디우스, 그리고 중앙정부 대리인 안티오쿠스와 에바그리우스 관리들이 현장에 있는 가운데 알렉산드리아의 대중 앞에 섰다. 그리고 선포하길 '가장 경건한 황제 콘스탄티우스를 위해 기도합시다'. 모든 사람들이 한 목소리로 대답하길 '그리스도여, 오셔서 콘스탄티우스를 도우소서'라고 화답하며 얼마동안 그 기도가 계속되었다.

공적인 충성의 표시는 유익이 될 수 있기 어려웠다. 개인적으로 무엇이 발생했던가? 훗날 아타나시오스의 적들은 그가 350년 마그넨티우스에게 썼으리라고 그들이 추정했던 한 편지를 생산했는데 아타나시오스는 주장하길 그것은 아주 영리한 위조라 했다.

나를 고소하는 이가 내가 살 것으로 이해되는 비슷한 편지를 보일지라도 그는 확실한 증인이 없다. 왜냐하면 거기엔 자주 황제의 솜씨에 닮은 위조 편지들도 가끔 있다. 유사한 것은 자료의 진실성을 나의 공식적 서기관들이 그 편지들에 진위를 부여하지 않는다면 그 자료의 소수성을 세우지 못한다. 다시 나는 나를 중상하는 이들에게 다음 질문을 하고 싶다. 누가 이 편지들을 생산했느냐? 언제 어디서 그것들을 발견했느냐?25) 왜냐하면 나는 내 편지를 작성할 사람들이 있고 반면에 (마그넨티우스는) 그들을 전달한 사람들로부터 편지들을 받을 사람들과 그것들을 그에게 넘겨줄 사람들이 있다. 우리의 (서기관)들이 여기있다. 그들이 (마그넨티우스를 위해 편지를 수령하는 이들) 소란되도록 (그들이 생존해 있기에 분명히 가능하다) 명령하라 그러면 이 편지들에 관하여 알게 될 것이다. (11.213)

진실이 어디에 놓여 있는지 구분하기가 극도로 어렵다. 이 문제에 관한 많은 아타나시오스의 냉소적인 어조는 필수불가결하게 의혹을 불러일으킨다고 할 수 있겠다. 그러나 그렇게 영리한 정치가들은 체포되고 수색될 수 있는 사절들에게 비밀 편지를 맡길 모험을 감행했을 법 하지 않는가? 반면에 아타나시오스도 마그넨티우스가 응답했던 편지를 썼을 수도 있다. 349년에는 전적으로 7가 적어도 7를 직위해제하려고 하는 적어도 초기의 시도들을 파괴하려는 전략을 특징있게 반복해왔다. 즉 그것은 서방의 동조자들에게 호소하는 전략이었다. 만일 349년 안디옥에서 모였던 동방 감독회의에서 아타나시오스가 징계되고 파직되었다면26) 그것은 추론이 가능한데 즉 그가 보호를 탄원하면서 콘스탄스에게 편지를 썼을 것이라는 개연성 높은 일이라는 점이다. 「콘스탄티우스 면전에서 변증」은 만일 마그넨티우스가 아니라면 콘스탄스와 아타나시오스가 배신 섞인 편지교환에 관여했다는 인정이 없이는 이같이 해가 되는 사실을 수용할 수 없었을 것이다. 만일 그렇다면 콘스탄스가 350년 1월 18일 전 그 편지에 답하지 않았다면 마그넨티우스가 350년 초에 아타나시오스에게 콘스탄티우스를 향해 보이는 충성으로부터 이집트를 떼어내겠다는 바람에서 그의 후원을 그에게 확인시키는 편지를 썼으리라 짐작이 간다.

마그넨티우스는 아타나시오스가 자신의 교섭 알림을 적어도 거절하지 않고 환영할 것을 기대한 몇 가지 이유가 있었다. 총독인 필립푸스가 벌써 콘스탄스가 죽었다는 뉴스가 동방에 도착했을 때 알렉산드리아의 그의 자리에 감독으로 게오르기우스를 세우려는 그 방향에 서 있었기 때문이었다. 그러나 역시 콘스탄티우스도 영리한 정치가였다. 그는 위험을 감지했고 그의 형제가 사망한 소식을 듣자마자 행동에 돌입했다 그는 즉시 행정관 아스테리우스, 대리인 팔라디우스를 군대지휘관과 이집트 총독에게 필립푸스의 외침을 도외시하거나 반대되는 명령을 내리는 것을 주문해 보냈다(「아리우스주의의 역사」 51.4). 그리고 아타나시오스에게도 친서를 보냈다. 콘스탄티우스가 약자가 전략적 철수를 따를 때가 언제인가를 주의했고 충분히 알아차릴 만큼 능수능란했다. 그는 단순히 아타나시오스를 알렉산드리아 교구로부터 제어할 것이라는 바람을 부인했다.

> 모든 성공이 내 동생 콘스탄스에게 나타나도록 내가 늘 기도했다는 당신의 선입주견을 날려버리지 못할 것이다. 당신의 지혜는 쉽게 내가 가장 비열한 배신에 의해 그가 살해당했던 일을 들었을 때 얼마나 큰 슬픔으로 괴로워했는지 판단할 수 있을 것입니다. 그렇게 통탄할만한 비극으로 당신을 놀라게 하려는 이들이 현재 존재함으로 그래서 당신을 존경하는 미움으로 이 편지를 보내기로 결정했습니다. 감독으로 적합하게 사람들을 가르치고 세워진 종교에 일치해

습관에 따라 당신의 시간을 그들과 함께 기도하며 당신에게 도달한 루머들을 믿지 말도록 간청합니다. 당신의 바람과 일치해 당신의 지역에서 늘 한결같이 당신이 감독임을 단호하게 함이 우리의 결단입니다. (「콘스탄티우스 면전에서 변증」 23)27)

황제는 그 자신의 손으로 인사를 덧붙였다. '사랑하는 아버지, 하나님의 섭리가 여러 해 동안 당신을 보전하시길' 하며 말이다. 그리고 그의 존재는 마그넨티우스로부터 사신이 알렉산드리아에 도착하기 전에 이미 아타나시오스 손에 들려 있었다.(10.1) 콘스탄티우스는 외교적 속임수를 사용하고 있었지 결코 그의 사실적인 소원을 표현하고 있지는 않다. 아타나시오스도 기만당할 손쉬운 사람이 아니었다. 그러나 그는 마그넨티우스로부터 온 교섭을 거부하면서 황제의 확신을 충성 혹은 신뢰라기보다는 오히려 의심없이 계산으로부터 결단을 내렸던 것이다. 그러나 그는 내심 콘스탄티우스의 패배를 희망하고 있었다. 왜냐하면 그의 입장에서 황제가 급하게 다가오는 순간 시민전쟁이 불가피 했기에 교회 정치에 그가 관심을 보였기 때문이다.

콘스탄스의 사망 소식이 왔을 때 콘스탄티우스는 에데사에 있었다. 니시비스에서 샤프르의 세 번째 포위가 그로 하여금 메소포타미아의 로마 지역을 보호하기 위해 350년 여름과 가을을 보내게 했다.28) 소아시아를 건너 유럽으로 가기 전 그 해 늦은 시점이었다. 세르디카에서 그의 군대는 12월 25일에 조심스레 무대 장치가 된 의식 중에 나이수스에서 제국의 왕위를 포기했던 베트라니오의 군대와 섞이게 되었다.29) 그 때 콘스탄티누스는 아마 시르미움에 거주하기 시작했고 콘스탄티누스 왕조의 미래에 진지한 생각을 하고 있었다. 콘스탄티우스는 법적인 상속자가 없었으므로 그의 상속자 관련된 인물은 그의 가장 가까운 남자 친척이었다. 갈루스는 콘스탄티누스의 가장 젊은 이복형제 율리우스 콘스탄티우스의 둘째 아들이었다. 율리우스 콘스탄티우스는 콘스탄티누스 통치 말에 법정에서 권력자로 부상해 귀족이라는 관직을 받고 335년에는 평범한 영사직을 받았다.30) 콘스탄티누스의 죽음 후 율리우스 콘스탄티우스와 그의 장남은 후기 황제의 아들들의 현실적이고 잠정적인 경쟁자들을 제거하는 왕위 세습 혈투에서 죽임을 당했다. 열한 살 혹은 12살의 갈루스는 나이 때문에, 그리고 그의 누이가 콘스탄티우스 황제에게 결혼했기 때문에 그의 의붓형제였던 율리아누스와 살아남았다.31) 콘스탄티노플의 감독 에우세비우스가 생존했던 동안 갈루스와 율리아누스는 그의 감독 하에 니코메디아에 머물고 있었다. 그 다음에는 콘스탄티우스가 그들을 먼 외지에 있던 제국 영지 카파도키아의 마켈룸으로 보내 6년 동안 밀접히 감금되어 있었으며 훗날 아타나시오스를 대신해 알렉산드리아 감독이 되었던 게오르기우스의 영적 돌봄을 받고 있었다.32) 콘스탄티우스의 결혼이 여전히 자녀를 출산할 수 없었으므로 그는 그의 조카에게 그의 왕권을 안정 시키기 위해 넘겨야 한다는 필요성을 알았다. 갈루스가 법정에 소환되었고 351년 3월 21일에 자색 옷을 입게 했다. 그리고 그를 안디옥에 보내 부황제 카이사르의 직위로 동방을 치리하게 했다.33)

판노니아에서 콘스탄티우스와 마그넨티우스 사이의 전쟁 과정은 많은 상세한 내용들이 불분명하게 남아있을지라도 요약으로 재구성할 수 있다.34) 서로 부딪치는 상대방 군대가 겨울동안에는 따로 떨어져 과동하게 되었다. 마그넨티우스는 율리아누스 알프스를 이탈리아에 이르는 길목에 그리고 콘스탄티우스는 시르미움에서 서방을 향해 진격할 준비가 되어 있었다. 351년 콘스탄티우스의 장군들이 이탈리아를 관통하려 했지만 실패했다. 마그넨티우스가 그의 우세를 밀어붙여 시스키아를 차지했다.35) 그들은 콘스탄티우스가 시르미움에서 안전히 결과를 기다리는 동안 전열을 가다듬고 무르사에서 결정적인 전투를 벌일 수 있었다. 351년 9월 28일에 콘스탄티우스의 군대가 양쪽에 큰 소실을 남긴 후 분명하지만 값비싼 승리를 얻게 되었다.36) 마그넨티우스는 아퀼레이아로 도주해 율리아누스 알프스의 통과를 저지했다. 콘스탄티우스는 발칸에 대한 그의 지배를 더욱 공고히 했다. 겨울이 왔다. 그리고 다음 군사행동의 시점에 황제는 그가 이탈리아에 들어 갈 수 있기 전에37) 사마리아인(Samrtians)과 싸워야 할 필요가 있었던 것 같았다. 352년 7월 28일 여전히 아퀼레이아는 마그넨티우스의 지배하에 있었다.38) 콘스탄티우스 군대는 8월에 북이탈리아 정원으로 극적으로 쳐들어갔고 이탈리아 전체를 넘겨받았다.39) 352년 9월 26일 콘스탄티우스의 후계자가 로마에서 도시의 수호자(*praefectus urbi*)가 되었다. 그는 갈루스 부황제의 모계 삼촌인 네라티우스 케릴리스였다.40)

마그넨티우스는 그의 정부를 그 곳에서 유지할 희망으로 골 지역으로 퇴각했다. 그러나 마그넨티우스와 그의 부황제 데켄티우스가 그들의 동전이 선포했던 안전에 대한 바람은 헛수고였다.41) 353년 여름에 콘스탄티우스 군대는 알프스를 건너왔다. 그리고 트리어에서 어떤 포에메니우스가 콘스탄티우스의 이름으로 명백한 반역을 일으켰다.42) 몽스 셀레에서 전투는 찬탈자 마그넨티우스에게 운명의 날이 되었다. 353년 8월 10일에 리옹에서 자살을 감행했고 8일 후 상스에서 데켄티우스도 자살한다.43) 콘스탄티우스는 리옹으로 진출했고 마그넨티우스의 인기 없는 시행 조치들을 제거시켰다44). 그 후 그는 겨울 동안 남쪽 아를로 나아갔고 거기서 (아마 353년 11월 8일에) 그의 30주년 통치기간을 축하했다.

동방에서 갈루스는 성공하지 못했다.45) 그는 유대인 반란을 진압했을지라도 (확실히 352년)46) 그는 곧 안디옥 사람들과 그리고 콘스탄티우스가 동방에 보냈던 공직자들과 아주 가혹한 갈등 속에서 자신이 휩쓸리게 되었다.47) 부황제는 콘스탄티우스가 자신이 이미 임명했던 노련한 행정가들 속에 걸치고 있는 실제적 능력과 함께 할 때 정치적이고 왕실의 이유에 필요한 것은 그가 단순한 형식적 리더가 되리라고 의도했던 것을 잊어버렸다.48) 354년에 상황은 더욱 참을 수 없게 되었고 당혹스러울 정도였다. 콘스탄티우스가 라인강 상부에서 분주한 날을 지내는 동안 갈루가를 법정에 오도록 했다. 부황제가 포에토비오에 도착했을 때 그는 체포당했고 제국의 자색 옷이 벗겨졌으며 중 반역죄로 은밀히 재판을 받고 폴라에서 형 집행을 당했다.49)

어떻게 그 거대한 제국을 통치하는가는 여전히 남아있는 문제였다. 그리고 골에 문제도 진지했고 물론 메소포타미아의 페르시아인의 공격도 영원한 문제였다. 355년 8월에 프랑크 실바누스가 황제로 선언되었다. 콘스탄티누스 관리들이 그를 한 달 후 살해했을지라도 라인강 전선이 가을에 뚫렸고 콜롱이 포위되었다.50) 알라만니에 대적하는 봄의 전투 후 콘스탄티우스는 밀라노에 거주하면서 갈루스의 동생 율리아누스 부황제를 355년 11월 6일에 선언했고 그를 조심스럽게 선택된 고위 관리들과 함께 그를 골 지역에 보냈다.51)

콘스탄티우스의 사후 평가가 후대의 크리스천들, 특히 아타나시오스의 「아리우스주의의 역사」, 포이티어의 힐라리우스우스의 「콘스탄티우스에 대항하여」, 그리고 칼라리스의 루시퍼에 의해 정해지게 된다. 이 세 사람은 모두 그를 '아리우스주의자'로 꾸짖는다. 그리고 박해자며 악마의 화신이요, 심지어는 적그리스도라고도 했다.52) 이 같은 적대적 묘사는 복잡했던 교회 정치의 현실과 반대이며 콘스탄티우스 시대에 많은 동방 기독교인들의 감정에도 역행한 입장이다. 중요한 감독의 편지 한통에는 넓게 그의 부친의 가치 있는 계승자로 존경되고 있다.

예루살렘의 키릴로스는 아마 그의 「교리문답강좌」를 348년 그가 사제였을 때 저술했다.[53] 이 강좌들은 세례 받기 위해 교리문답을 준비하는 이들에게 전달하는 기독교 교리의 조직적 설명을 주었던 것인데 예루살렘 지역 세례 신조를 결합했다. 키릴로스의 신학은 어떤 점에서 오래된 양태의 언어로 표현되고 그는 '니카이야 공의회의 보수적 입장으로 시작하며 앙카라의 마르켈루스의 견해에 강하게 반대하고 있다'고 주장되어 오고 있다.[54] 그러나 키릴로스는 아리우스주의 이름으로 연합된 교리들(일치되어 있다면)을 충분히 부정할 수 있는 논쟁적 문제점을 인식하고 있고[55] 그의 신학적 견해는 니카이야 신조의 내용에 넉넉히 근접하고 처음에 357년에서 361년 사이에 동양 교회 동료들과 정치적 어려움에 내어 몰렸으나 결국 정통주의라는 평가를 그는 얻게 되었다. 상반된 여러 활동 이후[56] 키릴로스는 381년 콘스탄티노플 공의회에서 수용되었으며 387년 예루살렘 교구의 소유를 얻은 가운데 죽음을 맞았다. 그 후 그의 저술들은 건전한 신학의 저장소로 간주되었나.[57] 그러나 아타나시오스의 직들과 연대된 감독이 그의 가장 초기 활동을 드러내고 있다.

키릴로스는 아타나시오스의 동료 막시무스의 계승자로 예루살렘 감독으로 선출되었다(「아리우스주의에 반대하는 변증」 57). 사망했거나 직위 해제되었다고 하는 다양한 보고가 가능한 것은 349년에 아타나시오스를 정죄했던 안디옥 공의회에 의해 직위해제 되었을 때 사망했던 인물이 막시무스였다. 키릴로스가 지명자였고 가이사랴의 아카키우스와 제롬의 후원을 기쁘게 받았다고 추정되는 중 죽은 막시무스가 그의 계승자로 임명해놓은 헤라클리우스를 내쫓고 감독이 되었다.58) 몇 년 내에 키릴로스는 351년 5월 7일에 예루살렘에서 일어난 기적적인 사건을 콘스탄티우스에게 써 보냈다.59) 그날에 거대한 빛의 십자가가 하늘에 나타나 골고다에서 올리브산까지 뻗어 있었다는 것이다. 그것은 태양보다 더 밝았고, 여러 시간 동안 그렇게 머물러 있었으며, 그 도시의 모든 이에 의해 보여졌다는 내용이었다. 키릴로스는 황제에게 그의 통치를 신적으로 인정하는 이 표시, 콘스탄티누스 시대에 예루살렘에서 진실한 십자가가 발견된 것보다 더 힘있는 하늘의 표시를 황제에게 알려야만 한다고 느꼈다.

키릴로스의 동기들은 부분적으로는 적어도 의심없이 자기 봉사를 위함이었다. 왜냐하면 예루살렘에서 그러한 신적인정의 명백함은 도시와 감독을 향해 황제에 호기있게 배열해주는 것일 수 있다. 키릴로스는 신학전문가로서 영적으로 지명되고 교회의 영감된 보호자로 어떤 크리스천을 칭송하는 방식으로 콘스탄티누스를 말을 떠드는 것은 더 의미 있는 일이었다. 그리고 그는 다음의 인사말로 끝을 맺고 있다.

> 황제여! 가장 하나님으로부터 사랑받는 황제여! 우주의 하나님께서 당신을 그리고 우리의 삶을 위해 당신의 전 가정과 함께 당신을 보존해 주소서, 건강으로, 모든 선함으로 당신의 항상 있는 사랑의 관심으로 교회를 위하며 로마제국을 위하여 오랜 평화로운 해마다의 흐름 동안 그렇게 당신을 보전해 주시길 그래서 경건의 더 큰 보상으로 영광이 되시길…

키릴로스의 편지는 마그넨티우스를 대항해 결정적 전투를 펼치기 얼마 전 콘스탄티우스에게 도달했을 것이다. 황제가 발행했던 동전에는 밀비안 다리에서 막센티우스와 아버지의 전투에서 일어났던 유사한 양식으로(*hoc signo victor eris*)60) 하나님의 도우심을 선포함으로 드러내고 있다. 그 마음에 그 외의 것이 무엇이든지 키릴로스는 은연중 필수불가결하게 제시했던 승리를 예견함으로 제국의 호의를 얻으려고 분명히 의도했다. 무르사의 발렌스는 승리가 얻어졌을 때 콘스탄티우스에게 정보를 가장 먼저 알리는 사람이 되기 위해 신속한 전달자를 고용하는 더 세속적 방법으로 같은 결과를 얻었다고 보고되고 있다. 콘스탄티우스는 그의 군대의 위대한 용기보다는 발렌스의 중재로 더 많은 승리를 얻었다고 자주 선언하곤 했다.61)

XIII.
시르미움, 아를레스, 그리고 밀라노

시르미움 공의회가 351년 늦은 시간에 모였을지라도 한 중요한 예비 단계가 무르사 전투 전에 아마 봄에 발생했다.[1] 앙카라의 바질은 8명의 콘스탄티우스 관리인, 그들 중 몇은 고위층이었는데 그들 면전에서 신학적 견해에 관해 포티누스를 고발했다. 그 고위층 관리인들은 다음 인물들을 포함했다. 361년 미래 집정관이 될 타우루스, 358년 함께 영사직이었던 다티아누스와 케리알리스이며 갈루스의 법무관이었던 탈라시우스 그것은 갈루스와 그의 총독이 아직 안디옥에 주둔한 상태는 아니었다.[2] 이 고관들이 참석했던 것은 포티누스를 심판하려고 하는 것이 아니라[3] 속기사들에 의해 작성된 조사기록이 정확한지의 증거를 위해 참석했다. 그들은 세 개의 봉인된 복사본을 만들었다. 하나는 콘스탄티우스를 위해, 행정관들을 위해 하나, 포티누스의 신학이 정통인지 이단인지를 결정해야 할 운명을 지닌 감독회의에 의해 사용될 하나이다. 이 예비적 조사는 결코 적절한 공의회와 혼돈되지는 않고 그들의 결정들은 새롭게 정복한 서방에 그의 교회정책을 강화시키는 콘스탄티우스의 시도에 기초를 제공할 것이다.

시르미움 공의회는 세 가지 결정을 내렸는데 한 장의 공의회 편지를 통해 알려졌다. 첫째는, 그것은 시지쿠스의 게르미니우스로 그를 대신해 포티누스를 징계했고 해임시켰다.4) 그리고 앙카라의 마르켈루스는 그 징계에 그의 제자로 (전과 마찬가지로) 함께 했다. 둘째로, 공의회는 342년 안디옥에서 원래 작성된 신조를 재론했다. 신조의 원래 본문과 아리우스와 연결된 가장 해로운 견해의 제거에다가 344의 '긴 신조'의 복잡한 형식을 대신한 26조항의 간단한 저주문이 첨가되었다. 소수는 서방에 흐르는 아리우스 견해들의 표현을 거절했고 대다수는 쌍으로 이름을 거론하지는 않았을지라도 마르켈루스와 포티누스의 견해들을 정리했다.5) 세 번째, 시르미움 공의회는 아타나시오스를 다시 정죄하고 파직했다.

이 중요한 사실이 어느 곳에도 완전한 기록으로 분명히 남아있지 않다. 그러나 술피키우스 세베루스 시르미움 공의회 외에 어떤 다른 경우에도 언급되지 않는 어려울 수 있는 상황 속에서 포티누스, 마르켈루스 그리고 아타나시오스가 연결된 정죄에 대해 피력한다.6) 그리고 아타나시오스의 공의회에 의한 정죄는 필요한 가설이 있다. 349년 안디옥 공의회에 의한 그의 직위 해제는 버려두었다는 선험적인 것과7) 사건의 후속적인 과정을 실명하기 위함이라는 두 가지 견해이나. 왜냐하면 그것은 원래 아타나시오스가 「콘스탄티우스 면전에서 변호」를 저술했던 350년 직후 적대하는 감독들에 의해 그의 정죄를 논의한 것이었고,8) 그 증거는 직접 353/4년에 아를 공의회에서 유지되었다가 355년 밀라노 공의회에서 강하게 암시되길 그것은 시르미움 공의회의 공식 편지로 그들 서명을 위해 서방 감독들 앞에 제출되었으며, 그 편지는 그래서 신조와 함께 마르켈루스, 포티누스, 아타나시오스의 연합된 정죄를 간직하고 있는 것이라는 주장이다.9)

시르미움 공의회는 로마의 감독 율리우스에게 쓰여졌다. 그러나 그가 어떤 행동을 취할 수 있기 전10) 352년 4월 12일에 사망했다. 이리하여 그것이 그의 계승자 리베리오, 352년 5월11)에 서품되었으며 정확한 외교적 반응을 발견하기 위해 그에게 제출되었다. 리베리오는 그의 전임자가 12년 전에 했던 것처럼 행동했다.12) 그는 자신을 아타나시오스와 그의 대적들 사이에 자신을 독립적 위치로 놓으면서 3명의 사제단을 로마에서 알렉산드리아로 보냈다. 그의 행동에 대해 유일하고 분명한 증거가 되는 357년 편지에서 리베리오는 자신의 교회들 사이에 평화와 일치의 요구로 동기화 되었다고 주장하면서 그는 아타나시오스를 로마에 초청했다. 그 결과 그것은 교회적 훈련에 일치된 만일 그가 거부하면 로마교회와 교제로부터 그를 단절하는 위험과 함께한 결정이었다.13) 초청은 357년에 콘스탄티우스의 요구에 따라 그가 검토한 뒤에 동방 감독들을 향해 썼기에 초청이 의심될 가능성이 힘들어 보였다. 리베리오는 352년 그의 편지의 분위기를 충분히 잘못 전달한 정당성을 가지고 있었다.

아타나시오스가 가는 것으로 입장을 처리했다. 대신 338년에 이집트 감독회의를 개최해 75명 혹은 80명으로 그의 무리를 재차 거론했다. 그리고 거기다가 알렉산드리아 공의회가 시르미움 공의회에 출석했던 감독들보다 더 많은 수의 감독들이 참석했다고 하는 좋은 척도를 첨가했다.14) 이 편지가 이탈리아에 전달되었을 때 리베리오는 이탈리아 감독회의를 개최했다. 아마 로마에서 그리고 거기서 그는 알렉산드리아로부터 온 편지를 낭독했다.15) 공의회는 아타나시오스의 경우를 검토했다. 그리고 콘스탄티우스에게 아퀼레이아에서 더 규모가 크고 더욱 대표성이 큰 공의회를 개최해 달라고 요청했던 것 같다. 적어도 그러한 내용이 353년 말경이나 354년 초에 리베리오가 호시우스에게 쓴 편지의 보존된 부분에서 암시되었다. 그는 거기에서 이탈리아 감독들이 콘스탄티우스에게 아퀼레아에서 공의회가 모여진 것을 도청했다고 언급하고 있다.16)

그 자신의 소송을 진실한 신앙의 방어로 연합시키려는 아타나시오스의 전략은 길었다. 이 점에서 그럴싸한 추정은 그가 니카이야 공의회와 그 신조를 교회 논쟁의 중앙에 두기 위해서 352년에 리베리오의 편지에 응답으로 「니카이야 공의회에 관하여」라고 본질적인 것으로 알려진 작품을 저술했다는 것이다.17) 그 저술은 한 편지처럼 시작했다.

> 아리우스파 견해를 변호하는 이들에게 당신이 나에게 질문을 하는 것은 잘한 일이다. 그 변호가들 중에는 에우세비우스의 동료들과 그 교회가 가르치는 것을 믿는 매우 많은 형제들이 있다. 나는 그들 이단의 불경건함을 잘 드러냈던 당신의 그리스도를 사랑하는 각성된 모습을 환영한다. 그렇지만 나는 그들의 수치스러움에 놀란다. 아리우스파의 주장들이 부패했고 허무한 것으로 보여 왔고 그들의 탈선에 대해 모든 이들이 정죄했음에도 불구하고 이 일 후에 그들은 유대인처럼 불평하면서 말하길 '왜 니카이야에 모인 사람들은 성서에 없는 용어 "본질로부터" 그리고 "동일본질의"(*homoousios*)라는 용어를 사용하느냐?' 지성인으로서 당신은 그들이 그들의 속성인 거짓에 속함에도 불구하고 허튼 소리를 말하고 있음을 보여주었다. (1. 1/2)

아타나시오스는 아리우스주의자들을 아주 길게 그리스도를 처형했던 유대인들에게 비교하면서 다음과 같이 관찰하고 있다.

> 이것을 알면서 나는 그들의 질문에는 대답을 하지 않았다. 그러나

당신의 친절함이 공의회에서 무엇이 발생했는지 정보를 얻고자 요청했으므로 나는 늦추지 않았다. 나는 그때 그 일이 어떻게 발생했는지에 대한 답변으로 간단히 아리우스파 이단이 얼마나 경건한 지혜에 결핍되었는지, 그리고 그들이 단지 표류하는 것일 뿐임을 말했었다. (2.3)

아타나시오스는 '본질로부터'와 '동일 본질로부터'라는 단어와 구절을 중심하여 니카이야 공의회에 대한 간단하고 선택적인 설명을 주고 있다. 그는 어떻게 가이사랴의 에우세비우스가 교회 신앙의 부분이요 교부들의 전통으로 그들을 수용했는지를 설명하고 있다(3.14). 그는 아카키우스 즉 에우세비우스의 계승자가 이 사실을 완전히 잘 알고 그러므로 이 용어들을 거부하는데 뒤죽박죽하게 처신하고 있음을 입증하는 그의 회중에게 쓴 부록에 붙은 에우세비우스의 당혹한 편지를 인용하고 있다(3.5, cf.33). 비록 아타나시오스가 그 공의회에 관해 어느 곳에서도 분명히 언급하고 있지 않을지라도 그것은 시르미움에서 아카키우스의 역할을 암시하고 있다.

「니카이야 공의회에 관하여」는 중요한 부분 넷으로 구성되어 있다. 첫째, 그리스도가 하나님의 아들이시다는 면을 토의했다. 그는 양자론과 말씀의 본질적인 면 사이의 딜레마를 제시하며 제3의 사유를 찾아내려는 아리우스주의의 시도에 의혹을 제기한다. 선택은 아타나시오스가 설명하듯 사두개인의 가르침과 사모사타의 바울의 가르침과 가톨릭 교리 사이에 놓여 있다(6-7).

다음으로, 아타나시오스는 주장하길 '본질로부터'란 구절과 '동일한 본질'로부터란 말은 니카이야 공의회의 가르침을 구체화하고 '아리우스주의의 불경건한 표현'을 거부하고 성서의 진실한 사유를 간직하기 위해 선택된 것이라고 주장한다(18-24). 셋째로, 아타나시오스는 데오그노스투스, 알렉산드리아의 디오니시우스, 로마의 디오니시우스, 그리고 심지어 오리게네스조차 인용하여 니카이야 공의회는 아리우스주의가 거절했던 용어를 새로이 창안한 것이 아님을 입증하고 있다(25-27).[18] 마지막으로 아타나시오스는 그의 주장을 이교도들로부터 그리고 신학적으로도 오도된 교회에서 빌려온 '출생한 자가 아닌'(agenetos)이란 아리우스파 용어를 거부하면서 그의 주장을 마감한다(28-32).

「니카이야 공의회에 관하여」란 사본에는 가이사랴 에우세비우스가 팔레스타인에 있는 그의 청중들에게 자신이 325년 공의회의 신조를 수용한다고 정당화하는 편지뿐 아니라 아리우스와 그의 동료들이 정죄된 다른 자료들의 한 다발을 이어서 정리하고 있다.

(1) 알렉산드리아와 마레오티스의 성직자들에게 알렉산더의 편지 내에서 알렉산드리아의 알렉산더에 의한 아리우스의 파직인데 그것은 그들이 자리한 가운데 읽혀졌으며 알렉산더의 아리우스를 수찬정리하는 최람 편지에 세 명을 요구하고 있고 이어서 편지와 세 명이 함께 동봉되어져 있다. (c.32);
(2) 아리우스를 정죄하는 이집트에 있는 교회들에게 니카이야 공의회의 편지(325);
(3) 니카이야에서 아리우스의 정죄를 알리는 알렉산드리아 교회에 보내는 콘스탄티누스의 편지(325);
(4) 아리우스를 추방하며 333년 알렉산드리아로 오게 했던 콘스탄티누스의 편지;
(5) 아리우스와 그의 동료들에게 동시에 썼던 장문의 꾸짖는 편지;
(6) 니코메디아의 에우세비우스와 니카이야의 데오그니스의 직위해제를 선언하는 니코메디아의 교회에 보내는 콘스탄티누스의

편지;

(7) 데오토투스에게 보낸 콘스탄티누스의 편지.[19]

이와 같은 제출 문서들은 관계된 경우들을 서로 연결되어 내용을 세워 놓는다. 아타나시오스는 351년의 시르미움 공의회 신조가 오래 전에 니카이야 공의회가 정죄했던 이단적 사상을 표현하고 있다고 주장한다. 니카이야 신조와 그 중심 용어 호모우시오스(*homoousios*)가 350년대에 유일하게 신학적 논쟁에서 두드러지게 되었다고 자주 관찰되어오고 있다.[20] 알려진 사실에 따르면 그럴싸하게 주장이 가능한 것은 그 용어를 두드러지게 했던 아타나시오스가 352년 「니카이야 공의회에 관하여」란 책을 로마 감독에게 보냄으로 그렇게 되었다는 것이다. 그가 잠정적인 모든 사람의 외침으로 기획했다는 것이다.

아타나시오스는 또한 다른 전선에서 전쟁의 비용을 지불해야 할 필요 그는 콘스탄티우스가 가능한 한 빨리 정치적 조건이 허락되는 한 시르미움 공의회의 결정을 강화시키려고 했던 것을 알아챘다. 그리하여 353년 5월 19일 곧 콘스탄티우스가 골을 침략할 것이라는 점을 알았을 때 아타나시오스는 트무이스의 세라피온과 네 명의 다른 감독들과 알렉산드리아 세 명의 사제들을 황제가 함께하는 법정으로 파송했다 (*Hist. ac.* 1.7; 「목록」 25). 소조메누스는 보도 가능한 범위에서 콘스탄티우스와 연합하도록하는 지침을 그들이 갖고 있었고 필요하다면 아타나시오스에게 대적하는 비방에 답하고 교회와 알렉산드리아의 아타나시오스의 복지를 위해 그들이 헤아리는 다른 해명을 취해 달라고 하는 입장을 보고하고 있다.[21] 이 사절단들은 아마도 그들과 함께 아타나시오스의 「콘스탄티우스 면전에서 변증」의 원본을 함께 지니고 갔을 것이다.

그 연설문 어느 곳에도 분명히 시르미움 공의회를 언급하고 있지 않을지라도 아타나시오스의 그것에 대한 간접적이고 그 방향으로 흐르고 있는 암시는 그가 원래는 공의회가 자신을 정죄하고 파직하는 점에 대한 고소를 받아 넘기기 위해 변증을 작성했음을 제시하고 있다. 그의 대적, 아리우스파으로 등급 매겨지는(6.2, 11.1) 그를 황제에게 서한을 보냈다. 즉 아타나시오스가 숨기고 있는 그들은 편지들을 적절히 역사적 정확에 따라 설명하고 있다. 그들은 공식적으로 공의회 결정사항을 콘스탄티우스에게 써서 그에게 전달했다. 아타나시오스는 마치 황제가 그 연설문이 몇 차례 언급하듯이 고소자 앞에서 황제가 아타나시오스의 공식적 재판을 시행하는 것처럼 콘스탄티우스 앞에서 피력하 듯이 연설을 문학적 형태를 빌려 하고 있는 것이다.22) 문학적 형식은 인위적일 수 잇으나 알렉산드리아의 아타나시오스를 향한 고소건들은 충분히 현실적인 것들이다.23)

아타나시오스가 자신을 대항하는 모든 것을 포함한 논박에 대해 선택했던 것은 순진한 것이었을지도 모른다. 소크라테스에게서 발견된 문장은 모든 이집트와 리비아를 어지럽히는 고소를 받고 있다고 암시하고 있다.24) 그리고 아타나시오스 자신은 오래전 약탈에 해당하는 공격을 포함해 교회의 공격이 고발의 부분을 형성하고 있다고 알리고 있다. 이러한 것들에 대항해 그는 그의 사건을 「아리우스에 대항한 변호」의 첫 부분과 우르사키스와 발렌스의 과거 오류를 수정한 문서를 인용해 제시하고 있다. 연설의 서문은 전체 주장의 기초로서 콘스탄티우스가 하나님과 교회를 사랑한다는 것을 인정하면서 아타나시오스는 모든 의혹에서 무죄하며 그의 고소자들이 비방하는 사람들이라는 점이 증거된다는 것을 인정하고 있다.

「콘스탄티우스 면전에서 변증」 원본에서 아타나시오스는 세 종류의

'중상 모략'에 대해 집중하고 있다. 그가 콘스탄스와 그의 형에게 서로 적대감을 증대시키고 있으며 그가 우호적으로 찬탈자 마그넨티우스에게 우호적 편지를 썼다는 점과 공식적으로 봉헌되기 전에 알렉산드리아에서 새롭게 큰 교회를 세웠다는 것을 이용해 콘스탄티우스에 대한 홀대를 보여주었다는 것이다. 아타나시오스는 그것에 대해 설명을 해야만 했다. 고소에 대한 그의 반박을 해야만 했다. 모든 그들의 왕성한 때문에 뒤얽혀 있고 둘러대는 식이었다.[25] 그의 고발에 대한 처음 대답은 이중적이었다. 첫째로, 그는 그 자신도 콘스탄스도 결코 콘스탄티우스에 관에 거친 말을 한 적이 없다고 저항했다. 그리고 그는 결코 콘스탄스하고만 단독으로 비밀리 소통한 적이 없다고 하면서 그들이 서로 소통했던 내용은 쉽게 그들이 면담 중에 사용했던 모든 말들을 들었던 감독들과 고위관직들로부터 입증할 수 있다고 말했다. 둘째로, 346년 이래로 콘스탄스와 관계가 된 설명에 극단적으로 집중하면서 그가 결코 그의 경쟁자에 대해 악한 말을 하지 않았음을 보여주는 세 번의 대화 장면에서 콘스탄스에게 말했던 것이 무엇인가에 호소하고 있다(2-5). 마그넨티우스와 배반의 소통에 대한 고소 건에 대답은 아타나시오스의 편지가 작성된 불편한 사실을 뛰어 넘고 있었음에 틀림없었다. 감독은 위조된 그것을 무시했고 결코 만난 적이 없는 사람에게 편지를 쓸 수 있다고 상상하는 것은 모호한 일이라는 선험적 기초에서 주장을 펼쳤다. 아타나시오스가 로마에 유배했을 때 그를 영접했던 경건한 기독교인과 자신의 은인이기조차 한 사람을 살해한 사람인 마그넨티우스를 환영한다는 것이 가능할 수 있겠는가? (그는 질문한다.) 마그넨티우스는 악마며 귀신이며 그의 친구들에게 신뢰가 없던 존재로 맹세를 어겼으며, 하나님께 대적해 죄를 지었고 마술을 채택했다(6-12).

셋째, 고소는 그것이 잘못되었다고 입증하기 쉬웠다. 아타나시오스는 콘스탄티누스의 시험이 없이 그렇게 하는 것은 비합법적이므로 대형 교회를 봉헌한 적이 없었다. 그는 단순히 비상상태를 대비하는 속에서 부활절에 예배하기 위해 군중들이 몰려드는 바람에 그 교회를 사용했던 것이 불과했다. 종려주일 동안 많은 예배자들이 거의 세워졌던 작은 교회 내에서 거의 충동할 정도였다. 부활절 그 자체에서 아타나시오스는 불필요한 고난과 죽음 피하기를 원했다. 그 당시에 끝나지 않은 교회당을 사용한 좋은 전례들이 있었다. 알렉산더도 비슷한 이유로 건축 중이었을 때 데오나스 교회를 사용했었다. 아타나시오스도 트리어와 아퀼레이아에서 동일한 일을 겪었으며 그 때 콘스탄스 자신도 예배에 참석했었다(15.4). 그때 아타나시오스는 그의 행동을 일반적으로 더 실제적 기초에서 정당화 했으며 긴 결론으로 콘스탄티우스가 장수하며 봉헌식을 행할 수 있도록 기도하는 것으로 결론을 맺었다. 교회가 지어져 준비 중이고, 그의 왕림을 요구했었고 모든 바람은 황제가 알렉산드리아에 와서 그 교회를 봉헌하는 것이었다(14-18).

「콘스탄티우스 면전에서 변호」는 황제가 함께하고 있는 중 읽혀지게 아타나시오스가 작성한 황제에게 도착하기 오래전 사건으로 시작하고 있다. 그 책을 들고 알렉산드리아로부터 향하여 갔던 사절단들이 4일 후 제국 법정에 아타나시오스가 출두하라는 초정장을 거니고 궁중인(Palatinus) 몬타너스가 도착했다(「콘스탄티우스 면전에서 변증」19.4; 「목록」24; *Hist. ac.*1.8). 아타나시오스는 초청을 거절하려는 전제로 이탈리아에 오라는 그 요구의 언급을 편지에서 붙잡았다. 그는 결코 그러한 요구를 한 적이 없었다. 그렇게 했더라면 그는 그 초청을 제공한 것에 대해 황제에게 감사했을 것이다. 사실상 황제가 그렇게 하지 않았음으로 황제가 부재중이었을 동안이라도 교회를 위해 그의 요구를 했던 이를 방문해야 하는 그의 의무를 포기하는 것은 나쁜 일이 되었을 것이다. 아타나시오스는 그가 순종했을 것이라는 점을 쓰여진 대답으로 항변했다. 그러나 콘스탄티우스는 그렇게 급한 명령을 하달하진 않았다. 단지 잘못된 정보 곡해에 기초한 초청이었다. 그래서 그는 황제가 진실로 그가 올 것을 희망하지 않았다고 결론을 내렸다(「콘스탄티우스 면전에서 변증」 19.4-21.4).

콘스탄티우스는 외교적 회피 속에서 그의 적수를 만났다. 그러나 아직 힘으로 아타나시오스를 대체할 모험스런 시도를 하려고 하지 않았다. 그는 서방에서 시르미움 공의회를 채택하려는 데 관심을 기울였다. 이 정책의 어떤 대리자들이 적시될 수 있다.26) 가장 두드러지게 활동했던 이는 아를 감독 사투르니누스였다. 페리괴의 파테르누스, 로마 북부 이탈리아 해변 가의 센텀셀레의 젊은 감독 에픽테투스였다.27) 사투르니누스와 파테르누스는 갈루스인들이었고 그들 자신이 스스로 감독으로 세움을 받았던 인물이었다. 그러나 에픽테투스는 352년 9월 후 콘스탄티우스에 의해 자리를 차지한 동방인으로 나타나고 있다(「이집트와 리비아 감독과 성직자들에게 편지」 7, 「아리우스주의의 역사」 75.2).28) 355년 밀라노의 감독이 된 아욱센티우스 는 374년 그의 사망시까지 교구를 지키고 있었다. 그런데 그는 카파도키아인이었고(「아리우스주의의 역사」 75.1) 알렉산드리아 그레고리우스로부터 사제로 안수받았다.29) 그리고 나폴리의 감독으로 막시무스를 대신했던 조시무스의 이름은 아마 355년이었을 것인데 그도 역시 동방 출신이었음을 말하고 있다.30)

간단히 언급한다면 현저한 역할을 했던 다른 감독은 역사에 리스본이라 알려진 첫 감독 포타미우스이다. 불행히도 20년 이상 지나서 카랄리스의 루시퍼의 두 명 추종자들에 의해 작성된 선입주견이며 신뢰할 수 없는 「작은 기도서」(*Libellus precum*) 외에 그의 활동에 관해 4세기에 별로 안 알려졌다. 그리고 동시대 작가들이 현존하는 작품들의 정통성을 지니고 350년 말에 포타미우스의 행위와 신앙에 관해 기록했다는 것을 받아들이기 어렵다.[31] 두 명의 루시퍼에게 속한 인물들에 의하면 포타미우스가 보물의 기금 증여라는 약속으로 매수될 때까지 포타미우스는 그 신앙에 있어서 정통 측에 속했다. 코르도바의 호시우스는 악한 이단으로 그를 모든 스페인의 감독들에게 비판당할 수 있게 357년 호시우스를 시르미움에 소환했다.[32] 콘스탄티누스에게 불만을 토론했다. 이러한 추정들의 진리가 혹 그가 죽기 전 그의 보상을 받을 수 있었다는 같은 자료의 이야기의 진실성이 무엇이던 간에 포타미우스는 357년 여름에 법정에 섰다. 거기서 그는 리베리오에게 압력을 가했는데[33] 리베리오의 이름과 호시우스의 이름이 연합 저자로서[34] '시르미움의 신성모독'의 머리말에 적혀 있다. 게다가 한 갈리아 감독은 357년 가을에 '포타미우스의 편지'를 그가 인카네이션이 하나님의 가변성을 증거한다는 이단적 전제를 인용함으로 비난을 가했다.[35]

의미있게 콘스탄티우스의 능동적 후원자로 입증된 전체 서방 감독들은 시르미움 공의회의 서방에서 수락을 얻으려고 시도한다. 소수는 증거를 위한 최소의 것보다 더 많은 것을 반영해 준다. 그 상황은 이탈리아 골, 그리고 스페인의 감독들 중 시르미움의 결정에 대해 거의 완전한 정도의 열정의 결핍을 지적해주고 있다. 콘스탄티우스는 폭력과 위협으로 그러한 결정들이 수용되도록 강요받았다. 그리고 그 수용은 그것에 의해 억지, 즉 부풀림, 나쁜 의도, 그리고 일시적인 수용 그 이상이 되지 못하는 표현이 될 것이다. 거기에 아타나시오스나 니카이아 신조를 위한 활동적인 후원의 기본이었다 할지라도 갈리아 그리고 이탈리아의 감독 중 다수는 콘스탄티우스가 아를과 밀라노에서 열었을 때 집에 머물면서 그들 동방 동료들의 결정을 배서할 마음이 깊은 곳에서 없었음을 보여주었다.

　콘스탄티우스가 353/354년 아를에서 겨울을 보내고 있을 때 감독들의 회의가 거기에서 열렸다. 아마 353년 말이었을 것이다.36) 아를 회의 회원들은 완전히 기술된 곳이 없다. 그러나 참석자 중 알려진 사람들은 지배적으로 동방 감독들이고 갈리아 감독들(로마 감독으로부터 파송된)이고 전체 숫자는 의심 없이 소수였다.37) 어떤 새로운 신조도 아를에서는 형성되지 않았다. 과정을 기술하고 있는 유일한 옛 이야기 출처는 아타나시오스의 심판에 서명을 거부했던 감독들은 추방에 내몰리는 것을 명령한 제국의 칙령에 대해 말한다. 동일한 저자는 채택되기 위해 공의회에 제출된 자료와 마르켈루스, 포티누스 그리고 아타나시오스를 징계했던 서명 편지 자료를 제시하고 있다. 그리고 그것은 시르미움 공의회의 편지임이 틀림없다. 마르켈루스와 포티누스 징계에는 동의했으나 아타나시오스에 관해서는 동의하지 않았던 트리어의 감독 파울리누스는 추방이 되었다.38) 두 명의 대표자들이 로마에서 파송되었는데 그들 중 한 명은 리베리오의 강한 부끄러움에 공의회의 결정에 동의를 표했고, 다른 감독은 그렇게 하길 거절했다.39) 공포와 분열에 의해 강요된 나머지 감독들은 공의회에서 제출되었던 자료에 서명을 했다.40)

　콘스탄티우스는 잠정적인 서명을 위한 아를 공의회에 단순히 불참함으로써 좌절되었던 시르미움 공의회의 결정에 서방 동의를 얻으려는 목적을 갖고 있지 않았다. 325년 니카이아에서는 그의 아버지가 공직자들을 보내 공의회 개별 감독들에게 신조 서명을 하도록 했다. 그리고 세르디카 공의회 후에는 참석하지 않았던 200명 이상의 감독들에 그들 이름을 그 공의회 이후 서방 공의회 편지에 서명했다. 지금 콘스탄티우스가 이 두 가지 전례를 결합을 시도했다. 몇 년이 지나가는 과정 속에서 공무원들이 아를에서 제출되고 밀라노에서 다음 발표된 시르미움 결정의 복사판을 들고 이탈리아에 각 감독을 찾아 추방의 위협으로 그 다음은 골, 스페인, 그리고 영국을 돌아다니며 그들의 서명을 첨부하도록 강요했다.41) 마침내 356년 그 자료는 그들의 수락을 위해 이집트 감독들에게 제출되었다(「이집트와 리비아의 감독들에게 편지」 5/6). 아를과 밀라노 공의회 이후 사용되었던 절차에 대해 가장 분명하고도 확실하게 기술하고 있는 인물은 아타나시오스이다. 그가 처음으로 이집트에서 일어난 것을 기술하고 있을지라도 그의 기술은 서방을 위해서도 역시 유효한 것이다.

> 즉시로 지침과 편지들이 여기 총독에게 당도했다. 곡식이 아타나시오스에게서 취하여져 아리우스 견해를 붙드는 이들에게 주어졌다. 그리고 원하는 사람들은 그와 함께 예배하는 자들을 괴롭혀도 되었다. 그리고 아리우스주의와 함께 예배하지 않는다면 감독관에게 대항하는 것, 위협이 되었다. 이것이 훗날 군대 지휘관 시리아누스를 통해 행해졌던 예비 단계였다. [이집트] 및 제국의 모든 지역에 또한 명령이 내려졌다. 속기사들과 궁궐 수비대원들이 도시에서 도시로 감독들에게 그리고 위협을 동반해 감독관들에게 파송되었다. 그 결과 감독관들은 압력을 행사해야만 했고 감독들은 아리우스주의자들과 교제하며 아타나시오스에게 대항해 문서를 작성하든지 그렇지 않으면 추방의 형벌을 당하든지 하는 압력을 가해왔다. 반면에 그들과 함께 예배했던 청중들은 감옥행, 폭력, 구타, 그리고 (그들이 실행치 않으면) 재산 몰수를 당해야만 하는 것을 알았다. (「아리우스주의의 역사」 31.2/3)

적어도 단시간 동안에는 이 정책이 성공했던 것 같다. 제국의 명령을 받은 마병들이 그들의 감독들에게 따를 것인가 아니면 재산을 몰수당하는 고난을 받을 것이냐(31.6) 하는 압력 속에서 전적으로 동요되지 않을 수 없었다. 그 같은 간접적 압력은 광범위한 순응을 받게 되었다. 전 서방세계를 통해 감독들은 그들에게 제시된 자료에 서명하거나 그들 교구를 박탈당하거나 하는 요구에 굴복했다. 아타나시오스의 설명은 사실로 들렸다(31.4-6). 그의 마지막 주장 '모든 장소와 모든 도시가, 감독들이 사방에서 끌려가고 감독관들이 회중들의 눈물과 신음소리를 지켜보는 동안 공포와 무질서로 가득 넘쳤다'는 것만 제외하고 말이다.

리베리오는 냉담했고 도전적이었다. 그리고 콘스탄티우스는 그들 감독들의 행위에 관해 불평하는 로마 시민들에게 편지를 썼다.[42] 리베리오는 그때 정중히 편지 교환을 통해 반응함으로 황제에게 다음과 같이 요구했다. 사르데냐 감독 카랄리스의 루시퍼, 로마의 사제 판크라티우스 그리고 집사 힐라리우스우스 명의로 밀라노에서 다른 공의회가 개회될 것을 편지로 요청했다.[43] 사절단들이 베르첼레를 통하여 나타났고 거기에서 그들은 전에 로마에서 사제였던 에우세비우스 감독을 끌어내었는데 그는 곧 아타나시오스의 제기된 문제에 대해 충성스런 후원자였다.[44]

콘스탄티우스는 355년 밀라노에서 모인 다른 공의회를 소집했다. 아마 7월에서 8월 사이였을 것이다. 다시 황제는 그 과정에 관해 깨어 있는 눈을 갖고 가까이서 지켜보았다.[45] 다시 참석자는 소수였다. 사실 소크라테스는 300명 이상의 서방 감독이 왔다고 주장한다.[46] 그러나 그의 설명은 그 자체로 인정하기 어렵고 그의 증언은 밀라노 공의회에서부터 베르첼레 감독 에우세비우스에게 보낸 편지의 직접 증거에 의해 과도한 것으로 드러났다. 그 편지는 카에실리아누스 (어떤 면에서는 알려지지 않은 듯) 우르사키우스, 그리고 발렌스 이름으로 시작되는 30명의 서명으로 이어지는 이단들 마르켈루스와 포티누스 그리고 야비한 아타나시오스를 전 세계가 징계하는데 연합하기 위해 에우세비우스에게 참석해 달라고 힘주어 강조하고 있다.47) 공의회는 시르미움 공의회 편지에 쓰여있는 대로 마르켈루스, 포티누스 그리고 아타나시오스의 징계에 서명을 표시한 이들의 요청으로 개최되었다.48) 술피키우스 세베루스에 의하면 에우세비우스와 루시퍼는 거절했고 파직되었다. 밀라노의 감독 디오니시우스는 아타나시오스의 정죄에 그의 이름을 서명해 동의했고 공의회가 교리적 문제를 토론하도록 제공해 주었다. 우르사키우스, 발렌스, 그리고 나머지 인물들은 의의를 제기했다. 황제는 시르미움의 결정사항이 전적으로 수용되어야 한다는 그의 요구를 두고 협의했고 그 결정 수용을 반복해 요구했다.

디오니시우스는 거절했고 추방되었으며 동방 아욱센티우스가 그를 대신했다.49) 디오니시우스 외에 밀라노 공의회는 그들 앞에 놓여진 자료에 그들의 이름을 첨부할 것을 거부한 루시퍼와 에우세비우스를 또한 정죄했다. 모든 세 명의 감독들은 동방으로 유배를 떠났다.50)

밀라노 공의회에서 특별히 중요한 사건 하나가 있다. 공의회가 있은 지 3년 안에 푸아티에의 힐라리우스가 보고하길, 베르첼레의 에우세비우스는 아타나시오스 정죄건에 서명할 것을 강요받았을 때 그는 대답하길, 약간의 감독들이 '이단의 부패로 오염되었다'는 것을 들었으므로 참석해야 하는 감독들이 먼저 도착해야만 한다고 했다. 그 후 그는 니카이야 신조를 복사해서 만일 모든 이들이 이 신조에 서명한다면 그에게 만들어진 요구에 응하겠다고 고백했다. 밀라노의 디오니시우스는 그 문서를 받아 그 동의서를 첨부하기 시작했다. 발렌스는 그의 손으로부터 펜과 종이를 낚아채어 소리치길 회의 순서에 없다고 했다. 그 사건은 도시에 알려지게 되었으며 분노를 불러일으켰다. 그래서 감독들은 제국의 궁궐을 수리했다. 그리고 여기 이 지점에서 불행히도 이야기 단편이 끊어졌다.51)

에피소드의 역사성은 최근에 부정되었다.52) 그러나 아마도 그것은 아타나시오스의 동료들이 논쟁점을 그의 죄책이냐 아니면 무죄이냐를 떠나 니카이야 신조로 옮겨 놓으려 시도했다는 선험적 사건이다. 아타나시오스는 339년 그의 「전 세계적 교회에 보내는 편지」에서 자기의 지위 박탈은 전체 교회의 정통성을 위협하는 것이라고 선포했고 최근에는 (그럴싸하게) 리베리오에게 「니카이야 공의회에 관하여」를 보내서 순수 신학적 기초를 위한 동일한 경우를 만들게 했다.53) 리베리오나 다른 이탈리아 감독들이 니카이야 신조를 공포하는 것보다 더 자연적인 것이 무엇이겠는가? 거기다 두 가지 더 다른 증거가 그 이야기를 지원한다. 「공의회에 관하여」란 그의 작품 속에서 힐라리우스는 그의 추방 단지 직전에 니카이야 신조를 듣게 되었노라 항거하고 있다.

상황은 유동적이고 그가 처음으로 356년에 그를 추방했던 공의회에서 그 신조를 처음 들었다 하는 것을 뜻하는 것으로 표현될 수 없고 완전히 355년에54) 암송되고 토론된 신조를 힐라리우스가 처음 들은 것으로 완전히 조화를 이루는 것이다. 그리고 아타나시오스의 회람편지 356년 쯤에 쓰여진 「이집트와 리비아 감독들에게 편지」란 글은 분명히 밀라노의 공의회를 암시하고 있다. 그것은 추방의 위협하에서 그들의 서명을 위해 회람되고 있었던 신조를 수락하길 거절하는 감독들을, 정통주의 신앙의 중심이 니카이야 신조를 대적하는 아리우스주의자들을 경고하고 있다.

지금 압력이 공의회 참석을 거절한 리베리오에게 가해졌다. 내시였던 에우세비우스는 로마에 와서 리베리오에게 은밀하고 외교적으로 시르미움 결정에 서명할 것을 강요했다(「아리우스주의의 역사」 35. 2-4.3). 그 감독이 계속 거부하자 콘스탄티우스는 그 도시 총독에게 명령하길 그를 체포하고 (355년 가을에) 밀라노에 있는 제국의 법정으로 보낼 것을 명했다.55) 거기서 그는 황제와 대담을 나눴고 그것에 대한 기록이 수놓아져서 보전되어 오고 있다. 만일 이 목적했던 전달 사항이 신뢰가 되려면 면담이 양쪽에서 통렬했어야 했다. 그리고 센텀셀레의 에픽테투스는 설득을 위한 시도로 첨가된 그의 목소리가 표현되어 있다56). 리베리오가 그의 소유지를 탈취하는 것을 좋아하지 않았을 때 그는 그의 이름을 시르미움 공의회 편지에 기록해 서명할 때까지 트라키아에 있는 베뢰아에 보내졌다. 그의 자리에 집사장인 펠릭스가 세 명의 임명된 감독에 의해 로마 감독으로 성별되었다(「아리우스주의의 역사」 75.3). 서품식은 아마도 밀라노에서 있었고 펠릭스의 서품은 법정에 우연히 있었던 가이사랴의 아카키우스를 포함시켰다.57) 로마의 성직자들은 모두 리베리오가 살아 있는 한 다른 감독을 결코 받아들이지 않겠다고 연합되고 공적인 맹세를 한 바 있었다. 그러나 그 사건에서 그들 모두는 (미래의 감독 다마수스마저도) 펠릭스를 합법적 감독으로 인정했다.58)

357년에 리베리오가 콘스탄티우스의 요구에 항복했을 때 그는 도시로 돌아오게 되었고 감독의 지위를 잃어버림 없이 그렇게 되었다.59) 펠릭스는 황제의 바람을 실망시키는 데 있어서 리베리오보다 더 자연적 자질을 지니고 있었음을 증명했다. 그는 결코 니카이야 신조를 더럽힌 적이 없다는 평을 유지했다.60) 그리고 그의 이름은 대리인이 아니라 합법적인 감독으로 로마 교구 공식 명단에 자리잡게 되었다.61) 366년에 리베리오가 사망했을 시 로마교회에 불일치가 폭력으로 경쟁이 된 선택 과정에서 터져 나왔다. 다마수스가 감독으로 선택되었는데 그의 지지자들과 경쟁자들 사이의 투쟁은 하루 동안에 시시니누스 성당 안에 137명의 시체가 남게 되는 상황이 되었다.(62)

밀라노 공의회 기간 동안에 콘스탄티우스는 그의 교구로부터 아타나시오스를 추방하려 행동했다. 제국의 공증인 디오게네스가 355년 8월경 알렉산드리아에 도착했다. 그리고 정치적 수단으론 아타나시오스를 제거하려는 시도를 시작했다. 4개월 후 그는 실패하고 355년 12월 23일에 그 도시를 떠났다(「콘스탄티우스 면전에서 변증」 22; *Hist. ac.* 1.9) 356년 1월 6일에 군사지휘관 시리아누스와 공증인 힐라리우스우스가 대규모의 군사를 이끌고 그 도시에 들어왔다. 아타나시오스는 그 군사지휘관에게 그가 황제로부터 명령을 지니고 있는지를 물었다. 그가 부정했을 때 아타나시오스는 그와 이집트의 총독 막시무스에게 그가 한 편지를 소유하고 있다는 기초에서 콘스탄티우스에게 편지를 쓸 것을 요구했다(황제가 350년에 쓴 편지). 아타나시오스가 지닌 편지에는 그의 교구를 즐거워함으로 지킬 것을 약속한 내용이었다. 아타나시오스의 요청은 그의 사제들, 회중들, 그리고 그 도시의 대부분이 지원하고 있었다. 시리아누스는 조심스럽게 진행해 갔다. 그는 요구에 동의했고 다른 23일 동안 그의 시간을 할당했다. 그때 갑작스럽게 2월 8/9일 밤, 그는 테오나스의 교회를 장악했다(「콘스탄티우스 면전에서 변증」 25; 「도주에 관하여」 6.1; Hist. Ac 1.10; 「목록」 28).

아타나시오스는 알렉산드리아를 피해 떠났다. 아마 그는 리비아로 갔다. 왜냐하면 훗날 주장하길 그는 (우선은 리베리오의 체포와 밀라노 공의회의 결과로 감독들의 추방소식과 이집트와 리비아 감독들의 박해의 보고에 의해) 멈춰질 때까지 콘스탄티우스 법정으로 여행을 출발했기 때문이라고 말이다(「콘스탄티우스 면전에서 변증」 27. 1-4). 그러나 이집트 내에서 사건들은 그가 그의 정치적 지원을 포기하지 않았음을 요구했다. 알렉산드리아와 전 이집트에서 아타나시오스의 폐위와 함께 내부를 통제하기 위해 무력이 사용되고 있었다. 그에게 충성했던 90명의 감독 중 16명은 추방, 10명은 도주, 다른 이들은 새로운 정책에 순응했다(「콘스탄티우스 면전에서 변증」 27.1-28.4; 「아리우스주의의 역사」 54-80). 특별히 알렉산드리아에서는 저항이 끈기가 있었다. 2월 12일에 그 도시의 평신도들은 시리아누스의 폭력에 길고, 공식적인 저항에 돌입했다(「아리우스주의의 역사」 81). 아타나시오스 후원자들이 도시교회를 6월까지 지켰고 새로운 총독 카타프로니우스와 행정관 헤라클리우스가 그들을 해산시키고 교회를 다스릴 권력을 게오르기우스의 후원자들에게 넘겼던 그때까지였다. 게오르기우스 자신은 8개월 후 357년 2월 24일에 도착했다. 교구를 장악한 기간은 결코 안정적이지 않았고 오래 되지 않았다. 358년 8월 29일에 대다수 크리스천들이 디오니시우스 교회에서 그를 공격해 무법으로 거의 죽게 했다. 한 달 남짓 후에 게오르기우스는 (10월 2일경) 알렉산드리아를 떠났다. 며칠 만에 아타나시오스 후원자들이 그 도시의 모든 교회를 손안에 넣었다. 그러나 군대 지휘관 세바스티아누스가 그들을 제거하고 358년 12월 24일에 게오르기우스의 후원자들에게 교회를 회복시켜 주었다. 그리고 359년 6월 23일에 공증인 파울루스가 도착해 게오르기우스를 위해 제국의 칙령을 발표했고 그를 위한 후원을 가일층 더하기 위해 압력을 사용했을지라도 게오르기우스 자신은 3년 이상이나 알렉산드리아에 돌아올 시도를 하지 않았다(*Hist. ac.* 2. 2-5; 「목록」 29).[63]

아타나시오스는 콘스탄티우스 통치 나머지 기간 동안에는 숨어서 지냈다. 그의 초기 도주 후에 알렉산드리아로 돌아와 357년에서 358년 적어도 그 기간 얼마 동안 거기서 숨어 지냈다. 아마도 그의 측근들이 그 도시를 그 해 늦은 시간 가을에 그 도시를 좌지우지하게 되었을 때 나타났다. 그런 후에 그는 상하부 이집트에 수도사들 사이에서 황제와 그의 대리인들로부터 도망자로 돌아다녔다. 그러나 당국자들에게 배신의 위협은 분명히 없었다. 콘스탄티우스는 더 이상 외교의 필요성에 기울어지지 않고 알렉산드리아와 아에자네스, 그리고 사에자네스 등 악숨 왕국의 통치자들에게 편지로 아타나시오스를 향한 괴로운 감정을 표출해냈다.

황제는 알렉산드리아 도시에 우쭐거리며 사람들에게 정모를 제공했다. 아타나시오스는 체포되어 죽임을 당해야 합당한 범법자이라고 말이다. 그는 범법한 감독을 기만으로 권력을 획득한 천박한 태생의 사기꾼으로 비난했다.

> 도시의 대부분 사람들이 맹인이다. 사회의 가장 밑바닥으로부터 권위를 얻게 된 한 사람, 거짓에 현혹되어 눈을 가린 채로 진리를 욕망했던 이는 열매 있는 결실을 내놓지 못한다. 그들은 마음이 부패해 어리석으며 쓸모가 없다. 그를 칭송하며 높이는 사람들 그들은 높여지는 것에 놀라며 아마 비밀스럽게 여전히 중얼거린다.64) 선량한 단순한 군중들이 그들의 지혜를 그들로부터 취했었다. 그러나 문제들 모두 마치 홍수 속에 갇혀 버리는 것처럼 압도되어 떠내려가 버렸다. 군중들을 이끌었던 사람은 (내가 어떻게 그것을 정확히 표현할까?) 장인들과 조금도 다르지 않았다. 그가 그 도시에 주었던 유익한 이익은 도시민들을 구덩이에 던져 넣지 않은 것이었다. (「콘스탄티우스 면전에서 변증」 30.314)

알렉산드리아 사람들은 탁월하며 학식 많았던 게오르기우스를 환영했다. 그들의 마음을 세속적인 것에서 천상의 것 그리고 사후의 선한 희망으로 평화롭게 사는 그것으로 방향을 돌렸다.

　콘스탄티우스는 아타나시오스를 역시 대항할 것을 악숨의 왕자들에게 경고했다. 그러면서 요구하길 아타나시오스가 감독으로 안수했던 프루멘티우스를 알렉산드리아로 보내서 게오르기우스가 감독으로서 그의 행위와 신앙을 검토해 만일 그들이 건전하다는 것이 입증되면 그를 다시 임명할 것을 요구했다. 그리고 그 후 그를 다시 보내 이집트 남부 접격 지역으로 보내 참된 교회를 전파하게 했다(「콘스탄티우스 면전에서 변증」 31). 이 편지에서 아타나시오스는 그를 도주하게 해야만 하겠다는 위험을 설명하기 위해 인용을 하고 있다. 콘스탄티우스는 크리스천 황제로 그의 역할에 대한 개념의 중심되는 내용을 언급하면서 그가 느꼈던 그것은 로마제국의 변경 안팎에 진실한 신앙을 전달함이 그의 의무임을 느꼈다.65) 공식적인 대사들은 악숨인들과 호메리타에 인들에게 가야만 하는 것을 알고 있었다. 왜냐하면 357년 1월 15일의 법률이 그들의 자유로운 활동이 일 년 안에66) 제한되어 동방의 총독 무소니아누스에게 크리스천의 가르침을 보전해야 해서였다. "그리고 악숨에서 발견된 비문 왕중의 왕이 아에이자나스와 그의 형제들 사이자나스와 아데파스의 이름으로 증명되고 있을 뿐 아니라 통치자 에자나 아마도 아에이자네스(또는 아에자네스)와 그는 동일시되는네 그가 그의 등극 이후 유일신의 어떤 형태로 개종했다는 것을 드러내주고 있다.67)

XIV.
변증, 논쟁, 그리고 신학

339년 봄처럼 356년 2월에도 아타나시오스는 도주했다가 알렉산드리아에 그의 교회가 장악되었을 때 사로잡히게 된다. 그가 6년 동안 어떻게 숨어 지내게 되었는지 훗날 그림 같은 이야기가 전해졌는데 경건한 수녀의 도움을 통해 알려지지 않은 그의 처소에서 숨어 지냈다.[1] 정확히 상세한 것들이 아주 미량으로 알려 졌을지라도 진리는 더 흥미롭고 복잡하다.[2] 아타나시오스는 당국자들이 강하게 체포하려 찾았던 범법자였으므로 그는 계속해 그가 콘스탄티우스의 죽음 후 그의 교구를 다시 소유했을 때까지 계속 움직였음이 분명했다.

아타나시오스는 그의 세 번째 '추방' 상태를 알렉산드리아 자체 도시에서나 이집트 시골 수도사들 곁에서 은닉하며 지냈는데 그는 그들과 밀접했으며 오랜 기간 동안 우정을 쌓아오고 있었다. 안토니우스 자신은 336년에는 콘스탄티누스에게 편지를 썼고 338년에는 알렉산드리아를 방문하여 아타나시오스를 지지했다. 그리고 그의 제자들도 아타나시오스의 정치적이고 교회적인 변화에 무관하게 감독을 향해 잘 배치된 상태였다.[3] 파코미우스는 328년 논쟁적인 선거의 순간에 지지했고 아타나시오스도 훗날 잠시 테바이드를 방문했다(「목록」 2). 그들 설립자의 죽음 후에는 파코미우스 공동체는 아타나시오스의 경우를 자신들의 일로 간주했다. 그리고 수도원장 데오도르는 그의 시대에 하나님께서 세 명의 위대한 지도자들을 일으키셨는데 안토니우스, 파코미우스 그리고 아타나시오스라고 선언했다. 그러므로 군대 지휘관 아르테미우스가 이집트 상부에 있는 파코미우스 수도원을 도주한 감독이 거기에 숨어 있을 것이라는 의구심으로 수색을 진행했던 것은 이유가 없지 않다.4)

356년 2월에 아타나시오스는 그 도시를 떠나 사막을 통해 키레나이카에 여행을 (그렇게 보인다) 했다(「이집트와 리비아의 감독들에게 편지」 5, 7;「콘스탄티우스 면전에서 변증」 27.1). 그 후 그를 수색하는 처음의 왕성함과 폭력성이(「목록」 29) 누그러졌을 때 알렉산드리아로 다시 돌아왔다. 얼마 동안 거기서 그는 은닉된 상태로 머물러 있었다(「목록」 30). 그는 그 도시에 계속 머물러 있지 않았으나 360년에 다시 알렉산드리아에 있었다. 총독 파우스티누스와 군대 지휘관 아르테미우스가 수색할 계획을 세우고 그들에 의해 그를 찾아내려고 하는 다른 결정적 시도가 있었을 때 그들은 개인 집에 들어와 아타나시오스가 비밀리 함께 머물고 있었면 수녀 유대모니스를 고문했다(「목록」 32).5)

그의 추방 동안에도 아타나시오스는 친구들과 동료들과 계속 교신을 나누고 있었다.6) 비록 358년에서 361년 사이에 동방의 모든 감독들을 위해서는「부활절 편지」를 보낼 수 없는 지경이었을지라도 말이다.7) 많은 아타나시오스로부터 현존하고 있는 역사적으로 중요한 두 편지들은 이 기간 동안에 간단한 주석이 다 가치가 될 만한 것들이다. 그것들은 수도사들에게 건네진 것들이다. 하나는 아타나시오스와 아리우스 이단을 비판하는 교회의 (아마 분실된 작품임) 고난에 대한 간단한 설명을 신고 있다. 아타나시오스는 사본의 즉각적인 반납을 요구하는데 아무도 그것을 복사하거나 옮겨 적은 이들이 없었다.8) 다른 편지는 아리우스파들로부터 온 어떤 방문자들 비록 그들이 아리우스 자신의 관점을 평가해 고백할지라도 그들의 수도원에 환영하지 말라고 경고했다9) 의미심장하게도 이 편지는 테베에 있는 수도원 벽에 적혀 있다.10) 이 두 편지들은 정치적이면서 목회적 자료이고 그 속에서 아타나시오스는 '적그리스도의 종들이' 옛날 바로의 종들이 홍해를 건널 때 당했던 것처럼 완전 정복되어 버릴 그 날을 바라보는 자료들이 되고 있다.

아타나시오스는 356년에서 362년 '추방'의 기간에 그 생애의 어떤 다른 때보다 더 많은 저술들을 저술했다. 또한 이 기간 동안에는 동방교회 내에 더 깊은 신학적 변화를 증거하고 있었다.11) 아타나시오스는 다른 인물 혹은 다른 종류의 인물인가 아니면 불법의 사람이 아니었는가 하는 그 질문들은 그의 저술 속에서 교회적 충성의 변천을 그릴 수 있고 또 357년과 360년 사이 혼돈스런 시대에 동방교회의 분위기를 추적할 수 있다. 그러나 대부분 이 기간 동안 추방당했던 아타나시오스는 현재의 박해를 (그리고 신뢰할 수 없음을) 설명하기 위해 과거의 불만 속에서 앞을 향해 빛을 발하기보다는 가혹함 속에 뒤를 조망하고 있다. 그럼에도 불구하고 그의 저술들은 359년 말기에 갑작스런 현실을 나타내 보이길, 그가 오랫동안 그의 개인적인 적이며 이단들이라 오랫동안 비난했던 그들이 교회 정치 내에 연합되어 승리를 거두는 일이 가능하다는 점을 보여준다.

아타나시오스는 알렉산드리아로부터 제명된 후 얼마 되지 않아 알려지지 않은 지역 (아마 니트리아 사막)에서 「이집트와 리비아 감독들에게 편지」라는 긴 내용의 글을 썼다.12) 그 편지는 아타나시오스를 파직하고 신조를 작성했던 시르미움 공의회 편지에 서명하지 말 것을 수신자에게 설득하는 것을 의도했다. 아타나시오스는 전형적으로 그의 비평을 목표로 삼은 언급을 암시했지만 충분한 확실성을 지닌 확정적 내용을 드러냈다. 몇몇 아리우스주의자들은 추방과 다른 형벌로 위협을 가하며 니카이야 신조를 뒤엎으려는 시도인 신앙적 견해에 관해 기록을 남겼다.

> 그들은 모든 것을 교란시키고 혼란스럽게 했다. 그러면서도 그들 행동에 썩 만족하지도 않았다. 여러 해 동안 그들 의지를 글로 남기는 사람처럼 그들은 만나서 신앙에 관해 기술하는 체했다. 그 결과 이러한 과정 속에서 역시 그들은 모호했으며 불명예에 합당한 방향으로 섰다. 왜냐하면 그들의 결정사항은 다른 이들에 의해서가 아니라 자신들에 의해 제거되었기 때문이다. (6)

그것이 경향성이지만 353/4년의 아를 공의회와 355년 밀라노 공의회에서 실수하지 않는 암시가 드러난다. 아타나시오스는 그리스도의 적으론 아리우스 파와 대적하는데 그들은 수에 있어서 적지만 그들 견해로 니카이야 공의회의 교리를 떠받들고 있는 정통주의를 뛰어넘으려고 소망한다. 누가 전자, 아리우스주의에 속했는가? 펜타폴리스의 세쿤두스 자주 사제로부터 떠났던 인물이다. 라오디케아의 게오르기우스, 안디옥의 내시 레온티우스, 그의 전임자 스테파누스, 헤라클레아의 테오도로스, 우르사키우스와 발렌스, 아카키우스, 파트로필루스, 나르키소스 그들은 세르디카에서 직위해제 되었다. 세바스테이아의 유스타티우스, 테오필루스, 게르미니우스, 유독시우스, 그리고 바질; 니코메디아의 케크론피우스, 밀라노의 아욱센티우스, 사칭자 센텀셀레의 에픽테투스 그리고 무엇보다 카파토키아의 게오르기우스 그는 크리스천 신앙의 무지 그리고 우상숭배자란 소문임에도 알렉산드리아의 감독으로 고용되어 공적인 실행자의 성격을 가진 인물이었다(7). 그리고 누가 정통주의에 속한 자들인가? 고백자 호시우스, 트리어의 막시미누스와 그의 계승자 파울리누스, 안디옥의 계승 감독자들 필로고니우스와 유스타티우스, 로마의 율리우스와 리베리오, 모이시아로부터 시리아쿠스, 그리스의 피스투스와 아리스테우스, 다치아로부터 실베스터와 프로토게네스, 카파도키아의 레온티우스와 에웁사이키우스, 아프리카의 케킬리아누스, 이탈리아의 유스토르기우스, 시칠리아의 카피토, 예루살렘의 마카리우스, 콘스탄티노플의 알렉산더, 헤라클레아의 페데로스, 위대한 멜레티우스, 바질, 롱기아누스, 그리고 아르메니아와 폰티카의 다른 감독들, 길리기아의 루푸스와 암피온, 니시비스의 야곱, 그리고 메소포타미아에서 온 감독들(8) 이집트와 리비아의 시골 감독들에게 영향을 주려 의도했던 긴 목록은 아타나시오스의 고립을 드러냈다. 너무 많은 그의 챔피언들이 그가 기록했을 때 사망했다. 그리고 호시우스나 리베리오조차 곧 니카이야 신앙고백보다 다른 고백서를 수용했다.

「이집트와 리비아 감독들에게 편지」는 잘 구성되었으며 낙관적 기조를 유지하고 있다. 아타나시오스는 나쁜 선지자들, 악마, 그리고 성서에서 가르치는 길을 거절하는 자들에 대항해 총체적 경고로 시작해 니카이야 신조를 전복하려는 아리우스주의 시도에 대항해 특별한 경고로 나아갔다. 편지의 두 번째 부분은 교리의 기초와 성서로부터 아리우스주의의 위치를 공격하고 있다. 아타나시오스는 아리우스파와 멜레티우스파의 경건치 못한 연합에 대항해 진실한 신앙을 위해 확실하게 설 것을 감독들에게 힘주어 강조함으로 편지를 마감하고 있다. 그리고 선언하길 '우리의 은혜로운 황제'가 발생한 일이 무엇인지 들었을 때 그는 박해를 멈춘 것이다(23, 참고 5, 19).

아타나시오스는 353년에 자기방어를 위한 실제적 방안으로 원래 작성했던 「콘스탄티우스 면전에서 변호」에 계속 길게 첨부했을 때 콘스탄티우스에게 가졌던 동일한 낙관적 입장의 수용을 채택했다.13) 그러나 지금 제국의 자비로움이 황제의 신하들에 의해 조직적으로 불평스러워 지는데 그 구실을 계속 유지해 가는 것이 증가추세로 점점 더 어렵다는 것을 발견했다.

353년과 355년에 그를 제거하려는 시도에 그의 저항을 기술했을 때(「콘스탄티우스 면전에서 변론」 19-22), 그의 추방과 게오르기우스의 취임(24-28), 그리고 마지막으로 그에 대한 콘스탄티우스의 비난을 함께 언급하면서 그는 그의 주장을 반복했다. 콘스탄티누스의 대리인들이 그의 명령을 과도하게 실행해 심지어 그의 명령을 무시하기조차 했다고 말했다. 황제는 경건하고, 인내심이 많고, 친절하기에 나이 많은 감독을 추방하고 수녀들을 괴롭히지 않았다는 것을 항변했다 (29.2). 그러나 격분하는 기록이 끼어 있어서 아타나시오스가 숙고하길 공직자들이 황제가 보낸 편지의 권위로 봐서는 자신을 죽이려는 가능성을 짐작했다(32). 아타나시오스는 그를 향한 콘스탄티우스의 자세가 진실 무엇인지 알았고 그렇게 편지가 꽤 오래되었다. 아마도 그는 「콘스탄티우스 면전에서 변증」이란 최종판을 그를 체포하여 시도할 수 있는 이집트 내 하위직 공무원과 시민들을 가로막을 소망 속에서 기록한 것이었다.14)

알렉산드리아를 떠나도록 아타나시오스가 강요하다 싶이 느끼는 실망 그리고 그의 정치적 후원을 위한 견고한 보루가 「콘스탄티우스 면전에서 변증」란 책 마지막 장에 표면화 된다. 또한 357년에 아타나시오스는 「콘스탄티우스 면전에서 변증」과 더 일찍 쓴 「아리우스주의에 대항하는 변증」과 같지 않게 결코 근본적인 개편을 하지 않은 「도주에 대한 변론」을 저술했다. (비록 그가 적어도 원본에 한 문장은 첨가했을 지라도).15) 그 작품은 357년 여름이나 가을에 쓰여졌다.16) 아타나시오스는 357년(6/7) 아마 5월이나 6월에 있었던 알렉산드리아의 사건을 언급하는데 그러나 레온티우스가 여전히 안디옥의 감독이라(1.1, 26.6)는 것을 계속 수용하고 있다. 레온티우스의 사망일을 정확히 알 수 없어도 그가 치명적으로 병들었다는 뉴스는 5월에 그가 황제와 함께 로마에 있는 동안 유독시우스에게 도착했다.17)

아타나시오스가 그 책에 무슨 제목을 붙였는지 알려지지 않고 있는데 헬라어 사본에 있는 제목은 (박해 중 그의 도주를 꾸짖는 이들에 관하여) 저자에게 거슬러 올라가는 것이 아니라 그 책 내용이 저술 경우에 관해 보여주는 추론을 표현하고 있다.

> 지금 안디옥의 감독 레온티우스, 네로의 도시 나르키소스, 지금 라오디게아에 있는 게오르기우스와 그들과 함께하는 아리우스파들이 나에 관해 많은 중상모략을 퍼뜨리고 비겁하게 나를 고소하고 있다는 것을 듣고 있다. 왜냐하면 내가 그들에 의해 죽임 당할 정도로 추격 당할 때 내가 내 자신을 그들 손에 내어 놓지 않았기 때문이다. (1.1)

문장을 열 때 분명히 아타나시오스로 하여금 저술하지 않으면 안 되는 상황이 등장한다. 중상모략이 레온티우스에 의해 그리고 나르키소스와 라오디게아의 게오르기우스에 의해 촉발되었다. 그러나 소문을 통한 전략은 위험했다. 왜냐하면 추방된 감독으로부터 알렉산드리아를 손에 넣는 시도가 동시적이었으며 더욱 쉽게 만들 수 있는 의도가 되기 때문이다. 게오르기우스가 관계된 사건은 아에티우스와 유노미우스처럼 아타나시오스가 편지를 썼을 때 알렉산드리아에 있었다.18)

아타나시오스에겐 아주 절박한 시간이었다. 소심하다는 고소는 그의 권위를 가혹히 비판하고 해를 끼치는 상황이었다. 거기에는 250/1년에 데시우스 박해 때에 키프리아누스가 도주했을 때 카르타고에서 일어났던 반대 사건에서 놀라울 만큼의 전례가 있다.[19] 그리고 멜레티우스의 경우에서도 동일했다. 멜레티우스는 정확히 알렉산드리아 감독의 부재 시 그 의무를 실행하는 데 발걸음을 내디뎠기 시작했기 때문이다.[20] 아타나시오스의 「그의 도주의 변호」는 도전과 알렉산드리아에 즉각적 회람을 위해 쓰는 것이 합리적이라고 생각되는 그것을 접하게 된 것이다.

아타나시오스는 자신을 비난하는 이들의 동기를 비난함으로 시작해 그 인물됨을 공격하고 그들의 기계적 활동을 불만스럽게 하실 하나님을 찬양함으로 결론을 맺고 있다. 그들은 예수를 살해했던 유대인을 닮았고 그들이 겨냥하고 있는 희생의 대상이 그들 수중에서 도망을 갔을 때 불평을 보이는 허술한 사람들이다(2.1). 그중에 콘스탄티우스가 억지로 감독으로 세운 바 있는(344년에) 젊은 여성 유스톨리움과 자유롭게 동거하기 위해 자신을 거세해 그 결과 사제직에서 쫓겨난 내시도 있었다. 그 반면에 나르키소스는 세 곳의 교회 공의회에서 그 감독 교구에서 직위 해제된 추방된 시제였다(26.2-4). 각자는 자신의 악을 지니고 있고 이단이라는 공동의 오점을 나누고 있는 크리스천이 아닌 아리우스주의자들이다(27.1).

「그의 도주의 변호」란 책은 중요한 주장이 이중적이다. 아타나시오스는 박해의 피해자이며 할 수 있다면 박해를 피해 도주하는 것이 옳다라는 점이다.[21] 아타나시오스는 자신에게 가해지는 공격이 여러 해 동안 지속되어 오는 조직적인 공격으로서 진리를 지키며 아리우스 이단들과 싸우는 모든 점에 공격을 가하고 있다는 것이다. 그는 초기 시대부터 희생자들의 명단을 정리하고 있다. 안디옥의 유스타티우스, 발라네아의 에프레이션, 팔투스의 심마티우스, 안타라두스 카르테리우스, 아드리안노플의 에우브트로피우스와 루키우스, 앙카라의 마르켈루스, 뵈레아의 키루스, 가자의 아스클레파스, 트라키아의 감독들 테오둘루스와 올림피우스, 오래 전부터 아타나시오스 자신, 그리고 보호령하의 총독 필립푸스가 살해했던 콘스탄티노플의 바울(3.3-6)이다. 다음으로 아타나시오스는 아리우스 이단이나 그에 대항해 비방하는 이들을 수용하길 거절해 지금 추방당해 있는 이들 명단을 작성하고 있다. 로마의 리베리오, 트리어의 파울리누스, 밀라노의 디오니시우스, 카랄리스의 루시퍼, 베르첼레의 에우세비우스, 그리고 존경받는 코르도바의 호시우스(4.2-5.2)들이다. 그 후 아타나시오스는 카파도키아 출신 게오르기우스가 (그는 늘 그를 이렇게 스타일화 했다) 알렉산드리아와 이집트에 괴롭힘을 사용하는 것을 강조하는 방식을 감행했다. 그래서 30명 넘는 감독들이 추방을 당했다.(6.1-7.5)

  아타나시오스는 자신을 숨겼다. 그의 대적들이 가진 실제적인 불평은 그들이 품은 악한 계획들이 수포로 돌아갔다는 것이다(8.1). 그는 박해를 피해 도주했다. 그렇게 함으로 그는 성서적 교훈과 성서적 예를 따랐었다. 예수 자신도 그의 적들이 그를 찾을 때 숨었다. 그리고 제자들에게 도주할 것을 가르쳤다. 왜냐하면 하나님께서는 그가 알지 못하는 시간을 각 사람에 정하신다. 그러므로 자신을 박해자들에게 제물로 바치는 것은 나쁘다. 박해 받는 성도들은 하나님께서 그의 정해진 시간을 계시하는 것을 기다려야만 한다. 그것은 비겁함이 아니라 인내의 표시인 것이다. 아타나시오스는 성서의 예들로 그의 주장을 설명하고 뒷받침하고 있다. 예수 자신 뿐만 아니라 야곱, 모세, 다윗, 엘리야, 그리고 사도 바울과 베드로(8.2-23.2) 등이다. 아타나시오스는 그를 체포하려는 시리아누스의 시도와 분명한 도주로 하나님께의 섭리가 자신을 구원하는 것을 기술함으로 일반적 규칙을 자신에게 적용하고 있다. 지금 자신이 포기하는 것은 성서에 배치하는 행동일 것으로 보았다(24.1-26.1).

아타나시오스가 쓴 「그의 도주의 변호」는 그의 문학적 문화를 접근하는 다른 시금석을 제공한다. 첫 인상으로는 그 작품은 그리스의 철학적 문학과 크리스천 작품 속에서 전례를 가지고 있는 것으로 드러나며 그것은 분명한 상황이다. (예를 들면 플루타르크의 「추방에 관해」) 크리스천 작품의 예는 테르툴리아누스의 「박해 중에 도주에 관하여」가 있다. 그러나 더 밀접한 관찰에 따르면 아타나시오스의 작품과 그것이 이교도의 것이건 기독교 내의 작품이건 간에 비슷한 형태의 현존하는 작품 사이에 문학적으로 어떤 유사한 점을 발견하기가 어렵다. 「그의 도주에 대한 변증」이란 작품은 작품 구성에 어떤 전통적 헬라 방식의 분명한 영향력도 성서적인 것보다는 어떤 다른 예들을 사용한 것도 아님을 보여준다. 「그의 도주에 대한 변증」은 그의 변증적 작품에서 그리스 수사학적 이론에 많은 영향을 받은 개념에도 전혀 지지를 받지 못하고 있다. 반면에 아타나시오스 지성의 터전은 성서적이었으며 성시적인 것으로 남아있다. 「그의 도주에 대한 변증」은 진빈적으로 성서 언어와 사고의 성서적 형태에 가파르게 기울어져 있다. 그의 작품 속에는 역시 아타나시오스의 표현 방식은 이방 문학적 문화의 영향보다는 오히려 그의 천성적인 지적 왕성함을 반영하고 있다. 즉 그것은 매끄러운 도회풍이라기보다는 거칠고 매우 강력한 면이 있다.

「아리우스주의의 역사」는 '어떤 다른 사람의 글로부터 오는 내용을 기쁘게 믿고 싶어하는 아타나시오스가 남긴 고상한 정신에 미치지 못하는 고독한 기념비'로 나쁜 평을 지니고 있다.22) 그러한 편견은 은연중 아타나시오스의 다른 작품 속에 분명히 기울어져 있는 증명이 되는 특징에 대해 부정한다. 「아리우스주의의 역사」는 중립적이거나 적대감을 가진 청중들에게 자신을 방어하거나 정당하다고 썼을 때 아타나시오스가 정치가들을 억압하거나 감춰버리려고 생각해 많은 부분을 단순히 노골적으로 언급을 하고 있다. 「아리우스주의의 역사」는 만일 제한적인 청중을 지니고 있었다면 저자에게 동정심을 갖고 있는 수도사들에게 쓰여진 것이었다.23) 그것이 놓여 있는 대로 그 텍스트를 급하게 진행되어 오는 배경의 언급은 있어도 어떤 서론이 없이 시작한다(1.1: '그들 자신들 (멜레티우스주의자들)은 곧 이러한 것들을 배열해 왔던 것들을 완성시킬 것이다'). 빈공간은 일반적으로 어떤 아이디어들을 제공해 준다.24) 「아리우스주의의 역사」가 「아리우스주의에 대항하여」라는 책의 둘째 부분 이야기를 계속하는 것이므로 그것은 두드러진 나침반이 되었음이 분명하다. 그러나 아마도 「아리우스주의의 역사」는 아타나시오스가 현재 형태로 완성하려 했거나 출판하려고 의도했던 것이 아닌 상태로 현존하고 있다. 그 저술은 357년 마지막 달에 해당되었다. 저술할 때 아타나시오스는 리베리오가 항복했고(41.314) 호시우스는 '신성모독'인 시르미움 신앙고백서에 그의 이름을 남긴 것에 대해 자신의 임종 석상에서 회개하며 죽음에 이르렀다는 것을 알고 있었다. 그러나 그는 안디옥의 레온티우스가 여전히 생존해 있었으며 유독시우스가 여전히 게르마니시아(4.2)의 감독인 줄 생각하고 있었다.25)

「아리우스주의의 역사」는 정치적 풍자거나 정치적인 만화경이다. 그것은 시네시우스의 아르카디우스 황제의 신하들을 공격하는 「왕권에 관하여」란 저술과 비교될 가치가 있다. 그리고 또한 유스티니아누스 통치 때에 프로코피우스가 쓴 「비밀스런 역사」와도 비교되는 작품이다.26) 그들처럼 「아리우스주의의 역사」는 칭송과 축제의 영광송들이 속한 시대에 정반대의 문학 작품이다. 그러나 역시 여기서도 아타나시오스는 긴 헬라 라틴 문학 전통에서 발전된 모욕적이거나 악의적인 표현들과 친밀한 표시도 없다. 주도면밀하거나 의식적인 예술 대신 그는 천성적인 기질을 사용한다. 그래서 그 결과물은 모두 생동감 있고 자연스럽게 되는 데 효과적이다.

아타나시오스는 그의 재능을 그가 아리우스가 어떻게 사망했는지를 오래전에 트무이스의 세라피온에게 알리기 위해 썼던 소책자에서 그와 같은 집필의 재능을 보여주었다.27) 이 간단한 서간서에서 그 사건의 날짜를 확실히 하는데 보여준 본질적인 사심이 간결하게 언급되고 있다. 아타나시오스는 아리우스가 사망할 때 콘스탄티노플에 있지 않았으나 사제 마카리우스는 거기에 있었다. 그리고 황제 콘스탄티누스도 그곳에 있었다. 아리우스는 부정직한 신조를 작성해 알렉산더가 자신을 수찬 정지할 정도의 견해를 주장한 적이 없다고 맹세했다. 황제는 그 말에 덧붙이길 '만일 당신의 신조가 정통이라면 맹세한 내로 잘 했나고 본다. 그러나 만일 불경건한 것이라면 (그것이 경건한 것이 아니기에) 맹세했을지라도 하나님은 너의 맹세 대로 너의 사건을 심판하실 것이다' 라고 말했다. 에우세비우스는 콘스탄티노플의 알렉산더에게 아리우스를 교제 가운데 수용하라고 강요했다. 알렉산더는 거절을 준비하며 기도했다. 아리우스가 그의 교회에 호위되어 왔을지라도 자신이 편히 쉬도록 야외에 설치된 캠프에서 죽음으로 생을 마감했다. 그 이야기는 분명히 직접적인 이야기가 자연적으로 존재하는 것보다는 더 다듬어지고 강조되어 형성되었었다. 가장 다채로운 상술들이 추정되고 아타나시오스는 혼자 힘으로 대화체를 새롭게 세상에 선보였다. 그러나 그 이야기는 완전히 알려진 바 있는 역사적 구조에 들어맞는 것이다. 336년 7월에 콘스탄티노플 공의회가 그의 정통성을 옹호하려는 시도를 하려고 하는 동안에 죽음을 맞이한다.28) 「아리우스주의의 역사」는 동일한 재능과 대규모의 기술들을 제시해 주고 있다.

「아리우스주의의 역사」에서 강조하는 채택 사항은 아타나시오스는 콘스탄티누스의 시대이래로 그리스도와 그의 진실한 신자들을 향한 아리우스주의에 의해 가세 된 조직적 박해 정책이다. 그리고 이 정책은 세속적 후원에 의해서만 가능하게 되어지는 것이었다. 콘스탄티누스 자신은 중상모략의 비난 때문에 속임을 당했고 그것은 여성 친척들에 의한 행동이었으며 그 결과 유스타티우스와 그의 성직자들 속에 속한 많은 이들이 그의 어머니 헬레나를 모욕했다는 이유로 추방당했다(4.1). 아드리아노플의 에우브트로피우스는 바실리나의 대행으로 파괴되었다(5.1). 그리고 앙카라의 마르켈루스는 에우세비우스와 그의 동료들이 궁궐의 여성들을 통해 황제에게 접근해 왔기에 슬픔 속에 왔다(6.1).29) 고위 관리들도 역시 이단들을 후원했다. 필라그리우스는 그레고리우스를 339년에 콘스탄티노플 감독으로 세웠으며, 콘스탄티노플의 바울이 쿠쿠소스에서 살해당했을 때 그는 폰티카의 대리인(Vicarius)이었다. 그는 그렇게 실망했고 보호 총독 필립푸스가 추방한 감독을 속히 급파할 것이라고 미리 그에게 말했으며 상세한 살해의 경위를 폭로했다(7.5). 그러나 콘스탄티우스는 무엇보다도 정통의 박해를 가세화 시켰으며 기독교의 사건들에 공정하지 못하게 방해를 놓았다. 아타나시오스는 황제를 기독교의 적, 안티크라이스트, 성서에 등장하는 악당들, 사울, 아합, 본디오 빌라도보다도 더 좋지 않는 인물로 비난하고 있다(67/8). 아타나시오스는 율리아누스 황제까지 3대를 왕가가 이어가지 못하는 가족적 배신에 관한 장황한 설명을 연출해 놓고 있다. 콘스탄티우스는 그의 삼촌과 그의 조카들을 살육했다. 그는 또 그의 친척들과 혹은 그 장인까지도 긍휼히 여기길 포기했다. 그는 그의 딸을 아직 자고 있는 동안 살해를 했다.[30] 그리고 그는 올림피아스를 그의 형제 콘스탄스의 의도된 신부로 정략적으로 주고 이교도적 결혼 관계를 맺는다.(69.1)[31] 그의 가족과 교회를 향한 그의 행위들은 그가 악한 신하들을 가진 불의한 통치자 임을 보여주고 있다(69-73).

「아리우스주의의 역사」에 연결된 상황은 337년부터 지속되는 아타나시오스의 활동이다. 서론 부분과 나머지 내용의 관계는 콘스탄티노플의 바울의 장에서 암운이 드리워진다. 거기서 아타나시오스는 근심없이 현존하는 텍스트에 첨부하는 것을 나타내 보여준다(7). 이 장을 넘어서 아타나시오스는 부드럽게 330년에(1-3) 연합으로 멜레티우스주의와 아리우스주의의 일반화된 무모함으로부터 콘스탄티누스 치세 하에서 직위 해제되고 추방당하고, 감독들에게로 행진해 간다(4-6). 그 후 그는 337년 콘스탄티누스의 아들들에 의해 감독의 회복 수단으로 자기 자신에게 방향전환을 하고 있다. 그리고 알렉산드리아 교회(8)에 콘스탄티누스의 편지를 인용한다(8). 바울에 관한 토론은 가지있게 역사적 상세함으로 가득차 있을 지라도 논리적으로 연대기적으로 그 상황에 방해를 일으키고 있다.[32]

「아리우스주의의 역사」 서문은 벌써 그 저술의 특징 중 하나를 보여준다. 아타나시오스가 고안해 자신의 적들을 조종하는 대화의 사용이 이에 해당한다. 감독이 되려 했던 어떤 멜레티우스파와 아리우스파들은 비기독교적 견해를 수용했고 인격에 관해 걱정하지 않는다. '당신을 추천하는 것이 충분하며 황제의 우정을 사는 것이 충분하다'(3.4). 아타나시오스는 그럴싸한 만화경에 대해 좋은 시야를 가졌었고 그가 가졌던 고안 내용들은 역사적 전통에 그들을 부과시켰다.33) 더욱 진지하게 아타나시오스의 그런 경향성을 지닌 이야기들은 5세기의 교회나 그리고 그의 활동에 대한 현대적 재건에 과도한 영향이 되었다.

「아리우스주의의 역사」에서 아타나시오스의 제일차적인 기술은 억압과 왜곡들이다. 그는 그의 독자들에게 카파도키아의 비미나키움과 가이사랴에 콘스탄티우스가 동행했다는 암시를 하지 않는다(「콘스탄티우스 면전에서 변증」 5.3). 그리고 콘스탄스와도 같이 있었다는 것도 암시하며(「콘스탄티우스 면전에서 변증」 3/4) 그런데 343과 344년 동방 지역으로의 여행도 공개적으로 암시하지 않고 있다. 344년 아드리아노폴리스에서 루키우스 지원자들의 무덤을 본 경우가 그의 각성을 피하게 했을지라도 말이다(18.2).34) 예견할 수 있듯이, 콘스타티노플의 바울과의 그의 연합에 관해서도, 혹 345년 힘으로 둘을 위협하는 콘스탄스가 썼던 편지에 관해서도, 어떤 언급을 하지 않는다.35) 단지 콘스탄스가 추방당한 감독들을 위해 세르디카 공의회 이후 간략히 콘스탄스가 썼던 초기 편지만 언급을 하는 실정이다. 그리고 345년과 346년의 움직임과 타협에 관한 힌트도 자연적으로 하지 않는다. 이것에 의해 앙카라의 마르켈루스는 추방당했을지라도 아타나시오스와 바울은 그들의 교구에 회복되었다.36)

생략하는 것은 잘못 표현하는 흐름에 의해 맞서게 된다. 아타나시오스는 결코 그의 적들이 그에 대항해 정당한 형태로 진행시키고 혹은 적절하게 형성된 감독들의 공의회 의해 그가 징계되었다는 것을 수용하지도 않았다. 「아리우스주의의 역사」를 순수하게 읽는 독자는 아타나시오스의 동료들만이 습관적으로 교회 공의회들을 개최했다는 것을 결론내릴 수 있다. 아타나시오스의 설명에 따르면 그레고리우스와 그를 대리시킨 장본인이 콘스탄티우스이다. 그 황제는 필라그리우스를 이집트의 총독으로 내시 아르사키우스와 함께 파송했고 군사적 보호와 함께 그레고리우스를 알렉산드리아로 파송했다.(10.1) 그레고리우스 자신은 정당한 교회적 절차에 의해 감독으로 안수 받은 적이 없다. 그는 마치도 세속 행정부 내에서 맡겨진 전위대처럼 군사적 의식으로 법정으로부터 도착했다. 그리고 그는 극적인 기쁨으로 황제와 총독으로부터 편지를 받는다. 그러나 수도사 안토니우스로부터 편지들은 거절했다(14.1/2). 유사하게 동방의 감독들도 세르디카 공의회에 행정관 무소니아누스와 군대 지휘관 헤시키우스의 호위 아래에 참석했다. 그리고 그들은 그 관리들에게 공의회의 진행을 경영해줄 것을 기대했다. 어떤 일들이 그들에게 나쁘게 되었을 때 그들은 도망을 쳤고 그들은 페르시아에서 승리를 얻었던 콘스탄티우스에게 축하를 필연적으로 보냈었던 무례를 섞어 표현했다(15.3-16.2). 대조적으로 서방 쪽은 그들의 지도자로 호시우스와 함께 하는 감독들로만 구성되었다(15.3). 아타나시오스는 351년 시르미움 공의회를 우르사키우스와 발렌스를 그들의 토한 것에 돌아서는 개들처럼 음모로 그렇게 했다는 내용을 제시하면서 콘스탄티우스에게 다가가 분노를 불러 일으켜 황제가 아타나시오스에게 적대하도록 해 그의 맹세를 발표하게 했다(29/30). 아타나시오스는 350년 콘스탄티우스의 우쭐거리는 편지를 인용하길 주저할 수 없었다. 그리고 콘스탄스의 죽음에 대한 언급을 부정할 수 없었다. 그러나 그는 그 내용을 346년 추방에서 돌아오는 상황에 인용하고 있다. 이점에서 쉽게 그는 마그넨티우스의 그를 향한 의사 전달로 쉽게 넘어질 수 있었고 「콘스탄티우스 면전에서 변증」이 주장했던 당혹스런 고소로 방향을 잡을 수밖에 없었다.37)

아타나시오스는 완전하거나 치우치지 않는 균형 잡힌 이야기를 쓰려고 계획한 것은 아니었다. 337년에서 346년 사이 그의 활동에 관해 「아리우스주의에 반대하는 변증」 속에 상세한 내용을 보충할 뿐 아니라 날카롭게 하며 과장되게 현재의 설명을 묘사했던 것이다. 더 최근 사건에 대하여 그는 그의 설명을 박해자로 콘스탄티우스의 주제의 주변에 그 설명을 진전시켰던 것이다. 전체를 거쳐 그는 파격적 사건들을 선택했으며 강조했고 발전을 시켰다. 결과적으로 「아리우스주의의 역사」는 조직적으로 거짓된 내용을 정리한 작품이다. 사건의 과정이 다른 증거로부터 재건되었을 때 왜곡이 인정될 수 있으며 만화의 기술이라면 칭송받을 수 있었다. 아직 337년에서 357년 사이의 복잡한 교회 정치적 사건들의 정확한 재건이 「아리우스주의의 역사」에서 비록 아타나시오스가 많은 상세한 이야기들과 현존하는 어떤 기록에서도 발견할 수 없는 개인적 사건들을 포함하고 있다 할지라도 추론되기 불가능하다.

아타나시오스는 339년 그의 추방이 등장하며 그에 뒤따르는 격분을 간단히 기술하고 있다. 많은 목동들과 인정받지 못하는 젊은이들이 칼과 몽둥이로 무장하고 키리누스 교회를 공격해 왔다. 예배 참석자들이 죽임을 당했고 구타당했으며 모욕을 당했다. 감독들은 추방되고 상처를 입었고 수도사들은 심한 고통을 겪었다. 그레고리우스는 무기사용을 합법화했으며 군행정관 발라시우스는 그에게 도움을 베풀었다. 그의 말이 두들겨 맞아 그에게 치명상을 입혀 떨어뜨릴 때까지(10, 12-14) 말이다. 그러나 최근 사건들이 대부분의 분량을 차지한다. 거의 「아리우스주의의 역사」 전체 분량 절반이 353년에서 357년 사이 아타나시오스에 대해서나 알렉산드리아와 이집트에서 정통주의 박해에 대해 할애하고 있다(47-81).

첫째로, 크게 다루는 수사학적 정교함으로 아타나시오스는 그를 제거하려는 콘스탄티우스의 성공치 못한 시도를 비난하고 있다. 그때 그는 약간 상세함으로 356년 알렉산드리아에서 아리우스 교회의 장악을 기술한다. 그리고 그때와 그 이후로 폭력을 사용했음을 기술한다. 이 모든 사건에서 그는 세속 권력과의 역할을 강조한다. 356년 6월에는 행정관 헤라클리우스, 총독 카타프로니우스, 그리고 총괄 협정관 파우스티누스는 테오나스 교회를 공격해 감독의 의자, 제단 그리고 커튼을 불태우라 교사했다(54-56). 그 뒤에는 군대 행정장관 세바스티아누스, 타락한 마니교, 총독, 총괄 행정관들이 아리우스파를 도와 수녀들에 모욕을 주는 일에 도움을 베풀었고 고통으로 에우티코스(유두고)의 죽음을 가져오게 했으며 가난한 자를 약탈하고 그 감독들과 집사들을 추방하는 데 도움을 베풀었다(59-61).

다음으로, 다시 수사학적 정교함으로 아타나시오스는 이집트 나머지 지역에서 박해를 기술하는데, 그는 콘스탄티우스의 증조 할아버지 막시미안 통치 시기에 있었던 '대박해'와 비교하고 있다(64.2). 여기서 그는 외부의 권력과 박해의 도움이 없었다면 아리우스파 이단은 아주 오래전에 메말라지고 죽을 수밖에 없었을 것이라는 주장을 매우 열정적으로 폈다. 신리에 의해 거설뇌고, 싯눌리고, 부끄러운 낭하사 폭력, 체포, 감금으로 위압했다. 세바스티아누스는 감독관들과 사방에 흩어진 군사 권력자들에게 편지를 써서 그들이 모든 진실된 감독들을 추방하고 불경건한 교리를 주장하는 이들로 대치하도록 했다. 아타나시오스는 26명의 추방된 감독들을 명부를 만들었고 그중 10명은 나이가 많아 328년 알렉산더 사망 전 그에 의해 안수를 받았던 것이다. 그들 중 몇 명은 폭력으로 고난 받았고 몇몇은 채석장에 힘든 노동에 처해졌다. 평신도들도 역시 추방당했으며, 수도원은 파괴되었고 개인 집들은 약탈당했다(72). 새로운 감독은 젊었으며, 타락한 이교도였고 아직 교리문답 대상자도 아니었다. 두 명의 와이프를 갖고 있는 자였으며 그들 부와 시민 권력 때문에 선택된 자였다(73). 그 모든 것들은 '작은 콘스탄티우스'는 크리스천이 아니었고 적그리스도의 모습이었음을 보여주었다(74.1).38) 콘스탄티우스에 대한 비난으로부터 아타나시오스는 쉽게 그의 감독직 초기에 알렉산드리아에서 원래의 적이었던 멜레티우스의 지명으로 선회하는 것이 쉬웠다(78/9). 마침내 자료의 부록은 두 번의 공식적인 귀향, 알렉산드리아의 크리스천들이 356년 2월 아타나시오스를 위해 보여주었던 일을 인용한다(81:처음의 것은 옮기는 과정서 분실되었다).

아타나시오스는 339년과 346(8-28) 사이 자신의 활동 반경에 많은 양을 자연적으로 할애했다. 그는 또한 리베리오와 호시우스의 사건들을 특별 취급을 위해 또한 선별했다. 리베리오는 내시 에우세비우스의 추종을 거절하고 아타나시오스를 비난하는 일을 거절했다. 「아리우스주의의 역사」는 확고한 거절 의사가 담긴 연설물을 고안해 냈다. 그 후 리베리오가 성 베드로 사원의 헌금으로 그 자신 앞에 이전에 유인했던 뇌물 수수를 거절했을 때 에우세비우스는 괴로워하며 황제에게 그 감독을 로마로부터 소환하라고 촉구했다. 그 도시에 저항이 있었음에도 리베리오는 거절했던 황제 앞에 끌려갔다. 그러나 추방 2년 후 그 살해 위협에 공포를 느껴 굴복했고 서명하기에 이른다(35-41). 연로했던 호시우스는 용감하고도 매우 단호하게 거절했다. 그러나 그도 역시 투옥과 폭력으로 굽히지 않을 수 없었다. 시르미움에 일년 내내 구류당한 후 호시우스는 비록 아타나시오스에 대항하는 서명은 하지 않았을 지라도 우르사키우스, 발렌스 그리고 그들 동료들과 교제를 하는데 동의했다(42-45). 그것은 사실에 부합된다. 리베리오는 355년 가을에 로마를 떠났다. 밀라노에서 콘스탄티우스를 보았다. 그리고 트라키아에 있는 베레아로 추방되었다. 그가 351년 시르미움 공의회의 결정에 서명했을 때 로마로 돌아올 수 있었으며 357년 8월 2일에 다시 돌아온다.39) 호시우스(아타나시오스로부터 추론이 가능하지만) 351년 시르미움 결정에 결코 서명을 하지 않았고, 357년에는 '선성모독'자로 그의 이름을 써놓았다. 다시 왜곡이 인식될 수 있고 그러나 본래의 사실은 단지 아타나시오스의 기술로부터 많은 재발견이 될 수는 없었다.

「아리우스주의의 역사」의 모든 부분에서 아타나시오스는 고안된 연설 그리고 고안된 대화의 기술을 채택하고 있다. 그는 그것을 효과적으로 사용한다. 리베리오 입에 달려 있을 것 같은 긴 화술에는 아닐지라도 짧게 그의 반대자의 동기를 풍자하는 짧은 문장에 그렇게 했다. 세 가지 역사적으로 중요한 예를 설명할 것이다. 첫째로, 아리우스주의자들은 338/9년에 콘스탄티우스를 그들 이단의 보호자로 접근했다.

이단을 남겨두라. 너희들은 모두가 우리를 떠났던 것을 보았다. 그러나 우리 중 누구도 떠나지 않았다. 이제 박해를 시작하라. 왜냐하면 우리는 그들 몇 안되는 사람들에 의해서조차도 버림을 당했었다. 그리고 고립을 면치 못했고 우리가 믿어붙여서 사람들이 추방당했던 2일 후 추방자들은 다시 그들 귀한을 설득해 우리를 대적해 등을 돌리라고 설득했다. 그래서 그들 모두를 대항해 편지를 써라. 그리고 두 번째 이집트의 총독으로 필라그리우스를 보내라. 왜냐하면 그는 적절히 박해를 가할 수 있다. 그가 벌써 이미 그 일을 실제로 보여주었기에 말이다. 그리고 특히 그는 배교자였기 때문이다. 그리고 그레고리우스와 알렉산드리아의 감독으로 보내라. 왜냐하면 역대 그는 우리의 이단을 유지할 수 있기 때문이다. (9.2/3)

둘째로, 343년 세르디카에서 동방 감독들은

> 우리는 한 결과를 봤는데 다른 상황을 보게 되었다. 우리는 행정관과 함께 왔고 행정관 없이 심문은 진행되었다. 우리는 지금 완전히 정죄되고 있다. 여러분 모두는 우리의 질서를 잘 안다. 아타나시오스는 메레오티스로부터 그가 흠있고 우리는 부끄러움에 놓이게 되는 보고서를 지니고 있다. 그렇다면 우리는 왜 주저해야 하는가? 왜 우리가 지체해야 하는가? 무례함을 무릅쓰고 떠나도록 하자. 남아 있어서 우리가 정죄될 것이라는 시선을 대비하자. 나쁜 고소자로 정죄되고 재판받는 것보다 부끄러움 속에 도주하는 것이 더 좋다. 우리가 도주하면 우리는 어떤 면에서 우리 이단성에 대해 여전히 챔피언이 될 수 있다. 그들이 도주한 것에 대해 우리를 정죄한다 할지라도 우린 우리의 보호자로 여전히 황제를 모시고 있다. 그리고 그는 우리의 청중에 의해 우리 교회로부터 우리가 추방되는 것을 허락지 않을 것이다. (15.5)

셋째로, 콘스탄티우스는 아타나시오스를 정죄하기 거부한 감독이나 355년 밀라노에서 이단들과 교제를 나눌 것을 말한다.

> 내가 원하는 것 무엇이든 [교회의] 현존하는 법칙이 고려되게 하라. 소위 시리아의 감독들은 내가 말한 대로 동의하고 있다. 그러므로 순종하든지 아니면 너희들 역시 추방될 것이든지 해야 할 것이다. (33.7)

동방 감독들이나 콘스탄티우스가 그러한 말들을 사용했는지 여부에 대해 생각한다는 것은 불가능하다. 전자의 경우 그들 자신을 이단으로 말할 수 없고 후자는 그들의 감독에 대한 권리를 자신들이 의문을 가할 수 없는 일이다. 아타나시오스는 그 적들의 입에다가 그가 그들의 진실한 합법성을 믿고 있다는 것을 자신의 말로 설명을 한다.40) 「아리우스주의의 역사」에서 그렇게 고안된 논법은 콘스탄티우스를 아리우스파의 황제요, 아리우스파 이단의 중요한 보호자로 그리고 있다.

아타나시오스는 콘스탄티우스에게 불공정하다. 그것은 동의되어야만 한다. 그러나 여기서 진실한 것은 그것을 그가 왜곡한다는 것이다. 제국의 행동에 대한 그의 이야기 기술 대부분을 수용하는 동안 아리우스파 황제며 그의 동기에 대한 아타나시오스의 특징을 도전하는 것은 충분치 않다.41) 왜냐하면 왜곡이 생동감 있게 이야기에 영향을 미치기 때문이다. 아타나시오스가 동방교회 공의회의 결정 보고를 조직적으로 피할 때 (적어도 그들을 그와 같이 보고하는 것을 대했을 때) 그때 그것은 교회 정치에 콘스탄티우스의 역할을 규정하는 것은 쉬운 일이 아니다. 그럼에도 불구하고 제국 정책의 두 가지 인도하는 원리는 콘스탄티우스가 콘스탄티누스로부터 물려받은 것이라 이해될 수 있다.

첫째로, 황제가 진실한 신앙을 정의하는 데 관심을 보였다는 것이고 하나님이 그것을 선포할 의무를 주었다는 것을 믿는 일이다. 콘스탄티우스는 신앙의 문제를 토론하는 공의회는 참석을 했다. 그리고 수용할 수 있는 정통성을 정의하는 시도에 참여했다. 만일 그가 359년 유사본질 신앙고백 증진에 해당되는 그 풋말을 건너뛰었더라면42) 논쟁하는 감독들과 격분의 표시가 되었을 것이고 초기 그의 정책으로 돌아갔다고 추론을 하지 않을 것이다. 둘째로, 콘스탄티우스는 어떤 감독이건 무슨 판결이건 감독은 그의 동료들의 회의에 의해서만 정죄될 수 있고 직위 해체될 수 있다는 원리를 지속적으로 지켰고 분명히 재차 주장했다.43) 역사로서 「아리우스주의의 역사」의 중요한 결점은 지속적으로 이중성에 해당하는 사실을 부정한다.

아타나시오스는 또한 일관성이 없다. 황제가 교회 사건에 관여한다는 그의 지속적인 불평은 사실 그 같은 관여에 사실상 방향 지워지지 않고 있다. 그러나 제국의 행위에 대해 인정하지 않는 것이다. 그는 337년(8.1)에 추방당한 감독의 회복을 제국에 요구한다. 그것은 분명히 교회법적인 것이 아니고 동시대에 비판받고 있는 부분이다. 감독회의에서 직위 해제된 감독은 마땅히 유사한 조직체 혹은 공의회에서만 재론 되어져야만 한다.44) 은연중 아타나시오스는 교회 공의회 위에 군림해야 한다는 권리를 가지고 있음을 주장하면서 그것은 이단의 이익을 위해서라기보다는 오히려 정통주의의 유익에서 그렇게 해야 된다고 제시했다. 4세기의 현실 세계의 복잡함 대신에 「아리우스주의의 역사」는 아주 간단한 분리를 제시하고 있다.

> 만일 감독에 의한 결정이 있다면 황제가 그것에 무슨 관심을 지녀야 할까? 그러나 단순히 황제로부터 위협이 있다면 그 경우에 소위 감독을 위해 무엇이 필요한가? (52.3)

아타나시오스는 나쁘고 부끄러움이 없는 주장 즉 그가 교회의 판결에 의해 결코 정죄되지 않고 제국의 권위에 의해 그리스도께 헌신하는 것 때문에 정죄받는다는 것을 알리기 위해 그의 활동의 사실적 모호성과 활동 반경을 피하고 있다(1.2)

360년경에 신학적 토론 내용이 급진적으로 변했고 시대에 뒤진 340년, 350년대의 논쟁을 제시했다. 360년대까지 논쟁은 기독론에 집중되었다. 그 이후 그 문제는 삼위일체 교리 신학의 한 부분이 되었다. 성부와 성자에 성령의 관계는 무엇인가? 그 문제는 제안되고 토론되고 신학적으로 매우 빠르게 이해하는 거대한 다수의 만족함으로 해결되었다.45) 381년 콘스탄티노플 공의회에서 만났을 때 그 문제는 사그러들었다. 그리고 아타나시오스가 그의 긴 감독직을 수행하는 중 반대했던 고진 '아리우스주의'는 그렇게 적어도 그리스어를 말하는 동방 제국 내에서 지적인 힘으로 작용했다. 호모우시우스(homoousios) 개념을 거부했던 이들이 성부에게 성자를 종속시킨다면 더 강한 어조로 그들은 성령을 삼중의 신성에서 동등한 인격의 소유라는 면을 상실해 종속시켰던 것이다.

아타나시오스는 그가 추방 중이었을 동안 정확히 이 결정을 보았고 붙잡았다. 세라피온은 357년 알렉산드리아에서 활동하고 있었던 아에티우스, 유노미우스에 의한 교리로부터 유래한 것으로 주장되는 견해를 표방하는 어떤 기독교인들에 관해 아타나시오스에게 편지를 보냈다. 이 양태론자들(아타나시오스는 그들을 이렇게 불렀다)은 아리우스주의자들을 버렸다. 그러나 여전히 성령께서 피조물이며, 섬기는 영이시오, 천사보다 우월한 존재라고 주장했다.46) 아타나시오스는 세라피온에게 성령론을 결정하는 긴 편지 그 후엔 두 개의 짧은 편지를 써 보냈다. 그는 늘 삼위일체 교리의 위치를 생각하고 있었다. 지금은 그것을 분명히 했다. 긴 편지는 양태론자들이 그들이 증거본문으로 택했던 결론을 인성하시 않았나(암 4:13; 딤전 5:21). 그 후 그들의 딜레마, 성령께서 피조물이나 아들 중 하나임에 틀림없다고 보는 그 입장을 뛰어넘어 성서와 교회 전통과 생활로부터 '거룩하고 보이지 않으시는 삼위일체' 에 관한 경우를 마침내 주장했다. 아타나시오스는 힘과 명료함으로 주장했다. 그러나 그의 주장을 사용하기 원했던 사람들은 그 설명이 너무 장황했음을 발견했다. 이리하여 아타나시오스는 더욱 조직적으로 반 아리우스주의 형식으로 길게 늘어진 취급을 날려보낼 수 있는 짧은 편지를 작성했다. 여기서 아타나시오스는 처음으로 성자는 피조물이 아니다, 그러기에 성령도 피조물이 아니다 라고 주장했다. 마지막으로 양태론자들이 여전히 그들의 모순점을 채택하고 있다는 것을 그에게 보고한 세라피온으로부터 진전된 편지에 답으로 아타나시오스는 그의 두 번째 편지가 생략했던 간단한 평가를 제공했다. 이 「세라피온에게 보낸 편지」들은 최상의 것으로 신학적 사고의 지고한 영역에 속한 것임을 보여주며 그는 적절한 실용적 지성의 모습을 지니고 있음을 알려준다.47) 그들은 또한 알렉산드리아의 지적인 삶, 신학적 주장들이 일상의 발생이라는 점을 보여주는 가치있는 자료이다.

아타나시오스의 '이탈리아의 아리미눔에서와 이사우리아의 셀레우키아에서 발생했던 공의회에 대한 편지'는 논쟁과 신학의 두 영역을 연결짓는 내용을 보여주고 있다. 아타나시오스는 359년 가을 늦게 집필했었다. 그가 훗날 (361년 분명히 11월 3일 후) 콘스탄티우스와 아리미눔 공의회 사이 편지 교환을 포함해 내용을 후기로 덧붙였고(55) (360년 1월에) 작품의 중앙에 콘스탄티노플 공의회 신조를 인용한 페이지를 그리고 360년(30/1) 봄에 개최된 안디옥 공의회를 토론한 것을 덧붙였다 해도 「공의회에 관하여」란 작품의 대부분은 그가 셀레우키아 공의회 뉴스를 받은 후 쓰여졌다.(10월 1일에 개최되었다) 그러나 그것은 그가 아리미눔 공의회로부터 사신들에 대한 콘스탄티우스의 수락에 관한 뉴스를 듣기 전이었다.48) 아타나시오스는 매우 특별한 목적으로 매우 재빠른 속도로 「아리미눔과 셀레우키아 공의회에 관하여」란 저술을 했다. 그것은 소아시아의 유사본질과 공동적 동인이다. 그 저서가 즉각적인 영향력을 가졌다고 생각하는 것은 낙관적이거나 사건이 취해지기 전 아타나시오스의 잠정적 동료들에게 도달되기조차한 것이다. 그러나 그것은 의미있는 변화의 위치를 표시한다.

아타나시오스는 지금 351년 그를 정죄하고 직위 해제 시켰던 감독들과 지금 연대를 추구하고 있다. 그리고 아리우스주의를 악의에 찬 언어로 최근에 비난하고 있다.

그 작품은 전적으로 세 부분으로 나눠져 있다. 처음은 두 공의회의 간단한 설명을 형성하고 있다. 각 부분들이 어떤 면에서 덜 남용하는 것 같을 지라도 「아리우스주의의 역사」와 같은 경향성을 지니고 있다. 아타나시오스는 마치 가톨릭 신앙이 갑자기 최근 특별한 날에 계시 되었던 것처럼 359년 5월 22일(3/4)을 '날짜화된 신경'을 갖고 글 놀이를 하고 있다. 그는 그의 오랫동안 주장해온 견해를 다시 언급하는 데 신앙을 생각하는 어떤 공의회는 그것이 니카이야 신조를 반복하거나 파괴하거나 간에 신앙을 생각하는 어떤 공의회도 헛되며 위험하다는 것이다. 아리미눔 공의회의 설명은 니카이야 공의회를 변증하여 우르사키우스, 발렌스, 가이우스, 게르미니우스, 아욱센티우스를 추방하는 콘스탄티우스에게 보내는 확실한 편지로 '날짜화된 신경'을 짜냈고 제시했던 사람들의 부정직에 대치하는 것이었다(8-11). 셀레우키아의 사건에 관해 아타나시오스는 자료없이 요약 이야기를 제시하고 유독시우스, 아키키우스, 그리고 니카이야 공의회를 불명예스럽게 한 아리미눔 감독들의 결단을 대비했다(12.1-14.3).

「공의회에 관하여」 두 번째 부분은 셀레우키아의 다수가 359년에 정죄했던 아리우스파 이단은 모든 중요한 면에서 아리우스 이단과 그의 원래 동조자들이 이미 니카이야 공의회가 정리했던 자들과 일치함을 주장하고 있다. 아타나시오스는 오랫동안 이 규정을 믿고 있었다. 그래서 지금 그는 아리우스 자신을 (선택적으로 그리고 길게) 그리고 니코메디아의 에우세비우스, 가이사랴의 에우세비우스, 아나자르부스의 아타나시오스, 라오디게아의 게오르기우스, 그리고 소피스트 아스테리우스를 (또한 약간 길게) 인용해 359년 아카키우스를 추종하는 사람들은 정확히 동일한 교리를 변호한다는 것을 보여주고 있다(15-19). 그리고 그는 아리우스주의자들이 많은 해 동안 니카이야 공식을 대치하려고 노력했는지를 보여주는 긴 연속적인 신조를 인용하고 있다(21-28). 아타나시오스의 자료에 대한 설명은 오류이다. 왜냐하면 모든 것이 다 신조는 아니었다. 그리고 그는 그 모든 것들을 그들의 정치적 신학적 상황들은 무시하고 단순히 채찍의 해당 사항으로 제시한다. 인용된 자료들은 다음과 같다.

(1) 아리우스를 다시 용납했던 335년에 예루살렘 공의회의 공의회 편지 부분;
(2) 341년 안디옥 공의회가 로마의 율리우스에게 보낸 편지 부분
(3) 동일한 공의회의 공의회 편지로부터 신조;
(4) 티아나의 테오프로니우스에 의한 동일한 공의회에 제출된 신조;
(5) 342년에 안디옥에서 작성되어 골에 있는 콘스탄스에게 보낸 신조;
(6) 344년 안디옥 공의회에서 작성된 '장문의 신조';
(7) 351년 시르미움 공의회의 신조와 저주;
(8) 호시우스와 포타미우스 이름으로 357년에 시르미움에서 작성된 신학 선언문.49)

아타나시오스의 설명에서 이 모든 자료들은 동일한 감독 그룹의 작품들이다. 그들의 현존하는 신조와 영원히 불만족 한 것이다. 아타나시오스는 강조하길 유일한 선택은 니카이야 공의회를 인정하는 것이다. 「아리미눔과 셀레우키아 공의회에 대하여」의 세 번째 항목은 중심단어 동일본질(*homoousios*)과 유사본질(*homoiousios*) 자체를 논한다.

아타나시오스는 유독시우스와 아카키우스를 공격해 논쟁한다. 만일 아들이 진실로 아버지와 '유사'하다면 (그들이 주장하는 것처럼) 그때 그는 동일본질임에 틀림없어야만 한다.50) 그는 니카이야 용어를 변론한다. 그러나 또한 주장하길 아들을 동일본질로 아버지와 하나다라고 주장하는 것이나 유사본질 관계로 정의하는 것에 그렇게 진지한 차이는 없다.

이리하여 후자의 용어를 좋아하는 사람들은 아리우스주의로 이단도 아니라 우정 안에서 불일치를 지닌 형제들같이 취급되어야 한다고 말한다. 아타나시오스는 두 단어를 화해의 기조로 비교한다. 그러나 그는 원만하게 그리고 확고하게 니카이야 공의회가 정확한 단어를 선택했다고 주장하고 있다(32-54).

아타나시오스는 350년 말 신학적 변화에 영향을 안 받을 수 없었다. 359년 말에는 그가 그렇게 오랜 적이었던 사람들을 동료로 환영했다. 그의 언어는 그의 자세, 변화를 반영하는 내적인 이동을 보여주고 있다. 그의 초기 모든 작품에서 「아리우스주의의 역사」를 포함해서 '아리우스파'란 단어는 아타나시오스를 정죄했던 이들, 그 속에 멜레티우스파는 아니었다. 원래 멜레티우스파의 범주는 아리우스가 이단으로 취급되지 말아야 한다고 생각한 사람들과 동일 지평에 있있던 사람들이었다. 그러나 「아르미니움과 셀레우키아 공의회에 관하여」란 책에서 '아리우스파'란 용어는 유사론자와 비유사파(homoeans and anomoeans)에 제한된 개념이다. 362년 추방에서 돌아온 아타나시오스는 그를 직위해제 시켰던 이들과 협력할 준비가 되었고 351년 시르미움에서 정죄를 잊어야 할 준비도 되어 있었다. 353/4년 그리고 355년 다시 반복되어야 했다. 그때는 4세기의 6번째 되는 10년 이상 기간 동안 교회와 제국의 정치상황에 지배적이었던 시점이었다.

XV.
새로운 신학적 논쟁들

335년부터 351년까지 아타나시오스를 그렇게 자주 정리했던 동방에서 신학적 연합에 350년 늦은 시간 갑자기 기대치 않게 변화가 있었다. 힘있는 정치의 상태가 20년 동안의 동일한 논쟁 속에 힘난했던 신학적 바람에 더해졌다. 그리고 그 반향은 곧 새로운 조화와 배열을 생산해냈다. 아에티우스와 유노미우스의 급진적 교리들이 아타나시오스와 마르켈루스, 그리고 포티누스를 정죄하기 위해 연합한 소아시아, 시리아 그리고 팔레스타인에 광범위한 감독들의 연합을 흐트러뜨리며 그것을 형식적으로는 비난하지 않으면서 니카이야 형식을 수정하려고 한 일련의 신조들을 제안했다.

아에티우스는 313년에 태어났고 그의 가정을 돌봐야만 하는 가난 때문에 금세공장이로 일했다.[1)] 그는 안디옥, 아나자르부스, 타노스, 다시 안디옥에서 그리고 마침내 알렉산드리아에서 그는 약학과 아리스토텔레스 철학을 연구했다. 불행히도 그의 교회 활동의 초기 단계는 오직 필로스토르기우스의 플로티누스의 요약본으로부터 알려졌는데 그것은 이상한 변두리 에피소드들과 그것들을 두 배로 늘린 것들을 제시한 것이다. 세 단계로 잘 나타나고 있다. 레온타우스는 그가 가르치기 시작했던 안디옥에서 아에티우스를 집사로 안수했다. 351년 후 아에티우스는 부황제 갈루스에게 신임을 얻었다. 후에 그를 소아시아에 있는 자신의 형제인 율리아누스에게 보내서 이교에서 그가 떨어지길 도모했다.2) 그 후 357년에 아에티우스는 알렉산드리아에 왔다. 그는 새 감독 게오르기우스를 수행했고 아마도 시르미움의 신조와 게오르기우스를 이집트인들이 수락을 얻으려 시도하는데 활동적이었다.3) 레온티우스가 사망했을 때 아에티우스는 유독시우스가 안디옥을 주관하도록 하기 위해 급히 안디옥으로 갔다.4) 358년에 아에티우스는 추방당했고5) 아마 그 후 그가 359/60년 겨울에 콘스탄티노플에서 그의 「회합」(Syntagmation)을 제출한 이래 다시 소환되었다. 그리고 철저히 다시 추방되었다.6) 362년 1월에 아에티우스는 율리아누스에 의해 소환되고 그 날 수 얼마 지나지 않아서 죽음을 맞이했다.7)

유노미우스는 천한 출신의 카파도키아인이었다. 분명 330년 직전에 태어났으며 속기사가 되었고 문학 교육 받기를 결심했다. 우선은 콘스탄티노플에서 그 후 안디옥에서 마침내 알렉산드리아에서 아에티우스의 학생이 되어 교육을 받았다.8) 그는 아에티우스와 안디옥에 돌아왔고 유독시우스에 의해 집사로 인수를 받았다. 359년 12월 (그렇게 보인다) 그는 콘스탄티노플에서 그의 「변증」을 재연했고, 그 후 360년 1월에 그는 시지쿠스의 감독으로 지명되었다.9) 가이사랴의 바질은 곧 그를 비판기 위해 그의 펜을 들었고 그의 「유노미우스에게 반하여」란 책을 출판했다. 유노미우스는 그의 교구를 361년에 포기했고 20년 이상 계속 생을 영위했다. 그리고 때때로 자신을 변호했다. (그의 「변증의 방어」는 378년에 속한다).10)

아에티우스와 유노미우스는 변증가였다. 논쟁에 있어서 공격적이었고 능숙했다. 유노미우스는 '날카로운 논리의 사람(the logic-chopper)'[11]이었다. 그들의 혁신은 아리스토텔레스의 논리를 적용하는 것이며 기독교 신학에[12] 아리스토텔레스의 범주론을 적용시킨 것이다. 그들 둘은 다 신플라톤주의자이며, 유노미우스 안에는 얌블리쿠스의 플라톤의 「크라틸루스」(Cratylus) 주석의 영향을 생각할지라도[13] 그 같은 가정은 필요하지도 확신적이지도 않다.[14] 아에티우스와 유노미우스는 20세기 초에 새롭게 대두된 용어지만 '신-아리우스주의' 형태는 아니었다.[15] 왜냐하면 '신플라톤주의' 같은 용어는 자신들을 (플루티누스, 포르피리, 그리고 얌블리쿠스 같은) 플라톤주의자라고 불렀던 후기 고전시대의 철학자들이 플라톤의 철학을 변하지 않게 보전했다는 것이 사실상 아니라 그로부터 크게 다른 사고의 수용과 양식의 기초에서 스승의 가르침을 해석했다는 것을 강조하기 위해 채용했던 말이었다. '신니카이야파' 란 용어는 전적으로 4세기 후반에 우세했던 신학을 기술하는데, 적절했지만[16] 소위 신 아리우스주의는 그들의 아바타로 간주된 이들과 매우 다른 관계성에 서 있다.

아리우스는 336년 그 시대의 표준으로 보면 당혹스럽고 가치가 떨어졌으며 정말 어처구니없는 상황에서 죽음을 맛보았다[17] 그때로부터 계속 아리우스와 그의 견해를 동정을 가지고 보았던 이들조차 그를 감히 변호하지 못했다. 앙카라의 마르켈루스는 335/6 길게 아리우스의 이단성을 비판했다. 그러나 에우세비우스는 그 자신과 그 자신의 신학적 동료들을 337/8년에 마르켈루스에 대항해 변호했을 때 그의 「마르켈루스에 대항하여」라는 저서와 더 조직적인 「교회 신학」이란 책에서 결코 아리우스의 이름을 들먹거리지 않으려고 주의를 했다.[18] 20년 후 아타나시오스는 아에티우스를 (그리고 유노미우스를 암시함으로써) 불명예스런 이단의 교리를 다시 살아나게 했고 재언급한 아리우스파로 묘사했다(「공의회」 38:4).

그들의 의도에 대한 편파적 견해는 조심스런 연구와 신학적 분석의 결과인 것처럼 수용되지 않았다. 즉 아에티우스나 유노미우스의 반대자들은 일반적으로 그들의 견해와 그들의 지적인 출처를 정확히 기술하기보다는 그들을 모호하게 하며 신뢰할 수 없게 하는 데 더 관심이 있었다. 그것은 아에티우스나 유노미우스의 견해들이 진실로 근본적으로 아리우스의 견해와 유사하다는 것을 가늠하기조차 못하게 한다.[19]

아리우스와 '신 아리우스주의'로 간주되는 이들은 그들의 다른 지적인 배경에 대하여 한 세대 이후 이해되어야 할 필요가 있었다. 아에티우스와 유노미우스의 신학은 새로운 현상이었다. 아리우스가 발전시켰던 몇 가지 전제들이 그 유사성이 있었음이 무엇이든 간에 말이다. (혹은 발전했다고 믿어졌던 기간에) 앙카라의 바질 같은 '동방의 보수주의자들'은 행복하게 아리우스를 그가 확신을 주었으며 그의 견해에 수준을 낮췄을 때 교제에 수용했다. 이 새롭고 급진적인 신학적 견해를 가진 신학자들의 아이디어들을 완전히 받아들일 수 없다는 것을 발견했다. 아에티우스와 유노미우스는 신학적 신비를 풀어내고 설명하는 데 추론적 이성의 규범적인 규칙을 부정했던 전제로부터(ex hypothesis) 형식 논리들 사용했나. 리베리오는 355년 가을에 체포되었다. 곤스탄티우스에 의해 대면되었으며 트라키아에 있는 베뢰아로 보내졌다.[20] 357년 봄에 그는 타협하려고 했다. 콘스탄티우스가 로마를 방문했을 때 사람들과 그 도시의 귀족들이 그들의 추방된 감독을 돌려보내 달라고 요청했다. 그 요청은 수락되었고 그는 8월 2일에 도시에 돌아왔다.[21] 우르사키우스와 발렌스에 대항하는 푸아티에의 힐라리우스의 잊혀진 역사 논쟁의 단편들은 리베리오가 귀국할 허락을 받았음을 분명히 하고 있다. 우선 그는 그와 그의 로마 교회는 더 이상 아타나시오스와 그의 동조자들과 교제하지 않을 것이라 하면서 그의 직위 해제와 정죄를 수용했다. 시르미움과 아를 그리고 밀라노 공의회들의 부분적 수용이 포타미우스와 에픽테투스에 의해 불충분하다고 간주되었고 포투나티아투스, 아퀼레이아의 감독이 황제에게 서신을 보냈을 때 그가 황제와 감독 동료들 양측에서 거부당하게 되었을 때 리베리오가 이어서 두 번째 편지를 동방 감독들에게 보내 그 속에서 아타나시오스의 정죄를 수락함을 재언급했고 시르미움 공의회에 의해 작성된 신조를 수용한다는 것도 첨가했다.22)

 리베리오가 항복했을 때 아타나시오스의 직위 해제와 시르미움의 공의회 신조를 저항하는 한 명의 탁월한 서방 감독이 남아 있었다. 존경받는 코르도바의 호시우스였다. 그때 거의 100세 가까운 인물이었는데, 지혜롭게 아를과 밀라노 공의회를 피했고 시르미움의 공의회 편지 서명하는 것을 거절했다. 콘스탄티우스가 리베리오와 같은 시간에 그를 법정에 호출했다. 호시모스가 도착했을 때 (콘스탄티우스는 그에게 타협할 것을 강요했다. 노옹은 불쾌함과 슬픔 속에서 거절했다. 그럼에도 불구하고 그는 자신의 고향으로 돌아갈 수 있도록 허락을 받았다. 콘스탄티우스는 호시모스에게 한번 이상 위협과 타협의 어조를 섞어 쓴 편지를 보냈다. 호시우스는 완강히 굽히지 않고 다른 스페인 감독들도 저항할 것을 북돋아주었다. 몇 달 후 콘스탄티우스는 다시 호시우스에게 사람을 보내 시르미움에서 온 한 해 동안 그를 구류했고 게르미니우스가 그의 지속적인 간청을 더할 수 있었다. 마침내 위협과 괴롭힘이 노옹 감독을 넘어뜨렸다. 리스본의 포타미우스는 357년 여름 동안에 시르미움에 도착했다. 호시우스는 여전히 완강히 마르켈루스, 포티누스, 그리고 아타나시오스를 정죄하는 일을 걱정하고 351년의 신조도 수용하는 것을 거절했다. 그는 그의 이름이 포타미우스의 이름과 함께 처음으로 니카이야 공의회 신조가 분명히 거절당한 신학적 선언에 부여되도록 유혹을 당했다(「아리우스주의의 역사」4 2-46).[23]

우르사키우스, 발렌스, 그리고 게르미니우스 (그리고 아마 다른 감독들), 포타미우스와 호시우스의 면전에서 그 시대의 중심 신학 문제들을 정립함을 선언하는 공식발표를 작성했다.[24] 그것은 우르사키우스와 발렌스에 의해 작성된 자료가 선행적 기초로 간주되는 것이 분명하고 사실상 아쟁(Agen)의 푀바디우스가 우르사키우스, 발렌스 그리고 포타미우스가 그 저자라는 점을 제시하고 있다.[25] 그 선언문은 성부 하나님의 독자성과 이점에서 아들의 종속성을 강조했다. 그 자료가 신앙의 고백이라기보다는 오히려 이론적 주장임으로 거기에 저주는 없다. 중요한 혁신은 논쟁이 오랜 기간 동안 강조했던 철학적 용어인 금지 당한 제안이었다.

> 몇몇 혹은 많은 이들이 [용어] 본질(*substantia*) 헬라어로는 *ousia* 라 하는 것이 더 분명하지만 [용어] 동일본질(*homoousios*)[26]을 괴롭다고 함으로 [그것에 대해] 전혀 말하지 말도록 하며 어느 누구도 그것을 채용해 사용치 말도록 해야 한다. 왜냐하면 성서 안에 내포되어 있지 않은 원인과 이유 때문이며, 인간 지식의 한계를 뛰어넘는 개념이며 그래서 아무도 아들의 인카네이션을 설명할 수 없기에 그러하다.

이 선언문의 본질은 오해되지 말아야만 한다. 그것은 공식적으로 감독들의 공의회에 의해 서명되거나 작성되거나 수용된 것이 아니다.[27] 이 점에서 그것은 서명을 요구해 다른 감독들에게 제시될 수 있는 성격의 것은 아니었다. 그 선언문은 현대적 어법으로 말한다면 일종의 '시험'. 세 명의 일리리아인 감독들과 포타미우스는 니카이야 공의회에 참석한 바 있었던 325년의 신조를 흠집 내기 위해서 호시우스의 권위를 사용하려 했다. 그들은 권력으로 동방의 신학적 기질을 잘못 계산하지 않았다.

조심스런 준비가 있어졌고 안디옥의 레온티우스는 연로했고 쇠약해졌다. 게르마니시아의 유독시우스가 357년 로마로 콘스탄티우스가 방문했을 시 황제의 측근으로 참석했던 감독 중 한명이었다. 그것은 유독시우스가 레온티우스가 쓰러진 것이라는 것을 알고 있었다는 것을 보여준다. 그는 그럴싸한 양해를 지어내 법정을 떠날 것에 대한 허락을 받아 안디옥을 향해 항해했다. 거기서 레온티우스가 사망했을 때 유독시우스는 급히 선택을 받아 라오디게아의 게오르기우스, 아네두사의 마르쿠스나 혹 다른 시리아 감독들의 허락없이[28] 감독으로 착좌를 얻는다. 유독시우스는 황제나 궁궐의 관리들로부터 지원을 즐거워 했다는 믿음을 초래했다. 그런 후 즉시로 아에티우스의 견해를 공개적으로 지지하기 시작했다. 오는 안디옥에서 압도적인 시리아 포이니케 감독들 주축으로 하는 공의회를 개최했고 우르사키우스, 발렌스, 그리고 게르미니우스에게 정확한 자료, 문서를 발전시킨 그들의 봉사에 축하하는 공의회 편지를 써서 시르미움 선언문을 배서했다.[29]

그러나 안디옥 교회 내에서조차 반발하는 이들이 있었다. 유독시우스가 그들을 수찬정지 시켰을 때 라오디게아의 게오르기우스가 소아시아에게 경고를 발휘했다. 앙카라의 바질은 갈라디아의 감독들을 그가 세웠던 새 교회를 봉헌하는 데 올 것을 초청했다. 게오르기우스는 콘스탄티노플의 마케도니우스, 바질, 니코메디아의 케크로피우스, 에우게니우스에게 편지를 써서 아에티우스가 안수 받은 성직자가 되었고 유독시우스가 아들은 아버지와 유사하지 않다고 하는 가르침을 베풀고 있는 안디옥의 '난파선'들이 그들이라고 하는 점을 경고했다.[30] 계절과 악천 후 때문에 오직 12명의 감독들만 앙카라 회의에 참석했는데 358년 부활절 직전이었다. 그러나 길고도 조심스러운 합리적 주장 즉 아들은, 성부의 본질에 유사하다는 것을 선언하는 문서를 작성했다. 공의회 편지는 의심없이 주로 바질 자신과 세바스테이아의 유스타티우스의 집필이며 그들의 이름들이 서명의 첫 부분에 등장한다.31)

앙카라에서 감독들의 편지는 포이니케에 있는 동료 종들과 '우리가 붙들고 있는 같은 견해를 붙잡고 있는 다른 감독'들에게 전달되었다. 그들은 놀라움을 표시했는데 신앙에 대한 더 진전된 명료화가 336년 콘스탄티노플, 341년 안디옥, 343년 세르디카, 그리고 351년 시르미움 그리고 344년 안디옥 공의회의 설명 이후에 필요하게 되었다. 그들 설명의 형태는 그들이 비난하고 꾸짖었던 최근 자료와 유사했다. 그들의 중심적인 주장은 만일 진실로 아들 성자가 하나님으로부터 출생한 하나님의 아들이라면 조물주의 피조물이 아니라 그는 아버지에게 유사한 존재, 특별히 본질에 있어서 유사해야만 했다(*anomoios kat' ousian*). 비슷하지 않다면 그가 진실로 아들이라는 점을 부인하는 것이다 것을 확증하는 추론을 세웠다. 이렇게 해서 감독들은 그들의 편지를 그 견해에 반대하는 이들에게와 '성부가 권위와 능력에 있어 아들의 아버지라고 말하면서 이들은 한 본질이며 아버지와 동일한 본질(*tautoousios*)이라고 말하고 있는 어떤 이들에게 저주의 긴 문장으로 그들은 결론을 맺고 있다.32) 대조적인 강조는 신학적 동조자들 내에서 급진적 변화의 첫 공개적 힌트가 되고 있다.

앙카라 공의회는 대사들을 황제에게 보내어 세르디카와 시르미움에서 개최되었던 교리를 확정하기 위한 공의회를 개최해 달라고 요청했다. 앙카라의 바질, 세브스테이아의 유스타티우스, 시지쿠스의 엘레우시우스, 그리고 궁중 레온티우스가 예배 인도자라 기술된 아마도 유독시우스에게 보내는 황제의 편지를 가지고 법정을 떠나는 지점에서 안디옥의 제사장 아스팔리우스를 발견했다.33) 그러나 앙카라로부터 대표자들을 만나 청취한 후 콘스탄티우스는 안디옥의 교회에 매우 다른 흐름으로 편지를 썼다. 그는 유독시우스가 자신의 권위로 와서 힘을 추구해 자신을 속였다는 것을 부인했다. 콘스탄티우스는 아에티우스를 사실상 무신론자라고 꾸짖고, 그 자신의 신앙은 '우리 구세주는 하나님 아들이시며 성부와 유사한 본질의 소유자이시다'는 것이라 주장했다.34)

　콘스탄티우스는 바질이 다른 공의회를 요청한 것에 대해 동의했고 회합 장소로 니카이야를 제안했다. 바질은 황제를 설득해 니코메디아가 좋을 수 있다고 설득했고 벌써 칙령이 감독들을 전 제국으로부터 소환해 358년 8월 24일에 지진이 니코메디아를 황폐하게 했고 근처 도시들을 큰 해를 가했지만 358년 가을에 개최될 것이라고 선포되었다. 사망자 속에 케크로피우스, 니코메디아 그 자체의 감독이 포함되었다.35) 다음에 무엇이 일어났는지는 모두 함께 불명확했다.36) 거기에는 긴 숙고와 협의가 있었고 궁궐 안에 많은 흥미로운 일들이 의심없이 일고 있었다. 추정되는 것은 바질과 그의 동료들은 반대자 70명 보다 적지 않은 숫자의 감독들이 추방 중에 계승되었다는 것이고 그중에 유노미우스와 아에티우스가 포함되어 있으며 또 유독시우스를 그의 고향 아르메니아로 가도록 강요했다.37) 마침내 콘스탄티우스는 동방과 서방에서 두 개의 평행 공의회를 개최할 것을 결심했다. 아마도 그와 그의 귀를 귀 기울이는 감독들도 분리되어 열리는 공의회가 더 연합된 전 제국에 걸친 공의회보다 더 정확한 결정을 할 수 있을 것 같다고 생각했다. 또한 적어도 그렇게 하는 것이 더 쉽게 유도될 수도 있었다. 서방 공의회는 359년 7월 아리미눔에서 모임을 가졌다.38)

그러나 동방 공의회의 날짜나 장소 등은 한 번 이상 바뀌어졌다. 즉, 358년 가을에 앙카라에서 모여질 것으로 기대되었다. 그러나 감독들은 359년 여름 초에 니카이야에서 모임이 소환되었다. 그러나 공의회는 거기에서 타르수스로 마침내 359년 9월 27일 이사우리아의 셀레우키아에서 개최되었다.39) 그 후 동방과 서방 사이의 틈이 넓게 되었다. 시르미안 선언문은 서방에서 즉각적인 반대에 부딪치게 되었다. 가을에 푀바디우스, 아퀴타니아 아쟁에서 최초로 인정된 감독은 그가 '악마적 교활함'을 지닌 속임수라는 것을 알게 되자마자 비판의 글을 쓰기 시작했다. 그는 선언문의 중요한 제안을 검토했고 그것이 '한 본질'이란 용어를 사용하는 것을 금했기에 니카네야의 신조를 위배하는 것이란 정확한 추론을 끄집어냈다. 결론으로 (그는 저항했다) 신학적 원리에 속한 새 선언문은 크리스천 전통을 거부했고 노옹이며 존경받는 오시모스의 권위도 논박할 수 없는 사실을 속일 수 없었다.40)

푀바디우스는 동방에 추방 중이었던 갈리아 감독에게 그의 저술을 보냈다. 그의 작품과 아마도 357/8 겨울에 푸아티에의 힐라리우스가 작성했던 작품 사이에 유사성이 있기 때문에 우리는 푀바디우스가 힐라리우스에게 유도했던 신앙을 발전시켰다는 것을 알게 된다.41) 그러나 푀바니우스가 힐라리우스를 사용했다는 가정은 그의 작품을 힘으로, 직접적으로 훔쳤다는 얘기이다. 그리고 저술시기에 푀바디우스는 분명하게 아직도 오시모스의 죽음에 대해 아직 들은 바가 없었다.42) 그래서 푀바디우스의 「아리우스주의에 반대하여」라는 저서는 357년 가을에 쓰여졌다는 것이 더 역사적으로 그럴싸하고 힐라리우스에게 유사성을 설명할 수 있는 것은 두 저자의 동일문화권 배경이 밀접히 유사한 전제를 논할 수 있어서 신학적 이성의 동일전통에서 유래한 본질적 결과이거나 푀바디우스가 그의 작품의 복사물을 힐라리우스에게 보냈다는 가설에 의한 것이다. 아마도 푀바디우스는 힐라리우스르 그의 추방 전에 알았고 힐라리우스가 아마도 반의식적으로 그가 최근에 읽었던 자료들을 통합된 구절을 사용했을 것이라는 점을 생각하는 것은 어렵지 않다.

푸아티에의 힐라리우스는 356년 베테라 공의회에서 정죄받았다. 툴루세의 로다니우스와 함께 시르미움 공의회의 공의회 편지에 서명을 거절했기 때문이다.[43] 힐라리우스는 브르기아로 추방당했다. 357/8 겨울에 라틴어를 사용하는 갈리아감독으로 그의 위치는 소아시아 추방에서 그의 위치는 그에 중요한 정치적 역할을 감당하는 기회를 그에게 주었다. 그는 (아마 357/8 겨울 동안에) '시르미움의 신성모독'에 대항하여 역사적 논쟁 작품을 기술했다. 그는 세르디카 공의회와 시르미움, 아를 그리고 밀라노 공의회를 새롭게 획득된 확신 즉 아타나시오스에 대항해 도전하는 것은 무엇보다 정통에 공격을 가하는 것이라는 입장에서 연구했다. 그는 리베리오의 퇴임에 관해 토론하며 자료화했다. 그리고 강조하길 니카이야 신조가 진실한 신앙의 보증임을 강조했고 우르사키우스와 발렌을 공격함으로 그의 주장을 배열했다.[44] 힐라리우스는 서방, 제일차적으로 갈리아 청중들을 위해 저술했고 그의 저술은 즉각적인 반향을 받았다.

358년 봄에 모였던 갈리아 감독 공의회는 시르미안 선언문을 비난했다. 그리고 힐라리우스에게 편지를 써서 그에게 동방에서 최근에 일어나는 신학적 발전에 관해 중요한 줄문에 대해 요구를 했다.[45] 힐라리우스는 앙카라의 바질의 측근들과 갈리아 감독들 사이에 연합을 다듬기 위한 시도로 답신을 보냈다. 358년에 힐라리우스가 쓴 갈리아와 영국의 감독들에게 쓴 장문의 편지와 '공의회에 관해 혹 동방의 신조들에 관해'라는 타이틀로 된 사본은 그 저작물들의 시대에 복잡한 신학적

상황을 위한 제일의 증거를 구성하고 있다.[46]

힐라리우스는 길게 주장하길 양 집단은 사실상 일치한다고 주장하면서 *homoousios*나 *homoiousios*의 용어는 정확히 동일한 의미이며 동일한 내용을 함축하고 있는 것이라고 주장하고 있다. 그는 갈리아와 동방감독들이 상호 의심에 정박하고 있다는 것을 수용한다. 그러나 동방의 신뢰할만한 주장에 대한 서방의 의심을 최근 앙카라의 공의회에서 등장한 저주문, 341년 안디옥 공의회 신조, 343년 세르디카 공의회, 351년 시르미움 공의회의 저주문 도합 27번의 저주문을 인용하며 설명함으로 제거하길 시작했다. 힐라리우스의 변증의 의도는 카랄리스의 루시퍼에게 보냈던 작품의 복사본에 그가 훗날 부탁 했던 가장자리 노트에서부터 드러났다. 그는 앙카라의 저주문의 마지막 5개를 호모우시오스란 용어의 처방을 포함해 압박을 가했다. 왜냐하면 그는 시르미움에 황제에게 보고된 것만 인용하고 있기 때문이다.[47] 그의 갈리아 청중들을 위해 힐라리우스는 그의 동방 동료들을 많은 어려움을 지닌 소수들로 묘사하고 있다.

> 동방교회들의 위험은 커서 이 신앙의 사제나 평신도를 발견하는 것은 드물었다. (여러분들 이 그들의 자질을 판단해보시길) 큰 권위가 어떤 사람들에 의해 불경건한 자에게 주어져 여러분들이 무지하지 않는 원인에 속한 감독들의 추방에 의해 세속의 힘이 강화되어져 왔다. 엘레우시우스와 그와 함께한 몇 사람으로부터 멀어져 내가 거주하고 있는 아시아의 열 개 지역들 중 큰 부분이 하나님을 진실로 모르고 있다.[48]

이 거룩한 남은 자로 힐라리우스는 그의 신앙을 나누고 있다. 그는 한 본질을 선포하고 있다. 동방의 감독들은 본질의 유사성을 강조한다.

그러나 둘은 같은 의미이고 이 점에 있어서 신학적 기초에 동의하고 있는 것이다.

그의 장문의 편지 마지막 부분에서 힐라리우스는 급하게 동방 감독들에게 방향을 돌린다.[49] 그는 이단들을 저항한 것과 법정에 대사를 보내서 황제를 이단들이 그를 유인하는 실수로부터 황제를 구출했던 것을 칭찬하고 있다. 358년에 시르미움에서 우르사키우스, 발렌스, 그리고 게르미니우스가 그들의 편지가 동일본질과 유사본질을 설명하는데 그것이 크게 읽혀지길 요구했다. 그 공의회는 전자의 용어를 철학적으로 부적당한 것으로 거절했다. 그것이 본질의 나눔을 전제함으로 말이다. 그리고 오래전 사모사타의 바울을 직위해제 했던 공의회에 의해 정죄되어 왔던 것으로, 니카이야 공의회에서 힘으로 부과되어진 것으론 그것은 비성서적이어서 피해져야 할 것이라고 거절했다. 이 주장에 맞서서 힐라리우스는 호모우시오스와 니카이야 신조를 둘다 옹호했다. 그리고 그것들을 부정하는 것은 아리우스주의가 되는 것이라 보았다. 그리고 *homoiousios*라는 용어는 *homoousios*와 함께 서거나 떨어지는 것이다.

어떻게 힐라리우스의 편지가 받아졌는지 어떤 증거도 기술해 주고 있지 않다. 그러나 즉각적이고 냉혹한 결과는 간접적으로 발견될 수 있다. 힐라리우스는 356년 그의 추방 전까지 니카이야 신조가 암송되는 것을 들은 적이 없었다고 선언하면서 기울어지는 상황임에도 350년까지 서방에서 그 신조의 친밀성의 일반적 결핍을 반영해야만 한다고 주장했다.[50] 그러나 359년에 서방감독들이 아리미눔에 모여서 니카이야 신조에 그들이 서야할 준비를 갖췄다.[51] 게다가 서방의 견해를 굳어지게 했던 한 문학적 결과물은 그 기원이 힐라리우스가 가을에 보냈던 저술의 기록에 자극 덕택이다.

스페인 감독 일리베리스의 그레고리우스는 「아리우스주의에 반하는 정통신앙에 관하여」란 저술을 펴냈는데 우르사키우스와 발렌스에 대항하는 푀바디우스와 힐라리우스의 역사적 논쟁을 반영한 작품이다.52) 그레고리우스는 그가 저술했던 역사적 상황에 대한 정확한 그리고 분명한 암시를 하지 않고 있다. 그러나 호모우시오스란 용어를 길게 방어하지만 공식적으로 359년에 수용된 '모든 점에서 유사한' 형식을 도외시하는 것은 그가 아리미눔 공의회 이전에 저술했음을 제안하고 있다.53)

로마에서 아리미눔 공의회 앞서 회심한 문법학자인 마리우스 빅토리누스가 더 야심차고 열렬한 계획의 출범을 알렸다.54) 그는 플로티누스와 포르피리로부터 취한 철학적 구조로 동일본질(*homoousios*)을 변호했던 속에 아리우스에 대해 농도 짙은 비난을 위해 펜을 들기 시작했다. 그리고 궁극적으로 아우구스티누스를 통해 서방 삼위일체 신학의 발전에 지대한 영향을 주었다. 빅토리누스가 363년에 단지 아리우스와 아리우스주의에 대항해 9권의 시리즈 서적을 완성했을지라도 그는 아마도 358년, 357년의 '아리우스주의'에 대한 분명한 승리에 대한 반응 속에 네 권의 첫 그룹의 책들을 써서 앙카라의 바질과 그의 동료들의 유사본질(*homoiousios*)을 공격했다.55)

빅토리누스는 세 권의 책사를 아리우스주의를 비판하기 위해시 그가 목적을 위해 고안했던 대리자(straw-man) 칸디더스에 두 개의 편지로 설명을 했다. 그 후 그는 아리우스 자신의 비판에 방향을 돌리고 그의 저서의 첫 부분에 바질에 대한 더 가혹한 공격 「아리우스주의에 반하여」를 포함시켰다. 유사본질이란 용어(그는 저항했다)는 매우 근래의 착안이었다. 왜 바질, 그의 친구들, 그의 학생들, 그리고 동료 교사들이 325년 이래 침묵을 유지했을까? 그가 로마에서 357년에 황제와 함께 하고 있을 때조차 바질은 그가 지금 주장했던 것과 대조적이었던 견해를 들었다. 그러나 그는 그들을 무시했고 그가 지금 저주를 내리는 바로 그 사람들과 식탁을 나누었다.56) 신학적 토론에서 동일 본질이란 용어를 채택해야 하는 절대적 필요성에 관한 빅토리누스의 방어를 위한 열렬한 입장은 어떤 시도가 그들을 설득해 니카이야 신조에서 중심 단어를 거절하거나 포기하라고 한다면 서방 감독들이 저항하고 싶은 저항 목록이 된다.57)

XVI.
유사본질 신조

콘스탄티우스 법정에 있던 감독들도 아리미눔과 셀레우키아 공의회가 토론의 제한을 받지 않는 자유를 누리는 것을 의도하지 않았다.[1] 제국에서 위탁된 사람들이 공의회를 밀접히 감독 했고 그 진행 과정에 영향을 끼쳤다. 359년에는 몇 년 전 아를과 밀라노에서처럼 콘클라베에 모여진 감독들은 새로운 아이디어를 제시하는 것이 아니라 그들에게 놓여진 자료를 합법화 하는 것이 기대되었던 것이다(「공의회에 관하여」 8.2). 제시된 서류들은 아레투사의 마르쿠스에 의해 준비되었고 감독의 작은 위원회에서 배서되었는데, 그 위원회는 우르사키우스, 발렌스, 앙카라의 바질, 시르미움의 게르미니우스, 이집트 감독들, 알렉산드리아의 게오르기우스, 펠루시움의 판크라티우스, 그리고 헤라클레아의 히파티아누스일 수 있다. 부활절 전 철야 기도회 시간동안 359년 5월 2일 늦은 저녁에 콘스탄티우스의 동석 중에 '가톨릭 신조' 선언문이 작성되고 서명되었다(「공의회에 관하여」 8.3-7).[2]

신조의 본문은 안디옥의 지역 공의회에 분명한 유사성을 띤 작성자의 손길을 보게 된다. 그리고 그것은 사망한 그리스도가 지옥으로 가신

장면을 포함한 최초의 신조가 된다. 그러나 그것의 중요한 모습은 모든 이들이 수용할 수 있는 형식을 묵상하고 고안해 내는 시도이다.3) 아마도 가이사랴의 아카키우스에 의해 처음 동원된 언어에 있어서는4) 기술적 용어는 피하고 유사본질 기독론을 제출했다.

> '본질'(ousia)이란 용어가 교부들에 의해 (니카이야 325년에) 적절한 반성없이 사용되어 사 람들에 의해 알려지지 않았고 성서에 없는 용어이기 때문에 반대에 부딪혔다. 결단이 내려져야 했기에 그것은 제거되어야 하고 미래에는 하나님에 관해 본질이 무엇이냐 하는 것들이 언급되지 말아야 한다. 왜냐하면 성서 어느 곳에서도 (말할 때) 아버지와 아들에 관한 본질을 언급하고 있지 않기 때문이다. 그러나 우리는 선언하길 아들은 모든 면에서 아버지와 같다. 그것은 거룩한 성서가 사실상 선포하고 가르치는 바이다. (「공의회에 관하여」 8.7)

이 타협안은 원래 서명자들조차 만족하지 못하고 있다. 발렌스는 '모든 면에서'를 콘스탄티우스가 그것을 삽입하라고 강요할 때까지 그의 서명 속에는 생략했다. 반면에 바질은 '모든 점에서'가 단순히 의지에서만이 아니라 '위격에 있어서, 실재에 있어서, 존재에 있어서'를 의미했다는 넓은 범위의 설명을 더했다.5)

그 후 황제는 공의회에 편지를 써 각자를 위한 회의절차에 관해 알렸다. 동방의 공의회는 우선적으로 교리문제를 정착시킬 것을 권고 받았다. 그 후 예루살렘의 키릴로스 같은 개인 감독들의 경우들을 생각했다. 그는 그들의 직위 해제와 추방에 대해 도전했으며 직무에 있는 감독들을 저항해 불평했으며 이를테면 알렉산드리아의 금지에 대항하는 폭력과 추측에 대한 이집트인들의 비난을 다루었고 마지막으

로 10명의 사절단을 정해진 결정사항들을 법정에 알리기 위해 보내는 것 등이 있다.6)

서방공의회는 관료적 관찰을 통해 정확히 동일한 편지를 받은 것 같다. 왜냐하면 그것은 콘스탄티우스가 5월 28일에 두 번째 편지를 써서 그 안에서 그는 아리미눔 공의회가 관심을 집중해야 할 것이 무엇인지 주로 신앙과 일치문제에 치중하라고 명령을 보냈기 때문이다. 그리고 또 절차에 대한 보고를 자신에게 하도록 10명의 사신을 보낼 것을 명했다. 그러나 동방 감독들에 관한 문제에서는 어떤 결정을 하진 않았다.7)

355년 이탈리아와 아프리카에서 보호총독이 된 플라비우스 타우루스는 서방 공의회를 진행하도록 책임을 맡았다. 그리고 소문이 들리길 일반적인 대사직이 성공을 위한 그의 보상일 것이다는 사실이었다. (361년 그는 대사가 되었다).8) 타우루스는 광범위한 참석을 보장했다. 그는 관리들을 이탈리아, 아프리카, 스페인, 그리고 갈 지역에 자유로운 이동과 공급을 보장하면서 초청장을 보냈다. 감독들 숫자에 있어서 400명 이상이 모였는데 (영국에서 세 명의 가난한 감독들은 제하고) 갈리아 지방의 감독들은 자신들의 행동의 자유로움이 타협되는 것을 피하기 위해 그들 자신의 비용으로 오겠다고 주장했음이 전해지고 있을지라도 그 정도 숫자가 참가했다.

공의회는 7월에 모였다. 5월 22일의 신조가 읽혀졌을 때 감독들은 두 진영으로 나뉘어졌다. 서방의 대다수 감독들은 어떤 새로운 신조가 니카이아 후에 필요할 것이라는 점을 재확인하면서 어떤 것도 거기에 더해지거나 제거되어도 안 되며 아리우스의 공식적인 정죄와 그의 이단적 견해를 드러내는 것으로 진전해 나갔다.9) 더 나아가 그들은 우르사키우스 발렌스, 게르미니우스, 그리고 가이우스 (다른 일리리아 감독) 등은 교회들을 어지럽히고 니카이야 신조를 전복시키려고 한다는 점으로 비난했다.10) 이러한 결정들이 359년 7월 21일에 그 마지막이 알려진 날짜인데 그들은 아리미눔 으로부터 떠나게 해줄 것을 허락해 달라는 요구를 담은 정중한 도전의 편지로 콘스탄티우스에게 의견을 전달했다.11) 그 편지는 대표자에 의해 맡겨져 7월 말에 아마도 아리미눔을 떠나게 되었다. 타우루스는 공의회의 회무가 황제에게 만족스런 방식으로 끝날 때까지 감독들이 그 도시에서 대기하고 있어야 한다는 지침을 내렸다.12)

우르사키우스, 발렌스, 그리고 게르미니우스도 아리미눔에 왔다. 그들의 서방 동료들과 아마도 일리리쿰에서 온 몇 타스의 다른 감독들, 그들은 거의 80명 정도 되는 소수의 사람들로 형성되었다. 다수의 요지부동함을 보면서 그들은 공의회가 열리는 대형교회에서 철수해 비어있던 근처 교회로 이동해 거기서 대응전략을 세웠다.13) 그들은 콘스탄티우스에게 효과적인 편지를 써서 그들이 순수한 교리의 옹호자요 가톨릭 진리의 수호자로 그의 명령에 따라 모든 '본질'에 대한 논의를 포기했으니 가정으로 돌아가도록 허락해 달라고 하는 요구했다.14) 또한 그들은 동방감독들에게도 서한을 보냈으며 그들 지도자들 대부분이 콘스탄티우스에게 사신으로 갔다. 그들은 기술적인 변호인이면서 숙련된 정치가들이어서 경쟁관계에 있던 대표들을 능가할 수 있음을 입증했다.15)

콘스탄티우스는 6월에 시르미움을 떠났다. 그리고 359/60년의 겨울을 콘스탄티노플에서 보내게 되었다.16) 아리미눔으로부터 두 명의 대표자들을 어디에서 언제 만났는지 모르지만 그들은 매우 특별한 영접을 받았다. 콘스탄티우스는 소수파의 대표자들은 환영했지만 다른 이들에겐 면담을 거절했다. 그 후 강압적인 상황이 전개되었다. 콘스탄티우스는 군사적 행동을 향해 떠났고 아드리아노플에 그가 돌아올 때까지 기다리라고 명령을 내렸다.

연기되는 상황, 그리고 위협이 기다리고 바랐던 결과였다.17) 10월 10일 트라키아의 니케 마을에서 카르타고의 레스티투투스와 다수파의 또 다른 사신들이 아리미눔에서 그들 결정에 단절했고 우르사키우스와 발렌스, 게르미니우스, 그리고 가이우스의 수찬정지를 수용하지 않았고 다른 대표자들이 아리미눔에서 가져온 신조에 서명을 했다.18) 지금 그들이 수락했던 공식 문서는 일리리아 감독들에 의해 5월 22일에 개편된 신조였다. 그것은 '아버지와 유사한' 뒤에 '모든 점에서'란 어귀를 생략했고 '하나의 본질'(one *ousia*)란 구절은 물론 '한 위격'(one *hypostasis*)란 용어 사용도 금지했다.19) 이 항목의 장소가 교묘히 선택되었던 것이다. 이점에서 그 신조는 '니카이야' 신조라 표현 가능했다. 그래서 이름의 유사성이 몇 감독들을 속일 수 있었던 것으로 입증되었다고 알려진다.20)

그러는 동안 셀레우키아 공의회는 폭풍우 같은 과정을 겪고 있었다.21) 사람들 그리고 불만들이 아이디어는 물론이고 문제에도 있었다. 백 육십명 감독들이 참석했다.22) 재판관들인 레오나스와 바시디우스 라우리키우스, 이사우리아의 군사 덤덩관 등이 그 회무에 참석할 것을 명령 받았다. 공의회는 359년 9월 27일에 열렸고 레오나스가 감독들에게 그들의 견해를 발표하도록 초청했다. 즉시 논쟁이 시작되었다. 우선은 오기로 한 감독들 모두가 다 참석할 때까지 결과가 연기되어야 한다는 요구가 대두되었다. 미참가자들은 그때 앙카라의 바질, 콘스탄티노플에서 마케도니우스, 그리고 스키토폴리스의 파트로필루스였다. 뒤에 소개한 두 명은 질병을 호소했고 아마도 그들에 대한 비난을 직면할 것이라는 사실을 꺼려했던 것이다. 레오나스가 어떤 멈춤이나 연기를 지지하길 거절했을 때 참석했던 몇 사람들이 개인 감독들 이를테면 예루살렘의 키릴로스, 세바스테이아의 유스타티우스 같은 이들에 반대하는 공격을 정리할 때까지 어떠한 토론도 거부했다.23) 반면에 다른 이들은 교리적 질문들이 먼저 토론되어야 한다는 것을 주장했다. 양측은 황제의 편지에 호소를 했다. 공의회가 그 회무를 시작했을 때 즉시 두 파로 나뉘어졌다. 가이사랴의 아카키우스가 한 편을 이끌었고 알렉산드리아의 게오르기우스, 두오의 우라니우스, 안디옥의 유독시우스, 그리고 40명 감독들이 다른 편이었다.24) 다수파는 라오디게아의 게오르기우스, 프플라고니아에 있는 폼페이오 폴리스의 소프로니우스와 시지쿠스의 엘레우시스였다. 후자의 그룹은 니카이야 공의회 신조를 가능한한 한 치의 변경도 없이 받아들일 것을 원했다 (말끔히 '동일본질'을 제거하라는 뜻). 반면에 전자의 그룹은 니카이야의 정의를 대리해 새로운 신조를 작성하자고 제안을 가했다. 논쟁이 저녁 늦은 시간까지 지속되었다. 그때 타르수스의 실바누스가 선언하길 어떤 새로운 신조도 필요치 않고 '봉헌을 위해 모인 공의회'가 만든 신조가 충분하다고 했다. 아카키우스의 그룹은 철수를 했다. 그때 다수파는 341년의 신조를 꺼냈고 그것을 낭독했으며 신뢰했다. 그 다음날 그들은 셀레우키아의 중심 교회에서 만나 문을 닫고 그 신조에 서명을 했다.

아카키우스와 그의 동조자들은 절차가 기습적으로 적당치 못했다고 하면서 거절했다. 왜냐하면 다수파들이 비밀 회합에서 처리했기 때문이었다. 아카키우스는 그 자신의 신조를 준비해 레오나스와 라우리키우스에게 읽었다. 9월 29일 레오나스는 다시 전체회의를 개최하려고 했다. 바질과 마케도니우스가 당시에 도착했다. 그러나 아카키우스 파들은 합석하길 거부하고 이전에 추방된 감독들 그리고 최근에 정죄된 감독들은 배제되어야만 한다고 주장을 서로 펼쳤다. 그 주장은 동의가 되었고 그 감독들은 공식적 비난이 있었던 사람들에 반하여 철수가 되었던 것이다. 아카키우스와 그의 그룹은 그 시점에 들어왔고 레오나스는 그가 아카키우스로부터 청원을 받았다고 선언했다. 모임이 조용해졌을 때 레오나스는 신뢰할 만한 주장이 되었다고 했던 것을 낭독했다.[25] 레오나스와 라우리키우스의 미사여구와 그들의 반대자들에 대한 불평이 경합된 서문 뒤에 아카키안 파들은 그들이 '봉헌을 위한 공의회'의 신조를 거부했던 것을 부인했다. 그러나 동일본질과 유사본질이란 용어들이 많은 곤란을 일으켰던 이래로 비유사본질(*anomoios*)이 최근에 도입된 반면에, 그들은 동일본질과 유사본질은 비성서적인 것으로 비난했고 비유사본질을 저주했다. 대신 그들은 아들이 아버지와 유사하다는 것을 고백했고 5월에 시르미움에서 작성된 것에 거의 일치하는 신조를 분명히 선언했다. 그리고 감히 그것에 동의하지 않는 모두에게 수찬 정지를 선포했다. 아카키우스와 그의 후원자들은 자료에 서명했고, 그러나 소프로니우스는 반대했으며, 결론이 없는 많은 토론 이후에 제3일의 회기가 끝났다.

    논쟁은 제4일에도 계속되었다. 시지쿠스의 엘레우시우스는 341년의 신조가 충분하다고 재천명했다.[26] 그리고 아들이 어떻게 아버지와 유사하다는 것을 정확히 특기할 수 있도록 했다. 그가 그 의미는 의지만의 유사성에 대해 주장했을 때 그것은 본질에 있어서는 아니었다. 그러자 대다수의 감독들이 분명히 불일치하게 되었다. 질문들이 계속 토론을 뜨겁게 달겼고 레오나스는 일어나 그 회기를 마감했다. 다음날 그는 감독들과 합세하는 것을 거절했다. 아카기우스는 결과로 만족했다. 다수파는 아니었다. 그들은 예루살렘의 키릴로스의 경우를 공의회에 콘스탄티우스의 원래 편지가 그것을 고려하라고 지시를 한 사항이라

상정했다. 키릴로스는 셀레우키아에 있었고 청취하길 기대했다. 다수파 감독들이 키릴로스를 직위해제 시켰던 공의회에 좌장이었던 아카키우스와 비신학적 공격에 대해 고소한 사람들을 포함했던 가이사랴의 감독 연합체, 양측을 소환했다. 그들이 반복된 요구에도 나타나지 않자 다수파 감독들은 아카키우스 자신과, 알렉산드리아의 게오르기우스, 두로의 우라니우스, 프리기아에 카에레타파의 테오둘루스, 리디아에 속한 필라델피아의 테오도시우스, 미틸리니의 에바그리우스, 트리폴리스의 레온티우스, 안디옥의 유독시우스, 스키토폴리스의 파트로필루스를 직위 해제시켰고 자신들에 대해 두드러진 고소에 대해 자신들이 사면을 얻을 때까지 앞에 언급한 감독들 외에 더 다른 9명의 감독들을 혐의가 있음을 밝혔다.[27] 그 후 그들은 안디옥의 감독으로 유독시우스를 대신해 아니아누스를 지명했다. 아카키안 파들은 그를 체포해 상처를 내었고 그를 레오나스와 라우리키우스에게 건네주었으며 그를 결국 추방시키고 말았다. 두 공직자들에게 저항이 그들을 설득해 아니아누스를 향한 추방 명령이 집행되지 않도록 하는 설득이 수포로 돌아가자 다수파는 마침내 요구된 10명의 사신들을 콘스탄티우스에게 보내 공의회 결정에 대해 황제에게 알렸으며 그들은 그들 도시로 각자 돌아갔다.[28]

아카키우스의 경쟁 대표단들이 먼저 황제에게 당도했다. 콘스탄티우스는 유사본질 신조를 거부한 동방의 입장에 괴롭힘을 덜 표시하지는 않았다. 그리고 중요한 의무로부터 배제되었던 사항을 제거해 버렸고 공격적인 감독들 열에서 누리고 있었던 다른 시민들의 예배를 제거시켜 버렸다.[29] 그러나 그는 아리미눔에서 서방감독들이 곧 항복할 것이라는 기대감 속에서 대표자들을 투옥하기에 이르렀다.

니카이야 신조를 수용했던 사절단들이 이탈리아에 돌아와서 처음에는 예배를 거부했다. 그러나 총독 타우루스와 우르사키우스와 발렌스 감독들은 압력을 서서히 실행했다. 서방의 결의는 주춤거렸고 붕괴되었으며 마침내 발렌스는 (추측상 부정직과 노골적인 사기로) 마지막 20명 감독들을 꼬드겨 새로운 신조를 수용하도록 저항을 유지했다. 두 번째 대표자들이 서방 감독들이 지금 새로운 신조의 수락에 연합되었다고 알려주었다.30) 그들은 그 해 연말 콘스탄티노플에 도착했다.31) 셀레우키아 사절들에 대한 비슷한 압력이 유사한 결과를 가져왔다. 유사본질 신조의 유일한 수용은 아에티우스의 분명한 이단에 대항한 성채를 제공 가능하다고 주장한 것이었다.32) 사절단이 아리미눔으로부터 도착했을 때 아카키안 파들은 자신들을 셀레우키아 전체 공의회의 대표자들로 제시하면서 아에티우스가 자리잡고 있던 서방의 위험한 자들을 경고했다.33) 고집스런 암흑의 사절들이라 분리해서 일하는 고전적인 취급이 있으나 다른 측은 계승되어 있는 유사본질을 수용한 것이었다. 359년 12월 31일에 두 공의회의 대표자들은 새로운 제국의 유사본질 정통주의를 세웠던 신조에 서명을 했다. 34)

그리고 이제는 일치된 한 공의회를 열기 전 신조를 합법화하며 고집스런 반대자들을 추방하는 것만 남아 있다. 360년 1월에 72명의 감독들이 콘스탄티노플에서 만났다. 존경받는 인물들 칼케돈의 마리스, 고딕의 감독 울필라도 참석했다. 다수 참석자들은 비티니아 감독들이었으며 지배적인 영향력은 아카키우스의 몫이었다.35) 공의회는 니카이아에 기초한 그래서 모든 이전의 신조들을 거절하고 새로운 것들을 금지했던 한 신조를 만들어냈다.

'본질'(*ousia*)이란 용어가 교부들에 의해 적절한 반성없이 사용되어 사람들에 의해 알려지지 않았고 성서에 없는 용어이기 때문에 반대에 부딪혔다. 결단이 내려져야겠기에 그것은 제거되어야 하고 미래에는 하나님에 관해 본질이 무엇이냐 하는 것들이 언급되지 말아야 한다. 왜냐하면 성서 어느 곳에서도(말할 때) 아버지와 아들에 관한 본질을 언급하고 있지 않기 때문이다. 아버지와 아들 성령에 관해 '위격'(*hypostasis*)도 사용하지 말라. 우리는 아들이 성경이 선언하고 가르치는 바처럼 아버지와 유사한 분이시다고 선언한다. 이 선언된 자료 에 반대하는 모든 이단들, 이전에 정죄되었던 것이나 새롭게 대두된 것들에게 저주가 있을지어다. (「공의회에 관하여」 30.8-10)36)

공의회는 아카키우스의 적들을 징계하게 되는 유쾌한 일로 분위기가 바뀌었다.37) 모든 경우에 훈련하는 공격들이 가능되어 그리고 증거로 수용되었다. 그들은 다른 교구로 이동한 감독들의 탈법도 포함되었다. 공의회는 그 자신의 회원들에게도 무례했을 뿐 아니라 안디옥의 유독시우스와 콘스탄티노플의 마케도니우스도 대치되는 것으로 수용되기조차했다. 공의회는 시지쿠스의 엘레우시스가 파직되고 유노미우스로 그를 대신했으며 반면 그와 동시에 후자의 스승 아에티우스를 이단으로 정죄하는 많은 일에 일치성을 크게 보여주지도 못했다.38) 공의회는 (추정되길) 그들의 감독 게르미니우스에게 반대해 시르미움의 성직자를 교체하려 했고 아프리카의 감독들 사이에 후원을 얻으려 편지를 썼던 앙카라의 바질을 직위해제 했다.39) 또 그 공의회는 셀레우키아의 네오나스, 폼페이오폴리스의 소프로니우스, 예루살렘의 키릴로스 외 많은 이들을 또한 직위해제 했다.

이러한 숙청이 황제의 승인으로 콘스탄티노플에 작은 공의회에 의해 행해졌다. 그러한 일들의 결과는 예측할 수 없었다.40) 콘스탄티노플에서 감독들은 세바스테이아의 감독 멜레티우스를 유스타티우스 대신으로 세웠다.41) 멜레티우스는 대중의 요구로 안디옥에서 유독시우스를 콘스탄티노플로 이전시켜 공의회가 공석으로 남겨두었던 교구를 채우기 위해 선택했다. 그 선택 후 멜레티우스는 즉시 자신을 실제로 니카이야 신조를 지지하는 자라고 나타내 보였다.42) 그는 선택 후 한달도 못 지나 의식 없이 직위 해제 되었다.43) 그리고 오전부터 아리우스의 밀접한 동조자였던 유조이우스에 의해 대신되었다. 결론으로, 안디옥의 현존하는 분열은 여전히 더 복잡하게 되었다. 거기에는 세 라이벌이 있었고 '안디옥의 교회'들은 경쟁하고 있었다. 공식적으로 인정된 감독은 새롭게 인정된 유조이우스였고 그는 아에티우스의 비유사본질 아이디어를 안내하려고 시도했다. 유스타티우스는 콘스탄티누스 통치 때에 직위 해제되었고 337년 이전에 추방 중에 사망했다(「아리우스주의의 역사」 4.1). 그러나 그의 추종자들은 분리된 조직체를 유지해갔고 아리우스파를 대치한 저명인으로 멜레티우스를 거절했다. 그가 유사본질을 옹호했을 때일지라도 그랬다. 그러나 멜레티우스는 아마도 레온티우스의 진실한 계승자라 주장했다. 그리고 멜레티우스 파들은(신뢰할 수 있게 보고된 바에 의하면) 제3의 제일 많은 숫자의 그룹을 형성했다.44)

콘스탄티우스는 360년 이른 봄 소아시아를 긴너 안디옥을 거처 메소포타미아의 길로 향했다. 거기는 아미다란 지역이 이전 여름에 오랜 포위 끝에 페르시아에 굴복당했다. 페르시아에 맞서 싸우는 전투는 그의 절박한 관심을 요구했다. 그리고 그의 오랜 기간 동안의 노력이 획득되는 것으로 나타나는 교회 내에서 교리의 일치는 피곤함을 드러냈다. 360년 1월에 콘스탄티노플에서 유사본질을 주장하는 신조가 5세기에 로마제국을 침공한 후에도 북 야만족에 속한 '아리우스파'로 오랜 생명력을 지녀왔던 것이 발표되었다 해도45) 서방 제국 안에서 그

운명은 제국의 후원하는 정치적 운명과 연결되어 있었다. 콘스탄티우스는 아리미눔에 400명의 서방 감독들을 반 년 동안이나 그가 요구했던 신조에 서명할 때까지 구류하고 있었다. 그러나 그가 강요했던 소심한 묵인은 단 기간이었다. 360년 봄 골과 브리탄(그리고 아마 스페인까지)이 콘스탄티우스의 정치적 군사적 장악으로부터 벗어났다. 그리고 푸아티에의 힐라리우스우스는 곧 서방에 당도해 새로운 동방 정통을 마감하려고 결심을 했다.

힐라리우스는 (자주 모호하지만) 이 기간 동안 신학적 논쟁에 중요한 부분을 차지했다. 그러나 여전히 더 중요한 것은 콘스탄티우스를 향해 교육받은 크리스천의 자세와 신학적 분위기에 변화의 기준점으로 중요했다. 358년 저술하면서 힐라리우스는 341년의 '봉헌을 위한 공의회,' 343년 세르디카에서 동방 감독들의 모임, 그리고 351년 시르미움 공의회의 신조들을 옹호했고 심지어는 칭송까지 했다.46) 모든 세 공의회가 아타나시오스를 정죄했던 사실이 왜 알렉산드리아 감독이 자신을 위해 추방당했던 서방 감독들 중에 힐라리우스를 거명하지 않는 이유를 설명하는 데 도움이 될 것이다. 그러나 360년 경 힐라리우스와 아타나시오스는 서로 동조자들이었다.

힐라리우스는 셀레우키아 공의회에 참석했다. 술피키우스 세베루스는 언급하길 그에게 공적 교통수단 이용을 제공했던 부총독과 총독에 의해 참석해야 하는 것이 강요되었다고 한다.47) 그의 출석과 그의 활동에 대해 공의회의 동방측 자료에 전혀 흔적이 남아 있지 않을지라도 그는 새로운 신조 등장을 저항한 다수파의 결단을 강화하는데 어떤 역할을 감당했다.48) 공의회 이후 힐라리우스는 공식적 대표 자격으로 가 아니라 자기 자신의 의도로 콘스탄티노플에 왔다.49) 거기서 360년 1월 분명히 그는 니카이야 신조에 충실히 남아 있으라고 열한 시간

동안 황제를 설득하려는 아주 절박한 시도 속에 황제와의 면담을 간단한 간청문을 작성했다.50)

힐라리우스의 「콘스탄티우스 황제에게」라는 저서는 콘스탄티우스가 선하며, 경건하고, 종교적이며 그러므로 정통에 선 인물임을 인정하는 것을 받아들이고 있다.51) 그는 자신이 부당하게 정죄받고 추방당했다고 그는 저항하고 있다. 그가 비록 그의 권리를 도시 안에 있었던 아들의 사투르니누스에게 책임을 맡겨 대신 자신의 무죄를 증거하여 가능케 할 수 있는 부황제 율리아누스와 콘스탄티우스에게 대신 호소할 수 있는 입장을 넘겨주면서까지 말이다.52) 힐라리우스는 간단히 존경스럽게 그리고 절박하게 동서방의 평화를 위해 모든 일을 실행했다. 즉각적인 행동이 새로운 신조가 쓰여지려 했기 때문에 필요했다. 힐라리우스는 황제에게 하소연하길 신조에 관해 논의하는 공의회에 말할 것을 그에게 허락해 달라고 했다. 그는 성서 본문을 그리고 예수 자신의 말씀을 생산하길 원했다. 이러한 간청 속에서 힐라리우스는 이름으로라도 니카이야 공의회를 언급하는 것을 조금도 꺼려하지 않았다. 그러나 그는 교회에 속한 '하늘의 유산'을 지키는 열쇠처럼 '우리 조상들의 공의회'를 옹호했다.53)

힐라리우스는 콘스탄티우스와 면담을 가지지 못했다. 대신 황제가 니카이야 신조(Nike)와 타협하는 것과 콘스탄티노플 공의회가 자신의 교회 동료들을 정죄하고 추방하는 것을 지켜보았다. 직후 잠시 힐라리우스는 동방 황제에 대항하는 강력한 논쟁을 작성했다.「콘스탄티우스 황제에게」란 책은 위협을 암시하고 있다. 즉, 황제의 가슴은 하나님 말씀에 관한 의식으로 가득차 있어야만 한다는 소원을 말한 후 힐라리우스는 표명하길 크리스천으로 행동하길 거절하는 통치자는 적그리스도이다.54) 라고 말이다. 그의 「콘스탄티우스 황제에 대항하여」는 초기 작품의 중요한 것만을 나열했다 추측을 하게 한다. 그것은 콘스탄티우스를 통치하기에 가치 없는 폭군으로 비난하고 있다. 왜냐하면 그는 하나님을 공격했고 네로, 데시우스, 갈레리우스만큼 늘 있어왔던 그러나 더 교묘하게 크리스천 교회를 핍박했기 때문이다. '우리는 속임수로 박해하는 박해자를 맞붙어서 그리고 미사여구를 사용하는 적군에 대항해서, 적그리스도인 콘스탄티우스에 대항해 싸우는 것이다' 동방은 전쟁과 테러로 가득 찼다. 콘스탄티우스는 서방의 신앙을 공격했다. 그는 자신의 군대를 그리스도의 양떼들에게 풀었다. 그의 세금은 밀라노의 성전들을 더럽혔다. 그는 전쟁을 로마와 툴루스에 가져왔다. 그는 살아있는 생명체에 가한 것이 아니라 그들의 영원한 안식에 이르도록 한 교부들, 니카이야의 감독들, 심지언 자신의 부친에게 공격을 가한 것이다. 그는 거룩한 종교의 적이다. 그의 부친의 경건의 상속자일지라고 그는 그것에 대항해 배신한 것이다55)

힐라리우스의 주장은 카랄리스의 루시퍼의 맹렬한 비난과 사실상의 과정에서처럼 아타나시오스의 「아리우스주의의 역사」에서 발전된56) 역사적 경우와 같이 저술이 쓰여질 때 독특한 내용이 잠재되어 있다 할지라도 정치적 함의가 있다. 만일 동방의 황제가 박해자라면 그는 전제군주이며, 전제군주로 정의된다면 그가 크리스천이건 아니건 관계없이 로마제국을 통치할 가치가 없는 것이다. 힐라리우스가 그의 「콘스탄티우스를 대항하여」를 저술한 후 얼마 되지 않아 그 추론은 단순히 이론적이 되는 것으로 멈춰 섰다. 몇 주 내에 카이사르 율리아누스가 골에서 황제(Augustus)로 선언되자 힐라리우스 같은 감독들의 자세는 갑자기 매우 날카로운 정치적 관련성을 갖게 되었다.57)

XVII.
장로로서의 국가관료

　356년 2월에 그의 교구로부터 아타나시오스가 추방되었을 때 그는 이집트 내에 그의 헌신적이었던 추종자들로부터도 분리되어 동방에서도 거의 후원자가 없을 정도로 고립된 인물이었다. 그가 362년 2월에 알렉산드리아에 돌아왔을 때 동방의 신학적 분위기는 완전히 달랐다. 그것과 함께 동방 교회에서 아타나시오스의 위치도 그와 같은 상황이었다. 356년과 362년 사이 추방당한 감독은 니카이야 정통에 대한 그의 영웅적 변호에 대해 유명한 장로인 국가 관료들 안에서 의혹에 찬 평판으로 자랑스러운 대주교인 위치에서 변형되었다. 359년 가을에 그의 「아리미눔과 셀레우키아 공의회에 관하여」라는 저서는 아타나시오스가 소아시아의 신학자들과 실상 그들은 20년 동안 '아리우스 파' '아리우스 분리주의자들' 그리고 그와 같은 이들로 낙인을 찍은 이들인데[1] 자신을 그들과 연대하라고 결정했던 것임으로 자세의 근본적 변화의 표시가 되었던 것이다. 그들은 보수적 관점을 갖고 있었고 동방공의회에 의해 계승적인 시도를 중재를 통해 341년 '봉헌을 위한 공의회'에서부터 10년 후 시르미움 공의회까지 교리를 규정했다.[2]

그리고 공의회에 참석해 신조를 형성했던 이들은 시간이 흐를수록 아타나시오스를 정죄했다. 그 이유로 그들의 신학에 대해 그가 보여준 변함없는 거절뿐만 아니라 그들은 순전히 아타나시오스가 이집트 교회를 조절하기 위해 폭력 사용과 위협을 사용했다는 것을 (확실한 이성으로) 믿고 있었기 때문이다.

아타나시오스의 운명이 무엇이었기에 361년 질병에서도 포기하지 않고 콘스탄티우스에게 통치를 계속하게 했는가를 사색할 문제가 남아있음에 틀림없다. 군사 행동은 동방 황제들에게 우선적인 일이었다. 그는 율리아누스를 쉽게 패배시킬 수 있었고 몇 년 동안 359/60년어 간에 작성된 유사본질에 속한 신조를 전 제국이 넓게 수용하도록 할 수 있었다. 그러나 그 사건에서 360년의 새로운 공식적 신조가 2년 안에 제국의 보호를 상실하게 되었다. 그리고 아타나시오스는 알렉산드리아에 곧 변화가 일어나 그를 박해하게 될 이교도 황제에 의해 도시의 감독으로 귀환했다. 그리고 그 후 그는 정통주의를 위해 전투하는 견고한 옹호자로 더 확실하게 그의 명성을 높이 세웠다. 355년 11월 6일에 부황제(Caesar)로 지명된 율리아누스는 그 후 즉시 골로 보내졌다. 그리고 그는 감독들에게 시르미움, 아르테스, 밀라노 공의회들의 결정 사항을 수락하라 요구하는 콘스탄티우스의 정책이 얼마나 인기 없는 일이었던 가를 알아채는데 실패할 리 없었다. 더 나아가 푸아티에의 힐라리우스에 의해 훗날 만들어진 비밀스런 표시가 율리아누스가 강화해야만 할 의무 조항인 제국의 정책으로 희생 당한 이들을 위해 어떤 동정심을 표현하는 것을 암시하는 것으로 등장한다. 360년 1월에 힐라리우스는 자신이 부당하게 추방당했다고 콘스탄티우스에게 저항하면서 주장하길 율리아누스가 '나의 추방의 사태에서 악한 이들로부터 내가 모욕을 당한 것보다 더 많은 모욕을 주었다.'3)

라고 주장했다. 힐라리우스는 의미하길 그의 교회에서의 적들이 그가 베테라 공의회에서 그의 직위 해제가 강요되어 프리기아로 추방될 때 충분한 괴롭힘과 가혹함으로 그를 학대하지 못하도록 하는데 율리아누스를 잘못 활용했다는 의미이다.4) 선험적 기초에서 그가 황제 (Augustus)로 선언되기 오래전 전대의 황제에 대항하는 미래의 동조자를 찾게 되는 율리아누스를 생각하는데 그것은 매력적인 것이 못되었다.5) 360년 초창기에 황제로 선도된 후 율리아누스는 여전히 크리스천인데 자신을 숨기고 있었다. 아미아누스는 그 사실과 동기를 설명한다.

> 모든 이들이 방해하지 않고 자신을 후원하도록 유인할 수 있도록 그는 기독교에 충성한 것처럼 자랑했다. 그러나 사실상 오래전 기독교 신앙을 포기했고 몇 사람들과 함께 비밀리에 점보기, 전조 알아보기, 그리고 이방신들을 섬기는 이들이 해온 모든 일들에 함께 열중했다. 그래서 절기에 잠시 동안 감춰지고 기독교인들이 '1월' 에피파니라고 부르는 기념하는 축일에 그는 교회에 참석했으며 보통의 방식대로 신의 능력을 위해 기도한 후 교회에서 떠났다.6)

기독교인 황제를 포기하는 어떤 황제도 그가 이교도임이 드러난다면 어떤 찬탈자도 성공할 수 없으므로 율리아누스는 콘스탄티우스가 생존해 있는 한 크리스천으로 외적 모습을 유지해야만 했다. 그러나 무슨 입장을 교회 정책에 찬탈자가 수용해야만 하는가? 그것은 360/1에 율리아누스의 유익이 어디에 놓여 있는 지는 그 순간의 상황에 의존되어 있었다. 아리미눔 공의회에 서방 감독들 다수는 동방 유사본질 신조에 대해 그들의 수용을 얻으려는 콘스탄티우스의 시도들을 반대했다.7) 아우구스투스(황제)로 자신을 선포함으로 율리아누스는 콘스탄티우스로부터 그의 정치적 독립성을 선언했다. 이리하여 신하들은 그가 콘스탄티우스의 가장 비인기 있는 정책들을 포기할 것이라 기대할 수 있었다. 정치적 이익 아마도 정치적 관심에서조차도 율리아누스는 종교 자유의 챔피온 특히 니카이야 공의회에 붙어있는 서방 감독들의 자유를 위한 존재로 등장하길 주문했다. 게다가 360에 361년에 콘스탄티우스를 반대하는 교회의 적들로부터 정치적 후원을 율리아누스가 기대했던 지울 수 없는 (간접적이지만) 증거가 있다.8)

푸아티에의 힐라리우스는 서방에 돌아왔는데 360년 봄이었고 콘스탄티우스의 허락이 없는 상태였다.9) 아마도 360년이 끝나기 전 감독 공의회가 파리에서 모였고 힐라리우스도 참석했다. 갈리아 감독들은 공의회 편지를 '다양한 지역의 모든 동방 감독들'에게도 보냈고 거기서 힐라리우스는 한 통을 가지고 왔다. 갈리아 감독들은 그들 자신이 이단들과의 연합에서 그리고 그 많은 감독들이 '당신의 이름의 권위'로 ousia란 용어 사용이 금해져 서방과 동방이 분열되어 탄식하는 것에서 자신들이 자유롭게 되어 하나님께 감사했다. 그들은 아리우스주의를 배척하는 반면에 사벨리우스 주의를 피하면서도 동일본질(*homoousios*)이란 용어 사용을 옹호한다. 동방의 편지가 본질(*ousia*)란 용어를 피하는 것은 그 기록자들이 기만을 당한 것이고 아리미눔과 콘스탄티노플에 이른 공의회에 참석했던 감독들이 잘 속아 넘어간 것이라고 힐라리우스가 그들이 그 같은 신성모독에 몰려가기는 불가능하다고 보고했기 때문이다. 이리하여 공의회는 아욱센티우스, 우르사키우스, 발렌스, 가이우스, 메가시우스, 그리고 유스티누스를 수찬 정지시켰고 동방 편지에 연합한 모든 신성불가침을 정죄했으며 골에서 그들의 결정에 거절을 표시한 어떤 누구도 수찬정지를 감행했다. 그 편지는 동일본질에 연합을 재언급하면서 아를의 사투르니우스가 과거의 죄와 최고 불경건 때문에 가을 감독들 모두에 의해 직위 해제 되었다는

것을 언급함으로 끝맺고 있다.10)

그 편지는 연설 내용의 두 부분을 내포하는 것으로 등장하기에 직설적인 것이 아니었다. 갈리아 감독들은 마치 친구에게 쓰는 것처럼 자주 자신들을 표현했다. 힐라리우스가 동료들처럼 간주했던 이들이 소아시아의 감독들이었음이 분명하다. 그러나 그것은 마치 힐라리우스가 배달해 왔던 것은 콘스탄티노플 공의회의 공식 편지인 것 같았다. 이리하여 갈리아 감독들은 동방 감독들을 새로운 정통 공식적 입장으로부터 동방 감독들을 우회적으로 얻으려고 시도한 것이다. 왜냐하면 360년 361년 감독들의 회합을 수단을 삼아 힐랄리는 '아리미눔에서 만들어진 결정을 정리했고 원래 상태의 순수한 교회의 신앙을 재건'11) 했기 때문이다.

율리아누스는 갈리아 감독들이 파리에서 만나기로 허락했다. 그리고 아마 활동적으로 그렇게 고무했다.12) 게다가 360년에 그는 처음으로 콘스탄티우스에 의해 추방당한 감독들이 그들의 도시로 돌아갈 것을 허락한 칙령을 발표했다. 이 칙령은 규범적으로 합리적 근거에 따르면 콘스탄티우스의 사망 이후로 날짜가 정해지는 것이다. 그리고 그것은 362년 2월 8일에 알렉산드리아에 당도했고 거기서 다음날 발표되었다. 반면에 이교도 사원을 재건하라는 것은 율리아누스가 확실히 콘스딘티누스의 사망 후에 칙령을 내렸고 2월 4일에 알렉산드리아에서 발표되었다(Hist. ac 3.1/2).13) 그러나 그가 유일한 독자적 황제가 된 후 그 일이 무슨 유익을 율리아누스에게 가능케 했는지 본다는 것은 어려운 일이었다.

왜 그는 콘스탄티우스를 효과적으로 저항하기 위한 방법을 알아야만 했을 때 아타나시오스를 알렉산드리아에 재건하길 원했어야만 했을까? 동서방의 추방된 감독들이 그의 대적 콘스탄티우스의 적들이었기에 반면에 그 정책은 361년 11월 전 완전한 면모를 지니게 되었다. 칙령을 발표하는데 연기 된 것은 설명이 가능하다. 2월 8일에 알렉산드리아에 도착한 칙령은 제국칙령 그 자체의 복사본이 아니었다. 그 내용을 옮긴 행정관 오리엔티스에게서 온 편지였다. 그 당시 행정관 오리엔티스는 8년 동안 동방의 보호 총독으로 아리우스파 발렌스를 섬기라고 왔던 콘스탄티우스의 지명자였다. 도미티우스 모데스투스는 사려깊고 주의력 깊은 인물로 동방의 새로운 통치자의 공식적 이교도 주의로 변형된 칙령을 발표하기 전 주저하게 된 모습을 보여준 것이었다.14)

콘스탄티우스가 사망하자마자 율리아누스는 그의 군대 안에서 옛 신들을 섬길 것을 명령했다. 그는 기독교인들과 교회들에게 준 콘스탄티누스와 그의 자녀들에 의해 주어진 특권들을 모두 제거했다. 그리고 콘스탄티누스 혁명을 무효화시키는 데 조직적 시도를 출범시켰다. 그의 종교정책은 세 가지 중요한 면을 지니고 있었다. 첫째로, 크리스천은 합법적 무능력 상태에 종속되게 했다. 그러나 박해는 곧바로 시행되진 않았다. 율리아누스는 교회에 더 많은 순교자를 내지 못하도록 하며 교회의 약점을 희망했다.15) 둘째로 이교도는 '확정적인 행위,' 교회의 대치 세력으로 기독교적 방식으로 조직화되어 실체로 이득을 얻게 했다. 셋째로 유대인들을 예루살렘에서 다시 살도록 했으며 성전 예배를 할 수 있도록 허락해 주었다.16) 그러나 율리아누스의 괴롭힘 혹은 비밀스런 박해 정책은 비효과적인 것으로 운명 지워졌다. 기독교회는 오랫동안 로마 정부 시절에 강해질 대로 강해져 그것을 억누를 수 없었다. 4세기 초 갈레리우스와 막센타우스도 그들이 비용을 지불함으로 알게 되었던 사실이었다.17) 기독교를 파괴하려고 하던 율리아누스의 시도의 비효율성은 가장 분명히 알렉산드리아를 다루는 그 지점에서 드러났다.

게오르기우스는 361년 11월 26일에 알렉산드리아에 다시 들어왔다. 그의 타이밍은 불운했다. 4일 후 콘스탄티우스의 죽음의 소식이 있었고 그는 감옥에 투옥되었다. 한 달 후 12월 24일에 군중들은 그를 감옥에서 강제로 꺼내어 그를 법적인 절차 없이 살해했다(Hist. ac. 2.8-10). 뉴스를 접하고 율리아누스는 게오르기우스가 이교도에 의해 살해당한 그 결론에 뛰어들었다. 이리하여 그는 게오르기우스가 형 집행을 당해 적절히 징벌 받도록 남겨두기 보다는 '신들의 적'인 게오르기우스를 죽인 것에 대해 온건하게 꾸짖는 편지를 그 도시에 써 보냈다. 편지는 알렉산드리아인들은 그리스인으로 가치있고 다른 말로 이교도적 성격을 지닌 이들임을 보여줄 것을 강조하고 있다.18) 율리아누스는 알렉산드리아의 헬레니즘에 관하여 슬프게도 기만을 당했고 게오르기우스의 살인자들에 대한 정체성에 관해 또한 속임을 당했다. 게오르기우스의 교회 반대자들은 그를 이교도로 그가 그들의 교회를 많이 장악한 이유로 그를 많이 공격했다. 그들이 358년에 게오르기우스를 강제로 그 도시로부터 피하도록 했기에 그의 지지자들로부터 교회들을 떠맡았던 것이다(Hist. ac. 2.3/4). 그러므로 그가 죽임을 당했을 때 그들이 단순한 관람자일 것이라는 점은 아주 분명했다.

아타나시오스는 콘스탄티우스 동시 때에 추방된 감독들에게 돌아갈 것을 허락했던 칙령 덕택으로 유익을 얻게 되었다. 362년 2월 21일에 총독 게론티우스가 그것을 알렉산드리아에 발표한 12일 지난 후 도시에 다시 진입했다(Hist. ac. 3.3). 그리고 한 두 주 안에 소규모나 중요한 감독회의를 주재했다. 베르첼레의 에우세비우스와 카랄리스의 루시퍼가 테바이드에 함께 유배되었다가 행동할 준비가 되었다. 에비세비우스가 알렉산드리아에 와서 아타나시오스를 만났고 공의회에서 중요한 역할을 감당했다.19) 열정적인 루시퍼는 안디옥으로 즉시 이동하는 것을 좋아했다. 거기서 그는 파울리누스를 유스타티우스의 지지자들의 감독으로 임명하려는 예비단계에 착수했다. 거기는 최근에 임명된 유사본질 감독이었던 유조이우스와 360년 니카이야 경향성으로 직위 해제 되었다가 율리아누스 칙령에 의해 그 도시로 돌아왔던 멜레티우스 추종자들과 분열에 있었다. 멜레티우스는 루시퍼와 그의 추종자들이 이미 '옛 교회'들의 소유권을 취하고 있었던 그 이전에 안디옥에 도착했다.20) 이 점에서 루시퍼의 조급한 파울리누스 서품은 그곳에 분열을 격화시켰으며 안디옥 교회에 친 니카이야 파를 상호 둘로 적대하는 분파를 나눠버리고 말았다. 대조적으로 아타나시오스와 에우세비우스는 니카이야 신조를 수용할 수 있는 모두들 중에 평화, 일치, 하나됨을 재건하기로 결심했다.21)

알렉산더 공의회는 362년 봄에 개최되었다. 3월 31일이었던 부활절 직후였다. 두 가지 중요한 자료들이 그 진행 과정을 설명하면서 전해지고 있다. 첫째로 전달되어 오는 것은 공의회의 공식 서한의 서론 부분이 등장하고 「범세계적 서한」(Epistula Catholica)인데 그 작품은 오랫동안 많은 아타나시오스의 위작 중에서 생기 없이 잊혀진 내용인데 최근에 크게 역사적 의미를 간직한 순수한 작품으로 인정되어 오고 있다.22) 두 번째 자료는 소위 「안디옥의 장」(Tomus ad Antiochenos)인데 그 자료는 공의회 이후 소위원회에서 안디옥 교회 안에 있었던 두 친 니카이야 그룹들에게 그들의 싸움을 내려놓으라고 설득할 시도로 작성된 것이었다.23)

알렉산드리아 공의회에 참석했던 대부분 감독들은 필수불가결하게 이집트와 리비아로부터 왔다. 베르첼레의 에우세비우스, 아라비아 감독 아스테리우스 그리고 루시퍼를 대표하는 두 명의 집사들은 단순한 지역 공의회 그 이상을 형성하게 된 것이었다. 그 공의회의 편지는 아타나시오스와 에우세비우스에 의해 합작으로 작성되었다. 더 정확히 말하자면 아타나시오스가 에우세비우스가 알렉산드리아에 도착하기 전에 준비해 놓은 초안으로부터 완성본을 작성했던 것이었다.24) 그 어조는 평화적이었고 그 목적은 화해였던 것이다. 그 편지는 최근 잠깐 사이에 정통주의에 의해 겪었던 폭력을 암시했고 그러나 그것은 최선으로 가능한 빛 아래에서 진행되어져 가는 상황을 표현했으며 정통주의에 대한 최소한의 해석을 가미했다. 아리우스주의의 부패성이 그리 오랫동안 현존했을지라도 그럼에도 불구하고 대다수 평신도 크리스천들과 감독들은 진실하며 사도적이며 더럽혀지지 않은 신앙을 지니고 있었다. 평신도와 감독들이 힘과 속이는 말로 제한적이 되어왔을지라도 그들은 몇몇 기본적 전제들에 속한 진리를 단순히 인정함으로 그들 자신을 구원할 수 있다. 이것들은 광범위한 용어로 정해져 있다. 이것들은 광범위한 용어로 정해져 있다. '하나님으로서 하나님 아들은 하나님의 피조물일 수 없고 성령도 피조된 것 중 하나로 간주될 수 없음'이 수용되어야 함으로 단지 하나님의 성육신 때문에 피조물이나 종으로 땅에 현존하는 것이 아니라 인간을 신성화 시키며 하나님의 성전으로 가능케 할 수 있다. 그래서 모든 크리스천이 구원을 위해 필요한 것이 간단히 그리고 간결하게 언급될 수가 있다.

우리 신앙의 표식은 한 본질에 속한 삼위일체이다(*homoousios*).25) 마리아의 아들이 된 진실한 하나님이시다. 누구든지 이 사실을 동의하지 않는다면 그에게 저주가 있을지어다! 왜냐하면 이것은 위대한 니카이야 공의회의 자료가 의미하는 것이다. 그리고 아들이 아버지와 한 본질이며 성령도 동등하게 아버지 외아들처럼 영광을 받는 것이며 진실한 하나님으로 하나님의 아들은 육체가 되시고 고난을 받으셨고 다시 부활하셨으며 승천하셨다가 산자와 죽은 자를 심판하러 다시 오실 것이며 그에게 영원무궁토록 영광이 있을지어다. 아멘!26)

「범세계적 교회 서간」은 제국 전체에 널리 펴져 있는 청중들을 위해서 계획된 문서이다. 한 부분 전달되어 오고 있는 부분은 시리아의 정통주의 감독들, 길리기아, 포이니케, 아라비아에 말해진 내용이고 에우세비우스는 서방을 위한 내용에 합당한 편지를 전달하는데 책임을 부여받았다.27) 그러나 그가 떠나기 전 소위 「안디옥인을 위한 장」, (Tomus ad Antiochenos) 아타나시오스가 자신과 다른 감독들 이름으로 그 안에는 에우세비우스와 아스테리우스가 포함되어 있고 그들은 중요한 회의 후에 안디옥 교회 안에 있는 분열을 해결하기 위한 노력으로 회합을 가졌는데 그때 작성한 문서로 그는 거기에 서명했었다.

「안디옥인을 위한 장」(Tomus ad Antiochenos)은 「범세계적 교회 서간」와 동일한 목적을 가지고 있지만 그것은 그 자체로 특히 안디옥의 상황에 던져진 메시지였고 유스타티우스파와 멜레티우스파들이 참석해 평화를 희망하는 사람들은 주께서 모든 이에 의해 영광을 받게 될 것을 확실하게 할 수 있는 희망 속에서 큰 소리로 읽혀졌다.28) 이렇게 아타나시오스는 조심스럽게 주장(그러나 조심스럽게 작성되진 않았다) 하길 전체적으로 유스타티우스의 추종자들을 설득해 새롭게 돌아온 멜레티우스와 그의 훨씬 많은 회중들과 교제할 것을 주문했다.29) 편지는 교제, 평화, 일치를 찬양하고 있고 기도의 목소리가 들리길 "만일 누군가가 아리우스주의와 연결되는 것 같으면 그들의 광기를 포기하라. 그 결과 모든 이가 모든 장소에서 '한 주, 한 신앙'이라 말하게 할 것이다."(엡 4:5)30) 그 결과를 얻기 위해 공의회의 대표단이 안디옥에 보내졌고 '옛 교회' 회중들과 파울리누스와 그의 회중들과 함께 이전에 아리우스파들, 그들은 아리우스파 이단을 포기하고 니카이야의 거룩한 교부들의 신조를 수용하며 성령께서 피조물이고, 그리스도의 본질(ousia)와 별개의 것이라고 하는 이들에게 저주하며 사벨리우스와 사모사타의 바울, 발렌티누스, 바실리데스, 그리고 마니의 이단 사상을 전주하는 것을 요구 받은 청중과 함께 만날 것이다.31) 거기에 덧붙여 343년 세르디카에서 서방 감독들이 토론했던 신학적 주장들이 안디옥에 알려졌음으로 아타나시오스는 공의회에 의해 거절되었음을 강조함이 필요했던 것 같았다.32) 전체 자료의 중심적 주장은 유일한 권위를 지닌 신조로서 니카이야 신조의 수용33)이 교회에 조화를 이루는 데 필수적이며 충분하다는 것이었다.

「안디옥인을 위한 장」은 아타나시오스, 에우세비우스, 아스테리우스와 17명의 감독들이 에우세비우스, 루시퍼, 아스테리우스 그리고 두 명의 시리아 감독인 팔투스의 사이마티우스와 베뢰아의 아나톨리우스에게 자신들의 이름으로 써서 보낸 편지형태이다. 에우세비우스와 아스테리우스가 그 편지의 발신자요 수신자로 되어 있다는 사실의 분명히 이상한 점은 쉽게 설명가능하다. 그들은 그것을 안디옥에 운반하여 크게 읽고 또 불화하고 있는 파당을 화해시켜야 할 노력을 요구받고 있기 때문이다.34)

「안디옥인을 위한 장」이 전달된 형태는 아타나시오스가 그것을 작성한 후 무엇이 발생했는지를 보여준다. 첫째로 알렉산드리아에서 그것이 그들 이름이 앞서 등장하는 감독들에 의하여 적절히 서명되었고 첨가해서 루시퍼에 의해 보내진 두명의 집사와 파울리누스에 의해 보내진 두 사람이 아폴리나리우스에 의해 보내진 수도사가 위치한 자리에 그들의 서명을 더했다. 게다가 에우세비우스는 앞선 자료를 동의한다는 것을 표시하고 라틴어로 된 매우 간단한 신학적 언급을 부기했고 반면에 아스테리우스는 같은 뜻으로 한 문장을 첨가했다.35) 그 후 안디옥에서는 파울리누스가 「범세계에 보내는 공의회 편지」그리고 「안디옥인을 위한 장」에 나타난 삼위일체 교리를 수용하며 요구되는 저주문을 말했다는 구절을 더했다.36)

그러나 안디옥에서 사건들은 알렉산드리아 공의회가 치료를 찾으려 했던 상황을 벗어나고 있었다. 에우세비우스가 안디옥에 도착해 루시퍼가 이미 파울리누스를 안디옥의 친 니카이야 감독으로 서품 한 것을 발견했고 결과로 그는 두 파를 결코 화해시킬 수 없었다는 것을 알았다. 이리하여 그는 미완성의 안디옥에서의 사역을 접고 서방으로 떠났다. 루시퍼는 에우세비우스가 파울리누스에 대한 자신의 서품식을 거부한 것에 분노하여 알렉산드리아의 결정 사항에 대해 그가 수락을 실행해야 하는 결론을 거부하려 애썼다. 그 후 그는 사르디니아 집으로 귀향했고 거기서 곧 그는 루시퍼 파를 분파로 세운 후 사망하기에 이른다.37) 안디옥 자체에서는 멜레티우스가 중요 교회를 이끌었고 그의 주재 하에 모인 회의에서 다른 감독들에 그 도시의 합법적 감독으로 넓게 인준되었다. 38) 그러나 아타나시오스는 그의 사망 시까지 멜레티우스와 교제를 나누기를 거절했는데 가이사랴의 바질마저 시리아와 소아시아 교회들과 함께 친 니카이야 세력을 강화하도록 하기 위해 교제를 해야만 한다고 했을지라도 움직이지 않았다.39)

알렉산드리아 공의회의 중요성은 안디옥 교회의 지역적 문제를 해결하는데 실패했어도 다 측량할 수 없다. 에우세비우스가 이탈리아에 도착했을 때 그는 푸아티에의 힐라리우스와 로마의 리베리오와 연합해 3년 전 아리미눔에서 있었던 유사본질 신조에 대해 서방 감독들이 수용한 모든 결론을 무효화시켰다. 40) 알렉산드리아 공의회는 고립된 현상이 아니었다. 아타나시오스의 편지는 유사한 공의회가 362년에 그리스, 스페인 그리고 골에서도 개최되었다. 알렉산드리아 공의회처럼 이 공의회들은 불경건에 빠져서 일등공신이 되었던 이들을 용서하기로 결정하고 그들이 회개할 기회를 제공했다. 그들을 사제단으로부터 배제했을지라도 그렇게 했다. 그리고 자발적으로 불경건의 과정으로 나아간 것이 아니라 필요에 의해 어쩔 수 없어서 혹은 폭력으로 원치 않게 수용했던 성직자들에게 그들의 행동을 만족스럽게 설명할 수 있는 기회를 제공함으로 용서하고 용납하도록 했다.[41]

율리아누스는 동방에서 유사본질 주의자에 대한 억압이 그가 바랬던 대로 기독교회를 약화시키지 않는다는 것을 너무 늦게 알았다. 그러나 반대로 그 상황은 황제의 능력을 가장 잘 저항할 수 있는 면을 그들 자신이 보여줄 수 있는 그 부분을 강화시켰던 것이다. 이리하여 그는 정책의 전환을 결심했다. 362년 10월 24일에 철학자 피디오도루스는 테베 출신인데 아타나시오스에게 그 도시를 떠날 것을 명령하는 황제의 칙령을 들고 알렉산드리아에 도착했다(*Hist. ac.* 3.4; 「목록」35)[42]. 율리아누스는 콘스탄티우스에 의해 추방된 감독들이 그들 도시에 돌아가라 한 것이지 그들 교회에 돌아갈 것을 말한 것이 아니라 설명했다. 아타나시오스가 그의 감독의 자리를 다시 차지하고 있음으로 이 일은 알렉산느리아의 경선한 사람들을 불쾌하게 했다. 그는 황제의 편지가 도착하자마자 급히 그는 그 도시를 떠나야만 했다.[43]

아타나시오스는 떠나지 않았다. 반대로 지역 의회가 그가 남아 있도록 허락을 신청하는 청원을 제출했다. 대답으로 율리아누스는 아타나시오스를 알렉산드리아에서 뿐 아니라 전 이집트로부터 추방하라 했다. 그리고 총독 엑디키우스에게 편지하길 아타나시오스 문제에 그의 침묵을 꾸짖고 12월 1일에 이집트로부터 감독을 추방할 것을 그에게 명령한다. 황제 자신의 손으로 투덜거리는 투로 서명한 사실은 구술된 편지지만 그의 잠재된 열광주의를 은연중 드러내 주고 있다.

> 나를 불순종한 것은 크게 당황스런 일입니다. 모든 신들의 이름으로 아타나시오스가 이집트 밖으로 추방되는 것보다 왕실에 의해 행해지는 일을 보거나 들어야만 하는 것, 어떤 것 도 존재하지 않는다. 악명 높은 사람 같으니라고! 그가 내 영지 안에서 유명한 시민들과 결 혼한 여성들에게 뻔뻔하게 세례를 베풀다니!44)

아타나시오스는 교란당하지 않았다. 그는 율리아누스에 의해 오는 즉각적인 박해를 곧 '지나가버릴 작은 구름'45)이라고 하면서 테베강을 거슬러 올라가는 것 같다고 치부하고서 그를 체포하러 온 군인들을 피하였다.46) 페르시아에서 곧 닥친 율리아누스의 죽음이 하나님께서 인간의 삶 속에 진실한 신앙과 아타나시오스를 보호하시는 다른 증거를 그에게 제공했다. 그가 율리아누스의 죽음을 알자마자 아타나시오스는 몰래 밤중에 알렉산드리아에 들어왔고 즉시 제국의 법정으로 방향을 돌렸다. 율리아누스의 죽음은 363년 8월 19일에47) 총독 엑디키우스에 의해 알렉산드리아에 알려지게 되었다(*Hist. ac.* 4.1). 9월 6일에 아타나시오스는 도착해 이집트를 떠나 새로운 황제 요비아누스가 히에라폴리스를 떠나기 전에 그가 도착했는데 그 황제가 면담을 하려고 시도했다. 아마 10월 초순이었다.48)

황제는 아타나시오스를 존경함으로 영접했고 그가 자신의 보호를 위해 필요한 과거의 경험이 그를 경고했던 생생한 자료를 그에게 주었다(*Hist. ac.* 4.4). 정통주의를 위한 그의 고난에 대해 보완하면서 알렉산드리아에 그 감독직의 의무를 다하기 위해 그가 돌아갈 것을 지시하는 편지였다.49) 다른 감독들도 역시 요비아누스에게 접근했다. 마케도니우스의 동료들도 비유사본질주의자들이 그들을 내몰았던 교구에 재기될 수 있게 요청했다. 앙카라의 바질, 타르수스의 실바누스, 폼페이오폴리스의 소프로니우스, 젤라의 파시니쿠스, 코마나의 레온티우스, 클라우디오폴리스의 칼리크라테스, 그리고 카스타발라의 테오필루스도 청원을 제출했다. 요비아누스는 그가 경쟁을 싫어 하지만 기독교 내에 일치를 선언했던 사람들을 사랑했으며 존경했는지를 살피면서 그들의 요구사항을 받아드리는 방향으로 기울어졌다.50)

요비아누스가 일치로 의미했던 바가 무엇인지 그가 안디옥에 도착해서 멜레티우스에게 호의를 보여주었을 당시 분명하게 되었다. 멜레티우스의 주재 하에 한 공의회가 개최되었고 황제에게 보내는 편지를 작성했다. 교회 안에 일치와 평화를 기대하는 요비아누스의 바람 뿐 아니라 이 일치에 구체적인 것을 보이는 신조에 대한 그의 중아 소환되면서 모였던 감독들은 그들이 니카이야 신조를 수용하고 있었음을 선언했다. 그러나 그들은 동일본질론(*homoousios*)을 설명하기를, 니카이야의 교부들에게 아들은 '아버지의 본질로부터 출산했고' '본질에 있어서 아버지와 유사한 것'이라는 점을 의미했다고 했다(그 단어는 보통 헬라어 사유에서는 사용되지 않는다). 그들은 아리우스와 비유사론자들을 정죄했고 니카이야 신조를 인용했다. 편지를 사인했던 이들은 멜레티우스, 사모사타의 에우세비우스, 보스라의 비투스, 동방과 소아시아의 다른 24명의 감독들이었다.51)

아타나시오스는 멜레티우스를 향해 우정의 제스쳐를 해야만 할 것을 느꼈다. 그러나 거기엔 화해가 없었고 「안디옥인을 위한 장」(Tomus ad Antiochenos)은 완성되지 않고 남아 있었다.52) 독립적으로 아타나시오스는 행동했다. 그는 황제에게 가톨릭 신앙에 대한 간단한 기술에 대한 요청의 (적어도 그렇게 추정된다) 응답으로 그가 떠나기 전 알렉산드리아에서 급히 모였던 공의회에서 작성되었던 편지를 제출했다.53) 그것은 정통주의의 모퉁이돌과 보증으로 니카이야 신조를 강조했다. 거룩한 교부들은 니카이야에서 아리우스를 정리했고 정통주의 신조를 널리 선포했다. 그 신조가 지금 재론될 필요가 있다. 왜냐하면 아리우스파 이단을 새롭게 하길 원하는 사람들이 그 니카이야 신조를 팽개치려 하기 때문이다. 신조를 고백하는 체하면서 그들은 그 신조를 부인하고 있다. 그들이 동일본질이란 용어를 달리 해석하며 성령은 피조물이며 아들의 대행을 통해 실존에 이르렀다고 말함으로 신성모독죄를 범하고 있는 것이다.

알렉산드리아에 2월 14일까지 들어가지 않았음으로 아타나시오스는 얼마 동안 안디옥에 머물러 있었음에 틀림없다(*Hist. ac.* 4.4). 요비아누스는 11월 초에 안디옥을 떠났다. 그러나 그가 떠나기 전에 그는 그 감독의 적들을 다 격퇴했다. 아타나시오스가 안디옥에서 그의 알렉산드리아 회중에게 보냈던 편지의 콥틱 번역본이 한 페이지가 남아 있다. 아타나시오스가 안디옥에서 모인 공의회를 암시하는 대목을 제시한다. 그리고 그는 그 회중들에게 그의 이전의 적들이 출판했던 자들에 의혹을 갖지 않았고 지난 것은 지난 것대로 두라고 했다. 그 황제는 363년 10월 3일 안디옥에서 '루키우스, 베리니키아누스, 그리고 다른 아리우스주의자들'이 만든 불평이 있음에도 불구하고 아타나시오스를 향해 자신을 우호적으로 행위하는 것으로 나타내 보였다.54)

이러한 불평에 대한 완전한 설명 그리고 그들에 대한 황제의 반응이 아타나시오스의 변증 문서들의 집합체에서 자료나 혹은 유사한 자료 형태로 보전되어오고 있다.55) 알렉산드리아의 게오르기우스 사제 이전에 루키우스는 게오르기우스의 후임으로 선출되었고 이집트 밖에 콘스탄티노플의 유독시우스, 테오도로스 소프로니우스, 유조이우스, 힐라리우스우스에 의해 이집트 외부에서 인정되었다.56) 루키우스도 역시 안디옥에 그 당시에 있었다. 그리고 아타나시오스에 대항해 불평하는 알렉산드리아인들의 일파를 이끌고 있었다. 그들은 말을 타고 군사행동으로 출정하는 황제에게 접근하였다. 그러나 그들에게 귀를 기울이지 않았다. 그 후 그들은 두 번째 요비아누스에게 접근했으나 그는 10, 20, 30세였던 쓸모없는 고소자들로 무시해 버리고 말았다. 세 번째 경우에는 요비아누스가 각 파로부터 대표자들의 말을 들었지만 아타나시오스에게 나쁘게 말하는 말은 거절하고 정통주의 견해인 아타나시오스의 견해를 확증해 주었다. 더 나아가 그들이 분파주의자들이고 이단아들임으로 황제는 예배하기 위해 모이는 반대자들을 방해할 수 있는 권리까지 주장했다. 의미있게 아리우스주의자들은 교회의 재산을 장악했다고 불평했다. (다른 말로 그들의 교회들을). 그들 중 한명 어떤 변호인은 가톨릭 교인이 아타나시오스의 교사에 의해 그의 집들을 장악했다고 말했다. 요비아누스는 다시 청원서를 맥 빠지게 했다. 후에 같은 날 황제가 궁궐에 돌아왔을 때 루키누스가 황제에게 다시 접근했을 때 그는 다시 궁궐의 현관에서 거부당했고 황제는 아리우스파들에게 면담을 제공할 것을 그에게 청원했던 법정의 내시를 징벌했다.

황제는 안디옥을 떠나 소아시아를 건너 콘스탄티노플을 향해 여행을 했다. 그러나 364년 2월 16/7일경에 밤 동안 우연히 질식현상이 나타나 사망하기에 이르렀다.[57] 며칠 후 군대는 판노니아의 관리였던 발렌티니아누스를 황제로 선언했다. 그리고 3월 28일에 관리인들과 사람들로부터 압력을 받은 후 그의 젊은 형제 발렌스를 그와 함께 협동 황제로 지명했다.[58]

두 형제들은 제국의 행정권을 재조직했고 시르미움에서 8월 4일 제국을 그들 사이에서 나눠 분리했다. 발렌티니아누스는 서방지역과 발칸반도 대부분을 차지했고 발렌스는 동방을 차지했다. 로마제국의 분할은 밀접하게 콘스탄스와 콘스탄티우스 사이 초기 분할을 닮았다. 그리고 365년에서 375년 10년간 교회정책은 340년대의 것들에 강한 유사성을 보여주고 있다. 그러나 거기에는 두시대 사이에 파격적이고 근본적인 차이가 있다. 서방의 황제 발렌티니아누스는 그들이 동방에서 이단과 싸울 때 서방의 도움을 호소했으나 그의 형제의 교회 정책에 반대했던 동방감독들을 위해 어떤 격려나 후원을 하지 않았다.

발렌스는 훗날 기독교회를 가혹하게 박해했던 '아리우스파' 황제로 기억이 되었다. 그리고 5세기 정통주의 교회 역사가들은 잔악한 이야기들을 적절히 반복하고 있다. 그 사건은 니코메디아 근처 아스타쿠스 만에서 배에 탄 채 80명의 성직자들이 화형을 당했고 보호 총독에 의해 주재된 에데사에서 대량 학살이 있었다.59) 그러나 그같은 이야기들은 오랫동안 (정당히) 극단적 의혹을 지닌 것으로 간주되어오고 있다. 초기의 믿을만한 증거는 이집트에서 있었던 '박해'를 제외하고는 어떤 진실을 자료화하는 데 실패할 것이다.60) 발렌스는 360년의 유사본질 신조를 동방의 로마제국이 표방하는 공식적 신조를 재정립시켰다. 그러나 콘스탄티우스와 같지 않게 그는 모든 감독이 그들의 교구를 살리기 위해서 서명할 것을 강요하지는 않고 단지 그것을 공격하거나 비난하는 것을 삼갈 정도를 단순히 요구하고 있다.61) 여기에 370년에 카파도키아의 가이사랴의 감독이 된 바질 같은 교회 지도자는 결단력 있고 능숙한 반대자는 니카이야 신조를 수용하고 있었던 감독들을 선택하며 성직자를 인수함으로 강한 반대를 드러낼 수 있었는데 그와 그들은 콘스탄티노플 공의회와 그 신조를 비난하지 않는 것을 제시했다.62)

황제들이 364년 봄 콘스탄티노플을 떠남으로 비티니아와 헬레스폰트 지역의 감독회의가 '교회의 수정'을 위해 모이게 해달라는 허락을 황제에게 요청했는데 동일본질을 그들은 수용했고 헤라클레아의 감독 히파티아누스를 보냈던 것이다. 발렌티니아누스는 대답하길 평신도로 자신은 그런 문제에 대해 의견을 지닌 권리가 없기에 관심을 가진 감독들이 그들이 원하는 장소를 택해 모일 수 있다고 했다. 그때 헬레스폰트 지역 감독들은 람프사쿠스에 모여서 콘스탄티노플 공의회의 결정이 합법적인 것이 아니라고 선언했다. 그들은 341년 '봉헌을 위한 공의회'의 신조를 재확정했고 아들이 본질에 있어서 아버지와 같다고 공식을 확인했다. 360년에 직위 해제된 감독들을 재임했고 그 결과를 모든 동방교회들에게 편지를 써 보냈다. 발렌스가 그들의 결정을 보고 받았을 때 유독시우스와 화해하도록 그들을 초대했고 그들이 거부하자 그들을 추방시켰다.[63]

  이듬해 소아시아 남부해안에 공의회가 연속적으로 서머나, 피시디아, 이사우리아, 팜빌리아 그리고 리키아에서 모여서 세바스테이아의 유스타티우스, 타르수스의 실바누스, 그리고 카스타발라의 데오피루스를 서방황제 발렌티니아누스에게 사신으로 보낼 것을 결정했고 일반적으로 리베리오와 서방 감독들에게도 정통주의 옹호를 위한 그들의 도움을 요청하는 편지와 함께 그 결정을 내렸던 것이다. 사절단늘이 이달리아에 도착했을 때 발렌티니아누스는 벌써 끝을 향해 떠나고 없었다. 그들은 그를 만날 어떤 시도를 중단하고 단순히 공의회 편지와 그들 자신의 간단한 의사전달을 로마감독에게 제시했다. 그들은 람프사쿠스와 서머나 그리고 그밖의 지역에서 만났던 감독들은 가톨릭교회의 정통신앙으로 380명 감독들이 광기어린 이단의 공격에 대항해 니카이아에서 정의한 것으로 방어하며서 저항을 표시했다. 리베리오는 사신들을 교제 안으로 영접했고 자신의 이름과 일반적으로 서방 감독의 이름으로 장문의 편지를 66명의 명단으로 된 감독과 '모든 동방에 있는 정통주의 감독'들에게 보냈다.

로마의 감독들은 동방감독들에게 니카이야 신조 서방도 붙들고 있는 순수한 '가톨릭적이며 사도적 신앙'에 확실히 서있을 것을 보충했고 359년 서방 감독들은 단지 세속 권력에 의한 기만과 무력 때문에 단지 그것을 아리미눔 공의회에서 한시적으로만 부정했었다고 설명했다. 그러므로 그 편지의 수신자들은 서방이 지금은 확실히 아리미눔 신조를 (즉 동방의 공식적인 유사파 신조) 거부하고 있으며 모든 아리우스의 신성 모독을 거부하고 있다는 사실을 공식화하고 있다. 사절단들은 시칠리아의 길로 동방으로 회항 했다. 거기서 지역공의회들도 그들에게 비슷한 편지를 주었고 또한 그들이 타아나 공의회에서 서방에 보내진 편지들도 제시했다. 이 공의회는 초기 아시아 공의회들의 결정을 배서했다. 그리고 서방 감독들의 동의를 서명하게 하고 타르수스에서 언급된 날짜에 모이도록 동방에 어느 곳에서나 흩어진 감독들을 초청했다. 타르수스에서 계획된 대규모 동방 공의회는 분명히 니카이야 신조를 합법화하고 재확인하는 것이었다.

그것에 앞서서 감독들은 급히 카리아 지역의 안디옥에서 모였다. 그들은 교회 일치에 대한 필요성을 선포했고 니카이야의 신조를 거절했으며 359년 셀레우키아에서 재천명한 '봉헌을 위한 공의회'의 신조에 그들의 충성을 확증했다. 카리아 공의회는 아마도 황제에게 그 결정사항을 전달하는 평상적인 실천을 따랐다. 모든 사건에 대해 발렌스는 모임에서 나온 타르수스 공의회의 계획을 금지했고 총체적 명령을 지역행정 담당관들에게 내리길 코스탄티우스 때 직위해제 되었던 감독들, 그 후 율리아누스 때에 회복되어 그들의 교구로 회복이 된 감독들은 그들 교회로부터 추방되어야 한다는 것이었다.[64]

발렌스의 일반적 정책과 새로운 칙령은 알렉산드리아에 있던 아타나시오스와 분명한 관련성을 갖고 있었다. 아타나시오스는 유사 본질신조의 비수용을 결코 속여 본 적이 없었다. 그리고 알렉산드리아 교구에는 루키우스의 형태로, 즉 게오르기우스의 지원자들이 그를 계승하도록 선택했고 공식적인 유사주의 신조를 수용했던 인물인 경쟁하는 주장을 따르는 이가 있었다. 365년 5월 5일 황제의 명령은 알렉산드리아에서 출간되었는데 문답 형식으로 콘스탄티우스 치세 때에 그들 교회로부터 누가 거절되고 직위해제 되었는가 율리아누스 통치 때에 그들의 위치를 회복한 누군가 그들 교회로부터 다시 추방되어야만 하는가 하는 내용이었다. 또한 칙령은 그 도시에서 그 감독의 추방을 확실히 성공시키지 못하고 그 조건에 해당되면 어떤 지역 행정책임자건 벌금으로 300파운드를 지급해야 하는 위협도 했다. 수적으로 몇 안 되지만 알렉산드리아의 리더급 행정책임자들과 총독 플라비아누스는 아타나시오스에게 제국의 명령을 따라 도시를 떠나야만 한다고 강요했다. 그러나 크리스천 청중들은 당국자들에게 시위를 하면서 황제의 명령은 그들의 감독에게 해당사항이 아니라고 주장했다. 왜냐하면 아타나시오스는 콘스탄티우스에게서 추방되었다가 회복되었으며 율리아누스에 의해서도 추방되었다 다시 회복되었고 그의 가장 최근의 회복은 율리아누스가 아니라 요비아누스이기 때문이라고 했나.65) 공적인 무질서가 6월 8일까지 플라비아누스가 황제에게 그 상황을 보고하면서 사태를 명료하게 풀어달라는 요구를 편지에 써 보냈다고 하는 사실을 알릴 때까지 지속되었다.

거의 4개월 후 10월 5일에 아타나시오스는 그의 교회를 은밀히 밤중에 떠나서 숨었다. 그것은 군인들을 파견하라는 명령 속에서 플라비아누스와 군대 지휘관 빅토리누스에 의해 그를 체포하려는 시도를 시간 안에 피했던 것이다. 아타나시오스는 네 달 동안이나 숨어 있었다.66) 석방이 어떤 교회적 정책과 관계가 없는 이유로 다가왔다. 365년 9월 28일에 율리아누스의 친척 프로코피우스는 콘스탄티노플에서 황제로 선언되었다. 발렌스는 시리아로 여행을 중단하고 그의 통치에 심각한 도전으로 등장한 사건을 직면해야만 했고 다음해 봄까지도 반역 행위가 진압되지 않았다.67) 그러므로 350년에 콘스탄티우스처럼 발렌스는 이집트가 배신으로 이탈 될 수 있는 모험을 감행할 수 없어서 366년 2월 1일에 대리인 브라시다스는 아타나시오스를 거의 교회에 돌아오게 하고 감독으로 그의 규칙적인 기능을 재개하도록 초청했던 발렌스로부터 편지를 지니고 알렉산드리아에 도착했다. 총독의 행정건물에서 도시의 시민들과 도시의 원로원들에게 총독과 군대 행정관에 의해 호위받은 브라시다스가 황제의 명령을 알린 후에 브라시다스는 도시 원로원 의원들과 큰 기독교인 군중을 대동해 아타나시오스의 숨은 장소로 이끌고 가서 디오니시우스 교회로 그를 다시 호위해 돌아오게 했다(*Hist. ac.* 5.1-7);「목록」37).

아타나시오스의 어려움이 거의 끝나가고 있었다. 366년 7월 21일에 이교도 군중이 캐사레움을 불태웠다(「목록」38). 그 사건은 독보적이었고 당혹스러웠다. 365년 7월 21일이 정확한 날짜가 아니라면 그날에 대해일이 일어 알렉산드리아에 큰 파괴를 그리고 동지중해에까지 미치는 큰 파괴가 있었다.(「목록」37) 365/6년 후 발렌스는 해를 가하지 않고 아타나시오스를 남겨 놓으려고 결심했다. 아타나시오스의 경쟁자는 367년 9월 24일에 몰래 비밀리에 그 도시에 침입한 것이었다. 그 밤을 숨어 지낸 후 그는 모친의 집으로 갔다. 그의 도착이 알려지자마자 다수의 군중이 모여서 그 도시에 그의 도착을 비난했다. 군대행정관 트라야누스와 총독 타티아누스가 루키우스를 설득해 떠나도록 원로원 중 지도자를 보냈다.

아타나시오스는 마침내 안전해졌고 368년 6월 8일에 알렉산드리아 감독으로 40주년 기념식을 축하했다. 그는 그 때를 4세기 초로부터 발생했던 사건들의 자신에 의한 기록들이 이후로 수용되길 확실하도록 알렉산드리아 교회의 자료화된 역사를 위탁하는 표시로 삼았다. 그가 현저히 성공했던 기획이었다. 그는 또한 330년대, 340년대, 그리고 350년대에 걸쳐 있었던 그의 교회에서의 적수의 공격에 맞서 자신을 변호했던 내용들을 작성했고 재 작성했던 작품들을 수립했으며 재편집했다. 중세 사본에서 수집된 편집들이 사후의 편집일지라도 아타나시오스 자신이 370년에 개편하고 첨가했던 흔적들이 남아있다.68) 또한 아타나시오스는 두 개의 새 건축물을 세움으로 그 도시에 그의 표시를 남겼다. 트라야누스를 통해 367년 그에게 그의 선한 의지를 보여주었는데 그를 통해 그는 발렌스에게 캐사레움을 다시 건축할 제국의 허락이 내려지길 청원했다. 발렌스는 그 청원을 허락함으로써 아타나시오스에게 그의 공식적 후원을 전달했다. 그리고 368년 5월 1일에 재건축이 시작되었다(「목록」 40). 동일한 해 9월 22일에 아타나시오스는 멘디디온 교회에 자신의 이름을 새긴 건축을 다시 시작했다. 그 건축은 재빠르게 완성되어 370년 8월 7일에 봉헌되었다(「목록」 41, 42).69)

알렉산드리아와 이집트 외부에서 아타나시오스는 그의 견해들이 큰 무게를 지닌 존경받는 장로로 간주되었다.70) 그리고 가이사랴 바질이 칭찬하는 용어로 그에게 바치는 글을 썼다. 바질은 아타나시오스가 정통주의를 위한 투쟁에 함께 했으며 교회를 위한 또 다른 한 사무엘이 되었다고 표현했다. 그러나 아타나시오스는 이집트 외의 교회 사건에 자신은 관련시키지 않아 그는 멜레티우스와 교제에 참여했음으로 안디옥에 있는 분열을 치료해 달라 하는 바질의 절박한 요청에 응하지 않았다.71)

362년 이후 아타나시오스는 이단의 억압에 직면해 진실한 신앙에 결단력 있는 방어를 위한 잠정적 상징으로 봉사했지만 그럴싸하게 그는 오랫동안 신학적 논쟁에 접촉에서 오랜 세월 동안 벗어나 있었다고 주장되고 있다.72) 그는 이집트 밖에서 있었던 더 세속적 교회 정치에 있어서나 혹 제 2차 교회 공의회를 승리로 이끄는 신 니카이야파 정통주의 신학 형성에나 중요한 역할을 담당하지 않았다. 「아프리카인들에게 편지」는 아타나시오스가 다마수스, 골의 감독들, 그리고 스페인의 감독들의 신학적 도전에 후원을 했다는 것이 나타나고 있는데 그것은 권위가 없는 것으로 판명이 났다.73) 그의 삶의 마지막에 접어들어 에픽테투스에 편지를 남겼을 때, 그는 고린도 교회로부터의 편지를 답한 것이었고 사반세기 전 서방에서 7년 동안 유배하다 돌아오는 길에 그리스를 통과하는 중 안면을 튼 교회 지도자였다.74)

XVIII
황제와 교회, 324-361년

 무엇이 콘스탄티누스 제국 내에서 아타나시오스의 활동이 기독교 교회에 관하여 드러내는 진실인가? 역사적 재건에 있어서 이 소논문은 아타나시오스가 그의 "활동에 관해 무엇을 썼는지 이해하려고 하는 것이며 그가 행한 일을 왜 기록했으며 동시에 그가 주도면밀하게 덮었고 그의 논쟁적 활동을 모호하게 함으로 교묘한 오기로부터 사건의 진실한 과정을 풀기 위해 그가 무엇을 썼는지에 대한 것을 분석하는 것이다. 무엇이 지금 총체적 추론인가?[1)]

 아마도 아타나시오스의 가장 파격적 모습은 교회와 제국 정치의 해석이다. 345년에 서방황제 콘스탄스는 만일 동방황제 콘스탄티우스가 아타나시오스의 회복과 콘스탄노플의 바울의 회복을 수락하지 않는다면 시민전쟁을 불사하겠다고 위협했다. 그 위협은 콘스탄스가 그의 형제에 세르디카 공의회의 결정을 내렸던 감독들과 함께 편지를 보낸 때인 343/4년 겨울이었는데, 매우 부드러웠고 덜 직접적인 것이었다. 그러나 초기엔 콘스탄티우스가 행동할 듯했는데 그의 페르시아와의 전쟁에서 얻은 최근의 성공으로 인해 거절되고 말았다. 345년에 알렉산드리아에서 아타나시오스를 대신해 세운 감독이 사망했을 때 콘스탄티우스느 그의 형제의 요구를 들어서 아타나시오스가 그의 교구로 환원할 것을 동의했는데 아마 메소포타미아에서 있었던 군사적 상황 때문에 부분적으로 영향이 미쳤을 것이다. 346년에 3개월 동안 니시비스의 중요한 도시를 페르시아가 포위하게 되었다. 그러나 349년 콘스탄스가 인기없는 통치의 최후를 향해 접근함으로 아타나시오스를 반대했던 동방감독들이 그를 다시 제거할 수 있고 기회의 시간이라 판단했다.

349년 안디옥 공의회는 제국의 허락(적어도 마지못해 수락한 정도) 없이 모였다. 참석했던 감독들은 분명히 콘스탄티우스가 그들이 새롭게 재기했던 직위해제를 강화시킬 것을 기대했다. 그리고 황제가 그의 보호총독 필립푸스에게 그는 최근에 콘스탄티노플에서 바울을 체포해 법정에 데려왔던 인물인데 이집트에 아타나시오스를 체포하라고 그에게 명령을 내린 듯 했다. 그러나 갑작스런 정치적 변화가 아타나시오스를 구출했다. 마그넨티우스가 가을에서 자신을 황제라고 선언했으며 콘스탄스는 그때 살해되었으며 찬탈자는 자신을 서방제국의 주인이라고 했다. 마그넨티우스는 바울과 아타나시오스에게 그들의 지원을 요구하는 편지를 썼다. 바울은 먼 지역의 카파도키아에 있는 쿠쿠소스 감옥에서 죽임을 당했다. 그러나 콘스탄티우스는 아타나시오스와 화해해야 할 것을 결심했고 그것은 그가 여전히 알렉산드리아를 지배하는 데 많은 영향력을 지니고 있었다. 그는 그의 선의를 그에게 확신시켰고 그를 직무에 영원히 있도록 하겠다고 약속을 했다.

351년 무르사 전투에서 마그넨티우스의 패배와 함께 352년 이탈리에서부터 퇴각 그리고 353년 골에서의 사망으로 콘스탄티우스는 그의 초기의 정책을 변경시킬 수 있었다. 351년 가을에 한편으로는 시르미움 공의회가 아타나시오스를 정죄했고 앙카라의 마르켈루스, 시르미움의 포티누스도 포함했다. 그리고 반면에 다른 한 편에서는 아타나시오스와 (방향을 돌려서) 서방 감독들 대다수가 인정하지 않았던 신조를 발표했다. 콘스탄티우스가 이탈리아, 가을, 스페인의 장악을 완수했을 때 전 서방을 통해 시르미움 공의회의 결정을 수용하게 하려고 시도했다. 그는 353/4년 아를에서 355년 밀라노에서 공의회를 계속 열었고 얼마 안되는 동방교부들이 참석했을 때 (어떤 경우에서건 30 내지 40명은 넘지 않았다) 그는 시르미움 공의회의 결정사항을 포함한 공의회 편지들의 복사본과 함께 제국의 관리들을 보내 그들 자신의 도시에서 개인적으로 지역감독들에 의하여 서명되게 했다.

기독교회의 사건에 콘스탄티우스의 지속적인 개입은 5세기 교회사가들 안에 단지 불완전하지만 반영되고 있다. 그리고 암미아누스 마르켈리누스에 의하여 진지하며 명백하게 드러나고 있다. 그의 완전하고 잦은 최초 저작자의 설명은 353년 마그넨티우스의 죽음으로부터 378년 발렌스의 사망 그리고 그 즉각적인 결말의 기간이 나타나 있다. 암미아누스는 역사가로서 유능하게 편중되지 않다는 아주 높은 평가를 누리고 있는데 그가 살았던 세상을 이해함과 후대를 위해 그 중요한 사태들을 신실하게 기록했다는 두 가지 점이 그러했다.[2] 그 평가에 있어서 근거가 확실하고 정확힌 것들이 많이 있는데 그러나 그가 기독교에 관해 썼을 때는 깊이 있고 드러나지 않는 선입관이 발견될 수도 있다. 암미아누스는 사실상 종교와 그 겸손한 실천에 관해 우호적인 표명을 가한다. 그러나 사실상 모든 경우에 우호적 설명은 즉각적인 상황에 비평을 강요하는 문학적 기능을 지니고 있어서 저자의 공정성과 편파성 없음을 은연중에 증명한다.[3]

현존하는 암미아누스의 「업적들」(Res Gestae)이란 저서는 353년 마그넨티우스에 대항하는 마지막 군사 행동부터 8년 후 그의 죽음(361

년 9월 3일)까지 콘스탄티우스 황제의 의미있는 정치적 군사적 활동들에 대한 완전한 설명이 무엇인가를 보여주는 목적을 제시해 주고 있다. 이 기간 동안 암미아누스는 황제가 가까이 있는 동안에도 몇몇 공의회의 어떤 곳에도 황제가 참석한 것과 시르미움, 아를, 밀라노 공의회들의 결정을 준수하게 하려는 그의 시도에 의해 발생된 불만족도 기록하질 않았다. 사실 황제는 355년에 '황제의 명령에 불순종했고 많은 동료들의 정해진 규정을 거절한 것 때문에'4) 리베리오를 체포한 것을 동의한 가운데 아타나시오스를 직위 해제할 것을 공의회에 암시했다.

그러나 리베리오 체포에 대한 이 설명은 아타나시오스에 대한 그의 취급에 진지한 질문을 불러일으킨다. 암미아누스는 마치 전에 그를 언급한 적이 없는 것처럼 아타나시오스를 소개한다.5) 그것은 340년 그의 설명은 세르디카 공의회를 함께 생략했고 알렉산드리아 감독에 관해 언급함 없이 공의회 이후 콘스탄티우스와 콘스탄스 사이의 거래를 묘사하는 어려운 업적을 달성했음을 암시해 주고 있다. 덜 괴롭히지 않은 것은 350년에 아타나시오스에게 향하는 중요한 고소가 비합법적인 점을 고용했다는 것에 대한 암미아누스의 분명한 암시이다. 유일하고 정확한 범죄 행위가 '그가 통치하던 것에서 법적인 통치를 혐오스럽게 다른 것들이 드러냈고' 적절치 못한 야망이라고 보여진 것에 대한 모호한 고소들 외에 수정된 것이었다.

게다가 암미아누스는 체포를 불완전하고 잘못 인도된 역사적 상황에 서였다고 규정한다. 그는 콘스탄티우스가 그의 교구의 특권 때문에 아타나시오스에 대항하는 공의회의 판결에 리베리오의 서명을 얻으려고 희망했다고 언급한다. (영원한 도시의 더 강력한 감독으로서 권위). 그는 아를과 밀라노의 공의회에 대해 피력하지 않는다. 아타나시오스의 직위 해제를 수용하는 다른 서방 감독들에게 강요하는 어떤 것도 언급하지 않고 있고 교리 논쟁에 대한 것도 말하지 않는다.

교회 정치가 또한 콘스탄티우스의 통치 기간동안 제국의 임명과 부딪혔다. 가장 분명한 증거는 카파도키아인 필라그리우스의 활동에 관련된다. 아타나시오스가 339년에 그의 교구로부터 추방될 수 있기 전에 감독을 보호하려하지 않는 준법적인 총독이 있어야 할 것이 확실히 필요했다. 이리하여 335년에 총독이었던 필라그리우스는 그 조사에 두로 공의회로부터 특별 위원회를 도왔던 그는 338년 여름 혹은 가을에 재임명되었고 340년까지 이집트 총독으로 봉사했다. 두 번의 후속 임명이 필라그리우스에 관해 알려지고 있다. 343년 행정관으로 그는 세르디카 공의회에 참석했던 동방 감독들의 수용을 감독했고 351년 폰티카의 대리직으로 그는 콘스탄티노플의 추방당한 바울의 경우에 책임이 있었다.6)

콘스탄티우스가 크리스천들을 특별한 형태의 고위직에 지명하는 일반적 경향성이 발견될 수 있다. 콘스탄티우스는 크리스천들이 집정관과 보호총독으로 이교도들 위에 군림하는 것에 대해 분명한 선호도를 보였다. 두 직무는 영원히 가족에게 고상함을 제공하는 직무에 속했다.7) 337년에서 361년 사이에 유일한 평상 집정관인 세인들에게 알려진 이교도 출신의 인물은 서방에서 직무를 맡은 자이다. 대부분은 350년 전 콘스탄스에 의해 지명되었는데 반면에 355년에 왕조에 충성에 대한 보상으로 한명이 콘스탄티우스에 의해 지명되었고 그것은 콘스탄티누스가 그를 지명했던 것인데 338년의 영사직으로부터 축출된 것에 대한 위로였던 것이다.8) 비슷한 양식이 보호총독의 경우에도 발견 가능하다. 350년 말 콘스탄티우스가 이 직책에 단지 한명의 이교도를 동방에 임명했다.9) 크리스천들 중에 게다가 콘스탄티우스는 그의 신학적 경향성을 동의했던 이들에게 우선권을 주어서 그의 정책은 그의 보호총독에 대한 현대분석을 통해 '종교적 관용이 부분적으로 제국의 행정가들에 대한 선택을 이끌고 있었음을 알 수 있다.'10)

더 근본적 단계에서 아타나시오스의 활동은 로마제국의 권력구조에 관해 의미있는 사상들을 나타내주고 있다. 350년에 콘스탄티우스는 알렉산드리아의 감독이 그의 통치에 도전자를 후원할 수 있다는 점에서 시민전쟁을 감행할 수 없었다. 그리고 발렌스도 365/6년에 동일한 계산을 하고 있었는데 콘스탄티노플에서 프로코피우스의 반역에 직면했을 때였다. 356년 콘스탄티우스가 나타나시오스를 체포하려고 시도했을 때 그는 그를 사로잡을 수 없었다. 제국의 관리들, 장군들, 그리고 군대들이 알렉산드리아 도시에서 감독으로 그의 평상의 기능을 아타나시오스가 수행하는데 방해는 가능했지만 그리고 그들이 그의 직무에 감독으로 경쟁자를 때때로 세울 수는 있어도 아타나시오스에게 직접 손을 대어 정치적 요인으로 그를 제거할 수는 없었다. 339년에 아타나시오스는 이탈리아로 도망했다. 356년 이후부터 그는 알렉산드리아 내에서 자유롭게 살았다. 그 후 이집트 시골에서 콘스탄티우스의 사망시까지 살았다. 율리아누스 통치하에서 그는 비슷하게 그가 알렉산드리아에 돌아올 때까지 체포를 피할 수 있었다. 그리고 발렌스 통치 때에는 제국의 후원으로 루키우스가 그를 대신해 나타났을 때 아타나시오스는 그 도시 안에서 숨은 상태로 물러나 있었는데 프로코피우스의 반란이 황제로 하여금 그를 알렉산드리아의 합법적 감독으로 인정할 수 밖에 없어 그때 다시 그는 등장한다. 이렇게 4세기 중엽에 로마의 황제가 이집트를 완전히 통치하지 못했으며 알렉산드리아의 인기 있었던 감독이 황제의 의지를 성공적으로 저항할 수 있었으며 면책으로 일관되었다.

콘스탄티우스와 그의 자녀들의 통치하에서 기독교회가 황제에게 종속되었던 것으로 자주 간주되어 오고 있다. 최근 사세기에 기독교회와 로마제국 사이의 관계에 대한 최근학자들 안에서 지배적 모델은 독일학자들에 의해서 특히 에드워드 슈바르츠에 의해 발전되었던 것이다. 19세기 말과 20세기 초의 상황이었다. 비스마르크와 카이저(독일 왕의 통칭)빌헬름 II세 황제의 독일 하에서 교회의 상황으로부터 그 영감을 취한 것으로 나타나고 있다.11) 이 모델은 '국가 교회 (Reichskerche)'와 '황제 교회 주권(kaiserliche Synodalgewalt)'12)을 가진 용어로 작동했다. (제국 교회라 원래 불리어짐이 타당함) 그것은 황제가 중요한 감독 공의회를 개최하는 것일 뿐만 아니라 자신이 주관하거나(325년 니카이야에서 그렇게 했다고 자주 상상이 되어진다.)13) 그 대신에 황제가 왕실의 공직자를 지명하는 경우였다(제일 좋은 예는 335년 두로 공의회에서 행정관 디오니시우스의 경우이다)14) 니카이야와 두로 같은 공의회에서 제국의 지혜를 제공하는 그룹으로 그들을 같이 취급하는 무의미한 사용도 감독들의 역할을 약화해 황제에게 구속력이 없게 되는 것이다. 이 점에서 이 같은 모델에 관해 엄격히 말한다면 니카이야에서 만들어진 모든 결정들은 그가 공의회에 소환했던 감독들의 견해들을 단순히 충고로 간수할 수 있었으므로 콘스탄티누스만의 단독결정이었다.15)

　이 모델은 도전이 안 되게 정리된 것은 아니었다. 켈리(J. N. D. Kelly)는 과장된 스바르츠의 견해, 콘스탄티누스가 니카이야의 감독들에게 성직자들이 수용할 형식을 형성할 의무 아니면 새로운 국가교회로부터 제외를 부과했다는 견해를 수용하지 않았다.16) 그리고 장 고드메트는 우아하게 4세기의 로마교회가 신정정치였다라는 주장이 그럴싸하지 않은 것처럼 (아무도 그렇게 진지하게 받아들이진 않는다) 황제교

황주의(Caesaropapism)를 거절했다. 교회와 국가의 관계는 각 집단이 자신의 고유성을 주장하고 실행할 의무와 권리를 지니고 있다는 협동체 중 하나였다.17) 그러나 켈리, 고드메트, 그리고 몇몇 다른 사람들은 슈바르츠에 의해 전달된 콘스탄티누스 제국 내에서 교회에 관한 독일학자들의 저술들을 여전히 지배하고 있는 패러다임과 다른 민족주의 학자들에 의해 자주 기술적이며 분명하기 조차한 지속적이며 광범위한 수용을 떨어뜨리는 데 실패했다.18) 그러므로 이 책이 부분적으로 추측하고 부분적으로 확실성 있는 것으로 세우려 시도하는 감독과 황제 사이의 관계의 모델과 교회 공의회가 지니는 상태와 기능면의 관점을 상세하게 세워주는 것이 가치 있는 일일 것이다.

324년에 콘스탄티누스의 동방 정복과 379년 테오도시우스의 등극 사이 시대에 어떤 황제도 어떤 공직자들도 359년에 특별한 경우, 콘스탄티우스가 불규칙적으로 의장직은 아니었으나 신학적 논쟁에 두드러진 역할을 했을 때를 제외하고는 공의회의 멤버로 착석하거나 공의회를 주재하기 조차한 적이 없었다. 359년에 황제가 동서방 감독들에게 5월 22일에 시르미움에서 그의 착석 하에 서명되고 제시되었던 신조를 합법화하기 위해 아리미눔과 셀레우키아에서 분리 공의회를 개최할 것을 명령했다. 거기에서 바로 그는 그 공의회 개최 명령 뒤에서 그의 특권과 권위를 보여주었던 것이다. 이리하여 아르미눔에서 보호총독이었던 타우루스와 셀레우키아의 행정관 레오나스 이사우리아의 행정관 바시디우스 라우리키우스가 활동해서 황제의 바람과 모여든 감독들과의 타협안을 만드는데 능동적인 역할을 연출했다. 그러나 역사적으로 의미있는 사실은 황제의 의지가 359/60년에 결과적으로 우세했던 것이 아니라 억지로 동의했고 역사적이었던 공식적 유사본질에 속한 신조를 감독들로부터 허락을 탈취하는 오랫동안의 강력한 군사 전략과 기만정책을 취했던 것이다.

정상적인 실천을 결정한 실험을 했던 경우는 325년 니카이야 공의회와 335년 두로 공의회였음이 틀림없다. 전자의 경우 콘스탄티누스라는 익숙한 인물이 감독들 사이에 착석하여 토론을 주재했음에도 분명한 증거는 흥미를 지닌 참석한 평신도로 토론에 임했으며 결코 회의의 투표권을 행사하지는 않았다. 공의회는 적절히 감독, 성직자, 그리고 집사들이 타협을 하고 있었고 코르도바의 감독 호시우스에 의해 주재되었던 것이다. 후자의 경우는 자명한 증거가 있는데 그것은 디오니시우스가 회의를 주재했던 것이다. 아타나시오스는 그렇게 말하는데 현대 학자들은 그의 증거를 믿지 않고 매우 억지스럽게 되어 있다. 그러나 아타나시오스가 두로 공의회에 관해 말한 모든 것은 조심스럽게 평가되어야만 했는데 마치 그의 증거가 편파적인 것처럼 믿지 않고 있다. 아타나시오스는 계속 두로 공의회를 믿지 않으려고 애썼다. 그리고 그에 대항하는 판정은 모든 가능한 면에서 더해졌다. 그러나 그의 적들의 근거와 편파성 그리고 적절하지 않았던 절차들을 자료화한 열심 속에서 그는 디오니시우스와 두로에서의 감독들 사이에 교환된 편지를 인용하면서 보여주길 행정관이 그 중요한 공의회의 어떤 회기 중에 참석조자 않았다는 것이다.

두 경우에 구분이 공식적인 개최식과 공의회의 본질적인 숙고 과정사이에 틀림없이 드러나고 있다. 가이사랴의 에우세비우스는 니카이야 공의회를 참석했고 간단하고 화려한 개최식의 설명을 남겨서 정확하고 섬세한 면은 모자라도 콘스탄티누스가 중심적 역할을 감당해서 사실상 그 의석이 대규모로 공의회에 의해 황제에게 경의를 표시하는 점을 보여주었다.[19] 335년 두로에서는 공의회가 제국의 공증인 마리아누스가 큰 소리로 콘스탄티누스로부터 감독들을 찬양하며 공의회의 의사진행을 규정해주는 편지를 낭독하는 의식을 거행했다.20) 거기에는 디오니시우스가 개회식을 주재했고 그 점을 이해하는 데는 어려움도 인정하기 어려운 점도 있을 수 없다. 그러나 그 후 공의회의 본질적 문제나 전체적 진행은 감독들 손에 달려 있었던 것이다.

공의회들은 황제의 허락으로, 황제의 명령에 모였고 황제나 그의 공직자들의 어떤 협의 없이 진행되었다. 기독교가 사형 선도가 있었던 날에서 조차 감독회의가 열렸다.21) 그리고 3세기 후반, 4세기 초에 이교도 황제가 공의회가 개최되어야 한다는 허락을 제공해 달라는 요청을 받은 적이 있었다는 흔적도 발견되지 않는다. 알렉산더는 아리우스를 수찬 정지시켰던 공의회를 개최했고 아리우스의 지지자들도 리키니우스에게 어떤 관련없이 그를 변호하기 위해 대응 차원의 공의회를 개최했는데 그것은 니코메디아의 에우세비우스에 의해 영감된 분열 양상이랄 수 있는 연합적 모임으로부터 황제가 그 감독들의 공의회를 금지했던 때까지였다. 그러므로 이렇게 오랫동안의 실천이 기독교 황제들에게까지 계속될 수 있었을 것이라는 점은 예견 가능한 일이었고 324년에서 361년 사이에 모이라고 하는 황제의 허락을 구하지 않고도 모임을 가졌던 많은 공의회들이 사실 존재했다.

신기한 것은 324년 이후에 가끔 황제가 공의회를 소집했고 그 아젠다를 정해주는 일이 있었다. 324년 늦가을에 알렉산드리아에 모였던 감독들이 325년 앙카라에서 기대되는 공의회를 개최할 것이라는 것을 정한 것이 감독이라기보다는 콘스탄티누스 대제라는 것은 확실하지 않다. 그러나 확실히 앙카라에서 니카이야로 계획된 공의회를 옮긴 것은 합의 속에서였다.22) 게다가 콘스탄티누스는 적어도 의사 일정의 부분을 설정했고 그 다음으로는 그가 감독이었던 것처럼 참석했던 결정 사항의 어떤 내용들에 신뢰성을 주장했다. 그의 통치 후대에 몇 공의회들에 관해서도 확실한 것은 콘스탄티누스가 감독들을 소환했으며 그들의 의사일정을 규정했고 (다른 문제들을 역시 토론하는 데 방해는 하지 않았다) 때론 감독들의 모임과 다른 흥미를 지닌 그룹들을 출석하도록 독려했다. 한 파피루스는 335년 두로 공의회에 출석을 확실시하는데 사용된 강요를 보여준다. 그리고 334년 팔레스타인 가이사랴에서 아타나시오스를 살해하려고 모이는 공의회와 아타나시오스가 그 판결이 잘못된 것이라는 것을 그에게 확인시키기 위해 모였던 공의회를 제거한 공의회를 모이라고 명령했던 것은 콘스탄티누스였다. 또한 콘스탄티누스는 327/8년에 니코메디아에서, 335년 예루살렘에서, 그리고 336년 콘스탄티노플에서 감독들의 공의회를 소환하는데 선취권을 행사했다. 그리고 그는 327년 12월 혹은 328년 1월에 니코메디아의 공의회에 참석했다. 그는 감독들에게 두로에 모여서 예루살렘으로 건너가 335년 성묘교회를 봉헌하고 아리우스를 다시 신앙의 교제 안으로 들어오게 할 것을 요구하는 공의회를 명령했다. 그리고 336년 콘스탄티노플 공의회에 참석해 앙카라의 마르켈루스를 정죄했다.

반면에 327년 안디옥에서 만나서 시리아, 베니스, 그리고 팔레스타인에 있는 유스타티우스와 다른 감독들을 직위 해제 시켰던 감독들이 그들이 회합하기전 황제의 허락을 받으려했다고 생각하는 것은 필요치 않다. 그리고 338년과 352년 알렉산드리아에서 모인 공의회 그것은 아타나시오스가 정죄되어 직위해제 된 것은 그 고소들이 잘못되어 아타나시오스를 무죄로 선언한 것인데 분명히 콘스탄티우스의 동의가 없는 상태에서의 모임이었다. 그들의 판결이 논의했던 공의회가 351년 확실히 시르미움 공의회에 황제가 참석했으며, 338년 공의회에서도 역시 황제의 분명한 동의로 공의회들이 모여졌던 것임을 비교해 볼 때 특이한 상황일 수밖에 없다. 더구나 341년 로마 공의회를 통해 아타나시오스와 마르켈루스를 무죄 방면했을 때도 콘스탄스와 협의하지 않았다. 사실 로마의 감독은 어떤 상황에서는 로마에서 공의회가 있어야 할 것인지 황제의 허락을 구하는 어떤 필요를 보이지 않았던 것이다. 베르첼레의 에우세비우스와 아타나시오스도 362년 알렉산드리아 공의회를 개최하기 전 율리아누스과 협의할 것을 다시 고려하지도 않았다.

공의회의 회무는 세 가지 종류의 어떤 것들 혹은 전체적인 회의 내용을 포함할 수 있는데 개인들 상태에 관한 논쟁의 판결, 진실한 교리를 규정하는 것, 성직자와 평신도에 관한 훈련 문제들이다. 그 회원들은 한 지역의 혹은 몇몇 지역 혹은 지방 혹은 전 제국 혹 전 세계의 감독들이 구성될 수 있었다. 그렇다면 두 공의회들이 단순히 다른 결정이 아니고 반대되는 결정에 이른다면 어떻게 되었던 것인가? 콘스탄티우스 통치의 교회사는 이런 현상의 충분한 예들을 제공하는데 가장 분명한 경우들은 338년의 (안디옥과 알렉산드리아) 공의회들이고, 341년의 두 공의회(다시 안디옥과 로마)가 그러했으며 343년에 분리된 세르디카 공의회가 그런 처지였다. 거기에는 그러한 논쟁을 풀어갈 동의가 된 절차가 존재하지 않았다. 당연히 4세기 중엽 공의회 편지들과 논쟁적 문헌들은 결정을 내리는 데나 모든 그들의 신조들 위에 최상; 범할 수 없는 상태를 지닌 것으로 니카이야 공의회의 세계 공의회의 본질에나 호소한다.23) 그리고 아타나시오스를 자주 많은 수의 감독들이 참여한 공의회의 결정들이 소수 감독들에 의해 모여진 공의회의 결정들 위에 군림해야 한다고 주장하고 있다. 그러나 가장 초기의 분명한 공식적인 위계질서의 언급은 지방이(provincial) 지역 공의회(regional)에 종속되어야 하고 지역공의회는 범세계적 공의회에 종속되어야 한다는 것이 그 세기가 끝나는 지점까지 발생되었던

모습이다.24)

니카이야 공의회는 각 지역 감독들이 매년 두 번 모일 것을 요청했다. 한번은 봄에 부활절과 승천 절기 사이에 그리고 한번은 가을에 그렇게 했다.25) 이 공의회들은 때때로 중요한 사안들을 전달해 왔다. 그것은 356년 아마도 율리아누스 황제의 손으로 푸아티에의 힐라리우스를 직위해제 했던(그것은 그렇게 된 듯하다) 나르보넨시스의 감독들이 모인 지방 공의회였다. 그리고 강그라 공의회를 말할 수 있는데 그들의 공의회 편지는 훗날 표준법 수집에 소장 되었고 그들은 아마 파플라고니아 지방 감독들의 모임이었다. 소수의 참석은 공의회의 결정이 권위있는 자료를 표준법으로 내려온 발행 허가를 수용해야만 했다. 314년 앙카라 공의회의 법조항들에 서명한 리스트가 보전되어 있는데 12명 혹은 13명 감독들의 이름만 남아 있다. 네오가이사랴 공의회에 18명, 그리고 328년 안디옥 공의회에 전체적으로 32명, 그에 반해 강그라 공의회의 공의회 편지 머리에는 15명이 서명되어 있다.26)

콘스탄티누스는 선언하길 감독들의 공의회 결정들은 신적으로 영감되어 있다.27) 그래서 그는 그들에게 법적인 권력을 주었다. 이러한 실행 사항을 기록하는데 에우세비우스는 다음과 같이 주장하고 있다.

> 그는 공의회에서 선언된 감독들의 규율들에 인정하는 도장을 찍었다. 그래서 지역행정관들도 그들의 결정사항들을 무효로 하지 못했다. 왜냐하면 황제가 하나님의 사제들은 어떠한 행정가들보다 더 신뢰할 만한 이들이라고 말했기 때문이다.28)

에우세비우스가 교회 공의회의 통치를 존중하며 강화하는 것이 지역 행정관의 의무라고 단지 언급하고 있을지라도 교회 공의회의 지위에 관해 지속적이며 콘스탄티누스의 공적인 선언들은 황제가 그것들을 반격할 권리마저도 없음을 내포하고 있는 것이다. 그것은 로마황제가 전통적으로 그의 다스리는 백성 중에서 모든 논쟁의 궁극적인 경쟁자로 간주되어 온 것에 놀라운 혁신이었다.29) 콘스탄티누스는 자신의 감독을 재판할 권리가 있음을 부인했다. 그들 동료들에 의해서만 정죄될 수 있고 직위 해제될 수 있었다. 그는 어떤 경우에 감독들이 꾸짖으며 면책할 수도 있는 것을 각하할 수 있는 사전 심문을 하도록 했던 것이다. (그리고 때때로 그랬다.) 그러나 그가 어떤 분명한 (*prima facie*) 경우를 만나면 감독 공의회를 개최하고 모든 문제를 그들에게 의탁했다.

콘스탄티누스의 입증된 아타나시오스 처리는 이런 양태였다. 331/2년에 쌈마티아에서 아타나시오스와의 대담을 황제의 재판 혹은 심문으로 기술한 것은 잘못이다.30) 콘스탄티누스는 근거없는 것으로 그 고소를 취하한 것이 아니라 그는 아타나시오스를 정죄하거나 또 직위 해제한 것이 아니라 그 사건을 감독회의에 의탁했던 것이다. 비슷하게 아타나시오스가 아르세비우스를 살해했다고 비난받을 때도 콘스탄티누스는 검열관 달마티우스에게 그 고소를 조사하도록 보냈다. 그러나 그는 '안디옥에서 살인자에 대한 재판'을 계획하지 않았다.31) 아타나시오스에 의해 위임된 '검열관의 법정'은 살인자란 고소에 변호를 하기 위해 모여진 실패작 가이사랴 공의회였다. 황제(혹은 대리인)는 단순히 예비적인 청취만 했다. 만일 그가 고소된 감독에 대해 제일차적 관심이 된다고 결정했으면 그 문제는 제 일차적이며 최종적인 판결의 법정으로 역할을 감당하는 감독들의 공의회에 언급이 된다.

어떤 감독이 그의 동료들에 의해 재판되고 언도가 된 후 황제는 필요하다면 공권력을 사용해서라도 추방령으로 그의 직위 해제를 강화시키는 것이 적당했고 필요했던 두 가지 방향이 있었다. 그것은 그 자체로 콘스탄티누스에 의해서 콘스탄티누스 통치하에서 이뤄진 혁신이 아니었다. 3세기에 전례가 있었는데 사모사타의 바울이 안디옥 공의회에 의한 자신의 폐위를 받아드리지 않았다. 이탈리아의 크리스천들은 시리아의 그들 동료들을 위해 행동하면서 아우렐리우스 황제에게 청원을 제출하길 안디옥 교회에 바울이 복종하도록 해달라는 요구와 함께 말이다.32) 콘스탄티누스의 기독교 제국에서 새로웠던 것은 교회 공의회의 결정사항에 대한 자동적인 강화였다. 아우렐리안은 3세기 공의회의 결정을 새롭게 볼 수도, 뒤엎을 수도 있었다. 콘스탄티누스는 자신을 앞세워 공의회로서 동료들에 의해 한 감독의 정죄를 수락하고 강화하는데 철저했다.

그러나 실제에 있어서는 아타나시오스 같은 폐위된 감독 (아마 이전에 안디옥의 유스타티우스)은 자신의 경우를 재고찰 해달라고 황제에게 설득을 시도하는 일에 방해 받지 않았다. 그러나 324년에서 361년 사이에 공의회의 판결이 공개적으로 황제의 명령으로 뒤엎어진 유일한 한 예가 있다. 337년에 콘스탄티우스가 그의 부친 통치때에 추방당했던 모든 감독들을 회복시키는 칙령을 발표했다. 의미있게 338/9년에 안디옥 공의회가 이 재건을 교회법적으로 비합법적이라고 산주했다.

아타나시오스의 첫 번째 추방은 산뜻하게 이 양태에 들어맞는 것은 아니었다. 왜냐하면 두로 공의회에 의해서 그의 판결의 자동적인 강화로 합법적인 것으로 간주될 수 없는 상황이 있기 때문이다.33) 이 경우 콘스탄티누스는 공의회의 결정을 수용하지 않았다. 그 공의회가 적절치 않게 불공정하게 진행되었다고 그는 아타나시오스에 의해 설득되었다. 그러나 그것은 그 판결을 그가 알기 전의 일이었다. 그가 두로에 있는 감독들에게 보낸 편지는 그들 공의회 결정을 억누르는 것은 아니었다. 그들에게 그는 올 것을 명령하고 그래서 정당한 역할을 그가 할 수 있을 것이라 했다. 다른 말로하면 그는 정당한 과정을 보증할 의무와 정당한 판결에 도달을 위해 공의회를 도울 의무가 있음을 그는 느꼈다. 335년 그의 추방에 대한 아타나시오스의 설명에 그 탁월성임에도 불구하고 그 편지는 즉시 사건들에 의해 묻히고 말았다. 콘스탄티누스는 두로로부터 온 두 측의 대표단들의 도착 후, 즉 한 편은 아타나시오스의 정죄를 담은 공의회의 보고를 가져왔고 다른 편은 그 판결이 정당치 않다는 보고서를 가져왔을 때, 아타나시오스의 편지를 완전 무시해 버리고 아타나시오스를 면담한 후 골 지역으로 보냈다. 그러나 이 행동은 합법적인 직위해제를 가했던 두로 공의회에 의한 아타나시오스의 정죄를 가일층 더하는 것은 아니었다. 황제는 공의회가 그의 자리에 알렉산드리아의 감독이 될 사람을 지명했는데 그를 인정하지 않았다. 비록 아직 추방중이고 그의 감독 열할에 대한 평상시의 실천으로부터 거부되어 있을지라도 기능적으로는 여전히 알렉산드리아의 합법적인 감독이었다.

335-337년에 아타나시오스의 상황은 높게 불규칙적이었다. 대조적으로 339년 그의 추방과 356년의 그의 도주 사건은 공의회의 판결에 대한 황제의 강화에 의해 따라온 공의회에 의한 직위해제의 양태 속에 완전히 들어 맞는 것이다. 339년에 안디옥 공의회의 결정은 즉시로 효과를 드러냈다. 350년에는 4년 이상이 콘스탄티우스가 시르미움 공의회에 의해 아타나시오스의 폐위를 강화할 수 있기 전 경과했다. 그러나 그 연기는 그의 자리를 대치시켜야 하는 합법적 기초를 변경하지는 못했다.

「콘스탄티우스 면전에서 변증」에 나타난 아타나시오스의 웅변은 시르미움 공의회가 351년에 그를 직위 해제시켰던 그 사실을 모호하게는 할 수 없는 일이었음이 당연했다. 또한 그의 웅변이 어디에서도 그가 자주 감독의 공의회에서 정죄된 사실 그의 재판 결과를 그가 강하게 수락을 거부해 모호하게 되어지는 일이 허락되지도 않았었다.

콘스탄티누스는 새로워진 기독교 제국 안에서 중요한 특권을 감독들에게 제공했다.[34] 그들은 새롭게 안내 된 감독 재판의 도움으로 크리스천들 사이에 논쟁에 재판관으로 행동할 수 있었다. 그들은 교회 안에서 노예 해방을 위해 군림할 수 있으며[35] 그리고 그들은 곧 고차원의 정치적 중요한 문제에 중간 대사로 규칙적으로 행동할 수 있도록 하는 일을 시작했다.[36] 의미있는 방면에서 크리스천 감독들은 지금 통용되는 법적 시스템 밖에 있었다. 테오도시우스는 감독들이 법정에서 증인으로 강요해 등장할 수 없도록 지배를 했다.[37] 그것들은 이러한 통치가 혁신이라고 간주되어서는 안 될 것이다. 그의 동료들에 의한 감독 재판의 특권이 355년까지 분명히 증명되고 있지는 않을지라도 확실히 콘스탄티누스 대제 시까지 거슬러 올라간다. 355년 9월 23일에 콘스탄티우스가 그의 직무가 무엇인지 알려지진 않았으나 한 세베루스에게 다음과 같이 편지를 썼다.

> 우리의 관용 넘치는 법률에 의하면 우리는 감독들이 (세속) 법정에서 정죄되는 것을 금한다. 감독들의 자비로움 때문에 (잘못된 고소)들이 징벌 받지 않을 것이라는 신앙 속에서 그들을 혼탁한 마음들이 비난하는 절제되지 아니하는 자유가 있도록 해서는 안 된다. 이리하여 모든 장소에서 만일 어떤 사람이 (감독으로서) 능력이 있다면 다른 감독들 면전에서만 검증되는 것이 적절하다. 적절하고 편리한 청취가 (관련된 모든 문제에 대해) 이루어져야 하기 때문이다.[38]

동료들만이 재판하고, 판결하고 한 감독을 파면할 수 있다는 원리는 콘스탄티누스 통치 기간에 실제적으로 준수되었다. 특별히 그리고 더 큰 명백성을 지닌 채 아타나시오스의 경우에 그러했다. 그것은 또한 감독들의 연합체를 교회 안에 형성토록 촉구하여 한 조직의 정치 정당처럼 많은 역할을 하게 되는 상황을 연출했다. 넓은 신학적 (이데올로기적) 응집력으로 나아갔고 때론 개인의 야망에 의해 방해되기도 했다. 감독들이 누렸던 특권 중에서 적지 않았던 것은 세속 권력자에 의한 압력으로부터 상대적 면제였다. 그의 범죄가 무엇이었든 관계없이 감독은 폐위되거나 추방될 수 없으며 합법적으로 고문을 당하거나 사형 당할 수 없었다.39) 이것은 독립적 자세의 발전을 고무했으며 심지어 콘스탄티누스 통치 말기에 완전히 서약되어 분명한 정치적 이행을 지니게 된 도전적이기 조차한 자세를 발전시켰다. 아타나시오스, 푸아티에의 힐라리우스, 그리고 카랄리스의 루시퍼 모두는 주장하길, 콘스탄티우스는 교회를 학대했기 때문에 그는 박해자요, 전제 군주이기에 더 이상 황제라 할 수 없다고 했다.40) 4세기 말 크리스천 정통주의는 합법적인 황제에게 요구되는 선에 대한 전통적 목록에다 더해 놓은 것이 존재하게 했다. 아타니오스 자신은 교회와 국가에 관해 실행을 통해 적대적 존재로 생각했다.41) 그리고 그것은 콘스탄티우스 통치에서 고전적 반론이 가장 친근한 형태로 처음 등장하게 되었다.42)

코르도바의 호시우스는 「아리우스주의의 역사」에 아타나시오스에게 인용되고 있는데 콘스탄티우스에게 교회의 진실한 독립을 부여하는 있어서 그의 형제 콘스탄스를 닮으라고 간청했다.

> 폭력을 멈추세요 행정관들에게 그만 서신을 쓰시고 파송하지 마십시오. 추방된 아들을 석방하세요. 당신이 폭력을 사용해 그들을 괴롭혔기에 더 이상 더 큰 폭력을 휘두르지 마세요. 이러한 종류의

행위자 콘스탄스에게서 찾아볼 수 있습니까? 그에 의해서 어떤 감독이 추방당했나요? 언제 그가 교회결정에 참여한 적이 있었던가요? 그에게 속한 궁궐의 관리가 어떤 감독의 정죄에 사람들을 서명하도록 강요한 적이 있던가요? 내가 당신에게 간청합니다. 멈추시고 당신이 죽을 운명의 사람임을 기억하세요. 심판의 날을 두려워하시고 당신 자신을 그 심판을 위해 순수하게 하십시오. 당신 자신이 교회 문제에 개입하지 마세요 그러한 문제들에 우리를 충고하지 마십시오. 우리로부터 그 문제들에 관해 가르침을 받으십시오. 하나님은 당신에게 왕권을 우리에겐 교회에 속한 일들을 맡기셨습니다. 황제로서 당신의 위치를 훔치려 애쓰는 사람이 당신을 거기에 앉게 하신 하나님을 대적하듯 그렇게 또한 당신도 교회의 사건들을 당신의 조정하에 두려고 함으로 큰 반역의 회책이 됨을 당신은 두려워해야 합니다. 기록된 말씀은 '가이사의 것은 가이사에게 하나님 것은 하나님에게 바치라'(마 22:21)라고 되어 있습니다. 이 점에서 우리 (감독들은) 세상 위에 군림할 권리를 갖지 않 는 것처럼 당신 황제도 교회 안에서 감당해야 할 권리를 갖고 있지 않습니다. (「아리우스주의의 역사」 44.6-8)[43]

모든 크리스천들이 콘스탄스의 교회 정책에 관한 그런 좋은 견해를 취하지 않았다. 347년에 아프리카에서 분리주의자였던 도나투스파에 대해 폭력적인 억압이 있었다. 도나투스는 분노 속에서 황제의 법정은 사탄의 자리라고 비난했다. 그리고 여러 세기를 통해 울려 퍼져 오고 있는 중요한 질문을 묻고 있었다. "황제가 교회와 무슨 일을 해야만 하는가?"[44]

XIX.
감독과 사회

아타나시오스의 활동에 관해 반영되어야만 하는 총제적 역사 상황에 관한 많은 부분의 우수한 연구들이 있는데, 이를테면 기독교와 관련된 제국의 법제도, 후기 로마제국에서 교회의 위치, 후기 고전 사회에서 교회의 감독[1] 등에 관한 연구들이다. 현대 역사가들은 아타나시오스의 직접적인 배경이 되는 이집트 시골에 있었던 기독교 전파, 이집트 수도원의 초기 시대들,[2] 이집트에서 기독교회의 부[3], 알렉산드리아 감독의 경제적 활동[4], 교회 정치 영역에서 알렉산드리아 감독의 역할[5] 과 이집트 교회 지도자로서 아타나시오스 자신의 역할[6]에 관한 훌륭한 저서들을 남겼다. 최근의 연구로는 콘스탄티누스 사망에서 국가, 교회, 왕조 그리고 콘스탄티우스 통치에서 교회, 법 그리고 사회에 집중된 두 권의 저서를 꼽을 수 있다.[7]

여기에서 다시 재판하거나 비슷한 연구를 하거나 동일한 근거를 포함하는 로마제국 내에서 아타나시오스의 정치적 역할을 설명하는 데 도움이 되는 324년에서 361년 사이 동방에서 기독교 감독의 위치가 어떤 모습을 띠고 있는가를 집중하는 것은 유용한 일이다. 그의 개인적 성격은 왜 어떻게 그가 중요한 정치적 인물이 되었는가에 대한 정확한 설명이 불가능하다. 아타나시오스와 후기 알렉산드리아 감독들의 탁월성은 오히려 312년에 콘스탄티누스의 회심과 324년에 기독교를 로마 정부의 공식 종교로 세우는 연속적으로 로마제국의 정치적 구조의 변화에서 유래한 것이다.8) 리키니우스를 패전시킨 콘스탄티누스와 율리아누스과 싸움을 준비하다 닥친 콘스탄티우스의 사망 사이 시대는 그 자체로 독특한 성격을 지니고 있어서 그 사건의 이전이나 이후의 더 잘 자료화된 시대를 삽입함으로 이해될 수 있거나 재구성될 수 있는 상황은 아니다. 324/5년 동방로마제국의 감독들은 갑작스레 사회 내에서 극단적으로 특권있는 위치로 부상했다. 361/2년에도 동일한 갑작스러움이 있었다. 363년 후에야 그들은 단지 점차적으로 덜 완전하게 회복되어 갔다.

324년 후 30, 50년 내에 동방 기독교인들은 콘스탄티누스가 그들에게 주었던 기회들을 열심히 부당하게 이용함으로써 그들 자신이 스스로 전투적이었고 공격적인 면을 보였다. 당시 로마제국은 공식적으로는 기독교인이었고 전통적 희생 제사는 비합법적이었다. 16세기 영국의 종교 개혁에서처럼 그 당시에는 많은 이들이 옛 종교의 쓰러짐으로부터 의식직으로 이익을 얻는 이들이 많았다. 361/2년 겨울, 콘스탄티우스가 사망하자마자 율리아누스는 제국에 다시 공식적으로 이교를 선언했고 콘스탄티누스와 그의 자녀들이 교회에다가 통크게 제공했던 모든 특전들을 제거해 버렸다.9) 율리아누스가 이교도 황제로 단순히 20개월 동안 통치했을지라도 그의 크리스천 계승자들은 완전히 그가 파괴했던 특권들을 재건하지 못했다. 테오도레투스는 요비아누스가 크리스천들에게 재정적인 국고 지원의 특권을 복원시켰을 때 그는 그것들을 콘스탄티누스 시대의 수준인 자신의 3분의 1만을 고정시켰다. 그리고 그 감소된 수준은 자신의 시대, 80년 후까지도 증가하지 않았다.10) 콘스탄티누스가 기독교 성직자들을 공적 예배의식에서 면제해 주고 제국의 국고에서 기독교회에 조직적 후원 정책을 시작했을 때 그는 두 가지 경우에 개인들이 이익이 되도록 하는 결정권을 감독에게 제공했다."11) 312/3년 겨울에 아프리카의 총독에게 편지한 내용을 살펴보면

> 나의 소원은 당신에게 의탁된 지방에서 가톨릭교회 내에서 거룩한 예배를 주관해 그들의 개인적 봉사를 제공하고 있는, 그리고 카에킬리아누스가 '성직자'라고 불리어지곤 하는 그 사람들이 단번에 절대적으로 공적인 의식을 행하는 의무에서 벗어나게 해야만 하는 것입니다. 그래서 그들이 실수와 야만적인 오류로 하나님께 합당한 예배가 되는 것으로부터 벗어나지 않고 오히려 그들 자신의 법을 어떤 방해 없이 따르도록 해야 할 것입니다.12)

콘스탄티누스는 이렇게 카르타고의 가톨릭교회를 정의하고 그 감독에 관련해 시민 예배로부터 면제해 주었다. 그리고 그 감독이 물론 그 자신의 교구에서 그의 안수의 실행으로 사제나 집사가 되는 결정을 내렸다. 유사하게 324년 10월 얼마 후 콘스탄티누스가 교회 건축을 하라고 감독들에게 힘을 북돋는 편지를 동방 감독들에게 편지했다. 그는 이와 같은 말로 펜을 들었다.

> 여러분들이 주재하고 있는 교회들에 관해 고려해보시오, 여러 지역에서 다스리는 감독이건, 집사건, 성직자건 다른 이들에 대해서도 알아보시오. 그들에게 교회를 건축하거나 현존하는 교회를 재건축하거나 필요가 요구되는 새로운 건축을 하는 일에 활동적이

될 것을 그들에게 고무하시오. 당신들 자신이 행정관이나 총독의 직무로부터 필요한 것이 무엇이건 당신을 통해 당신 외의 사람들이 요구하도록 하십시오. 왜냐하면 모든 열정을 지니고 당신의 경건으로부터 의사전달을 위한 그들의 도움이 제공되도록 하는 지침이 이미 주어졌기 때문입니다.13)

다시 콘스탄티누스는 그의 관대함을 지역 감독을 통해 지침으로 조율했다(혹은 가능하면 이런 경우 그 지방의 가장 큰 교회 감독과 함께).14) 이집트 교회에 제국의 장려금은 이미 아타나시오스가 알렉산드리아 감독이 되기 전에 설정되어 있었다. 교회의 조직이 제국의 행정을 복사한 경향이 있음으로 그러한 장려금들은 자동으로 그 지방의 행정관에 의해 그리고 각 지방의 중심 도시의 감독을 제국의 재정 공무원과 채널을 맞추지게 되어 있었다. 이집트에서 니카이야 공의회는 알렉산드리아의 감독이 단지 축소된 디오클레티아누스 시대의 아이깁토스 지방이 아니라 이집트와 리비아 전체를 관장하는 메트로폴리탄으로 그의 전통적 권위를 지니고 있었다.15) 실제적 결과는 아타나시오스에 의해 338년에 기술된 대로 그대로 이집트에서 과부나 가난한 자를 위한 콘스탄티누스 황제의 식량 공급 취급에서 분명히 보여질 수 있다.

곡식들은 분리하여 리비아에서 과부들에게 그리고 이집트로부터 어떤 (감독들)에게 분배하기 위해선 황제들에 의해 제공되었다. 모든 감독들은 지금까지 그들을 돕는 어려움을 말고는 거기로부터는 이득을 취하지 않았다. 그러나 지금은 그들이 그것을 받을지라도 불평이 없었다. 그들이 그것을 받는 일을 인정하고 있다. 아타나시오스는 나쁘게 모든 공급되는 곡물을 팔았고 그것들을

착복을 했다고 혐의를 받았다. (「아리우스주의에 대항하는 변증」 18.2)

진실이든 거짓이든, 비난은 어떤 면에서 아타나시오스가 이집트 지방을 통한 과부들을 위한 곡물공급을 조절하고 있었던 것에서 짐작되는 것이었다.16) 그러한 상황에 주어지는 후원을 위한 기회를 보는 일에 감독들이 실패했다고 믿는 것은 어려운 일이다.

알렉산드리아 감독을 통해 길이 열리는 제국의 장려금은 비단 외투에 관한 신비적 사건에 배경을 제공한다. 아타나시오스에 의하면 그에 대항해 엮어지기조차 한 첫 고소는

> 이시온, 에우데몬 그리고 갈리니쿠스에 의한 비단 외투에 관한 고소는 내가 이집트인들에게 청구서를 제출했고 그들로부터 그것을 요구했다는 결론이 나 있는 상태였다. (「아리우스주의에 대항하여」 60.2

이것은 비단 외투에 대한 세금은 없다(때론 가정되어 오고 있다) 그러나 외투들이 아타나시오스에게 공급되어야 하는데 가난한 자나 궁핍한 자 혹 그밖의 예배에 사용을 위해서였다. 그 고소는 교회에 어떤 종족에 속하건 제국의 공급을 전제로 한다. 알렉산드리아의 감독에게 허락된 조건들은 개인들이 그에게 외투를 달라고 요구하는 엄격한 법에 의하면 국가나 황제에게 무슨 의무건 요구하는 것이었다.17) 같은 배경은 콘스탄티누스가 자신의 성질을 잊고 아타나시오스를 335년 트리어에 보냈다. 그의 대적들은 아타나시오스가 '곡식이 알렉산드리아로부터 콘스탄티노플에 보낼 수 있게 방해함으로 위협을 가했다고 고소했다(「콘스탄티우스에 대항하여 변증」 87.1). 아타나시오스는

자신의 목적을 위해 이집트 곡물 공급에 합리적 접근을 했었다. 그러나 이집트는 콘스탄티노플을 위한 공급의 중요한 자원 중 하나였다. 아타나시오스는 부분적으로 고소당하길, 제국의 도시 내에서 소요를 막기 위해 필요가 되는 곡물을 자신의 목적을 위해 돌려놓기를 원했다는 것이다. 아타나시오스의 추방은 제도적 배열에 차이를 만들진 않았다. 그들은 단순히 공급과 분배를 근접했던 실제 감독만 교체 했을 뿐이다. 예견할 수 있으며 보통 발생하는 것으로 「아리우스주의의 역사」는 아를과 밀라노 공의회 이후 지침들은 이집트 총독에게 보내지길 '아타나시오스로부터 빼앗은 곡식들은 아리우스 견해를 따르는 사람에게 맡겨져야 한다.'(31.2)고 말해진다.

로마 제국의 전통 사회, 그 속에서 기독교가 기원했고 성장했으며 확장했고 그 결과 지배권을 얻었는데, 종교적 권위는 인상적으로 그들 도시에서 가장 부유한 집단을 형성했던 지역 정치적 엘리트 속에 귀속되었다. 정치적이고 종교적 권위는 분해되지 않고 모든 단계에서 함께 묶여 있었는데 교황 황제인, 황제로부터 작은 지방 단위의 마을 사제들, 행정관들에 이르기까지이다.[18] 이 점에서 기독교인들이 3세기 과정에서 지역 사회에서 탁월한 위치에 섬으로 그들은 자동으로 지역의 행정권, 지역 사제식 그리고 제국의 종교의식의 지방 사제직까지 차지했다. 엘비라 공의회는 그들 매년 직무 기간 동안만 기독교 사제들을 디오클레티아누스 박해 전에는 배제하는 실천을 분명히 금지했다.[19] 반면에 콘스탄티누스는 그가 움브리아의 히스펠럼에서 겐스(Gens; 로마 시대에 개인들로 구성된 가족: 역주) 플라비아[20]의 사원 건축을 금지했던 '혐오스런 미신의 소명'이라 칭했던 제국의 의식을 그렇게 황폐하게 만들었다. 그리고 제국의 의식은 5세기 정치적 충성의 공적 표현을 위한 초점으로 계속 기능을 감당했다.[21]

콘스탄티누스 왕조의 개혁은 종교적 권위, 사회적 지위, 그리고 정치적 권력의 장구한 세월 동안의 연계에 봉사했다. 그것에 의해 사회 안에서는 새로운 형태의 보호처가 형성되었다. 가정 밖의 보호처는 개인들 사이의 정치적 사회적 관계들의 제일가는 형태였다.[22] 공식적으로 인간과 하나님 사이에 공식적으로 인정되고 계획된 중재라는 지금 기독교 감독이며 기독교 성인들이 있다. 그러나 두 범주의 위치는 구조적으로 달랐다. 성인들은 개인적으로 기적, 예언, 금욕을 통해 지위를 얻고 전형적으로 가난한 마을들의 수호자로 큰 도시 근교에서 혹은 도시 내에서 갈등의 중재자로 사회의 변두리에서 활동했던 것이다.[23] 반면에 기독교 감독은 신뢰받는 지위를 지녔고 그의 권위는 그의 직무에 내재해 있고 그는 지역적 수호의 관계망 중앙에 위치한다. 그의 지위는 이렇게 이론상 로마 제국을 통치한 황제에게 도전해 이익을 취하는 법을 알고 있었던 유능한 인물로 바로 헌신적인 정치력이 그에게 할당되던 것이었다. 알렉산드리아의 아타나시오스는 이런 현상의 가장 초기의 가장 눈에 띄는 예가 되고 있다.

XX.
에필로그

　아타나시오스는 그의 감독직 부여를 둘러싼 328년의 논쟁을 결코 잊지 않았다. 그의 죽음 후에 또 다른 서품 성사 논쟁이 발생하지 않기 위해 그는 후임자를 선택해 373년 4월 말 그가 사망하기 5일 전에 그를 안수했다(*Hist. ac.* 5.14).[1] 아타나시오스가 죽고 난 지 얼마 지나지 않아 알렉산드리아의 성직자, 회중, 그리고 그 도시의 고위 관리들은 새로운 감독으로 베드로를 세웠다. 그러나 366년 이래로 그가 효과적으로 누렸던 안전보장이 그의 계승자에게까지 확장되지는 못했다. 새 감독이 자리에 앉자마자 총독이 교회를 둘러싸고 베드로가 나오기를 요구했다. 그러나 베드로는 한 세대 전 그의 선배의 예로부터 배웠다. 베드로는 체포될 것 같은 상황에서 곧 포위망으로부터 도주해 배를 타고 아타나시오스처럼 로마로 항해해 갔다. 거기서 감독의 후원을 보장받았다.[2] 336년에 있었던 선출에서 극단적인 가혹함과 폭력으로 경쟁하면서 로마의 감독이 되었던[3] 다마수스는 그를 뜨겁게 환영했다. 339년 아타나시오스처럼 로마에 도착한 후 그는 알렉산드리아에서부터 그의 축출에 대한 설명을 작성했다. 그것은 (완전히는 아니어도) 테오도레투스의 「교회사」에 긴 인용문으로 남아 있다.[4] 44년 전 그의 전임자보다 더 타당성을 가지고 베드로는 그 자신의 사건 발단을, 정통주의를 위협하는 사건 발단으로 제시했고 그의 축출에 대한 허락이 과도하게 되었을 때조차 알렉산드리아의 감독으로 황제가 지명한 후보를 세우려는 시도 중 커다란 폭력이 사용되었다는 특이한 사항들을 상세히 제시했다.

우상숭배자이며 이교도였던 총독 팔라디우스는 군중을 소집했고 테오나스 교회를 공격했다. 경건한 수녀들은 옷 벗김을 당했으며 곤봉으로 구타를 당했다. 많은 이들이 머리를 가격 당했고 죽임을 당했으며 심지어 그들의 시신들이 적합한 매장도 받지 못했다. 루키우스는 도시에 들어왔고 '교회법이 규정한 대로 정통주의 감독의 투표, 진실한 성직자들의 투표로, 혹 평신도의 호응 속에서 선택'된 것이 아닌 황금으로 구매한 세속적 위치와 같은 것으로 간주했던 인물이 루키우스였다. 그는 감독, 사제, 집사, 평신도 혹은 수도사들에 의해 호위되지 않고 두 명의 완전히 혹평 받고 있는 인물들에 의해 안내를 받고 있었다. 360년 이래로 안디옥의 아리우스파 감독 유조이우스는 325년 아리우스와 함께 니카이야에서 그가 여전히 그때 알렉산드리아에서 집사였을 때 정죄를 당했었다. 마그누스는 고위재정장관이었는데 율리아누스 통치 때에 베리투스에 있었던 중요한 교회를 불태웠다. 그러다가 이어서 요비아누스 황제에 의해 재건할 것을 강요받았고 그의 범죄의 결과로 사형 당할 상황에서 생존했던 인물이었다. 373년 알렉산드리아에서 마그누스는 19명의 사제들과 집사들을 마치 그들이 범죄의 책임이 있기에 그들을 압력해 루키우스와 그의 유사본질에 속한 신조를 받아드려야 한다고 억압했다. 그들이 거절하고 니카이야 신조를 되풀이 했을 때 그는 그들을 투옥했고 (아마 고통을 주었을 것이다) 그들이 고집을 꺾지 않자 그들을 이교도 군중 앞으로 끌고나와 (그렇게 피터는 추정했다) 항구에 있는 감옥처럼 구금시켰다. 그래도 그들이 다시 거절하자 그는 페니키아에 있는 헬리폴리스에 그들을 출항시켰는데 여전히 매서운 이교도적 방식이었다.

총독 팔라디우스는 추방자들에게 동정심을 극도로 미미하게 보여주었다. 숫자상 24명의 운명을 탄식하는 이들, 로마에서 다마수스의 위로와 소통의 편지를 가져왔던 집사들을 포함해 그들은 체포되고 수난을 당했으며 결국 파에노의 광산과 프로콘네수스의 채석장으로 보내졌다. 억압이 알렉산드리아 자체를 넘어 이집트로 확산되었다. 마그누스는 그들의 지역 공의회에서 활약한 루키우스를 수용할 것을 거부했던 감독들에게 형 집행을 선고했다. 그리고 특별한 결심으로 거절했던 11명의 감독들은 갈릴리 디오카이사레아의 유대인의 도시로 추방당했다.5) 형 실행이 아타나시오스와 그의 선택되었던 후계자6)를 지원했던 수도사들에 대해서도 행해졌으며 얼마 동안 그 억압은 지속되었다. 왜냐하면 그 사건이 367년에서 370년 이집트 총독이었던 플라비우스 유톨미우스 타티아누스가 그때 이집트 왕국의 초대 행전관이었던 그는 감독들을 유배해 고통을 주었고 아타나시오스 사후 사제들과 집사들 그리고 수도사들은 화형에 처했다는 것이 보고 되었기 때문이다. 아마도 그가 마그누스를 고위 재정 장관으로 대신 세웠을 때였던 것 같다.7)

로마의 감독은 동정적이었다. 그러나 서방 황제에 의존된 효과적 행동은 발렌티니아누스도 개입하길 거절했을 뿐 아니라 그의 자세도 다마수스와 피터가 공식적 요구를 할 가치를 생각지도 못할 것이란 점을 잘 알 수 있었다. 루키우스는 정치적이고 군사적 비상상황이 피터를 돌아오게 할 수 있을 때까지 동방 제국의 행정적 후원으로 알렉산드리아에 머물러 있었다. 378년 봄에 발렌스는 고트 족과 대면하기 위해 안디옥을 떠났다. 거의 같은 시간에 피터는 니카이야 신조를 재확인하면서 그 도시의 합법적인 감독으로 그를 확증하는 편지를 지니고 알렉산드리아에 돌아왔다. 그의 지지자들은 그를 다시 복직시키고 루키우스를 추방했다. 그리고 그는 황실의 후원을 받으려고 콘스탄티노플로 향했다.8) 그 문제는 8월 29일에 아드리아노플 전투에서 발렌스의 패망과 죽음을 통해 결정되었다. 생존한 상황제 그라티안은 발칸에서 로마군대를 명령할 군대 장관으로 스파니아드 테오도시우스를 지명했고 379년 1월 19일에 테오도시우스는 동방의 통치자인 아우구스투스가 되었다. 서방인으로 테오도시우스는 니카이야 신조의 확실한 후원자였다. 그리고 그는 곧 동로마 제국의 공식적인 종교로 니카이야 정통주의를 삼으려 힘썼다.

380년 2월 27일 총체적인 칙령이 로마의 시민들에게 사도 바울에 의해 옛날 주어졌던 종교 다마수스와 알렉산드리아의 감독이며 사도적 거룩함에 속한 사람, 베드로에 의해 보전되고 있는 종교에 모든 이들이 머물러야 한다는 것이 황제의 바람이라고 선언했다. 아버지와 아들과 성령이 동일한 신성을 지닌 존재라고 믿는 사람을 가톨릭 크리스천이라고 그 칙령은 규정하고 그러지 않는 사람들은 징벌에 합당해 존경받을 필요가 없으며 제 정신이 아닌 이단이라고 비난을 퍼부었다.9) 테오도시우스는 그의 종교 정책에 지속적이었고 철저했다. 381년 콘스탄티노플 공의회가 공식으로 니카이야 신조를 재확인했고 황제는 그 결정을 법적으로 보완했다.10) 그리고 그는 니카이야 신조를 수용하지 않는 크리스천들과 동일본질(*homoousios*)이라는 중심 단어를 법적으로 무력케 하는 기독교인들을 억눌렀다.11) 오랜 기간 동안 이 사실은 인정되었기에 이 사건은 기독교 교회사와 로마제국 역사에 특별한 시대로부터 다른 시대로 전환되는 데 중요한 표어가 되었다. 다시 말해, 테오도시우스 시대가 콘스탄티누스 제국을 대신하게 된 것이다.

부록 1.
부활절 편지들

부활절이 다가왔을 때 알렉산드리아 감독들은 부활절 편지를 쓰는 것이 습관이었다. 두 가지 최근 연구들이 그의 오랜 동안의 감독직임 기간인 329에서 373년까지[1] 부활절을 위해 저술했던 부활절 편지들에 의해 제기된 연대기적 문제들을 해결하는 데 많은 역할을 했다. 1986년에 루돌프 로렌즈는 독일어 역본으로 「열 번째 편지」(Letter X)의 시리아 역본의 팩스밀리 자료를 출판해 냈다. 시리아와 콥트어로 된 통합체 후에 따르는 편집 과정의 간단하지만 예리한 토론이 선행되었고, 그 편지가 지닌 신학적 내용에 대한 고찰이 뒤따라 왔다.[2] 같은 해에 알베르토 캄플라니(Alberto Camplani)가 1989년에 중요한 단행본으로 로마 대학에서 박사학위 논문으로 제출했던 것을 훗날 개편해 출판했다. 이 단행본은 「부활절 편지들」의 직접적이고 간접적인 완전한 취급을 전달하면서 두 자료의 연합 편지들의 연대 문제 그리고 역사적 자료로서 편지의 가치들을 철저히 다루고 있다.[3] 다행히 로렌즈와 캄플라니(그리고 현대의 저술가)[4]가 서로 독립적으로 넓게 동시에 나타난 것에 관하여 보면 가장 중요한 연대기적 결론이 같이 보인다. 이렇게 해서 「부활절 편지들」의 문제들에 관한 요약적인 설명으로 충분할 것이다.

두 가지의 기본적 전제들이 날카롭게 매우 분명히 출발점에서 정해짐이 틀림없다.

(1) 시리아어와 콥트어 합본으로 된 부활절 편지의 숫자와 연대 표기가 아타나시오스 사후 편지들을 수집한 편집자나 편집자들의 결정을 반영함.

(2) 아타나시오스가 이집트에서 각 부활절 닥치기 얼마 전 회람을 위해 썼던 적절한 「부활절 편지들」은 이전 부활절 후 몇 주 아마도 앞서서 오랫동안 회람되었던 다음 부활절 날짜에 대한 간단한 알림과 구별되어야만 했다.

로렌즈와 캄플라니 연구 중 가장 위대한 것 중 하나는 이와 같은 근본적 관점들이 적당한 비중으로 용인된다는 것이다.

아타나시오스의 「부활절 편지들」에 속하는 원본 헬라어 편지 39번의 큰 분량과 코스마스 인디코플류스테스(Cosmas Indicopleusters) (10.3-13)에 몇 간단한 인용을 제외하고는 사라지고 없지만, 구약과 신약의 정경화된 자료들을 자료화하기 때문에 헬라 수집본에 간직되어 있다(*PG* 26. 1434-1440).[5] 헬라어는 물론, 시리아와 아르메니아 역본의 인용으로부터 편지들이 시리아 그리고 콥트어 번역이 실존했고 그래도 그 각자는 불완전하게나마 보전되어 있다.[6]

(1) 영국 도서관에 한 시리아 사본은 아타나시오스 사후 얼마 되지 않아 알렉산드리아 편집자에 의해 보완된 학문적 기구와 함께 편지들의 전체 절반이 먼저 보존되어 있다. 무질서한 상태로 1848년에 이 사본의

텍스트는 출판되었다. 그것은 영국 박물관에 두 다발로 획득되었고 런던에 도착했을 때는 연속적인 사본 형태가 아니라 두 시리즈로 한 면으로 구성된 수집본으로 런던에 도착했다.[7] 1853년 적절한 질서로 구성된 윌리엄 큐레턴(William Cureton)의 텍스트는 추기경 마이(Mai)에 의해 재인쇄되었다. 그것은 로마에서 마론파란 학자에 의해 이탈리어로 초벌 번역이 된 문학적 기초로 마이에 의해 만들어진 라틴 번역을 함께 묶었다.[8]

다음으로 미뉴(J. P. Minge)(PG 26. 1351-1432)에 의해 재간행된 라틴어판은 아타나시오스에 관해 쓰여진 학문적 저술로 사용되는 편지 '본문'으로 표준이 되었다. 불행히도 큐레턴은 원래 양 페이지를 가진 사본을 도외시했고, 그래서 그는 마침내 그의 편집에서 제외시켰다. 곧 그가 자신의 간과 사실을 알아차렸고 양 페이지 사본을 헨리 버지스(Henry Burgess)의 관심 속으로 던져 넣었다. 그리고 그는 1854년 영어 번역의 부록으로 인쇄했다.[9] 잊혀진 10번과 11번은 마이에게 알려진 바 없었다. 미뉴가 역시 그들을 생략했기에 그 편지들은 최근까지 영어권 세계 밖에서는 알 수가 없는 지경이었다. 그 결과 지대한 추론이 때때로 추정되는 빈 공백에 기초되었던 것이다.[10] 영이권 학자들은 실수를 피했다. 왜냐하면 그들에게는 가장 쉽게 접근하고 가장 넓게 사용되던 「부활절 편지들」에 관한 역본이 버지스의 번역본의 개편인 1892년 제시 페인 스미스(Jessie Payne Smith)의 역본을 오랫동안 사용했기 때문이다. 그 역본은 1854년에 벌써 큐레턴에 의해 생략된 양면 내용을 통합하고 있었다.[11]

편지 20번 중간에 갑작스레 파괴된 사본은 의례히 8세기 혹은 그 정도에서 가늠 되었다.[12] 그러나 캄플라니는 그것을 10세기로 정하는 고전 기록의 설득력있는 기초를 제출했다.[13] 헬라어를 바로 문자적으로 말하며 헬라어의 적절한 명칭들에 거의 모든 모음을 재생산하기 위해 「사전의 어머니」(Matres Lectionis)를 사용한 번역본 자체는 6, 7세기에 조성된 것으로 알려지고 있다.[14]

(2) 콥트어 사본의 단편은 헬라어 단편과 시리아어판 「편지들 I-XX」을 합본한 수집본을 전체 합쳐 17편 편지의 대부분 분량을 보전하고 있다. 1955년에 맡겨진 단편들은 레포트(L. T. Lefort)에 의해 프랑스어로 번역 편집되었다.[15] 그의 편집은 최근 같은 사본으로부터 더 확장된 단편들로 보완되었다.[16]

캄플라니는 「부활절 편지들」의 콥트어 단편들의 유용한 요약을 제시하고 있다. 현대 12 곳의 도서관에 절반 이상이 흩어져 있는데 흰색 수도원(White Monastry)에 있는 세 개 사본으로 유래한 것이며, 그는 수없이 전달되어온 편지 단편들을 배열하는 코드학적 표준을 사용했다.[17] 캄플라니는 주장하길 콥트어 번역은 아트리프의 쉔우트의 사망 후 얼마 되지 않은 5세기 두 번째 50년 동안 사순절과 부활절 동안 교회를 위해 읽혀지기 위해 만들어졌다고 주장하고 있다(교리문답자들이여 부활절 전후에 모이기를).[18]

레포트의 편집(지나가기 전에 주의해야만 할 것이다.)은 몇 가지 주의 사항으로 사용되어야만 할 것이다. 그것은 「부활절 편지들」을 간직하고 있는 사본으로부터 다른 원본을 지닌 364년 부활절 기간 동안 「부활절 편지들」의 부분이 1938년 양 페이지를 지니고 출판된 문서를 포함하고 있다.[19] 얼마 동안 이 두 개의 단편에 속한 하나의 내용(CSCO 150.69-70; 151.26-27)은 아타나시오스에 의해 전혀 쓰여질 수 없었던 점을 가리키고 있다.[20] 반면에 캄플라니는 다른 부분(CSCO 150.70-71; 151.27-28)은 아마도 363/4년 겨울에 안디옥에서 아타나시오스가 쓴 것이 아닌 부활절 편지에 유래한 것임을 보여준다.[21]

Ⅰ에서부터 XLV에 걸친「부활절 편지들」순번 시리아 결정체는 나열될 수 있는데 계속적인 것은 아니었다. 순번은 329년 (Ⅰ)에서 373년 (XLV)까지는 서로 연관되어 있지만 숫자는 단순히 제외된다. 한 편지가 관련된 해의 부활절에 어디에도 연관되지 않은 채 말이다. 이 점에서 완전히 보전된 연합체의 부분에서 Ⅷ, Ⅸ, Ⅻ, ⅩⅤ, ⅩⅥ는 존재하지 않는다. 편지들 그 자체 외에도 시리아 합본은 세 가지 학문적 도움을 포함하고 있다.

(1) 각 편지 서두에 이집트와 율리아누스 달력 둘을 따라 쓰여지는 동안 (a) 부활절 날짜와 달을 언급하면서; (b) 디오클레티아누스 때에; (c) 그때 공무에 있었던 이집트 총독의 이름; (e) 출발 지점을 알리는 해.
(2) 각 편지는 즉시 서명, 일반적으로 '거룩한 총대주교의 몇 번째 부활절 편지가 여기서 끝을 맺는다'는 형식을 띠게 된다.
(3) 각 주집본의 초두에 '매년 달들의 목록과 날짜들, 그리고 출발 선상에 더하여 알렉산드리아의 행정가들, 자문관들 그리고 그 당시에 칭해질 수 있는 "신들"의 명칭을 지닌 날짜들과 추방으로 부터 편지기 보내지지 않았다는 이유를 담은 편지, 그리고 귀환한 것과 월령을 함께 기록하고 있다.

목록에 또한 자주 들어간 개인들은 관련된 부활절 이전에 아타나시오스의 활동에 관해 정보를 정리하게 된다.(이를테면 '올해 그는 테바이스를 다녀왔다.'[2])
이렇게 「부활절 편지들」에 대한 시리아어 합본은 아주 초기의 기원과 가치를 지닌 요소들을 구성했다. 그 편지들 자체는 328년에서 373년 사이 감독이었던 아타나시오스 자신에 의해 쓰여졌고 구술되었던 것이다. 그러나 서문 (혹 부활절 목록) 각 편지의 머리말과 후기들은 아타나시오스 사후 편집 과정을 겪는 동안 형태를 갖추게 되었다. 현존하는 편지들의 본문이 어느 장소에서도 쓰여진 연도에 대해 어떤 형태로 언급하지 않고 있기에 각 편지의 숫자와 날짜들은 편집적인 판단을 반영하고 있음에 틀림없다. 거기엔 어떤 양도된 모순이 목록과 그들이 앞에 등장한 편지의 연합체 사이에 존재하고 있다.22) 코스마스 인디콥레우스테스(10.6)와 안디옥의 세베루스(CSCO102.216)는 편지 XXIX로부터 인용하고 있는데, 357년에 부활절 기간에 쓰여진 것이다. 그러나「목록」은 아타나시오스가 357, 358,359,360(29-32)년 기간에는 부활절 편지를 쓰지 않았다고 주장한다. 이 점에서 진지한 질문이 필수적인데 시리아 합본에「부활절 편지들」은 해당된 날짜들이 변수 없이 정확한 것이었냐는 문제이다.

1913년까지「부활절 편지들」에 전달되어 오는 연도는 도전을 받지 않고 있었다. 그때 아돌프 쥘리허가 몇 몇 편지들이 오류를 지닌 채 날짜가 정해졌음에 틀림없다는 증거에 윤곽은 드러냈다. 이 증거에 대해 에두아르트 슈바르츠는 분명하고도 간결하게 1935년에 재차 언급했다.23) 아타나시오스의「부활절 편지들」들은 '40일의 금식'에 대해 언급하거나 부활절 이전에 그 기간에 대해 생각하는 것에 반해 몇몇 편지들은 부활절 앞서 금식은 부활절 전 고난주간 월요일에 금식할 것을 고려하고 있다(편지 Ⅰ, Ⅳ, Ⅴ, ⅩⅣ). 해를 거듭함에 따라 이 문제의 불일치 속에서 알렉산드리아 교회는 그것을 다양하게 실천하기가 불가능하였기 때문에, 고난주간 월요일에 시작되는 부활절 전 금식을 기술하는「부활절 편지들」은, 40일 금식을 규정하고 추정하는 것보다는 모두가 다 초기의 것임이 분명하다. —옛 편집자 혹 편집자들에 의해 그들에게 할당된 날짜와 숫자임에도 불구하고 말이다.

슈바르츠는 합본을 만드는 편집 과정이 거의 필수 불가결하게 연대기적 실수에 이끌리게 될 수밖에 없었음을 설명했다. 편집자 혹 편집자들은 각 「부활절 편지들」의 생성 날짜를 유일하게 유용했던 증거로부터 추론했다. 본문에 언급된 다가오는 부활절 날짜는 329년에서 373년 사이에 알렉산드리아에서 부활절이 지켜진 날짜의 목록이 대조되고 있다. 부활절 주기와의 대조는 완전한 확실성을 갖고 몇 몇 편지들의 날짜들을 세우기에 충분했다. 이 연도들 동안 알렉산드리아 부활절은 329년에만 파르무티 즉 4월 6일에 해당되고 332년에 단지 4월 2일인 것을 7 파르무티에 해당되므로 편지 I과 IV번은 이 연도들에 해당됨이 틀림없다. 그러나 대부분 편지들에 관해 두 개, 혹은 그 이상의 부활절이 이론적으로 열려 있다. 이리하여 편집자 혹 편집자들은 다른 표준을 산정해 판단을 내릴 수 있어서 그 해에 선택한 결과들이 때때로 실수가 된다면 놀라운 일이 아니었다.

10년 후 슈바르츠는 다시 「부활절 편지들」에 대한 날짜들을 다시 조직적으로 지정했다. 그리고 크로스(F. L Cross)는 아타나시오스에 대한 현대 학문적 진전에 대해 살피면서 선언하길 슈바르츠가 '편지'들에 관해 '지적인 독서'를 맨 처음 가능케 했다라고 선언했다.[24] 그러나 슈바르츠는 전적으로 「목록」과 「편지」 I-XX의 시리아 역으로부터 작업을 했다. 1953년 L. T. 레포트는 콥트어 단편들이 날짜를 재정립하는데 그의 시도를 위해 결정적 평가를 드러내 주었다고 주장했다.[25] 콥트어 단편에 등장하는 「XXIV」는 352년에 전달된 것이었는데 24파르무티는 4월 19일로 그 때가 부활절이며 40일간 금식을 기술하고 있다. 329년에서 373년 사이 알렉산드리아 부활절은 330, 341년, 그리고 352년에만 4월 19일에 해당되었다. 이 점에서 「편지 Ⅱ」는 "40일 금식"을 언급하고 있는데 슈바르츠가 원했던 대로 유일하게 다른 341년이 확실하게 로마에서 기록되었다고 언급한 「편지 XⅢ」로 정리되었기 때문에 352년으로 다시 날짜가 지정될 수 없었다.

　슈바르츠에 반대하는 레포트의 주장은 30년 동안 그 분야를 석권하고 있다.26) 당황스런 사실이 진지하게 그들의 인식에 해를 가할지라도 말이다. 아르메니아에서만 보전된 티모시 아일루로스에 의한 「부활절 편지」로부터 연속적으로 인용되는 주장은, 콥트어 편지 XXIV에 등장하는 부분이 디오클레티아누스 시대(329/30) 46번째 해의 「편지 Ⅱ」로부터 유래한 것으로 동일시됨으로써 정확한 연대와 숫자 정리가 될 수 있다. 시리아역 「편지 Ⅱ」가 330년에서 352년으로 다시 날짜가 정해진 슈바르츠의 입장이 정당한 것이 된다. 유사하게 동일한 자료는 시리아판 「편지 XIV」가 디오클레티아누스 시대의 47년째 된 「편지 Ⅲ」로부터 온 것으로 그 부분을 동일시하고 있다. 슈바르츠가 그것에 할애했던 바로 그 날과 (330/1) 원래의 순 번 정리하기이다.27) 레포트는 이 증거를 티모시 아일루로스에게 그 방법을 돌리는 것으로, 믿을 수 없다면서 이 증거를 기뻐하지 않았다. 그리고 슈바르츠는 그것을 연합체의 편집자에게 기인하다고 보면서 이를 부주의하게 처리했다고 그를 나무랐던 것이다.28)

　「부활절 편지」의 편집에서 로렌즈는 레포트의 중심되는 주장을 신뢰하지 않고, 의심하는 정도가 아니라 심지어 어떤 편지들은 시리아 연합체에서 틀리게 날짜가 정해졌다고 주장했다(쥘리허와 슈바르츠가 주장했던 대로; 저자 주). 로렌즈는 아타나시오스가 6일과 40일 금식을 선언하곤 했던 형식의 말들을 분석하면서 형식 비평의 기초에 서서 「편지 XXIV」에 있는 40일에 관한 언급이 후기의 삽입이라는 것을 보여주었다.29) 아마 편집자는 이 편지와 즉시 그것에 따라오는 것들 사이 부활 전 금식의 기간에 대한 불일치를 알았고, 본문 텍스트를 걸맞게 응용시켰던 것이다. 그러므로 수락되어야만 할 것이 부활절 전 40일을 지키는 서방의 실천이, 이집트에 아타나시오스가 333년 부활절 동안에 썼던 「부활절 편지」 편지 V 후에 유입되었고, 이 점에서 「부활절 편지」 II, III은 이 사실을 반영하기 위해 다시 날짜가 정해져야만 했다. 그것은 작은 문제여서 견해들에 대한 변화가 335년과 338년 사이에 달라졌는지 아니면 333/4년 이전인지의 차이가 여전히 있다.30)

로렌즈는 '부활절 편지의 수집에 대한 편집사의 통찰에 간단한 시도'를 제공했다. 거기에서 그는 「부활절 목록」과 기술하고자 하는 목적을 지닌 수집된 편지의 실제적 내용 사이에 모순이 있음을 강조했다.31) 이 모순들은 「부활절 목록」과 「부활절 편지」의 출판 직후에 곧 알려졌다. 1853년 초 헤펠레(C. J. Hefele)는 추론하길 「목록」은 '원래 지금은 잊혀진 「부활절 편지」의 다른 편집본에 속한 것이었지만 후대 복사하는 사람에 의해 결합되어서 현존하는 수집본의 머리말 부분에 배열된 것'32)이라고 했다. 그리고 그 관련 있는 문장이 사실상 교회 공의회에 대한 그의 고전 역사에서 단어 대 단어 별로 실제적으로 반복되어 나타나고 있다.33) 1892년 아지볼드 로버트슨(Archibald Robertson)이 헤펠레의 추론을 수용해 주장하길 다음과 같이 말했다. '어떤 현상은 「목록」이 원래 편지의 다른 수집본에 서두에 등장하고 있음을 제안하고 있다'(「편지 XIII」, 「편지 XIV」는 빠져 있음). 그리고 그는 「편지 VII」에 후기로부터 '현재 수집된 편지들은 「목록」과 결합한 이후 저조한 황상으로 퇴조했다'는 것을 추론했다.34) (언급하길 거기에는 8번이나 9번 편지가 없다. 왜냐하면 그가 그들을 보내지 않았기 때문이다.) 그러나 최근에 오로지 모순의 완전한 의미가 인식되었다.

1961년에 페리(V. Peri)는 340년의 「목록」은 346년의 부활절 날짜의 인식과 관련되어 있다고 주장하였다. 345년 아타나시오스는 다음해 부활절이 3월 30일이기에 3월 23일이 아닌 때에 지켜져야만 한다고 선언했다(「부활절 편지」XVIII. 그러나 「목록」에서는 '아리안들이 부활절을 27 파메노스(=23th, 3월)라고 주장했다. 그러고 난 후 그들이 날짜를 4일 파메노스(30th, 3월)로 바뀔 때까지 이 실수에 대해 많은 의혹이 등장했다.'라고 언급하고 있다. 결국 그 사건 상황 속에서 부활절을 가톨릭과 같은 날짜에 기념하게 되었다(「목록」12).35)

캄프라니는 모든 현상을 설명하게 되며 특히 불일치를 드러내는 「부활절 편지」에 대한 후대의 전달과 수정과 편집의 과정의 확실하며 원래적 원본의 재건을 위한 모퉁이 돌을 서로 엇갈리게 만들었다.36) 그는 시리아 합본이 「부활절 편지」의 원래 두 부분으로 나눠진 편집의 융합을 반영하고 있다고 주장하면서 동시에 다음과 같이 두 부분의 원리 수집 역사를 재건하고 있다.

아타나시오스의 생애 중에
(1) 그의 「부활절 편지」와 그의 간단한 부활절 날짜에 대한 공고는 추방 중 보내진 어떤 편지들을 제외하고는 알렉산드리아에 보전되어 있었다.
(2) 그밖에 아마도 트무이스에는 두 개의 공고장(XVII과 XVIII)과 추방시에 보내진 것들을 포함하는 다양한 편지들과 「세라피온에게 보낸 편지」들이 수집되어 간직되어 있다.

아타나시오스 사후에
(1) 알렉산드리아에 보전된 편지들에는 수집되고 340년(현재는 소실

되었음; 저자 주)과 346년(「부활절 편지」XVIII)의 부활절에 대한 공고를 함께 연속적으로 수집되고 정리되어 있다. (2) 그 밖의 장소에 보전되었던 편지들 또한 수집되고 약간의 변형을 지닌 연속체로 묶여 있다가 이 수집본이 이집트에서 회람되고 있었다 (III 그리고 XIV, II와 XXIV).

약 400년경에
(1) 「목록」이 알렉산드리아 수집본에 첨가되었다.
(2) 머리말이 다른 수집본에서 각 편지마다 첨가되었다.

5세기 후반부에
(1) 티모시 아일루로스가 알렉산드리아에서 그에게 유용했던 수집본의 복사판에서 인용하게 되었다.
(2) 다른 수집본들은 콥트어로 번역되었으나 각 편지에 머리말은 제외시켰다.
(3) 누군가가 알렉산드리아의 「목록」을 다른 수집본 앞에 배열했다.

이 가정에 따르면 시리아 합본의 「부활절 편지」의 숫자 배열하기는 알렉산드리아 외의 편집자로부터 유래되었고, 알렉산드리아 감독 티모시 아일루로스가 정확한 날짜와 숫자를 인용하는 것이 가능했으며, 반면에 안디옥의 세베루스와 코스마스 인디콥레우스티스가 알렉산드리아 수집본 아닌 것에서 정확하지 않은 것을 반복했던 것이다. 처음 절반 정도가 보존된 시리아 합본은 알렉산드리아 「목록」을 다른 편지의 수집본과 결합했던 편집으로부터 번역이 되었다. —그 수집본은 원래 쓰였던 것의 한 자료로부터 상당히 달라지게 되었다.

현 상황에서는 전체 텍스트나 중요한 단편들에 보존되어 있는 모든 「부활절 편지」에 대한 정확한 날짜를 결정하는 것은 불필요하다.

당시 표기된 부활절 외에 다음 부활절 날짜를 간단히 분리해서 알리는 것과 「부활절 편지」에 적절한 다음 정보를 정열하는 것으로 충분할 것이다.37)

(1) 합본에서 「편지」의 일련번호(완전히 소실된 편지는 번호가 생략되었다.)
(2) 4세기 후반 편집자 혹은 편집자들이 번호를 지정해놓은 부활절
(3) 알렉산드리아에서는 부활절 축제가 동일한 날에 지켜졌던 329년과 373년 사이의 다른 연도들.38)
(4) 부활절의 날짜가 확실하게 드러났던 「부활절 편지」의 정확한 날짜 혹은 서로 일치하지 못했던 슈바르츠, 로렌즈 그리고 캄플라니에 의해서 채택되었던 날짜.

	전달된 날짜	변경된 날짜들	정확한 날짜
(A) 알려진 부활절			
XVII	345	333, 356	345
XVIII	346	335, 340	346
(B) 「부활절 편지」			
I	329	없음	329
II	330	341, 352	352
III	331	342, 353	342
IV	332	없음	332
V	333	339, 344	333
VI	334	345, 356	356 슈바르츠 345 로렌즈 334 캄플라니
VII	335	340, 346	340 슈바르츠 346 로렌즈 335 캄플라니
X	338	349	338

XI	339	333, 344	339
XIII	341	330, 352	341
XIV	342	331, 353	331
XIX	347	358, 369	347
XX	348	337	348
XXII	350	372	350
XXIV	352	330, 341	330
XXV	353	331, 342	353
XXVI	354	343, 365	354
XXVII	355	366	355
XXVIII	356	334, 345	333 슈바르츠 356 캄플라니
XXIX	357	없음	357
XXXVIII	366	355	366
XXXIX	367	없음	367
XL	368	363	?363
XLI	369	358	369
XLII	370	없음	370
XLIII	371	없음	371
XLIV	372	350	372
XLV	373	351, 362	373

특별한 주장들이 이미 벌써 응용된 일반적 고려 사항이 이미 적용된 중요한 논쟁 보충을 개개 편지들에 간단한 주의 사항을 첨가하는 일이 남아 있다. III은 '40일간의 금식'에 대해서 말하고 있다(6). 부활절은 16 파르무티=4월 11일, 330년은 물론이고 342년 353년에도 동일하게 맞아 떨어졌다. 그러나 본문에서의 역사적인 암시는 353년보다는 훨씬 더 342년이 정확함을 보여준다. 아타나시오스는 고통에 대해서(5) 뿐 아니라 알렉산드리아에서 부재했던(5) 일까지를 쓰고 있다. 그래서 슈바르츠는 순서대로 (올바르지만) '352년은 배제되고 있다.'고 결론을 내렸다.39)

Ⅳ는 보호 총독 압라비우스가 행정관에 의해 법정으로부터 보내진 것을 기록하고 있다(5) 그리고 332년 부활절이 7 파르무티, 즉 4월 2일에 해당된다고 보는 329년과 373년 사이 유일한 연도였다. Ⅶ은 '40일 금식'을 말하며 부활절을 4 파르무티, 즉 3월 30일을 겨냥하고 있다(11). 그 편지는 알렉산드리아에서 아타나시오스의 부재를 분명히 언급하고 있지는 않을지라도 성자들의 교회에 악한 사람들이 난입한 것에 대한 언급이나 이단들 그리고 분리주의자들이 부활절을 당연히 지키지 않았다는 그 주장들은, 변경된 날짜들이 그 어느 것도 합당하지 않다는 주장하고 있는데 그 입장은 경우에 맞지 않는다.

Ⅹ과 ⅩⅣ을 제외한 모든 나머지 편지들이 40일간 사순절 금식을 묘사하고 있다. Ⅹ은 부활절의 날짜를 30 파메노스, 3월 26일로 정하며 349년에 해당한다. 이에 대해 슈바르츠는 아타나시오스가 그 편지를 그 이듬해를 위해 337년 부활절 직후 트리어에서 작성했다고 주장했다.40) 로버트슨은 트리어에서 아타나시오스가 쓰기 시작했어도 서문을 수정하는 데 실패했고, 당시 그가 알렉산드리아에 돌아온 후에 그것을 완성했다고 본다.41) 그러나 그들의 주장들은 338년 늦은 봄이나 337년 이른 여름에 부활절 날짜가 잡힌다는 아타나시오스의 인정함과 337/8년 겨울에 쓰였다고 적절히 이해되는 그의 「부활절 편지」 사이에 드리워지는 구분점을 붕괴시키고 있다. 아타나시오스는 사실 「부활절 편지」를 337년 12월 23일 알렉산드리아에 돌아온 후뿐 아니라 안디옥에서 그를 정죄하고 파면시키려고 하면서 그를 만났던 적대감 있던 감독들의 회의 이후에도 썼다.42)

ⅩⅠ는 20 파르무티=4월 15일로 부활절을 규정하는데, 344년에 해당한다. 전달되고 있는 연도는 알렉산드리아에서 그를 거하지 못하게 했던 유세비우스의 분파 앞으로 썼기에 분명히 정확하다.(12) ⅩⅢ는

로마로부터 쓰여졌다.(1): 그러므로 330년이나 352년이 아닌 341년 부활절이 24 파르무티, 즉 4월 19일에 해당하는 때에 작성되었다.

XVII 과 XVIII은 다음 해의 날짜를 알리는 부활절 직후에 알렉산드리아의 성직자에게 쓴 간단한 의사 전달이었다. 의문 속에 있는데 세 번의 연속적인 부활절 절기들이 20 파르무티, 즉 4월 15일에, 12 파르무티는 4월 7일, 그리고 4 파르무티는 3월 30일에 해당됨으로 분명해지는데, 그것은 XVIII 편지가 세르디카 공의회의 부활절 날짜에 관한 결정을 분명히 언급하고 있어서 편지가 344년 아니면 345년에 쓰여졌고 부활절이 345년과 346년에 지켜진 날짜임이 상대적으로 알려지기 위함인 것을 의심할 수 없다. 그들의 진정성에 대한 최근 부정은 그들이 적당한 「부활절 편지」가 아니라 '축제의 알림'이라는 점을 알아차리는 데 실패한 것에 근거한다.[43]

XIX은 분명히 이전 부활절 이후(1) 추방에서 아타나시오스가 돌아온 것을 언급하고 있어서 347년 부활절 기간에 쓰여진 것임에 분명하다. 비록 부활절이 또한 358년과 369년 17 파르무티, 즉 4월 12일에 해당할지라도 말이다.

XX의 말미는 분실되었지만 머리말은 8 파르무티, 즉 4월 3일을 부활절 날짜로 증거한다. 부활절이 337년 같은 날에 해당한다 해도 편지 분위기는 알렉산드리아에 아타나시오스가 있었음을 암시한다. 그러나 그것은 348년에 쓰여진 것이다.

XXVIII(28번 편지는; 역자 주)은 시작과 말미가 다 분실되었다. 슈바르츠가 제안한 것처럼 만일 VI이 334년부터 356년까지 언급되는 것이라면, 그것은 346년에서 334년까지 날짜가 재수정되어야만 한다.[44]

XL(40번 편지: 역주) 부활절을 25 파르무티, 즉 4월 20일로 규정한다. 부활절은 363년 동일한 날에 아타나시오스가 율리아누스 황제의 대리자들로부터 숨어 있었을 때였다. 두 개의 보전된 단편 내용은 368년보다는 363년에 더 적합할 수 있었다.45)

XLIII의 주체적인 콥트어 단편들은 확실히 코스마스 인디콥레우스테스 안에 있는 원본 헬라어로부터 간단한 인용과 확실히 동일시되는 것이다. 부활절 날짜는 보전되어 있지 않지만 329년과 373년 사이의 어떤 다른 연도가 아니라 371년 22 파르무티에 해당한다.

「세라피온에게 보내는 편지」는 다음과 같은 후기를 지니고 「편지 XI」과 「편지 XIII」 사이에 시리아 수집본에 나타나고 있다: '그는 이것을 로마로부터 썼다. 12번째 편지는 존재하지 않는다.' 게다가 그것은 분명히 6일부터 40일로 이집트에서 부활절 전 금식 기간의 길이에 관해 말하고 있다.

> 내가 여러분들의 겸손을 따라 절박하고 그리고 아주 필연적으로 알려 주어야 할 것을 생각하고 있었습니다. …그것은 여러분들이 형제들에게 마땅히 40일을 금식할 것을 선언하고 그들을 금식하게 설득해야 합니다. 모든 세계가 금식하는데 이집트에 있는 우리가 이 기간 동안 금식하지 않고 우리의 즐거움에만 몰두하는 유일한 백성으로 웃음거리가 되게 해서는 안 됩니다.

전집과 후기에서 그 편지의 자리는 339/40년의 날짜를 일치해서 암시한다. 그러나 아타나시오스가 그 편지를 추방 중에 로마에서 340년 부활절 기간에 썼을 것임에 틀림없으리라는 추론을 넘어 편집자가 그 날짜에 대한 어떤 증거를 지니고 있었는지가 분명치는 않다. 대부분 최근 학자들은 약간 더 초기에 속한 것을 선호하면서 전해지고 있는 날짜를 거절한다.46)

뒤체스네로부터 힌트를 따르면서 슈바르츠와 로렌즈는 이집트 내에 예전의 실천에 변화를 주면서 「세라피온에게 보내는 편지」를 재구성하였다. 그러면서 또한 아타나시오스가 337년 부활절을 위해 336년 가을에 골 지방에서 추방 중에 기록했다고 결론을 내렸다.[47] 그러나 아타나시오스가 이집트에 그러한 변화를 그가 골 지방에 추방되어 있을 동안 했으리라는 점은 설득력이 없다. 오히려 그가 383년 부활절 기간에 이집트에 돌아온 후라고 보는 것이 더 가능성이 높다. 더구나 「세라피온에게 보내는 편지」가 변화를 다루고 있어도 40일 금식 기간을 완전하게 모르고 있는 지역에 안내하는 자료처럼 들릴 수는 없는 것이다. 페리는 338년 초에 작성되었을 것이라고 주장한다. 추방에서 아타나시오스가 두 번째 돌아온 (XIX. 13) 직후, 347년에 「부활절 편지」와 밀접한 유사성을 지닌 새 감독의 목록이 있다는 사실과, 338년 부활절에 쓰여진 「세라피온에게 보내는 편지」와 「부활절 편지」 X 사이에 드러나고 있는 사상과 표현의 어떤 유사점을 들면서 주장하고 있는 것이다.[48]

반면에 캄플라니는 「세라피온에게 보내는 편지」를 338/339년 가을에 쓴 것으로 본다. 그것이 트무이스 지역 감독에게 보낸 「부활절 편지」 XI의 복사를 동봉하거나 가까이 따르는 것이라 생각하면서 말이다. 그것은 완전하게 그 편지가 알렉산드리아 지역이 아닌 수집본 안에 「부활절 편지」 XI 뒤에 배열 되어있는 이유를 설명한다.[49] 338년과 339년 11월 23일 추방에서 돌아온 사이에 자신의 교구를 되찾으려 노력하는 아타나시오스의 투쟁을 설명하고 있다. 자주 추정되듯이[50] 만일 「세라피온에게 보내는 편지」가 알렉산드리아 밖에서 실재로 쓰여졌다면, 337/338년 늦은 겨울철로 연도를 정하는 것에는 더 이상의 논쟁의 여지가 없고 오히려 아타나시오스가 이집트로 돌아온 직후 자신을 변호하기 위해 오히려 콘스탄티우스의 법정에 갔던 것에 대해 확증하는 것이다.[51]

부록 2.
아리우스주의에 대한 반박 저술

「아리우스주의에 대한 반박」은 설명을 요구하는 수수께끼 같은 구조를 지니고 있다.

1-2	서 문	
3-58	간단한 관련 표명으로 다음처럼 쓰여진 아타나시오스를 위한 편지들	
	3-19	알렉산드리아 공의회 (338)
	21-35	로마의 감독 율리우스가 동방감독들에게 (341)
	37-50	세르디카 공의회 (343)
	51	아타나시오스에게 콘스탄티우스가 (345/6의 세 편지들)
	52-53	알렉산드리아 교회에 율리우스가 (346)
	54-56	콘스탄티우스가
		(1) 가톨릭교회의 감독들과 성직자들에게
		(2) 알렉산드리아 교회에게
		(3) 이집트의 관리들에게 (모두 346)
	57	예루살렘 공의회 (346)
	58	우르사키우스와 발렌스가
		(1) 율리우스에게
		(2) 아타나시오스에게 (둘 다 347년)
59-87	콘스탄티누스 대제의 통치 중 멜레티우스파와 아리우스파에 의해 아타나시오스가 박해를 받다.	
	59.6	콘스탄티누스가 아타나시오스에게 (아마 328년 초)

	60.3	콘스탄티누스가 아타나시오스에게(331년: 편지는 사본에서 생략됨)
	61-62	알렉산드리아 교회에 콘스탄티누스가 (332)
	64	이스퀴라스의 재검토 (330년 직후)
	66	테살로니카의 알렉산더가 아타나시오스에게 (334)
	67	핀네스가 요한 아르카프에게 (334)
	68	콘스탄티누스가 아타나시오스에게 (334)
	69.2-4	아르세니우스가 아타나시오스에게 (334 혹은 335)
	70.2	콘스탄티누스가 요한 아르카프에게 (334)
	71.6	멜레티우스파의 목록 (아마 328년 초)
	73-86	두로 공의회와 관련된 문서들 (335)
	87. 4-7	콘스탄티누스 황제가 알렉산드리아 교회에 (337년 6월 7일)
88-90	결론	

그 저서는 두 부분으로 구성되어 각각 연대기순으로 서술되고 있으나 (두 부분에 단지 두 개의 작은 이탈만 지니고; 저자 주),[1] 두 번째는 337년까지 일어났던 사건들과 338년과 347년 사이의 아타나시오스의 활동에 대해서 첫번째로 다루고 있다.

왜 그 저서는 그렇게 특별한 배열을 하고 있는가? 그리고 아타나시오스는 그것을 왜 그리고 어떻게 저술했는가? 세일러(R. Seiler)는 그것이 서술되는 과정에 대해서 여섯 단계로 구분해 놓고 있다.

(1) 아타나시오스는 먼저 337년까지 이르는 자신의 활동에 대해 이야기식 설명을 다음과 같이 구성하면서 저술하고 있다. 59.1-5(Opitz 139.4-140.4), 60.1-3(140.11-19), 63.1-5 (142.24-143.14), 65.1-4(144.3-21), 71.1-2(148.25-149.4), 72.2-6 (151.13-152.7), 82(161.17-30), 86.1(164.12-14), 87.1-2(165.36-166.6)과 88.1 (167.1-4). 이 이야기식 설명은 338년에 확실히 존재하고 있었다.

알렉산드리아의 공의회 편지가(3-19) 그것에 대해 묘사하고 있기 때문이다. 그러나 아타나시오스는 벌써 그것의 대부분을 콘스탄티노플의 콘스탄티누스에게 호소할 목적으로 준비해 335년 가을에 아마도 기획하고 있었을 것이다.

(2) 338년에 알렉산드리아 공의회는 이야기식 설명과 거의 59-87에서 인용된 모든 자료들이 이전에 해당되지만, 자료들은 아직 그것들이 가지고 있는 현재 형태로 구술되어 통합된 것은 아니었다. 아타나시오스는 분리되어 있는 이야기와 자료들을 율리우스가 335(83.4)년에 마레오티스에 보낸 위원회의 가상기억을 그에게 유리하게 한 현존하는 59.1-88.1과 실제적으로 동일한 하나의 연속적인 본문으로 결합을 했다. 율리우스는 (21-35)에서 동방 감독들에게 보내는 그의 편지에서 그 현재 형태로 방어의 두 번째 부분을 묘사했다. 그러므로 아타나시오스는 그것을 341년 로마 공의회에 제출하기 위해 작성한 것이었다.

(3) 아타나시오스는 1-50 그리고 59에서 88로 구성되는 세 번째 판을 집필했다. 우르사키우스와 발렌스와 어떤 관련성이 없을지라도 세르디카 공의회 직후 알렉산드리아에 돌아갈 수 있도록 그에게 허락하도록 콘스탄티우스를 설득하는 데 사용하도록 했다(아마 344년에).

(4) 네 번째 판은 347년에 우르사키우스와 발렌스의 급선회를 반영하고 있다. 그리고 351년에 아타나시오스를 향해 그들의 초기 반감을 일으키기 전에 작성된 것이다. 그것은 51번과 58번을 더했으며 또 다른 부분에서 그들 변화된 관련성을 첨부했다(1.3, 2.2, 20.2, 88.3).

(5) 351년이 얼마 지난 후 다섯 번째 판은 52-57을 첨가했다.

(6) 아타나시오스는 「아리우스주의의 역사」를 저술하는 동안 89-90을 소실된 첫 부분의 내용은 주로 그것을 복사한 것이었다. 그러나 아타나시오스는 357년이거나 그 이후에 출판을 위해 「변증」을 결코 개정하지 않았고 373년 그의 죽음 이후에도 그 현존하는 형태 그대로 출판되었다.2)

세일러의 이상 분석은 많은 가치와 오피츠(H. G. Opitz)의 후대 주장을 뒷받침하는 규칙을 포함해서 아타나시오스가 「아리우스주의에 대한 논박」 전체를 숨어 있는 동안 단순히 일치된 주장을 가지고 일관된 작품으로 저술했다고 주장하고 있다.3) 그러나 그것은 과장된 표현으로 수난을 겪고 있다. 특히 세 번째, 네 번째, 다섯 번째 사이에 구분되어 진행되어 가는 기초가 취약한 것 같다.4)

1932년 세일러의 논문 이래로 「아리우스주의에 대한 논박」의 날짜와 저술에 관한 두 가지 중요한 연구가 있어 왔다. 간명하고 날카로운 인용으로 존스(A. H. M Jones)는 루퍼스에 관련된 페이지에 관심을 끌었다. 사본에 의하면 335년 마레오티스에 보낸 위원회의 가상기억을 루피누스는 기록했다.

> 그것들을 기록했던 사람은 루퍼스였고 그는 아우구스투스 법정 관리로 감독관이었다.(83.4)

오피츠는 전달된 내용을 '어거스탐니카 지역'으로 수정을 했는데 이유는 382년까지 아우구스탈리스 총독 제도가 없었다는 근거에서 그렇게 했다.5) 존스는 전달되어 오는 내용대로 읽을 것을 옹호하면서 이집트의 첫 총독은 아우구스탈리스 총독 제도의 스타일이었고 367년에서 370년 사이 총독이었던 유톨미우스 타티아누스라고 제시했다.(Chr.min.1.29.14 c5)6) 총독의 타이틀과 지위가 이집트 지역이 동방 교구에 속하는 것을 멈추고 대신 이집트 교구에서 독립되었을 때 바뀌었고 그 같은 행정상의 변화는 370년 1월과 371년 2월 11일에 발생했다.(CTh 13.5.14 cf.12.1.63)7)이리하여 총독은 이집트 지역의 행정관으로서 현존하는 의무에 더해서 이집트의 새로운 교구의 대표직의 역할을 더 지니게 되었고 더 웅장한 직함 아우구스탈리스 총독은 그의 확장된 지위를 표시했다. 루퍼스가 "지금은 아우구스투스 법정관리로 감독관이었다."고 쓰여진 것은 370년보다 이전이 아니라는 주장을 따랐다. 아타나시오는 물론이고 그의 사망 직후에 「변호」를 출판한 알렉산드리아 편집자에 의해서도 그렇게 쓰여진 것은 아니었다.

오를란디(T. Orlandi)는 그가 이상하게도 언급하지 않은 것에 대해서 어떤 면에서 실러의 것과 유사한 「반박」의 기원에 대해서 설명하였다. 오를란디가 주장하길 아타나시오스가 335년 이전에 두 번째 부분에 들어갈 자료의 얼마간을 준비했다가 338년 (3-19)의 알렉산드리아 편지에 통합시켰다. 그러나 그것이 현존하고 있는 것처럼 「반박」의 저술은 아타나시오스가 이스큐라스와 아르세니우스(63-81)와 관련된 자료들을 함께 통합할 때인 346년에 시작했다고 주장했다. 그 이후 351년 후 '큰 발전'이 있었다. 352/3년에 쓰여진 서론(1-2) 부분과 함께 말이다. 그러나 '한정적인 재수정'이나, '특징적인 형태'는 그 작품이 367년 이후 약간의 재배열이 있었을지라도 357/8년에 속하는 저술이다.8) 정확히 주장되고 있을지라도 오를란디의 평가는 주로 확신이 되고 있지 않다. 시작하는 문장에 등장하는 (1.1) '적들'은 오를란디가 짐작하듯 우르사키우스나 발렌스일 수 없다. 반면에 바르덴헤버(O. Bardenhewer) 가 오래전 산뜻하게 해설했듯 시작하는 부분의 전반적인 주장은 347년에 그들의 엎치락뒤치락하는 시대와 350년 초 콘스탄스 사망 사이 시기에서만 생각을 정리할 수 있게 된다.9)

그 경우의 본질은 아마 엄격한 증거를 전제한다. 그럼에도 불구하고 초기의 토의에서 가치있는 것으로 포함 시키고자 하는 다음 가정은 왜 아타나시오스가 분리된 부분을 썼는지 하는 것과 왜「아리우스주의에의 반박」이라는 저서가 현재의 특별한 형태를 지니게 되었는가를 설명해야 할 것이다. (추정되는 바는; 저자 주) 네 가지 단계와 관련될 것이다.

(1) 아타나시오스는 수정된 자료로 338년 알렉산드리아 공의회를 위한 감독 활동의 간단한 설명을 준비했다.

(2) 341년에 그는 이야기식 설명과 거의 현재 상태의 두 번째 (59.1-88.2)에 일치하는 그의 활동의 자료화된 수정된 개요를 결합해서 로마 공의회 이전에 그것을 제출했다.10)

(3) 아타나시오스는 처음 부분과 (1-58) 결론(아마도 88.3 그리고 90.1,3)을 자신을 349년에 모임을 갖고 파문했던 안디옥 공의회에서 자신을 변호하기 위해 콘스탄스 사망 직전에 (소조메누스,「교회사」4.8.4)11) 저술했고, 이미 저술되어 있던 두 번째 부분 (59.1-88.2)을 그에게 대한 고소들이 잘못되있다는 것을 보이기 위해 포함시켰던 것이다.(cf.58.6)

(4) 그 후 아타나시오스는 그 저술을 다시 다듬으면서 결론과 몇몇 다른 부분을 많은 시간이 지난 후에 여전히 370년(83.4) 이후를 다룬 본문을 생각하면서, 353년 후 사건을 암시하는 내용을 삽입하고 있다. 그러나 그는 결코 그 저술을 조직적으로 개편하거나 완성된 문학적 작품으로 적절히 갈고 다듬거나12) 자신의 생애 중에 어떤 면에서인지 그것을 출판하지는 않았다.

이러한 가정은 크게 아타나시오스의 활동을 위해 「아리우스주의에 대한 반박」이란 저술의 가치가 역사적 증거로 다루기에 매우 풍요롭게 한다. 한 번에 세 차례의 중요한 자료층이 정체성을 갖게 되고 한 권의 책이 감독들이 모인 세 공의회 이하가 아닌 과정들을 설명해 주고 있다. 338년의 알렉산드리아, 341년의 로마, 그리고 349년의 안디옥 공의회들 말이다.13)

총체적 관찰은 특별하다. 아타나시오스의 저술 대부분은 그의 활동과 관련이 있는 것들은 (「범세계적 편지」를 제외하고는; 저자 주) 어떤 의미에서든 '출판된' 것이 그의 손으로 이뤄진 것이 아니다. 이 점에서 그가 어떤 가공이 그에게 해당되었을 때 그들을 수정하는 자유가 있었다. 중세기 사본에 남아 있던 수집된 편집본을 함께 연결시킨 추정된 편집자와 편집자들은 또한 그들이 적당하다고 생각했던 텍스트들을 변화시킬 기회를 또한 지니고 있었다. 더 나아가 감독회의에서 순간적 사용을 위해서라기보다는 오히려 광범위하게 회람되기 위해 쓰여진 작품들(이를테면 「그의 도주에 관한 변증」, 그리고 「아리미눔 공의회와 셀레우키아 공의회에 관하여」란 저술들)은 후대의 첨가와 개편의 흔적들을 보여주고 있다.14) 슈바르츠는 직설적으로 350년 후반에서부터 아타나시오스 작품 대부분이 그와 같은 경우라고 주장했다.15) 오피츠가 가능한 어떤 시간이나 장소에 대해서 정반대로 분석하는 입장을 택한 것은 아타나시오스를 이해하는 데 있어서는 불운이었다. 그리고 그는 또한 자일러가 「아리우스주의에 대한 반박」에 대해서 정확한 평가를 하는 것을 공격하면서 지나치게 가혹하고 무시하며 영향력 있는 각주를 썼다.16)

부록 3.
콘스탄티우스 면전에서 변증

「콘스탄티우스 면전에서 변증」은 문학적인 문제에 있어서 「아리우스주의에 대한 반박」의 문제점들과 매우 유사하게 드러나고 있다. 아타나시오스가 356년과 357년의 (25-35) 사건들을 기술함으로써 그 저술을 357년 여름에 그의 체포를 위한 제국의 명령에 고소를 꾸짖기 위해 썼던 것과 일치된 것으로 간주하는 것은 자연스런 일이다.[1] 그러나 그 저술의 대부분 내용과 어조는 이 수락과 일치하기가 쉽지 않다. 그리고 아치볼드 로버트슨은 아주 오래전 '중요하고 변증적인 부분'(그는 1장에서 26장까지를 특정했다; 저자 주)은 마지막 장들 (27-35) 이전에 기록되었다고 주장했다. 그는 전자에 관해 356년 날짜를 제시했다. 그 결과 그것은 「아타나시오스의 이집트와 리비아의 감독들에게 쓴 편지」와 동시대의 것으로 인정되었다.[2] 그 가정은 충분히 널리 통용되지는 못했다. 스지무시아크(J.-M. Szymusiak)는 「콘스탄티우스 면전에서 변증」을 다음과 같이 분석했다.[3]

Ⅰ. 원본으로 된 변증(353에서 355년 중엽사이에 기록됨)
1. 서문
2-21 아타나시오스를 향한 네 가지 고소
    2-5 350년 이전 콘스탄티우스와 콘스탄스 사이에 미움이 자라났다.
    6-13 350년 배신자 마그넨티우스와 그는 편지 교류를 했다.
    14-18 봉헌되기 전 그레고리우스에 의해 시작된 교회를 사용했다.[4]
    19-21 353년에 호출 당한 황제의 소환을 불순종했다.

Ⅱ. 연속물(357년에 첨부됨)
22-25ᵃ 355년 8월에서 12월 사이 아타나시오스를 디오게네스가 이동시키려 시도함
25b-26 356년에 그를 체포하려고 시리아누스가 시도함
27-31 콘스탄티우스의 이름으로 박해, 특별히 아타나시오스를 체포하려는 그의 시도
32-35 아타나시오스의 도주에 대한 정당성

이 분석은 「콘스탄티우스 면전에서 변증」이라는 원본이 제공하는 진실한 목적이 무엇인가 하는 것에 대한 가치를 지니고 있다. : 아타나시오스는 실제적인 설명을 전달하는 것처럼(3.1/2. 5.1, 8.1,11.3,18.6) 그리고 콘스탄티우스가 마치 듣고 있고 그 작품에서 행동하는 것처럼 (16.2: '당신이 웃고 있고 당신의 웃음이 그와 같음을 보여주고 있다.') 쓰고 있고, 354년에 황제에게 그 저술의 원본을 보낼 수 있었다. 씨무시아크는 첫 부분 전체가 조심스럽게 '독특하며 가벼운 논법'으로 조심스럽게 서술했다는 주장으로 그의 분석을 기초 놓았다. 반면에 두 번째에서는 충성과 복종에 해당되는 아첨 섞인 주장들이 아이러니하게 섞여 있었다.[5]

씨무시아크는 의심없이 본질과 목적에 있어서 다르게 「콘스탄티우

스 면전에서 변증」의 시작과 끝에 차이점이 있음을 수정했다. 그러나 그는 정확하고 올바른 지점에서 그 저서의 두 부분 사이를 그려 놓지 못했다. 그것은 18장과 19장 사이에서 구분되어야만 한다. 18장은 콘스탄티우스에게 알렉산드리아에 초청하며 그의 웰빙을 위해 기도한다는 것으로 끝을 맺고 있다. 그 두 가지 요소는 형식적인 결론을 위한 공통적인 모습이다.[6] 스타일과 내용에 있어서 19-21장은 원래 설명과는 같지 않지만 계속적으로 진행되는 내용에 속한다.

그러나 7장은 353년 8월에 마그넨티우스의 자살에 대해 언급하고[7] 13장은 아타나시오스를 지지했던 이집트 감독들의 추방을 분명히 암시하고 있다(참고 28장; *Hist. Ar.* 72.2-5). 이 점에서 볼 때 「콘스탄티우스 면전에서 변증」의 현 형태를 가장 잘 설명하는 가설은 스지무시아크의 구조에 속하는 다음의 수정이라 할 것이다.

(1) 아타나시오스는 1-12장 그리고 14-18장을 구성하는 이야기를 몬타너스가 이탈리아의 법정에서 그를 소환했는데, 그가 법정에서 도착했을 때(*Hist. ac.* 1.8;「목록」25)인 353년 5월 23일 이전에 작성해 놓았다.

(2) 357년에 그는 현존하는 기획 작품을 가볍게 개편해 13장과 19-35장으로 구성된 연속적인 사건을 첨가했는데, 그것은 일반적으로 동일한 골격으로 시작되었고 점차 콘스탄티우스를 향해 더 적대적이 되었다(353년의 자료는 19장 말미에서 소실되었다. ―아마도 아타나시오스가 알렉산드리아 밖에서 그 계속되는 부분을 기록했기 때문이었던 것 같다.).「콘스탄티우스 면전에서 변증」과 함께 그러나 아타나시오스는 아마 출판을 위해 이 저술된 책을 완전히 개편하지 않았다.

이 저술의 탄생에 대한 분석으로부터 따라오는 것은 원래 「콘스탄티우스 면전에서 변증」이 아마도 353년 5월 19일에 알렉산드리아에서부터 출발한 황제의 사신들이 그들과 함께 했었을 것이 분명한 아타나시오스로부터 황제를 향해 했던 의사 전달과 아마 동일한 것이다(Hist ac. 1.7; 「목록」 25, 참고. 소조메누스 「교회사」 4.9.6) . 그러므로 원본 「콘스탄티우스 면전에서 변증」은 아마도 353년 봄에 저술되었을 것이다. 연속적인 것에 관해서는 아타나시오스가 357년 여름 리베리오의 참수 사건에 대해 알기 전에 저술한 것으로 드러나고 있다.[8]

개인이 기록한 상세 내용은 아타나시오스가 뒷부분에 해당하는 장들보다는 초기에 「콘스탄티우스 면전에서 변증」의 첫 부분을 저술한 것이 확증되고 있다. 제10장은 350년에 이집트를 경유한 마그넨티우스로부터 사신이 지나갔을 때 아타나시오스의 공적 충성에 대한 저항을 기술하고 있다. 아타나시오스가 도움을 청한 그의 행동에 대한 증인들 중에는 아스테리우스와 팔라디우스, 훗날 궁궐의 행정관 즉 공무 집행 행정관이 되었던 사람들이 있었다(10.3). 한 쌍의 이름들이 22장에서 콘스타스가 350년 2월 혹 1월 후반에 죽임을 당했다는 소식이 적힌 콘스탄티우스의 편지를 알렉산드리아에 전달한 인물들로 나타난다. 이 후반부에서 팔라디우스는 정확히 전과 같이 같은 설명으로 기술된다. 그러나 그의 동료 '아스테리우스는 아르메니아의 군사 지휘관'으로서 아타나시오스가 더 앞선 페이지에 기록한 이후에 수여받은 직위로 추정하고 있다.[9]

부록 4.
니카이야 공의회의 날짜

편리하게 「니카이야 공의회 결정에 관한 편지」로 알려진 저서는 더 간단히 「결정에 관하여」인데, 아타나시오스의 헬라어 사본 중에서 전체적 요약본에 속한 제목으로는 거리가 멀다. '니카이야 공의회는 유세비우스의 요약본이 보여주었던 것처럼 적절하고도 경건하게 아리우스주의의 이단에 대항하는 그 결정 사항들을 설명했다.'라는 것으로 날짜를 정하는 것은 쉬운 일이 아니었다. 그 작품에 해당하는 영어 표준 번역 안내 서문에서 아치볼드 로버트슨 자신은 집필 날짜를 351년과 355년 말[1] 사이일 것이라고 주장했다. 반면에 오피츠는 최근 교부 신학의 핸드북과 연구 저자들을 따르면서, 아타나시오스가 가까운 장래에 폭력을 사용할 준비가 되어 있는 아리우스파를 공격한다는 사실로부터 350/1년에 해당하는 자료라고 날짜를 추론했다(2.2).[2] 그 주장은 '무르사 전투 직후(351년 9월 28일)에 출발했던 새로운 박해가 벌써 위협적이었다.'[3]는 슈바르츠의 관찰로부터 유래한다. 최근 브레네케는 356년 후 늦으면 360년까지 날짜를 제안했는데, 역사적이며 신학적인 기초들을 결합한 것이었다. 아타나시오스가 호모우시오스(동일본질)란 용어를 사용하고 니카이야 신조를 변호하고 있었기에(브레네케가 그렇게 주장한다), 357년 전에는 '분명하게 공격당한 적이 결코 없었기에, 그가 더 초기에 저술했을 것이라고 보기는 어려울 수 있다.4) 그 추론은 자체로 인정하기 어렵거나 이 자료의 어떤 곳에선가 분명히 부정했던 350년대의 신학 발전의 일반적 해석에 기초한다.5) 반면에 「니카이야 공의회에 관하여」란 텍스트가 어떤 정확히 지목할 수 있는 방법으로 350년대 후반의 신학적 논쟁을 반영하지 못했다.6) 게다가 350/1의 날짜를 추론하는 데 지나치게 낙관적이었을지라도 슈바르츠가 확실히 정확했던 것은 아타나시오스가 마치 폭력이 위협적인 것처럼 저술했지만, 아직 그가 356년 2월 그의 교구로부터 파직된 후 날짜를 배타적으로 채용하지 못했다는 사실을 주장하고 있음에는 정확했다.

이 책에서 가정된 352/3년의 날짜는 다음에 이어지는 고려들을 통해서 결론이 난다. 아타나시오스는 「니카이야 공의회에 관하여」란 저술에 대해서 그가 이름은 물론 정확하게 설명할 수도 없는 누군가에게 언급했는데, 그는 분명히 다른 감독이었음에 틀림없다.7) 아타나시오스는 초기의 편지 같은 설명을 하면서 아리우스주의에 대한 '넓은 평판'을 제시했음을 드러내고 있다(5.7). 그리고 지금 그가 쓰는 것은 그 익명의 감독인 그가 '교회의 견해들을 주고받는 많은 형제들과 몇몇의 유세비우스의 동료들' 사이에서 아리우스의 견해를 변호하는 이들에게 '그가 제기했던 문제들을 자신에게 보고했기 때문에 저술했다고 알리고 있다(1.1). 아타나시오스가 언급했던 경우를 확인할 수 있는가?

아타나시오스가 목표로 삼고 글을 쓰고 있는 감독은 그에게 니카이야 공의회에서 무슨 일이 있었는가를 질문했다(2.3). 물론 아타나시오스는 그 공의회에 참석했다. 그러나 그는 325년 사건에 대한 상세한 설명을 제공하는 기회에 박차를 가했고 거기에서 그는 적은 분량만 할애했다. 대신 그는 호모우시오스란 단어를 변호하고 비성서적이라고 고소당하는 것에 대해 '아버지의 본질에 대한' 구절을 변호하면서 그의 신학적 대적들의 불일치에 대해 의문을 던졌다.

325년에 그는 지금 그들이 거부하는 (3.2) 용어를 유세비우스파가 수락했고 서명을 했으며, 자신들은 불경건함을 변호하기 위해 비성서적 용어를 사용하고 있을지라도 비성서적인 용어를 적절히 사용하는 것을 그들이 거절한다는 것을 관찰했다(18.4). 여기에서 처음으로 신조를 표명하는데 비성서적인 용어를 사용함을 분명히 금했던 357년 시르미안 선언에 대한 어쩐 주장을 보는 것은 불필요하다.[8] 또한 「아리우스주의에 관한 강론」이란 저서가 350년 훨씬 전 아리우스 자신의 기독론, 니코미디아의 유세비우스, 그리고 아스테리우스의 기독론의 성격을 자체로 동일하게 사용하고 있으므로(이를테면 '그 로고스는 모든 면에서 성부의 본질과 개성에 동일하지 않고 모든 점에서 생소하다.'[1.5])[9] 로고스는 '성부에게서 낯설며 본질에서도 유사하지 않다.'라는 주장에 대한 아타나시오스의 반대자들에게 할당된 아에티우스에 대한 암시를 살펴볼 필요는 없다. 그리고 「니카이야 공의회에 관하여」라는 저서는 분명히 초기 작품으로 결론이 났다.[10] 여기서 주상뇌는 바는 아타나시오스의 중요한 신학적 목표는 소위 오래전 344년의 신조였고 아에티우스가 훗날 강조해 「니카이야 공의회에 관하여」란 저서가 이미 그 주장을 공격했기에[11] 정확히 그의 가르침에 '동일하지 않음'이란 용어를 강조하고 있다는 점을 주장한 것이다.

아타나시오스는 「니카이야 공의회에 관하여」란 책을 알렉산드리아에서 저술했다. 그것은 그가 깊게(분명한 기억으로부터가 아니라; 저자 주) 데오그노스투스의 생생하고 그림을 보듯 기록된 사건, 사벨리우스에 반대하는 알렉산드리아의 디오니시우스(25)로부터 사벨리우스파에 반대하는 로마의 디오니시우스와(26) 오리게네스의 「원리론에 관하여」에서 인용하고 있기에 그러하다. 합리적 가정은 그가 아직 개인적이니 관계는 어느 누구하고도 없었으나 서방의 유명한 감독에게 그 저술을 전하려고 했다는 것이다. 이 점에서 그의 주장은 352년 5월에 로마의 감독으로 서품된 직후 아타나시오스에게 편지했던 인물로 알려진 리베리오라고 거부감 없이 추정할 수 있다는 것이다(CSEL 65.155). 한 곳에서 상세하게 표기된 부분이 로마의 감독에게 향하고 있음이 아주 잘 드러난다. 아타나시오스는 편지 쓰는 방법에 근거하여 존경스런 언어로 자신의 주장을 제시하고 있다.

> 그러나 그대 정말로 사랑하는 이여 그 편지를 당신이 받았을 때 혼자 읽어 보세요. 그리고 당신이 맘에 든다는 결심이 든다면 또한 그것을 그 상황에 함께하고 있는 형제들에게도 읽게 해 주세요. 그래서 그들도 역시 이러한 내용들을 알아서 진리에 대한 공의회의 헌신을 알게 하며 또 그 공의회의 정확한 의도를 알도록 해 주시고 그리스도와 싸워 그들의 헛된 무례함으로 그들 자신의 불경건한 이단을 자신들 위해 창안했다는 것을 알고 아리우스주의의 뻔뻔스러움을 꾸짖도록 해야 합니다(32.5).

만일 리베리오의 이름이 「니카이야 공의회에 관하여」란 저술의 제목에서 사라지고 없다면, 그것은 357년 그 당시에 마침내 351년의 시르미움 공의회의 공의회 편지12)—정확히는 그가 「니카이야 공의회에 관하여」라는 저서를 거부하라고 요구했던 그 자료에 서명을 했기 때문일 수 있다.

부록 5.
소크라테스에게 있는 이야기와 연대순

 소크라테스는 그가 전에 반복했던 루피누스의 연대기적 실수를 피하면서 처음 두 권을 썼다는 것을 언급하면서, 「교회사」 두 번째 책을 시작하고 있다(이를테면 콘스탄티누스 사망 후에 두로 공의회를 배열함. 〔참고 루피누스, 「교회사」 10.17〕 그리고 335-337년의 골 지방으로 아타나시오스의 추방을 생략함). 소크라테스는 그가 아타나시오스에 의해서 다루어진 것들과 동시대의 편지들을 참고했을 때 루피누스의 실수를 인식하게 되었다고 설명한다. 이 점에서 첫 편집의 정리되지 않은 이야기 대신 복사한 인용으로 처음 두 권이 다시 쓰인 것이다(「교회사」 2.1.1-5). 「교회사」의 두 번째 책에 대한 다음의 간단한 분석이 특별한 개인과 사건들에 포함된 거대한 양의 우수한 정보임에도 불구하고 불만족스런 소크라테스의 설명이 연속적인 사건으로 남아 있는지의 상황을 보여주기 위해 알려지고 있는 정확한 날짜들을 표시해 준다.[1]

2	콘스탄티누스 사망 후 그때는 소크라테스가 337년 5월 22일로 정확히 날짜를 셈하고 있는데 (1.40.3) 그때 유세비우스파가 아리우스주의를 재도입하려는 시도로 교회에 무질서를 야기한다.
3. 1-4	알렉산드리아 크리스천들에게 보낸 콘스탄티우스의 편지(337년 6월 17일이며 아타나시오스에게서 인용됨, 「아리우스주의에 대항한 변증」 87.1-4)
4	아카키우스가 에우세비우스 자리에 이어 가이사랴의 감독직에 오름 (그는 339년 5월 말에 사망했다) .
5	콘스탄티누스가 사망함 (소크라테스는 340년 정확한 집정관 연도를 제공함).
6	콘스탄티노플의 알렉산더가 사망하고 바울이 그의 계승자로 선출됨(337년 늦은 여름).
7	바울이 파직되고 니코메디아의 유세비우스가 그를 대신함(337년 가을 초).
8	'봉헌을 위한 공의회'가 341년 집정관 연도에 안디옥에서 모인다. 내부적으로 간주된 소크라테스에 의하면 콘스탄티누스의 사망 후 5년으로 간주된다(5). 소크라테스는 분명히 341년 1월의 공의회와(1-5) 아타나시오스를 폐위시킨 338/9년의 공의회를 혼동했다(6-7).
9	에메사의 유세비우스 활동은 라오디게아의 조지에 의해 요약된 생애가 알렉산드리아에서 아타나시오스의 계승자로 칭해지는 것을 거절하는 것을 포함해 나타남(6-7).
10.1-20	안디옥의 공의회는 그레고리우스를 알렉산드리아의 감독으로 지명했고 교리문서를 발표했다.(아타나시오스로부터 4-8, 「공의회로부터」 22.3-7; 그리고「공의회로부터」 23.2-10) 소크라테스는 338/9 공의회와 341년(참고 아타나시오스의 「공의회」 22.2)을 계속 혼동하고 있다.
10.21-22	로마 지역이 프랜치에 의해 침범당하고(21) 큰 지진이 동방에서는 일어나 안디옥이 일년 동안 흔들렸다(22). 프랑크족의 침입과 지진은 콘스탄티우스 지배 4년 되는 날에 발생했다고 (340/1) 제롬에 의해 「연대기」 235에서 밝힌다. 그리고 집정관 연도는 341년으로 날짜를 제시하고 있다(13.4 참고 Chr. min. 1. 236).
11	그레고리우스가 알렉산드리아에 들어오고 아타나시오스는

	로마로 도주한다. 부분적으로 그 이야기는 356년 2월 아타나시오스의 체포 시도와 339년 3월 그레고리우스의 도착을 혼동하고 있다. 디오니시우스 교회의 화재 사건이 339(6)년에 발생했을지라도 군 지휘관 시리아누스와 5천명의 군인들은 356년에 속하고 있다(1. 참고 아타나시오스 「도주」 24.3, 「아리우스주의의 역사」 81.6). 더 나아가 그 장은 341년 여름 로마 공의회와 분명한 관련을 지니고 끝난다(7).
12-13	니코메디아의 에우세비우스가 사망 후 바울이 콘스탄티노플로 돌아오고 아리우스파가 마케도니우스를 선출하며 헤르모게네스가 바울을 죽이려 할 때 죽임을 당했고 마지막으로 콘스탄티우스가 안디옥으로부터 그렇게 하기 위해 오고 있었다. 이 모든 사건들은 341/2년 겨울에 속한다. 소크라테스는 헤르모게네스의 살해와 프랑크 족에 콘스탄스의 패배에 관해 집정관 날짜를 제시한다 (13.4 참고 Chr. min. 1.236).
14	아리우스파들은 카파도키아 출신 게오르기우스를 그레고리우스 대신 앉히고 있다. 이 장은 희망이 없는 혼란을 나타내고 있다. 그레고리우스는 345년 6월 26일에 알렉산드리아에서 죽게 된다. 그리고 349년 게오르기우스는 처음으로 그 도시의 감독으로 명명된다(소조메누스 「교회사」 4.8.4).
15	아타나시오스, 콘스탄티노플의 바울, 가자의 아스클레파스, 앙카라의 마르켈루스, 그리고 아드리아노플의 루키우스는 모두 로마에서 율리우스에게 접근했다. 율리우스로부터 편지로 무장한 그들은 그들 교구를 재탈환했다(3). 아타나시오스가 알렉산드리아에 도착했을 때 그레고리우스의 지지자들로부터 반대가 있었을지라도 말이다(6). 이와 같은 귀환은 단순한 환상이었다. 그러나 궁극적으로는 루키우스의 시도에 대한 혼돈된 기억에 기초했고 바울도 역시 마찬가지였으며 세르디카 공의회 이후 그들 교구를 반환 받게 되었다.
16	보호총독은 필립푸스였는데 바울을 콘스탄티노플에서 추방했고 마케도니우스를 감독으로 세웠다(344년 후반).
17.1-11	아타나시오스는 로마로 가고 율리우스는 안디옥에서 만났던 감독들에게 편지를 쓰고 있다. 당혹스런 고소가 아타나시오스에게 대항해 일어났고(337/338년) 소크라테스는 338년 초 이집트

	감독들의 편지(6, 참고 아타나시오스, 「아리우스주의에 대항한 변증」 3-19)와 '봉헌을 위한 공의회'로 등장한 안디옥 공의회의 편지(5,10, 참고 15,4-5)와 341년 율리우스의 긴 편지에 대해 언급했다(7-9, 「아리우스에 대항하는 변증」 21-25).
17.12	'직후'에 콘스탄티노플의 바울은 테살로니카에서부터 이탈리아로 갔다(344/5년 초 겨울에).
18.1-6	나르키소스, 테오도로스, 마리스 그리고 마르쿠스 감독들이 신앙 신조를 콘스타스(3-6, 아타나시오스 「공의회」 25.2-5로부터)에게 제출했다. 아타나시오스의 상황은 342년에 이 외교적 노력이 발생했다고 제시한다.
18.7	이단 포티누스
19	아타나시오스로부터 인용된 '장문의 신조' 「공의회」 26(344년)
20	세르디카 공의회(343)에 대해 소크라테스는 집정관이 정한 연도를 잘못 정했던 것이다. 347년(4) 소크라테스는 공의회의 초청과 모임 사이에는 18개월의 연기가 있었음을 언급했다(6). 그것은 341년 율리우스의 편지 사실 339/40년에 로마에서 아타나시오스가 기다리고 있다는 언급에서 유래된 것이다.
21	아리우스파에 대한 고소에 반해 가이사랴의 유세비우스가 방어하는 중 물러난 내용.
22	콘스탄스는 아타나시오스와 바울을 힘으로 다시 세울 것이라고 위협한다. 소크라테스가 인용한 그 편지는 345년 초에 속한다(5).
23	콘스탄티우스는 아타나시오스의 재건과 다른 추방된 감독들도 그렇게 했다. 소크라테스는 7개의 편지를 아타나시오스로부터 인용한다(「아리우스주의에 대항하는 변증」 51-56). 아타나시오스는 346년 10월 21일에 알렉산드리아에 들어갔다(*Hist. ac.* 1.2; 「목록」 18).
24	아타나시오스는 예루살렘을 경유 알렉산드리아로 돌아왔다. 그리고 우르사키우스와 발렌스는 그와의 교제 속에 들어왔다.
25	337년 5월부터 350년 6월까지 정치사의 빠른 연구.
26	집정관 연대 350(1)년에 콘스탄스의 죽음 후 아타나시오스에게 향한 공격들이 재개되었다. 그때 바울은 직위 해제되었고 죽임을

	당했다. 마르켈루스는 추방되었고 루키우스는 감옥에서 죽음을 맞이했다. 그리고 아타나시오스는 콘스탄티우스의 사망 언도로 죽게 된 상황을 피해 도주했다. 다시 소크라테스는 여러 다른 날짜들의 사건들을 혼동했고 아르리아노플의 루키우스의 사망 (6)은 세르디카 공의회 직후에 해당했다. 그러나 아타나시오스의 도주에 대한 불평들은 357년에 그가 대답했던 일들이다(9 참고 「도주」.1). 마르켈루스의 축출 사건은 비역사적이다. 그가 결코 340년에 앙카라에 돌아오도록 허락되지 않았기 때문이다.
27	마케도니우스는 바울의 자리에 콘스탄티노플 감독이 된다(아마 349년임).
28.1-15	아타나시오스의 출처인 알렉산드리아에서 게오르기우스의 행위 「도주」 6.1-7.5 (356년 사건을 기술함).
28.16-20	베트라니오의 포기하는 장면(350년 12월 25일).
28.21	콘스탄티우스는 부황제 갈루스를 선포했고 (351년 3월 15일) 그를 시리아에 파송한다.
28.22	갈루스가 안디옥에 도착하자 하늘에 십자가가 나타났고(351년 5월 7일) 28.23. 콘스탄스는 그의 장관들을 마그넨티우스에 대항해 보냈다(351년 여름).
29-30	시르미움 공의회는 집정관 연도 351년에 포티누스를 직위해제함. 소크라테스는 아타나시오스로부터 시르미움 공의회 신조 (30.5-30) 「공의회」로부터 27.2-3)와 357년의 '신성모독'(30.31-41, 「공의회」 28.2-12로부터)를 357년의 후자가 351년에 속하지 않다는 것을 인식하지 못한 채 인용하고 있다. 그는 또한 공의회 이후 앙카라의 바질에 의한 포티누스의 예지적 심문을 삽입했는데 그것은 그보다 앞서 일어난 일이었다 (30.43-45 참고 에피파니우스 「등대」 71.1.4-6).
31.1-4	코르도바의 호시우스는 시르미움 공의회 결정 사항을 서명하라고 강요 받음(그는 357에 단 복종했다.)
31.5	콘스탄티우스는 시르미움에서 마그넨티우스에 대항해 전투하는 결과를 기다리고 있었다.
32. 1-10	마그넨티우스의 패배와 죽음을 소크라테스는 353년 8월 15일(8)로 적고 있다. 무르사의 패배는 소크라테스가 판노니아에서 골로 이동한 순간인데 351년 9월 28일에 발생한 사건이었다.

32. 11	실바누스의 감금(355).
33	갈루스가 유대인 반란을 진압함(352).
34.1-5	집정관 해 354년에 갈루스의 악행과 참형(354).
34. 5	율리아누스가 부황제 카이사르로 선언됨(355 11월 6일).
34. 6	콘스탄티우스가 로마를 방문하다(357).
34. 7-8	율리우스가 사망하고 리베리오가 로마 감독이 되다(352),
35	아에티우스의 활동,
36	밀라노 공의회(355),
37	아르미눔 공의회[359 (참고, 39. 5-7)]. 소크라테스는 게르마니시아의 유독시우스가 안디옥 감독이 되었던 것과 철수한 것에 대해 자신의 공의회에 대한 설명 앞부분에 소개한다. '이 시기에 관해' 레온티우스의 사망 날짜를 정함으로 유독시우스 선출을 역시 359년으로 은연중 정할지라도 유독시우스가 레온티우스의 사망 소식을 받았을 때 콘스탄티우스와 로마에 있었다는 그의 주장은 정확한 날짜가 357년임을 지시한다. 공의회의 설명에서 소크라테스는 아타나시오스로부터 359년 5월 22일 '정해진 신조'를 인용한다(18-24, 「공의회」로부터 8.3-7).; 아타나시오스의 긴 부분 (31-49「공의회」로부터 3.1-4.4); 콘스탄티우스에게 보낸 아르미눔 공의회의 편지(54-74「공의회」로부터 10.1-12; 그리고 공의회에 황제의 답변(78-87「공의회」로부터 55.2-7) 그 후 그는 리베리오 추방 이야기를 서술한다.(355-357). 그것은 마치 아르미눔 공의회 신조를 리베리오가 수용을 거절한 것인 것처럼 되었고 그는 니카이야 진조를 아주 긴 장으로 결론을 짓고 있다(95-97: 359년 10월 10일).
38.1	서언: 동방에서의 초기 사건.
38.2	아카키우스와 파트로필루스가 키릴로스를 예루살렘 감독으로 세움(아마도 348 혹은 349).2)
38. 3-42	콘스탄티노플에서 마케도니우스의 활동들 특히 노바시아노파 주의자들의 박해, 아욱사논에 의해 제공된 상세 내역과 함께 (10) 부착됨.
39-40	셀레우키아 공의회, 소크라테스는 그 회의가 359년 9월 27일에 개최되었다고 (39.7, 참고 5) 기록하고 있으며 아카키우스에 의해 제시된 자료를 인용한다(40.8 -17, 참고 에피파니우스 「등대」

	73.25).
41-42	콘스탄티노플 공의회(360년 1월:41.8-16 아타나시오스를 인용「공의회」30.2-10).
43. 1-7a	세바스테이아의 유스타티우스, 소크라테스는 강그라 공의회 결정 사항을 요약하고 있다(3-6). 그는 콘스탄티노플 공의회 이후로 날짜를 구체적으로 적시한다. 소조메누스는 그의 「교회사」4. 24. 5에서 강그라를 콘스탄티노플 이전으로 보는데 그것이 더 정확한 것 같다.3)
44	멜레티우스는 안디옥의 감독이 된다. 그러나 곧 유조이우스에 의해 대치된다. 소크라테스는 360년 초 페르시아 전쟁을 위해 안디옥에 콘스탄티우스의 여행을 언급한다(7).
45. 1-8	직위 해제된 마케도니우스는 한 종파를 시작했다.
45. 9-17	안디옥 공의회는 집정관 연도 361(10)에 모였다.
46	시리아에서 라오디게아의 두 명의 아폴리나리파.
47	콘스탄티우스는 361년 11월 3일에 사망한다.

부록 6.
소크라테스, 소조메누스, 사비누스

소크라테스는 그의「교회사」를 306년 콘스탄티누스가 즉위한 것과 더불어 시작한다(「교회사」1.2.1, 40. 3). 그리고 그것은 439년 테오도시우스의 17차 집정관 시절로 막을 내린다. 더욱 설득력 있는 내용은 그가 그 책을 더 후대에 완성했다는 것이다.[1] 소크라테스는 380년 직후 콘스탄티노플에서 태어났다(「교회사」5.24.9;참고 5.16.9). 그리고 그는 구전 정보를 325년 니카이야 공의회에 참석했던 연로한 노바티아누스파에 속한 감독 아욱사논을 통해 들었던 것을 많이 모았다.[2] 이 점에서 콘스탄티노플의 바울의 활동에 대해 그의 완전하고 우수한 사건의 설명에 대해 의심할 바가 없다.[3] 게퍼트(F. Geppert)는 고전을 다루는 전문가인데, 소크라테스에게서 중요하게 쓰여진 자료들을 (1) 루피누스의「교회사」, 유세비우스의「콘스탄티누스의 생애」와 아타나시오스의 (모든 자료들)로 제시하고 있다. (2) 콘스탄티노플과 감독들의 목록에서 연대기적 구조를 제시한 간단한 연대순 (3) 현존하지 않는 자료의 두 수집본—아타나시오스의「공의회」와 사비누스의「회당」이 있는데 그들과 동일시하고 있다. 게퍼트는 또한 소크라테스가 14편 이하로 부수적 자료들을 사용하지는 않았는데, 그 중 넷은 콘스탄티누스 통치에 대한 설명에 해당하는 것이라고 주장했다.―아카키우스에 의한 가이사랴 유세비우스의 생애(「교회사」 2.4), 그리고 라오디게아의 게르마니우스에 의한 에메사의 유세비우스(「교회사」 1.24.3; 2.9.1), 에우트로피우스의 「로마사 요약」(Brviarium), 그리고 「콘스탄티누스 황제의 가계」와 훨씬 훗날 죠나라스에 의해4) 사용된 간단한 제국의 흐름에 대한 분실된 자료를 들 수 있다.

게퍼트의 분석은 거의 일세기 후에조차도 그것의 일반적 확실성을 지니고 있다. 그러나 특별한 자료라고 한 그의 특징적인 것 중 얼마는 오류가 있다. 특히 소크라테스가 루피누스 (「교회사」 2.1.1)에게 돌린 역사서는 아마 가이사랴의 젤라시오가 쓴 그리스어로 분실된 「교회사」였다. 그리고 그 책은 395년에 전해져 온 젤라시오의 라틴어 수용과 연속에 루피누스가 그의 그리스어 예에 첨부했던 그리스어 번역으로 보충되었다.5) 아타나시오스의 「공의회」란 저술은 아마도 결코 존재한 것이 아니었을 것인데, 삽입으로 등장하는 소크라테스의 「교회사」의 한 문장에만 언급되어 있다(「교회사」 1.13.12). 그리고 소크라테스(그리고 소조메누스)가 그것으로부터 인용했다고 추정되는 모든 것들이 잊혀졌을지라도 잘 입증되는 사비누스의 「공의회」로부터 대신 축출이 된다.6) 더 나아가 「콘스탄티누스 황제의 가계도」, 소크라테스 그리고 죠나라스가 유사성을 지니고 있음을 설명하기 위해 다른 우리에게서 완전히 분실된 원본 '황제의 생애로부터 요약본을 제시할 필요가 없다.' 그들은 강하게 사실적이며 그들은 구절들의 지속적인 평행을 보이진 않는다.7)

소조메누스는 그의 「교회사」를 소크라테스보다 몇 년 후에 저술했다. 소조메누스의 서문에는 비티니아를 경유 폰티카의 헤라클레아에 테오도시우스 황제의 최근 여행길을 언급한다(「교회사」 서문. 13).

이 방문은 일반적으로 443년에 해당하고 그것은 소조메누스가 그해 직후에 서술했다는 것을 추론케 한다.8) 서론과 결론이 다 취약하다. 루에체(C. Roueche)는 폰티카 헤라클레아의 테오도시우스 방문이 443년에 속한다고 하는 점이 필요치 않다는 것을 보여주고 있고9) 앨런 카메론은 풀케리아에 대한 소조메누스의 칭찬이 특별히 그의 주장 '우리는 그녀가 새로운 이단이 우리 시대에 득세하지 못하도록 한 사실에 대해 책임이 있는 것을 발견한다.'라는 말이 적어도 마지막 책이 테오도시우스 생애의 마지막 달에 권력과 존경을 받는 자리에 돌아온 후 450년에 쓰여졌음을 암시한다고 본다.10)

소조메누스는 가자 근처 베델레아 출신이고(「교회사」 5.15.14) 425년 경 콘스탄티노플에 정착했다(참고. 「교회사」 8.27.7). 소크라테스처럼 법조인(「교회사」 2.3.10)으로 결심하길 324년 부황제 크리푸스와 콘스탄티누스 황제 세 번째 집정관 시기부터 439년 테오도시우스(「교회사」 서문 19) 17번째 집정관 시대까지를 덮는 더 문학적인 깊이가 있는 「교회사」를 저술하기로 했다. 그리고 그의 전대의 인물을 능가하겠다는 입장이었다. 소크라테스는 분명하고 꾸밈없는 스타일로 저술하기 위해 신중하게 수사학적 꾸밈을 단념했다. 그러면서 크리스천 역사가를 위해 타당한 것이라고 주장했다(「교회사」 1.1.3; 3.1.4;6 서언). 소조메누스는 그의 중요한 자료로 소크라테스를 사용하면서 중요한 이교도 역사 기술의 전통을 더 많이 유지하면서 더욱 과중된 방식으로 소크라테스를 재 집필했다.11) 그러나 이 조직적인 스타일의 변화로 자주 소조메누스는 소크라테스를 더욱 보충하게 되었다. 예를 들면 그는 테오도시우스 법전에 포함된 법률 그 이상을 넘어 배열되는 콘스탄티누스의 법적 설명에 관해 그의 합법적 경험을 그려 넣었다. (「교회사」 1.8.13, 9.3).12) 또한 소조메누스는 가끔 소크라테스가 따르고 인용했던 저자들 (젤라시오/ 루피누스, 「콘스탄티누스의 생애」를 쓴 유세비우스 그리고 아타나시오스)을 자신과 같은 저자로 생각했다. 그러나 소조메누스의 「교회사」에 속한 가장 가치 있는 어느 부분들은 전적으로 소크라테스와 소크라테스의 자료들과는 전적으로 독립성을 지니고 있다. 이를테면 샤푸르 박해에 관한 설명을 위해 그는 페르시아의 「순교행전」을 채택했다(「교회사」 2.9-14). 그리고 수도사와 거룩한 사람들의 두 긴 발췌물을 제공하는데(「교회사」 3.14-16;6.28-38), 그것들은 팔라디우스의 「라우시아의 역사」(사막 교부 라우시아의 역사: 역주)와 「이집트에서 수도원 역사」와 많은 유사점을 지니고 있다.13) 그리고 그는 그의 마치지 못한 9권의 구조를 형성하고 있는 425년에 이르기까지 정치적 사건들의 이야기에 관한 올림피오도루스의 분실된 역사를 사용했다.14)

콘스탄티우스 통치 동안 소크라테스와 소조메누스 두 사람을 위한 중요한 자료는 헤라클레아의 사비누스의 「회당」이다. 그런데 불행하게도 소조메누스는 한 번도 사비누스를 거론하지 않는다. 또한 그의 중요한 자료의 어떤 것도 말하지 않는다.15) 그러나 소크라테스는 대략 10군데에서 사비누스를 거명한다(「교회사」 1. 8.24-26; 1.9.28; 2.15.8-11; 2.17. 10-11; 2.20.5; 2.39.8; 3.10.11; 3.25.18; 4.12.41; 4.22.1). 분명히 사비누스가 화해된 자료를 사용했을 (혹 생략) 뿐 아니라 주석을 제공했던 것들이다. 그러나 때로 어려운 것은 자료에 대한 소조메누스의 기록이 그 자체로 사비누스에 의해 인용된 자료에 의존한 것인지 사비누스가 인용하지 않고 소화시킨 어떤 것인지에 대해 말하기가 쉽지 않다는 점이다.16) 바티폴(P. Batiffol)은 사비누스에 대한 소조메누스의 지속적인 도움을 증명해 냈다.17) 쉬오(G. Schoo)에 의한 후대의 단행본은 소조메누스에게서 발견한 자료의 내용이 인용하는 것인지 보고하는 것인지의 페이지들 사이를 구분하려 하지 않고 있으며 소조메누스가 단순히 사비누스의 이야기를 재생하고 있는지 그가 인용하고 있지 않는 자료에 대한 그의 주석인 지의 구분을 시도하지 않고 있다.[18]

대부분 소조메누스의 「교회사」의 3권과 4권의 이야기 구조는 신실하게 소크라테스를 따르고 있고 그의 광범위한 사건과 연대기의 실수를 반복하고 있다. 그러나 콘스탄티우스 통치에 대한 소조메누스의 설명은 크게 본질적 가치를 지니고 있다. 다음 내용들은 337년에서 361년 기간 동안 소조메누스가 소크라테스에게서 독립적인 내용을 입증해 주는 교회 정치에 관련된 가장 중요한 부분의 얼마이다. 일반적으로 소크라테스에 의해 인용되지 않은 자료의 지식을 보여주며 그의 중요한 자료에서도 발견되지 않은 권위있는 상세 내용을 제공함으로써 소크라테스와 무관한 부분이다.[19]

제3권

5.1-6.7	'봉헌을 위한 공의회'.[20] 소조메누스는 소크라테스를 밀접히 따르고 있다(「교회사」 2.8.1-5). 그러나 세 가지 상세한 부분을 더하고 있는데 신조가 루키안의 것이라는 주장, 공의회에서 탁월성을 보였던 8명의 감독들 이름과 에메사의 유세비우스가 나머지 감독들과 함께 투표에 참석했다는 기록이다. 소조메누스는 아마도 율리우스에게 보낸 공의회 편지를 포함했던 사비누스를 이용했다(소크라테스, 「교회사」 2.17.10).
8.3	동방의 감독들에게 보낸 로마의 율리우스의 간단한 편지의 요약;341년 아타나시오스에 의해 인용된 편지가 분명히 아닌(「아리우스주의에 대항한 변증」 21-35) 339년에 아마도 쓰인 아타나시오스가 이전에 언급한 편지임(「아리우스주의에 대항한 변증」 20.1),
8.4-8	'봉헌을 위한 공의회'가 로마의 율리우스에게 보낸 편지의 요약본. 소조메누스는 분명히 이 편지가 후기 공의회에 의해서 쓰여진

11.4-12.7	것이라고 믿었다. 세르디카 공의회. 소조메누스는 소크라테스에 의해 인용되지 않은 세 가지 자료에 대해 상세한 지식을 보여주고 있다. 동방과 서방 양측 감독들의 공의회 편지들(CSEL 65.48-67; 103-126: 후자는 또한 아타나시오스로부터도 알려지고 있다. 「아리우스에 대항하여 변증」 42-47), 그리고 율리우스에게 보낸 호시우스와 프로토게네스의 편지(EOMIA 1.644). 그는 아마도 이미 이 자료 중 처음 것을 가자의 아스클레파스가 직위 해제되었던 것에 대한 고소를 보완하기 위한 자료로 사용했다(8.1, CSEL 참고 65.55) 20.4, 7-9 안디옥 감독으로 레온티우스(참고. 테오도레투스, 「교회사」 1.22.1;2.24.3).
20.4, 7-9	안디옥의 감독인 레온티우스 (참고. 테오도레투스, *HE* 1.22.; 2.24, 3),
22	예루살렘 공의회 편지, 346 (아타나시오스로부터 인용 「아리우스주의에 대항하여 변증」 57.2-6),
23-24	율리우스와 아타나시오스에게 보낸 우르사키우스와 발렌스의 편지들 (아타나시오스로부터 인용 「아리우스주의에 대항하여 변증」 58).

제4권

3	소조메누스는 「거룩한 노타리에스의 수난」에 대한 지식을 보여준다. (BHG 3. 10284) 「수난」이라는 책이 필립푸스를 마르티리우스와 마르키아누스를 형 집행한 총독으로 칭하고 있는데 소조메누스를 익명으로 남겨둔다.
5	351년 5월 7일에 예루살렘 위에 등장했던 십자가의 설명 그것은 콘스탄티우스에게 쓴 예루살렘의 키릴로스의 편지에 기초한다 (BHG 3. 413=CPG 3587).
6.2	포티누스의 신학적 견해들.
6.12	'지정된 신조'의 발췌: 그것은 소크라테스에서 확실히 유래한 것은 아니다. 소조메누스의 본문이 소크라테스(「교회사」 2.37.23-24)와 아타나시오스 (「공의회」 8.7)의 입장에 반하는 테오도레투스(「교회사」 2.21.3-7)에 의해 인용된 니카이야 신조와 서로 상응하는 부분과 일치되어 있다. 소크라테스처럼 소조메누스도 351년 (6.6)으로 신조의 날짜를 잘못 정하고 있다. 그러나

	그는 아마도 사비누스로부터 그의 간단한 인용을 선택했다. 반면에 소크라테스는 전체 자료를 아타나시오스로부터 재생하고 있다.
8.4	350년 바로 직전 아타나시오스를 직위 해제한 안디옥 공의회 보고서 어느 곳에서도 분명히 입증되고 있지 않을지라도 이 공의회는 역사적으로 수용되어야만 한다.21)
9.6.9	아타나시오스는 사신을 353년 콘스탄티우스 법정에 보낸다. 소조메누스의자료는「제목없는 역사들」(1.7)의 원본이 된다.
10.8-11	알렉산드리아의 게오르기우스(참고「제목없는 역사들」2.2-6),22)
11.4-10	355년 체포 후 콘스탄티우스와 리베리오 사이의 만남의 보고서: 소조메누스는 테오도레투스에 의해 인용된 자료를 요약한 것으로 나타난다(「교회사」2.16).
12. 4-7	새로 선출된 유독시우스에 의해 안디옥에서 개최된 공의회의 편지가 우르사키우스, 발렌스 그리고 게르메니우스에게 편지로 보고됨(357/8년 겨울),
13.2-3	라오디게아의 조지의 편지(358년 초),
14	안디옥 교회에 콘스탄티우스의 편지 (357년 말),
16.14-20	콘스탄티우스와 앙카라의 바질 사이의 편지 보고,
17.1	아르미눔과 셀레브시아 공의회에 콘스탄티우스의 편지 보고,
22	셀레우키아 공의회. 소조메누스는 밀접히 소크라테스를 따르고 있지만그에 의해 생략된 어떤 상세한 부분 이를테면 엘레브시우스의 연설(22) 같은 것이다. 소조메누스는 마치 그들을 자신이 상담해 주었던 것처럼 공의회에 관한 주석을 말하고 있다(28),
23	아르미눔과 셀레우키아 공의회 이후 법정에서 조정,
24-25	마케도니우스, 엘레우시우스 그리고 몇 몇을 직위해제 했던 콘스탄티노플 공의회 결정에 대한 보고. 소조메누스의 보고는 현저히 소크라테스에게 포함된 대등한 보고서보다 더 완전했다(「교회사」2.42-43.6).
28	안디옥의 감독으로 멜레티우스, 소조메누스는 소크라테스보다 더 훨씬 완전한 설명을 준다(참고. 테오도레투스「교회사」2.31).

자료가 존재하지 않는 대부분에 관해 사비누스와의 협의가 소조메누스의 지식에 대해 가장 그럴싸한 설명이다.[23] 그러나 특히 아르미눔과 셀레우키아 공의회 앞선 사건들의 이야기에서 소조메누스가 자료를 그대로 옮겨왔는지 혹은 합리성과 상징적 재건으로 그의 자료들을 보완했는지를 확실하게 하기란 전혀 쉬운 일이 아니다.[24]

부록 7.
테오도레투스 안에 있는 자료들

테오도레투스는 440년 늦은 시간에 그의 「교회사」를 집필했다.[1] 그것을 그렇게 소크라테스를 따라 저술했고 그는 그 작품을 알고 있었으며 때때로 그것을 사용했음을 보여주고[2] 있지만, 소조메누스 이전, 곧 450년에도[3] 자신의 「교회사」에 매달려 저술을 계속하고 있었다. 테오도레투스는 역사가로서 그리 평판이 좋지 않다. 그리고 '그리스 고전 역사가들의 연속선상에서 훨씬 최하위에 있는 것으로 이론의 여지없이' 비난을 받아왔다.[4] 그것은 잘못된 평가이다. 문학가로서 테오도레투스는 정보의 출처로 그의 가치보다 열등하지 않다. 테오도레투스의 제일 관심은 역사적이라기보다는 오히려 교리적이다. 그리고 그는 「교회사」란 그의 저술의 원자료들을 소크라테스나 소조메누스보다 더 완벽하게 그의 목적에 맞게 변형시켰다.[5]

테오도레투스는 의식적으로 젤라시오와 소크라테스를 보충하려고 착수했다(교회사 1.1.2). 그리고 그가 인용하며 구절을 옮겨온 어떤 의미있는 자료들과 다른 저술들을 독자적으로 남아 있도록 하지 않았다.[6] 그는 가능한 한 자신의 전임자들과 다르게 시도해 보려 하는 고통을 감내했다는 점을 드러내고 있다. 예를 들면 그는 완전히 소크라테스의 상세하며 다채로운 설명으로 즉 어떻게 콘스탄티노플의 바울이 제국의 수도에서 추방되었는지를 말하는 내용을 생략했다.7) 대신 그는 대중적 지지가 바울을 세르디카에 소환할 수 없었다는 점을 추정함으로 시작하여 그의 지위 박탈을 이어 쿠쿠소스에 추방, 그리고 사망에 대해서 아타나시오스로부터 간단한 인용을 통해 설명했다(「교회사」 2.5 참고 「도주에 관하여」 3.6).8)

연대기적으로 테오도레투스가 필로스토르기우스의 「교회사」를 읽었고 검증했음이 가능하다. 그리고 그가 그 내용을 사용했다는 점이 주장되어 왔다.9) 그러나 필로스토르기우스의 단편의 보전은 옮겨왔다고 하는 입장을 증명하기가 어려웠다. 특히 그것은 테오도레투스가 직접 소크라테스에 의해 사용하지 않은 필로스토르기우스의 중요한 자료를 직접 사용했다는 것이 분명한 것 때문이다. 잊혀진 교회사는 360년 말에 쓰여졌고 그의 익명의 저자는 전통적으로 '익명의 아리우스주의 역사가'의 문제이지만, 그의 관점은 두드러지게 유사론자였다(Homoean).10)

4세기 기독교 역사가로 테오도레투스의 개성은 그 자체로 안디옥에 분명하고도 잦은 관심의 모습으로 그 진면목을 보여준다. 예를 들면 그는 니카이아 공의회에 관해 유스타티우스로부터 유래하는 장문의 극도로 가치있는 인용을 간직하고 있다(「교회사」 1.8.1-4=유스타티우스, 단편 32 스패너트).11) 그리고 다른 이야기에 기초할 수 있기보다는 율리아누스 재임 기간에 안디옥에서 기독교의 학대에 대한 더 완벽한 설명도 간직하고 있다(「교회사」 3.10-19, 참고. 22: 베뢰아에서 사건은 독립적으로 기록되어 있지 않다.). 후기 그리스 저자들에게서 인용을 더해 가면서 파르멘티어(L. Parmentier)는 몹수에스티아의 테오도레

투스의 잊혀진 작품에서 유노미우스의 활동에 관한 많은 내용을 채택했다는 것을 입증했다.12)

두 권의 책 다음 내용들은 콘스탄티우스 통치를 포함하는데 루피누스나 소크라테스 안에서 유비가 없는 것이거나 같은 사건의 초기 설명에서 분리되는 교회 정치와 관련된 정보를 지니고 있다.13)

1.1	트리어에 아타나시오스의 긴 여행(2년 3개월).
7.1-8.52	'옛 설명에 속하는' 세르디카 공의회, 테오도레투스와 사본 ver.60(58) 81-88쪽, 아타나시오스에 의해 인용된 서방 감독들의 편지 편집(「아리우스에 대항한 변증」 44-49)과 힐라리우스 (CSEL 65.103-128)에게서 생략된 신조의 주장을 유일하게 보존함.
8.54-10.2	플라비우스 살리아에 의해 보호된 감독들의 사신, 안디옥의 스테파노스의 구상, 그리고 그의 연속적인 불명예와 직위 해제, 아타나시오스에 의해 제공되는 것보다 훨씬 더 완벽한 테오도레투스의 설명은 지역의 정보와 전통을 반영한다.
14.13	357년 알렉산드리아에서 고난받았던 폭력 대상자인 처녀들을 위로하는 아타나시오스의 분실된 간단한 발췌 문서(CPG2162)
16	'황제 콘스탄티우스와 로마의 감독 리베리오와의 대화'(1-27) 그리고 그의추방(28/9) 소조메누스는 (「교회사」 4.11.3-10)이 대화를 요약한다. 또한 그것은 시리아어로 보존되어 있다. (바티칸 도서관, 시리아 145, 65-67). 리베리오의 추방에 대한 테오도레투스의 설명은 또한 아타나시오스에게서 얼마큼 빚을 지고 있다 (「아리우스주의의 역사」 35-40).
17	리베리오의 로마 귀환.
19-21	콘스탄티우스에게 아르미늄 공의회의 편지들과 공의회에 콘스탄티우스의 편지 그리고 니카이아 신경. 인용된 세계의 모든 자료는 아타나시오스에게서 기초하고 있다(「공의회」 10, 55, 30). 그리고 아타나시오스에게 기초된 소크라테스 자료(「교회사」 2.37-54-87, 41.8-16). 그러나 테오도레투스의 본문은 자주 언어적 상세 부분에서는 다양하다. 그러므로 그것을 잊혀진 라틴 원본에 속하는 (아마 사비누스의 방법처럼) 독립적인 헬라어로부터 번역된 것이다.

23	아타나시오스 인용, 「아프라카인들에게 편지」 3-4.14)
24-26.3	안디옥의 감독으로 레온티우스와 유독시우스 (24.2 아타나시오스를 인용함, 「도주」 26.3).
26.4-11	셀레우키아 공의회.15)
27-28	콘스탄티노플 공의회, 아마도 사비누스에게서 발췌한 알렉산드리아의 게오르기우스에게쓴 편지 인용임.
29	유노미우스의 활동, 주로 테오도레투스의 초기작품으로부터 주로 반복된 것인데 그 작품은 「이단의 신비주의에 대한 제요」 (4.3 [*PG* 83.417-422]).
30	페르시아 왕 샤푸르에 의한 니시비스 포위. 주로 테오도레투스의 「종교사」(1[*PG* 82.1304/5])로부터 인용됨.

소크라테스의 것에서도 덜하지 않지만 콘스탄티우스의 통치에 대한 테오도레투스의 설명에서는 혼돈된 이야기의 징후가 또렷이 드러난다.16) 그는 콘스탄티노플 공의회 후 콘스탄티우스 통치가 끝나고 그때 니시비스의 샤푸르에 대한 세 번째 포위로 취급하여 10년 전에 일어났던 사건을 360년 혹은 361년에 일어난 것으로 암시한다.

부록 8.
콘스탄티노플의 바울

콘스탄티우스 통치 처음 절반 동안 콘스탄티노플 감독 바울의 활동은 자주 토론되어 오곤 한다.1) 그러나 그의 활동에 대한 현존하는 재건 형편은 제 일차적 증거에 완전한 정당성을 지니고 있지 못하다. 특히 아리안의 역사에서 아타나시오스에 의해 제공되는 바울의 활동에 대한 설명이 그러하고 그들 대부분은 세르디카 공의회가 343년이라기 보다는 342년에 모였다는 가정에서 중요한 결론이 기초하고 있다.2) 반면에 바울의 활동에 관한 아타나시오스의 설명은 소크라테스가 제공하는 가장 우수한 정보와 함께 직면했을 때 곧 바른 것과는 거리가 먼 것으로 방향 지워졌다. 왜냐하면 교회사가들은 4세기 중엽 콘스탄티노플에서 일어난 사건에 관해 많이 알고 있었다. 그의 명백한 연대순은 일반적으로 혼란한 상태이다.3) 그러나 그는 내적 표준으로 아주 정확하게 그들 각자의 시대를 측정할 수 있도록 상황적 상세한 내용의 풍부함을 갖고 바울의 활동에 네 가지 분리된 사건을 기술해 주고 있다.

바울의 선출과 첫 직위 해제

알렉산더가 23년 간 비잔티움이었다가 콘스탄티노플이 되었던 곳의 감독이었다. 그가 사망했을 때 공식적인 교구를 위해 두 명의 후보자가 있었는데 사제였고 비교적 젊었던 바울과 아리우스파의 지원자로 나이가 많은 집사 마케도니우스였다. 선출은 논쟁이 되었고, 바울 지지자들은 그가 인접 교구의 감독들에 의해 합법화되는 과정(그것은 필수적인 일이었다)을 기다리지 않고 그를 안수하였다. 이 일은 콘스탄티우스가 그 도시에서 부재한 기간 동안에 발생했다. 황제가 돌아왔을 때 그는 감독들을 소집했고 바울을 직위 해제하고 니코메디아의 유세비우스를 콘스탄티노플 감독으로 세우고 안디옥으로 돌아갔다.

이와 같이 소크라테스는 기술했고(「교회사」 2.6/7) 그의 설명은 소조메누스에 의해 다시 쓰여졌으며 수사학적으로 장식되었다(HE 3.3.14). 소크라테스는 바울의 선출을 339년 5월에 유세비우스의 사망과 340년 정확히 소크라테스가 주장하는 콘스탄티누스의 사망 이후로 산정한다(「교회사」 2.4/5). 340년이나 혹 그 이후에는 이렇게 바울의 선출이 불가능했을 것이다. 소크라테스가 제공한 바에 따르면 콘스탄티노플 교구에서의 바울의 첫번째 임기가 337년 여름과 가을에 속해야만 하기 때문이다.4)

세 개의 분리된 주장들이 수렴되고 있다. 첫째로 콘스탄티노플 공의회가 아리우스를 교회 교제 안에 수용하고 그에게 그의 교회에 아리우스가 갑작스레 사망한 때에 수용하라고 강요했을 때(아타나시오스 「아리우스의 사망에 관하여」 2.1/12; 「이집트와 리비아 감독들에게 편지」 19)인 336년 7월에 여전히 알렉산더는 생존해 있었다. 반면에 니코메디아의 유세비우스는 콘스탄티누스의 사망 후 아마도 337년 늦게나 아니면 338년 초(1.4.20, 참고. 2.4.29)에 벌써 콘스탄티노플의 감독이었다는 것이다. 둘째는, 콘스탄티우스의 이동이 완전히 337년이 적합하다는 것이다. 337년 콘스탄티누스가 거의 죽을 정도로 병들었을 때 봄 날, 콘스탄티우스는 안디옥에 있었다. 그는 콘스탄티노플로 여행했고(그 때 5월 22이 직후에 도착한다.) 발칸에서 약간 머문 후 337/8 겨울 즈음에 안디옥으로 돌아왔다.5) 셋째로 아타나시오스는 바울이 그의 추방 이전에 정죄받던 때에 현존하고 있었다(「아리우스주의의 역사」 7.1). 그는 337년 6월 17일 현재 트리어에 있었고 (「아리우스주의에 대항하는 변증」 87.4-7) 비미나키움에서 콘스탄티우스와 면담 후 11월 23일에(「목록」 10) 알렉산드리아에 돌아왔다 (「콘스탄티우스 앞에서 변증」 5.2). 이 점에서 만일 알렉산더가 336년에 여전히 생존해 있었다면 그때 아타나시오스는 337년 늦여름이나 가을 초에 바울을 정죄하는 데 증언을 위해 콘스탄티노플에 있었을 가능성이 있다.6)

세 가지 사실들은 자주 바울이 337년 전에 감독이 되었다는 것을 증거한다고 주장하거나 331/2년에 벌써 그가 감독이었다는 것도 말하는 형편이다.7) 첫째로 바울이 정죄되고 있을 때 아타나시오스가 함께 하고 있었다는 것(「아리우스주의 역사」 7.1), 둘째로 바울이 콘스탄티누스에 의해 추방되었다는 아타나시오스의 주장(아리우스주의의 역사 7.3), 셋째로 335년 두로 공의회에서 아타나시오스의 직위 해제에 대한 바울의 서명이 있었다.8) 그러나 아타나시오스는 337년 추방에서 콘스탄티노플을 경유하여 돌아왔다. 그러므로 관련된 페이지에서 정확한 이해는 '콘스탄티누스에 의해서'가 아니라 '콘스탄티우스'에 의해서이다. 두로 공의회에서 바울의 머묾에 관해서는 분명한 증거가 335년에 그의 지위와 자격에 관해 어떤 것도 말하지 않고 있다. 그는 아마 여전히 사제인 동안에 알렉산더의 대리직으로 참석할 가능성에 있던 중 화해의 문서에 서명한 것이었다.9) 무엇보다 알렉산더가 2년 후에 사망했을 시는 98세의 나이였다(소크라테스, 「교회사」 2.6.2).

그러므로 바울은 알렉산더를 337년 여름에 대신했다(7월이라 말할 수 있음). 그러나 그를 움직이려 시도했던 때는 선출을 경쟁하려 했던 직후에 시작되었다. 그리고 공의회는 그를 가을에 직무에서 직위 해제시켰다. (이를테면 9월에) 그는 폰티카로 추방되었고(「아리우스주의의 역사」 7.3) 그가 다시 돌아왔을 때는 그의 계승자의 사망으로 다시 교구가 비어있을 때였다.

341/2년에 바울의 귀국

니코메디아의 유세비우스는 341년에 그해 여름 로마 공의회의 이름으로 율리우스가 쓴 편지를 그가 받기 전 사망했다(혹 적어도 그가 편지에 답하기 전; 소크라테스, 「교회사」 2.12.1: 그 편지는 아타나시오스 안에 인용되어 있다. 「아리우스주의에 반대한 변증」 21-25). 그래서 콘스탄티노플의 크리스천들은 바울을 그의 교회로 데려왔다. 반면에 아리우스주의자들은 마케도니우스를 아리안 감독들 중 지도자들의 도움으로 감독으로 세웠다. 소요가 계속 일어났다. 안디옥에서 콘스탄티우스가 그 소식들을 접하게 되었고 그는 헤르모게네스 장군에게 바울을 추방하라고 지시했다. 바울의 추종자들은 힘으로 저항했다. 그리고 헤르모게네스가 그의 교회로부터 바울을 내보내기 위해 군인들을 지속적으로 사용할 때 군중들은 헤르모게네스가 머물고 있던 집을 불태웠으며 그를 결국 죽이고 말았다. 콘스탄티우스 자신은 시리아로부터 콘스탄티노플에 황급히 와서 바울을 추방했고, 그 도시에 매일 80,000모디에서 40,000모디로 배급량을 줄임으로써 그 도시에 벌금을 부과하고는 마케도니우스를 감독으로 세운 후 안디옥으로 돌아갔다. 그렇게 342년의 집정관 날짜를 제공하는 사람이 소크라테스이다(「교회사」 2.12/3 소조메누스에 의해서는 「교회사」 3.7에서 확대되고 있다.). 헤르모게네스 사명과 (단순히 집정관 형태임: 저자 주) 그의 폭력적 콘스탄티노플의 거리에서 죽음은 「타이틀이 없는 역사」(1.4)에서 알려지고 있다. 리바니우스는 겨울 동안 콘스탄티노플에 콘스탄티우스의 바쁜 일정의 방문을 확인하고 있다(「강론」 59.96/7). 반면에 제롬은 콘스탄티우스 5년에 헤르모게네스의 사망을 정리하고 있고 그때는 341/2년에 상응하는 것이었다(「연대기」 235 통치). 그리고 소위 「콘스탄티누스 집정관」들이라는 자료는 342년 집정관의 해당 기간에 '조정관 헤르모게네스'가 들어오게 되었다고 알린다(「짧은 연대기」 1.236).10) 그러므로 바울은 342년 초 어느 달에 콘스탄티노플에서 추방되었다(Itineraries of the Rome emperors, 337-363). 그리고 자신을 트리어에 있는 서방 황제의 법정에 직접 맡겼다(CSEL 65.67.213). 거기서 콘스탄스는 곧 그의 고소—아타나시오스의 것이기도 한—를 맡은 책임자가 되기로 했다.11)

필립푸스에 의한 바울의 추방

343년에 세르디카에서 서방 감독들이 그의 이름을 후렴처럼 사용했을지라도 그들이 복직시켰던 추방된 감독들 중에 그의 이름이 있었음이 분명하다.12) 그러나 콘스탄티우스는 서방에 추방 중에 있었던 동방 교구들로부터 추방된 감독들을 복직시키는 데 속도를 내지 않았다. 그리고 바울은 그러던 중 일찍 성숙된 분위기가 아닌 데도 부루구하고 자신의 교구로 돌아가려고 시도했다. 다시 소크라테스는 상세한 설명을 제공했다(「교회사」 2.16, 소조메누스에 의해 다시 반복되어 쓰여졌다. 「교회사」 3.9). 그러나 그는 다시 나쁜 상황에서 권위있는 에피소드를 정리하고 있다. 왜냐하면 그것은 세르디카 공의회 이후라기보다는 이전에 바울의 시도를 자리잡게 할 뿐 아니라 바울이 율리우스에 의해 복직되었다는 점을 상상할 수 있게 한다(소크라테스, 「교회사」

2.15.3). 그러나 다시 콘스탄티노플에서의 사건에 관해 소크라테스의 정확성을 의심할 이유가 없고 정확한 날짜를 설정할 상세한 설명을 더해주고 있다.

콘스탄티우스가 안디옥에 있을 동안(소크라테스가 쓰길) 그는 바울이 자신의 교구를 재장악하려 한다는 소식을 불쾌하게 들었다. 그리하여 그는 보호 총독 필립푸스에게 바울을 추방하고 마케도니우스를 세우라고 편지를 썼다. 필립푸스는 그가 황제의 명령을 힘으로 밀어붙일 때 직면할 수 있는 실제적 위험을 인식하고 황제의 명령을 숨기고 마치 그에게 존경을 표하는 듯 제우시푸스의 목욕탕에서 그에게 바울을 초청했다. 그리고 한 곳만 입구를 남기고 모든 출입구를 막고서는 바울을 바르게 황제의 궁궐에 감금했다가 그를 밧줄로 묶어 배에 태워 테살로니카로 보내버렸다.

'감독이 인내심을 갖고 재판 없는 형벌을 견디었고' 그래서 자유로이 일리리쿰으로 여행하도록 허락되었으나 동방에 발을 들여놓는 것이 표면상 금지되어 있었으므로(소크라테스, 「교회사」 2.16.5/6) 바울은 분명히 콘스탄티우스가 지배하는 영토로부터 멀리 떨어진 테살로니카에 보내졌음이 분명하다. 왜냐하면 테살로니카는 콘스탄스 영지 내에서 가장 가깝고 근 항구이기 때문이었다. 그 날짜는 344년 7월보다는 더 이른 시기는 불가능하다. 왜냐하면 플라비우스 도미티우스 레온티우스가 적어도 344년 7월 6일 콘스탄티우스의 보호 총독이었기 때문이다 (CTh 13.4.3 참고 ILS 1234). 사실 그 에피소드는 344년 가을에 속하는 일이다. 그래서 보호총독으로 플라비우스 필립푸스의 가장 초기의 증언을 구성하고 있다.13) 바울은 곧 테살로니카를 떠나 이탈리아로 갔다(소크라테스, 「교회사」 2.17.30). 머지않아 345년 봄에 그는 콘스탄스가 콘스탄티우스에게 두 명의 추방된 감독을 복직시키라고 요구하는

편지를 썼을 때 콘스탄스의 법정에 아타나시오스와 함께 하고 있었다(「교회사」 2.22.5).[14]

바울의 투옥과 죽음

아타나시오스는 바울의 죽음에 대해 약간 상세하게 그 상황을 기술한다(「아리우스주의의 역사」 7.3-6). 그의 마지막 직위 해제 후 바울은 카파도키아의 쿠쿠소스에 감금되었다. 거기서 그는 굶주렸고 훗날 숨을 거두었다. 아타나시오스에 의하면 바울의 죽음에 대한 교살자가 총독 필립푸스였고 하나님의 정의로 그가 직무로부터 면목없이 내쳐지고 일년도 채 안되어 죽음을 맞게 된다. 필립푸스가 여전히 351년 콘스탄티노플의 보호 총독이었고 무르사 전투 직전에 콘스탄티우스의 사신으로 마그넨티우스에게 간 것으로 볼 때(조시무스 2.46-48), 그의 사망은 351년 여름 후반기에 발생했음이 틀림없다. 그러므로 소크라테스는(「교회사」 2.26.6 소조메누스 「교회사」 4.2.2) 바울이 350년 가을에 추방되고 죽음을 맞게 되었다고 날짜를 확정하고 있는데, 그 해에 바로 마그넨티우스의 혁명의 결론이 나게 된 것이다(「교회사」 2.26.1). 더 나아가 타이틀 없는 역사가(1.3) 암시하고 「거룩한 노타리에스의 수난」(BHG3 1029y)[15]이 분명히 말하듯, 바울이 직위 해제된 중요한 고소 건은 마그넨티우스와 배신 가능한 서신 왕래를 한 것이었다. 그러므로 추론할 수 있는 것은 바울이 350년 직위 해제 되었고 거의 그가 쿠쿠소스에 도착하자마자 죽임을 당했다는 것이다.[16]

그러나 이 재구성은 그 기초가 불확실했다. 의심할 여지 없는 것은 마그넨티우스가 350년에 아타나시오스에게 편지를 썼고(「콘스탄티우스에게 변증」 6-12) 또한 바울에게도 보냈으며, 거기에서 콘스탄티우스의 관리들은 추방 중에 있던 바울의 죽음을 명령했다. 그러나 우리 자료들 과연 350년 바울의 죽음과 약간 이전의 직위 해제 그리고 추방 등 사이에 구분을 할 수 있게 하는가? 그렇게 한다는 것은 아마 그들이 할 수 있는 것을 뛰어넘어 어느 정도의 정확성을 요구한다. 아타나시오스가 바울의 추방에 관해 말한다는 것은 그가 350년 전에 직위 해제되어 추방되었다는 것을 암시해 주는 것으로 구성되어야만 한다는 것이다(「아리우스주의의 역사」 7.3). 그 부분이 수정의 필요를 제외하고는 뒤틀려 있으므로 비평적 장치로 제출되어야 할 것을 요구하고 있으며, 따라서 아래에서 주장된 읽기가 정확할 것이다.

2. καὶ τὸ μέν πρῶτον εἰς τὸν πόντον ἐξωρίσθη παρὰ Κωνσταντίου, τὸ δὲ δεύτερον παρὰ Κωνστάντιον ἁ λύσεσι σιδηραῖς εἰς Σίγγαρα	2. 처음에는 콘스탄티우스로부터 폰티카로 유배되었고 두 번째는 콘스탄티누스로부터 체포되어 철수갑이 채워져
4. τῆς Μεσοποταμίας ἐξω-ρίσθη, ἐκεῖθεν εἰς τήν Ἔμισαν μετηνέχθη καὶ τὸ τέταρτον εἰς Κούκουσον τῆς Καππαδοκίας περί τὰ ἐρημα τοῦ Ταύρου	4. 메소포타미아의 싱가라에 유배되었고 그 후 거기서 에미산으로 이동시켜 네 번째로 쿠쿠소스로 타우르 산 광야로 이동시켰고
6 ἔνθα καί, ὡς οἱ συνόντες ἀπήγγειλαν ἀποπνιγὲς παρ᾽ αὐτῶν ἐτελεύτησε·	6. 거기서 관리들이 명령한 대로 숨을 거두어 그들 보는 데서 마지막을 고했다.

1. παρὰ REF ὑπὸ BKPO
2. Κωνσταντίου Migne, per merum erroremut videtur
3. Κωνσταντίνου mss. et ceteri editores
4. Κωνστάντιον conieci Κωνσταντίου mss.et editored omnes

첫 절과 그 읽기는 문장의 나머지 부분과 분리해 고려되어야만 한다. 바울의 콘스탄티노플 교구에 대한 첫 분위기는 콘스탄티누스의 죽음이 강력한 그것을 뒤따르고 있다. 그리고 아타나시오스가 그를 추방했던 황제의 정체성에 관해 실수를 생각함은 불가능한 일이다. 그러므로 콘스탄티누스에게 전환된 그 언급은 콘스탄티우스와 관련된 것으로 수정되어야 한다.17) ὑπὸ (오피츠가 인쇄한)와 παρὰ 사이의 선택은 쉽다. 행위자에 대해 소유격을 지닌 παρὰ의 표현은 아타나시오스의 일상의 언어 사용을 말해주고 있다.18) 반면에 전자 ὑπὸ는 더욱 상식적인 것을 대리하며 스타일상 더욱 수용하기 쉬운 전치사를 대신하는 오류이다.

두 번째 세 번째 구절들은 극도로 왜곡된 형태이다. 사실상 바울은 콘스탄티누스노플로부터 사실상 4번 추방되었다. 그러나 아타나시오스는 두 번째 세 번째 추방을 말할 수 없다. 342년 헤르모게네스의 불법적 살해 이후 또 필립푸스에 의한 그의 추방 이후 344년 다시 바울은 콘스탄스의 영지인 서방으로 갔다. 그것은 아타나시오스가 조심스럽게 막았던 사실이다. 아타나시오스가 칭했던 최종 세 장소들은 바울이 콘스탄티노플로부터 그의 네 번째 추방 후에 바울이 보내졌던 모든 장소였음에 틀림없다. 그러나 왜 그는 메소포타미아에 싱가라 그리고 거기로부터 쿠쿠소스에 마지막으로 추방되기 전, 에메사에 보내졌는가? 그 자체로 그럴 듯한 추론은 싱가라에 그가 보내진 것이 '유죄를 선고받은 자로 페르시아 전선에서 방어 전선에 강제 노역을 하도록 보내진 것임을 확언할 수 있을 것 같다.'19) 그러나 만일 그렇다면 왜 바울은 싱가라에서 에메사로 이동되었는가? 분명하고도 자연적인 설명은 감독 공의회에 의해 그의 정죄 후 바울은 싱가라에 있었던 황제에게 보내졌고20) 법정과 함께 에메사에 갔으며 거기서 황제는 그가 쿠쿠소스에 추방되어야만 한다는 것을 결심했다. 이런 점에서 '콘스탄티우스에 의해'라는 표현부터 제안된 수정이 이 상황에서 '스탄티우스에게'란 표현에 초점없는 반복과 절름발이식 구성을 하게 된 것일 수 있다. 소유격에 대한 아타나시오스의 사용과 그 후 같은 전치사로 같은 동일 이름의 목적격을 사용하는 것은 효과적이며 교묘한 수사학적 대조를 이루게 된다. 그가 παρὰ를 전치사를 동작하는 동사로 한 사람을 지칭하는 목적격으로 진행되는 상황을 사용했을 때 그는 으레 제국의 법정으로 여행하는 것을 말한다(「아리우스주의에 대항하는 변증」 4,5,21.1,32.1; 「아리우스주의 역사」 81.5; 「공의회」 13.7).21) 텍스트의 오류에 대한 과정은 아마도 παρὰ Κωνστάντιον으로부터 παρὰ Κωνσταντίου로 조심없는 변화로 시작했다. 콘스탄티우스의 이름이 처음 등장한 것이 그 후 주도 면밀하게 화법상 잦은 격변화를 통해 그 관점을 잊은 페이지에 어떤 수사학적 대조를 재건한 것으로 변경된 것이었다.

아타나시오스는 바울의 추방에 대한 그의 묘사에 앞서 두 문장으로 346년과 350년 사이에 바울을 직위 해제했던 공의회를 암시해 주는 것으로 기울어졌다(「아리우스주의 역사」 7.1/2).

| καὶ γὰρ αὐτοῦ Μακεδόνιος ὁ νῦν ἐπίσκοπος ἀντ᾽ αὐτοῦ γε-νόμενος πορόντων ἡμῶν κατὰ τὴν κατηγορίαν κεκοινώκηκεν αὐτῷ καὶ πρεσβύτερος ἦν ὑπ᾽ αὐτὸν τὸν Παῦλον καὶ ὅμως, ἐπειδὴ Εὐσέβιος ἐποφθαλμία θέλων ἀρπόσαι τὴν ἐπισκοπὴν τῆς πόλεως (οὕτω γὰρ καὶ ἀπὸ Βηρυτοῦ εἰς τὴν Νικομήδειαν μετῆλθεν), ἔμεινεν ἡ πρόφασις κατὰ Παύλου, καὶ οὐκ ἠμέλησαν τῆς ἐπιβουλῆς, ἀλλ᾽ ἔμειναν διαβάλλοντες | 그리고 왜냐하면 그를 정죄한 마케도니우스는 지금 그에 대항해 감독이 되었고 판결에 의해 함께한 우리가 그와 교제에 들어갔으며 바울 자신에 의한 장로였던 것이다. 그러나 에우세비우스가 그 도시의 감독을 차지하려고 하면서 눈독을 들이고 있었기에 (왜냐하면 그는 비리투에서 니코메디아로 이동해 왔던 것처럼 했건 것이다.) 바울을 향해 무례함을 드러냈고 회의 절차에 따르지 않고 심한 비평가가 되었다. |

마케도니우스가 언제 바울을 고소했던가? 인쇄된 그 부분을 오랫동안 토론해 오고 있는 학자들은 아타나시오스가 바울이 직위 해제

되어 니코메디아의 유세비우스에 의해 대치되었던 때, 그 경우에 대해 언급을 가정한다. 그러나 아타나시오스는 오히려 다음과 같은 언급을 드러낸다. '마케도니우스, 그를 정죄했고 그 자리에 대신 현재의 감독인 우리가 함께 했을 때 그가 행한 판결에 동의해야 했으며 바울에 의해 사제가 되었던 것이다.' 즉 마케도니우스는 바울로부터 사제서품을 받은 것이었다(그는 알렉산더 사망시에는 단지 집사에 불과했다.). 그리고 337년 아타나시오스는 자신이 콘스탄티노플에 있었을 때는 그를 지지했다. 만일 이것이 아타나시오스가 진실로 말한 것이라면 그는 그 때 두 가지 경우를 한 가지가 아니라고 말하는 것이고 처음이 337년에 속한 것이므로 바울이 마케도니우스의 지지가 있었음에도 정죄되었을 때였고 두 번째는 바울이 정죄되고 그 후 마지막에 마케도니우스에 의해 초래된 고소에 의해 추방된 경우임에 틀림없다.

바울의 최종 직위 해제의 시기가 발견될 수 있을까? 그 시기는 간접적으로 입증될 수 있을 것이다. 「타이틀 없는 역사」는 바울의 추방과 관련된 내용이 게재된 페이지를 포함하면서 다음과 같은 설명을 하고 있다(1.2-6).

(1) 349년 집정관 해에 테오도로스, 나르키소스 그리고 게오르기우스 등이 콘스탄티노플에 와서 바울에게 그들과 교제에 들어오라고 압력을 넣었다.
(2) 그가 그들을 거절했을 때 그들은 니코메디아의 유세비우스와 함께 그를 대적할 계획을 세웠다.
(3) 콘스탄스와 마그넨티우스와 거를 추정한 것을 고소한 수단으로 그들은 그를 아리안 계승자를 세우기 위해 콘스탄티노플에서 추방했다.

(4) 대중은 계속 바울을 후원했으며 행정관 헤르모게네스를 그가 바울의 계승자를 제거하려고 시도했을 때 살해했다.
(5) 그 결과 그의 적들은 바울을 아르메니아로 추방할 수 있었다.
(6) 데오도로스 그리고 그의 동료들은 게르마니시아의 감독 유독시우스를 콘스탄티노플의 새 감독으로 세울 것을 원했다.

전체로 이 부분은 무섭게 혼돈되고 그 주장되고 암시되는 날짜들이 비교적 분명한 연대기적 순서로 사건들이 기록되어 있다. (1) 349년 (2) 337년 (3) 350년, (4) 342년, (5) 349년 그리고 (6) 359/60년. 그러나 검토 가능한 각 항목은 나름 확실한 기초를 지니고 있다. 이 점에서 잠정적일지라도 (1)로부터 추론이 가능한 것은 헤라클레아의 테오도로스, 네로니아스의 나르키소스, 그리고 게오르기우스는 여전히 사제였는데, 바울을 심문하는 데 그리고 정죄하여 349년 그에게 적대감을 가진 감독회의에서 직위 해제하는 데 앞장을 섰다.

바울은 필립푸스에 의해 체포되었다. 소크라테스의 두 부분이 이 증거를 제공했다. 처음에는 소크라테스가 언급하길 '그를 사로잡은 사람들이 그를 쿠쿠소스에 보내려고 행동을 취했다'(「교회사」 2.26.6). 반면에 두 번째 언급은 테오도시우스가 그의 시신을 다시 잉카라에서 콘스탄티노플로 가져오려 했고 '황제의 총독이었던 필립푸스가 바울을 마케도니우스 때문에 추방했으며 그를 아르메니아 쿠쿠소스에 보내는 행동을 취하게 되었다'(「교회사」 5.9.1).

바울 활동의 연대기적 요약

만일 결론이 위의 언급대로 정확하다면 그 때 바울의 활동은 다음과 같이 재건될 수 있음에 틀림없다.

337	콘스탄티노플 감독으로 선택됨. 7월에. 9월에 폐위되고 폰티카로 추방됨;
342	교구를 다시 탈환하려고 시도하다 콘스탄티노플에서 2월에 추방되고 트리어로 감;
343	세르디카 공의회에서 서방 감독에 의해 재임명됨;
344	가을에 그의 교구를 탈환하려고 했지만 테살로니카로 추방됨;
345	아타나시오스와 콘스탄스 법정에 서게 됨(봄);
346	그의 교구를 다시 차지하도록 허락됨;
349	다시 봄에 폐위되고 콘스탄티우스 법정에 서게 됨; 그리고 쿠쿠소스에 보내지게 됨(늦 여름 혹 가을);
350	감옥에서 죽음(가을).

부록 9.
황제의 체재와 여행(337-361)

　콘스탄티누스의 세 아들들은 337년 늦여름 판노니아에서 모였다(율리아누스, 「강론」 1.192). 그리고 9월 9일에 그들이 연합하여 황제로 선언했을 때 세 명 모두는 합법적 수락을 한 것이었다(짧은 연대기 1.235). 앞선 작품은 부황제로 세 왕들이 자신들이 선포한 것으로부터 알려진 것과 아마도 움직임에 대해 계획을 세웠던 그래서 337년까지[1] 연장된 내용을 구성한 것이었다(317년 3월 1일, 324년 9월 8일, 333년 12월 25일 각기). 이 부록은 '제국의 연대기, A.D. 337-350,'[2]까지의 이전 연구를 새롭게 정리하고 수정하면서 확장시켜 같은 형식을 사용해 그들의 사망 시기, 337년 9월 9일, 340, 361년 그리고 350년에 일어났던 시기까지 그들의 동선을 구성할 것이고, 갈루스 부황제와 361년 12월에 걸친 율리아누스 황제 시까지를 확장할 것이다.[3]

콘스탄티누스

중요한 체재지		
329-340 트리어		
입증된 이동들 337, 9월 활동	판노니아에서 콘스탄티우스와 콘스탄스 회합	율리아누스 「강론」 1, 192, 참고 리바니우스 「강론」 59, 75(콘스탄티우스의 동석을 맡고 있음 CIL 3.12483=ILS724 첨가(3, p.clxxii)(Troesmis: 337/340[4])
? 338	게르만 민족 침략	CTh 12.1.17(셀시우스 아프리카의 총독에게)[5]
339, 1월 8일	? 트리어에서	
340년 늦겨울	콘스탄스 영토로 침입 아퀼레이아에서 죽임 당함	제롬「연대기」235a; 「짧은 연대기」1, 236 「발췌문」41.21 소크라테스, 「교회사」 2.5; 조나라스 13.5[6]
중요 체재지		
337-350	겨울 동안 안디옥에 거주. 여름철이 되자 메소포타미아에 전투하러 감(리바니우스 「강론」 18.206/7)[7]	
351-359	시르미움과 밀라노	
360-361	안디옥	
입증된 움직임		
337, ? 7월	비미나키움에서	아타나시오스 「콘스탄우스 면전에서 변증」 5.2[8]
? 8/9월	사르마테에서 전투	CIL3.12483[9]
9월 활동	판노니아에서 콘스탄티율리아누스 「강화」	1,19a 참고 율리우스와 콘스타스 회합 리바니우스 「강화」 59. 75[10]
?9월	콘스타티노플에 돌아옴	소크라테스, 「교회사」 2.7
?11월	겨울에 안디옥에 돌아감	소크라테스, 「교회사」 2.7, 참고. 리바니우스, 「강론」 59,75,77
338년 봄	카파도키아의 가이사랴에서 아르사케스를 아르메니아 왕좌로 복귀	아타나시오스, 「콘스탄티우스 면전에서 변증」 5.2[11] 율리아누스, 「강화」 1.20 d-21a, 참고 「리바니우스 강화」 59.76-80[12]
10. 11	안디옥에서	CTh12.1.23
10. 28	에메사에서	CTh12.1.25

12. 27	안디옥에서	CTh 2.6.4
339년 1월 활동	안디옥에서	아타나시오스「범세계적 편지」2.1;「아리우스주의 역사」10.1
339 혹은 340	히에라폴리스에서	Abinn 파피루스 1.8-10[13]
340 여름	페르시아 침공	「알렉산더의 여행기」서문 1, 참고 4[14]
340년 8월 12일	에데사에서	CTh 12.1.30^s (문제의 장소가 Bessae로 전달됨)
9월 9일	안디옥에서	CTh 6.4.5/6[15]
341 1월 6일	안디옥 '봉헌을 위한 공의회 참석	아타나시오스「공의회」25.1; 필로스토르기우스 P. 212.19-22 비데즈
2월 12일	안디옥에서	CTh 5.13.1/2
341/2	안디옥에서 겨울	소크라테스「교회사」2.13.5 참고 제롬「연대기」235+; 참고「짧은 연대기」1.236.
342 초	바울 감독을 추방하기 위해 콘스탄티노플을 방문함 그리고 즉시 안디옥으로 돌아옴	리바니우스「강론」59. 94-97;소크라테스「교회사」2.13.7 참고 제롬「연대기」235f;「짧은 연대기」1.236.
342 3월 31-5월 11일	안디옥에서	CTh 3.12.1; 12.1.33/4(4월 5, 8일);11.36.6
343년 2월 18일	안디옥에서	CTh 9.21.5
6월 9일-7월 4일	히에라폴리스	CTh 8.1.1s(319 사본);12.1.35 (6월 27일); 15.8.1[16]
여름/가을	페르시아에서 승리	아타나시오스「아리우스주의 역사」16.2 참고 페스투스,「로마사 요약」27[17]
10/11월	?콘스탄티노플 방문[18]	
344 4월 활동	안디옥에서	테오도레투스「교회사」2.8.56, 9.9-10, 참고 아타나시오스「아리우스주의 역사」20.5
? 344 여름	싱가라 근처에서 페르시아를 굴복시킴	율리아누스「강화」1,26 리바니우스「강화」59.88. 99-120; 제롬「연대기」2362;「짧은 연대기」1. 236 (둘은 날짜를 348년으

		로) 참고 페스투스 「로마사 요약」 27[19]
345	니시비스에서	CTh 11.7.5 참고 에프램 「니시비스의 노래」 13.4-6, 14/5[20]
여름	에데사에서	아타나시오스, 「콘스탄티우스에게 변증」「아리우스주의 역사」 51.6
346 3월 21일	안디옥에서	CTh 10.14.1ˢ(315 사본)
9월 활동	안디옥에서	아타나시오스, 「콘스탄티우스에게 변증」 5.2; 「아리우스주의 역사」 44.5
347년 3월 8일	앙카라에서	CTh 11.36.8
?347 봄	데미스티우스는 앙카라에서 콘스탄티우스 면전에서 그 첫 황제 칭송을 전달함	데미스티우스 「강화」[21]
5월 11일	?히에라폴리스	CTh 5.6.1[22]
?348, 여름	싱가라 근처에서 전투 중 페르시아를 상대하다.[23]	페스투스, 「로마사 요약」 27
349, 4월 1일	안디옥에서	CTh 12.1.39
349 여름	싱가라에서 그리고 에메사에서	아타나시오스 「아리우스주의 역사」 7.3[24]
349 10월 3일	?콘스탄티노플에서	CTh 12.2.1 +15.1.6[25]
350 봄	에데사에서	필로스토르기우스, 「교회사」 3.22[26]
350년 여름	?안디옥에서 샤푸르가 니시비스를 포위 ?포위 후 니시비스를 방문 중	테오도레투스교회사 2.30.1, 9/10, 31. 1[27] 조나라스 13.7 (pp.195.4-7 딘도르프)
가을	안디옥에서 서방을 향해 세르디카에서 히에라클레아를 통해 여행	필로르기우스, p.215.22-24 비데즈 조나라스 13.7(pp.195.19-196.2 딘도르프)
12월 25일	나이수스에서 베르니온의 퇴위를 가속화하다.	제롬 「연대기」238c(장소와 연도; 「짧은 연대기」 1.238(날짜: 연도가 틀리게 정해짐 351년으

날짜	장소/활동	출처
351년 3월 15일	시르미움에서 갈루스를 부황제(역주)로 임명함	로) 조시무스 2.44.3/4[28] 가이사「짧은 연대기」1.238.
351년 여름과 가을	마그넨티우스를 대항한 전투 이전과 전투 동안 시르미움에서	술피키우스 세베루스「연대기」2.38.5-7; 소크라테스「연대기」2.28.23; 조시무스 2.45.3, 48.3[29]
?10월	포티누스를 직위해제한 시르미움 공의회에서 동석함	소크라테스「교회사」2.28.23, 29.1
352 2월 26일	시르미움에서	Cj 6.22.5
5월 12일	시르미움에서	CTh 3.5.1s(319 사본)
여름	?사르마테에 대항해 전투[30]	
?9월	이탈리아에 입성	「짧은 연대기」1.67(네라티우스 케레알리스가 9월 27일에 우르비의 총독이 됨
11월 3일	밀라노에서	CTh 15.14.5
353 봄-여름	밀라노 내에서	「타이틀없는 역사」1.7 참고「목록」25CTh 11.1. 6+12.1.42(5월 22일 354년부터 수정됨)[31]
9월 6일	럭두넘에서	16.8.7s(7월 3일:357 사본 CTh 9.38.2ˢ(354 사본)
353년 활동 10월-354년 봄	아를에서	암미아누스 14.5. 1, CTh 8.7 2s (11월 3일; 26사본); 암미아누스 14.10.1 [32]
354 봄	발렌티아에서	암미아누스 14.10.1/2
	라우라커에서 라인강을 건넘	암미아누스 14.10.6
354 가을-355 봄	밀라노에서 겨울	CTh 11. 34. 2(1월 1일); Cj 6.22.6(2월 18일)[33]
355 6월 활동	라이티아에 전투	암미아누스 15.4.1 암미아누스 15.4.13
	밀라노에서 겨울 때를 향해 감	참고 술피키우스술피키우스「연대기」2.39.3,8 (밀라노공의회)
355 7월 6일	밀라노에서	CTh 14.3.2CTh 12.1.43(7월 17-

		356 7월 5일); 1.5.5(7월 18일); 6.29.1(7월 22일)2.1.2(7월 25일); 12.21.1(8월 1일); 9.34.6(10월 31일); 16.10.6(356. 2월 19일);
		9.42.2(3월 8일); 11.16.8s(4월 1일; 357사본); 11.16.7(4월 2일); 6.4.8-10(4월 11일); 6.29.2s (4월 17일: 357사본); 9.17.4S=CJ9.19.4s(6월 13일; 357사본); CTh 8.5.8s (6월 24일: 357사본); 1.2.7(7월 5일)
355 11월 6일	밀라노에서 율리아누스를 카이사르로 선언함	암미아누스 15.8.17;「짧은 연대기」 1.238; CIL1 ², P.277; 소크라테스「교회사」 2.345.
12월 1일	도시로부터 율리아누스를 동행해 그 후 밀라노으로 돌아옴	암미아누스 15.8.18.
356 여름, 가을	라인 상류 알라만니에 대항한 군사행동	암미아누스 16.12. 15/6
7월 25일	메사덴시스에서	CTh 11.30.25ˢ(355사본)
9월 2일	디눔마에서	CTh 11.7.8ˢ(355사본)34)
356, 11월 10-357.3월 19일	밀라노에서	CTh16.2.13ˢ(357사본); 9.16.5ˢ (12월 4일: 356 혹 357);8.5.9ˢ, 16.2.14ˢ (12월 6일; 357사본.); 8.7.7ˢ(12월 7일: 357년으로 암시된 해); 12. 12.2(1.15); 9,17,4(1월 15; 'id.Iun' 사본)35); 9.1604(1월 25일); 15.1.1ˢ(2월 2일; 320사본); 10.20.2ˢ(358사본)
357, 4월 28일 -5월 29일	로마로 입성	「짧은 연대기」 1.239.
	로마에서	암미아누스 16.10.20 (체류 기간); CTh 8.1.5 (5월 6일); 10.1.2⁵(5월 17일; 319사본)
6월 7 혹 10일	헬비룸에서	CTh 1.5.6+736)

날짜	장소/활동	출전
7월 5일	아르미눔에서	CTh 9.16.6^s(359t사본)
7월 21일	라벤나에서	CTh 12.1.40s(353사본.)
	트리덴툼을 통해 다뉴브로 가는 길목에서	암미아누스 16.10.20
	판노니아와 모에시아를 방문함	조시무스 3.2.2; 율리아누스 「아타나시오스에게 편지」279^d 암미아누스 16.10.21; 17.12.1
357 10월 –358 3월 3일	시르니움에서 겨울	CTh 8.5.10(10월 25일: 357이나 358년으로 이동)$^{37)}$; 1.15.3^s (12월 3일; 355사본)$^{38)}$ 7.4.3, 11.30.27(12월 18일); 2.21.2s(12월 18일: 360사본); 9.42.4(357, 1월 4일); CJ 3. 26.8
359년 4월	사르마테 리미간테스 지역을 침범함	암미아누스 17.12.4-6
	승리와 함께 시르미움으로 돌아옴	암미아누스 17.13.33.
6월 21-23	시르미움에서	CTh 12.1.44+45(6월 21일); 8.13.4, 11.36.13(6월 23일)
	무르사에서	CTh 12. 1.46
358, 활동 359, 활동 3월10월- 359. 봄	시르미움에서 겨울	암미아누스 18.4.1; 19.11.1; CTh 2.21.1(12월 19일)
	사르마테에 대항한 군사행동을 시작함	암미아누스 19.11.12
	발레리아 지역에서	암미아누스 19.11.4
	악시민쿰에서 리미간테스를 패배시킴	암미아누스 19.11. 5-16
	시르미움에 귀환	암미아누스 19. 11. 17
359 5월 22일	시르미움에서	CTh6.4.14+15; 아타나시오스 「공의회」 8.3 소크라테스 「교회사」 2.37.18
5월 28일	시르미움에서	CTh1.7.1
6월 18일	신기두눔에서	CTh 11.30.28
?	?아드리아노플에서	아타나시오스 공의회 55.2/3(방문하려는 의도를 암시함)
359년 가을	콘스탄티노플에 가서	암미아누스 19.11.17; 20.8.1; 소

359. 12-360.3월	거기서 겨울을 보냄 콘스탄티노플에서	크라테스「교회사」2.41.1; 소조메누스「교회사」4.23.3 참고「짧은 연대기」1.239(12월 전 그 도시에 콘스탄티우스의 존재를 암시) 소조메누스「교회사」4.23.4-7 (늦은 12월-1월 1일)「힐라리우스 콘스탄티우스에게」2.2 (CSEL 65. 198.9/10, 참고, 제롬「유명한 사람들에 관하여」, 100; Th 4.13.4s; 11.36.10^s(1월 18: 356 54 사본);[39]) 1.24.1(2월 4일); 14.1.1^s(2월 24일; 357 사본); 7.4.5^s(3월 14일: 359사본)
360, ? 3월	카파도키아 가이사랴에서 율리아누스가 황제라고 선포되었던 뉴스를 접했을 때 멜리테네, 라코테나 그리고 사모사타를 경유 에데사에 여행	암미아누스 20.9.11 암미아누스 20.11.4[40])
360 9월21일 후	에데사를 떠남	암미아누스 20.11.4
12월17일 360 12월 늦게 361년 3월 활동	아미다를 방문 베잡드를 포위함 히에라폴리스에서 안디옥에서 겨울	암미아누스 20.11.4/5 암미아누스 20.11.6-31 CTh 7.4.6s(5월 17일 사본) 암미아누스 20.11.32; CTh 16.2.16(2월 14일), 소크라테스「교회사」2.45.10
361년 3월	게피라에서	CTh h1.6.1,28.1; 6.4.12, 13; 7.8.1; 11.1.7, 15.1,23.1; 12.1. 48; 13.1.3; 15.1.7(모두 같은 규범에서 발췌)
5월 29일	돌리체에서	CTh 7.4.4^s(358 사본)(도리데로 번역되는 문제 장소)
	카페르사나에서 유프	암미아누스 21.7.7,13.8[41])

가을	라테스를 경유 에데사에 가서 훗날 히에라폴리스로(아마 니코폴리스임) 단숨에 안디옥으로 돌아옴	암미아누스 21.15.1/2[42]
10월	힙포케팔루스에서	암미아누스 21.15.2
	타르수스에서 병에 걸림	암미아누스 21.15.2
11월 3일	길리기아의 몹수크레네에서 사망	제롬 「연대기」 242b; 암미아누스 21. 15.3(10월 5일로 수정된 날짜); 「짧은 연대기」 1.240 소크라테스 「교회사」 2.47.4; 31.1[43]

콘스탄스

중요거주지

337-340	?나이수스(조나라스 13.5)
340-350	트리어, 밀라노 그리고 시르미움[44]

증명된 활동들

337 9월 활동	파노니에에서 콘스탄티우스와 회합	율리아누스 「강론」 1.19a 참고 리바니우스, 「강론」 59.75
12월 6일	테살로니카에서	CTh 11.1.4; 11.7.7^s(353사본)[45]
아마 338	사르마테에 대항하는 군사행동	CIL3.12483[46]
338.6. 12	비미나키움에서	CTh 10.10.4
7. 27	시르미움에서	CTh 15. 1.5; CJ 10.48.7
?339. 4월 6일	사바리아에서	CTh 10.10.6^s(342 사본)
340,1.19-2월 2일	나이수스에서	CTh 12.1 29; 10.10.5
	자기 영토에 콘스탄티우스의 침입을	조나라스 13.5

	다치아에서 들음	
4월 9일	아퀼레이아에서	CTh 2.6.5; 10.15.3
6월 25일	밀라노에서	CTh 9.17.1
?340	?로마를 방문함	아르테미의 수난 9=필로스토르기우스, 「교회사」3.1ª⁴⁷⁾
341, 6월 24일	라우리아쿰에서	CTh 8.2.1=12.1.31
늦은 341년	골에서 프랑크족에 대항 군사행동	제롬「연대기」235ᵇ;「짧은 연대기」1.236
342	프랑시에서 승리와 그들과 협약	리바니우스「강화」59.127-136; 제롬「연대기」235ᶜ;「짧은 연대기」1.235; 소크라테스, 「교회사」2.13.4⁴⁸⁾
여름	트리어에서	소크라테스,「교회사」2.18
가을	밀라노에서 아타나시오스와 면담	아타나시오스,「콘스탄티누스에게 변증」4.3
12월 4일	밀라노에서	CTh 9.7.3
343 봄	곧 브리타니아에서 돌아옴	골로리바니우스 강론 59.139,141
6월 30일	트리어	CTh 12.1.36
여름	트리어에서 아타나시오스와 면담	아타나시오스,「콘스탄티누스 면전에서 변증」4.4, 참고 3.7
344 가을	판노니아에서	리바니우스,「강론」59.133⁴⁹⁾
345 초	포에토비오에서 콘스탄티우스의 대사를 접견	아타나시오스,「콘스탄티누스 면전에서 변증」3.3
4월 7일	부활절에 아퀼레이아에서 그가 아타나시오스를 접견함	아타나시오스,「콘스탄티누스 면전에서 변증」15.4, 참고 3.7;「목록」17⁵⁰⁾
5월 15일	트리어에서	CTh 10.10.7
6월 9일 혹 7월 11일	콜롱에서	CTh 3.5.7
?가을	트리어에서 아타나시오스 면담	아타나시오스,「콘스탄티우스 면전에서 변증」4.5, 참고 3.7 ⁵¹⁾
?346 3월 5일	시르미움에서	CTh 10.10.8ˢ(535 사본)
346, 5월	체세나에서	CTh 12.1.38⁵²⁾

23일 348, 6월 17일	밀라노에서	CTh 10.14. 2
349, 5월 27일	시르미움에서	CTh 7.1.2 +8.7.3[53]
350, 짧게 1월 8일 후	골 헬레나에서 살해됨	에우트로피우스「로마역사 요약」 10.9.4; 제롬「연대기」237ᵉ;「짧은 연대기」 1.237;「발췌」 41.23; 조시무스 2.42.5

갈루스

중요 거주지

351 - 354	안디옥(「짧은 연대기」1.238)	

입증된 활동들

351, 3월 15일	시르미움에서 부황제로 선언됨	「짧은 연대기」1.238(날);「아르테미의 순교」 12=필로스토르기우스,「교회사」 3.26ᵃ
5월 7일	안디옥에 도달?	소크라테스,「교회사」 2.28.2[54]
	메소포타미아에 군사 행동	필로스토르기우스 「교회사」 3.28
352 여름	갈릴리의 유대 반역을 진압함	제롬「연대기」 238f[55]
353 늦여름- 354 봄	안디옥에서	암미아누스 14.1.4-9, 7.1-4[56]
354, 3월 활동	히에라폴리스 방문	암미아누스 14.7.5
4월-8월	안디옥에서	암미아누스 14.7.9-17.
9월1일 활동	안디옥을 떠남	암미아누스 14.11.12
9월 14-30	?니코메디아에서	P. 라우르. 169(영사 지정날짜 354으로 복원)[57]

| | 포에토비오에서 그의 제국의 지위에서 박탈당함 | 암미아누스 14.11.19/20 |
| 10월 | 폴라에서 재판받고 실형받음 | 암미아누스 14.11.20-23 |

율리아누스

중요 거주지

355/6, 겨울	비엔나
356/7겨울	상스
358, 1월-360	파리
360/1, 겨울	비엔나

입증된 활동들[58]

355. 11월 6일	밀라노에서 부황제로 선언됨	암미아누스 15.8.7; CIL 1 2, P.277;「짧은 연대기」1.238; 소크라테스「교회사」2.34.5
11월 6-30일	밀라노에서	암미아누스 15.8.18
12월 1일	밀라노를 떠남	암미아누스 15.8.18
	튜린을 거쳐 비엔나로	암미아누스 15.8.18-21
355년 12월 -356년 봄	비엔나에서	암미아누스 16.1.1, 2.1
356 4월/5월	베테라 공의회 참석?	힐라리우스,「콘스탄티우스에게 (CSEL 65.198.5-15)[59]
356. 6월 24일	오툉에 도착	암미아누스 16.2.2
	오세르를 통과함	암미아누스 16.2.5
	트루와, 라임스, 데셈 파기, 브로토마구스를 통해 진격	암미아누스 16.2.6-8
356년 8월 활동	콜롱을 재탄환	암미아누스 16.3.1/2 참고 율리아누스「아타나시오스에게 편지」279b[60]
	트리어를 방문함	암미아누스 16.3.3
356/7	상스에서 겨울	암미아누스 16. 3.3, 7.1. 11.1[61]
357 봄	라임스에 감	암미아누스 16.11.1

	스트라스부르를 진격해 가 알람마니를 격퇴함	암미아누스 16.11.8-12.6[62]
	트레스 타베르네로 돌아옴	암미아누스 17.1.1
	마인츠로 감	암미아누스 17.1.2
357, 12월 -358, 1월	라인강을 건너 급히 군사행동	암미아누스 17.1. 2/3
	54일 동안 뫼즈강 마을을 진치고 있던 야만족들을 포위함	암미아누스 17.2.2/3
358, 1월-7월	파리에서 겨울을 남	암미아누스 17.2.4, 8.1
7월-가을	독산드리아에서 살리안족에 대항한 군사 행동	암미아누스 17.8.3-10.10
359년 1월 1일	파리에서 겨울-진영에서	암미아누스 18.1.1
	카스트라 헤르쿨리스부터 빙엔까지 라인강 지역을 강화함	암미아누스 18.2.4
	마인츠에서 라인강을 건너 독일 영토 안으로 침입	암미아누스 18.2.7-19
360. 1. 1-?2	파리에서 겨울 진영	암미아누스 20.1.1
	파리에서 아우구스투스 선언함	율리아누스 아타나시오스에게 편지 283a- 285a;암미아누스 20.4.4 -22;조시무스 3.9.1-3[63]
여름	트리세시마에서 라인강 건너 프랑시 아투리아를 공격	암미아누스 20.10.1/2
가을	라인강 왠쪽 뚝을 행진해 가서 라우라쿰에 도달, 그 이후 베상콘을 지나 비엔네에	암미아누스 20.10.3
360. 11.6- 361. 3월 활동	비엔나에서 겨울	암미아누스 20.10.3;21.1(11월6일) 21.2.5(1월6일) 3.1
361년 봄	독일을 공격함, 라인을 건너 라우라쿰에 도착	암미아누스 21.33-4.8,8.1

7월 중순	라우라쿰을 떠나 라인으로 진격 후 다뉴브로 내려옴 시르미움을 통과 수시까지 통과64)	암미아누스 21.8.1-10.2
	나이수스에 돌아옴	암미아누스 21. 10-5
	나이수스에서	암미아누스 21.12.1;조시무스 3.11.2
	콘스탄티우스의 사망 소식을 듣고 나이수스를 떠나 필립포폴리스와 헤라클레아를/페린두스를 통해 콘스탄티노플로 여행함	암미아누스 21.12.3;22.2
12월 11일	콘스탄티노플에 입성	암미아누스 22.2.4 「짧은 연대기」1.240; 소크라테스 「교회사」 3.1.2

부록 10.
신조와 공의회들(337-361)

소크라테스는 콘스탄티우스 통치 시대에(교회사 2.41.17) 신조들의 미궁에 대해 말했고, 켈리(J. N. D. Kelly)는 초기 기독교 교회에 대한 그 자신의 연구에 대한 관련있는 장을 '공의회 신조들의 시대'[1]라 명명했다. 아래 리스트는 현존하는 신조들이 선포되었던 공의회의 날짜와 장소들에 관해 설명하고 있다. 각 입장들은 다음의 것을 언급하며 토론하고 있다.

(1) 한(A. Hahn)과 한(G. L. Hahn)의 「초대교회의 신앙과 신앙고백의 참고서」[3] (브레스라우, 1897)의 자료의 일련번호는 게라르드(M. Geeard)의 「그리스 교부 편집」(투른호르트, 1980)에 있는 일련번호를 따름;
(2) 한(A. Hahn)과 한(G. L. Hahn)에 의해 프린트된 본문의 자료 후 최선의 편집;
(3) 관련있는 신조의 편리한 이름 혹은 인증;
(4) 자료의 특징과 선언되고 수용되었던 공의회의 날짜와 장소.

두 사람, 한(A. Hahn)과 한(G. L. Hahn) 153(*CPG* 8556)

아타나시오스의 「공의회」 22.3-7, 소크라테스 「교회사」 2.10.4-8 '봉헌을 위한 공의회'의 '처음 신조'(안디옥, 341년 1월) 사실 형식적 신조가 전혀 아닌 로마의 감독 율리우스에게 공의회가 보낸 편지 인용.2)

한(A. Hahn)과 한(G. L. Hahn) 154(*CPG* 8557)

아타나시오스. 「공의회 23.2-10」, 소크라테스 「교회사」 2.10.10-18 (라틴어 역 힐라리, 「공의회」 31-33) '봉헌을 위한 공의회'의 '두 번째 신조': 동방 감독들에게 보내는 공의회의 형성 부분에서 신조의 주장.

한(A. Hahn)과 한(G. L. Hahn) 155(*CPG* 8558)

아타나시오스, 「공의회」 24. 2-5
'봉헌을 위한 공의회' '세 번째 신조' 아타나시오스는 특히 티아나의 감독 테오프로니우스가 '모든 이의 면전에서 이 신조를 공포하고 모두가 서명해 다음의 신조를 수용하게 했다.'(「공의회」 24.11)라고 설명한다. 공의회 그 자체는 어떤 면에서 테오프로니우스의 신조를 받아들인 것 같지 않다: 단순히 그의 개인적인 정통성의 증거로서 수용했던 것이다.3)

한(A. Hahn)과 한(G. L. Hahn) 156(*CPG* 8559)

아타나시오스 공의회 25.2-5, 소크라테스 교회사 2.18.3-6
전체적으로 그러나 오도되어 '봉헌을 위한 공의회'의 '네 번째 신조'로 형성되어 이 신조는 342년 여름에 다른 때 안디옥 공의회 이후에 수용되었다.

한(A. Hahn)과 한(G. L. Hahn) 157(*CPG* 8561)

테오도레투스 「교회사」 2.8. 39-52

소위 세르디카의 동일 본질 신조는 아타나시오스(「아리우스에 대항한 변증」(44-48)에 의해 그리고 힐라리우스(CSEL 65.103-128) Cod. ver LX(58)에 의해 인용된 것이 세르디카의 서방 감독들의 공의회 편지로부터 생략되었으나, Cod. Ver. LX(58), fols. 81ʳ-88ʳ(EOMIA 1.645-653)에 있는 그 편지의 라틴어 갱신 판에는 포함되었다.4)

한(A. Hahn)과 한(G. L. Hahn) 158(*CPG* 8573)

CSEL 65.69-73 5)
343년 늦은 시간에 세르디카의 동방 감독들이 떠나기 전 작성했던 공의회 편지에 첨가했던 신조(CSEL 65.48-67).

한(A. Hahn)과 한(G. L. Hahn) 159(*CPG* 8575)

아타나시오스 공의회 26.I-X, 소크라테스「교회사」 2.30.5-30 '긴 신조,' 혹은 '장문의 선언문'(ecthesis macrostichos). 344년 안디옥에서 소위 3차 공의회라고 불리는 회의에서 수용됨.

한(A. Hahn)과 한(G. L. Hahn) 160(*CPG* 8577)

아타나시오스「공의회」27. 2-3 소크라테스「교회사」 2.30.5-30(힐라리에 라틴 버전「공의회」) 37. 351년 저주문을 가진 시르미움 공의회의 신조.

두 명의 한 161(*CPG* 8578)

힐라리「공의회」11(아타나시오스「공의회」28.2-12에 있는 헬라어 번역, 소크라테스 교회사 2.30.31=41, 357년에 시르미움에서 형성된 신학적 표명이며 힐라리우스에 의해 '시르미눔의 신성 모독'이라 비난되어진 내용.

한(A. Hahn)과 한(G. L. Hahn) 162(*CPG* 8579)

에피파니우스 「등대」 73.10.1 -11.10 포이니케의 감독들에게 쓰여진 편지로부터 저주와 358년 부활절 직전에 앙카라에서 모였던 공의회에 의해 어느 지점인가에 등장하는 저주문.

한(A. Hahn)과 한(G. L. Hahn) 163(*CPG* 8581)

아타나시오스, 「공의회」 8.4-7; 소크라테스, 「교회사」 2.37.19-24
359년 5월 22일에 시르미움에서 콘스탄티누스 참석 하에 소수의 감독들의 모임에서 형성된 신조 자주 '날짜가 정해진 신조'의 형태로 보전되어 있음.

한(A. Hahn)과 한(G. L. Hahn) 164(*CPG* 8588)

테오도레투스, 「교회사」 2.21.3-7[6)]
359년 10월 10일에 트라키아의 니케에 아르미눔 공의회로부터 서방 감독들의 대표자에 의해 조인된 신조.

한(A. Hahn)과 한(G. L. Hahn) 165(*CPG* 8589)

아타나시오스, 「공의회」 29.2-9. (거기에 더 완전한 본문이 있는데 에피파니우스, 「등대」 73.25와 소크라테스, 「교회사」 2.40.8-17에 약간의 변화를 발견한다.)
아카키우스가 359년 9월 28일에 셀레우키아 공의회에 제출했던 신조를 포함한 설명이 있다.

한(A. Hahn)과 한(G. L. Hahn) 166

제롬, 「루시퍼주의자들에 대항한 대화」 17(PL 23.179).
제롬은 영사로 인정된 연도 359년에 일치의 이름으로 쓰여진 신실한 선언을 그의 정통주의 주장을 인용함으로 제시하고 있다. 이것은 아타나시오스나 힐라리우스의 양식으로 전체 인용된 자료가 아닌 주도 면밀하게 문학적 작품으로 선택된 인용인 셈이다.[7] 그 인용 중에 아들이 거룩한 성경으로부터 그의 아버지와 비슷한 출생자라는 주장을 포함하고 있기에 아마 제롬은 359년 10월 10일 니카이아에서 수용된 신조 판을 언급하고 있는 것이다.

한(A. Hahn)과 한(G. L. Hahn) (*CPG* 8591)

아타나시오스, 「공의회」 30.2-10, 소크라테스, 「교회사」 2.41.8-16 360년 1월에 '유사 본질 신경'이 콘스탄티노플 공의회에 의해 로마 제국의 공식 신조로 선포되었다. 시르미움 공의회들은 벌써 5세기 교회사가들에게 어려움을 야기했다. 때때로 그들은 그 공의회들을 가장 혐오스런 것으로 혼돈스러워 했다. 예를 들면 소크라테스는 357년에 속한 (두 명의 한, 161), 그리고 351 교회사 2.30.3, 31-34)년에 속한 공의회들을 "시르미움의 신성모독'으로 돌렸다.

시르미움에서 있었던 세 차례 공의회는 다방면에서 사실상 극단적인 문제를 안고 있었다. 아마도 그 중 한 번은 모든 역사적 기록으로부터 빛을 받을 필요가 있고 다른 두 차례의 공의회는 적절하게 감독들의 회의라고 보기에는 오히려 소규모이거나 비공식적인 모임이었다 할 것이다.

첫째로 347년 혹은 348년 '시르미움의 제 1차 공의회.'[8] 이 공의회에 대한 유일한 증언은 347년 (CSEL 65,145) 이후 계속 율리우스에게 청원하는 결과와 함께 서방 감독들과 우르사키우스와 발렌스의 화해를 기록하는 푸아티에의 힐라리우스로부터 등장하는 이야기 부분이다.

> Verum inter haec Sirmium convenitur. Fotinus haereticus deprehensus, olimreus pronuntiatus et a communione iam

pridem unitatis abscisus, ne tumquidem perfactionem populi potuit ammoveri. (*CSEL* 65.146.5-8)⁹⁾

포티누스에 대한 세 가지 징벌의 날짜와 장소는 잘 입증되고 있다. 344년 안디옥, 345년 초 밀라노에서 그리고 351년 시르미움에서이다.¹⁰⁾ 포티누스는 또한 로마에서 만났던 공의회에 의해 347년에 징계받았다(CSEL 65.142.17-25). 347년 혹은 348년의 추정된 시르미움 공의회는 일반적 교회사에서 문제시되고 있다. 그 시기에 콘스탄스가 여전히 생존해 있었고 판노니아에서 통치하고 있었던 때이기에 시르미움에서 공의회가 개최되었다는 것은 동방 감독들의 공의회일 수가 없다(자주 그렇게 간주되어도 말이다).¹¹⁾ 그리고 그것은 서방 감독들이 포티누스가 지역적 지원을 강하게 지니고 있는데, 시르미움 그 자체에 모여 왜 포티누스를 직위해제 시키길 결심한 이유를 보는 것도 어려운 일이었다. 그러므로 사실 힐라리우스가 351년 시르미움 공의회를 언급하고 있다고 간주함이 가장 안전한 것 같다. 그래서 인용된 부분의 뒤는 물론 앞에 빈 공간이 놓인 것 '시르미움 공의회' 동안에 (inter haec)란 시점은, 340년 중반 사건까지 거슬러 올라갈 필요가 없다. 둘째로, 357년에 소위 시르미움의 제 3차 공의회가 있었다. 자주 그것은 황제에 의해 주재된 규모가 큰 공의회로 간주되고 감독들이 서명해야 할 신조까지 형성했던 공의회였다.¹²⁾ 그러나 힐라리우스에 의해 '신성모독'이라 칭해지는 호시우스와 포타미우스에 의해 작성된 것이었고 그는 우르사키우스, 발렌스, 그리고 어떤 다른 이도 아닌 게르미니우스의 참석 속에서 초안된 것이라 피력한 점을 힐라리우스는 인용하고 있다(「공의회」 3,11 [PL 10.482/3, 487]). 아타나시오스가 351년 신조를 초안했던 동일 인물들에 의해 '신성모독'이 쓰여졌다고 조롱하고 있을지라도(「공의회」 28.1) 그의 사본과 소크라테스는 발렌스, 우르사키우스, 게르미니우스의 이름 뒤에 '그리고 나머지 사람들'이란 단어를 첨가했을 때 실수를 저지른 것이 틀림없다(「공의회」 28.2; 「교회사」 2.30.31). 소조메누스에 의해 의무적으로 실수한 상태로 이어지기에 소크라테스는 351년 시르미움 공의회와 357년 소규모 모임과 혼돈이 되고 있었다.

다른 감독들이 시르미움에 정착했고 그들이 작은 규모의 공의회를 구성했다는 것은 가능한 일이다. 그러나 '신성 모독'이 불러일으킨 반향은 소아시아와 혹은 동방 지역 감독들이 거의 함께 하지 않았다는 것이다. 게다가 대부분 서방 감독들이 참석하길 원했다는 이유 혹은 알려진 의제가 무엇이었던 것인가를 알 수 있다는 점이 어려웠다. 358년에 앙카라에서 만났던 힐라리우스나 감독들도 공의회로 357년의 시르미움에서의 모임을 말하고 있지 않다. 반면에 앙카라에서 감독들이 '시르미움에서 공의회'에 관해 모임을 언급할 때(에피파니우스 「등대」 73.2-10) 그들은 351년의 공의회를 의미하고 있다. 그들의 언급이 357년 모임이 공식적으로 별개인 '시르미움 공의회'로 구성되었는지의 형편이 모호한 상황이다. 게다가 '신성모독' 그 자체가 '어떤 일반적인 공의회의 양태에 일치하시 않는' 경우이나.13) 그것은 일반적인 면에서 전혀 공의회가 아니며 단지 신학적 발표문 혹은 '종이 문서'에 불과한 것이다.

셋째로, 358년의 '제4차 시르미움 공의회'인데, 그것은 341년 '공의회 헌정사'의 신조를 포함해 초기의 반 아리안(Semi-Arian) 신조들을 갱신했거나 수정된 신조를 받아들였던 것으로 때로는 간주되었다.14) 분명한 증거가 되는 유일한 두 가지 항목이 지금껏 예시되어 오고 있다. 359년 여름에 쓰여진 라오디게아의 게오르기우스의 편지가 이전

해에 감독들이 동방에서 시르미움에 와서 357년의 '신성모독'의 악을 징벌했다고 말하고 있다(에피파니우스, 「등대」 73.14.8). 전통적 관점에 따르면 게오르기우스는 소조메누스에 의해 설명되는 '358년에 시르미움에서 있었던 유사 본질주의를 위한 공의회'를 말한다(「교회사」 4.15).15) 그러나 이 부분에서 소조메누스는 형식적인 공의회를 기술하는 것이 아니라 오히려 법정에서 동방 감독들 중 소수의 정치적 활동을 기술한 것이다(그는 바질, 에브스타티오스, 엘리브시우스를 칭하고 있다). 게다가 소조메누스가 이 활동들을 그가 최근 베뢰아로부터 소환되어(15.1) 뒤에 로마로 돌아가도록 허락된 리베리오의 법정에서의 참석과 함께 밀접히 연결짓고 있는 사실은 그가 헤라클레아의 사비누스 안에서 발견한16) 표 자료에서라기보다는 오히려 상상력 풍부한 재생산에 몰두했음을 제시하고 있다. 리베리오가 357년 여름에 로마에 돌아왔던 것은 조금도 의심이 있을 수 없었다. 그리고 그 해는 소조메누스가 사건을 기술하기 만 일 년 전이었다.17)

　요약하면 시르미움 공의회에 대한 유일한 형식적이며 잘 입증된 내용은 콘스탄티우스 통치 351년에 있었으며 아타나시오스, 마르켈루스 그리고 포티누스가 징계를 받았으며 훗날 아를과 밀라노 공의회에 제출되었던 신조를 작성했던 때였다(*CPG*, 160).18)

부록 11.
두서없는 역사 편집

마르틴(A. Martin)은 「기독교 자료집 317」(1985), 305/6에서 자신의 것을 포함해 모든 편집본 속에 등장하는 「두서없는 역사」의 텍스트 분할 사전을 제시해 주고 있다. 이 책의 독자들의 편리를 위해 아래 도표는 대부분이 광범위하게 접근되어 인용되고 있는 현대 편집들에 관한 체계의 사전이다.

(1) 마르틴(A. Martin), 기독교자료들 317 (1985),138-168;
(2) 바티폴(P. Batiffol) '아리리우스파에 관한 타이틀 없는 역사서 베로넨시스 LX 편집', 「몽펠리에 주교 50주년 기념으로 편집된 문학과 종교사 대전집」(파리, 1899), 100-108; H. 프로멘, 「타이틀 없는 아타나시오스 역사서」(Diss, 뮌스터, 1914), 69-85. (로버슨의 분리된 부분, 「선집」[1892], 496-499, 13biss의 분리된 생략에 대해 바티폴의 예외와 일치함);
(3) H.-G. Opiz , EOMIA 1.2.4, 1939), 663-671.

마르틴(Martin)	바티폴(Batiffol)	오피츠(Opitz)
1.1-6	1-2	1-2
1.7-8	3	3
1.9	4	4
1.10-2.1	5	5
2.2-4	6	6, 1-28줄
2.5-7	7	6, 28-7번 부분(끝)
2.8-10	8	8
3.1	9	9, 1-6줄
3.2-4	10	9, 7줄 -10번 부분(끝)
3.5-6	11	11
4. 1-2	12	12, 1-14줄
4. 3-4	13	12, 14-32줄
4. 5-6	13bis	13-14
4. 7	14	15
5.1-3	15	16
5.4-7	16	17-18, 2줄
5.8-10	17	18, 2-28줄
5.11-13	18	19
5. 14	19	20

Notes

Ⅰ. 서론

1. 「쇠퇴와 멸망」, 21장: 여기에 옮겨온 성격상 요약은 J.B. 버리(런던,1909)에 의한 편집에서 발견 가능하다. 2.383-385.
2. S. 마페이, *Osservazioni letterarie che possono servi di continuazione al Giornal de'letterati d'Italia 3* (Verona, 1738), 60-83. 기본은 *Sacrorum Conciliorum nova et amplissima Collectio 3* (Florence, 1759), 87-124.에 포함된 아타나시오스의 활동 연대에 관한 논문에서 새로운 증거를 제시하는 J. D. Mansi의 토론에 대한 어떤 관련성도 언급하지 않고 있다.
3. A. J. A 시몬스, 「코르모에 대한 질문: 생애 중 경험」(런던, 1934); H. 트레보르-로퍼, 「숨겨진 삶: 성 에드먼드 백하우스의 수수께끼」(런던, 1976), 미국에서 출판되고 두 번째 개편된 영어 편집이 「북경의 은둔: 에드먼드 백하우스의 수수께끼」(런던, 1979). 퍼구스 밀라는 B. 워서스타인과 또한 비교를 『트레비쉬 링컨의 은밀한 삶』(뉴헤븐과 런던, 1988)에서 두 개의 모델을 드러내고 있다(7).
4. '아타나시오스의 역사,' 괴팅겐에서 왕립학회의 개정판, 문학역사 고전 1904. 333-401; 1905. 164-187, 257-299; 1908. 354-359, 365-374; 1911. 367-426, 469-522. 19-20세기 아타나시오스에 관한 견해에 관해 D.W.H 아놀드의 최근 연구, 「알렉산드리아 아타나시오스의 초기 감독활동」을 보라 (Notre Dame/London, 1991), 14-23.
5. 예를 들면 슈바르츠는 언어의 무지 때문에 초기 학자들이 잘못한 것에 대한 것들을 쉽게 피할 수 있는 치명적인 실수를 하고 있다. (Ges, Schr. [1959] 2n.2,9110,257n,2,cf. *JTS*, N.S. 37[1986], 588/9)
6. 슈바르츠, *Ges. Schr.* 3(1959), 1, 72, cf. 101 n.1. 더 이상 거만할 수 없는

톤으로 주어진 '전반적인 성서 인용과 해석학적 자명성의 합병'으로 「부활절 편지」에 대한 분석이 더 들어날지라도; '혼탁한 콘스탄티누스 왕가의 가부장제에 속한 긴 이야기;

7. 슈바르츠, *Ges. Schr.* 3(1959), 181-195(원래 1908년과 1911년에 출판되었다): 「콘스탄티누스 황제와 기독교회」²(라이프찌히, 1936), 126-160.

8. 오피츠의 작품의 중요성에 대해 W. 쉬나이더에 의한 간단하지만 인식론적인 인증을 보라, 「아타나시오스의 범세계적 편지에 관해」 (1974), 290-337, 93-295페이지에서; 편집자로서 그의 모자람에 관해, 거칠지만 전적으로 틀리지 않은 것으로 F. 사이드 와일러에 의해 동의됨. '아타나시오스의 새로운 형성,' *BZ* 47(1954), 73-94.

9. 클라인, 콘스탄티우스(1977), xiii-xiv. 책의 처음 부분은 정치적으로 의존해 종교적 문제에서나(68-105) 전제적인 면에 있어서(105-156) 아리우스(16-67)이었다는 추정을 반증하려고 노력을 기울인다. 불행히도 Klein의 '아리아니즘'이라는 용어 사용은 유사본질주의자들과 상이본질주의자들 사이의 역동적인 구분을 흐릿하게 하고 있다.

10. Robertson, *Select Writings* (1892), xi-xci.

11. N.H, Baynes, 'Athanasiana,' 11(1925), 58-69: 61-65페이지들만 'An Athanasian Forgery'로 그의 「비잔틴 연구들과 다른 에세이들」 (런던, 1955), 282-287년에 재판되었다.

12. P.Peeters, 'Comment Sait Athanase s'enfuit de Tyren 335,' *Bulletin de L'Académie Royale de Begique*, Classe des Lettres⁵ 30(1944), 131-177, 그의 *Recherches d'histoire et de phologie orientales 2(subsidia Hagiogrphica 27* [Brussels, 1951]), 53-90; 'L'épilogue de synode de Tyr en 335 (dans les Lettres Fertales de Saint Athanase),' *Analecta Bollandiana* 63(1945), 131-144.

13. Schwartz's Gesammelte Schriften 3:Zur Geschichte des Athanasius (Berlin, 1959)은 1940년 그의 사망 후 거의 20년 만에 등장했다. 편집자들(W. 엘테스터와 H.-D.Altendorf)은 슈바르츠의 소원대로 두 번째 부분을 완전히 생략했고 다섯 번째의 작은 부분만 재출판했다. 'Konstantins Aufstieg zur Alleinherrschaft'라는 타이틀로 된 두 번째 부분은 아타나시오스와 직접적인 관계가 없고 반면에 다섯 번째는 'Das Atiochenische Synodalschreiben von 325'(Urkunde

18)의 진정성을 부인하는 Adolf Harnack을 맹렬히 공격하는 내용을 포함하고 있다. 그 내용을 슈바르츠가 1905년에 출판했다.
14. 탁월하게 총체적인 안내가 M. Simonetti에 의해 제공되고 있다, 'Alcune consederazioni sul contributo di Athanasio alla lotta contro gli Ariani,' *Studie materiali di storia delle religioni* 38(1967), 513-535, 그리고 M. Tetz, 'Athanasius von Alexandrien,' *TRE* 4(1979), 331-349. 나는 다른 사람에게 빚을 졌다고 완전히 인정하려 했다. 그러나 내가 협의를 했던 미출판 논문들에 대해서는 언급을 피했다. 이를테면 L. Bayer, *Untersuchungen zu Konstantin und Athanasius* (Diss. Tübingen,1984), 혹은 R.A. Riall, *Athanasius Bishop of Alexandria: The Politics of Spiriruality* (Diss. Cincinnati, 1987).
15. 콘스탄티누스(1981)와 새로운 제국(1982)에 비평적 반응에 대해 특히 Averil Cameron에 의한 'Constantius Christianus,' 아티클 리뷰를 보라. *JRS* 73 (1983),184-190,그리고 그녀의 후속 관찰인 History as Text: The Writing of Ancient History(London, 1989), 45-50; 그리고 K.M. Giradet에 의해 콘스탄티누스가 아를레스 공의회에 참석했다고 하는 가정에 대해 평가를 시도했던 'Konstantin d. Gr. und das Reichskonzil von Arles9(314): Hisrotische Problem and methodoligische Aspekte,' *Oecumenica et Patritica. Festschrift für Wilhelm Schneemelcher zum* 75. Geburtstag (Geneva, 1989), 151-174. 나는 내 해석 중심부분을 변호하고 부벽을 '콘스탄티누스의 회심,' (Classical view, N,S.4 (sackville, 1986), 38-57; '기독교인들과 콘스탄티누스의 통치기에 이교도들,' *L'Église et L'empire au IVe siècle* (Entretiens sur L'antiquité classique 34 [Vandoeuvres 1989] 301-337; 'Panegyric, History and Hagiography in Eusebius' Life of Constantine" *The making of Orthodoxy: Essays in Honour of Henty Chadwick* (Cambridge, 1989), 94-123; 'The Constantinian Settlement,' *Eusebius, Christianity and Judaism* (Detroit, 1992), 635-657.
16. A. Martin, M. Abert와 함께, *Histoire 'acéphale et Index syrique des Letres festales d'Athanase d'Alexadrie(Source chrétiennes* 317, 1985) 길게 JTS, N.S.37(1986), 576-589에서 관찰했다. Maffei의 편집 원리에 관해 그의 *Osservazioni Letterarie* 3(1738), 60-83을 보라.
17. E.A. Lowe, *Codices Latin: Antiquiores* 4 (Oxford, 1937), No.510. 그 사본의

내용에 대한 상세한 목록에 대해서 F. Maassen의 *Geschichte der Quellen und der Literatur des canonischen Rechts im Abendlad* 1 (Granz, 1980), 546-551을 보라; *EOMIA* 1.62516; W. Telfer, 'The codex verona LX(58),' *HTR* 36(1943), 169-246, 178-184에서; A. Martin, *Sources Chrétiennes* 317(1985), 11-19.

18. C. H. Turner, 'The Verona MSS of canons: The Theodosian MS and its connexion with St. Cyril,' *Guardian*, 11.12. 1895: 1121; 'Edward Schwartz 와 공의회 결정사항,' *JTS* 30(1929), 113-120, 115/6에서; Schwartz, *Ges. Schr.* 3(1959), 30-72, Nach. Göttingen에서 재인쇄, Phil.-hist. Kl, 1904. 357-391; Wr. Telfer, *HTR* 36(1943), 169-246; A. Martin, *Sources Chrétiennes* 317(1985), 11-67
19. *Sources Chrétiennes* 317(1985), 69-121(「타이틀이 없는 역사」와 「부활절 목록」이란 저술의 역사적 가치와 전자의 라틴적 성격), 138-168(본문과 번역), 171-213(주석). 「타이틀 없는 역사서」에 관련된 모든 언급은 Martin의 편집과 장과 구분에 따라 제공될 것이다. 그녀가 정리한 숫자 처리는 초기 편집자들과 다르기에 용어 색인이 부록 11에 제공된다.
20. G.R. Sievers, 'Athanasii vita acephala:Ein Beitrag zur Geschichte des Athanasius,' *Zeitschrift für die historische Theologie* 37(1868),89-163.
21. 부활절 편지와 목록에 대한 전달의 총체적인 것에 관해 Camplani의 Lettere (1989)년 것을 *JTS*, N.S. 41(1990)에 재고찰과 함께 보라. 258-264.
22. 부활절 편지와 부활절 목록의 모든 번역은 달리 표현되지 않으면 Roberson 내에서 J. Payne Smith로부터 알게 된다. *Select Writings*(1892), 503-553 목록의 달력상의 내용에 관해서는 E. Schwarz를 보라, *Christliche und jüdische Ostertafeln (Abhandlungen der königlichen Gesellschaft der wissenschaften zu Göttingen*, philologisch-historische klasse, N.F. 8.6, 1905).
23. 예를 들면 「목록」 2: '올해 그는 테바이스를 통과했다.' 거기에 즉, 달력의 시기 '올해'가 「목록」에서 뜻하는 바가 약간의 불일치가 있다.: Gwatkin, *Arianism*(1900), 107-109은 목록은 늘상 이집트 달력을 채택했다고 주장했다; F. Loofs, 'Die Chronologischen Angabe des sogenannten "Vorberichts" zu den Festbriefen des Athanasius,' *Sitzungsberichte der königlichen preussischen akademie der wissenschaften zu Berlin* 1908, 1013-1022.

그것은 늘 총독 달력과 연관있음을 의미한다; Schwarz, *Ges. Schr.* 3 (1959), 2-14, 327-334. 의도된 달력은 이집트력이었고 때론 총독 달력이었다. 부활절 편지의 안내로서 「목록」의 특성이 있기에 한 부활절에서 다음까지 간주되는 것이 가장 그럴싸한 선험적 입장이었다. 에우세비우스는 「팔레스타인에서 순교자들」이라는 저술에서 '박해의 해'들에 관해 거의 동일한 변천을 사용했다. (*Constantine* [1981]), 149-154, 355-357).

24. Camplani, *Lettere* (1989), 32-34, 73-79.
25. 그것에 관해, 부록 1을 보라.
26. P. Lond, 1913, 1914, 참고. III장을 보라.
27. 아래에 목록화된 모든 7권의 저술들은 W. Bright의 저서 *Historical Writings of St. Austine* (옥스퍼드, 1881)에 포함되어 있다. Schwarz, *Ges. Schr.* 3(1959), 85, 285 n.2,311에서는 그가 팜플렛으로 그리고 'sehr deutliche Beispiele der antiken publizistik'으로 규정했던 것에 대해 이 타이틀을 사용하는 것을 비난했다. 그리고 그는 Bright 가 그의 편집의 여백에(예를 들면 338년 알렉산드리아 공회의 편지가 '339-340'년에 해당한다고 주장함[13]) 첨가한 시기에 대해 극단적인 경고를 했다. 이 작품들에 대한 최근의 일반적인 안내에 관하여 (불행히 상세한 점에 있어서는 늘 정확하진 않지만) B.H. Warmington의 '아타나시오스는 역사를 기록했는가?' *The Inheritance of Historiography*, 350-900, C. Hodsworth and T.P. Wiseman (Exeter, 1986),7-16; 그것들의 문학적 장르를 규정하는 문제에 관해서는 Schneemelcher, *Aufsätze*(1974), 280-297.
28. 아타나시오스의 작품에 대한 본문의 역사에 관해서는 특별히 H.-G. Opitz의, *Untersuchungen zur überlieferung der schriften des Athanasius* (Berlin/ Leipzig, 1935); M. Tetz, 'Les écrits "dogmatiques" d'Athanase: Rapport sur les travaux relatifs à l'édition des oeuvres d'Athanase, tome l,' *Polotique et théologie* (1974), 181-188.
29. Opitz 169-177(*Ep. enc.*), cf 5장. 이 작품에 대한 본문 비평에 오피츠의 견해의 중요성을 Schneemelcher, *Aufsätze* (1974), 318-324를 보라.
30. Opitz 87-168 (「아리우스주의에 반대하여 변증」), 부록 2 참고 *Apologia Secunda*란 제목은 권위가 없고 매우 오도된 내용이다. 그것은 아타나시오스 사망 후 그의 논쟁적 저술 전집에 있는 *Defense of His Flight* 후 즉시 그것을

배치했던 편집 결정에서 드러난 것이다.

31. Opitz 1-45(Decr.), cf. 부록 4.
32. Opitz 279-300 (Apol. ad. Const.), 참고 부록 3. 나는 오피츠의 전 편집을 사용했다. 비록 279/80페이지들만이 J. Szymusiak, *Sources chrétiennes* 56(1958), 88-132 보다 더 우수한 것으로 출판 되었을지라도 말이다(s.*Sources chrétiennes* 56 bis[1987], 86-174로 재편된 페이지보다 다르지 않은 것으로 다시 프린트됨). Szymusiak는 그것을 Opitz의 출판되지 않은 편집, 그가 어느 곳에서도 언급하지 않은 것을 취사선택해야 할 것이 편집자로 그의 의무 중 하나라고 생각지 않았다.
33. 현대의 비평적 작품 편집은 없다(*CPG* 2092): 모든 관련 사항은 *PG*.25. 537-593에 다시 프린트된 Montfaucon의 본문에 장별 구분에서 제공될 것이다.
34. Opitz 68-86 (*Fug.*), 참조 제15장
35. Opitz 183-230 (*Hist. Ar.*) 참조 제14장
36. Opitz 231-278 (*Syn.*), 참조 제14장
37. 제13장 각주 9번을 보라. Lucifer는 가장 최근 그리고 가장 완전하게 G.F. Diercks에 의해 길고 도움이 될 만한 안내로 *CCL* 8(1978)에 편집되어 있다. 그의 팜플릿의 역사적 가치에 대해 여전히 G. Krüger의 *Lucifer Bitchof von Caralis und das Schisma der Luciferianer* (Leipzig, 1886), 특히 24.
38. Brennecke, *Hilarius* (1984),199-371. 아를 공의회의 논쟁에서 (353/4) 밀라노 (355) 혹은 베테라(356)을 포함해 니카이야 신조가 논의 안 되었다고 하는 그의 기본적인 이론에 관한 비평은 J. Doignon, 'Hilaire de poitiers "Kirchen politker"? A propose d'un ouvrage Récent,' *RHE* 80(1985), 441-454.
39. A. Feder에 의해 편집된 *CSEL* (1916), 41-193. 357/8년 겨울 저술의 원래 집필 날짜에 관한 주장과 함께 그들 날짜와 자료의 요약에 관해 'The capitulation of Liberius and Hilary of poitiers,' *Phoenix* 46(1992), 256-265.
40. Gregory of Nazianzus, orat.21 (*PG* 35. 1091-1128), 최근 J. Mossay에 의해 프랑스어로 편집되어 번역이 됨, *Grégoire de Nazianze: Discours 20-23* (*Sources chrétiennes* 270,1980), 110-192.
41. Rufinus, *HE* 10, pr.
42. CPG 3521, 참고 F. Winkelmann, *Untersuchungen zur kirchengeschichte des Gelasios von Kaisareia*(*Sitzungsberichte der Deutschen Akademie der*

Wissenschaften, Klasse fürsprachen, Literatur und kunst 1965, Abh.3[1966]); 'Die Quellen der Historia Ecclesiastica des Gelasius von Cyzicus (nach 475),' *Byzantinosslavica* 27(1966), 104-130; 'Charakter und Bedeutung der kirchengeschichte des Gelasios von kaisareia,' *Polychordia: Festschrift F. Dölger (Byzantinishe Forschungen* 1, 1966), 346-385; 'Vita Metrophanis et Alexandri BHG 1279,' *Analecta Bollandiana* 100(1982), 147-184. 젤라시오의 분실된 역사의 정확한 관찰은 불확실하다. Winkelmann, *Untersuchungen* (1966), 106-108은 370년 중반 아타나시오스의 사망 이후의 것을 다루었다. 반면에 P. Nautin, *Dictionnaire de géographie et d'histoire ecclésiastiques* 20(1984), 300은 테오도시우스 죽음 이후까지 그것을 확대했다. 반면에 J. Schamp, 'Gélase ou Rufin: Un fait nouveau: Sur des fragments oubliés de Césarée (*CPG*, No.3521); *Byzantion* 57(1987), 360-390, 포티오스로부터, *Bibliotheca* 15, 88 논쟁해 케사레아의 Gelasius는 (씨지쿠스의 젤라시오처럼) 니카이야 공의회에 집중해 아리우스의 죽음 이후까지는 넘어가지 않는다.

43. 이것들에 관해 F. Thelamon의 *Païens et chrétiens au IVe siècle: L'apport de l'"Histoire ecclésiastique" de Rufin d'Aquilée* (Paris,1981), 37-122.
44. 'legends in Rufinus'에 대해 Gwatkin, *Arianism* 2 (1900), 97-102.를 보라
45. Chapters II, III.
46. Socrate, *HE* 2.1.2 참고 부록.
47. Socrates, *HE* 1.10.
48. 부록 8.
49. 부록 5 미주 1.
50. 소크라테스, *HE* 3.3=Julian, *Ep*.60 Bidez.
51. 부록 7.
52. 부록 6.
53. 소조메누스, *HE* 2.25 참고 3장; *HE* 4.8.4, 참고 11장.
54. 아타나시오스의 필로스토르기우스의 설명에 대한 가치에 대해 W.G. Rusch의 대조적인 설명을 보라 'A la recherche de l'Athanase historique,' *Politique et théologie*(1974), 161-177; D.W.-H. Arnold, *Early Career*(1991), 25-62.
55. F. Winkelmann (*GCS* 21. 1913)의 본질적인 첨가를 가진 개편된 J. Bidez의 고전 편집을 보라(Berlin, 1972: 제3판, 1981).

56. BHG³ 170-171c=CPG 8082 B. Kotter에 의해 현재 편집됨, *Die Schriften des Johannes von Damaskis* 5 (Patristische Texte and Studien 29 [Berlin], 1988), 204-245. 요한에게 기여는 1951년 Kotter가 인용하고 인정하고 있는 미출판된 연구서에서 E.J. Dőlger에 의해 논의되고 있다(ib. 185/6).
57. P. Batiffol, 'un historiographe anonyme arien du IVt Siècle,' *Rőmische Quartalschrift* 9(1895), 57-97.
58. J. Bides, *Philostorgius kirchegeschichte* (1913), 202-241, Anhang VII: 'Fragmente eines Arianischen Historiographen.'
59. Gwarkin, *Arianism²* (1900), 219-224; Brennecke, *Homőer* (1988), 92-95, 114-157.
60. Ammianus 15.7.7-10; 22.11.9-11.
61. *Chron.* 2. 36-45, 참고 제16장
62. *BHG³* 183-186; Auctarium 186^{c-f}; *BHL* 728-733; *BHO* 112-117. 중요한 그리스의 사람들은 Montfaucon에 의해 편집 었고 Migne 주로 포티누스에 의해 다시 프린트됨. *Bibliotheca* 258(PG25.ccxi-ccxxiii), 변형 이전의 삶(*PG* 25 Clxxxxv-ccxi)과 변형의 인물 시크온에 의한 재판(*PG* 25.ccxxiii-ccxlvi)
63. 상대적으로, *Synodicon Vertus* 42(J. Duffy 와 J. Parker에 의한 편집, 번역 그리고 주석 *Corpus Fontium Historiae Byzantinae* [Washington, 1979]), and Photius, Homily 16.7, p.159. Laourda, 참고 c. Mango, *The Homily of Photius, patriarch of Constantinople* (Cambridge, Mass., 1958), 238, 271 각주 33.
64. 아타나시오스의 활동에 따른 그의 신학과 관련해서는 W. Schneemelcher, 'Athanasius von Alexandrenals Theology und als Politike,' *ZNW* 43 (1950-1951), 242-255를 보라. 그의 *Aufsätze*(1974)에 다시 프린트됨, 274-289. 현재의 작품은 *Life of Antony* (*BHG³* 140=*CPG* 2101)은 아타나시오스에 의한 것이 아니라고 추정한다. 그 저작권에 관한 최근 토론에 관해 'Angel of Light or Mystic Initiate? The Problem of the life of Antony,' *JTS*, N.S 37(1986), 353-367; L. Abramowski, 'Vertritt die syrische Fassung die ursprüngliche Gestalt der vita Antonii? Eine Auseinandersetzung mit der These Draguets,' *Mélanges A. Guillaumont (Cahiers d'orientalisme* 20 [Geneva, 1988]), 47-56; A. Louth, 'St. Athanasius and the Greek life of

Antony,' *JTS*, N.S. 39(1988), 504-509; R.Lorenz, 'Die Griechische vita Antonii des Athanasius und ihre syrische Fassung,' *ZKG* 100(1989) 77-84; S. Rubenson, *The letter of St. Antony: Origenist Theology, Monastic Tradition, and the Making of a Saint* (Lund, 1990), 126-144. *JSS*, N.S.42 (1991), 723-732에 있는 재고찰과 함께 살펴보라. 이 작품 중 어떤 것도 그 생애에 관한 가장 초기의 언급 362/3년에 트무이스의 세라피온의 편지에 등장하는 내용을 토의하지 않고 있다. "너희들 중에 있는 압바 안토니우스는 아주 뛰어난 삶을 형성했던 그의 생애에 관해 너희 중에서 쓰여진 채로 보존되고 있다." ("ἐξ ὑμῶν ἀββᾶ Ἀντώνιος δ'ἀκρότατον βίον γενόμενος οὗ καὶ ὁ βίος ἔγγραπτος παρ'ὑμῖν διασώζεται"; *Ep. ad. monachos* 13 [*PG* 40.940]) 만일 세라피온이 알렉산드리아에서 아타나시오스에 의해 쓰여졌다는 것을 믿었다면 그가 *Life*에 관해 거론한 것은 확실히 이상한 방식이었다.

II. 알렉산더 감독

1. 그 주제에 대한 가장 초기의 분명한 규칙은 314년에서 325년 사이 네오가이사랴에서 열린 공의회의 11번 조항이다. (*EOMIA* 1.132-135), 참고 J. Gaudemet, *L'Église dans l'empire roman aux ive et Ve siècles* (Paris, 1957), 124-127.
2. O. von Lemm, 'Koptische Fragmente zur patriar chengeschichte Alexandriens,' *Mémoires de L'Académie Impériale des sciences de St.-Pétersburg*[7] 36, No.11(1888), 20, frag. p.5(본문), 36(번역과 토론)
3. Epistula Ammonis 13—파코미우스가 그의 선출을 옹호하고 있다고 주장함. A. Martin, 'Athanase et les Mélitiens(325-335),' *Politique et théologie*(1974), 31-61, 42/3에서 선출이 규칙적이지 않다고 주장한다.
4. W. Telfer에 의해 편집된 본문 '알렉산더의 성 베드로와 아리우스,'를 보라 *Analecta Bollandiana* 67(1949), 117-130의 126을 보라: P. Devos, 'Une Passion grecque inédite de S. Pierre d'Alexandrie et sa traduction par Anastase le Bibliothécaire,' *Analecta Bollandiana* 83(1965), 157-187의 167과 180페이지를 보라. 그것들은 T. Vivian에 의해, *St. Peter of Alexandria; Bishop and Martyr* (Philadelphia, 1988), 64-84에서 번역 토의되고 있음.
5. Rufinus, *HE* 10.15; Socrates, *HE* 1.15; Sozomenus, *HE* 2.17.5-31; Gelasius

of Cyzicus, *HE* 3.13.10-14(그리고 아타나시오스와 콘스탄티누스의 후기의 삶). 직접적이고 간접적인 자료의 모든 현존하는 저자는 가이사랴의 젤라시오 (frag.27 F. Winkelmann의 숫자 정리로, 'Charakter und Bedeutung der Kirchengeschichte des Gelasios von Kaisareia,' *Polychordia: Festschrift F. Dölger* (Byzantinische Forsuchungen1, 1966], 346-385).

6. Socrates, HE 4.13.4. G. Bardy, *Saint Athanase*(296-373)[3] (Paris, 1925), 1 각주 2는 아타나시오스가 373년 그의 형제 베드로애 의해 감독으로 계승되었다고 언급하고 있다. 그런데 그것은 아타나시오스와 관계된 것으로 알려지지 않은 베드로가 그의 형제 디모데에 의해 계승되었다고 하는 입증된 사실로 혼돈스런 것으로 나타나고 있다(*Hist. Ac*.5.14; Sozomenus, *HE* 7.7.3).

7. Gregory of Nazianzus, *Orat.* 21.6. 시간이 흐르면서 아타나시오스의 문화적인 형성은 필연적으로 증진되고 과장되었다. 반면에 루피누스는 알렉산더가 젊은 아타나시오스에게 문법과 행정에 가르침을 제공했다는 점에 둘은 동의했다 (*HE* 10.15). 그리고 소크라테스는 알렉산더가 그에게 교육을 시켰다는 점을 알려줌으로 동일한 페이지를 보충설명하고 있다(*HE* 1.15.3). 소조메누스는 아타나시오스에게 다양한 문법과 수사학자들에게 참여했다고 말했다(*HE* 2.17.10).

8. Gwartin, *Arianism*[2](1900), 72-74.

9. G. C. Stead, 'Rhetorical Method in Athanasius,' *Vig. Chr.* 30(1976), 121-137.

10. *C. Gent*. 10.3617 Thomson; *De Incarn*, 2-16-18, 43.34-38, 참고. 플라톤, *Rep* 327a; *Tim.* 30a; *Pol.* 273d.

11. 호머에 관해, Gwatkin, *Arianism*[2] (1900), 73 거기에서 그는 '그는 단지 몇 군데 축척된 구절들'만 발견 가능하다고 수락했다. 두 가지 예 중에서 하나는 「아리우스에 대항한 변증」(*CPG* 2230) 네 번째에 등장하며 반면에 다른 하나는 Odyssey 12.118의 '인용'일 필요가 없는 '나쁜 죽음 없음'(*Hist. Ar.* 68.2)이 있다. 아타나시오스는 한 번 호머를 서사시의 발명가로 지칭하지만 그러나 그는 일리아드나 오딧세이를 읽지 않았어도 가능했었다. 아리스토텔레스에 관해서는 Gwatkin은 J.H. Newman에게 접근했다. *Select Treatise of S. Athanasius, Achibishop of Alexandria, in controversy with the Arians* 2(옥스퍼드, 1844), 501. 그러나 Newman은 단순히 네 번째 *Oration against the Arians*의 어떤 구절들은 성 아타나시오스보다는 아리스토텔레스의 독서를

상기한다고 관찰했다.
12. Chapter Ⅶ, ⅩⅢ.
13. 웅변가로서 아타나시오스의 토론에 관해 R. W. Smith의 *The Art of Rhetoric in Alexandria: Its theory and practice in the Ancient World* (The Hague, 1974), 100-104; G. A. Kennedy, *Greek Rhetoric under Christian Emperors* (Priceton, 1983), 208-212. Kennedy의 주장은 불행히도 주로 Life of Antony에 기초하고 아타나시오스의 저작권은 부인된다(제1장 각주 64). 그렇지만 고전 수사학의 '스타일이나 배치가 아니라 발명의 기술을 아타나시오스가 수용'하고 있다는 합리적 결론에는 이르고 있다.
14. 테르툴리아누스에 관해 J.-C. Fredouille를 보라, *Tertullien et la conversion de la culture antique* (Paris, 1972); T.D. Barnes, *Tertullian: A Historical and Literary study*² (옥스퍼드, 1985), 특히 187-232. 바질과 그레고리우스는 아덴에서 Himerius 와 Proaeresius와 함께 그리고 안디옥에서는 Libanius와 함께 수학했다(Gregory of Nazianzus, *Orat*. 43.14-20 ; Socrates, *HE* 4.26.6) 그것은 그들의 저술 속에 보인다: (G.L. Kustas, '성 바질과 수사학적 전통,' *Basil of Caesarea: Christian, Humanist, Ascetic*, ed. P.J. Fedwick (Toronto, 1981), 221-279; R.R. Reuther, *Gregory of Nazianzus: Rhetor and Philosopher* (옥스퍼드, 1969) 특히 55-128; G. A. Kennedy, *Greek Rhetoric*(1983), 214-239.
15. 각자 *PG* 40. 925-941 (*CPG* 2487); Theodorerus, *HE* 4.22.1-35(제20장에 동일한 구절을 실었다).
16. *Constantine*(1981), 82-84, 196//. 의미심장하게 아타나시오스는 A. Spira에 의해 쓰여진 우수하고도 민감한 아티클 속에서 어떤 언급도 되고 있지 않다. '고대 수사학에서 기독교의 영향,' *Studia Patristica* 18.2(1989), 137-153.
17. *De incarn*. 56/7 알렉산드리아의 감독을 아타나시오스로 한정하는 것에 대한 강요적인 이유는 없다. 성자였던 Paphnusius에게 보낸 자필 편지가 보전되어 있다(P. Lond. 1929). H.I. Bell에 의해 주장되는 것처럼 말이다. *Jews and Christians in Egypt* (London, 1924), 115-118.
18. W. Schneemelcher, 'Der Schriftgebrauch in den "Apologien" des Athanasius,' *Text, Wort, Glaube:Studien zur überlieferung, Interpretation und Autorisierung biblischer Texte kurt Aland gewidmet*, ed. M. Brecht

(*Arbieten Zur kirchen geschichte* 50 [Berlin and New York, 1980], 209-219.
19. R.W. Thomson, *Athanasius, Contra Gentes and De Incarnatione* (옥스퍼드, 1971), XVII, sums the matter up very well: 'He was unphilosophic and repetitive in argument, but had a profound grasp of scriptural exegesis.'
20. *De Incarn.* 55.1-12
21 E.P. Meijering, *Orthodox and Platonism in Athanasius: Synthesis or Antithesis*² (Leiden,1974); J.M. Rist, 'Basil's "Neoplatonism" Its Background and Nature,' *Basil of Caesarea: Christian, Humanist, Ascetic*, ed. P.J. Fedwick(Toronto,1981), 137-220, at 173-178.
22. *Constantine* (1981), 178-186.
23 R. W. Thomson, *Athanasius* (1972), xxii.
24. *C. Gent.* 1-13-15.
25. M. Slusser, 'Athanasius, Contra Gentes and De Incarnatione:Place and Date of composition,' *JTS* N.S. 37(1986), 114-117. 그는 중요하게도 *C. Gent.* 23.10-18과 *De Incarn.* 51.6-10로부터 그들을 서방에 *Letter to the Bishop of Egypt and Libya* 8; *Apol. ad Const.* 3; *Hist. Ar.* 28에서 알려지는 지식으로 대조하면서 주장을 펼치고 있다.
26. *Constantine*(1981), 206/7
27. C. Kannegiesser, 'La date de l'Apologie d'Athanase *Contre les païens et sur L'Incarnation du verbe,*' *Rech. sci, rel.* 58 (1970), 383-428. 그러나 H. Nordberg, 'A Reconsideration of the Date of St. Athanasius' *Contra Gentes and De Incarnatione,*' *Studia patristica* 3(*Text und Untersuchungen* 78, 1961), 262-266; *Athanasius' Tractates contra Gentes-De Incarnationes Humanarum Litterarum* 28.3 (Helsinki, 1961) 362/3의 불가능한 후기의 날짜를 주장했다. 반면에 A. Stülcken, *Athanasiana: Litterar und dogmenschichtliche untersuchungen (Texte und Untersuchungen* 19.4, 1899), 1-23은 323년의 활동 날짜에 대해 논쟁했다. 그러나 각주에서는 'selbst 327 wäre nicht ausgeschlosse.'(5 각주 1)이라고 동의했다.
28. 상대적으로 E.P. Meijering, *Athanasius: De Incarnatione verbi* (Amsterdam, 1989), 11-20; W. A. Bienert, 'Zur Logos-Christologie des Athanasius von Alexandrien in Contra Gentes und de Incarnatione,' *Studia Patristica* 21

(1989), 402-419, 407-412에서.

29. T. Kehrhahn, *De santi Athanasii quae fertur contra Gentes oratione* (Diss. Berlin, 1913), 9-11, 20-23, 34/5, 37-43, 44-50 (또한 그 작품은 에우세비우스, *Praep. Evang.* 7.을 사용한다는 것을 주장한다.) 56/7, 62-65. Kehrhahn은 에우세비우스를 복사했던 작품은 아타나시오스에 의한 것일 수 없다는 확신없는 결론을 도출했다.(71/2) 더 최근에, M.-J. Rondeau, 'Une nouvelle preuve de l'influence littéraire d'Eusèbe de Césarée sur Athanase: L'interprétation des Psaumes,' *Rech. sci, rel.* 56(1968), 385-434는 주장하길 아타나시오스가 또한 에우세비우스의 *Commentary on the Psalms*를 자신의 시편 주석에 또한 사용했다고 주장하고 있다. 그러나 그녀가 의존하고 있었던 본문에 대한 아타나시오스의 저작권이 G. Dorival에 의해 인정되지 못하고 있다. 'Athanase ou pseudo-Athanase?' *Rivista di storia e letteratura relgiosa* 16(1980), 80-89. 의미있게스리 $\theta\epsilon o\varphi\acute{\alpha}\nu\epsilon\iota\alpha$란 단어가 네 페이지에 걸쳐 아타나시오스의 *Commentary on the Psalms*에서 유래 되었다고 추정되는 곳에서 등장한다.(PG 27.80, 220,229,529), 참고 아래에서 각주 31을 보라. 에우세비우스가 자주 330년 후에 *Theophany*를 저술했을 것이라 잘못 자주 주장되는 날짜에 관해 *Constantine* (1981),186-188을 보시오.

30. 가장 최근에 E. P. Meijering에 의해 토론되는데 *Athanasius* (1989), 11-20.

31. R. W. Thomson, *Athanasius* (1971), 5, 23, 25, 67, 69, 71, 85, 111, 133, 171, 267을 보라. 에우세비우스에게 아타나시오스가 빚지고 있다는 적지만 언급되는 직접적인 사항은 *De. Incarn.* 8.3에서 등장하는 $\theta\epsilon o\varphi\acute{\alpha}\nu\epsilon\iota\alpha$란 단어의 **출현**이다. 그 개념은 인간 역사 과정에서의 에우세비우스가 취하는 해석의 중심이다. 그러나 실제적으로 크리스천 신학자들 중에서 그에게 해당되는 독특한 것이다. P.W.L. Walker, *Holy City, Holy Place? Christian attitude to Jerusalem and the Holy Land in the Fourth century* (옥스포드, 1990), 87. 아타나시오스에게 그것은 그 외에도 유일하게 *Orat. c. Ar.* 1.63 (*PG* 26.144)에 등장한다. Müller, *Lexicon* (1952), 650을 참고하라.

32. E. Mühlenberg, 'Verité et bonté de Dieu:Une interprétation de De incarnatione, Chapitre VI, en perspective historique,' *Politique et Théologie* (1974), 215-230, 227-230에서; W. A. Bienert, *Studia Patristica* 21 (1989), 409/10.

33. 328년에서 335년 사이의 한 날짜가 A.L. Petterson에 의한 초기 *Festal Letters*와 비교로부터 추론되었다. 'A Reconsideration of the Date of thd Contra Gentes-De Incarnatione of Athanasius of Alexandria,' *Studia Patristica* 17.3 (1982), 1030-1040, Camplani, *Lettre* (1989), 239-244를 참고하라.
34. A. Petterson, '"자유냐 부자유냐": 아타나시오스의 *De Fuga sua*의 한 평가,' *Persecution and Athanasius of Alexandria, (Studies in Church History* 21, 1984), 29-42 중 40-42 페이지에서.
35. M. Krause, 'Das Christliche Alexandrien und seine Beziehungen zum koptischen Agypten,' *Alexandrien:kulturbegegnungen dreier Jahrtausende im Schmelztiegel einer mediterranen Grossstdt*, ed. N. Hinske (*Aegyptiaka Trverensia* 1 [Mainz, 1981]), 53-62, 55에서: 'der einzige Bischof Alexandriens, der auch koptisch sprechen konnte.'
36. 예를 들면 L. T. Lefort, 'S. Athanase: sur la virginité,' *Le Muséon* 42 (1929), 197-275. 그가 동정성에 대한 콥트어 원전으로 된 편지와 책자들이라고 주장했던 것을 출판했다(*CPG* 2147). 그것이 헬라어로 저술되었다는 증거에 관해 M. Audineau의 'Les écrits de saint Athanase surl virginité,' *Revue d'ascétique et de mystique* 31(1955), 140-173 그것은 그의 *Recherches patristiques*에서 재인쇄되었다.(Amsterdam,1974), 163-196.
37. L.T. Lefort, 'St. Athanase, écrivain copte,' *Le Muséon* 46(1933),1-33; C.D.G. Müller, 'Athanasios Ⅰ. von Alexandrien als kopscher Schriftsteller,' *Kyrios: Vierte-ljahreschrift für Kirchen und Geistesgeschichte Europas*, N.F. 14 (1974), 195-204.
38. P. Peeters, *Orient et Byzance: Le tréfonds oriental de l'hagiographie grecque(Subsidia Hagiographica* 21 [Brussels,1950]), 29-32.
39. T. Orland, 'The Future of Studies in coptic Biblical and Ecclesiastical Literature,' *The Future of coptic studies, ed. R. McL. Wilson* (Leiden, 1978), 143-163, 153에서 보라. 참고 151.
40. G. Bardy, *La question des langues dans l'église ancienne* 1 (Paris, 1948), 131. Bardy가 콘스탄티우스가 350년에 그에게 썼던 편지가 동일한 라틴어 원본의 약간 다른 두 개의 판본에 있는 편지를 아타나시오스가 인용했다는 사실은 (*Apol. ad Const.* 23; *Hist. Ar.* 24) 각 경우에 그 자신이 헬라어 번역본을

만들었다는 것을 암시해 주고 있다. 그는 아마도 또한 우르사키우스와 발렌스의 편지를 율리우스에게 번역했을 터인데 그것들은 트리어의 Paulinus로부터 얻은 것들이었다(*Hist. Ar.* 26.2/3 참고 *Apol. c. Ar.* 58.1-4). 아타나시오스의 라틴어 기독교 저술가들에게 관한 아타나시오스의 지식에 관해서는 J.L. North 의 '아타나시오스는 키프리아누스를 알아서 (편지 49, 드라콘티우스에게)(letter 5, Hartel) 수정했는가?' *Studia Patristica* 17.3(1982),1024-1029를 보라 라틴 기독교 자료가 헬라어로 아타나시오스에게 유용할 수 있었던 것에 관한 다른 질문에 대해 E. Denker의 논문, 'Les traductions grecques des écrits patristiques latins,' *Sacris Eruditi* 5 (1953), 193-233 특히 197을 보라.

41. Seeck *Geschichte* 4 (1911), 332, 503/4.
42. W.H.C. Frend, 'Athanasius aus an Egyptian Christian leader in the Fourth century,' *New College Bulletin* 8(1974), 20-37, 「초기 기독교 세기에 대중적 종교와 비대중적 종교」 (London, 1976), No ⅩⅥ. 그러나 프렌드는 '아타나시오스를 소조메누스에게 호소함으로 알렉산드리아 중류층 배경' 출신으로 제시한다. *HE*. 2.17.10 (그것에 대해 각주 7을 보라).
43. *CSEL* 65.154.19, Socrates, *HE* 1.8.13; 소조메누스, *HE*. 1.17.7.
44. *Constantine* (1931), 215-219.
45. 멜레티우스파 분열의 기원에 관해 간단히 *Constantine* (1981) 201/2를 보라; 완전한 토론과 참고 도서에 대해, T. Vivian, *St. Peter* (1988), 15-150. 베드로와 멜레티우스의 가장 초기 다툼에 대해 두 개의 주석 편지에 의해 자료화되어 있다. 멜레티우스에게 네 명의 감독들의 편지가 하나, 그의 회중들에게 보내는 Peter의 편지기 히나 Cod. Vcr. LX(58), 113과 116에 간직되어 있다. 그리고 더 쉽게 접근 가능한 EOMIA 1.634-636에 있다. 아타나시오스는 간접적으로 그 분열이 306년에 시작되었다고 암시한다(「이집트와 리비아 감독들에게 편지」 22).
46. Epiphanius, *Pan* 68.1.4-3.4; 소조메누스, *HE*. 1.15.2.
47. *P. Lond,* 1913-1922, H.I. Bell에 의해 (W.E. Crum과 함께) 출판되었다. *Jews and Christians in Egypt* (London, 1924),38-99. 같은 제공자로부터 온 다른 자료는 이어서 W. E Crum에 의해 출판되었다. '몇 몇 더 향상된 멜레티우스파 자료들,' *JEA* 13(1927), 19-26.
48. 알렉산드리아의 계획은 C. Andresen에 의해 주어지고 있다. '"Siegreiche

Kirche" im Aufstieq des Christen tums: Untersuchungen zu Eusebius von Caesarea und Dionysius von Alexandrien,' *Aufstieg und Niedergang der römischen Welt* 2.23.1 (Berlin and New York, 1979), 387-459, 440페이지를 보라.

49. Epiphanius, *Pan.* 69.1.2, 2.2-7, 참고. 소크라테스, *HE* 5.22.43-46.
50. 아리우스 자신과 그의 견해에 대한 논쟁은 최근에 생동감있게 되었다. 중요한 기여 중 A.M. Ritter의 주석을 보라, 'Arianismus,' *TRE* 3 (1978), 692-719; 'Arius,' *Gestalten der Kirchengeschichte*, ed. M. Greschat 1 (Stuttgart, 1984) 215-223; R. Lorenz, *Arius judaizans? Untersuchung en zur dogmengeschichtlichen Einordnung des Arius* (Göttingen, 1979), R. Williams의 *JTS*, N.S.34 (1983), 293-296의 재고찰과 함께 R. Lorenz, 'Die Christusseele im Arianischen streit:Nebst einigen Bemerkungen zur Quellen-kritik des Arius und zur Glaubwürdigkeit des Athanasius,' *ZKG* 94 (1983), 1-51; R.C. Gregg and D.E. Groh, *Early Arianism-A view of salvation* (Philadelphia, 1981); J.T. Lienhard, 'Recent Studies in Arianism,' *Religious Studies Review* 8 (1982), 330-337; R. Williams, 'The Logic of Arianism,' *JTS*, N.S. 34 (1983), 56-81; *Arius: Heresy and Tradition* (런던, 1987), R.C. Gregg에 의한 재고찰과 함께 *JTS*, N.S. 40(1989), 247-254; 수집본 *Arianism* (1985); Hanson, *Search* (1988), 3-128.

William은 아리우스가 분명히 알렉산드리아 특성을 지닌 '위탁된 신학적 보수주의자'로서 기독교 신학을 '프로티노스 후기와 포르피리 철학의 후기 세상에' 전달하려고 시도했다는 매우 역사적으로 흥미있는 해석을 진전시켰다. 그러나 프로티누스나 포르피리는 호마에서 가르쳤고 아리우스에 대한 그런 해석은 4세기 초기 10년간 동방에서 그들 사상의 확산을 아주 잘 과대 평가한 것이다. J.M Rist의 *Basil of Caesarea* (1981), 165-179.를 보라.

아리우스의 분실된 *Thalia*의 재건에 관하여 지금 K. Metzler와 F. Simon의 저술, *Ariana et Athanasiana: Studien zur Überlieferung und zu philologischen Problemen der Werke des Athanasius von Alexandrien* (Abhandlugen der Rheinisch-Westfälischen Akademie der Wissenschaften 83 [Oplanden, 1991]), 11-45.

51. Eusebius, *C. Marc.* 1.3.18; *Ecc. Theol.*, passim.

52. 날카로운 G. Gentz의 표명을 보라, *RAC* 1(1950), 647; Hanson, *Search* (1988), ⅩⅦ, ⅩⅧ.
53. Epiphanius, *Pan.* 69.3.3. 어떤 자료들은 아리우스가 멜레티우스 분파 집사로 안수 받았다고 추정한다(*EOMIA* 1.635/6; 소조메누스, *HE* 1.15.2). 그러나 초기 멜레티우스파 아리우스는 우연한 동일명이어서 논쟁적 목적을 위해 공적이 되었다. R. Williams의, '아리우스와 멜레티우스의 분열.' *JTS*, N.S. 40(1989), 401-413.
54. *Urkunde* 6—세 명의 결론이 되는 이름들(리비아 감독들 중 세쿤두스, 데오나스, 피스투스)은 원본에 후기 첨가들이라 의혹이 되고 있음이 틀림없다. 사건의 순서나 논쟁의 절대적 연대들이 324년 말 이전인지는 불확실하다. 그의 *Urkunden* (1934)에 H.-G. Opitz에 의해 포함된 자료들에 대한 순서와 절대적 날짜들이 'Die zeitfolge des arianischen Streites von den Anfängen bis zum Jahre 328,' *ZNW* 33 (1934). 131-159에서 그가 논쟁했던 것들이 주로 최근 학자들에 의해 수용되어 왔다. *Constantine* (1981), 202-206, 374-376에서처럼. Opitz의 날짜에 대한 몇몇 의미있는 개편과 차례로 개편된 날짜에 대한 반대로 R.Williams의 *Arius*(1987), 48-66; U. Loose, 'Zur chronologie des arianischen streites,' *ZKG* 101 (1990), 88-92를 보라.
55. *Urkunde* 4b.11.
56. *Urkunde* 1. 또한 니코메디아의 에우세비우스에게서 아리우스에게 편지들이 천체 혹은 부분적으로 간직되어 있고(*Urkunde* 2) 또 두로의 Paulinus에게 편지도 그러하다(8). 아리우스의 중심된 주장(3, 7)을 방어하는 가이사랴의 에우세비우스가 보낸 편지도 있으며 파울리누스에 의해 보내진 편지 단편, 게오르기우스,라이디게하의 미래 감독인 그에게서 시작된 알렉산더와 아리우스 사이의 중재시도(12, 13)를 간직하고 있다.
57. 소조메누스, *HE* 1.15.11, 10, *Urkunde* 10, 5. Opitz는 이 두 공의회들을 320년 그리고 321/2년으로 각기 날짜를 제시했다. 팔레스타인 공의회를 더 초기의 것으로 좋게 여기면서(소조메누스를 반대하고 있다). R. Williams, *Arius* (1987), 50-60을 보라. 그러나 비티니아 공의회가 그가 제시한 것처럼 팔레스타인 공의회 후 3년이 지나서 발생했다는 것은 그럴싸하지 않다(58).
58. *Urkunde* 14,16. 후자는 353/4년에 쓰여졌던 리베리오에 의한 편지 내에서 암시로부터만 알려지고 있다(*CSEL* 65.91.24-28).

59. *Urkunde* 14.3-8, 57/8; 에피파니우스, *Pan.* 69.3.2. 아리우스의 재귀는 모든 감독들에게 알렉산더의 회람의 경우에서만일 수 있다(*Urkunde* 15).
60. *Urkunde* 4b,14. 때때로 처음 편지는 들어가는 말 한 몸(*Henos somatos*)로 확실히 정해지고 때로는 두 번째 편지가 처음 들어가는 말로 한 우정의 입맞춤 (*He philachia*)으로 정해진다.
61. M. Aubineau, 'La tunique sans couture du Christ: Exégèse patristique de Jean 19, 23-24.' *Kyriakon: Festschrift Johannes Quasten* 1 (Münster, 1970), 100-127, 특히 107-109를 보라. 그의 *Recherches patristiques*에 다시 프린트되었다(1974), 351-378, 358-360에서.; A. Petterson, *Studia Patristica* 17.3 (1982), 1030-1040.
62. G.C. Stead, 'Athanasius 가장 초기의 작품,' *JTS*, N.S.39 (1988), 76-91.
63. G. C. Stead, *JTS*, N.S. 39(1988),83-86.
64. G. C. Stead, *JTS*, N.S. 39(1988),82-84.
65. Eusebius, *VC* 1.51.1, 참고 *Constantine* (1981), 376 각주 154.
66. Eusebius, *VC* 2.63-73. 소크라테스에 의해 호시우스로 지명된 Marianus, 'The sources of some constantinian Documents in Eusebius' *Church History and Life of Constantine*,' *Studia Patristica* 18.1 (1985), 93-98, 95/6에서 특히 참고하라.
67. John Chrysostom, *De beato Philogonio (PG* 47.747-756), Theodoretus 참고 *HE* 1.7.10.
68. 이 공의회에 관해 현재 Hanson, *Search*(1988), 146-151를 보라. 그것은 현대 학자들에게 Eduard schwartz가 1905년 *Urkunde* 18(Ges. Schr.3 [1959],134-155)에 출판될 때까지 알려지지 않았다. 그 신조에 관해 특히 L. Abramowski, 'Die Synode von Antiochien 324/25 und ihr symbol,' *ZKG* 86 (1975), 356-366을 보라.
69. *Urkunde* 20.
70. 니카이야공의회에서 그 절차들은 아주 가까스로 재건될 수 있다. *Constantine* (1981), 215-219를 보라; C. Luibhéid, *The council of Nicaea* (Galway, 1982), 67-124.
71. *Urkunde* 23.6-10 참고 A. Martin, *Politique et théologie* (1974), 33-38.
72. *Urkunde* 31.2, 27, 28; Philostorgius, *HE* 1.10.

73. 그 날짜에 대한 다른 증거와 증언에 관해 '황제와 감독, A.D. 324-344: 몇 몇 문제들,' *AJAH* 3 (1978),5 3-75, 특히 53-75를 보라. 이 주장들은 R.P.C. Hanson에 의한 330/1년 유스타티우스의 추락 날짜에 대한 경우의 재언급으로 무시되고 있다. '안디옥에 유스타티우스의 운명,' *ZKG* 95 (1984), 171-179; *Search* (1988), 208-211.

74. Theodoretus, *HE* 1.22.1, 참고 에우세비우스, *VC* 3.59-62.

75. 이 공의회에 관한 중요한 증거는 *Urkunde* 29-32에 나와 있다; Eusebius, *VC* 3.23; Athanasius, *Apol. c. Ar.* 59.3; Philostorgius, *HE* 2.7,7a. 여기에 간주되는 사건 개요는 *AJAH* 3 (1978)을 보라, 60/1; *Constantine* (1981), 229; *New Empire* (1982), 77. 그 공의회는 때로 잘못 오도되어 '니카이야 두 번째 공의회'라 최근 Hanson의 *Search* (1988), 174-178에서 불려지고 있다. 그것은 실제적 사실은 몇 몇 학자들에 의해 부인되고 있다. 예를 들면, C. Luihéid, '니카이야의 추정된 두 번째 회기,' *JEH* 34 (1983), 165-174; A. Martin, 'Le fil d'Arius,' *BHE* 84 (1989), 297-320. 후자는 계속 아리우스가 추방 중이었고 그때는 325년에 335년까지라고 보고 있고 *Urkunde* 29는 334년까지라고 말한다. *Urkunde* 32와 31은 335년까지라 한다.

76. 에피파니우스, *Pan* 68.7.2, 69.11.4. 두 페이지들은 불행히도 D. W.-H. Arnold 에 의해 잘못 이해되고 있다. *The Early Episcopal Career of Athanasius of Alexandria* (Notre Dame/London, 1991), 29. 31, 제국의 법정과 어떤 관련을 인정하지 못하고 있다.

77. 소조메누스, *HE* 2.17.4, 25.6. 소조메누스는 또한 라오디케아의 아폴리나리스 를 인용한다(*HE* 2.17.2/3=릿츠만의 168번 단편). 아타나시오스는 알렉산더가 사망시에 알렉산드리아에서 부재한 상태였다. 아타나시오스가 자신의 임직에 대한 설명을 338년으로 썼을 때(*Apol.c.Ar.* 6.516) 예상컨대 반대가 컸었던 것 같다: L. W. Barnard, 'Two notes on Athanasius,' *Orientalia Christiana Periodica* 41 (1975), 344-356, 그의 *Studies in Church History and Patristics*(*A NAΛEKTA BΛATAΔΩN* 26, [Thessaloniki 1978]), 329-340.

Ⅲ. 아타나시오스와 콘스탄티누스

1. Philostorgius, *HE* 2.11. 알렉산드리아에서 감독선출의 본질은 어떤 논쟁의

문제이었었다. K.Müller를 이어서 지속적인 토론에 대해 살펴보라. 'Kleine Beiträge zur alten Kirchegeschichte16:Die älteste Bischofswahl urd-weihe in Rom and Alexandrian,' *ZNW* 28 (1929), 274-296; W. Telfer, 'Episcopal Succession in Egypt,' *JEH* 3 (1952), 1-13; E.W. Kemp, 'Bishop and Presbyters at Alexandria,' *JEH* 6 (1955), 125-142; J. Lécyyer, 'Le problème des consécrations épiscopales dans l'Église d'Alexandria,' *BHE* 65 (1964) 241-267; 'La succession des éveques d'Alexandrie aux premiers siècles,' *BHE* 70 (1969), 81-98; Girardet, *Kaisergericht* (1975), 52-57; D.W-H. Arnold, *The Early Episcopal career of Athanasius of Alexandria* (Notre Dane and London, 1991), 38-62. Philostorgius는 그 도시에 콘스탄티누스의 대답의 목적이 무엇인지를 인용했다(*HE* 2.11). G. Fernandez Hernandez, 'La elección episcopal de Atanasio de Alejandria según Filostorgio,' *Gerión* 3 (1985), 211-229에서 주장하길 황제는 그 선출이 교회 법상 비합법적인 것임을 알고서도 멜레티우스파의 분열이 사회적 불안을 야기했음을 두려워했기에 그렇게 그가 천도한 도시 보스포로스에 이집트 곡물 수송이 위험에 빠질까 두려워해 허락했다고 주장한다.

2. Epiphanius, *Pan.* 68.6. 그 날짜는 콘스탄티누스가 서방에 계속 328년 봄에서부터 330년 봄가지 서방지역에 있었던 사실로부터 추론이 된다 (*New Empire* [1982], 77/8). *Constantine* (1981), 231-240에 기초해 등장한 것이다. 최근 토론과 참고 도서에 관해 D.W. -H.Arnold의 *Early Career* (1991), 103-173을 보라.

3. 이 방문은 그 날짜가 329/30년으로 암시되는데 그것은 수도원 자료에서 반영된 것이다. P. Rousseau를 참고하라. *Pachomius:making of a community in Fourth-Century Egypt* (Berkeley, 1985), 161/2. Index에 330년에 대한 많은 날짜들은 일년 이른 것이다 (*New Empire* [1982], 152 각주 30), Index가 원래 *Festal letter*의 정확한 수정을 위해 작성된 것이 아님을 보라. 그리고 정확한 *Festal letter* 3은 330년 부활절(부록 1)을 위한 것이 아니라 352년을 위해 쓰인 것이다.

4. 소크라테스, *HE* 1.13.415 (정확히 날짜를 정할 수 없음), 참고. 펠로스토르기우스, *HE* 1. 9a. 315년 도나투스를 위해 콘스탄티누스에게 중재했다고 믿어졌다. (optatus1.26 참고 Augustine, *Brev. Coll.* 3.30.38)

5. *Urkunde* 34. 그 자료는 행정관 신크레티우스에 의해 알렉산드리아에서 수용되었다. 그리고 파테리우스가 이집트의 행정장관이었을 때 가우덴테우스도 함께 역할을 감당했다. 이 시기에 리비아 상황에 관해 D.W.-H. Arnold, *Early Career* (1991), 118-126을 참고하라.
6. 가이사랴 공의회에 관해 *P. Lond.* 1913; *CSEL* 65.54.1/2 (두로 공의회 전에 그 공의회가 개최된다); 목록 6; Theodretus, *HE* 1.28.2; 소로메누스, *HE* 2.25.1, 17을 보라. '감찰관 법정'과 그것을 동일시하고 필연성에 관해 (*Apol. c. Ar.* 65.4)에 '황제와 감독, A.D. 324-344: 몇몇 문제들,' *AJAH* 3 (1978), 53-75중 61/2에서.
7. *P. Lond.* 1913.
8. Eusebius, *VC* 4.41.314 (공의회에 콘스탄티누스의 편지); 아타나시오스, *Apol. c. Ar.* 72.112. 황제는 디오니시우스가 공의회에서 멤버가 아니라 여전히 착석하지도 않았고, 관찰자였다고 분명히 말하고 있다.
9. J.M. Sansterre, 'Eusèbe de Césarée et la naissance de la théorie "Césaropapiste,"' *Byzantion* 42 (1972), 131-195, 532-594에서 563-565에서 아타나시오스에 의한 부분적으로 인용된 디오니시우스 편지로부터 주장됨.
10. Sozomenus, *HE* 2.25.2-6(공의회 실행안으로부터), 참고 *CSEL* 65.53/4.
11. Sozomeus, *HE* 2.25.12, 소조메누스는 가이사랴의 젤라시오로부터 유래하는 가상이야기 아타나시오스는 성적인 부패로 고소당했다는 것을 또한 반복하고 있다(참고 Rufinus, *HE* 10.18). 그러나 그는 설명하길 '그것은 실행 항목에는 포함되어 있지 않다'(*HE* 2.25.8-11).
12. 에우세비우스, *VC* 4.43-45; 아타나시오스, *Apol. c. Ar.* 84; 소조메누스, *HE* 2.27.1
13. *Index* 8; Epiphanins, *Pan.* 68.9.4, 참고 P. Peeters, 'L'épililogue de Synode de Tyr en 335 (dans les Letteres festales de Saint Athanase),' *Analecta Bollandiana* 63(1945), 131-144; T.D. Barnes, *JTS*, N.S.37(1986), 586-589
14. 소조메누스, *HE* 2.25.15-19
15. *Constantine*에서 알려진 듯(1981), 239, 400 각주 44.
16. *P. Lond*, 1914, 참고. 아래 각주 43에서
17. 여기에서 수용된 재건에 유리한 완전한 주장에 관해 P. Peeters를 'Comment Saint Athanase s'enfuit de Tyr en 335,' *Bulletin de l'Académie Royale*

de Belgique, Classe Letters⁵ 30 (1944), 131-177, 그의 Recherches d'histoire et de phoilologie orientale 2 (Subsidia Hagiographica 27 [Brussels, 1951], 53-90). Constantine (1981), 239/40에서 다소 수정한 그의 결론은 최근 H. a. Drake의 'Athanasius' First Exile,' Greek, Roman, and Byzantine Studies 27 (1986), 193-204에 의해 도전을 받아 왔다. 그는 콘스탄티누스와 첫 번째 만남을 10월 20일로, 두 번째 만남을 11월 6일로 보았다.

18. Index 8; Epiphanius, Pan 68.9.516
19. 부황제 카이사르로 337년 콘스탄티누스가 주장되었다(Apol. c. Ar. 87.4).
20. Girardet에 의해 추정되듯, Kaisergericht (1975), 68-73, 104/5, 155/6.
21. Eusebius, VC 4.27.2.
22. 모든 시대 중 고대 그리스에서 οἱ περὶ τὸν δεῖνα 에 관한 구절은 S. Radt, 'Noch einmal Aischylos, Niobe Fr.162 N.² (287M),' ZPE 38 (1980). 47-58; 'οἱ(αἱ, etc.) περὶ + acc. nominis proprii bei Strabo,' ZPE 71 (1988), 35-40; 'Addendum,' ZPE 74(1988), 108. 그 시대의 보통 헬라어 용법에서 그런 구절은 자주 개인의 이름만 표시한다(소크라테스, HE 2.22.4, 23.2에서처럼): E 쉬비쩌와 A. 데브러너, Griechische Grammatik 2³ (Munich, 1966), 504를 보라; N. Turner, A Grammar of New Testament Greek 3 (Edinburgh, 1963), 16. 뮬러가 아타나시오스 작품 안에서도 역시 이 사용법을 추론해 낼지라도 (Lexicon [1952], 1169/70: 'non rarhac formula sola persona ut dux factionis significatur'), 나는 확신할 수 없다. 단순한 개인을 표시하기 위해 그것을 사용했는지 말이다. 이러한 연유로 나는 계속 아타나시오스에게서 (οἱ περὶ Εὐσέβιον)(혹은 어떤 다른 이름들)을 '에우세비우스와 그의 후원자들'을 같다는 것으로 취급하고 있다.
23. 소조메누스, HE 2.31
24. 부록 2.
25. Opitz 139.15; T.D. Barnes, AJAH 3 (1978), 61.
26. 343년 세르디카에서 동방감독들은 아타나시오스가 이스큐라스를 군사적인 ㅂ조호하에 가둔 것에 대해 불만을 토로했다.
27. 338년 알렉산드리아 공의회의 편지는 아타나시오스에 의해 쓰여졌고 343년에 세르디카에서는 사방감독들이 그렇게 했다(CSEL 65.115.6-116.1).
28. 'Collutnus의 밖으로 동떨어진 남자'에 관해 R. Williams의 책, Arius: Heresy

and Tradition (런던, 1987), 45-47.
29. Chapter IV.
30. *CSEL* 65.76 NO. 34; 소크라테스, *HE* 2.20.23, 참고 Feder, *Studien* II (1910), 79-81.
31. 그 목록의 정확한 날짜는 불확실하다. Opitz는 149.19에서 그날을 325/6년으로 정했다. 반면에 A. Martin은 'Athanase et les Mélitiens (325-335),' *Politique et théologie* (1974), 31-61, 37페이지에서 제안하길 327년 11월로 본다. 마틴이 그 존재, 니코메디아 공의회를 부정한다 해도 즉 327년 12월에 멜레티우스파의 분열을 혹 328년 1월에 (II장에서 각주 75) 토론했던 그것은 알렉산더가 그 목록에 접수된 적절한 상황을 제공해 주고 있다.
32. 시지쿠스의 젤라시오, *HE* 3.18. 두 개의 버전들이 편리하게 G.L oeschlce에 의해 나란히 인쇄되었다. 'Das Syntagna des Gelasius Cyzicenus,' *Rheinisches Museum*, N.F. 60(1905), 594-613; 61(1906), 34-77의 34-36에서.
33. L. Parmentier, *Theodorets Kirchengeschichte* (GCS 19, 1911), lXii/lXiii; Schwart, *Ges, Schr.* 3 (1959), 258 각주 1; 164.12에서 Opitz: 'Gelasius … derden Brief in seiner phantastischen Art erweitert.' 최근 자료로는 C.T.H.R. Ehrhant, '교회사 시지쿠스 젤라시오의 콘스탄티누스 자료들,' *Jahrbuch für Antikeund Christentum* 23 (1980), 48-57, 그의 주장은 '동방지역에 권위있는 사본의 수백 복사판이 있다.'는 (실수인) 분명한 가정에 기초한다. (55 각주 47)
34. G. Loeschke, *Rheinisches Museum*, N.F. 61(1906), 38/9
35. Opitz 165.7로서.
36. 콘스탄티누스는 나이수스에서 탄생했다 (Firmicus Maternus, *Math.* 1.10.13; *Origo Constantini Imperatoris* 2), 그러나 율리아누스, *Misopogon* 18, 348d,는 그의 조상들이 Dasia Ripensis로부터였다는 것을 지시하는 것으로 밝힌다: R. Syme, '콘스탄티누스의 조상,' *Bonner Historia-Augusta-Colloquium* 1971 (1974), 237-253, *Historia-Augusta Papers*에 다시 인쇄됨(Oxford,1983), 63-79.
37. *CJ* 1.40.4.
38. *New Empire* (1982), 79각주 136에서
39. Socrates, *HE* 2.23.15-32는 346년에 알렉산드리아 교회에 보낸 율리우스

편지. 중간 부분에 있는 내용을 발췌해 인용한다(*HE* 2.23.22-26²). Opitz는 133.19ff에서 그 외의 자료는 후기 첨가물임이 틀림없다고 추정한다.: 'der Brief ist aus Athan(asius) be; Sokr(ates) II.23, 15-22 mit einigen Erweiterungenerhalten.' more charitably, Montfaucon opined that modesty led Athnanasius to omit a passage which praised him strongly (*PG* 25. 345 각주 23)

40. Gelasius, *HE* 3.18.-4-8
41. N. H. Bayes, 'Atnasiania,' *JEA* 11(1925), 58.69. 특히 63에서 = *Byzantine Studies and Other Essays* (London, 1955), 285: '아타나시오스의 위조물이 아니라 정확성을 지닌 아타나시오스의 강조이다.'
42. *P. Lond.* 1914, H.I. Bell에 의해 출판된 *Jew and Christians in Egypt* (London, 1924), 53-71. 중요한 사본과 역사적 관찰들에 관해 K. Holl을 또한 보라. 'Die Bedeutung der neuveröffentlichten melitianischen urkunden für die Kirchen geschichte,' *Sitzyngsberichte der preussischen Akademie der Wissenschaften zu Berlin*, Philosophisch-historische Klasse 1925. 18-31, *Gesanmelte Aufstsezur Kirchengeschichte* 2 (Tübingen, 1927), 283-297에 재인쇄됨. Bell과 Holl에 의해 드리워진 추론에 대해 논란에 대해 성공스럽지 못한 시도는 최근에 D.W.-H. Arnolds에 의해 만들어졌다, 'Harold Idris Bell and Athanasius: A Reconsideration of London Papyrus 1914,' *Studia Patristica* 21 (1989), 377-383; *Early career* (1991), 특히 62-89, 175-186.
43. K. Holl, *Sb. Berlin*, Phil,-hist, Kl. 1925.21-24; H. Hauben, 'On the Melitians in P London VI (P. Jews) 1914: 'Papas Heraiscus의 문제,' *Proceedings of the Sixteenth International congress of Papyrology*(American Studies in Papyrology 23 [Chico, 1981]), 447-456.
44. '아타나시오스의 행동'과 *P. London. 1914*의 중요성에 대해서는 Hanson의 *Search* (1988), 239-262를 보라.

IV. 카파토키아 여행

1. *New Empire* (1982), 82-87; below, 부록 9.
2. 337년 왕조의 살인에 관한 토론과 그들의 정치적 상황, J.W. Leedom을 보라

'콘스탄티우스 2세: 세 종류의 개편,' *Byzantion* 48 (1978), 132-135; R. 클라인,' Die Kämpfe um die Nachfolge nach dem Todo Constantins des Grossen,' *Byzantinische Forschungen* 6 (1979), 101-150; C. Piétri, 'La politique de Constance II:un premier "césarpapis me" ou *l'imitatio constantini?*' *L'Église et l'empire au IVe siècle (Entretiens sur l'antiquteclassique* 34[Vandoeuvres, 1989]), 113-172. 특히 116에서 127. 클라인은 불행히도 콘스탄티누스의 세 아들들이 338년 6월에 비미나키움에서 만났다는 가정으로부터 출발하고 있다.
3. *New Empire* (1982), 198-200.
4. J.P.C. Kent, *RIC* 8 (1981),32/3. On CTh 12.1.37, 부록 9에 각주 5를 보라.
5. 부록 9.
6. *Constantine* (1981), 250.
7. Julian, *Caes.* 329 cd; *CIL* 3.12483, 참고. 부록 9 각주 4.
8. *CSEL* 65.54.25-55.5. 그 편지가 원래 헬라어로 쓰여진 이래로 나는 복수 aliqui를 택했고 원래의 τινές를 반영한 비슷한 경우가 되었다. 그리고 계속해 번역해 내려갔다.
9. 다음의 것은 소크라테스, *HE* 2.6-7과 부록 8을 보라.
10. 부록 8에 인용되고 토론되었다.
11. Theodoretus, *HE* .2.3.8
12. 그 해가 338년이 아닌 337년이 틀림없다는 증거에 대해 슈바르쯔의 *Ges, Schr.* (1959), 69/70; W. neemelcher, 'Die Epistula encyclica des Athanasius,' *Aufsäze* 1974), 290-337의 312/3; A. Martin, *Soutces chrtiénnes* 317 (Paris, 1985), 81-89; C. Piétri, *L'Église et l'empire au IVe siècle* (1989), 120/1.
13. *History of the Arians*는 공의회는 콘스탄티누스와 콘스탄스에게 아타나시오스를 폐위하라고 썼다(9.1)는 점에 주목하라. 반면에 338년 알렉산드리아 공의회는 한 편지를 '황제들' 즉 모든 세 명의 제국 형제들에게 편지를 썼다고 말한다 (*Apol. C. Ar.* 3.5-7).
14. 그래서 최근 L.W. Barnard, 'Two notes on Athanasius,' *Orientalia Christiana Periodica* 41 (1975), 344-356, 「교회사와 교부학 연구」에 재인쇄됨(*ΑΝΑΛΕΚΤΙΚΑ ΒΛΑΤΔΩΝ* 26 [Thesaloniki, 1978], 341-353; B.H. Warminton, 「아타나시오스는 역사를 썼는가?」, *The Inheritance of Historigraphy, 350-900*, ed. C. Holdworth and T. P. Wiseman (Exeter, 19860, 7-16, 특히 7,12.

Schwarz, *Ges. Schr.* 3 (1959), 279-290 (원래 1911년에 출간되었음) 정확하고 조심스레 337/8과 338/9년에 안디옥에서 있었던 두 공의회 사이를 상대적으로 구분했다. 그리고 Schneemelcher, *Aufsäze* (1974), 297-313, 329-330은 놀랄 만한 결론에 이르길 339년에 아타나시오스는 감독들의 공의회에서는 폐위되지 않았고 황제들에 의해 무시당했다고만 매듭을 짓고 있다.

15. 소유격 ἐπισκόπων (Opitz 92.18)을 주격 ἐπισκόποι로 수정함.
16. III장
17. 그렇게 최근에 W.H.C. Frend, *The Rise of Christianity* (Philadelphia, 1984), 527.
18. At Opitz 98.22. 나는 οὐδενί에 관해 οὐδέν으로 읽었다.
19. Opitz에 의해 목록화된 것 89.1 ff.
20. Opitz 89.1 ff는 '기술된 것은 여전히 아타나시오스의 문서 작성을 기초해서이다.'
21. πυκτία τῶν θείων γράφων(성문서들의 정돈: 역주); G.W. H. Lampe, *A Patristic Greek Lexicon* (Oxford,1961), 1207은 이 페이지를 '책/권 (opp. 파피루스 두루마리)'의 의미로 인용한다.
22. 에우세비우스, *VC* 4.36, 참고 G.A. Robbins, '"Fifty copies of the sacred writings" (*VC* 4:36): Entire Bibles or Gospel Books?' *Studia Patristica* 19(1989), 91-98.
23. *Constantine* (1981), 124/5.
24. A. Rahlfs, 'Alter und Heimat der vatikanischen Bibelhandschrift,' (Klasse 1899. 72-79; T. Zahn, 'Athanasius und der Bibelkanon,' *Festschrift der universität Erlangen für prinzregent Luitpold* (Leipzig, 1901), 1-35; J. N. Birdshall, *Cambridge History of the Bible* 1 (Cambridge, 1970), 359/60 참고 J. Ruwet, 'Le canon alexandrin des Écritures: S. Athanase,' *Biblica* 35(1952), 1-29. 바티칸 사본의 기원이 되는 알렉산드리아 사본은 이미 매우 강한 개연성이 있어서 P. Bodmer XIV에 의해 확실히 말해지고 있고 1961년에 출판되었다. B.M. Metzger의 책 *Manuscripts of the Greek Bible*에 있는 참고도서와 간단한 토론을 보라(New York and Oxford, 1981), 68,74.
25. 아타나시오는 그 편지는 '모든 감독들 그리고 로마의 감독 율리우스에게' 보내졌다고 말한다(*Apol. c. Ar.* 20.1). 그러나 그것은 확실히 과장임에 틀림없

다.

26. C. Piétri, 'La question d'Athanase vue de Rome(338-360),' *Politique et théologie* (1974), 93-126. 특히 95-100에서.

27. Schwarz. *Ges. Schr.* 3(1959),27819에서 세쿤두스가 바레오티스의 피스투스 감독을 안수했다고 귀결지었다. 그러나 동사 καθίτημι와 동일한 기원의 명사 κατάστασις 는 감독의 안수, 그리고 성직자의 안수에 자주 동일하게 사용되고 있다.

28. Schwarz, *Ges, Schr.* 3 (1959),284/5.

29. 위 각주 12.

30. X장

31. 예를 들면 Seeck에 의해 *Regesten* (1919), 186; N. H. Baynes, 'Athanasiania,' *JEA* 11(1925), 58-69, 특히 65-69에서 아타나시오스가 338년 11월에 알렉산드리아로 돌아왔다는 추정에 대하여. 337년 가을 카파도키아에서 면담을 확실히 주장하는 시도에 관해 C. Piétri, *L'Église et L'empire au IVe siécle* (1989), 124, 174/5를 보라

32. 부록 9.

33. Julian, *Orat.* 1, 20d-21a, 참고. P. Peeters, 'L'intervention politique de Constance II dans la Grande Arménie, en 338,' *Bulletin de L'Académie Royale de Belgique*, Classe des Lettres^5 17(1931), 10-47, 그의 *Recherches d'histoire et de philologie orientales* 1 (*Subsidia Hagiographica* 27 [Brussels, 1951]), 222-250. Peeters는 아르메니아에 콘스탄티우스의 개입을 그해 끝 시점으로 잡았다. 왜냐하면 E. Stein에 호소해서 338년 니시비스의 처음 포위가 샤푸르에 있었다고 자리매김 했기 때문이다. *Geschichte des spätrömischen Reiches* 1 (Vienna, 1928), 212 그리고 N.H. Baynes, *JEA* 11(1925), 66-69도 근거하고 있다. 그러나 가이사랴에 아타나시오스의 여행은 338년 봄에 해당함이 틀림없다. 가을이 아니라 그러므로 포위가 Baynes가 주장하듯 337년에 있었다. ib. 66, 그리고 '콘스탄티누스와 페르시아의 기독교인들,' *JRS* 75 (1985), 126-136 특히 133을 보라.

34. *CSEL* 65.55.26-56.7.

35. 슈바르츠에 의해 주장되듯 *Ges. Schr.* 3 (1959), 291/2.

36. 상대적으로, V. Peri, 'La cronologia delle lettere festali di Sant' Athanasio

e la Quaresima,' *Aevum* 35 (1961), 28-86, 특히 48-50을 보라; M. Albert, 'La 10e Letter festale d'Athanase d'Alexandrie (traduction et interprétation),' *Parole de l'Orient* 6-7 (1975-1976), 69-90.
37. Lorenz에 의해 현재 번역된 (독일어로) 팩시밀리 편집본을 보라. *Osterfestbrief* (1986), 38-65.
38. 부록 1.
39. 여기 인용된 세 페이지에서 나는 Jessie Payne Smith의 번역을 자유롭고 공정하게 로렌즈의 독일어 번역의 빛 속에서 변화시켰다. *Osterfestbrief* (1986), 39-65.
40. 그 편지의 신학적이며 논쟁적인 내용에 대해 더 앞선 Lorenz의 *Osterfestbrief* (1986), 68-89; 캄플라니, *Lettere* (1989), 245-256을 보라.
41. 편지의 날짜에 대해 부록 1에 따르는 각주 47-51을 보라.
42. 「목록」 10; 「안토니우스의 생애」 69-71. M. Tetz, 'Athanasius und die vita Antonii: Literarische und theologische Relation,' *ZNW* 73 (1982), 1-30 특히 23/4를 보라. 거기서 주장하길 안토니우스는 트리어로부터 아타나시오스가 돌아오기 전 알렉산드리아에 337년에 방문했고, 「안토니우스의 생애」 71에서 '우리들'이란 내용은 알렉산드리아에 안토니우스의 방문에 대한 설명이 Thmuis의 세라피온에 의해 원래 쓰여진 것이었다는 사실을 반영하고 있다고 주장한다.
43. 그레고리우스 나찌안쥬스, *Orat.* 21, 28. 총독으로 필라그리우스의 두 번 기간에 관해 지금 P. Oxy. 3793, 3794, 3820을 J. R. Rea의 주석과 함께 보라, *Oxyrhynchus Papyri* 55 (London, 1988), 62-67, 221-224, W.H.C. Frend 에 의해 어떤 특별한 부분에 수정이 되었다. 'Discorus of Oxyrhynchus and His Correspondence (P. Oxy. LV3820),' *ZPE* 79 (1989), 248-250.
44. Socrates, *HE* 2.8.6: Ὅτι μὴ γνώμῃ κοινοῦ σεδρίου τῶν ἐπισκόπων τὴν τάξιν τῆς ἱεροσύνης ἀνέλαβεν. 소크라테스가 338/9년 겨울의 공의회를 341년 '봉헌을 위한 공의회'와 혼동하고 있는 사실은 결코 그의 증언의 가치를 떨어 뜨리지 않고 있다(부록 5).
45. 다양하게 현존하고 있는 공의회의 편지 사본과 초기 공의회의 실행조항들은 CPG 8535, 8536을 보라; 날짜에 관해서는 슈바르쯔의 *Ges. Schr.* 3 (1959), 216-222; T.D. Barnes, 'Emperor and Bishops, A.D. 324-344: Some Problem,'

AJAH 3(1978), 53-75 특히 59160을 보라.
46. 소크라테스, HE 2.9, 라오디게아의 게오르기우스에 의해 쓰여진 에우세비우스의 분실된 자서전에 기초했다고 설명한다. 거기에서 또한 에우세비우스는 군사행동에 콘스탄티우스와 동행하기도 했다고 보고하고 있다. 에우세비우스의 신학에 관해 Hanson의 *Search* (1988) 387-396; M.F. Wiles, 'The Theology of Eusevius of Emesa,' *Studia Patristica* 19(1989), 267-280.
47. Socrates, *HE* 2.10.1, 참고. *CSEL* 65.55.5/6: 'Santo et integro sacerdote,' 부분적인 것으로 수용되지만 특별하고 강조점이 있는 기술이다.

V. 로마에서의 아타나시오스

1. 보통으로 현대적 예에 관해 바티칸 공의회와 관련해 1870년 1월 28일 울라돈 감독과 뉴만을 비교해 보라: '우리는 무엇을 신자들이 전에 취급되지 않았던 것처럼 대면해야 하는가?' (「존 헨리 뉴만의 편지들과 일기」, S. Dessain과 T. Gornall 편집, 25 [옥스퍼드, 1973], 18).
2. 더 상세한 분석을 위해서는 Schneemelcher의 'Die Epistula encyclica des Athanasius,' *Aufsätze* (1974), 290-337을 보라.
3. 오피츠의 173.14 ff는 정당하게 *Ep. enc.* 4.4에 있는 금요일은 성금요일 (13 April)이라는 공통된 관점을 거절한다.
4. 소크라테스, *HE* 2.11.6 교회를 소각한 것은 341년 율리우스가 그의 편지에서 언급했다(*Apol. c. Ar.* 30.3). 알렉산드리아의 다른 교회에 관해 A. Martin, 'Les premiers siècles du Christianisme à Alexandrie : Essai de topographie religieuse(III e -IV e siècles),' *REAug* 30 (1984), 211-235.
5. *CSEL* 65.55.5-7.
6. IV장.
7. *CSEL* 65.55.
8. Schwarz도 동일하다. *Ges. Schr.* 3 (1959), 291/2
9. W. Eltester, 'Die Kirchen Antiochias im IV, Jahrhundert.' *ZNW* 36 (1937), 251-286 중 245-256에서.; W. Schneemelcher, 'Die Kirchweihsynode von Antiochien 341,' *Bonner Festgabe Johannes strab zum 65. Geburtstag am18. October 1977 dargebracht von kollegen un schülen* (Bonn, 1977),

319-346

10. 나는 γράμματα를 '단수 편지'의 각도에서 원래의 litterae를 반영한다는 입장을 택한다. 그리고 율리우스의 '우리'라는 복수도 1인칭 단수로 대치했다. 아타나시오스에 의해 인용된 율리우스의 편지에 대한 헬라어 번역 중 다른 라틴어에 관하여 F.E. Brightman의 'Six notes,' *JTS*, 29 (1928), 158-165 중 159페이지를 보라.

11. 108.31에서 Opitz는 피할 수 없을지라도 정확한 추론인 그가 '봉헌 위한 공의회'가 341년 두 번째 중간에 모였음을 가정했다라고 쓴 날짜를 제시했다.

12. W. Schneemelcher에 의해 추정되듯 이집트를 떠나기 전에 오히려 숨어 있었다. *Bonner Festgabe* (1977), 322.

13. Ⅶ장에 각주 19.

14. 부록 9, 참고「새로운 제국」 (1982), 198-200.

15. 날짜는 파울리누스로부터 추론된다. Vita Ambrosii 3/4 참고 '제국 연대기, A.D. 337-350,' *Phoenix* 34 (1980), 160-166 중 161페이지 각주 5번에서.

16. *CTh* 11.12.1: 'publicus ac noster inimicus.'

17. 비평적 본문과 토론에 관해 현재 J.P. Callu, 'Imperial chronology, A.D. 337-350,' *De Tertullien aux Mozarabes offerts à J. Fontaine* 1 (Paris, 1992), 429-443.

18. H.A. Cahn, 'Abolitio nominis de Constantin Ⅱ,' *Mélange de numismatique offerts à p. Bastien* (Wetteren, 1987), 201/2. 콘스탄티누스의 이름이 아시아 서머나의 비문에서 지워진 채로 발견된다 (*CIL* 3. 474, 477, 7198), Noricum의 Celeia (*CIL* 3.5207)에서 이탈리아 Brescia (*CIL* 5.8030)에서와 아프리카 Avita Bibba 에서도 (*CIL* 8.12272) 지워져 나타난다고 말한다. Cahn은 또 콘스탄티누스의 금은동전도 통용되지 않고 녹여져 버렸다(202)고 그럴싸하게 제안하고 있다.

19. 리바니우스, *Orat.* 59, 특히 34, 43 (연설가가 두 아들과 그들의 아버지를 말하고 있음). 75 (337년 회의), 연설의 날짜에 관해 부록 9의 각주 19를 보라.

20. Ⅳ의 각주들 18-23을 보라

21. 테오도레투스의 355년에 보고된 기록에 의하면 콘스탄티우스는 리베리오에게 '내 형제들의 질서를 파괴하는데 만족하지 않고 나에 대항해서 축복된 콘스타스

가 미워하도록 교사하는 일을 멈추지 않았다'고 불평했다 (*HE* 2.16.21).
22. 이름들의 형태가 아주 불확실한 것으로 간주되어야만 한다: Opitz 283.20,21, Ἀβουήριον Σπειράντιο 이라 프린트했는데 한 중요한 사본은 Ἀβουτήριον 이라고 제공해 준다. 또한 *PLRE* 1에서는 어느 이름도 나타나 있지 않다.
23. *PLRE* 1.316. 따라서 나는 4.5에 σου를 '그 황제의'라고 번역했다. 그것이 콘스탄티우스를 언급하고 있음이 틀림없기에 말이다. 번역 속에서 Eutropia,라는 이름의 형태에서 사본에 의해 주어진 대로 만장일치로 단어 놀이를 번역해 되풀이하는 것은 불가능하다 (Εὔτροπος=도덕적으로 좋은).
24. Jerome, *Epp.* 127.5. 그러나 거기에 제롬의 정확한 주장을 수용하는 것에 관련이 있는 진지한 연대기적 어려움이 있다. 왜냐하면 아타나시오스가 안토니우스와 파코미우스에 관해 마르켈라에게 말했기 때문이다.: 그녀 가족에 대한 표준적 설정에 관해 마르켈라의 모친 Albina가 303년에 태어난 남자의 딸인데 (*PLRE* 1.32,542/3을 '콘스탄티누스 치하의 두 원로원들,' *JRS* 65 [1975],40-49를 보라) 이점에서 마르켈라 자신은 410/1년에 사망했는데 생애 340년 전에 이미 출생했다는 것은 불가능하다.
25. 제6장.
26. *PG* 26.12-468(몬파우콘으로부터), 네 번째 연설(PG.26.468-524)은 다른 사람의 손으로부터 임이 오랫동안 인정되었다.(CPG2230) 그러나 세 번째에 속한 편지의 아타나시오스 저작권은 C. Kannengiesser 에 의해 또한 부정되고 있다. 'Le mytère pascal du Christ selon Athanase d'Alexandrie,' *Rech. sci. rel.* 63 (1975), 407-442; *Athanase* (1983), 310-368. 그는 라오디게아의 아폴리나리스에게 그것을 책임 돌렸나. 선날된 기너의 벽에 내해 G.C. Stead, *JTS*, N.S. 36 (1985), 227-229의 다시 보기를 참고하라; D. Schmitz, 'Schimpfwörter in Athanasius' Reden gegen die Arianer,' *Roma Renascenscens: Beiträge zur Spätantike und Rezeptionsgeschichte Ilona Opelt gewidmed*, ed. M. Wissemann (Frankfurt, Bern, New York and paris, 1988), 308-320 (처음 세 연설문 모두는 정확히 논쟁적인 명예훼손에 해당하는 동일한 기술을 사용한다.)

저술과정에 관해 C. Kannengiesser는 'Athanasius of Alexandria: Three Orations against the Arians:A Reappraisal,' *Studia Patristica* 17.3 (1982), 981-995; *Athanase* (1983), 특히 369-374년은 340년의 흐름 속에서 첫 두

연설문의 '일반적 발전 과정'을 추론한다. 반면 거기에는 340년 활동 중 첫 두 연설문을 작성했다는 생각에 긍정적 이유가 있고 그 이후 마태복음 11장 27절에 관한 설교를 계속된 세 번째 연설의 부분으로 작성해 그는 단지 얼마간의 시간적 여유를 두고 가볍게 다른 부분을 완성했다: V. Hugger의 'Des hl. Athanasius Traktat in Mt.11,27,' *Zeitschrift für die katholische Theologie* 42 (1918), 437-441; M. Tetz, *TRE* 4 (1978), 339, 345. 휴거는 설교의 제6장이 위조이어도 나머지는 제삼의 연설과 중첩되고 있음을 보여주고 있고 그 속에서 Tetz는 포티누스의 가르침, 344년에 처음으로 유명세를 탄 그의 가르침을 암시하고 있다고 유추한다.

27. Kannengiesser, *Athanase* (1983), 19-111.
28. 그러나 단어 $\tau\rho\iota\acute{\alpha}\varsigma$가 두 부분 밖에서는 한 번만 사용되고 있음을 보라(1.58). 그러나 두 부분에서는 여러 차례 그것을 반복하고 있다(1.17/8, 3.15): J. Wolinski, L'emploi de $\tau\rho\iota\acute{\alpha}\varsigma$ dans les "Traités contreles Arians" d'Athanas d'Alexndrie,' *Studia Patristica* 21 (1989), 448=-455.
29. 16장.
30. W. Bright, 「아리우스주의에 대항한 아타나시오스의 연설들」 (Oxford, 1873), lxviii-lxxiv; Astegmann, 'Zur Datierung der Arianer "drei Rden des hl. Athanasius gegen die Arianer" (Migne, Patrol. Graec. xxVI, 9-468),' *Theologische Quartalschrift* 96 (1914), 423-450; 98 (1916), 227-231.
31. 제14장. 그 용어는 연설에서 단지 한번만 발생한다(유사 본문에서: the Son '$\theta\varepsilon\acute{o}\varsigma$ $\dot{\varepsilon}\sigma\tau\iota\nu$ $\dot{\alpha}\lambda\eta\theta\iota\nu\acute{o}\varsigma$, $\dot{\alpha}\lambda\eta\theta\iota\nuo\tilde{\upsilon}$ πατρὸς ὁμοούσιος ὑπάρχων'(1.9)
32. *Thalia*의 의문점에 관해 특별히 R. D. Williams, '역사적 Thalia에 대한 질문', *Arianism* (1985), 1-35; S.G. Hall, 「아타나시오스 설명 안에 있는 아리우스의 Thalia」 ib. 37-58. 「알렉산더의 편지에 관해」 (*Urkunde* 4b), 제2장 각주 60-64를 보라
33. Kannengiesser, *Athanase* (1983), 151-181, 참고 G. Bardy, *Recherches sur Saint Lucien d'Antioche et son école* (Paris, 1936), 341-347: Hanson, *Search* (1988), 32-41
34. *Constiantine* (1981), 241.

VI. 율리우스와 마르켈루스

1. *EOMIA* 1.30, 50, 51. 참고. Hanson, *Search* (1988), 217.
2. 율리우스는 공의회에서 그의 역할을 가장 뜨겁게 칭찬하고 있다 (*Apol. c. Ar.* 23.3, 32.2). 어떤 작품도 에우세비우스의 인용과 율리우스에게 보낸 그의 편지(*CPG* 2801)을 제외하고는 마르켈루스 이름으로 전해지고 있지 않다(*CPG* 2800) 그러나 현대 학자들은 4세기 다른 저자에게 해당된다고 하는 몇몇 작품들의 저자로 그를 생각하는 강한 경우를 세웠다.: 이것들에 관해 초기 4세기 니코메디아의 감독 안티모스의 이름으로 전달되는 De sancta ecclesia가 있는데 (*CPG* 2802) 아마 340년 서방에서 저술되었다.: 그리고 A.H.B. Logand. 'Marcellus of Ancyra and anti-Arian polemic,' *Studia Patristica* 19 (1989), 189-197.
3. 소조메누스, *HE* 2.33.3
4. 에우세비우스, *Contra Marcellum* 1.1.3, 1.4.1-65, 2.4.29.
5. 에우세비우스, *Contra Marcellum* 2.4.29; *CSEL* 65.50.18-51.15; 소조메누스, *HE* 2.33.1/2, 참고. '황제와 감독, A.D. 324-344:Some Problems,' *AJAH* 3 (1978), 53-75, 특히 64/65; *Constantine* (1981), 240-242.
6. *CSEL* 65.55.
7. *Constantine* (1981), 263-265.
8. 제4장 각주 44-45.
9. 마르켈루스는 그가 자신의 신학적 견해가 담긴 쓰여진 자료를 율리우스에게 제출하기 전 일년 삼개월 동안 로마에 있었다(Epiphanius, *Pan.* 72.203).
10. 소조메누스, *HE* 3.8.3, 참고. 소크라테스, *HE* 2.15.3.
11. 입석했던 감독의 숫자에 관해 힐라리우스에 의해 제시되고 있다. *Syn.* 28 (*PL* 10.502); 소조메누스, *HE* 4.22.22. '봉헌을 위한 공의회'의 모든 면에 관해 W. Scheemelcher의 'Die Kirchweihsynode von Antiochien 341,' *Bonner Festgabe Johannes Straub zum 65. Geburstag am 18. October 1977 dargebracht von Kollegen und Schülern* (Bonn, 1977), 319-346. 불행히도 그것은 한센에 의해 소홀히 여겨졌다. *Search* (1988), 270-293. 그는 율리우스의 편지를 재구성하는 데 초기의 저술가들을 따랐다 (이를테면 Simonetti, *Crisi* [1975], 146-160) (*Apol. c. Ar.* 21-35)그것은 되찌르기가 되는 '봉헌을

위한 공의회'를 앞세우고 있다.
12. 그날은 724년에 쓰여진 시리아 연대기로부터만 알려진다 (E.W. Brooks 편, *CSCO*, Scriptores Syri³ 4[1903], 130. 21-24. 라틴 번역으로 J.B. Chabot [vesio 102-3-5])가 있다. 그러나 그것은 360년에 쓰여진 자료로부터 유래되었다 (Philostorgius, Anhang VII, p.212 Bidez, 참고. Chapter I 각주 57-58. 그리고 그것은 수용될 만한 것이다.: W. Eltester의 'Die Kirchen Atiochias im IV Jahrhundert,' *ZNW* 36 (1937), 251-286, 특히 254-256.
13. J. T. Liehard, 'Acacius of Caesarea's contra Marcellum: Its place in Theology and Controversy,' *Studia Patristica* 19 (1989), 183-188. 단지 긴 단편만 남아 있다. 에피파니우스에 의해 인용됨, *Pan.* 72.6-10 (*CPG* 3512). 아카키우스의 활동에 관하여 J.-M. Leroux,' Acace, évêque de Césarée de Palestine (341-365),' *Studia Patristica* 8 (*Text und Unterschungen* 93, 1966), 82-85.
14. W. Schneemelcher, *Bonner Festgabe* (1977), 340-346.
15. Kelly, Creeds¹ (1972), 263/4.
16. 이 신조의 본질과 신학적 동기에 대해 (논박이 되고 있는) Kelly, *Creeds³* (1972), 268-271; W. Schneemelcher, *Bonner Festgabe* (Bonn, 1977), 340-346.
17. Marcellusfrag. 96 klostermann = Eusebius, *Contra Marcellum* 1,4.33/4.
18. Kelly, Creeds¹ (1972), 266. Observe Hilary, *Syn.* 28 (*PL* 10.502): 'exposuerunt qui adfuerunt episcopi nonaginta septem, Cum in suspicionem venisser unus ex episcopis quod pravasentiret.'
19. 지금 M. Tetz, 'Die kirchweihsynode von Antiochien (341) und Marcellus von Ancyra: Zu der Glauben serklärung des Theopphronius von Tyana und ihren Folgeh,' *Oecumenica et Patristica: Festschrift für Wilhelm Schneemelcher Zumnt Geburtstag* (Geneva, 1989) 199-218. 이 아티클은 *Syn* 24.5에 있는 중요하고 확신있는 수정을 한다. (Opitz 250.19-21)
20. 소조메누스, *HE* 3.8.4-8. Schwarz *Ges. Schr.* 3 (1959), 297-300은 편리하게 소조메누스 요약본과 율리우스 편지 안에 인용과 암시를 함께 인쇄하고 있다. 설명은 Girardet, *Kaisergericht* (1975), 157-162를 보라.
21. L.W. Barnard에 의해 믿기 어려울 정도로 논쟁이 되고 있다. '율리우스 교황, 앙카라의 마르켈루스 그리고 세르디카 공의회: 한 재고찰,' *Revue de*

théologie ancienne et médiévale 38 (1971), 69-79 그것은 「역사 교부학 분야에서 연구」에 재판되어 있다. (*ANAΛEKTA BΛATAΔΩN* 26 [Thessaloniki, 1978]), 341-353, 거기에서 율리우스는 그에게 힘든 노선을 취하도록 강요한 공의회보다는 더 화해적이었다.
22. 존경스러운 카파도키아 가이사랴의, 안디옥, 네로니아스, 콘스탄티노플, 칼케돈, 몹수베스티아 그리고 헤라클레아의 감독들 디아니우스의 이름이 맨 앞에 등장하는 것은 그가 공의회에서 의장이었음을 지시해 준다: *Synodicon vetus* 42에 의하면 그는 소피스트 아스테리우스와 동행하고 있었다.
23. H. J. Sieben, *Die Konzilside der Alten Kirche* (Paderborn, 1979), 31-34. 율리우스의 편지는 자주 우월권을 주장하는 로마교구의 관련성을 위해 토의되고 있다. 최근 P.-P. Joannou의 *Die Ostkirche und die cathedra Petri im 4. Jahrhundert* (Päpste und Papsttum 3 [Stuttgart, 1972]), 36-70; W. de vries, 'Die Ostkirche und die Cathedra Petri im iv. Jahrhundert,' *Orientalia Christiana periodica* 40(1974), 114-144 특히 121에서 129 사이를 참고하라; Girardet, *Kaisergericht* (1975), 87-105; Piétri, *Rome* (1976), 189-207; V. Twomey, *Apostolikos Thronos:The primacy of Rome as Reflected in the Church History of Eusebius and Historico-apologetical writings of saint Athanasius the Great* (Münster, 1982), 398-425.
24. 103.24에서 Opitz는 정확히 35.3과 비교해 설명하길 율리우스는 은연중에 제 5 번째 니카이야 실행조항을 들먹인다. 그것은 단지 제공하길 지역 공의회의 감독들 수찬 정지된 성직자와 평신도의 경우들만 살피고 있지 폐위된 감독들에 관해서는 어떤 것도 말하지 않는다. 더욱 직질한 진례는 에우세비우스, 데오그니스, 아리우스 32718 (*Urkunden* 29-32)에 니코메디아 공의회에 의해서 사역들을 읽을 수 있게 되어 있다. 그러나 매우 공공연히 그 공의회의 분명한 언급들을 피했다(제3장 각주 25).
25. 전체 경우들을 재고찰함으로 반복하고 있다(31.1).
26. 338년과 그의 「아리우스주의에 대한 변증」의 자료에 대한 동일한 수집본에 관한 아타나시오스의 사용에 관해 제3장 각주 31번; 제4장 각주 19번을 보라.
27. 109.1 Opitz는 적절히 「안토니우스의 여행」을 147.1-154.5에서 인용한다. Wesseling (P.21 Cuntz), 그리고 그 모습을 정확히 인증해 주고 있다. 율리우스 편지의 많은 것처럼 이 불만은 아타나시오스 마음에서부터 나온다. 그리고

그는 350년 서방 교구들에 동방 감독들의 임명과 관련해 동일한 논쟁점을 만들었다. 「이집트와 리바아의 감독들에게 편지」 7; 「아리우스주의의 역사」 74.5).
28. 에피파니우스, *Pan* 72.2.1/2, 참고 M. Tetz, 'Zum altrömischen Bekenntnis; Ein Beitragdes Marcellus von Ancyra,' *ZNW* 75 (1984), 107-127.
29. Kelly, Creed³ (1972), 102-111.
30. 113.1 ff에 Opitz는 적절히 설명하길: '이 주장을 할 수 있는 원저작자는 단지 아타나시오스뿐이다.'
31. 본문에서 정체성에 관해 Opitz 111.11을 보라. *CSEL* 65.55/6에 인용됨; *Fug.* 3.3; *Hist. Ar.* 5.1/2; Socrates, HE 1.24.3;2.15.2.
32. Ⅶ, Ⅷ, Ⅹ장을 보라.
33. 에피파니우스, *Pan* 72.2.3.

Ⅶ. 콘스탄스의 개입

1. 제10장. 카랄리스의 루시퍼는 콘스탄티우스가 정확히 콘스탄스의 주장에서 아타나시오스의 귀환을 허락했다고 말한 것으로 설명한다. 왜냐하면 'timui ne inter nos bella fuissent orta' (*De Athanasio*, 1.29.28).
2. 제13장.
3. 부록 3. 처음 18장의 뒷부분에 첨가한 것은 마그넨티우스의 사망과 관련된 것을 타협하려고 한 것과 357년에 이집트 감독들의 추방의 암시를 포함하고 있는 모든 지역의 교회를 내부에 있는 무질서의 일반적 기술과 관련을 타협하려는 것이다 (13 참고 28:1).
4. 그 부분은 위의 제4장 각주 28-29에서 번역되고 토론되고 있다.
5. 제2장.
6. 로마 제국에서 그리스 수사학자들에 의해 가르쳐진 절차와 기술들은 D. A. Russell에 의해 잘 묘사되고 있다. *Greek Declamation* (Cambridge, 1983), 특히 40-73.
7. 쿠인틸리안은 석공의 형태로 규범을 말하고 있다. 'Ordine ipso narrationem sequitur confirmatio' (*Inst. Orat.* 4.3.1). 연설에서 표준 되는 요소로 이야기하기(narratio)에 관해 *Rhetorica ad Herennium* 1.12-16; Cicero, *De Inventione*

1.27-30; *Orator* 122; Quintilian, *Inst. Orat.* 4.2, K. Barwick, 'Die Gliederung der narratio in der rhetorischen Theorie und ihre Bedeutung für die Geschichte des antiken Romans,' *Hermes* 63 (1928), 261-287.

8. 사본은 이렇게 전개된다. 파타본 사람 크리스피노스($Κρισπῖνος\ ὁ\ τῆς\ Πατάβων$): 그 형태는 고대 후기 지도에서 발견되는 *civitas Patavi*와 견주어진다: K. Miller의 *Itineraria Romana: Römische Reisewege an der Handder Tabula Peutingeriana* (Berlin, 1916), 259.

9. 모든 사본과 편집은 리이디에 있는 디오니시우스($Διονύσιος\ ὁ\ ἐν\ Ληίδι$)라고 읽고 감독의 교구는 일반적으로 작은 북이탈리아의 마을 라우스 폼페이아로 동일시 된다: C. H. 터너도 그렇게 본다. *EMOIA* 1:557; Opitz 281.14. 그러나 'Leis'를 현대의 Lodi와 동일시하는 것은 언어상 맞지 않는다. (강조 형태의 모음은 헬라어로 'eta'로 표현된다): 모두 입증된 옛 마을 형태의 명칭은 현대의 명칭으로 모음 'o'를 보이고 있다 (K. Miller, *Itineria* [1916], 204). Feder의 *Studien* II (1910), 43은 아타나시오스 안에 있는 디오니시우스는 343년에 (*CSEL* 65.138 No.48) 세르디카에서 서방 감독들의 공의회 편지에 서명했던 dionisius ab Acaia de Elida와 동일시되어야 한다. 이 점에서 교구의 명칭은 $Ληίδι$ 에서 $Ἠλιδι$로 수정되어야만 한다. 아마도 엘리스의 감독은 제국 법정에 용무를 가지고 있었다. 의심없이 서방 감독들에 의해 분명히 세르디카 공의회 전에 직위해제 되었었다. 그것과 관련이 있다 (*CSEL* 65.61.12/3: quem ipsi exposuerunt).

10. 세르디카 서명은 그의 교구를 카푸아로 동일시 한다 (*CSEL* 65.134 No.14).

11. Feder, *Studien* I (1909), 157//8. 포르티나티아누스와 빈센티우스는 357년 아타나시오스와 교제를 거부하도록 설득되었다(혹 강요되었다) (*Apol. ad Const*, 27.3, 참고 제롬, *De vir. ill.* 97).

12. 상대적으로 R. Aigrain을 보라 'St. Maximin de Tréves,' *Bulletin de la Société des Antiquaries de l'Ouest* 4 (1916-1918, publ. 1919), 69-93; J. -C. Picard, *Le souvenir des évéques (Bibliothèque des écoles françaises d'Athènes et de Rome* 268 [Rome, 1988]), 35, 41-44. 프로타시우스는 346년이나 347년에 사망한 것으로 등장한다; Aigrain은 주장하길 막시미아누스는 329년 9월 13일 트리어의 감독으로 안수 받았고 346년 9월 12일에 사망했다고 한다.

13. 에우게니우스의 사망 후 콘스탄티우스와 율리아누스 황제들은 로마의 트라야누스 포럼에 그의 조각상을 세웠다. 'ante sub divo Constante vitae et fidelissimae devotionis gratia meruit': 조각상의 기초에 비문이 궁궐 봉사에서 활동 후 에우게니우스는 평범한 총독이었음이 기록되었을지라도 (*ILS* 1244), 일반적으로 추론되는 것은 그가 349년보다 더 지난 후에 사망한 것이 분명한 것이다 (so *PLRE* 1.292). 그러나 아타나시오스는 에우게니우스가 여전히 353년에 살아있다고 추정하고 있다: 그러므로 추정되는 것은 사실상 그는 콘스탄티누스의 가문에 충성에 대한 보상으로 355년에 총독으로 임명되고 아마 마그넨티우스의 배신 동안에도 콘스탄티우스에게 봉사하고 있었던 것이다.

14. Libanius, *Orat.* 14. 10/11.

15. *PLRE* 1. 886. 그의 활동에 관한 중요한 서술 증거는 조시무스부터 온다. 2.48.5, *Passio Artemii* 12 = Philostorgius, *HE* 3.12^a, 그리고 암미아누스 14.1.10 (353년 여름 직무에서), 7.19 (그의 사망). Thalassius는 아타나시오스에게 345/6에 알렉산드리아로 돌아갈 것을 주문했던 콘스탄티우스의 동료 중 한 명이었다 (*Hist. Ar.* 22.1).

16. Socrates, *HE* 2.22.5. 참고 제10장

17. Opitz 281.26은 옳게 Montfaucon의 수정 <Τετάρ>Τῳ ἐνιαυτῷ (*PG* 25.600): Τῳ ἐνιαυτῷ로 전달된 것을 어떻게 변호되는 것인지 어렵다.

18. 그 연설의 두 번째 판에서 J. -M. Szymusiak는 정확히 여기 부분들 사이에서 파악할 수 있다 (*Sources chrétiennes* 56bis [1987], 94).

19. Girardet에서 주장되듯, *Kaisergericht* (1975), 108 Schwarz에게 접근함으로, *Ges. Schr.* 3 (1959), 326; Opitz 281. 22ff.

20. Socrates, *HE* 2.12.1.

21. Socrates, *HE* 2.12.2-13.7. 참고. 부록 8.

22. 부록 5, 9.

23. *CSEL* 65.67.1-2 클라데스는 바울이 341/2년에 돌아온 후 콘스탄티노플에 사망 숫자가 많은 것이 틀림없으므로 *ut* in 67.4 아마 헬라어 결과보다는 원인을 언급했던 헬라어를 말해서 나는 그렇게 번역했다.

24. Socrates, *HE* 2. 18. 1/2.

25. Socrates, *HE* 2. 18. 3-6.

26. 부록 9.
27. 켈리, *Creed* ³ (1972), 271-273.
28. 콘스탄스는 342년 12월 4일 밀라노에서 증거가 된다 (*CTh* 9.7.3).
29. 부록 9.
30. *CTh* 11.16.5; Firmicus Haternus, *De err. prof. rel.* 28.6; Libanius, *Orat.* 59. 137-140; Ammianus 20.1.1.
31. *CTh* 12.1.36.
32. *CTh* 10.10.8ˢ; 12.1.38, 참고. 부록 9.

VIII. 세르디카 공의회

1. 제7장.
2. 소크라테스, *HE* 2.20.6 세르디카 공의회의 날짜에 관한 정확한 증거는 실수이거나 모호하다. 소크라테스, *HE* 2.20.4 (소조메누스에 의해 동의되는 *HE* 3.12.7)은 총독의 해 347년 콘스탄티누스 사망 후 11년 만에 개최되었다고 불가능한 주장을 한다. 「부활절 목록」은 342년이나 343 (15)을 지적하는데 사본 Ver. LX (58)의 71쪽의 역사적 단편은 그 알림을 지니고 있다: 'congregata est Synodus consolatu Constantini et Constantini apud Serdicam.' (Schwartz, *Ges. Schr.* 3 (1959), 11, 55/6 325-333,는 주장하길 정확한 날짜는 342년에서 'consolatu Constantii III et Constantis II'에 따라 수정했다. 반면에 H. -G. Opitz는 후속타로 *EOMIA* 1.637에서 그 단편의 편집에서 이 수정을 인쇄했다. 그러나 그 알림은 세르디카에서 감독들의 모임에서라기보다는 콘스탄스에 의한 공의회 소환과 연관될 수 있었다. Simonetti, *Crisi* (1975), 167 각주 12를 보라.

343년을 더 선호하고 다양하고 수렴이 되고 있는 주장(그 날짜는 현재 저술을 통해 추정된다)에 관하여 F. Hess, 「세르디카 공의회의 표준 조항, A.D. 343」:「표준법에 대한 초기 발전에서 경계석」 (Oxford, 1958), 140-144; Piétri, *Roma* (1976), 212/3 각주 3; T. D. Barnes, 'Emperor and Bishops, A.D. 324-344: Some problem,' *AJAH* 3 (1978), 53-76 특히 67-69; L. W. Barnard, 'The Council of Serdica: Some problems Reassessed,' *Annuarium Historiae Conciliorum* 12 (1980), 1-25. 그러나 슈바르츠의 342라는 날짜는

변호를 계속 발견한다: 최근 M. Richard, 'Le comput paschal par octaéteris,' *Le Muséon* 87 (1974) 307-339의 318-327을 보라; Brennecke, *Hilarius* (1984), 25-29; T. G. Elliott, 'The Date of the Council of Serdica,' *Ancient history Bulletin* 2 (1988), 65-72. 공의회가 L. W. Barnard O. C. 18에 의해 주장되듯 여름 끝 무더위의 열기 속에서 모였다는 옛 증언은 없는 듯하다 (아마 8월 말에).

3. *CSEL* 65.12.8. 4-16.
4. 'Ossius'와 'Serdica'의 형태로('Osius' and 'Sardica'라기보다는) *EOMIA* 1.532/3을 보라.
5. K. Baus가 「교회사」에서 편집. H. Jedin and J. Dolan, trans. A Biggs 2 (New York, 1980), 37, 82에서처럼 아타나시오스는 습관적으로 신앙하고 있었다.
6. L. W. Barnard, 'The site of the Council of Serdica,' *Studia Patristica* 17.1 (1982), 9-13. 각주 2에서처럼 인용된 논문의 첫 부분과 함께 'The Council of Serdica-Two Questions,' *Ancient Bulgaria*, ed. A. G. Pulter 2 (Nottingham, 1983), 215-231.
7. *CSEL* 65.119.5-120.6 세르디카 공의회에 대한 이 서방 공의회 편지에 대해 네 부분의 확정된 본문에 대해 아래 각주 30을 보라. 현재 장의 관련에서는 일반적으로 *CSEL* 65.103-126에 페더의 기초되는 본문에서 제공된 것이다 (힐라리우스로부터 유래된 편집).
8. *CSEL* 65.58.12-19; *Index* 15 참고 H. Hess, *Canons* (1958), 17/8.
9. *CSEL* 65.121.1-9; *Hist. Ar.* 15.4.
10. 동방 감독들은 그들 자신의 숫자를 80명으로 간주했다 (*CSEL* 65.58.26). 그것은 분명히 어림잡은 것이었다: Heraclea의 Sabinus는 정확한 숫자를 76명으로 밝혔다 (소크라테스, *HE* 2.20.5은 소조메누스의 *HE* 3.12.7 자료를 이름없이 반복했던 것이다). 거기에는 73명의 이름들이 오로지 실제적으로 포함되었을지라도 서명으로 생존된 목록으로 확증되어 나타나고 있다 (*CSEL* 65.74-78, 참고 페더, *Studien* II (1910), 70-93).
11. Feder, *Studien* II (1910), 18-62, 참고 H. Hess, *Canons* (1958), 9. 서방 공의회 편지와 세르디카 표준 항목에 서명한 목록은 캐논법이 포함된 수집본에서 보전되고 있다. 각각 61명과 59명의 명단이 있다 (*CSEL* 65.132-139; *EOMIA*

1.545-559).
12. *CSEL* 65.48.12-16. 유티키우스와 포르투나투스에 관해 페더의 *Studien* II (1910), 113-115를 보라. 데시데리우스는 반면에 알려지고 있지 않는 듯하다.
13. *CSEL* 65.60.16/7, 109.7-112.2, 140.4-7, 60.17에 처음 사본은 두 단어를 통해 de hanc 삭제글을 가진다. 페더는 새 문장의 출발로 de hinc를 인쇄하고 있다. 그러나 전체 부분은 훨씬 더 잘 진행되는데 읽어보면: 'immensa autem confluxerat ad Sardicam multitudo sceleratorum omnium ac perditorum adventautium de Constantinopoli, de Alexandria, de [h] Anc<yra>...'
14. *CSEL* 65.58.26-59.27.
15. *CSEL* 65.58.23-25; Hist. Ar. 16.1.
16. *CSEL* 65.60.1-15.
17. *CSEL* 65.59.25: 'per plurimos dies.'
18. *CSEL* 65.48-78.
19. *CSEL* 65.58.8-13, 61.9-12, 66.6/7. 그 편지는 의문 속에서 네 번의 공의회 중 하나를 336년 나이수스의 시리아쿠스가 또한 참여했던 콘스탄티노플 공의회로 칭하고 다른 셋 중의 하나는 335년에 두로 공의회였으며 남은 둘은 337년 그가 돌아온 후 아르젤루스를 징계했던 공의회일 것이며 바울을 징계했던 공의회는 337년 가을 니코메디아의 에우세비우스를 대신한 콘스탄티노플 공의회일 수 있다 (제4장 각주들 8-10).
20. *CSEL* 65.61.12-22.
21. *CSEL* 65.61.23-30.
22. *CSEL* 65.57.20-22 참고 부록 8.
23. *CSEL* 65.57.18-20: 'adhuc cum esset episcopus Athanasius, Asclepam depositum sua sententia ipse damnavit.' 만약 그 본문이 온전하다면 그것은 아타나시오스가 알렉산드리아의 감독이 되었을 때 아스클레파스의 직위 해제를 수용했다는 것을 의미한 것임에 틀림없다. 동방 공의회 편지 중 헬라어 원전에는 '아타나시오스가 감독 [아직 아닌] 때'라는 문장을 가지고 있었을 가능성이 있었고 알렉산더의 대표자나 사신으로 그가 담당했던 행동을 언급했을 가능성도 있다. 아스클레파스의 직위 해제 사실은 'ante decem et septem annos' (56.19) 안디옥의 유스타티우스를 심문하고 직위해제 시켰던 가이사랴의 에우세비우스에 의해 주재되었던 327년 안디옥 공의회에 의해 정죄되었음

을 암시한다. *AJAH* 3 (1978), 59/60을 보라.
24. *CSEL* 65.66.16-30
25. *CSEL* 65.63.23-64.5 후반부는 추방으로 수찬정지된 동료들을 명부화하고 있는데 율리우스, 호시모스, 프로토게네스, 가우덴티우스, 그리고 막시미누스 (65.31-66.5) 이다.
26. *CSEL* 65.69-73 「공의회」2.5/6.
27. Kelly, *Creeds*³ (1972), 275-277.
28. *CSEL* 65.72.4-73.5 참고 아타나시오스, 「공의회」 25.5ᵇ, 26. II. 내 번역은 심사숙고하면서 다양한 역본을 종합했다.
29. 켈리, *Creeds*³ (1972), 276.
30. *CSEL*. 65.103.5-104.4 그 편지는 세 군데에서 보존되어 있다 (1) Cod. Ver. L. X (58), 81-88 페이지이고 분리되어 *EOMIA* 1.645-653에 편집되었는데 원본 라틴어라기보다는 헬라어로 반전되었음. G. 슈바르츠의 'Der griechische Text der Kanones von Sderdika,' *ZNW* 30 (1931), 1-35; I. Gezler, 'Das Rundschreiben der Synode von Serdica,' *ZNW* 40 (1941), 1-24; (2) Athanasius, *Apol. C. Ar.* 44-49는 343년 후 그들의 이름을 서명했던 200명 감독들 이상의 명단을 더해 서명 목록을 포함하고 있다. (3) 테오도레투스, *HE* 2.8.1-54 (1)과 같이 다른 두 편집에는 없는 의미있는 부분을 포함하고 있다 (아래 각주 35-41을 보라).
31. *CSEL* 65.104.9-113.7.
32. *CSEL* 65.113.8-125.3.
33. *CSEL* 65.125.4-126.3.
34. 아타나시오스, *Apol. C. Ar.* 42-50. 이것은 로마의 율리우스를 위해 (힐라리우스부터 보전되어온 라틴어 서명이 아닌 [*CSEL* 65.132-139]) 주재자였던 호시우스를 따라 두 번째로 서명했던 사제를 아르키다무스와 필록세누스를 포함한 283명의 서명을 지닌 목록을 따라 *CSEL* 65.103-126에 인쇄된 라틴 본문의 헬라어 역본을 인용하고 있다. 같은 저술인데 300명 감독들 이상이 서명을 했다고 주장한다 (*Apol. C. Ar.* 1.2).
35. 비평적 텍스트에 관해 M. Tetz의 'Ante omnia de sancta fide et de integritate veritatis: Glauberxfragen auf der Synode von Serdica,' *ZNW* 76 (1985), 243-269, 특히 252-254까지. 신학적 주장은 단지 테오도레투스 안에 있는

편지에서만 보존되어 있다. *HE* 2.8.1-52, 그리고 Cod. Ver. LX (58), 81'-88' (*EOMIA* 1.645-653).
36. Kelly, *Creeds*³ (1972), 277. 그 신학적 내용에 관해 F. Loofs를 보라. Das Glaubensbekenntnis der Homousianer Von Sardica (Abhandlungen der königlichen preussischen Akademie der Wissenschaften zu Berlin, Philosophisch-historische Klasse 1909, Abhandlung 1), 11-39; M. Tetz, *ZNW* 76 (1985), 255-266.
37. Kelly, *Creeds*³ (1972), 278.
38. S. G. Hall, 'The Creed of Serdica,' *Studia Patristica* 19 (1989), 173-182.
39. M. Tetz, *ZNW* 76 (1985), 266-269.
40. *Tomus ad Antiochenos* 5.1.
41. *EOMIA* 1.644 M. Tetz에 의해 재편집된, *ZNW* 76 (1985), 247/8.
42. *CSEL* 65.107.8: 'Athanasium et Marcellum, Asclepium, et alios'; 122.5-8: 'carissimos quidem fratres et coepiscopos nostros Athanasium Alexandriae et Marcellum Ancyro-Galatiae et Asclepium Gazae et eos qui cum ipsis erant ministrantes deo innocentes et puros pronuntiavimus.'
43. *CSEL* 65.134 No.19, 참고 Feder, Studien II (1910), 32/3.
44. *CSEL* 65.55.10/1: 'Paulo Constantinopolitanae civitatis quondam episcopo.'
45. 자주 생각되듯: 예를 들면, A. Lippold, 'Paulus 29,' *RE,* Supp. 10 (1965), 510-520; Hanson, *Search* (1988), 293-306.
46. 제7장 각주들 20-23.
47. 소크라테스, *HE* 2.20.12. 9세기 포티누스는 성문자료집을 통해 비올이 세르디카 공의회에 임석했었고 그 공의회에 의해 변호되었으며 세르디카 공의회의 결정 사항을 확인하도록 스페인에 가서 코르도바에서 공의회를 개최한 것을 그럴싸하게 언급했다 (*Bibliotheca* 257, 476 a 20/1; 258, 481 b 40/1; *Homily* 16.6/7, pp. 158/9 Laourda, 참고 C. Mango, *The Homilies of Photius, Patriarch of Constantinople* [Cambridge, Mass., 1958], 238, 271 n. 33). 후대의 *Synodicon vetus* 43-50은 또한 정확히 바울과 아타나시오스의 경우들이 340년에 얽혀 있다고 말하고 있다.
48. *CSEL* 65.126-131.
49. 알렉산드리아의 성직자와 마레오티스 교회들에게 아타나시오스의 편지와

(*EOMIA* 1.654-656, 659) 그리고 마레오티스 교회 공의회의 편지들 (EOMIA 1.657/8)은 공의회 회기 동안에 수신자들이 그 편지들을 읽을 것을 언급하고 있다.

50. *Apol. c. Ar.* 37-41 Opitz의 118.19ff의 중요한 본문의 주석과 함께.
51. *EOMIA* 1.657/8.
52. *Chronica Minora Saec* 1.63 (Rome); *Index* 15 (Alexandria).
53. Cod. Ver. LX (58), fols 79ᵛ-80ᵛ에 있는 부활절 절기, E. Schwartz, *Christliche und jüdische Ostertafeln* (*Abhandlungen der königlichen Gesellschaft der Wissenschaften zu Göttingen*, Philologisch-historische Klasse, N.F. 8.6, 1905), 122/3; *EOMIA* 1.641-643은 소아시아와 시리아에서 아마도 유대인 공동체가 328년에서 343년까지 유월절을 지켰다는 날짜의 목록을 지니고 있다. 필요한 더 진전된 증거는 공의회는 343년 봄 이후에 만났다는 것이다. 참고 T. C. G. Thornto 'Problematical Passovers: Difficulties for Diaspora Jews and Early Christians in Determining Passover Dates during the First Three Centuries A.D.' *Studia Patristica* 20 (1989), 402-408 특히 405에 각주 14.
54. F. Maassen, *Geschichte der Quellen und der Literatur des canonischen Rechts im Abendland* 1 (Graz, 1870), 50-65, 420-721; Ho Hess, *Canons* (1958), 151-158.
55. C. Munier, *Concilia Africae A. 345-A. 525* (*CCL* 149, 1974), 6: 'nam et memini concilii Sardicensis similiter statutum.'
56. H. Hess, *Canons* (1958), 49-67.
57. 본문의 다양한 출판에 관해 *CPG* 8553, 8554를 보라; 공의회의 날짜와 특성에 관해서는, '강그라 공의회의 날짜,' *JTS*, N. S. 40 (1989), 121-124.
58. H. Hess, *Canons* (1958), 138을 보라. 표 B. (분명하고 실제적인 이유때문에 나는 그의 *Canons*에 있는 다른 체계에 일치를 제시하면서 헤세에 의해 사용된 *Canons*의 숫자를 따랐다. [1958], 137, Table A.)
59. H. Hess, *Canons* (1958), 71-136은 이 주제 각자를 위해 분리된 장을 할애했는데 순서대로 다음의 표준들을 고려하고 있다: (i) 1, 2, 3a, 14, 15, 16, 18-21; (ii) 5, 6, 13; (iii) 3c, 4, 7, 17; (iv) 8, 10b, 9, 10a, 11, 12. 복잡한 제3표준과 교회적 접근에 관해 또한 Girardet, 'Appellatio: Ein Kapitel kirchlicher

Rechtsgeschichte in den Kanones des vierten Jahrhunderts,' *Historia* 23 (1974), 98-127; *Kaisergericht* (1975), 120-132; H. C. Brennecke, 'Rom und der dritte Kanon von Serdika (342),' *Zeitschrift der Savigny Stiftung für Rechtsgeschichte, Kanonistische Abteilung* 69 (1983), 15-45.

60. *EOMIA* 1.530/1. 또한 *Canon* 20 (ib. 526-529).
61. *Canons* 3c, 4, 7, 참고 H. Hess, *Canons* (1958), 109-127.
62. *Canons* 8-12, 참고 H. Hess, *Canons* (1958), 128-136.
63. 증거와 참고 도서에 관해 지금 J. L. Maier의, *Le dossier du Donatisme 1* (*Texte und Untersuchungen* 134, 1987), 198-254.
64. W. H. C. Frend, *The Donatist Church* (Oxford, 1952), 177-187.
65. *CSEL* 65.129.15-130.3; *Apol. c. Ar.* 39.1; *EOMIA* 1.657/
66. *CSEL* 65.181-184 (아마 완전치 않음) 전통적으로 힐라리우스의 Liber I ad Constantium으로 알려진 이 자료는 처음에 정확히 A. Wilmart에 의해 'L'*Ad Constantium liber primus de S. Hilaire de Poitiers et les Fragments historiques*,' *Revue bénédictine* 24 (1907), 149-179, 291-317, 참고 페더, *Studien* 1 (1910), 133-151.
67. *CSEL* 65.181.13-182.2.

IX. 아타나시오스와 아드리아노폴리스의 순교자들

1. 제10장.
2. Chapter IV.
3. 이름의 이 시상에 대해 아래 각주 8을 보라.
4. 뮬러, *Lexicon* (1952), 1507, 여기 ὑπέμνηδαν와 'scripta scil(icet) priora redintegrare,'
5. Ammianus 31.6.2; *Not. Dig.*, Oriens 11.32, cf. A. H. M. Jones, *Later Roman Empire* (Oxford, 1964), 834-836.
6. 부록 9. 콘스탄티우스가 세르디카 공의회 기간에 콘스탄티노플에 있었다는 가설은 클라인에 의해 제시되었다. *Constantius* (1977), 74 각주 179. 그가 공의회 날짜를 342/3으로 정하고 있을지라도 말이다.
7. *CSEL* 65.55.21-24, 134 No. 19; 소크라테스, *HE* 2.20.23. 참고 Feder, *Studien*

II (1910), 32/3.
8. *CSEL* 65.137 Nos. 41, 42. 또한 *Apol. c. Ar.* 48.2 Nos. 54, 61. 아리우스와 아스테리우스의 이름과 교구에 관한 증거는 함께 직설적이지 않다. (1) 343년 서방 공의회 편지에 속하는 힐라리우스우스 판은 'Ario scilicet ex Paletina <ac> Stefano de Arabia' (*CSEL* 65.121.1/2)를 지니고 있다. 다른 세 개의 출판물들은 아타나시오스에 의해 인용된 것을 포함하는데 팔레스타인의 아카리우스와 아라비아의 아스테리우스가 있다 (*Apol. c. Ar.* 46.3에서 오피츠는 아니우스 이름을 마카리우스에게 일치해서 제공하는 사본의 합의에 반해 인쇄했다). (2) 아타나시오스는 *Hist. Ar.* 18.3에서 언급하길 아리우스의 교구는 페트라였다고 말한다 (ἀπὸ Πέτρων τῆς Παλαιστίνης). (3) 362년 알렉산드리아 공의회에 참석했던 감독들 중 한 명은 아스테리우스 '아라비아 페트라의 감독이었다.' (Tomus ad Antiochenos 10.1: Πέτρων τῆς Ἀραβίας).그 증거에 대한 분명한 갈등에 두 가지 가능한 해결점들이 있다. Feder, *Studien* II (1910), 39/40은 *Apol. c. Ar.* 18.3의 Πέτρων을 방해되고 실수를 야기한 말로 꾸짖었다: 그는 주장하길 아스테리우스는 343년에는 페트라의 감독이었으나 율리아누스 때에 그의 교구에 돌아갔다. 선택은 *Apol. c. Ar.* 18.3에 있는 사본 읽기를 수용하고 아리우스가 페트라의 감독이었음을 결론내리는 것이다 (357/8까지 팔레스타인 지역에 속했으며 그 후는 Palaestina Teritia에 속함). 343년에 아스테리우스는 어떤 다른 지역 교구를 아마 보스트라 지역을 관장했다가 362년부터는 아리우스의 후계자가 되었다.
9. *EOMIA* 1.658 Nos. 10, 16.
10. *Apol. c. Ar.* 46.3 = *CSEL* 65.120/1
11. *CSEL* 65.135 No.25. 아타나시오스, *Apol. c. Ar.* 48.2 No. 31 에는 디오도루스의 이름이 보이지만 그의 관점은 아니다.
12. *CSEL* 65.120.3-6.
13. *CSEL* 65.110 = *Apol. c. Ar.* 43.2, 참고. Feder, *Studien* II (1910), 121. Opitz 120.22 obelises ἀπέθανεν and asserts that *decessit* in the original Latin of the letter preserved by Hilary means 'etzon er sich durch die Flucht,' which Theodoretus, *HE* 2.8.13, correctly renders ἀνέστη, which in turn becomes *surrexit* in the Latin retroversion in Cod. Ver. LX (58), fols. 81-88.

14. Canon 17, 참고. 페더, *Studien* II (1910), 55/6.
15. 그래서 Opitz on 70.10.
16. *PLRE* 1.268: 그 외에는 전혀 알려져 있지 않음.
17. 소크라테스, *HE* 2.20.9.
18. 그래서 Opitz on 192.9: 'Athan(asius) wird 346 auf seiner Reise nach Antiochien dort vorbeigekommen sein.'
19. 제0장.
20. 소크라테스, *HE* 2.16.
21. 부록 5.
22. *CTh* 13.4.3.
23. *CTh* 11.22, 참고. 'Praetorian Prefects, 337-361,' *ZPE* 94 (1992), 249-260, at 254.
24. 제10장.

X. 알렉산드리아로 귀향

1. 테오도레투스, *HE* 2.8.54-10.2
2. PLRE 1.796; *Consuls* (1987),230/1. 그러나 테오도레투스는 343/4년의 겨울 동안의 대사를 후자로 것으로 혼동했다. (각주 12-15 이하를 보라)
3. 아타나시오스는 342년에 채택된 신조를 그보다는 3년 더 이후로 날짜를 잡고 있다. 즉 내포된 추정에서는 2년이다.(「공의회」 25,1,26.1 참고 7장 각주들 23-27).
4. 켈리. *Creeds* ³ (1972),279, 참고 Brennecke, *Hilarius*(1984),53-56.
5. 포티우스의 신학에 관해 M. Simmoneti의 Studi sull'Arianesio (Rome, 1965),135-159; L. A, Speller, 'New Light of Photinians: The Evidence of Ambrosiaster,' JTS, N.S. 34(1983),88-113. 그는 세르티카 공의회 직후 시르미움의 감독으로 등장한다. 그때 파노니스의 유테리우스가 아마 그 도시의 감독이었던 것이 입증되고 있었을 때(*CSEL* 65.137 No. 40, 참고 Feder, II [Vienna,1910],39).
6. Chapter IX, 참고 부록 8.
7. Chapter VII 각주 15-16에서

8. 부록 9. 공의회 날짜는 콘스탄티우스에게 보낸 그의 편지에 등장하는 리베리우스의 언급으로부터 추론되는 데 분명히 353/4년 겨울에 *ante annos octo*에 발생했다(*CSEL* 65.91.19)—'VIII'이 아마도 내부적인 인정 속에서 VIIII로 수정되어도 된다.
9. *CSEL* 65.146.8-18.
10. *CSEL* 65. 91. 15-23 (Liberius in 353/4); 142. 17-19 (힐라리우스와 관련된 이야기로부터); 144.4-14 = *Apol. c. Ar.* 58. 3/4 (공식문서 *Libellus* 는 우르사키우스와 발렌스에 의해 347년 율리우스에게 제출되었다).
11. 제7장 각주 31-32.
12. 소크라테스, *HE* 2.22.5.
13. E. 슈바르츠의 '4세기 교회사,' *ZNW* 34 (1935), 129-213의 139쪽 각주 1에서처럼 그의 *Gesammelte Schriften* 4 (Berlin, 1960), 1-110, 13쪽에서 각주 1에 재판되어 있다; Opitz 193.14에서도. Girardet, *Kaisergericht* (1975), 145는 'den sachlichen Kern dieser Mitteilungen,'을 수용하지만 소크라테스의 실제적 인용이 권위 있을 수 있다는 것을 부정한다. 대부분 최근 Hanson, *Search* (1988), 307/8은 두 가지 기초에서 그 편지를 거부한다. 첫째로 콘스탄스가 몇 몇 감독들 때문에 제국을 전쟁에 몰고갈 만큼 무책임하지는 않을 것이라는 점과 두 번째로 아타나시오스의 침묵이 '진정성에 거스림을 말하고 있다.'고 본다. .
14. Rufinus, *HE* 10.20 (986.20-23): 그는 자신의 형제인 가장 높은 제사장에게 확인을 가지고 편지를 써 아타나시오스의 비행과 망명이 부당하게 고통받아야 한다는 것을 확신할 수 있었으며 만약 그가 자신의 위치에 대해 미래의 돌봄을 위해 기꺼이 노력하지 않고 권리를 포기한다면 그는 스스로 글을 썼을 때 이미 형벌의 성곽을 쌓았고 범죄자에게 가장 합당한 상황을 만족시켰고 범죄자의 중심으로 다가섰다.
15. Philostorgius, *HE* 3.12; Theodoretus, *HE* 2.8.53 - 55.
16. Theodoretus, *HE* 2.8.53: '그 편지는 권면과 충고뿐 아니라 경건한 황제에게 적절한 위협 또한 포함하고 있었다.'
17. 소조메누스, *HE* 3.20.1.
18. 필로스토르기우스, *HE* 3.12: '아타나시오스가 내게로 와서 알렉산드리아의 감독직이 그에게 속했다는 것을 입증했다. 너를 통해 그가 그것을 회복하도록

해주어라 [반면에] 그가 내 군대의 힘으로 그것을 회복시킬 것이므로.'
19. *CTh* 10.10.7 참고 *PLRE* 1.310/1.
20. 이 사람들에 관하여 간단히 '콘스탄티우스 통치하에서 크리스천과 이교도들,' *L' Église et lémpire au IV siècle* (*Entretiens sur L'antiquité classique* 34 [Vandoeuvres, 1989]), 301-337에서 313. 폴레미우스와 다티아누스는 338년과 358년에 평범한 총독들이었고 반면에 타우루스와 프로텐티우스는 361년에 함께 한 묶음을 주장했다. 탈라시우스에 관해서는 위에 있는 각주 7을 보라; 7장 각주 15-16; 13장에 각주 2를 보라.
21. *Consuls* (1987), 226/7. 콘스탄스 영토로부터 이 제국의 집정관에 속한 유일하게 엄격한 동시대적 입증은 시스키아향 나무로부터 몇 겹의 금으로 된 한 쌍인데 그것은 그들 사이에 월계수 가지를 한 시위 대원이 들고 집정관의 옷을 입고 있는 콘스탄티우스와 콘스탄스를 묘사한 것이다 (*RIC* 8.356, Siscia Nos. 105, 106 참고 341/2) 로마와 이탈리아에서 post consulatum Amanti et Albimi 공식 날짜는 적어도 9월까지 지속되었다. 그리고 그 해의 마지막 세 달에 대한 동시대적 자료는 존재하지 않는다.
22. Girardet, *Kaisergericht* (1975), 150, 345년 여름에 콘스탄스 법정에 소환을 하고 346년 초 아타나시오스가 로마를 방문한다. 그것은 너무 이른 것 같기는 하다.
23. Socrates, *HE* 2.23.15-32는 완전한 본문을 제공한다. 그것은 아타나시오스가 말없이 그 편지의 부분을 생략했다 (제3장 각주 39).
24. 전자는 게르마니쿠스와 루키우스 베루스에 의해 취해진 길이었다. 4세기 순례자들의 길에 관해 E. D. Hunt의 「후기 로마 제국에서 '성지 순례」(Oxford, 1982), 52 (지도). 또한 필립푸스에 의해 추방 후 소크라테스는 콘스탄티노플의 바울이 고린도의 길로 테살로니카에서 이탈리아에 왔다는 것을 언급하고 있음을 관찰하라 (*HE* 2.17.12). 고린도의 감독 에픽테투스와 후기의 편지 왕래는 346년 친분 관계가 만들어졌음을 반영한다 (제17장 각주 74). 그러나 그의 아드리아노플 방문은 344년에 해당되어야 한다 (제9장).
25. 소조메누스, *HE* 3.20.4.
26. 소조메누스, *HE* 6.24.7.
27. 나지안조스의 그레고리우스, *Orat.* 21.29-그리스도께서 예루살렘에 입성하는 사건에 비교하고 있다. 참고 A. K. Bowman, 「파라오 이후의 이집트 B.C.

332-A.D. 642』(Berkeley, 1986), 217. 그레고리우스가 346년의 귀향을 337년과 362년의 귀향과 혼용하고 있다는 것은 인정되어야 한다.
28. 345년 이후 마르켈루스의 활동에 관해 M. Tetz의 '앙퀴라에서 온 마르켈의 신학에 관하여 III,' *ZKG* 83 (1972), 145-194; 'Markellianer und Athanasius,' *ZNW* 64 (1975), 75-121. 347년이나 348년에 마르켈루스를 정죄했던 것으로 추정된 시므미움 공의회는 비역사적이다(부록 10).
29. *CSEL* 65.147.10-22 (힐라리우스의 이야기 단편).
30. 소크라테스, *HE* 2.23.42; 소조메노스, *HE* 3.24.3. 344년이나 345년에 앙퀴라에 돌아온 것에 대해서는 Hanson에 의해서 제안되었다. Search(1988),219/20 그것은 E. Schwarz에 접근하고 있다. *ZNW* 34 (1935), 142; V.C. De Clercq, 「코르도바의 호시오스: 콘스탄티누스 시대의 역사에 한 기여도」(Washington, 1954), 417/8.
31. Chapter XVII.
32. 에피파니우스, *Pan.* 72.11. 참고 M. Tetz, *ZNW* 67 (1973), 75-121.
33. 에피파니우스, *Pan.* 72.1.1, 참고 *EOMIA* 1.30, 50, 51 (314년 앙퀴라 공의회에 참석했던 감독들의 목록).
34. 대부분의 책들이 세르디카 공의회 이후 기간에 속하고 거기에 관해 현대 학자들은 마르켈루스의 저작권을 세워 놓았다. —the *Sermo maior de fide*, the *Expositio fidei*, the *Contra Theopaschitas/Epistula ad Liberium*, and the *De Incarnatione et contra Arianos*(CPG 2803-2806): F. Scheidweiler의 다음 자료를 보라 '*Wer ist der Verfasser des sog. Sermo Maior de Fide*?' *BZ* 47(1954), 333-357; M. Tetz, 'Zur Theologie des Markell von Ancyra,' *ZKG* 75 (1964), 217-270; 79 (1968), 3-42; 83(1972), 145-194; J. T. Lienhard, 'Marcellus of Ancyra in Modern Research,' *Theological Studies* 43 (1982), 486-503; 'Basil of Caesarea, Marcellus of Ancyra, and "Sabellius"' *Church History* 58 (1989), 157-167.
35. Canon 1.
36. Basil, *Ep.* 69.2.
37. 에피파니우스, *Pan.* 72.4.4.

XI. 349년의 징계와 그 상황

1. 아타나시오스가 341년과 342년 동안에 썼던 아타나시오스의 편지들은 시리아 판으로 「부활절 편지」(13,3)에 보존되어 있다. 그리고 또한 그것은 344년에서 345년에 관련되어 쓰여진 345년의 부활절 날짜에 관한 인정 사항을 포함하고 있다(17, 18). 아타나시오스의 두 번째 추방 기간 동안 다른 부활절 편지의 부재는 그가 결코 쓴 적이 없다는 것을 증명한다 (부록 1).
2. *EOMIA* 1.654, 657, 659.
3. *Apol. c. Ar.* 37-41; *EOMIA* 1.657/8.
4. *EOMIA* 1.654-656, 659-662.
5. 7장, 9장; 부록 8.
6. 그들이 서명했던 자료에 현존하고 있는 이름의 한 쌍은 한 곳의 교구에 협력 관계를 지닌 감독들에 속한다. 안티노폴리스의 암모니아누스와 티라누스(「부활절 편지」 19.10).
7. 「세라피온에게 편지」 (「부활절 편지의 수집」에서) 참고 부록 1에서 각주 47-51.
8. *CSEL* 65. 76/7 Nos. 34, 41, 42, 53, 58: 그들의 알려진 활동들에 관해 Feder의 *Studien* 11(1910), 76-86을 보라. 그의 이름 암모니우스로부터 판단한다면 그의 교구는 특정화되지 않고 있던 그의 이름(No.66)으로부터 이집트인임이 분명하다: 그는 아마도 상부 디오폴리스의 멜리티우스파 감독일 수 있다. 참고 Camplani, *Lettere* (1989), 296/7.
9. L. T. Lefort, CSCO 151 = *Scriptores Coptici* 20 (Louvain, 1955), 28. 30-29.14, 33 32-34 16, 39 28-36, 41-45 (French translation).
10. Thmuis의 프톨레마이우스와 옥시린쿠스의 아폴로니우스 (*Syn*, 12.3; 에피파니우스, *Pan.* 73.26.6 참고 *Libellus precum* 100 [*CSEL* 35.36])
11. Camplani, *Lettere* (1989), 262-282.
12. P. J. Sijpestin and K. A. Worp, *Zwei Landlisten aus dem Hermupolites (P. Landlisten)* (*Studia Amstelodamensia* 7 [Zutphen, 1978]): 그 날짜에 관해 R. A. Bagnall, '헤르모폴리스 땅 등록에 관한 날짜: 관찰을 위한 논문,' *Bulletin of the American Society of Papyrologists* 16 (1979), 159-168; W. van Gucht, '몇 이집트 감독들과 P. Landlisten의 날짜,' *Atti del VII Congresso internazionale di papirologia* (Naples, 1984), 1135-1140.

13. A. K. Bowman, 'A.D. 4세기에 헤르모폴리스 지역의 토지 장악,' *JRS* 75 (1985), 137-163.

14. P. J. Sijpestein and K. A. Worp, *Landlisten* (1978), G. 298, 305, 512; F. 147, 510, 519, 731; Anh. 50, 참고 ,W. van Gucht, *Atti* (1984), 1135-1140; T. D. Barnes, *JTS*, N.S. 42 (1991), 729. 암모니우스와 티라누스의 자리에서 안티노폴리스의 감독으로 아리온의 지명은 아타나시오스의 「부활절 편지」 19.10에서 입증된다. 그는 그의 이름은 아타나시오스가 알렉산드리아에 돌아온 후 세르티카의 서방 감독들의 공의 편지에 그의 이름을 첨가했다 (*Apol. c. Ar.* 49.3 No.195: Opiz는 129에서 다른 증거를 무디게 인정하고 있다). 사제들은 G 552; F 771, 809, 818에 등장한다; 그리고 한 자료는 교회 재산과 관련되어 있다 (G534).

15. H. I. Bell, B. Martin, E. G. Turner 와 D. van Berchem, *The Abinnaeus Archive:Papers of a Roman Officer in the Reign of Constantius II* (Oxford, 1962), 참고 T. D. Barnes, '아비네우스의 활동,' *Phoenix* 39 (1985), 368-374. 그 수집본에서 다른 파피루스는 그 수집본에 속하지 않았는데 '마을의 사제들'에 관해 거론한다: Sammelbuch 11380을 보라. 그것은 R. Rémondon에 의해 'Un papyrus inédit des archives d'Abinnaeus (P. Berlin inv. 11624),' Journal of Juristic Papyrology 18 (1974), 33-37. 반면에 P. *Abinn.* 65=P. *Geneva* 60은 수집본에 속하지 않는다: H. Cadell의 '*P. Genève* 60, *B.G.U.* II456을 보라 et. le problème du bois en Égypte,' *Chronique d'Égypte* 51 (1976), 331-348.

16. *P. Abinn.* 1, 44. 아비네우스의 운동에 관한 연대에 대해 *Phoenix* 39 (1985), 369/70를 보라. 발라시우스는 340년에 *dux*로 입증되고 아마도 그것은 339년일 것이다: P. Oxy. 3793와 J. R. Rea, *Oxyrhynchus Papyri* 55 (London, 1988), 63/4, 224 (P. Oxy. 3820. 14의 주석)와 함께 그렇게 나타난다. 그러므로 그는 338년에 필라그리우스와 아르사키우스와 함께 이집트에 도착했다 (제4장, 각주 43번).

17. *P. Abinn.* 2. 340 혹은 341의 기획된 청원과 발라시우스로부터의 이 편지는 라틴어로 쓰여진 도서관 자료 중에서 유일한 것이다 (아비네우스 자신의 손으로 수정되고 변형된 것을 지니고 있다).

18. *P. Abinn.* 58, 59.

19. 「안토니우스의 생애」; *Hist. Ar.* 14.4.
20. *P. Abinn.* 47, 55.
21. *Phoenix* 39 (1985), 373/4에서 제안했던 것처럼 아비네우스의 청원의 기초에서 351년 2월 11일에 자신이 '가톨릭 교회의 집사'임을 기술하고 있다 (*P. Abinn*, 55).
22. 제3장, 주석 3.
23. 소조메노스, *HE* 2.31; 「목록」 11. 「안토니우스의 생애」 69-71은 방문을 기록하고 있지만 아타나시오스와의 관련성은 포함하고 있지 않다.
24. 「안토니우스의 생애」 91은 안토니우스가 아타나시오스에게 주었던 견대를 다시 그로부터 새롭게 받았다는 것을 말한다.
25. *Santi Pachomi Vita Prima* 120 (F. Halkin 편집, *Santi Pachomii Vitae Graecae* [*Subsidia Hagiopraphica* 19, 1932], 77/80).
26. *PG* 25.524-533 = Opitz 303-308, 참고 M. Tetz, 'Zur Biographie des Athanasius von Alexandrien,' *ZKG* 90 (1979), 304-338. 325에서 329까지.
27. *CSEL* 65.142.17-19: 'igitur ad tollendum ex episcopatu Forinum, qui ante biennium iam in Mediolanensi synodo erat haereticus damnatus, ex plurimis proviciis congregantur sacerdotes.'
28. *CSEL* 65.142.20-145.4. 우르사키우스와 발렌스는 그들의 편지를 자체로 로마에 있는 율리우스에게 작성해 제출했다 (*CSEL* 65.143.4-6, 145.6/7; *Hist. Ar.* 26.1, 29.2, 44.5). 347년 공의회가 밀라노나 시르미움에서 모였다고 하는 전통적 견해에 관해 반대하는 것에 관해 부록 10을 보라. 로마의 감독들은 다른 도시들에서 개최되는 감독 회의에 출석히지 않는 원칙을 만들었다: M. Wojtowytsch, *Papsttum und Kozile von den Anfängen bis zu Leo I (440-461):Studien zur Entstellung der Überordnung des Papstes über Konzile(Päpste und Papsttum 17* [Stuttgart], 1981).
29. *CSEL* 65.145.5-16.
30. 다른 증거는 전적으로 파울리누스가 347년에 트리어의 감독이 되었다는 가정과 일치하고 있다. 제7장 각주 12를 보라.
31. 소크라테스, *HE* 2.26.6, 5.9.1.
32. 이 어려운 페이지의 해석에 관해 부록 8을 보라.
33. 니카이야의 유제니우스는 아타나시오스를 349년에 폐위시켰던 안디옥 공의회

에 참석했다 (소조메누스, *HE* 4.8.4). 반면에 케크로피우스는 브리기아의 라오디게아로부터 이전해서 암피온을 대신했고 343년에는 니코메디아의 감독으로 증명이 된다 (*CSEL* 65.48. 12-15). 그것은 추정컨대 정통주의에 대한 음모의 보상으로 간주된다 (「이집트와 리비아의 감독들에게 편지」 7; 「아리우스주의의 역사」 74.5). 그는 351년에 시르미움 공의회에 참석했다 (*CSEL* 65.170.6). 그리고 358년 8월 24일에 있었던 지진으로 사망했다 (소조메누스 HE 4.16.5).

34. 소조메누스 *HE 4.8.3/4, 3. 20.1*의 배경과 관련해 (제 10장 각주 17을 보라)
35. 소조메누스 *HE* 4.7.3-8.2. 이렇게 공의회는 자주 351년이나 그 후대로 정해지고 있다: Hanson, *Search* (1988), 184 각주 59(351 혹은 352); A. Martin, *Sources chrétiennes* 317 (Paris, 1985), 184 각주 59 (351 혹은 352); Brennecke, *Hilarius* (1984), 117-121 (352); K. Girardet, 'Constance II,Athanasem et l'Édit d'Arles (353): A propos de la politique relgieuse de l'empereur Constace II,' *Politique et théologie* (1974), 63-91, 67, 82에서(아마 352); C. Piétri, 'La question d'Athanase vue de Rome (338-360),' *Politique et théologie* (1974), 93-126, 119에서; *Roma* (1976), 237 (355); Opitz 68에서(가장 초기 356).
36. 부록 6.
37. 코페의 「신아리우스주의」 (1979), 103, 133을 보라 (공의회 연대가 347 혹은 348이 된다). 또한 350년 이전의 날짜에 대해 우호적인 Seeck의 *Geschicht* 4 (1911), 135를 보라. Klein, *Constantius* (1977), 81/2.
38. 부록 2.
39. 제3장.
40. 「아리우스주의에 대항한 변증」 사본은 두 번째 편지가 빠졌다. 그러나 결론적으로 기록자의 주석을 지니고 있어서 사실상 그것은 이전의 편지와 동일한 것이다. 그러나 첫 편지는 오핏츠가 118, 19 이하에서 그럴싸하게 두 번째 배열된 단편으로 동일시했던 페이지를 포함하고 있다.
41. 357년의 사건을 언급할 때 89장은 후대의 첨가임이 틀림없다 (부록 2).

XII. 마그넨티우스의 장악

1. Victor, *Caes.* 41. 23/4. 빅토르의 동성애에 관해 참고 *Caes.* 28. 6/7을 보라. The Epitome de Caesaribus는 본질상 유사한 지시사항을 갖고 있지만 콘스탄스가 '야만인들에 대한 공포를 전혀 지니고 있지 않았다'고 첨가하고 있다. (41.24) —특히 강조한다면 Ammianus 20.7.5에 의해 모순되게도 살포된 점이다. 에우트로피우스는 더 우호적이어서 콘스탄스의 통치는 의롭고 에너지 넘쳤다. 특히 그가 심각한 오류에 빠지기 전에는 그러했다는 초기 시대를 제공한다 (*Brev.* 10.9.3).
2. *Chr. min.* 1.237; Jerome, *Chronicle* 237ᶜ.
3. 가장 정확한 증거는 율리아누스에 대한 스콜리스트에 의해 제공된다. *Orat.* 3, 95C: J. Bidez, 'Amiens, Ville natale de l'empereur Magnence,' *Revue des études anciennes* 27 (1925), 312-318.
4. 보충할 상세한 것들을 제공해주는 수많은 자료에 관해 *PLRE* 1.220을 보라.
5. *Chr. min.* 1.69. Titianus의 활동에 관한 완전한 토론에 관해 (총독 년도 337) Chastagnol; *Fastes* (1962), 107-111.
6. *RIC* 8. 325/6 Aquileia 122는 3월 초 가까이 아퀼레이아에 그의 도착을 축하하는 것이 나타난다. 참고 A. Jeločnik, 'Les multiples d'or de Magnence découverts à Émona,' *Revue numismatique*⁶ 9 (1967), 209-235 중 215/6에서 (그 아티클은 그 원래 언어로 *Arheološki Vestnik* 19 [1968], 201-220에 재판되었다).
7. '배신'에 관한 많은 부분적 설명에 관하여 *PLRE* 1.954를 보라. 콘스탄티나는 337년에 살해되었고 한니 발리아누스의 미망인이었다 (*Origo Constantini Imperatoris* 35; Ammianus 14.1.2). 그녀의 역할은 Vetranio의 선언에 있어서 *Chr. min.* 1.237에 기록되어 있다; Philostorgius, *HE* 3.22. 그녀가 340년에 로마에 거주하고 있었다는 것은 그녀가 St. Agnes의 기념 교회와 수도원을 그 도시에 세웠으며 Nometana 거리에 묻혔다는 것으로 추론이 된다 (*PLRE* 1.222).
8. *PLRE* 1.624 네포티아누스의 동전에 관해서는 RIC 8.261 Rome 166/7, 265/6, Rome 198-203을 보라; J.와 D. Gricourt, 'Le pronunciamento de Népotien et ses répercussions sur l'organisation et le fonctionnement des hôtels monétaires de Rome, d'Arles et d'Aquilée,' *Mélanges de numismatique*

offerts à Pierre Bastien (Wetteren, 1987), 217-231.

9. 350년의 복잡한 거래에 관해 J. Šašel의 도표를 보라, '마그넨티우스와 콘스탄티우스 II세의 이탈리아와 일리리쿰에 대한 투쟁;' *Ziva antika* 21 (1971), 205-216의 209에서.

10. Zonaras 13.8 (논쟁되는) 날짜에 관해 P.Bastien의 *Le monnayago de Magnence (350-353)²* (Western, 1983), 1516; 'Décence, Poemenius: problèmes de Chronologie,' *Quaderni ticinesi: Numismatica e antichità classiche* 12(1983), 177-189. D. Gricourt, Mélanges de numismatique offerts à Pierre Bastien(wetteren, 1987), 221 6월에 관해 주장한다. Decentius가 352년이 아니라 351년에 총독이 되었다는 사실은 350년이라기보다는 351년에 Caesar로 선포되었다는 가정을 만들어냈다(「총독들」[1987], 239). 그러나 Gaiso 351년 영사직을 마그넨티우스와 함께했던 그는 자신을 위해 콘스탄스를 살해했다 (*Epit. de caes.* 41.23; Zosimus 2.42.5). 그리고 Decentius가 황제로 선언하기 전에 영사로 임명되어 있었다.

11. 조시무스 4.43.1; 안디옥의 요한, 단편 187, 참고 *PLRE* 1.488/9. 유스티나는 훗날 발렌티니아누스의 두 번째 아내가 되었다: 그녀의 부친 유스투스 328년 영사요 베티우스 유스투스의 아들이었고 또 황제 크리스푸스의 딸일 것이라는 가정에 대해 *New Empire* (1982), 44, 103을 보라.

소크라테스, 「교회사」 4.31.11-13은 유스투스는 '콘스탄티우스 시대에' 피케넘을 통치했고 그의 딸이 황제를 낳을 것이라는 꿈 때문에 콘스탄티우스에 의해 사형 인도되었다. *PLRE* 1.490은 아에밀리아와 피케넘을 그가 352년에서 361년까지 통치함을 설명하지만 350년 이전이 더 선호되는 시기이다. 유스투스는 아마도 351년이나 353년에 실패한 배신자에게 그의 딸의 결혼에 동의한 것 때문에 아마 죽음을 맞이한다. 참고 J. Rougé, 'Justine, la belle Sicilienne,' *Latomus* 33 (1974), 676-679.

12. *ILS* 742 (파비아와 튜린 사이의 경계석). 아를의 향료가 거래되었다. *Vict(oria) Aug(gusti) Lib(ertas) Rom(ana)/Romanor(um)/Rom(ani) Orb(is)* (*RIC* 8.213/4 Arles 131/2, 158/9).

13. *RIC* 8.261 Rome 168, 266/7 Rome 207/8, 참고. W. Kellner, *Libertas und Christogramm: Motivgeschichtliche untersuchungen zur Münßprägung des Kaisers Magnentius (350-353)* (프라이버그 논문, publ. Karlsruhe, 1968),

15-56.
14. *RIC* 8.157 Trier 260.
15. *Constantine* (1981), 75, 209.
16. J. Ziegler, *Zur veligiösen Haltung der Gegenkaiser im 4. Jh. n. chr.* (*Frankfurter Althistorische Studien* 4 [Opladem, 1970]), 53-69.
17. 에우세비우스, *VC* 2.45.1. 에우세비우스의 분명한 주장 콘스탄티누스가 희생 제사를 금지했다는 말을 좋게 수용하면서 (일반적으로 축소해서 알리고 있다). *Constantine* (1981), 2011을 보라; '콘스탄티누스의 이교 제사 금지,' *American journal of Philology* 105 (1984), 69-72.; '콘스탄티우스 통치 시대에 기독교인들과 이교도들.' *L'Eglise et L'empire au IVe siècle* (Entretiens sur L'antiquité Classique 34[Vandoeuvres, 1989]), 301-337 중 322-325, 330에서.
18. *CTh* 16. 10. 1.
19. Firmicus Maternus, *De err. Prof. rel.* 28.6.
20. H. Broise and J. Scheid, *Recherches archéologiques à la Magliana: Le balneum des frères arvales* (*Roma antical*, 1987), 275-277.
21. *CTh* 16.10.15 참고. J. Ziegler, *Zur religiösen Haltung* (1970), 67/8.
22. P. Salama, 'L'empereur Magnence et les Provinces africaines,' *Mélanges de numismatique offerts à Pierre Bastien* (Wetteren, 1987), 203-216.
23. 아타나시오스는 마그넨티우스와 반역적인 서신 왕래 때문에 직위 해제되거나 추방되지 않았을지라도 처형되었다고 하는 가설 때문에 바울의 사망과 관련해서 마그넨티우스를 칭하고 있지는 않다. 부록 8을 보시오.
24. *Apo. C. Ar.* 49.1 Nos. 85, 112. 127에서 OPItz는 346년 쾰른의 공의회의 실행 사항들이 '부인할 수 없는 현실'이었음을 선언했다 (C. Munier, *Concilia Galliae* A. 314-A. 506 [*CCL* 148, 1963], 27-29): 사실상 실행 사항들은 8세기의 위조된 문서이다. 그러나 그 위조문서는 340년으로부터 유래 되는 프랑스 감독들의 진정성 있는 명단 목록을 사용해왔던 것으로 나타났다. H. C. Brennecke, 'Synodum congregavit contra Euphratam nefandissimum episcopum: Zur angeblichen Kölner Synode gegen Euphrates,' *ZKG* 90 (1979), 176-200. 편지 머리말에 명단(27)은 Trier의 Maximinus를 포함하고 있다. 반면에 그는 347년에 처음으로 감독으로 입증되고 있다 (제11장 각주 29-30).

25. Ταῦτα ποτε(OPitz 285.16)은 Ταῦτα ; πότε로 읽는다.
26. 제11장에 주장되고 있는 대로.
27. 아타나시오스는 *Hist. Ar.* 24에서 동일한 라틴 원본의 다른 헬라어 번역을 인용하고 있다.
28. 부록 9.
29. Seeck, *Geschichte* 4 (1911), 103, 429/30.
30. 율리우스 콘스탄티우스에 관해 *New Empire* (1982), 108을 보라.
31. 소크라테스, *HE* 3.1과 소조메누스, *HE* 5.2.9는 그가 아팠고 죽기 직전이었기에 살아남았다고 추정하고 있다. 율리아누스의 모친은 바실리나 쥴리아누스, 리키니우스의 이전 친위대 총독의 딸이었다 (Libanius, *Orat.* 18. 819). 그녀는 그녀의 아들이 태어난 후 몇 개월 만에 사망했다 (Julian, *Misopogon* 22. 352b).
32. 율리아누스, *EP. ad. Ath.* 271c-272a. 게오르기우스의 역할은 그가 젊은 율리아누스에게 그의 도서관으로부터 책을 빌려주고 복사하도록 했다는 사실로부터 추론된다 (*EP.* 107, 387c). 여기서 6년이란 의미는 342년에서 348년인지 혹 344년에서 350년인지의 관계는 무관하다.
33. *Chr, min.* 1. 238; 필로스토르기우스 *HE* 3. 26[a].
34. J. Sašel의 조심스런 토론을 살펴보라, *Ziva antika* 21 (1971), 210-216. 가장 완벽히 전개된 설명도 죠시무스 2. 45-53에 있다. Seeck, *Geschichte* 4 (1911), 435은 콘스탄티우스 칭송에서 유래되었다. 그 내부에 있는 문제에 관해 N. H. Baynes의 'A Note of Interrogation,' *Byzantion* 2 (1945), 149-151; F. Paschoud, *Zosime: Histoire nouvelle* I (Paris, 1971), XIii, 120/ⅰ, 253-261.
35. *RIC* 8. 372 Siscia 318/9. J. P. C. Kent 2 문제의 날짜를 351년 9월로 지정하고 마그넨티우스가 무르사 전쟁 전에 한 달 동안 그 도시를 장악했다고 주장한다 (id. 345).
36. *Chr. min.* 1.237 높은 우연성에 관해 Eutropius를 보라. *Brev.* 10.12.1; 제롬 「연대기 238[d]」; *Epit. de Caes* 42.2.
37. 부록 9 각주 30.
38. *AE* 1982. 383(총관 데켄티우스와 파울루스에 의해 지정된 날짜에 비문) 에모나에 저장은 마그넨티우스의 관리들의 도주를 반영하고 있다: A. Jelocnik, *Revue numismatique* 9 (1967), 226-231.

39. 애밀리아와 피세넘의 행정 장관은 그의 충성심을 재빨리 변형시켰다. G. Camodeca의 'Per la redazione dei fasti delle provincie italiche: Fl. Romulus, consularis Flaminiae et Piceni nel 352(-3),' *ZPE* 28 (1978), 151-158. 그는, AE 1975. 358 = 1978. 290(Urbs Salvia 근처)를 재해석했고 *AE* 1951. 17 (Alba Fucens)를 재편집했다.
40. *Chr. min.* 1.69, cf. Chastagnol, *Fastes* (1962), 135-139.
41. *RIC* 8. 188/9 Lyons 153-176, 참고 W. Kellner, *Libertas und Christogramm* (1968), 63-80.
42. *RIC* 8. 164/5 Trier 328-337; Ammianus 15. 6. 4 참고 J. P. C. Kent, 'The Revolt of Trier against Magnentius', *Numismatic Chronicle*[5] 19 (1959), 105-108; P. Bastien, *Quaderni Ticinesi* 12 (1983), 187-189.
43. *Chr. min.* 1.238; Eutropius, *Brev.* 10.12.2, 참고. Seeck, *Geschichte* 4 (1911), 439. Atuanasius, *Apol. ad Const.* 7.3. 마그넨티우스의 사망을 자신이 목을 매는 것으로(찌른 것이 아닌) 기록해 사건의 자료를 변형시키고 있다.
44. *CTh* 9.38.2, 참고 *CJ* 12.1.5.
45. 암미아누스 14.5.1 참고 '암미아누스 안에 있는 구조와 연대, 14권.' *HSCP* 92 (1989), 413-422의 419쪽.
46. 부록 9.
47. Matthews, *Ammianus* (1989), 34/5, 406-408.
48. 특별히 쌀라시우스, 보호 총독과 몬티우스 보고서 (필로스토르기우스 *HE* 3.26[2]).
49. Ammianus 14.11.6-34.
50. Ammianus 15.5.1.-34.8.19.
51. Matthews, *Ammianus* (1989), 81-93.
52. 콘스탄티우스에 대한 아타나시오스의 공격에 대해 제14장을 보라. 힐라리우스에 관해서는 제16장을 보라 특히 각주 54-57. 루시퍼가 황제에게 쌓아 올린 무례함은 길게 W. Tietze의 *Lucifer von Calaris und die Kirchenpolitik des Constantius* (Diss. Tübingen, 1976)에 정리된다: *De non parcendo in deum delinguentibus* 안에 있다. 콘스탄티우스는 사울, Holofernes, Antiochus Ⅳ, 헤롯, 가롯 유다 그리고 예수를 심문했던 대제사장에 비교된다. K. M. Girardet, 'Kaiser KonstantiusⅡ als "Episcopus Episcoporum" und das Herrscherbild

des Kirchlichen Widerstandes(Osios von Corduba und Lucifer von caralis)', *Historia* 26 (1977), 95-128, 는 적절히 콘스탄티우스에게 과열된 무례함이 그의 기독교회에 대한 취급이 그의 아버지와 다르다는 것을 증명하지 못하고 있음을 찾을 수 있다.

53. 제롬, *Der. Vir. ill.* 112는 키릴로스가 「유아시절」(in adulescentia)이라는 작품을 저술했다고 언급한다.

54. F. M. Young, *From Nicaea to Chalcedon* (London, 1983), 125. 키릴로스의 활동과 신학에 관해 특히 E. J. Yarnold, *TRE* 8 (1981), 261-266; R. C. Gregg, 'Cyril of Jerusalem and Arians,' *Arianism* (1985), 85-109.

55. Hanson, *Search* (1988), 402-413.

56. 제롬, *De. Vir. ill.* 112: 'Saepe pulsus ecclesia et receptus ad extremum, sub Theodosio principe octo annos inconcussum episcopatum tenuit.' (여러 차례, 그의 교회로부터 추방되었지만 마침내 테오도시우스 황제 하에서 8년 동안 방해 없이 교구를 맡게 되었다.) 그의 「연대기」는 예루살렘 감독이 다음과 같이 계승되었다고 한다.: 키릴로스, 에우티키우스, 다시 키릴로스, 이레네우스, 세 번째 키릴로스, 힐라리우스우스, 네 번째 키릴로스(237[a]). Epiphanius, *Pan* 66.20.3은 힐라리우스우스가 376년에 교구를 장악하고 있었음을 말한다.

57. 테오도레투스, *HE* 2.25.6.

58. 제롬, 「연대기」 237[2].

59. 키릴로스의 편지는(*BHG*[3] 413 = CPG 3587) E. Bihain에 의해 편집된 최선의 것이다. 'L'épître de Cyrille de Jérusalem à Constance sur la vision de la croix(BHG[3] 413),' *Byzantion* 43 (1973), 264-296. 편지는 그날로 5월의 아무 날도 정하지 않고 있다 (4.17); 그러나 년도는 351년(350년이 아닌)이 강하게 소크라테스에 의해 암시된다. *HE* 2.28.22. 참고. *Chr. min.* 1.277/8.

60. *RIC* 8.416 Thessalonica 146; C. Brenot, 'Sirmium d'août à octobre 351: La reprise des émissions de billon d'après le trésor de Kosmaj', *Mélanges de numismatique offerts à Pierre Bastien* (Wetteren, 1987), 233-239 No.1 (Sirmium, probably minted shortly before the battle of Mursa).

61. Sulpicius Severus, *Chron.* 2.38.5-8.

XIII. 시르미움, 아를레스, 그리고 밀라노

1. Socrates, *HE* 2.28.23, 29.1, Sozomenus, *HE* 4.6.4에서부터 소크라테스는 참석했던 감독들을 아레투사의 마르쿠스, 알렉산드리아의 게오르기우스, 앙카라의 바질, 펠루시움의 판크라티우스, 헤라클레아의 히파티아누스, 그리고 분명히 나눌 수 없는 우르사키우스와 빌렌스 뿐 아니라 357년 시르미움에 그의 방문과 어떤 혼동을 반영함에 틀림없는 호시우스 또한 포함시켜 언급하고 있다. 더 완전한 목록은 힐라리우스로부터 유래한 단편에서 보전되고 있다 (CSEL. 65.170.3-8, 참고 Feder, *Studien* II (1910), 101-103: 그것은 나르키수스, 테오도로스, 유독시우스, 체크노피우스, 마케도니우스, 그리고 아카키우스를 포함시키고 있으나 판크라티우스와 히파티아누스는 포함시키지 않고 있다.
2. 에피파니우스, *Pan* 71.1.5-8. 그러나 죠시무스는 2.48.5.에서 언급하길 쌀라시우스는 여전히 무르사 전쟁 바로 직전에 콘스탄티우스와 함께하고 있었다. 에피파니우스의 증언 목록에 대한 더 광범위한 의미에 대해 'Christians and pagans in the Reign of Constantius', *L'Eglise et, l'empire au IV siècle* (*Entretiens sur l'antiquité classique* 34 [Vandoeuvres, 1989]), 301-337 중에 314/5에서.
3. Seeck의 *Regesten* (1919), 198에서 주장되듯; *PLRE* 1.879; '포티오스를 재판했던 위원회.' 그러한 '재판'에 대한 불가능성에 대해 제18장을 보라.
4. 소크라테스, *HE* 2.29.4 참고 *Hist. Ar.* 74.5.
5. Hilary, *Syn.* 38; 아타나시오스, *Syn*, 참고 켈리, 「신조들」[3] (1972), 281/2.
6. Sulpicius Severus, *Chron.* 2.37.5: 'igitur Arrian: astuto consilio miscent innoxium criminosis, damnationemque Photini et Marcelli et Athanasii eadem sententia comprehendunt.' (따라서 교활한 계획을 지닌 아리우스를 징벌한 것과 동일한 판단으로 Photinus를 비난하고 마르켈루스와 아타나시오스를 의롭다고 이해한다.)
7. 제12장.
8. 아래 각주 21-25.
9. 본질적인 주장들이 K. M. Girardet에 의해 세워진다. '아를 공의회에서 콘스탄스 II, 아타나시오스: 콘스탄스 II세의 제국에서 정치 종교에 관한 제안', 정치와 신학 (1974), 63-91. 불행히도 그는 동방의 결정 사항(Sententiae orientalium)을 콘스탄티우스가 355년에 347/8 (73-83) 안디옥에서 만났다고 생각하는

공의회의 편지와 함께 동의를 요구했던 것으로 동일시하는 강요된 경우를 망가뜨리고 있다. (Liberius, Ep. ad Eusebium 1. 1. 2 [*CCL* 9.121.7-9] Brennecke가 *Hilarius* (1984), 184-192에서 Girardet에 반하는 반대 주장은 여기서 수용된 그의 주장에 대해 수정된 형태에 대해 확실한 것이 아니다. 직접적 증거(*Fug* 4.2; *Hist. Ar.* 31.3-6; Liberius, *Ep. ad. Ensebium* 1.1.2; Sulpicius Severus, *Chron.* 2.39)는 분명히 하길 모든 감독들이 동방 감독들의 공의회를 통한 아타나시오스와 신조를 비난하는 결정을 그리고 제국의 관리들이 관련 문서들을 추방의 고통에 대해 개인 감독들의 서명을 모든 지역에 전달해야 한다는 칙령이었음이라는 점이다. 더 나아가 카랄리스의 루시퍼는 아타나시오스를 정죄하는 칙령뿐 아니라 콘스탄티우스가 아타나시오스를 박해하며 이단의 챔피온으로 활약하는 것을 계속 반대하고 있음을 언급했다. 특히 *De Atnanasio* 1.10.58-64 Diercks, 2.30.15-51; *De non Conveniemdo cum Raereticis* 6, 9.60-63, 12; *De non Parcendo in deum delinquentibus* 9.22-24; 35.40-42; *Moriundum esse prodei filio* 2.27-37, 9.14-24, 12.41-52.

10. *CSEL* 65.155.7-9; *Chr. min.* 1.76.
11. 동시대의 자료들은 그 날짜를 5월 21일로 제시한다 (Chr min. 1.76): 5월 17일을 선호하는 것에 대해 L. Dechesne, *Le Liber pontificalis* 1 (Paris, 1883), ccl.
12. 제 IV, VI장.
13. *CSEL* 65.155. 5-22.
14. *CSEL* 65.90.13-21 = *CCL* 8.312.42-55.
15. *CSEL* 65.90.1819 = *CCL* 8.312.52/3. 이 로마 공의회는 352년 후반임, E. Caspar의 「교황의 역사 1」 (튀빙겐, 1930), 169-171; Piétri, *Roma* (1976), 238-241.
16. *CSEL* 65.167.4-7 'inter hace(이것이 발췌문의 서문이어도 그것의 관련 문서는 불확실하다). 이탈리아에서 동시에 많은 동료 주교들과 함께 기도 협조입니다. 그리고 그는 얼마 전 알퀼레아에서 나와 함께 그들 자신들과 콘스탄티우스는 모여서 공의회가 소집되었다는 것을 좋아했습니다. multi ex Italia coepiscopi convenerunt, qui mecum religiosissimum imperatorem Constantium fuerant deprecati, ut iuberet, sicut ipsi placuerat dudum, concilium ad Aquileiam congregari.

17. 부록 4.
18. 아타나시오스의 주장은 3세기 저자들로부터 이러한 인용들이 순수하다는 것을 생각나게 한다: L. Abramowski, 'Dionys von Rom (t268) und Dionys von Alexandrien (t264/5) in den arianischen Streitigkeiten des 4. Jahrhunderts; *ZKG* 93 (1982), 240-272는 그들이 c.340년에 저술된 익명의 작품으로부터 유래된 것을 주장하고 있다.
19. Dec. 33-42에 인용된 9곳의 자료들은 Opitz에 의한 *Urkunden* 22, 4a, 4b, 23, 25, 33, 34, 27, 28 각자 또한 편집되어 있다.
20. 특히 F. Dinsel의 「호모우시오스: 콘스탄티노플 (381) 공의회까지의 개념의 역사」 (Diss. Kiel, 1976), 115-153; G. C. Stead, 'Homoousios(ὁμοούσιος),' *RAC* 16 (1992), 364-433. 두 학자들은 니카이야 공의회에 대한 날짜를 350/1에 모임을 가졌다고 주장한다.
21. 소조메누스, *HE* 4.9.6.
22. 「변증」은 개인 고발자를(ὁ καιρός) 피력한다. 3.1, 5.1, 7.1, 17.2, 17.6, 19.6에서 말이다. 비록 복수의 중상자들을 언급하고 있을지라도 그렇게 한다 (3.4, 3.8). 가정적인 상황이라는 것은 다음과 같은 표명에서 분명해진다. '나는 그가 누구든지 (고소자) 여기에 말할 수 있을 것이다' (8.1) 그리고 '그들이 감히 당신 면전에서 나에 반기를 들 수 있었기에' (12.1).
23. Gwatkin은 *Arianism* (1900), 72에서 주장하길 그의 활동 기간 동안 데모스테네스의 고전풍 변증에 그의 연설의 모델을 두었다고 주장했다. E. Fialon에 의해 제공된 차용 리스트는 *De Corona*를 들고 있다. *Saint Athanase: Etude litteraire* (Paris, 1877), 286//(성 아타나시오스: 문학 연구) - 그는 아타나시오스를 '그리스의 위대한 작가로서 연구에 의해 형성'되었고 '고전 시대의 마감'으로 (284-297) 제시하는 학자이다. 그러나 피알론이 인용한(프랑스 역) 부분은 데모스테네스로부터 유래했으며 데모스테네스에 관한 지식이라는 점을 증명할 수 없었다. 그리고 어느 곳에선가 피알론은 「콘스탄티우스에게 변증」에서 아타나시오스가 사용한 자료들은 그가 생각했던 모델과 다르다는 것을 알려주고 있다 (145). 사실상 정반대의 경우이다. 아타나시오스의 모든 다른 작품들처럼 「콘스탄티우스 면전에서 변증」은 전통적 수사학 훈련을 받았던 사람에게 기대되는 형식적 매끄러움이 모자란다고 볼 수 있다. J.Quasten은 「교부학 3」권에서 (Utrecht, Antwerp, and Westminster, Md., 1960), 23, 저자로서

아타나시오스의 결점들을 꼬집고 있다. - '형식에 있어서 어떤 부주의가 있고 자료의 배열에 있어서 순서를 뒤바꾸어 문장을 길게 늘어뜨리는 경향성과 잦은 반복이 발생하고 있다.'

24. 소크라테스, *HE* 2.26.3.
25. 제4장, 7장, 그리고 12장에 번역된 페이지와 토론된 내용을 보라.
26. M. Meslin, 「서방의 아리우스주의자들 335-430」 (Patristica Sorbonensia 8 [Paris, 1967]), 29-44.
27. Lucifer, *De non Conveniendo cum haereticis* 7.18 (CCL 8. 175); CSEL 65.46.1-4; Sulpicius Severus, Chr. 2.40.4, 45.7.
28. Epictetus의 활동에 관해 Meslin의 *Ariens* (1967), 37-39를 보라. 355년에 그는 콘스탄티우스와 리베리오가 밀라노에서 인터뷰 동안 동석하고 있었다 (테오도레투스, *HE* 2.16; 소조메누스, *HE* 4.11). 그리고 펠릭스를 리메리우스의 계승자로 안수하는데 도왔다 (*Hist. Ar.* 75.3; Jerome, *De. Vir. ill.* 98). 루시퍼에게 속한 사제들 마르켈리누스와 파우스티누스가 383/4에 콘스탄티노플에서 테오도시우스에게 제출했던 청원서(Libellus precum)은 (*CSEL* 35.8-44, M. Simonetti에 의해 재편집, *CCL* 69[1967], 361-392)는 막시무스가 추방되고 그가 루피누스를 학대하고 있었을 때 나폴리 교회에 개입했던 일을 추정하고 있다. 에픽테투스는 마지막으로 360년 율리아누스에게 콘스탄티우스에 의해 보내진 사신으로 들려지고 있다 (Julian, *Ep. ad Ath.* 15, 286c).
29. Hilary, *Contra Auxentium* 8 (*PL* 10.614), 참고 메슬린, *Arians* (1967), 41-44.
30. *Libellus precum* 62-65. 참고 메슬린, *Ariens* (1967), 36/7.
31. *Clavis patrum Latinorum*² (1961), Nos. 541-544, 참고 *PLS* 1.202-216. 그의 삶과 저술의 모든 면에서 M. Montes Moreira에 의한 완전한 토의를 살펴보라. 「리스본의 포타미우스와 아리우스 논쟁」 (Louvain, 1969), 39-323.
32. *Libellus precum* 32.
33. *CSEL* 65.155. 24-156.1.
34. Hilary, *Syn.* 11 (*PL* 10.482/3.487).
35. Phoebadius of Agen, *Contra Arianos* 5 (*PL* 20.16 = CCL 64.27). 여러 세기 후 알퀸은 아타나시오스의 포타미우스에게 보낸 알려지지 않은 다른 편지를 인용했는데 거기에는 많은 신학적 질문들을 제시하고 있다 (PL 101.113 참고 J. Hadoz, 'Potamio de Lisboa,' *Revista Española de Teología* 7 [1947],

79-109 특히 86페이지): 인용의 권위에 대한 선호도에 대해 A. Wilmart를 보라, 'Le De Lazro de patamius,' *JTS* 19 (1918), 289-304 특히 289에서 각주 1; A. Montes Moreira, *Potamius* (1969), 159-167.
36. 아를 공의회에 대해, Brennecke의 *Hilarius* (1984), 133-147 (초기의 참고도서와 함께).
37. 거기에 직접 증거는 없다: Brennecke, *Hilarius* (1984), 137.
38. Sulpicius Severus, *Chron.* 2.39.1-3, 37.7, 참고 H. Crouzel, 'un "résistant" toulousain à la politique pro-arienne de l'empereur Constaus II: L'évêque, Rhodamiius,' *BHE* 77 (1976), 173-190. 공의회에서 파울리누스의 직위 해제에 관한 초기의 언급은 *CSEL* 65.102.9-13을 보라.
39. *CSEL* 65.166.15-167.16: 각자, 카푸아의 빈센티우스 그리고 마르켈루스 또한 캄파니아의 감독이었다.
40. Sulpicius Severus, *Chron* 2.37.7.
41. Liberius, *Ep. ad Eusebium* 1.1.2 (CCL 9.121.7-9).
42. *CSEL* 65.89.13-16.
43. *CSEL* 65.89-93 = *CCL* 8.311-316. (많은 부분에서 약간의 변형을 보이는 두 역본들) 아를 공의회 이후 리베리오의 행동들에 대해 Brennecke에 의한 최근 토의를 보라, *Hilarius* (1984), 147-164. 신학적 문제들을 배제 시키는데 약간의 어려움이 있었다.
44. 밀라노 공의회 이전 리베리오에게서 에우세비우스에게 보내는 편지 4통이 보전되어 있다 (*CCL* 9.121-123). 그리고 루시퍼, 판크라티우스, 그리고 힐라리우스우스에게서 각 한 통씩 보진되어 있다 (*CCL* 9.120). 355년에 에우세비우스의 정확한 역할에 대한 분명치 않은 질문에 대해 Brennecke의 *Hilarius* (1984), 172-185; L. A. Speller, 'A note on Eusebius of Vercellae and Council of Milan,' *JTS*, N, S. 36 (1985), 157-165.
45. 완벽한 토론과 참고 도서에 관해 Brennecke의 Hilarius (1984), 164-184를 보라. 그러나 니카이야 신조가 회의 과정 중에 언급된 적이 있었다는 것을 부정한 그의 부정은 확실하지 않다. J. Doignon의 'Hilaire de Poitiers, "Kirchenpolitiker"? A propose d'un ouvrage récent,' *RHE* 80 (1985), 441-454.
46. Socrates, *HE* 2.36.1. 피에트리에 의해 'Plusieurs centaines d'occidentaux'에서 더 확대되었다. *Roma* (1976), 294. (수백명의 서양인들)

47. 편지와 서명된 자료들이 Baronius 추기경에 의해 그의 「교회연감」 anno. 355, paras. 6.22. 'in Archivo Ecclesiae Vercellensis'에 있는 원고 안에 출판되었다. 그 사본은 지금 잊혀졌지만 편지나 서명 자료들의 진위에 대해 의심할 이유는 없다: Brennecke, *Hilarius* (1984), 165/6를 보라. 편지는 최근 V. Bulhart, *CCL* 9.119에서 그에 의해 재편집되었다. 서명 자료의 가장 근접된 자료는 C. Baronius, *Annales Ecclesiastici* 4 (Antwerp, 1865), 537에 있다.

48. 소크라테스 *HE* 2.36. 예상해서 아타나시오스만 언급한다. 335년의 고소들은 여전히 아타나시오스의 처벌 대상으로 등장하고 있다. *CCL* 9.119.4; Theodoretus, HE 2.15.2.

49. Sulpicius Severus, *Chron.* 2.39.3-6.

50. 제롬, *Chron.* 239」; Sulpicius Severus, *Chron.* 2.39.4.」.

51. *CSEL* 65.186.19-187.19.

52. Brennecke, *Hilarius* (1984), 178-184.

53. 제5장, 위 각주 17-19.

54. Hilary 「공의회」 91 (*PL* 10.545): 'regeneratus pridem et in episcopatu aliquantisper manens, fidem Nicaendm nunquam nisi exulaturus audivi.' 힐라리우스의 말에 대한 해석을 위해 뒤에 나오는 제15장 각주 50을 보라 (몇몇 감독들이 마음을 고쳐먹고 그의 니카이야 신앙에 박수를 보냈으나 결코 그를 칭찬하는 소리는 듣지 못했다).

55. Ammianus, 15.7.6-10.

56. 테오도레투스, *HE* 2.16 참고, 소조메누스, HE 4.11, 그는 우르사키우스와 빌렌스가 거기에 있었다고 기술한다. 그 자료의 토론에 관해 V. Monachino를 보라, 'Il primato nella controversia Ariana: Saggi storici intorno al Papato,' *Miscellanea Historiae Pontificiae* 21 (1959), 17-89.; J. Herrmann, 'Ein Streitgesprach mit verfahrensrechtlichten Argumenten zwischen Kaiser Konstantius und Bischof Liberius,' *Festschrift für Hans Liermann zum 70. Geburtstag* (Erlangener Forschungen, Reihe A: Geisteswissenschaften 16[1914]), 77-86; R. Klein, Zur Glaubwürdigkeit historischer Aussagen des Bischofs Athanasius von Alexandria über die Religionspolitik des Kaisers ConstantiusⅡ, *Studia Patristica* 17.3 (1982), 996-1017 중 996-1002에서.

57. 제롬, *De. Vir, ill.* 98. 펠릭스가 '궁전에서' 안수받았다 하는 아타나시오스의

조롱은 문자적으로 적시되어지는 것은 아니었다.
58. Quae gesta sunt inter Liberium et Felicem 2 (*CSEL* 35.1) (리베리오와 펠릭스 간 취하여진 조치 2)
59. 「취하여진 조치 3」; 필로스토르기우스, *HE* 4.3; Theodoretus, *HE* 2.17.7; 소조메누스, *HE* 4.11.12. 그러나 밀라노에서 발표되고 '펠릭스 감독에게' 전달된 *CTh* 16.2.14의 날짜가 357년 12월 6일부터 356년 12월 6일로 수정되어야만 하는 것을 관찰하라 (Seeck, *Regesten* [1919], 202).
60. 테오도레투스, *HE* 2.17.3; 소조메누스, *HE* 4.11.11. 이 분명한 주장들은 루피누스에 의해 레벨이 매겨진 아리우스주의에 대한 비난보다 더 우호적인 것이 틀림없다.
61. T. 몸헨, '로마 감독 리베리오와 펠릭스 2세,' *Deutsche zeitschrift für Geschichtwissenschaft*, N. F. 1 (1896-1897), 167-179, 그의 *Gesammelte Schriften* 6 (Berlin, 1910), 570-581에 재판됨. 펠릭스는 365년 11월 21일에 사망했지만 (Quae gesta sunt 4) *Liber Pontificalis* 28 (p. 211 Duchesne)는 콘스탄티우스가 그를 순교자로 사형했다고 기술하고 있다.
62. 암미아누스 27.3.12/3. *Quae gesta sunt* 8-12에 있는 설명은 여전히 전체적으로 '더 높이' 있는 것을 제공한다; 다마수스의 후원자들은 교회에서 160여 명의 남녀를 살해했다.
63. 게오르기우스는 361년 11월 26일에 돌아왔고 4주 후 폭거로 죽임을 당했다 (Hist. ac. 2.6 참고 제 17장의 각주 18임).
64. 관계대명사의 헬라어 구절은 극도로 모호하다(ἐξεπλήττοντο οὓς ἔτι γρύζειν εἰκὸς ὑπὸ ὀδόντα; 그들이 놀라서 치아 밑에 있던 공정함이 여전히 흔들렸다.). 그러나 mussitare sub dente('치아 아래에서 침묵하다'나 그와 어떻게 묵사한 것을 뜻하는 라틴어 원본을 반영함에 틀림없다. 나는 (어떤 잘못된 입장에서) 몬트파우콘의 전통적 해석을 수용했다 (*PG* 25.634). 그것은 M. Atkinson과 A. Roberson에 의해 인정되고 있었다 (*Select writings* [1892], 250).
65. 콘스탄티우스 하에서 선교 활동에 관해 W. H. C. Frendel 「콘스탄티우스 II 통치 내에서 교회」 (337-361): Mission Monasticism worship, *L'Église et l'empere au IV siècle(Entretiens sur l'antiquité classique* 34 [Vandoeuvre, 1989]), 73-111.

66. *CTh* 12.12.2ˢ: Mommsen, ad loc., 이 자료는 콘스탄티우스가 대사들을 보내는 것을 금지해 알렉산드리아에서로 일 년을 보내야 했다는 모호함을 피하기 위해 자료를 수정했다.
67. E 리트만, 「독일의 축-원정 4」 (Berlin, 1913), Nos. 4(=ogiszoo), 6, 7(헬라어, Sabaitic, 에티오피아어로 동일한 텍스트), 10, 11, 참고 E. 리트만 「독일의 축-원정 1」 (Berlin, 1913), 48. 콘스탄티우스의 편지와 비명에 대해 특히 A. Dihle의 저술인 「논쟁적 자료: 홍해에서 그리스인의 출현에 대한 연구」 (*Wissenschaftliche Abhandlungen der Arbeitsgemeinschaft für Forschung des Landes Nordrhein-Westfalen* 32 [Cologne and Opladen, 1964]), 51-56, 65-67; 'L'ambassade de Théophile l'Indien ré-examiné, *L'Arabie préislamique et son environnement historique et culturel*, ed. T. Fahd (Strasbourg, 1989), 461-468.

XIV. 변증, 논쟁, 그리고 신학

1. *Historia Lausiace* 63, 참고 M. Tetz, 「알렉산드리아의 아타나시오스 생애에 관해」2KG 90 (1979), 304-338 중 316-319에서. 루피누스는 그 이야기를 알았지만 335년 두로 공의회 직후 그것을 정리했다 (*HE* 10.19).
2. Robertson, 「저술선집」 (1892), 1Vii은 정당히 관찰하고 있길 '이 기간 동안 아타나시오스의 역사는 그의 저술의 역사이다.'
3. 안토니우스와 아타나시오스에 관해서는 제3장의 각주 23; 제4장의 각주 42; 제11장의 각주 24번을 보라.
4. *Epistula Ammonis* 2, 5, 13, 31;「성자 파코미우스 생애」120, 137/8 (Berkley, 1985), 72, 161/2, 89/90; J. E. Goehring, 「암몬의 편지와 파코미우 수도원」 (교부학 텍스트와 연구 27 [Berlin and New York]), 190, 201-205, 234-236, 282-285.
5. 주석에 관해 A. Martin의 *Sources chrétiennes* 317 (1985), 297. J. Dummer의 'Fl. Artemius dux Aegypti,' *Archiv für Papyrusforschung* 21 (1971), 121-144.
6. 「부활절 편지들」 (부록 1)을 제하고는 어떤 조직적 수집본이나 옛 편집본이 아타나시오스의 편지들을 위해 만들어진 적이 없다: 이 점에서 율리아누스 황제의 경우에서처럼 다른 편지들과 그룹화된 편지들의 사본이 넓게 변이를

이루고 있다 (*CPG* 2094/5, 2097/8, 2100, 2103/4, 2106-2112). 아타나시오스 이름으로 전달되어 오고 있는 편지들 중 가공의 것이건 삽입된 것이건 카랄리스의 루시퍼에게 두 편지들이 있다(CPG 2232, 디륵스에 의해 편집된, CCL. 8[1978], 306-310): 그들 옛 위조 문서라는 증거에 대해 L. Salter의 'Fraudes littéraires des schismatiques Lucifériens aux IV et Ve Siécles,' *BHE* 1906, 300-326 중 305-315에서.

7. 「목록」은 아타나시오스가 「부활절 편지」를 357년에서 361년 어느 부활절 동안에는 쓴 적이 없다. (29-33)에서 주장한다. 그러나 편지 XXIX의 단편이 357년 부활절 기간 동안에 썼으며, 안디옥의 Severus에 의해 보전되고 있다: 그리고 J. Lebon에 의해 편집되어 번역되었다. *CSCO* 101 (1933), 294: 102 (1933), 216/7.

8. Opitz 181/2. 이 편지는 칸넨기서에 의해 340년으로 정해지는데, *Athanase* (1983), 375-397에 나타난다.

9. *PG* 26. 1185-1188 (*CPG* 2108). 카그리아리의 루시퍼의 저작들과 함께 보전된 이 편지의 옛 라틴 버전은 지금 G. F. Dierks에 의해 편집되어 있다. *CCL* 8. 316/7.

10. 이전에 *CIG* 8607로 출판된 적 있는 단편들; H. E. White and W. E. Crum, 『Thebes 2에 있던 에피파니우스 수도원』 (New York, 1927), 124, No.585. G. 데 더파니온에 의해 그것들은 재편집되었다. 'La vraie teneur d'un texte de saint Athanase rétablie par l'épigraphie: L'epistula ad Monachos,' *Rech. Sci. rel.* 20 (1930), 529-544. 완전한 헬라어와 라틴 역본의 중요한 결론을 그것들은 지니고 있다.

11. 제15장, 16장.

12. 아타나시오스는 특별히 그가 어디 있다고는 칭하지 않으면서 '이 부분들에' 내가 있었다고 두 번이나 언급한다 (5, 7) : 토론을 위해 Robertson의 『저작선집』 (1892), 1i/1ii, 222를 보라.

13. 제12장.

14. 그러나 확장된 역본이 어떤 면에서 아타나시오스 생전에 출판되었다고 상상할 필요는 없다 (부록 3).

15. 오시우스 체포에 관련해 그가 그 작품을 돌리기 전에 첨가했었을 것이다. (5.3).

16. Opitz. 68에서.
17. 소크라테스, *HE* 2.37.7-9 소크라테스는 유독시우스가 로마에서 레온티우스의 사망 소식을 알았다고 말한다.: 그러나 그 경우에 레온티우스의 계승자로서 선택을 너무 늦어서 받을 수 없을 만큼 안디옥에 늦게 도달했을 것이다.
18. 제15장, 각주 1-8.
19. 키프리아누스에 대한 아타나시오스의 가능한 지식에 관해 J. L. North의 '아타나시오스 (편지 49, 드라콘티우스에게)는 키프리아누스를 알았고 수정했는가 (편지 5, 하르텔)?' *studia patristica* 17.3 (1982), 1024-1029.
20. 제2장, 각주 45-47.
21. 작품의 주장에 관해 그리고 그 강조하는 입장에 대해 M. Tetz의 *ZKG* 90 (197P), 320-325와; A. Petterson, '"To Flee or not to Flee": An Assessment of Athanasius' *De Fuga Sua,' per secution and Toleration (Studies in Church History* 21, 1984), 29-42; O. Nicholson 'Flight from persecution as Imitation of Christ: Lactantius,' *Divine Institues* IV. 18, 1-2,' *JTS*, N. S. 40 (1989), 48-65.
22. Robertson, *Select Writings* (1892), 1Vii.
23. 그러나 사본에서 그것을 앞서는 수도사들에게 보낸 편지 (Opitz 181/2)는 그것에 서론적 편지에 해당하는 것이 아니다.
24. Opitz 183.
25. 358년의 전통적 날짜 (Opitz 183, 206.11, 206.16, 216.13)는 357년 대신 358년 리베리오의 체포 날짜이다.
26. 그것에 관해 각자 '콘스탄티노플의 Synesius,' *GRBS* 2 (1986), 93-112; 아베릴 카메론, 『프로코피우스와 6세기』 (Berkely, 1985), 49-66.
27. Opitz 178-180. 선호하는 년도 C.340, 칸네기서의 *Athanase* (1983), 380-397을 보라. 아타나시오스는 그 이야기를 그의 『이집트와 리비아의 감독들에게 편지』 (1819)에서 수놓았다. 참고 A. Martin, 'Le fil d'Arius,' *BHE* 84 (1984), 297-333 중 320-333.
28. 그 해와 상황에 대해 *Constantine* (1981), 242를 보라. 초기 순교 신화는 그 날짜를 6월 6일로 입증하고 있다 (*Patrologia Orientalis* 10. 17).
29. 5.2에 다른 9명의 망명된 감독들이 호칭되고 있다. 참고 제6장.
30. 보통 이 시대에 이란 동사의 거친 의미는 Alan cameron의 'strato and Rufinus,'

Classical Quarterly, N.S. 32 (1982), 162-173 중 163/4를 보라. 뮐러, Lexicon (1952), 212는 그 단어를 '결혼을 생각하기'로 광택을 내는 실수가 나타나고 있다. Ep. ad Dracontium 9.2 (PG 26.533 = Opitz 307.19)에서 그것은 결혼이 아닌 성교를 또한 언급하고 있다.

31. 사실상 아르메니아의 완전히 존경받는 기독교인 왕 아르사케스에게 (암미아누스 20.11.13).

32. 8.1에서 Τασία συνορωνίες 1-6에서 기술된 콘스탄티누스 통치사건을 거슬러 올라가 말한다. 바울의 감독 활동 전체는 337년 6월에 추방된 감독들의 소환 이후의 일이다 (부록 8).

33. 가장 뚜렷이 콘스탄티우스의 추정된 발표문 "내가 원하는 바는 교회의 통치가 되게 하라" (33.7)는 말은 자주 황제와 교회 사이의 관계를 정확하고 균형 있게 정의한 것으로 취급되어 오고 있다. 그것에 관해 T. Hommsen의 'Die römischen Bischöfe Liberius und Felix II.' Deutsche Zeitschrift Für Geschichtswissenschaft, N. F. 1 (1896-1897), 570-581에 재출판 됨; K. M. Setton, 『4세기 제국을 향한 크리스천의 자세』 (New York, 1941) 86/7; 벌코프, 『교회와 황제』: Eine Untersuchung der Entstehung der Byzantinischen und der theokratischen Staatsauffasung im vierten Jahrhundert (Zürich, 1947), 79 ('Das ist Staatskirche, Ohne Vorbehalt oder Verschleierung'); S. L. GreenSlade, 『콘스탄티누스부터 테오도시우스 때까지 교회와 국가』 (London, 1954), 25; K. Aland, 'Kaiser und Kirche von Konstantin bis Byzans,' Kirchengeschichtliche Entwürfe (Gütersloh, 1960), 257-279; W. Schneemelcher, Kirche und Staat im 4 Jahrhundert (Bonner Akademische Reden 37[Bonn, 1970]), 18; K. Baus, History of the Church, ed. H. Jedin and H. Dolan, trans. A. Biggs 2 (New York, 1980), 82/3.

34. 제9장.

35. 소크라테스, HE 2.22.5 제10장, 각주 12에서 번역됨.

36. 제10장.

37. 제12장. 의미있게 『아리우스주의의 역사』는 마그넨티우스를 Vetranio와 갈루스와 함께 합법적 황제라고 칭하고 있고 콘스탄티우스를 "축복받은 이"(Blessed)라고 부르고 있다 (50.2).

38. 분명히 이중으로 축약되어 형성된 Κοστύλλιον이다. R. Kühner and F.

Blass 『헬라어의 실용적 문법』 1.2³ (하노버와 라이프치히, 1892), 277, 280. Opitz 234.4에서는 중성이 아닌 남성으로 나타난다.
39. 제15장, 각주 21.
40. W. Bright, 『성 아타나시오스의 역사적 저작물들』(Oxford, 1881), lxxvii: '그들이 말하고 저술했던 본문의 재생산이나 재생산인 듯 시도했던 것이 아니라 그들의 마음속에 있었던 것으로 추정되는 개인적인 표현이었다.'
41. 클라인, 『콘스탄티우스』(1977), 16-159.
42. 제16장.
43. CTh 16.2.12. 참고 18장의 각주 31-38.
44. 제4장, 각주 44.
45. 한센, 『탐구』(1988), 639-875.
46. 참고도서와 토론에 관해 A. Heron, 'Zur Theologie der "Tropici" in den Serapionbriefen des Athanasius: Amos 4, 13 als Pneumatologische Belegstelle,' *Kyrios: Vierteljahresschrift für Kirchen-und Geistesgeschichte Osteuropas*, N. F. 14 (1974), 3-24.
47. 『세라피온 편지』 묶음 (*CPG* 2094)은 텍스트가 *PG* 26.529-648에 재판된 Montfaucon 이래 편집된 것이 아니고 두 개의 현대 번역이 도움이 되는 주석과 본질적은 서론을 갖고 등장했다: J. Lebon, *Sources chrétiennes* 15 (Paris, 1947); C. R. B. Shapland, *The Letters of Saint Athanasius concerning the Holy Spirit* (London, 1951). 나는 두 번째 세 번째 편지가 전달 과정에서 나쁘게 분리된 한 편지로 취급하는 학자들의 합의를 따르고 있다.
48. Opitz 231, 258.21은 361/2년 겨울에 한 번에 작성된 것으로 그 작품을 주장한다. 그러나 그 날짜에 대해서는 그가 했던 것처럼 아타나시오스가 집중력이 없이 거의 모든 사건들이 2년 동안에 끼어든 것으로 무관심하게 다루었다.
49. nos. (2) to (8), 간단히 부록 10을 보라.
50. 38.1, 4에서 아카키우스와 유독시우스는 아타나시오스의 중요한 적들로 호출되고 있다.

XV. 새로운 신학적 논쟁들

1. 아에티우스의 활동에 대한 중요한 자료는 필로스토르기우스이다. *HE* 3.15-17,

27: 다른 자료들과 완전한 토론에 관해서는 코페섹, *Neo-Arianism* (1979), 61-132; R. A. Kaster, *Guardians of Language: The grammarian and Society in Late Antiquity* (Berkeley, 1988), 5/6, 376; 한슨, 『연구』 (1988), 598-603.
2. 소조메누스, *HE* 3.15.8은 또한 갈루스와 함께한 그의 입장을 알리고 있다 (그의 활동에 대해 간단히 요약하면서).
3. 닛사의 그레고리우스, 『유노미우스를 대항해서』 1.48/9 (pp. 38/9 Jaeger); 테오도레투스, *HE* 2.27.8. Epiphanius, pan. 76.1.1, 8은 추정하길 아에티우스를 집사로 안수했던 이가 게오르기우스였다.
4. 소조메누스, *HE* 4.13.3 (라오디게아의 게오르기우스의 편지).
5. 필로스토르기우스, *HE* 4.8.
6. 회합과 아에티우스의 훗날 후임에 관해 L. R. Wickham의 '비유사론자 아에티우스의 회합,' *JTS*, N.S. 19 (1968), 532-569.
7. Julian, *Ep.* 46; Philosorgius, *HE* 9.4; 소조메누스, *HE* 5.5.9.
8. 그의 활동에 대해 한슨의 『연구』 (1988), 611-617; R. P. Vaggione, '몹소에스티아의 Contra Eunomium에 대한 데오도레의 약간 소홀히 취급된 단편들,' *JTS*, N.S. 31 (1980), 403-470은 몹소에스티아의 데오도르 작품, 분실된 Contra Eunomium의 시리아 단편을 출판하고 토의하고 있다.
9. 필로스토르기우스, *HE* 5.3; 소조메누스, *HE* 4.25.6, 참고 코페섹, 『신 아리우스주의』 (1979), 299-360.
10. 이 두 작품을 위해 R. P. Vaggione의 예기되며 재건된 자료를 보라. 『Eunomius: 현존하는 자료들』 (Oxford, 1987), 34-127. 그는 또한 조심스럽게 날짜와 상황에 대해 토의하는 내용을 제공해 준다.
11. 닛사의 그레고리우스, 『유노미우스를 대항해서』 2.604 (p. 402.28 Jaeger); Gregory of Nazianzus, Orat. 29. 21, 참고 27.2.
12. 제롬에 의해 주석된 대로 『루시퍼주의자들에 대항하여 대화 11』 (PL 23.174).
13. E. Vandenbussche, 'La part de la dialectique dans la théologie d'Eunominus "le technologue,"' *RHE* 40 (1944-1945), 47-72; J. Daniélou, 'Eunome l'Arian et l'exégèse néo-platonicienne du Cratyle,' *Revue des études grecques* 69 (1956), 412-432. 후자는 그의 '신 플라톤주의적 체계'와 '신비적 아리스토텔레스주의'로 유노미우스를 'est l'hiérophante d'une gnose, d'une doctrine secrète' (431) (영지주의와 비밀 교리의 신비적 해석).

14. L. R. Wickham, *JTS*, N.S. 19 (1968), 558-561; J. M. Rist, 'Basil's "Neoplatonism": Its Background and nature,' *Basil of Caesarea: Christian, Humanist, Ascetic,* ed. P. J. Fedwick (Toronto, 1981), 137-220의 185에서 188까지.
15. M. Alberz, 'Zur Geschichte der jung-arianischen Kirchengemeinschaft,' *Theologische Studien und Kritiken* 82 (1909), 205-278.
16. '신 나찌안파'(Neunizänismus) 개념에 따라 H. C. 브레네케의 'Erwägungen zu den Anfängen des Neunizänismus' (신 나찌안파의 출발에 대한 고려, *Oecumenica et Patristica: Festschrift für Wilhelm Schneemelcher zum 75. Geburtstag* (Geneva, 1989), 241-258. 영어에 대등한 용어로 교부학자들 사이에서도 그 자체를 판가름 못 내리고 있다. 즉 '신 니케아파'(Neo-Nicene) 혹은 '신 아리우스파'(Neo Arian)란 용어도 옥스퍼드판 영어사전 (1989)의 두 번째 판에도 수록되지 못했다.
17. 기쁜 어조로 아타나시오스가 『아리우스의 죽음에 관해』(제14장, 각주 27-28)에서 강조하고 있다.
18. *Constantine* (1981), 241/2, 264/5.
19. 그렇게 최근에 R. P. Vaggione, *Eunomius* (1987), xiii: '유노미우스는 아리우스주의의 사고를 소유한 제2세대에 속한 인물이다.' 즉 그는, 니코메디아의 에우세비우스와 아리우스의 신학적 작업을 계속했다. 핸슨의 『연구』 (1988), 603-611, 617-636에서 일으킨 토의는 '신 아리우스주의'란 개념을 수용할지라도 아에티우스를 형이상학에 사로잡힌 자로 유노미우스를 '개인주의자'로 철학적으로 자기 자신의 특이한 합리적 유니테리아니즘의 특징을 보여주고 있다. 유노미우스에 대해 더욱 동정적이며 정확한 평가는 M. F. Wiles의 '유노미우스: 구원에 관해 머리카락 날리는 변증가인가 아니면 변호인인가?' 『정통주의를 형성함: 헨리 채드윅을 기념하는 에세이 선집』, R. 윌리암스 편집 (Cambridge, 1989), 157-172.
20. 제13장, 각주 55-58.
21. 테오도레투스, *HE* 2.17; *Quae gesta sunt inter Liberium et Felicem episcopos* 3 (*CSEL* 35.2.3-8); (리베리오와 감독 펠릭스 사이에 있었던 감독들의 회의); 『자유로운 교황 제도』37.6 (p. 208 Duchesne), 참고. '리베리오의 헌장과 푸아티에의 힐라리우스,' *Phoenix* 46 (1992), 256-265.

22. *CSEL* 65.155/6, 168-170. 제롬『유명한 이들의 이야기』97은 포르나티아누스가 리베리오로 하여금 이단을 수용하도록 설득하는 데 통로가 되었다고 언급하고 있다.
23. '호시우스의 추락'에 대해 V. C. De 클랙의 장황하고 당혹스런 토론을 보라. 『코르도바의 호시우스: 콘스탄티누스 시대사에 기여』(워싱턴, 1954), 459-525.
24. 힐라리우스, 『공의회』[11] (*PL* 10.487-489); 아타나시오스『공의회』, 28.
25. 아겐의 푀바디우스, 『아리우스파에 대항하여 3』(*PL* 20.15 = CCL. 64.25).
26. 나는 그 단어를 생략했다. et quod dicitur homoeousion"혹은 homoiousios" (그리고 *homoeousion*이라 불리우는 것을). 왜냐하면 그들이 357년의 원본자료에 의존하지 않고 358년에 첨부된(아래 각주 32를 보라)것에 기초하고 있다고 생각했기 때문이다. 그 말들이 아타나시오스의 편집 속에 (『공의회』28.6: ἢ τὸ λεγόμενον ὁμοιούσιον) 그리고 힐라리우스가 그것에 대해 주석하고 있어도 (『공의회』10, 79, 81), 그것들은 몇 몇 사본들을 놓쳐버리고 말았다고 알려진다 (*PL* 10.488 각주[j]).
27. 부록 10을 보라. 리베리오가 서명했던 자료로 그것을 동일시하는 것은 연도의 기초에 의해 불가능한 일이다 (브레네케가 주장하고 있다. *Hiralius* (1984), 265-297).
28. 소크라테스, *HE* 2.37.7-9; 필로스토르기우스, *HE* 4.4; 테오도레투스, *HE* 2.25.1; 소조메누스, *HE* 4.12.3-5. 소조메누스는 유독시우스가 355년 이래로 재판중에 있었다는 것을 암시하고 있다.
29. 소조메누스, *HE* 4. 12.5-7. 현존했던 인물들 중에는 가이사랴의 아카키우스 그리고 두로의 우라니우스가 포함된다.
30. 소조메누스, *HE* 4.13.1-3.
31. 그와트킨, 『아리우스주의²』(1966), 164/5.
32. 에피파니우스, *Pan.* 73.2-11, 참고 힐라리우스, 『공의회』13-28. 이 중요한 자료에 대해 J. 굼머루스의 고전 연구를 보라, 『콘스탄티우스 사망시까지 유사본질 분파들』(라이프치히, 1900), 66-89; 더 최근에 J. T. Liehard의 '앙카라 공의회 편지, 358: 재고찰,'『아리아니즘』(1985), 349-357. 어떤 면에서 이 편지가 기술적 용어 '유사본질'이란 용어를 피하는 것이 놀라운 일이다. 벌써 그것이 통용된다면 말이다. 그러므로 그 용어는 앙카라 공의회 이후에 생성되었고 357년 시르미움 선언의 원래 텍스트가 아니면서 신학적 관점을 정확히

요약하고 있다 (위 각주 26).

33. 소조메누스, *HE* 4.13.4-6. 참고 필로스토르기우스, *HE* 4.8; 테오도레투스, *HE* 2.25.314. 약간 정확하지 않지만 대사에 관한 동시대의 관련성에 관해 Hilary, 『공의회』 78; 91; Marius Victorinus, *Adv. Arium* 1.28.24-29 (아래 각주 56).
34. 소조메누스, *HE* 4.14.
35. 소조메누스, *HE* 4.16.1-13. 참고 필로스토르기우스, *HE* 4.8-11.
36. '358년 시르미움 공의회에 대해' 대부분 학자들이 수용하고 있다.
37. 필로스토르기우스, *HE* 4.8.
38. 제 XVI (16장).
39. 힐라리우스, 『공의회』 8 (*PL* 10.485); 소크라테스, *HE* 2.39.1-7; 소조메누스, *HE* 4.16.14-22.
40. *PL* 20.13-30. R. 드물레너래에 의한 새로운 장별의 구분으로 재편집되었다, *CCL* 64 (1985), 23-54. 즉각적이고 가장 본능적인 시르미움 선언에 대한 반응에 대해 여전히 Gwatkin의 『아리우스주의^2』 (1900), 162-164를 보라.
41. 그래서 가장 최근의 D. H. Williams, '초기 활동의 재평가와 푸아티에의 힐라리우스의 추방,' *JEH* 42 (1991), 202-217 중 213/4쪽.
42. 『아리우스에 반하여 28.3』 (23): 'quid si diversa nunc sentit…?'(우리가 만일 지금 변한다면 무엇을 느낄 것인가?) V. C. De Clercq, *Ossius of Corduba* (1954), 525-530, 은 호시우스가 357/8 겨울 동안에 사망했다고 결론을 내렸다. 그러나 알렉산드리아의 아타나시오스는 357년 말 이전에 그의 죽음에 대해 들었던 것으로 나타나고 있다 (제14장 각주 25).
43. 힐라리우스, 『콘스탄티우스』 2.11에서 이 해석에 관해 (힐라리우스에 대항한 고소가 제 일차적으로 배타적으로 정치적이다.) '푸아티에의 힐라리우스의 추방에 관해서' *Vig. Chr.* 46 (1992), 12-140을 보라.
44. 366년의 후기 편집으로부터 단편만 남아 있다 (A. Feder에 의해 *CSEL* 65 [1916]에 잘 편집되어 있다).
45. 힐라리우스, 『공의회』 1-5, 8. P. Gläser, *Phoebadius von Agen* (Diss. Augsburg, 1978), 21-25는 Phoebadius가 공의회를 관장했다고 주장한다.
46. 불행히도 현대의 비평적 편집이 아직 없다: faute de mieux, 그러므로 *PL* 10.478-546에 재판된 1693년 콘스탄트 편집본에 주석들이 들어 있다.

47. 『응답의 변증』 2 (*PL* 10.545). 이 가변적인 주석들은 루시퍼의 무관심을 지적한다. 미뉴에 의해 재판된 콘스탄트의 편집 속에 둘은 포함되어 있지 않은데 P. 스물더에 의해 출판되었다. '힐라리우스의 "응답의 변증"의 두 부분의 재발견,' *Bijdragen: Tijdschrift voor Philosophie en Theologie* 39 (1978), 234-243 = *Texte und Textkritik: Eine Aufsatzsammlung*, ed. J. Dummer (*Texte und Untersuchungen* 133 [Berlin, 1987]), 539-547.
48. 『공의회』 63.
49. 『공의회』 77-92.
50. 『공의회』 91: 'fidem Nicaenam numquam nisi exsulaturus audivi.'(그의 망명을 박수치는 믿음은) 이것은 힐라리우스가 니케아 신조에 전적으로 익숙하지 않다거나 '결코 들어본 적이 없다'는 것을 의미할 필요는 없다. 많은 이들이 간주하는 것처럼 말이다: 예를 들면 H. Lietzmann, *RE* 8 (1913), 1601; Kelly, *Creeds*³, 258; G. C. 스테드, '"호모우시오스" dans la pensée de saint Athanase,' *Politique et théologie* (1974), 231-253의 239에서 ('je n'entendis riem ausujet de la foi de Nicée'); 브레네케, 『힐라리우스』 (1984), 217; D. H. Williams, *JEH* 42 (1991), 203, 207, 214. 상황은 유동적이고 힐라리우스는 325년의 신조를 크게 읊조리는 것을 들은 적은 없었다는 것을 단지 의미한다.
51. 제16장.
52. 그 작품은 V. Buhart, *CCL* 69 (1967), 221-247에서 사본의 검증 없이 재편집되어 있는 두 종류의 모자란 곳에서 보전되어 있다. 재편집된 부족한 것은 신학적인 모호성을 제거할 수 있는데, 그레고리우스 자신의 손에서 유래한 것 같다. M. Simoncttí, 'La doppia redazione del "De fide" di Gregorio di Elvira,' *Forma Futuri: Studi in onore del cardinale Michele Pellegrino* (Turin, 1975), 1022-1040. 푀바디우스와 힐라리우스에 대한 그레고리우스의 사용에 대한 증거에 관해 B. Marx를 보라. 'Zwei zeugen für die Herkunft der fragmente I und II des sog. Opus historicum S. Hilarii: Ein Beitrag Zur Lösung des Fragmenten-problems,' *Theologische Quartalschrift* 88 (1906), 390-406에서 391/2.
53. 전통적인 날짜는 360 혹은 361년이다: A. Wilmart, 『포바디우스, 그레고리우스 일리버리타누스, 파우스티누스 팜플렛의 전통에 대해』 (*Sitzungsberichte der kaiserlichen Akademie der Wissenschaften in Wien*, 고전철학사 159,

Abhandlung 1, 1908), 1; M. Simonetti, *Patrologia* 3 (Rome 1978), 80. 그러나 그 작품은 G. Bardy에 의해 358년에 해당하는 것이었다. 'L'occident et les documents de la controverse arienne,' *Rev. Sci. rel* 20 (1940), 28-63의 30, 55에서; J. Doignon, *Handbuch der lateinischen literatur der Antike* 5 (Munich, 1989), 491-493.

54. 그의 활동과 작품에 관해 현재의 G. Madec과 P. L. Schmidt, *Handbuch der lateinischen Literatur der Antike* 5 (Munch, 1989), 342-355.

55. 빅토리누스 작품 연도에 관해 P. Hadot의 『마리우스 빅토리누스: 그의 생애와 작품에 관한 연구』(Paris, 1971), 263-272. 불행히도 그는 358년 시르미움 공의회에 참석했고 또 리베리오가 Adversus Arium 1.28에서 언급하고 있는 바질의 편지를 그와 함께 동행하면서 로마로 왔다는 가설에 너무 많이 의존되어 있다.

56. Adv. Arium 1.28.22-42 특히 24-29. 'et toto tempore postea, usquequo imperator Romae fuit, istorum hominum quos nunc anathematizas, iratus vel quod sine te fidem scripserunt, an coactus a magistris legatus venisti in defensionem proditionis,'(모든 시간 뒤에 얼마나 많은 로마 황제들이 있었으며 현재에 서로가 부딪치고 있음을 얼마나 많이 듣는가, 또한 이 사람들의 손님들은 존재하는가? 지금은 화가 나서 세수하며 신뢰가 없이 글을 쓰며 강요하는 교사들처럼 드러나는 것을 방어하는 입장이었다.) 로마에 콘스탄티우스의 방문에 관한 빅토리누스의 암시, 시르미움 선언, 그리고 358년 법정에 바질의 여행은 두 가지 중요한 추론을 가능케 한다: 첫째로, 바질이 로마에 콘스탄티우스와 동행했고 두 번째는 우르사키우스와 발렌스가 그 황제와 함께 또한 동행했다는 것이다. P. 하돗의 프랑스어 번역, *Sources Chrétiennes* 68 (Paris, 1960), 269는 conviva가 '교제가 있었음' 그 이상이 아니고 분명히 동행했다고 하는 은유적 느낌과 평행된 개념은 아닌 듯하다 (라틴어의 보고 4.879/80). 그리고 즉각적인 상황은 강력히 그 단어의 문자적 해석을 지지한다.

57. Adv. Arium 1.45.1-23에서 이단으로 인정된 것과 유사 본질의 분명한 일치를 알아야 한다: 'discedant ergo patripassiani ... discedant Marcelli et photini discipuli… discedant et Basilii et ὁμοούσιος.'(성부 수난설 그때 추락되고 마르켈루스와 포티니의 제자단도 타락되었고 바실리도 호모이우시오스파로 추락되었다).

XVI. 유사본질 신조

1. E. D. 헌트에 의해 전통적 용어가 거절되고 있다. 『콘스탄티우스 II가 "궁중 감독들"을 지니고 있었는가?』, *Studia Patristica* 19 (1989), 86-90. 비슷하게 클라인, *Constantius* (1977), 86-89에서는 주장하길 콘스탄티우스는 우르사키우스와 발렌스에 의해 영향을 받은 것은 아니라고 주장하고 있다. 그러나 으레히 감독들이 제국의 법정이 열렸을 때는 출석했다는 것은 분명하다. 357년 콘스탄티우스가 로마를 방문했을 때 그의 보좌를 위해 우르사키우스, 발렌스, 앙카라의 바질, 게르마니시아의 유독시우스가 함께했다 (제15장, 각주 28, 56).
2. 어디선가 소크라테스는, *HE* 2.37-18-24 원본이 라틴어인 것을 알려주고 있다. 마르쿠스의 역할 그리고 감독들의 명단을 제시하고 있다. 에피파니우스의 *Pan* 73.22.5-8을 보라 (359년에 쓰여진 라오디게아의 게오르기우스의 편지); *CSEL* 65.163.10-26 (366년에 쓰여진 게르미니우스의 편지); 에피파니우스 안에 있는 명단은 두 군데서 특히 게르미니우스의 편지에 담긴 감독들 명단과 달리 다양하다: 게르미니우스의 자신 이름은 게르마누스로 잘못 표기되어 있고 히파티아누스는 포함하고 있으나 판크라티우스는 생략했다. 그것이 실수인지는 분명하지 않다. 364년 헤라클레아의 감독으로 입증된 히파티아누스는 판크라티우스와 물론 함께하고 있었음이 가능했다 (소조메누스, *HE* 6.7.1).
3. 켈리, 『신조들³』 (1972), 290/1.
4. 셀레우키아에서 아카키우스가 그 자신의 출판된 저술들 속에서 성부와 성자와의 관계를 ὅμοιος κατὰ πάντα(모든 점에서 유사한)이란 구절을 사용했음이 추정된다 (소크라테스, *HE* 2.40.33). 현존하고 있는 그의 작품들 중에서 근소하다고하는 단편 중에서 등장하지 않는 것이 분명하다.
5. Epiphanius, *Pan* 73.22.6/7 (라오디게아의 게오르기우스).
6. 소조메누스, *HE* 4.17.1. 게오르기우스의 추정해서 가장 적절한 업무 활동에 대해서 Epiphanius, *Pan*. 76.1.4-7을 A. K. 바우만의 『파라오 이후 이집트』, 332 B.C.-A.D. 642 (Berkeley, 1986), 221을 함께 보라.
7. *CSEL* 65.93/4.
8. 술피키우스 세베루스, *Chron*. 2.41.1, 참고 부록 10. 아리미눔 공의회에 대해 특히 Y. -M. 옆미, 'La "manoeuvre frauduleuse" de Rimini: À la recherche

du *Liber adversus Ursacium et Valentem,*' *Hilaire et son temps* (Paris, 1969), 51-103; Brennecke, Homöer (1988), 23-40; Hanson, *Search* (1988), 371-380. 공의회의 공식 기록은 확실히 보전되어 있다: 소크라테스는 특히 셀레우키아의 평행 공의회에서 짧은 기록자로 함께했다고 알린다 (*HE* 2.39.8). 이 실행 사항은 힐라리우스에 의해 보전된 화해의 자료가됨이 틀림없다. 밀라노의 Auxentius는 황제 발렌티니아누스에게 'ea quae gesta sunt in concilio Ariminensi' (힐라리우스에 의해 인용됨, *Contra Auxentium* 15 [*PL* 10.618]). 술피키우스 세베루스가 직접 그 실행 항목을 작성했는지 힐라리우스의 저작을 통해서만 알게 되었는지는 분명치 않다. 현대의 토론은 제롬이 그의 『루시퍼주의와 정통주의 대화』에서 얼마나 많이 실행 사항들을 이용하고 있는지의 질문에 집중되어 있다. P. Batiffol, 'Les sources de l'Altercatio Luciferiani et Orthodoxi de St. Jérôme,' *Miscellanea Geronimiana* (Rome, 1920), 97-114; Y. -M. Duval, 'Saint Jérôme devant la baptême des hérétiques: D'autres sources de l'*Altercatio Luciferiani et Orthodoxi,*' *REAug* 14 (1968), 145-180.

9. 술피키우스 세베루스, *Chron* 2.41.2-6, Y. -M. Duval에 의해 편집된 신조와 징계와 함께, 'Une traduction latine inédite du symbole de Nicée ut une condemnation d'Arius à Rimini: Nouveaux fragments historiques d'Hilaire ou pièces des actes du concile?' *Revue bénédictine* 82 (1972), 7-25, 10-12에서 (니케아 신조 및 리미니의 아리우스로부터 징계에 대한 출판되지 않은 라틴어 번역: 힐라리우스의 새로운 역사적 단편들 혹은 공의회 실행 조항들의 부분들?) 참고 H. Silvestre, 'A propos d'une récente édition de la "Damnatio" Arrii" de Rimini, *RHE* 68 (1973), 102-104. 후반부는 힐라리우스의 분실된 저작의 일부로 쿠스탄트에 의해 편집됨. *PL* 10.698/9의 페이지에서 나타남. 그러나 *CSEL* 65(1916)에 의해서는 배제되었다. 그것은 다른 사본의 증거 때문이었다. 그러나 두 자료들이 궁극적으로는 힐라리우스로부터라는 증거에 관해 Y. -M. -Duval의 *Revue benédictine* 82 (1972), 7-25를 보라. 참석한 400명 감독들이 아타나시오스에 의해 확인되고 『공의회』 8.1, 소조메누스 *HE* 4.17.2, 필로스토르기우스, *HE* 4.8은 300명을 제시한다.

10. *CSEL* 65.96/7 아타나시오스에 의해 부분적으로 인용됨. 『공의회』 11.1-3. 가이우스에 관해 Feder, 『연구 II』 (1910), 115, No.32를 보라.

11. *CSEL* 65.78-85. 그리스어 역이 보전되어 있는데 아타나시오스의 원본과

본질적으로 차이를 이루고 있다. 『공의회』10; 소크라테스, *HE* 2.37.54-74; Theodoretus, *HE* 2.19.1-13; 소조메누스, *HE* 4.18.

12. 술피키우스 세베루스, *Chron* 2.41.1, 43.3. 아타나시오스에 의해 인용된 콘스탄티우스의 편지 『공의회』 55.2 거기서 사신의 숫자를 20으로 (19명으로 기술된 것 대신) 말한다. 참고 아래 각주 18.

13. 술피키우스 세베루스, *Chron* 2.41.5. 이 적의에 찬 설명은 그것이 이교도 사원이라는 것을 암시하고 그것이 분명히 공허한 곳으로 남겨졌다고 주장한다 ('aedem tum de industria vacantem orationis loco capiunt').

14. *CSEL* 65.87/8.

15. 술피키우스 세베루스가 불평하듯이: 'ex parte nostrorum leguntur homines adolescentes, parum docti et parum cauti; ab Arianis autem missi senes, calliei: et ingenio valentes, veterno perfidiae imbuti' (*Chron* 2.41.7). (우리 백성 젊은이들로부터 읽혀지는 심사숙고가 가능한 작은 학문과 보잘 것 없는 사유와 아리우스주의자들에 의해 보내지는 노인들 그러나 그것들은 다 옛 불신앙으로 물들여져 있는 것이다.) 이 대표자 중 10명의 명단들이 알려지고 있다: 그들 중에는 Ursacius, Valens, Germinius, Gaius, 그리고 Epictetus가 포함된다 (*CSEL* 65. 174.5-7, 87.5/6, 참고 페더, 『연구 II』[1910], 103/4.

16. 부록 9.

17. 아타나시오스, 『공의회』 55.2/3. 어디선가 소크라테스, *HE* 2.37.78-81. (아르미니움에 있는 감독들에게 보낸 콘스탄티우스의 편지); *CSEL* 65.85.11-18. 그의 편지에서 위선적으로 콘스탄티우스는 사신들을 볼 수 없었다는 변명을 늘어놓길 자신이 이교도들을 맞서 전투에 나가야만 되었기 때문이라고 했나. 그 결과를 놓고 볼 때 그의 영혼은 하나님의 법에 관한 문제를 다룰 만한 충분한 순수성을 지니지 못했다. 아타나시오스는 또한 아리미눔 감독들로부터 보내온 답신을 간직하고 있는데, 그 속에서 그들은 냉혹한 겨울 날씨가 시작되기 전에 그들 자신들의 지도자가 없는 교회들을 위해 가정으로 돌아가게 허락해달라고 간청하고 있다 (『공의회』 55.4-7, 어느 곳엔가 소크라테스, *HE* 2.37.83-87; 테오도레투스, *HE* 2.20,은 같은 라틴어 원본의 약간 차이가나는 헬라어 본문을 가지고 있다).

18. *CSEL* 65.85.20-86.23. 자료의 서문은 14명의 명단을 지니고 있다: 레스티투투스와 분리된 모두는 달리 알려진 바가 없다. Feder 『연구 II』 (1910), 106을

보라.
19. 두 자료의 비교에 대해 켈리, 『신조들 3』 (1972), 291/2.
20. Socrates *HE* 2.37.96; 소조메누스, *HE* 4.19.8.
21. 최근의 브레네케의 *Homöer* (1988), 40-56을 보라. 소크라테스, *HE* 2.39/40, 분명히 그는 그의 자신의 자료로 헤라클레아의 사비누스를 인정한다. 그리고 공의회의 다음 설명이 기초한 중요한 이야기식 자료를 제공해주고 있다. 원리상 그 관련 자료들은 다른 자료들이 상세한 내용을 보완하는 곳에서만 주어진다.
22. 소크라테스에 의해 제공된 전체, *HE* 2.39.5는 아타나시오스에 의해 확인된다. 『공의회』 12.1 (본문은 감독들이 9월 14일에 모였다는 날짜를 말한다). 그러나 테오도레투스는 150명 전체를 지니고 있다 (*HE* 2.26.9).
23. 키릴로스의 활동에 대해 제12장을 보라. 각주 53-58; 유스타티우스에 관해 '강기라 공의회의 시기,' *JTS*, N.S. 40 (1989), 121-124에서 논쟁하길 그를 징계한 강기라 공의회는 355년임이 틀림없고 파플라고니아 감독들의 지역 공의회로 정립되었다. - 아르메니아 지역에 속한 (세바스테이아) 교구의 한 감독을 재판하는 과정은 완전하지 못했다.
24. 아카키우스가 공의회에 참석했던 자료에 서명했던 감독들의 명단 43명을 제시했다. 그중에 몇몇이 전달 과정에서 빠졌을지라도 말이다. K. 홀의 주석과 함께 (Epiphanius, *Pan.* 73.26, ad loc.). 소크라테스, *HE* 2.39.16은 게오르기우스와 우라니우스 그리고 유독시우스의 지원자들은 단지 32명이라고 말한다. 푸아티에의 힐라리우스는 소크라테스의 것으로부터 다른 분파들을 지니고 있다: 그에 의하면 105명의 유사본질주의자들이 있고 반면에 성부와 성자의 관계를 '비유사본질주의자, id est dissimilis essetiae(본질에 있어서 비유사한 존재)'들을 특징짓는 적당한 용어에 해당하는 이들이 19명이라고 했으며 단지 이집트 감독들만이 (게오르기우스를 예외로 하고) 동일본질(*homoousion*)을 변호했다 (*In Const.* 12). 마지막 주장은 일방적이며 오도된 것이다. 왜냐하면 몇 이집트 감독들은 참석하여 아카키우스를 지지했기 때문이다. 그중에는 펠루시움의 팡클라티우스, 트무이스의 감독으로 세라피온을 대신했던 프올레메우스의 멜레티우스 그리고 옥시린쿠스의 멜레티우스파에 속한 감독 아폴로니우스를 포함할수 있다 (아타나시오스, 『공의회』 12.3; 에피파니우스, *Pan.* 73.26).
25. 완전한 본문과 서명에 관해 에피파니우스의 *Pan.* 73.25/6.을 보라. 불완전한

판이 아타나시오스에게 『공의회』 29.2-9에서 인용되고 있다; 소크라테스 2.40.8-17 (사비누스로부터) 그 신학에 대한 분석에 관해서는 J. 굼머루스의 *Die homöusianische Partei bis zum Tode des Konstantius* (Leipzig, 1900), 142-152.

26. 소조메누스, *HE* 4.22.22, 소크라테스에 의해 생략된 그의 주장은 한 부분을 인용하면서 사비누스로부터 그의 중요한 자료를 다시 보충하고 있다.
27. 아타나시오스, 『공의회』 12.5은 소크라테스에 의해 주어진 모든 18명을 확증하고 있다. *HE* 2.40.43-45.
28. 소조메누스, *HE* 4.23.1.
29. 소크라테스, *HE* 2.41.1-4; 소조메누스, *HE* 4.23.1.
30. 술피키우스 세베루스, *Chron.* 2.43.1-44.8. 아젠의 푀바디우스와 통그레스의 세르바티우스를 콘스탄티우스의 요구에 반대하는 리더로서 부르고 있다. fraus 로 추정되는 것을 구성하는 것이 무엇인지를 정확히 극단적으로 모호한 질문에 관해 Y. -M. Duval의 *Hilaire et son temps* (1969), 84-103을 보라.
31. 술피키우스 세베루스, *Chron.* 2.44.1은 행정관 Taurus가 감독들이 아리미눔에 7월에 모였다는 것을 말하게 하고 있다. 최종 항복문서는 360년 1월까지는 발생하지 않았다고 암시한다.
32. 술피키우스 세베루스, *Chron.* 2.45.1; 테오도레투스, *HE* 2.27.7-12; 소조메누스, *HE* 4.23.1-7.
33. CSEL 65.174.3-175.4 서언은 18명 명단을 지닌다. 거기에 관해 페더, 『연구 II』 (1910), 104-106을 보라. 다수파에 속하는 10명의 사절단 중에 있었다고 날려신 앙가라의 바질, 세바스테이아의 유스타티우스, 시지쿠스의 엘레브시우스의 부재는 (테오도레투스, *HE* 2.27.3-6) 그 편지가 아카키우스의 후원자들에 의해 쓰여졌음을 알 수 있다.
34. 소조메누스, *HE* 4.23.8.
35. 『유월절 연대기』 (543/4 Bonn)는 72명 감독들이 유독시우스가 360년 1월 27일에 감독좌에 앉았을 때 모였었고 (불행히 그들 교구들에 대한 정보 없이) 그들 중 50명 이상의 이름을 알리고 있다. 공의회에 대한 설명에 대해 소크라테스, *HE* 2.41.5/6; 필로스토르기우스, *HE* 4.12; 소조메누스, *HE* 4.24.1을 보라.
36. 신조는 소크라테스에 의해 아타나시오스와 독립해 전달되고 있다. *HE* 2.41.8-17; 테오도레투스, *HE* 2.21.3-7. 전체로 자료에 대한 간단한 주석에

대해 Kelly의 『신조들³』 (1972), 293-295를 보라.
37. 여기에 무관하지만 폐위된 감독들의 명단들 그리고 그들에 대한 상세한 고소 내용들에 관해 소크라테스, *HE* 2.42/3; 소조메누스, *HE* 4.24/5 (어떤 차이를 형성하면서).
38. 테오도레투스, *HE* 2.28은 알렉산드리아의 게오르기우스에게 쓴 공의회 편지를 간직하고 있다. '그의 비합법적인 신성 모독 때문에 그의 집사 Aetius의 징계임.'
39. 힐라리우스, *In Const.* 26, 아프리카 감독들은, 우르사키우스와 발렌스의 신성 모독에 대한 공식적 징벌에 그들 이름을 분명히 했다.
40. 힐라리우스, *In Const.* 15.10-12.
41. 소조메누스, *HE* 4.26.1.
42. 360년 안디옥 교회 내에 있던 상황에 대한 보충적 설명에 관해 소크라테스 *HE* 2.44를 그리고: 데오토레투스, *HE* 2.31; 소조메누스, *HE* 4.28을 보고; 다른 증거와 완전한 토론에 관해 브레네케의 *Homöer* (1988), 66-81을 보라.
43. 존 크리소스톰, *In Meltium* (PG 50.515.520).
44. 루피누스, *HE* 10.25.
45. K. Schäferdiek에 의한 탁월한 연구, 'Germanenmission,' *RAC* 10 (1978), 492-548을 보라.
46. 『공의회』 28-63 (*PL* 10.501.523). 힐라리우스는 성도들의 모임으로 341년 공의회를 묘사한다. 비슷하게 그는 전체적으로 동방 감독들에게 그리고 앙카라의 바질, 세바스테이아의 유스타티우스, 시지쿠스의 엘레우시투스를 이름을 들어 인사하고 있다. *Sanctissimi Viri* (복 있는 사람들) (80,90).
47. 술피키우스 세베루스, *Chron.* 2.42.2.
48. 술피키우스 세베루스, *Chron.* 2.42.3-5는 그에게 믿기 어려울 정도로 중요한 역할을 제공하고 있다.
49. 술피키우스 세베루스, *Chron.* 2.45.3.
50. A. L. Feder에 의해 편집됨, *CSEL* 5.197-205. 6세기에 가장 초기, 가장 좋은 사본은 (Vatican, Archivo di San Pietro D 182), 힐라리우스가 콘스탄티노플에서 황제에게 그 저술을 선물했다고 말한다 ('quem et Constantinopoli ipse tradidit'; 콘스탄티노폴리에서 그것을 전달했다). 아마 그것은 제롬의 그 저술에 대한 반향의 기술인 듯하다. 'ad constantium libellus quem viventi ei constantinopoli porrexerat' (*De. Vir. ill.* 100). (콘스탄티우스에게 생생하게

콘스탄티노플의 책자를 건네주었다.) 그 본문은 완전하게 이 주장을 하고 있다. 그러나 거기에 어떤 정확한 날짜에 관해서는 불확실성이 있긴 하다. Feder, 『연구 III』(1912), 12-14는 359년 12월이라는 점을 논쟁하고 있다. 그러나 힐라리우스가 신조의 날짜를 359년 5월 22일로 보고 *proximi anni fides* (다가오는 해의 신앙으로라고 호칭한 것은 그가 360년 1월에 저술했다는 것을 암시한다).

51. 『공의회』 78에서 힐라리우스가 콘스탄티우스는 오류가 있는 면허를 지닌 감독들에 의해 속임을 당했다고 제시한 것을 비교하라.
52. *Ad Const.* 1-3. 상황은 힐라리우스아 여기서 말하는 그의 징계와 추방이 356년이라고 말하는 것을 받아들이는 것이 현명하지 않다는 것을 지시한다. *au pied de la lettre.* (편지의 말미에).
53. *Ad. Const.* 10, 6.1, 8.1, 11, 7.1.
54. *Ad. Const.* 8.1.
55. *In Const.*, 특히 1/2, 5-11, 27. 힐라리우스는 예측할 수 있게 콘스탄티우스를 헤롯과 안티오쿠스 (6)에게 비교한다: 무례한 그의 단어에 대해 I. 오펠트, 『논쟁가로 푸아티에의 힐라리우스』를 보라. *Vig. Chr.* 27 (1973), 203-217.
56. 제14장.
57. 책의 일치에 관해 *JTS*, N.S. 39 (1988), 610을 보라. 저작의 복잡한 이론에 대해 거의 2년 이상 무대에 펼쳐져 비판을 주고받는 A. Rocher, *Sources Chrétiennes* 334 (Paris, 1987), 29-38.

XVII. 장로로서의 국가관료

1. 제14장.
2. 켈리, 『신조들』(1972), 254-283.
3. *CSEL* 65.198.5-15
4. 제15장, 각주 43에서.
5. 논고에 대해서, J. F. Drinkwater를 보아라, "'지하의 이교도", 콘스탄티우스 2세의 "첩보활동", 그리고 변절자 줄리안의 생존과 왕위찬탈', 『라틴 문학과 로마사에 대한 연구들』을 보아라, ed. C. Deroux 3 (*Collection Latomus* 180[브러셀스, 1983])), 348-387.

6. 암미아누스 21.2.4/5.
7. 제16장.
8. 브레네케, *Hilarius* (1984), 360-367.
9. 술키피우스 세베루스에도 불구하고, *Vita Martini* 6.7: 'cum Hilario comperisset regis paenitentia postestatem indultam fuisse redeundi...'; *Chron*, 2.45.4: 'redire ad Gallias iubetur absque exilii indulgentia.' 논고에 대하여, Y.-M. Duval을 보아라, 'Vrais et faux problemes concernant le retour d'exil d''Hilaire de Poitiers et son action en Italie en 360-363,' *Athenaeum*, N.S. 48(1970), 251-275.
10. *CSEL* 65.43-46. 그 편지의 원저자는 P. 글레저에 의해 아젱의 포에바디우스로 주장되어지고 있다, *Phoebadius von Agen* (Diss. Augsburg, 1978), 74-80.
11. 술키피우스 세베루스 2.45.5.
12. 브레네케가 *Homöer* (1988), 87 각주 1, 주장하길 율리아누스도 아마 참석했을 것이지만 360년에 그에 관해서 알려진 동향들은 이 매력적인 가설에 불리하다 (App. 9).
13. 그 일반적인 추론에 대해서 J. Bidez와 F. Cumont의, *Iuliani Imperatoris Epistulae et Leges* (Paris, 1922), 51.을 보아라.
14. 372년 행정관 모데스투스의 경력(직업)에 대하여 *PLRE* 1.605-608을 보라. 그의 종교적 태도에 대하여 기록된 것은 그가 기회주의자(time-server)가 분명하다: 율리아누스 아래에서 그는 362년 전 (Libanius, *Ep.* 804, cf.791)에는 비밀리에 일하는 이교도였다고 주장했다. 하지만 후에 그는 그의 스승인 Valens(Gregory of Nazianzus, *Orat.* 43.48; Sozomenus, *HE* 6.18.3)의 신조를 채택했다.
15. 나지안조스의 그레고리우스가 항의했듯이 (*Orat.* 4.84/5). 루피누스 (*HE* 10.33(994.21-25)는 율리아누스가 폭력이나 고문을 사용하지 않았다고 주장하는 데까지 이른다.
16. 율리아누스의 종교적 정책에 대해서 esp. J. Bidez, 'L'évolution de la politique de l'empereur Julien en matiere religieuse'을 보라. *Bulletin de l'Academie Royale de Belgique,* Classe des Lettres 7(1914), 406-461; J. Vogt, *Kaiser Julian und das Judentum:Studien zum Weltanschauungskampf der Spätantike* (Morgenland 30 [Leipzig, 1939); G. W. Bowersock, *Julian the*

Apostate (Cambridge, Mass.,1978), 79-93.
17. 『콘스탄티누스』 (1981), 39, 148-163.
18. 율리아누스, *Ep.* 60, 378c-380d: 소크라테스에 보존되어 있음, *HE* 3.3.
19. 루피누스, *HE* 10.28에서는 아타나시오스가 아니라 유세비우스가 그 의회를 소집했다고 주장한다.
20. 필로스토르기우스 p. 230.14-22. Bidez, cf. *Tomus ad Antiochenos* 3.1.
21. 루피누스, *HE* 10.28; 소크라테스, *HE* 3.5; 테오도레투스, *HE* 3.4; 소조메누스, *HE* 5.12.1/2.
22. .M. Tetz, 'Ein enzyklisches Schreiben der Synode von Alexandrien(362),' *ZNW* 79(1988), 262-281. Tetz는 그 편지(*PG* 28.81-84; *CPG* 2.2.41)의 중요한 버전(271-273)을 제공하는데, 드 몽포꽁이 1698(2.28-30)에 출판된 아타나시오스판에서 그 편지를 가짜라고 공표했다. 몽포꽁의 비난이 보편적으로 받아들여졌기 때문에 그 편지는 그 의회의 초기 학자적 설명에 있어서 이용되지 못한다. 예를 들어 C. B Armstrong, 'The Synod of Alexandria and the Sc Antioch in A.D.362,' *JTS* 22(1921), 206-221, 347-355; J.-M. Leroux, 'Athanase et la seconde phase de la crise arienne (345-373),' *Politique et théologie* (1974), 145-156, 151-154에서; Hanson, *Search*(1988), 639-653.
23. *PG* 25.796-809, Optiz 320-329에 의해 개정됨, 그것의 장(chapter)과 구분(section)은 여기에서 이용됨.
24. 그러므로 아타나시오스파와 같지 않은 어휘는 몽포꽁으로 하여금 그의 저자를 부인하도록 이끌었다: M.Tetz, *ZNW* 79 (1988), 266-270 는 그 편지의 언어가 서사로 넌설짓기에 장애물이 되지 않는다는 것과 그래서 그 내용이 362년의 역사적 상황과 잘 맞는다는 것을 보여준다.
25. $\acute{o}\mu ooύσιος\ τριάς$ 구절은 362년에 새로 만들어진 말처럼 보이다. 그러나 그것은 Serapion of Thmuis에 의해 반복되었다, *Ep. ad monachos* 11 (*PG* 40.936), cf.M. Tetz, *ZNW* 79 (1988), 276/7.
26. *Epistula Catholica*, M.Tetx에 의해 편집된, *ZNW* 79 (1988), 272-273.
27. 루피누스, *HE* 10.30 (992.11-13).
28. *Tomus* 9.1/2.
29. 전 문서에 대한 철저한 분석을 위해 M. Tetz의 'Über nikäische Orthodoxie: Der sog. Tomus ad Antiochenos des Athanasios von Alexandrien,' ZNW

66(1975), 194-222. On *Tomus* 7을 보라. 이곳에서 몇몇 학자들이 Laodicea의 아폴리나리우스의 가르침에 대한 암시를 발견했다, A. L. Pettersen의 'The Arian Context of Athanasius of Alexandria's *Tomus ad Antiochenos* VII,' *JEH* 41(199), 183-198 또한 보라.

30. *Tomus* 1.1-3.
31. *Tomus* 3.1-4.1, 6.1-4. 마지막 요구조건이 안디옥에서의 통용되는 신학적 논쟁들을 반영하는 것처럼 보인다, cf. M. Tetz, *ZNW* 66 (1975), 201/2, 204-206.
32. *Tomus* 5.1-3, cf. 제13장 각주 46-40에서. 그 신학적 진술이 데오도레투스에 의해 인용된 서방의 회의에 대한 편지의 일부를 형성하고 있다는 것은 관련이 있다, *HE* 2.8.1-54 ―는 그가 인용한 것이 안디옥에서 가져온 것임을 분명하게 말한다.
33. 끝맺는 부분에서 강조하듯이 (*Tomus* 8.2-9.1).
34. *Tomus* 2.1-3, 9.1/2.
35. *Tomus* 9.3-10.4.
36. *Tomus* 11.1/2; Epiphanius, *Pan.* 77.2.1, cf. M. Tetz, *ZNW* 66(1975), 218-221. 본문의 마지막 줄은 심각한 문제를 나타낸다. 다음과 같이 쓰여 있다 : $ἐρρῶσθ
αι ὑμας εὔχομαι ἐγὼ Καρτέριος, ἐστὶ δὲ πόλεως Συρίας$. 마지막 네 개의 단어들은 편집추가된 것이고 Opitz on 32.16은 Carterius가 Cymatius로 잘못 표기되었다고 주장했다. (*Hist. Ar.* 5.2의 사본에서처럼), 그것의 선언은 전파되는 과정에서 없어지게 된다. Tetz는 그 본문은 완전하지만 Carterius가 Asetrius로 잘못 표기된 것으로 주장한다.(221/2).
37. 루피누스, *HE* 10.31(993.6-994.5). 361년 이후 루시퍼의 삶에 대한 간단한 묘사는 G.F. Diercks, *CCL* 8(1978), xxvii-xxxv.를 봐라.
38. 루피누스, *HE* 10.31(993.16-18), cf. 소크라테스, *HE* 3.25.18(363년 안디옥 회의에 참여했던 주교들).
39. 바질, *Ep.* 69.1, cf. 루피누스, *HE* 10.31(993.18). 바질의 편지는 아타나시오스가 마르셀루스(69.2)를 비난하도록 요청하는 것으로 이어지지만 그는 그렇게 하기를 거절했다. cf. M. Tetz, 'Markellianer und Athanasius,' *ZNW* 64 (1973), 75-121. 아타나시오스의 죽음이후 그의 유배되었던 계승자인 피터는 로마 다마스쿠스에 있을 때 멜레테우스를 아리우스파인 것에 대해 고발했다.

40. 루피누스, *HE* 10.31 (994.5-10).
41. *Ep. ad Rufiniamum* (*PG* 26.1180/1). 공의회들은 또한 세바스테이아의 유스타티우스와 콘스탄티노플의 이전 주교인 마케도니우스의 지지자들에 의해 소아시에서 개최되었다. (바질, *Ep.* 251.4; 소크라테스, *HE* 3.10.4).
42. 나지안조스의 그레고리우스, *Orat.* 4.86, 는 (주석학자들과 함께) Pythiosorus 또한 반기독교 폭동의 소요를 일으켰음을 암시한다.
43. 율리아누스, *Ep.* 110, 398c-399a.
44. 율리아누스, *Ep.* 111, 432c-435d.
45. 루피투스, *HE* 10.35; 소크라테스, *HE* 3.14.1; Sozomenus, *HE* 5.15.3.
46. 어떻게 아타나시오스가 강 하류를 돌아 나일강 위로 그를 쫓던 군인들보다 앞서 대담하게 그들의 배를 지나 항해하고 알렉산드리아에서 다시 신변의 안전을 찾게 되었는지에 대한 생생한 이야기가 있다: 루피누스, *HE* 10.35; 소크라테스, *HE* 3.14.1-6; 테오도레투스, *HE* 3.9.3/4; *Vita athanasii* (*BHG*³ 185) 26 (*PG* 25.ccviii); 포티누스, *Bibliotheca* 258, p. 484a25-b5; 시므온 메타프레스테스, *Vita AthanasiiI* (*BHG*³ 183) 15 (*PG* 25.ccxliii). 마지막 세부사항들은 - Sozomenus가 보았듯이(HE 4.10.4) - 사건이 (역사적이라면) 350년대 말 콘스탄티우스의 대리인들로부터 아타나시오스가 도망하는 것에 속해 있다는 것을 암시한다. 그러나 그것의 분명한 민간전승의 모티프들은 그 이야기가 현실성 없이 어떠한 근거도 없는 'Wanderanecdote (떠돌아다니는 일화)'라는 것을 나타낸다. 이 논의에 대해, M. Tetz의 'Zur Biographie des Athanasius von Alexandrien'을 참조, *ZKG* 90(1979), 304-338, at 310-316.
47. 요비아누스에 대한 아타나시오스의 처리에 내한 두 개의 최근(독립직인) 설명들에 대해서는 Brennecke, *Homöer* (1988), 169-173; L.W. Barnard, 『아타나시오스와 황제 요비아누스』, *Studia Patristica* 21(1989), 384-389을 보라. 요비아누스는 분명 별 볼일 없는 사람처럼 여겨지지는 않았을 것이다; G. Wirth, 'Jovian: Kaiser und Karikatur,' *Vivarium Festschrift Theodor Klauser zum 90*을 보라. *Geburstag* (*Jahrbuch für Antike und Christentum, Ergänzungsband* 11 [Münster, 1984]), 353-384.
48. 색인 35의 글에 대해, M. Albert, *sources chrétiennes* 317 (Paris, 1985), 265을 보라. 요비아누스는 9월 27일 에데사에서 입증된다 (*CTh* 7.4.9⁵). 하지만 그는 10월 22일 즈음 안디옥에 도착했다 (*CTh* 10.19.2). 소조메누스, *HE*

6.5, 는 아타나시오스가 안티옥에서 그 황제와 연락이 닿아있었다고 진술한다.
49. *PG* 26. 813, Opitz 300에 의해 개정되다. 그 편지는 E. Schwartz에 의해 거짓으로 거절된다. 'Zur Kirchengeschichte des vierten Jahrhunderts,' *ZNW* 34(1935), 129-213, 166쪽 각주 3에서 = *Gesammelte Schriften* 4 (Berlin, 1960), 1-110, 50 페이지에서 각주 2; Opitz on 330. 1ff.; Brennecke, *Homöer* (1988), 171 각주 82. 제기된 그 근거들은 결정적이지 못했고 그 편지는 루피누스에게 알려지게 되었다, *HE* 11.1 (1002.10/1): 'honorificis et officiosissimis litteris Athanasium requirit.'
50. 소크라테스, *HE* 3.25.4.
51. 소크라테스, *HE* 3.25.10-17. Brennecke, *Homöer* (1988), 175/6, 는 편지의 서명들 중에서 Caesarea의 Acacius의 이름이 오류였음이 분명하다는 것을 입증했다. 짐작건대 이 Acacius는 몇몇 다른 편지들에서 보듯 무명의 주교였을 것이다.
52. 바질, *Ep. 89.2,* 은 나중에 멜레티우스에 대해 떠올리기를, 그가 363/4년 안디옥에 있는 동안 단체(communion)에 들어오라는 아타나시오스의 제안을 받아들이지 않았다고 한다. 하지만 그(바질)는 수포로 돌아가게 된 제안의 시기와 정확한 환경을 밝히는 것에 소홀히 한다.
53. *PG* 26.813-820 = Optiz 330-333, 테오도레토스에 의해 인용된, *HE* 4.3.
54. *CSCO* 150.70.19-71.9(text); 151.27.20-28.6 (프랑스어 번역), cf. Camplani, *Lettere* (1989), 103-105.
55. *PG* 26. 820-824 = Opitz 334-336, cf. 소조메누스, *HE* 6.5.2-4.
56. 소크라테스, *HE* 3.4, 4.1.14; *Hist. ac.* 4.7.
57. Eutropius, *Brev.* 10.18.2; 암미아누스 26.1.5; 소크라테스, *HE* 3.36.5, 4.1.1.
58. 암미아누스 26.1.7, 2.1/2, 4.3; *Chr. min.* 1.240.
59. 소크라테스, *HE* 4.16, 18; Sozomenus *HE* 6.14, 18, cf. 루피누스, *HE* ; 테오도레투스, *HE* 4.17.1-4 (후자 이야기만 가지고 있는).
60. Gwatkin, *Arianism*² (1900), 276/7; Brennecke, *Homöer* (1988), 224-242. 전설의 성장은 나지안조스의 그레고리우스에게서 볼 수 있다. : *Orat,* 25.10에 바다에서 파멸된 한명의 성직자는 발렌스(Valens) 치하에서 박해는 당시 세기가 시작되던 막시무스 치하의 박해보다 더 악화되어 있다고 주장하는 나중 연설에서 막연한 복수가 된다.

61. 종종 오해되어 왔던 발렌스의 정책에 대해, 예리하고 확실한 Brennecke, *Homöer* (1988), 181-242 의 분석을 보라.
62. P. Rousseau, *Basil of Caesarea* (Berkeley, forthcoming)을 보라. 360년 공의회를 비난했던 주교들은 제거되었다.―Czyicus의 Eleusius처럼 (소크라테스, *HE* 4.6).
63. Sozomenus, *HE* 6.7. Sozomenus의 설명은 소크라테스, *HE* 4.2, 의 설명보다 선호되는 것이 틀림없다. 그는 헬레스폰타인(Hellespontine) 주교가 콘스탄티노플로 돌아온 후 발렌스로부터 협의회를 열도록 허가를 요청한다. 협의회 개최 허가 요청을 자신이 판노니아(Pannonia)로부터 돌아온 후 헤 클레아의 발렌스에게 내린 결정 보고서와 혼동했다.
64. 소크라테스, *HE* 4.12; Sozomenus, *HE* 6.10.3-12.5 (각각의 저자들에게 보충이 되는 상세 설명과 함께). Sozomenus, *HE* 6.12.3, 는 카리아(Caria)에서 안디옥 공의회가 365년 이른 봄에 만났던 것을 암시한다.
65. 그 논쟁은 아타나시오스 자신의 것이다. : 그것은 그의 *Defense before Constantius* (제 13장)에서 그를 법정으로 소환하라는 353년의 콘스탄티우스의 편지를 그가 이용한 것을 회상한다.
66. 소크라테스, *HE 4.13.4*; Sozomenus, *HE* 6.12.12, 는 그의 숨어 있는 장소를 '그의 조상의 묘'라고 설명한다.
67. 암미아누스 26.6-10 는 완전한 설명을 제공한다. : 그것에 대해 Matthews, *Ammianus* (1989), 191-203.
68. App. 2.
69. 이 누 개의 교회들에 내해, A. Martin, 'Les premiers siecles du Christianisme a Alexandrie: Essai de topographie religieuse (IIIe - IVe siecles),' *REAug* 30 (1984), 211-235, at 215, 217/8.
70. 바질, *Epp.* 66, 67, 69, 80, 82. 또다른 편지 (61)는 바질의 동포였던 리비아의 통치자의 비난을 언급한다. 그 에피소드는 그렇지 않다면(otherwise) 알려지지 않았을, 것이며 그 사람(the man)은 *PLRE 1*로부터 부재되어 있다. (absent) : (납득하기 어렵지만) 신원확인에 대한 시도에 대해, S. G. Hall, 'Le fonctionnaire imperial excommunie par Athanase vers 371: Essai d'identification,' *Politique et theologie* (1974), 157-159.
71. P. Rousseau, *Basil* (1993), 제 8장.

72. J. -M. Leroux, *Politique et theologie* (1974), 145-156, 346년에 알렉산드리아로 그가 돌아온 이후로 그는 연락이 없었다고 주장한다.
73. *PG.* 26.1029-1048 = Opitz 309-319, cf. now C. Kannengiesser, '(Ps.-)아타나시오스, *Ad Afros* Examined,' *Festschrift L. Abramowski* (Tübingen, forthcoming).
74. 제10장. (*PG* 26.1049-1069, G. Ludwig에 의해 재편집된다, *Athanasii Epistula ad Epictetum* [Diss. Jena, 1911]), 그것은 370년 즈음에 쓰여졌던 것으로 보인다. E. D. Moutsoulas, 'La lettre d'Athanase d'Alexandrie à Epictète,' *Politique et théologie* (1974), 313-333.

XVIII. 황제와 교회

1. 2장에서 17장에서 논의된 교회 공의회와 황제의 행동에 대한 교차 참조들이 다음에 나오는 것에 나와 있지 않다. : 관련 있는 구절들이 색인들과 목록들을 통해 쉽게 발견될 수 있다.
2. 매튜스, *Ammianus* (1980), 는그 역사가의 이러한 평가에 대한 최고, 가장 빠짐없는, 가장 최근의 설명을 제공한다.
3. '암미아누스 마르켈리누스의 문학 회의, 향수, 그리고 현실'을 간략히 보아라. *Reading the Past in Late Antiquity,* ed. G. W. 클라케 (Rushcutters Bay, 1990), 59-92, at 75-82.
4. 암미아누스 15.7.6-10, eap. 7: Athanasium episcopum eo tempore apud Alexandriam ultra professionem altius se efferentem scitarique conatum externa, ut prodidere rumores assidui, coetus in unum quaesitus eiusdem loci multorum-synodus ut appellant-removit a sacramento quod obtinebat.
5. E. D. Hunt, 'Christians and Christianity in Ammianus Marcellinus,' *Classical Quartely,* N.S. 35(1985), 186-200.
6. *PLRE* 1.694.
7. '콘스탄티우스의 통치하에서의 기독교인들과 이방인들,' *L'Eglise et l'empire au IV siècle (Entretiens sur L'antiquitè classique* 34, 1989), 303-337, at 313-321. 350년대 서방의 콘스탄티우스의 협약에서 R.O. Edbrook의 '357년 콘스탄티우스 2세의 로마 방문과 이방 로마인 원로원 정치에서의 그것의

효과'를 보라, *American Journal of Philology 97* (1976), 40-61.
8. 콘스탄스는 다음에 나오는 서방의 이방인들을 평범한 영사들로 임명했다.
   : L.Aradius Valerius Proculus (340), M. Maecius Furius Baburius Caecilianus Placidus (343), Vulcacius Rufinus (347), 그리고 Aconius Catullinus (349). 349년 영사인 Ulpius Limenius와 347년부터 349년까지 *praefectus praetorio et urbis* Hermogenes는 349/50년 (Chr. min. 1.68/9) 후반기에 취임했고 Anatolius는 콘스탄스가 Illyricum c.344의 집정관 대표로서의 역할을 하는데 도움을 주었다. 앞서 언급한 이들은 아마 자신들이 이방인들이었기 때문에 자신들의 경력을 위해 서방으로 가기로 결심했던 동방 출신 사람들인 것처럼 보인다. A. Chastagnol의 'Remarques sur les sènateurs orientaux au IV siècle'를 보아라. *Acta Antiqua* 24(1976), 341-356, at 348; 'La carrière sènatoriale du Bas-Empire (depuis Diocletien),' *Epigrafia e ordine senatorio 1 (Tituli 4, 1982,* pub. 1984), 167-194, at 181; T. D. Barnes, *L'Eglise et l'empire au IV siècle* (1989), 320 각주 93. 355년 영사인 Q. Flavius Maesius Egnatius Lollianus의 이력에서 PLRE 1.512-514를 '콘스탄티누스 아래 두 명의 원로원들,' *JRS* 65(1975), 40-49, at40과 함께 보라.
9. R.von Haehling, *Die Religionszugehörigkeit der hohen Amtsträger des Römischen Reiches seit Constantins I. Alleinherrschaft bis zum Ende der Theodosianischen Dynastie* (Bonn, 1978), 61-63.
10. 보글러, 『콘스탄스』 (1979), 144.
11. 그의 제목과 상관없이, R. Staats는 'Das Kaiserreich 1871-1918 und die Kirchengeschichtsschreibung,' *ZKG* 92(1981), 69-96, 정치적이고 문화적 배경이 기독교 교회의 역사가들에게 어떻게 영향을 주었는지에 대한 중요한 주제에 대해 아무것도 말하지 않는다. 한 가지 대비되는 의견이 중요한 것 같다. 비록 Jacob Burckhardt가 'Reichskirche'란 용어를 콘스탄티누스와 그의 시대 1880년에 독일에서 출판됨 (*Zeit Constantins des Grossen*[2] [Leipzig, 1880], 264 = ed. B. Wyss [Bern, 1950], 449: '콘스타티누스에 대한 고전적 저서 두 번째 판에서 사용하지만 *des Grossen*[2] [Leipzig, 1880], 264 = ed. B. Wyss [Bern, 1950], 449: 'Constantin wollte eine Reichskirche, und zwar aus politischen Gründen'), 그것을 포함하는 문장은 첫 번째 판의 일치하는 단락이 빠져있다. 그것은 2848년의 실패했던 혁명 이후에 짧게 스위스에서

출판되었다. ([Basle, 1853], 412).

하지만 심지어 두 번째 판에서, 그것은 Burckhardt가 즉시 4세기의 교회는 황제들의 정치적 권력에 도전할수 있었다는 것을 계속해서 관찰했다는 것이 주목되어야만 한다. Edward Gibbon의 관점은 유사했다. : '정신적이고 일시적인 권력들의 구별, 그것은 그리스와 로마의 자유로운 정신에 부과 되었던 것인데, 은 기독교의 법적 설립에 의해 확인되었고 도입되었다. 그리고 그 결과 '민중과 교회의 사법권 사이에서 비밀스런 갈등은 로마 정부의 작전을 당황하게 했다.' (*Decline and Fall,* chap. 20 [2.333/4 Bury]).

12. 예를 들어, K. Aland, 'Kaiser und Kirche von Konstantin bis Byzanz,' *Kirchengeschichtliche Entwürfe* (Gütersloh, 1960), 257-279는 G. Ruhbach 의 편집으로, *Die Kirche angesichts der konstantinischen Wende (Wege der Forschung* 306 [Darmstadt, 1976]), 43-73에서 재인쇄되었다. ; W. Schneemelcher, *Kirche und Staat im 4. Jahrhundert (Bonner Akademische Reden* 37 [Bonn, 1970]), 11, 13, 17, 19 또한 *Die Kirche,* 1976, 122-148 에서 재인쇄되었다.; Girardet, *Kaisergericht* (1975), 1: 'Eine der Folgen der "Konstaninischen Wende" ist die "kaiserliche Synodalgewalt."' 하지만 나중의 에세이에서 Schneemelcher는 380년 이전에 'Staatskirche'에 대해 말하는 것은 잘못된 것이라고 주장한다. ('Das konstantinische Zeitalter: Kritisch-historische Bemerkungen zu einem modernen chlagwort,' *Kleronomia* 6 [1974], 37-60).

13. 이 관점의 영향력 있는 진술에 대해 O. Seeck, *Geschichte des Untergangs der antiken Welt 3²* (Stuttgart, 1921), 415: 'Hatte er sich angangs dem Konzil ganz fernhalten wollen, so schien es ihm jetzt nach den Ereignissen von Antiochia für das Gelingen seines Friedenswerkes durchaus erforderlich, dass er persönlich das Präsidium führte.'

14. 그래서 최근에, W. H. C. Frend, *The Rise of Christianity* (필라델피아, 1984), 527를 참조하라.

15. E. Schwartz, *Kaiser Constantin und die christliche Kirche²* (Leipzig, 1936), 127: 'die Form der Verhandlung war keine andere als die eines vom Kaiser abgehaltenen Schiedsgerichts.' 마찬가지로 335년 Tyre의 공의회에서 Girardet, *Kaisergericht* (1975), 67/8 : 'der iudex in diesem Prozess it

Konstantin, die Bischöfe sind seine consiliarii,' 더 최근에, Girardet는 313년 로마 공의회에 같은 분석을 적용했다. 로마 공의회에서 콘스탄티누스는 도나티스트들(Donatists)의 상소(appeal)를 언급했다. : 'er konstituierte das kaiserliche *consilium als concilium,* die Bischofsversammlung von Rome Ende September/Anfang October 313 als die erste Reichssynode' ('Das Reichskonzil von Rom (313) - Urteil, Einspruch, Folgen,' *Historia* 41 [1992], 104-116, at 106).

16. Kelly, *Creeds*[3] (1972), 212. 각주는 Schwartz가 '지속적으로 콘스탄티누스의 "제국"에서 교회의 흡수의 정도를 과장했다'라고 덧붙인다.

17. J. Gaudemet, *La formation du droit seculier et du droit de l'eglise au IV et V siecles* (Paris, 1957), 179-181. 하지만 콘스탄티우스의 통치 말기에 대해 막 시작한 초기 황제교황주의의 징후를 발견하는 미묘한 논쟁에 대해서, C. Pietri, 'La politique de Constance II: Un premier "cesaropapisme" ou läimitatio Constatini?' *L'Eglise et l'empire au IC siecle (Entretiens sur l'antiquite classique 34* [Vandoeuvres, 1989]), 113-172을 보라.

18. 그 용어의 적절성에 대한 게르만(German)의 의심들에 대해, K. Baus, *Handbuch der Kirchengeschichte* 2.1 (Freiburg, Basle, and Vienna, 1973), 91-93 (=89/90 A. BIggs [New York, 1980]에 의한 영어 번역에서)을 보라. 눈에 띄게 그 책 자체는 'Die Reichskirche nack Konstantin dem Grossen'이라는 제목을 갖고 있다.

19. 유세비우스, *VC* 3.10-12.

20. 유세비우스, *VC* 4.42, cf. B. H. Warmington, 'The Sources of Some Constantinian Documents in Eusebius' *Church History* and *Life of Constantine,' Studia Patristica* 18.1 (1985), 93-98.

21. C. J. Hefele 와 H. Leclercq, *Histoire des conciles* 1.1 (Paris, 1907); H. Marot, 'Conciles anteniceens et concils oecumeniques,' *Le concile et les conciles* (Chevetogne, 1960), 19-43. 회의의 관례(practise)에 대한 콘스탄티누스의 영향의 평가에 대해, W. de Vries, 'Die Struktur der Kirche gemass dem ersten Konzil von Nikaia und seiner Zeit,' *Wegzeichem: Festgabe zum 60, Geburtstag von Prof. Dr. Hermenegild M. Biedermann OSA (Wurzburg,* 1971), 55-81을 보라. 그는 'die bisher verfolgte, aber freie Kirche,

wird langsam zur "Reichskirche"'라고 결론짓는다.

22. *Constantine* (1981), 212-214, 379 각주 35.

23. 'eccumenical council'이라는 용어는 338년 처음으로 입증되었다: 유세비우스, *VC* 3.6.1; 아타나시오스, *Apol, c. Ar. 7.2*. H. Chadwick, '제목 "Oecumenical Council"의 기원,' *JTS, N, S, 23* (1972), 132-135. 그 용어가 325년에 그 자체로 사용되었고 세금면제에 대한 교회의 간청(plea)과의 맨 처음 소송과 몇몇 관련성이 있다고 주장한다. 그리고 그는 그것이 중요한 재정적 안정을 얻는 것에 성공했기 때문에 니케아 공의회의 결정들이 매우 널리 받아들여졌다는 추론을 이끌어낸다.

24. J. Gaudemet, *Formation du droit* (1957), 144, 어거스틴을 언급하면서, *De baptismo* 2.3.4 (*CSEL* 51.178).

25. 가이사랴의 바질의 편지들은 1년에 한번 열리는 2번의 지방 공의회 시스템이 실제로 얼마나 효과가 있었는지에 대한 것을 가리키는 것처럼 보인다. : 공의회는 매년 6월에 Phargamous (*EP.* 95)에서 모였다. 반면에 가이사랴에서 9월 7일에 열린 공의회는 순교자 유세비우스를 기념했다 (*Epp.* 100, 142).

26. *EOMIA* 2.50-53, 153, 172/3, 312/315를 보라. 캐논 법(cannon law)의 가장 초기의 모음집의 우발적 특징(accidental nature)에 대하여, E. Schwartz, 'Die Kanonessammlungen der alten Reichskirche,' *Zeitschrift der Savigry Stiftung fur Rechtsgeschichte,* Kanonistische Abteilung 25 (1936), 1-114, 그의 *Gesammelte Schriften* 4 (Berlin, 1960), 159-275로 재인쇄된 것을 보라. 그의 결론들은 'The Date of the Council of Gangra,' *JTS, N. S.* 40(1989), 121-124에서 주장되었듯이 만약 강그라 공의회가 c. 355를 충족시킨다면 부분적인 수정이 필요할 수 있다.

27. Optatus, App. 5, p. 203.23-25 Ziwsa (314); Rufinus, *HE* 10.5 = Gelasius of Cyzicus, *HE* 2.27.10 (325)- from Gelasius of Caesarea.

28. 유세비우스, *VC* 4.27.2.

29. F. Millar, *The Emperor in the Roman World* (London, 1977), 특히, chaps. 7-9.

30. Girardet, *Kaisergericht* (1975), 60-62가 한 것처럼.

31. Girardet, *Kaisergericht* (1975), 63-65, 67에 의해 언급되었듯이.

32. 유세비우스, *HE* 7.30.19/20, cf. F. Millar, 'Paul of Samosata, Zenobia,

and Aurelian: The Church, Local Culture, and Political Allegiance in Third-Century Syria,' *JRS* 61(1971), 1-17.
33. Despite Girardet, *Kaisergericht* (1975), 66-75.
34. *CTh* 1.27.1 (?318); *Const. Sirm.* 1(333), cf. *Constantine* (1981), 51, 312 각주 78-82. 이 논쟁을 초래하는 현대의 참고문학(bibliography)에 대해서 S. Elm, 'An Alleged Book – Theft in Fourth-Century Egypt: *P. Lips. 43*,' *Studia Patristica* 18.2(1989), 209-217.을 보라. *P. Lips.* 43 은 몇몇 책들의 절도에 관련하여 감독교회의 사법권(jurisdiction)에 대한 예시를 제공한다. 그 주교의 이름은 Plusianus이다 : 그 파피루스(U. Wilcken) 편집자가 그 파피루스를 4세기까지 거슬러 올라가서 그것의 출처를 as 'Hermupolis(?)'라고 했기 때문에 그가 Plusianus, Lycopolis의 주교이자 아타나시오스의 명령(orders)으로 Arsenius의 집을 불태웠다고 주장했던, 이외 아무도 될 수 없을 가능성이 있다. (Sozomenus, *HE* 2.25.12, cf. Camplani, *Lettere* [1989], 303).
35. Sozomenus, *HE* 1.9.6; *CJ* 1.13.1 (316); *CTh* 4.7.1 = *CJ* 1.13.2 (321).
36. J. F. Matthews, 'Gesandtschaft,' *RAC* 10 (1978), 653-685, esp, 679.
37. *CTh* 11.39.8 (381).
38. *CTh* 16.2.12 (내 자신의 의도적인 자유로운 해석). 그 글은 다음과 같이 쓰여 있다 : 'data epistula viiii kal(endas) Octob(res), acc(epta) non(is) Octob(ribus) Arbitione et Lolliano cons(ulibu)s,' Seeck, *Regesten* (1919), 11, 는 그 구절 *data epistula*를 황제의 지시사항을 호송하는 집정관 장의 편지에 대한 참조로서 이해했다.
39. Priscillian의 집행(the execution)은 이례적인 것이 아니다. 왜냐하면 그는 정당하게 안수된 주교가 아니었기 때문이다. 이에 대해 K. M. Girardet, 'Trier 385: Der Prozess gegen die Priszillianer,' *Chiron* 4 (1974), 577-608을 보라. 그리고 (간략하게) '테오도시우스의 통치하 종교와 사회,' *Grace, Politics, and Desire : Essays on Augustine* (Calgary, 1990), 157-175, at 163.
40. 제 12장 각주 53; 제14장; 제16장, at nn. 54-57.
41. K. F. Hagel, *Kirche und Kaisertum in Lehre und Leben des Athanasius* (Diss. Tübingen, pub. Leipzig, 1933), 15-77, esp. 47-58. 또한 L. W. Barnard, '아타나시오스와 로마 국가,' *Studies in Church History and Patristics* (ΑΝΑΛΕΚΤΑ ΒΛΑΤΑΔΩΝ) 26. [Thessaloniki, 1978], 312-328, 는 *Latomus*

36 (1977), 422-437로부터 재인쇄되었다 : 이 글은 이미 'Athanase et les empereurs Constantin et Constance,' *Politique et theologie* (1974), 127-143에 출판된 자료를 포함한다.

42. J. Gaudemet, *Formation du droit* (1957), 181/2.

43. R. Klein, 'Zur Glaubwürdigkeit historischer Aussagen des Bischofs Athanasius von Alexandria über die Religionspolitik des Kaisers Constantius II,' *Studia Patristica* 17.3 (1982), 996-1017, at 1002-1010, 이것이 잇따라 개발된 인용구이고 그 감상들(sentiments)은 Ossius라기보다는 아타나시오스의 것들이라고 주장한다. 만약 그가 옳다면 여기 문제에 대해 많은 영향을 끼치지는 못할 것이다. 그러나 아타나시오스는 그 편지를 읽었었다고 주장한다. (*Hist. Ar.* 43.4).

44. Optatus 3.3 (p. 73.20 Ziwsa).

XIX. 감독과 사회

1. 특히 B. Biondi, *Il diritto romano cristiano* (Milan, 1952-1954); J. Gaudemet, *L'Eglise dans l'empire romain (IVe-V^e siecles)* (Paris, 1958); A. H. M. Jones, *The Later Roman Empire* (Oxford, 1964), 873-1024 (교회에 대해 세 개의 긴장들, 종교와 도덕, 그리고 교육과 문화)를 보라; 그리고 간단명료하고 통찰력 있는 H. Chadwick, *The Role of the Christian Bishop in Ancient Society* (Centre for Hermeneutical Studies, Berkeley: Colloquy 35, 1980), 1-14, with the response by P. Brown (ib. 15-22)을 보라. 더 나아가 4세기 정치적 권력의 변형에 대한 간략한 분석에서, G. W. Bowersock의 '황제에서 주교에 이르기까지 : 주후 4세기 정치적 권력의 자의식적 변형,' *CP* 81 (1986), 298-307.

2. 이 주제들에 관한 방대한 양의 최근 글들 중에서 다음을 보라. esp. A. Martin의 'L'Église et la khora égyptienne au IVe siècle,' *REAug* 25 (1979), 3-25; 'Aux origines de l'église copte: L'implanatation et le développement du Christianisme en Égypte(I^e - IVe siècles),' *Revue des études anciennes* 83(1981), 35-56; R.S. Bagnall, 'Religious Conversion and Onomastic Change 『종교적 회심과 이름의 변화』,' *Bulletin of the American Society of Papyrologists* 19(1982), 105-124; E. Wipszycka, 'La chiesa nell'Egitto del

IV secolo: Le strutture ecclesiastiche,' *Miscellanea Historiae Ecclesiasticae* 6(1983), 182-201; P. Rousseau, *Pachomius: The Making of a Community in Fourth Century Egypt*(Berkeley, 1985); E. Wipszycka, 'La valeur de l'onomastique pour l'histoire de la Christianisation de l'Égypte: À propos d'une étude de R.S. Bagnall,' ZPE 62 (1986), 173-181; R. S. Bagnall, 'Conversion and Onomastics: A Reply,' *ZPE* 69 (1987), 243-256; D. J. Kyrtatas, *The Social Structure of Early Christian Communities* (London, 1987), 147-179; E. Wipszycka, 'La christianisation de l'Egypte aux IVe - VIe siècles: Aspects sociaux et ethniques,' *Aegyptus* 68 (1988), 117-165; S. Rubenson, *The Letters of St. Antony: Origenist Theology, Monastic Tradition, and the Making of a Saint*『성 안토니우스의 편지들 : 오리게네스 신학, 수도원식 전통과 성인 만들기』(Lund, 1990), 89-125. 또한 모음집, 『이집트 그리스도인들의 뿌리』, ed. B. A. Pearson and J. E. Goehring(필라델피아, 1986).

3. E. Wipszycka, *Les ressources et les activités économiques des églises en Égypte du 4e au 8e siècle* (Brussels, 1972).

4. M. J. Hollerich, 『알렉산드리아의 주교들과 곡물 무역 : 후기 로마 이집트에서의 교회성직자들의 상업』, 동방의 경제적 그리고 사회적 역사에 대한 저널 25 (1982), 187-207.

5. N. H. Baynes, '알렉산드리아와 콘스탄티노플 : 교회 외교에 대한 연구,' *JEA* 12 (1926), 145-156, *Byzantine Studies and Other Essays* (London, 1955)에서 재인쇄, 97-115.

6. W. H. C. Frend, '4세기 이집트 그리스도인의 지도자로서인 아타나시오스,' *New College Bulletin* 8 (1974), 20-37, reprinted as *Religion Popular and Unpopular in the Early Christian Centuries* (London, 1976), No. XVI.

7. F. Vittinghoff, 'Staat, Kirche, und Dynastie beim Tode Konstantins,' *L'Église et l'empire au IVe siècle (Entretiens sur l'antiquiteé classique* 34[Vandoeuvres, 1989]), 1-28; K. L. Noethlichs, 'Kirche, Recht, und Gesellschaft in der Jahrhundertmitte,' ib. 251-294.

8. 이러한 해석에 대해,『콘스탄티누스』(1981), 208-260을 보라; '콘스탄티누스의 개혁,' *The Crake Lectures 1984* (Sackville, 1986), 39-58; '콘스탄티누스

통치하에 기독교인들과 이방인들,' *L'Église et l'empire au IVe siècle* (Entretiens surl'antiquité classique *34* [Vandoeuvres, 1989]), 301-337; 'The Constantinian Settlement,' *Eusebius, Judaism, and Christianity* (Detroit, 1992), 635-657.

9. 제18장, 각주 13-17.
10. 테오도레투스, *HE* 1.11.3, 4.4.2.
11. 뒤따라 나오는 것은 'The Career of Athanasius'의 개정판이다. *Studia Patristica* 21(1989), 390-405, 393-395.
12. 유세비우스, *HE* 10.7.2.
13. 유세비우스, *VC* 2.46.3.
14. C. Pietri는, 'Constantin en 324: Propagande et theologie imperiales d'apres les documents de la Vita Constantini,' *Crise et redressement dans les provinces europeennes de l'empire romain (milieu du IIIe au milieu de IVe siecle ap. J. C.)*, ed. E. Frezouls (Strasbourg, 1983), 63-90, at 71 각주 33, 콘스탄티누스가 이 편지를 단지 각 지방의 대도시 주교들에게만 보냈다고 주장한다.
15. 캐논 6, cf. H. Chadwick, '니케아 공의회에 신앙과 질서: 여섯 번째 캐논의 배경에 대한 메모,' *HTR* 53 (1960), 171-195.
16. 그 추론에 대하여 Sozomenus에 근거하여, *HE* 3.9.5, 는 그것을 알렉산드리아로 제한한다. 다음을 보라. J. Karayannopulos, *Das Finanzwesen des frühbyzantinischen Staates* (Südosteuropäische Arbeiten [Munich 1958]), 216/7.
17. *vestis militaris*와 아마도 유사한 부분에 대하여 J. Karayannopulos, Finanzwesen (1958), 112-117; J.-M. Carrie, 'L'Egypte au IVe siecle: Fiscalite, economie, societe,' *Proceedings of the Sixteenth Internationa Congress of Papyrology (American Studies in Papyrology* 23 [Chico, 1981]), 431-446, at 434/5.
18. M. Beard와 J. North, *Pagan Priests: Religion and Power in the Ancient World* (London, 1990)에 의해 편집된 최근 판을 보아라. : M. Beard에 의한 첫 번째 장은 바로 로마 제국에서 원로원의 종교적 역할을 강조한다. 그리고 그것은 모든 원로원의 순위였던 개개인의 성직자들이거나 성직자 대학

(colleges)을 훨씬 능가했던 것이다 (19-48).
19. Canons 2-4, 55, 56, cf. *Constantine* (1981), 54, 314 각주 108.
20. *ILS* 705 (333년과 335년 사이에).
21. C. Lepelley, *Les cites de läAfrique romaine au Bas-Empire* 1 (Paris, 1979), 362-369.
22. 그레코-로만 세계에서 후원제도의 체계적 중요성에 대하여, T. Johnson과 C. Dandeker, 'Patronage: Relation and System,' *Patronage in Ancient Society*, ed. A. Wallace-Hadrill (London, 1989), 219-242.을 보라.
23. P. Brown, 'The Rise and Function of the Holy man in Late Antiquity,' *JRS* 61 (1971), 80-101; '도시, 마을, 그리고 거룩한 사람 : The Case of Syria,' *Assimilation et resistance a la culture greco-romaine dans le monde ancien*, ed. D. M. Pippidi (Bucharest, 1976), 213-220, 둘 다 그의 *Society and the Holy in Late Antiquity* (Berkeley, 1982), 103-165.에 재인쇄되어 있다.

XX. 에필로그

1. 5월 2일 (*Index* 45) : the *Historia acephala* 5. 14 는 'VIII pachom mensis' (= 5월 3일)로 나오는데, 그것은 아마도 'VII.' 로 수정되었어야만 할 것이다.
2. Rufinus, *HE* 11.3; 소크라테스, *HE* 4.20.2-22.3; 테오도레투스, *HE* 4.20; Sozomenus, *HE* 6.19.2-6.
3. 제13장, 각주 62.
4. 테오도레투스, *HE* 4.21, 14, 는 7가 편지를 인용하고 있다고 말한다. : 그래서 그것은 373년에 Peter가 그의 전임자의 339년의 *Encyclical Letter*(제 5장)에 목표를 두고 영역(scope)과 형식면에서 유사한 편지를 썼을 가능성이 있어 보인다.
5. 테오도레투스, *HE* 4.22.1-35. 그 발췌물은 안디옥에서의 어떤 정통 성직자들이 폰투스에 Neocaesarea로 추방되었다고 하는 진술로 결론을 내린다.
6. Socrates, *HE* 4.24.3-18, 22.6; Sozomenus, *HE* 6.20.1.
7. Rufinus, *HE* 11.2 (분명하게 아타나시오스의 죽음까지 거슬러 올라간다). 타티아누스(Tatianus)는 먼저 attested as *comes sacrarum largitionum* on 16 February 374 (*CTh* 10.20.8) 그리고 380년까지 계속해서 재직 중에 있었다.

PLRE 1.876/7은 루피누스가 잘못 판단했고 타티아누스가 368/9년에 장관(고위 관리)으로서 Homoousians에 대한 Valens 박해를 시행했다고 주장한다. 하지만 Barbarus Scaligeri는 원래 그 기원이 알렉산드리아의 문서인데 그것은 아타나시오스의 죽음(*Chr. min.* 1.296) 후에 다시 타티아누스를 장관(고위관리)으로 만든다. 그것은 그가 아마 373 이후에는 이집트에 다시 있었다는 사실을 반영한다.

8. 소크라테스, *HE* 4.37.
9. *CTh* 16.1.2.
10. *CTh* 16.1.3 (381년 7월 30일).
11. 이단자들, 이방인들, 그리고 유대인들에 대한 테오도시우스의 법안에 대한 간단한 최근 설명에 대해서 J. H. W. G. Liebeschuetz, 『바바리아인들과 주교들 : 아르카디우스와 크리소스톰 시대의 군대, 교회 그리고 국가』 (Oxford, 1990), 146-153. 를 보라.

부록 1. 부활절 편지들

1. 초기 알렉산드리아의 주교들의 'the Festal Lestters'에 대해 Camplani, *Lettere* (1989), 19-24를 보라.
2. Lorenz, *Osterfestbrie f*(1986): JTS, N.S. 41 (1990), 258-264에서 간단한 평가를 보라.
3. Camplani의 작품의 중요성에 대해 *JTS*, N.S. 41(1990), 258-264를 보라.
4. *JTS*, N.S. 37(1986), 583/4.
5. W. Wanda-Comus에 의해 최근에 편집된, *Cosmas Indicopleustes: Topographie chrétienne 3 (Sources chrétiennes* 197, 1973), 241-253; P. Joannou, *Discipline générale antique(IVe - IXe s.),* 2: *Les canons des pères grecs* (*Fonti* 9 [Grottaferrata, 1963]), 71-76. Vaticanus graecus 1650은 아타나시오스의 각권에 대해 중간에 삽입된 긴 행간들이 있는 그 편지로부터의 주요 문헌 목록들을 보존한다. : G. Mercati, 'Perl' "Apocritico" di Macario Magnete: Una tavola dei capi dei libri I, II, e III,' *Nuove note di letteratura biblica e cristianan* (Studi e Testi 95 [Vatican, 1941]), 49-84, at 56/7, 78-80.
6. 더 자세한 세부 사항 등에 대해서 Camplani, *Lettere* (1989), 31-66을 보라;

1974년에 이르기까지 판들의 개관에 대해, *CPG* 2102.
7. W. Cureton, *The Festal Letters of Athanasius* (London, 1848).
8. A. Mai, *Nova Patrum Bibliotheca 6* (Rome, 1853), 1-149.
9. H. Burgess, *The Festal Letters of S. Athanasius* (Oxford, 1854), 146-141.
10. 2개의 뚜렷한 예들에 대해, V.Peri, 'La cronologia delle lettere festali de Sant' Atanasio e la Quaresima,' *Aevum* 35(1961), 28-86, 특히 48-50를 보라; M. Albert, 'La 10e lettre festale d'Athanase d'Alexandrie (traduction et interpétation),' *Parole de l'Orient* 6-7(1975-1976), 69-90.
11. Robertson, 선집 (*Select Writings;*1892), 503-553. 안티옥의 *Liber contra impium grammaticum* 의 세베루스 시대에 편지들 XXVII, XXIX, XLIV의 시리아 파편들은 J. Lebon에 의해 프랑스어로 번역되고 편집된다. *CSCO* 101(1933), 293-295; 102 (1933), 216/7. (두 개의 책 모두 또한 만들어진다. *CSCO, Scriptores Syri*^{4} 6.)
12. 그 이상의 토론 없이 W. Wright, *Catalogue of the Syriac Manuscripts in the British Museum* 2(London, 1871)의 평결을 반향하여, 406 No. dcccii: '대략 8세기의 독특하면서 다소 필기체로 쓰여진.'
13. Camplani, *Lettere* (1989), 32-34.
14. Camplani, *Lettere* (1989), 73-79, cf. JTS, N.S. 41(1990), 259.
15. L. T. Lefort, *S. Athanase: Lettres festales et pastorales en Copte* (*CSCO* 150 = *Scriptores Coptici 20*, 1955), 1-55 (번역). 이전의 판들(editions)은 *CSCO* 150 (1955), v에 나열되어 있다.
16. R. G. Coquin 과 E. Luccesi, 'Un complement au corps copte des lettres festales d'Athanase,' *Orientalia Lovaniensia Periodica* 13 (1982), 137-142; R. G. Coquin, 'Les lettres festales däAthanase (CPG 2101): Un nouveau complement: Le manuscrit IFAO, Copte 25 (Planche X),' ib. 15 (1984), 133-158.
17. Camplani, *Lettere* (1989), 34-40, 53-66.
18. Camplani, *Lettere* (1989), 68-72.
19. M. Piepet, 'Zwei Blätter aus dem Osterbrief des Athanasius vom Jahre 364 (Pap. Berol. 11948),' *ZNW* 37 (1938), 73-76, cf. Camplani, *Lettere* (1989), 40. 그 단편들은 1938년 베를린에 있었지만 지금은 소실된 것으로

보인다.

20. A. Laminski, *Der heilige Geist als Geist Christi und Geist der Gläubigen* (Leipzig, 1969), 114/5; M. Tetz, *TRE* 4 (1979), 341/2; Camplani, *Lettere* (1989), 101-103.

21. Camplani, *Lettere* (1989), 103-105.

22. 그래서 그 색인은 아타나시오스가 341년과 342년 부활절을 위해서 편지를 쓰지 않았다고 진술한다. 하지만 시리아의 코퍼스(corpus)는 이 두해 모두를 위한 편지를 포함하고 있다 (*Letters* XIII, XIV).

23. A. Jülicher, *Göttingischer Gelehrte Anzeigen* 1913. 706-708 (O. Bardenhewer, *Heschichte der altkirchlichen Literatur* 3 [Freiburg im Breisgau, 1912]); E. Schwartz, 'Zur Kirchengeschichte des vierten Jahrhunderts,' *ZNW* 34 (1935), 129-213. 그의 *Gesammelte Schriften* 4 (Berlin, 1960), 1-110에 재인쇄되어 있다. 그들의 주된 결론들은 L. Duchesne, *Origines du culte chretien*[5] (Paris, 1920), 255/6; K. Holl, 'Die Schriften des Epiphanius gegen die Bilderverehrung,' *Sitzungsberichte der preussischen Akademie der Wissenchaften zu Berlin* 1916. 828-868에 의해서 받아들여졌고, 그의 *Gesammelte Aufsätze zur Kirchengeschichte* 2 (Tübingen, 1927), 351-387; O. Casel, äArt und Sinn der ältersten christlichen Osterfeier,' *Jahrbuch für Liturgiewissenschaft* 14 (1938), 1-78에 재인쇄되었다.

24. F. L. Cross, *The Studz of Athanasius* (Oxford, 1945), 16/7.

25. L. T. Lefort, 'Les Lettres festales de s. Athanase,' *Bulletin de l' Academie Royale de Belgique*, Classe des Lettres[5] 39 (1953), 643-651. 그는 6일간의 금식을 언급하는 편지들이 사순절이 시작된 (649) 이후에 쓰여졌다고 상정함으로써 예전적 논쟁을 피하려고 시도했다.

26. J. Quasten, *Patrology* 3 (Utrecht, Antwerp, and Westminster, Md., 1960), 53: '이 새로운 발견은 Schwartz의 연대기가 불가능하다는 것을 입증한다' 그 평가는 널리 받아들여졌다: V. Peri, *Aevum* 35 (1961), 28-62; C. Kannengiesser, 'Le temoignage des Lettres festales de Saint Athanase sur la date de l'*Apologie contre les paiens, sur l'Incarnation du Verbe,*' *Rech. sci. rel.* 52 *(1964), 91-100;* P. Merendino, *Paschale Sacramentum: Eine Untersuchung über die Osterkatechese des hl. Athanasius von Alexandrien*

in ihrer Beziehung zu den frühchristlichen exegetisch-theologischen Überlieferungen (Liturgiewissenschaftliche Quellen und Forschungen42 [Münster, 1965]), vi; B. Altaner and A. Stuiber, P*atrologie*[7] (Freiburg, Basle, and Vienna, 1966), 277; T. D. Barnes, *Constantine* (1981), 233, 386. 하지만 M. Tetz, *TRE* 4 (1979), 344에 의해 표현된 의심들을 보라(Observe).

27. G. Garitte, 'Les citations armeniennes des lettres festales d'Athanase,' *Handes Amsorya* 75 (1961), 425-440, Nos. 6, 5, cf. E. Schwartz, *ZNW* 34 (1935), 132-135.

28. L. T. Lefort, 'A propos des Festales de s. Athanase,' *Le Museon* 67 (1954), 43-50.

29. Lorenz, *Osterfestbrief* (1986), 20-28.

30. Camplani에 의해 주장된, *Lettere* (1989), 159.

31. 로렌즈, *Osterfesbrief* (1989), 159.

32. C. J. Hefele, 'Die neu aufgefundenen Osterbriefe des h. Athanasius,' *Theologische Quartalschrift* 35 (1853), 146-167, at 150, cf. 162-167. 헤펠레는 F. Larsow의 주해된 독일어 번역, *Die fest-briefe des hiligen Athanasius, bischofs von Alexandria*(Leipzig, 1852) 검토하고 있었다.

33. C. J. Hefele, 『교회 공의회의 역사』, trans. H. N. Oxenham 2 (Edinburgh, 1876), 88 각주1 = C. J. Hefele와 H. Leclercq, *Histoire des conciles* 1.2 (Paris, 1907), 739 각주 4. 그 문장은 또한 W. Glück, 'Die Bistümer Noricums, besonders das lorchische, zur Zeit der römischen Herrschaft,'에 나타난다. *Sitzungsberichte der kaiserlichen Akademie der Wissenschaften in Wien*, Philosophisch-historische Classe 17 (1855), 60-150, 64쪽에서 각주 2: 'Dieser Vorbericht gehörte ursprünglich zu einer anderen night mehr vorhandenen Sammlung der Festbriefe des h. Athanasius und ward von einem späteren Abschreiber mit der obigen verbunden.'

34. Robertson, *Select Writings* (1892), 501쪽 각주 6[a], 504쪽 각주 17[b], 527쪽 각주 1. 이집트의 장관과 매년 영사들에 대하여 각각의 편지들에 대한 색인과 제목들의 표로 만들어진 비교에 대하여 다음을 보라. A. Martin, *Sources chretiennes* 317(1985), 313-319.

35. V. Peri, *Aevum* 35 (1961), 42/3. 340년 3월 15일 이른 아침에 알렉산드리아에

3월 초승달이 나타났다. 대략 346년 3월의 9/10일의 밤 동안 대략 자정 즈음.: H. H. Goldstine, *New and Full Moons, 1001 B. C. to A. D. 1651* (필라델피아, 1973)을 보라, 112/3. 이런 이유로 잘못된 계산이 346년에 속해 있는 것이 틀림없으며 340년 부활절일 리가 없다; cf. A. Martin, *Sources chrétiennes* 317 (1985), 310/1.

36. Camplani, *Lettere* (1989), 115-129, 190-193.
37. 편지들의 전송된 수보다 몇 년 간과 관련된 유사한 목록들에 대해 Camplani, *Lettere* (1989), 195/6을 보라.
38. 328년과 373년 사이 알렉산드리아에 부활절의 날짜들이 Robertson, *Select Writings* (1982), 502쪽에서 편리하게 표로 만들어져 있다. 근본적인 계산은 모두 분명하지는 않다. E. Schwartz (*Christliche und jödische Ostertafeln* (*Abhandkungen der königlichen Gesellschaft der Wissenschaften zu Göttingen,* Philologisch historiche Klasse, N. F. 8.6, 1905), 46-49의 알렉산드리아의 순환주기로부터 세 개의 편차들이 존재한다. (333, 346, 그리고 349년), 그는 이러한 연도들에 있어서 아타나시오스가 그 날짜를 로마를 기쁘게 하기 위해(26, 28) 변화시켰다고 주장한다.
39. E. Schwartz, *ZNW* 34 (1935), 133.
40. E. Schwartz, *ZNW* 34 (1935), 131/2, cf. *Ges. Schr.* 3 (1959), 270-272.
41. Robertson, *Select Writings* (1892), 527.
42. Chapter IV.
43. S. Sakkos, ʽΗ $\Lambda\theta$' ἑορταοτική ἐπιστολή τοῦ Μ. Ἀθανασίου,' *Τόμος ἑόρτιος Χιλιοστῆς ἐπετείου Μεγάλου Ἀθανασίου (373-1973)* (Thessaloniki, 1974), 129-196, 129/30.
44. E. Schwartz, *ZNW* 34 (1935), 134. Camplani, *Lettere* (1989), 170/1, 송달일을 유지하는 것에 찬성하는 편에서 주장한다.
45. 콥틱 버전 숫자들이 XL, XLI, XLII, 그리고 XLIII를 41, 42, 43 그리고 44로 각각 번호를 매긴 이유는 잘 알려져 있지 않다. (R. G. Coquin, *Orientalia Lovaniensia Periodica* 15 [1984], 144-152, 154/5; *CSCO* 150.67.5-8 = 151.48.11-14).
46. 그러나 Kannengiesser, *Athanase* (1983), 398-403, 이 그 편지를 'date de Paques 340'라고 주장하는 것을 보라.

47. E. Schwartz, *ZNW* 34 (1935), 131/2; Lorenz, *Osterfestbrief* (1986), 28-30, cf. L. Duchesne, *Origines*⁵ (1920), 255/6. Duchesne 자신은 이집트의 기독교인들이 부활절 전 주인 341 년까지만 여전히 금식을 하고 있다는 the *Letter to Serapion* 에서 추론했다.
48. V. Peri, *Aevum* 35 (1961), 53-70.
49. Camplani, *Lettere* (1989), 160-168.
50. Lorenz, *Osterfesbrief* (1986), 29, 그것은 추방 중 편지 (an 'Exilsbrief')로 스타일이 된다.
51. 제9장.

부록 2. 아리우스주의에 대한 반박 저술

1. 71.3-72.1 (as far as ἐπλάττετο; 에플라테토)이 이전에 존재하던 맥락 안에 분명한 삽입이 있음을 보라. Ischyras (85. 7)를 위한 교회를 짓는 것에 대한 *catholicus* Fl. Himerius 의 편지의 날짜는 모두 분명하지 않다. : 164.4에 대한 Opitz는 339년이나 그 나중으로 주장했지만 아타나시오스는 유세비안들이(Eusebians) Ischyras를 동시에 보상해주었고 (85.5/6), 그것이 그를 주교가 아닌 성직자로 설명하는 그 사실이 Tyre의 공의회에 가까운 날짜, 335년 가을 (*PLRE* 1.437)을 지시하는 것을 증명하는 그 편지를 인용한다.
2. R. Seiler, *Athanasius, Apologia conra Arianos (Ihre Entstehung und Datierung)* (Diss. Tübingen, 1932), esp. 30-32.
3. 87, 167. 19에서 Opitz. 통합된 구성요소의 그 이론은 비록 356년 여름과 가을의 수정된 날짜에도 불구하고 재진술되었다. V. Twomey, *Apostolikos Thronos: The Primacy of Rome as Reflected in the Church History of Eusebius and the Historico-apologetical Writings of Saint Athanasius the Great* (Münster, 1982), 292-305.
4. R. Seiler, *Athanasius* (1932), 30-32
5. Opitz on 162.20/21.
6. A. H. M. Jones, 'The Date of the Apologia contra Arianos of Athanasius,' *JTS*, N.S. 5 (1954), 224-227, cf. *PLRE* 1.876/7.
7. L. di Salvo, 'Ancora sull'istituzione della dioecesis Aegypti,' *Rivista storica*

dell'antichita 9 (1979), 69-74.
8. T. Orlandi, 'Sull'Apologia secunda (contra Arianos) di Atanasio di Alessandria,' *Augustinianum* 15 (1975), 49-79.
9. O. Bardenhewer, *Geschichte der altkirchlichen Literatur* 3 (Freiburg im Breisgau, 1912), 61, cf. C. J. Hefele and H. Leclercq, *Histoire des conciles 1.2* (Paris, 1907), 912; C. Kannengiesser, 'Athanasius von Alexandrien,' *Gestalten der Kirchengeschichte,* ed. M. Greschat 1 (Stuttgart, 1984), 266-284, at 274/5.
10. 그러므로 아타나시오스의 '내가 과거에 겪었던 것과 지금 겪고 있는' 것으로 추방하는 참조 (59.5). 140.4에 대해 Opitz는 이것을 3355년과 339년의 추방이라기보다 335년과 336년의 추방으로 언급하는 것으로 간주한다.
11. 제 11장. 그런 이유로 '적들' (1.1) 로 언급하는 것들과 콘스탄티우스와 콘스탄스를 공동의 황제들로서 언급한다 (1.2). 따라서 사건 재개에 대한 항의는 너무나 자주 결정되었고, 따라서 전체적인 논쟁도 있었다.
12. R. Seiler, *Athanasius* (1932), 33.
13. 제4, 6, 11장.
14. 제14장.
15. Schwartz, *Ges. Schr.* 3(1959), 101쪽 각주 1 : the *Letter to the Bishops of Egypt and Libya* 'ist, wie die meisten Schriften des Athanasius aus dieser Periode, kein einheitliches Werk.'
16. H.-G. Opitz, *Untersuchungen zur Überlieferung der Schriften des Athanasius* (Berlin/Leipzig, 1935), 158쪽 각주 3. Opitz가 그를 반박하기 전에, Seiler의 분석은 K. F. Hageldp 의해 받아들여졌다. *Kirche und Kaisertum in Lehre und Leben des Athanasius* (Diss. Tübingen, 1933), 31.

부록 3. 콘스탄티우스 면전에서 변증

1. Gwatkin, *Arianism*² (1900), 157; O. Bardenhewer, *Geschichte der altkirchlichen 3* (Freiburg im Breisgau, 1912), 62; Opitz on 279.1; M. Tetz, *TRE* 4(1979), 340; Brennecke, 『힐라리우스』 (1984), 110. 210.16에서 Opitz는 the *defense* (방어)를 357년 후반으로 추정했고, 그것의 구성과 (*the Defense*

of His fight)의 구성을 『아리우스파의 역사』(History of the Arians)와 『아리우스주의에 대한 반박』(Defense against the Arians) 사이에 놓았다. 그러나 콘스탄티우스 이전의 방어에 대해 『아리우스주의에 대한 반박』에 의존한 것 (그는 바로 찾았다(on 279.9ff.)은 단지 a terminus post quem of 349 (App. 2)를 확립해 준다.
2. Robertson, Select Writings (1892), li, 236.
3. J. -M. Szymusiak, Sources chréitiennes 156 (1958), 30, 55, 59-63 (1987년의 두 번째 판에서 바뀌지 않음). Szymusiak는 353년 여름에 마그넨티우스의 마지막 패배 이후 아타나시오스가 반박 (Defense)을 즉시 구성하기 시작했다고 주장한다.
4. 그 일화는 부활절에 일어났다 (14.4-15.5). 그해는 여러 가지로 347, 352, 또는 355년 정도로 추정되어 왔다. : Opitz on 286.34(347); Seeck, Geschichte 4(Berlin, 1911), 139, 444, followed by Brennecke, Hilarius (1984), 118 (352); A. Martin, 'Les premiers siècles du Christianisme à Alexandrie: Essai de topographie religieuse (IIIe-IVe siècles),' REAug 30(1984), 211-235, at 217/8 (351년과 353년 사이); L. S. Le Nain de Tillemont, Mémoires pour servir à l'histoire ecclésiastique 8 (Paris, 1713), 149, followed by Robertson, Select Writings (1892), 243 (355). 347년을 제외한 모든 날짜들은 Defense 그 자체로부터 빠진다.: 여기에 주장된 분석에서, 그 해는 351년일 가능성이 가장 크다.
5. J.-M. Szymusiak, Sources chrétiennes 56 (1958), 60/1.
6. 그 회자의 도시를 방문하기 위한 초대에 대해, cf. Pan. Lat. 6 (7). 22 (an orator from Autun addressing Constantine in 310). 4세기 초 한 수사학적 편람서는 황제의 칭찬사, '황제의 통치가 영구하도록 하나님께 기도'로 끝맺기를 조언한다. 'beseeching God that the emperor's reign may endure long,' (Menander Rhetor, ed. D. A. Russell and N.G. Wilson [Oxford, 1981], 94/5)—유세비우스가 336년에 콘스탄티누스가 천국으로 받아들여지기를 희망하면서 찬사의 말을 맺었을 때 기독교인들의 전환점을 제공했던 명령서 (Triakontaeterikos 10.7).
7. 아마 8월 10일, cf. Seeck, Geschichte 4 (1911), 439.
8. 제13장.

9. *PLRE* 1.119. 불행하게도 이 두 개의 단락과 *Hist. Ar.* 51.4 외에도 아스테리우스와 그의 경력에 대한 증거는 없는 것처럼 보인다. 그곳에서 (*Hist, Ar.* 51.4)는 'Asterius the *comes* and Palladius the *notarius*'를 350년에 아타나시오스의 체포를 막기 위해 콘스탄티우스로부터 지시를 받은 것으로 언급한다.

부록 4. 니카이야 공의회의 날짜

1. Robertson, *Select Writings* (1892), 149. 하지만 그 책(volume)의 머리말에서 Robertson는 망설이며 352년의 J. H. Newman의 날짜를 받아들인다 (lxiii, cf. 150 각주2).
2. 2.15/6에 대한 Opitz; J. Quasten, *Patrology* 3 (Utrecht, Antwerp, and Westminster, Md., 1960), 61; B. Altaner and A. Stuiber, *Patrologie*⁷ (Freiburg, 1966), 271;
3. Schwartz, *Ges. Schr. 3* (1959), 85.
4. Brennecke, *Hilarius* (1984), 11 각주 41, 306 각주 290. Hanson, *Search* (1988), 419, 이 자신감 있는 공표를 했던 근거가 무엇인지는 전혀 명확하지 않다.
5. 제15장.
6. Kopecek, *Neo-Arianism* 1 (1979), 116-126.
7. 불행하게도, 칭찬하는(complimentary) address ἡ σὴ διάθεσις (2.3)는 그의 위상을 정의 내리는 것을 돕지 못한다. : L. Dinneen, *Titles of Address in Christian Greek Epistolography to 527 A.D.* (Diss. Washington, 1929), 63/4, 109; H. Zilliacus, *Untersuchungen yu den abstrakten Anredeformen und Höflichkeitstiteln im Griechischen* (Helsinki, 1949), 66: 'ohne Unterschied auf Stand und Rang.'
8. Opitz에 의해 3.10.에서 거칠게 주석되었다.
9. 또한 *Orat. c. Ar.* 1.9, 1.17, 2.43, 3.14, cf. 제 5장.
10. 24-28에 대한 Opitz를 보아라. (*Decr.* 28-32).
11. Kopecek, *Neo-Arianism* 1 (1979), 127-132. 그는 Schwartz와 Opitz 의 호소로 c.350의 날짜를 채택한다 (116 각주 4).
12. 제13장.

부록 5. 소크라테스에게 있는 이야기와 연대순

1. *HE* 2.3-20의 비슷한 짧은 분석과 관련하여 W. Schneemelcher, 'Die Kirchweihsynode von Antiochien 341,' *Bonner Festgabe Johannes Straub zum 65*.를 보라. *Geburtstag am 18. October 1977 dargebracht von Kollegen und Schülern* (Bonn, 1977), 319-346, at 334-336; 이용된 자료들에 의한 전체 책의 분석에 대해, F. Geppert, *Die Quellen des Kirchenhistorikers Socrates Scholasticus (Studien zur Geschichte der Theologie und der Kirche* 3.4 [Leipzig, 1898]), 118-121. 소크라테스의 중요한 자료들 중의 하나는, 4세기에 그가 제국의 상속세와 죽음 그리고 다른 사건들을 위한 정확한 집정관의 날짜로부터 비롯되어 있는데, *Consularia Constantinopolitana (Chr. min.* 1.205-247)로서 테오도르 몸센(Theodor Mommsen)이 인쇄했던 글의 관련있는 영역과 밀접하게 연관된 역사적으로 주목해야할 것들이 있는 집정관의 목록이었다. 그것은 아마 현존하는 자료의 원천들이었을 것이다. Geppert는 이 사라진 것으로 추정된 자료 'Die Chronik von Constantinopel' (*Quellen* [1898], 32-46),를 만들었을 것이다. 하지만 그것은 330전에 시작했다. : O. Seeck, 'Studien zur Geschichte Diocletians und Constantins'을 보라. II: 'Idacius und die Chronik von Constantinopel,' *Jahrbücher für classische Philologie* 139 (1889), 601-635, at 619-630. 더욱이 R. W. Burgess, '고대 후기의 역사 vs. 역사기록학,' *Ancient Historz Bulletin* 4 (1990), 116-124, at 121/2 는 그 *Consularia Constantinopolitana* 가 340년대 초에 Gaul에 원래 구성되어 있었다고 주장한다.
2. E. Bihain, 'La source d'un texte de Socrate (*HE*, II.,38,2) relatif à Cyrille de Jérusalem,' *Byzantion* 32 (1962), 81-91, 이 공고문이 'the Greek Rufinus'에게서 비롯되며 그것의 논리적 장소는 2.27.7과 2.28.1 사이에 있다고 주장한다.
3. 'Gangra 공의회의 날짜'를 보라, *JTS*, N.S. 40(1989), 121-124.

부록 6. 소크라테스, 소조메누스, 사비누스

1. 알란 카메론, 『여황제와 시인 : 테도오시우스 2세의 법정에서 이교주의와 정치』, *Yale Classical Studies* 27 (1982), 217-289, 265-267쪽에서. 그의 주장은 소크라테스와 Sozomenus 사이의 주목할 만한 차이에서 진행된다.

전자(소크라테스)는 안테미우스, 그는 405년에서 414년까지 동부의 집정관 대표로서 권력에 있었는데, 그에 대한 칭찬과 테오도시우스의 배우자인 에우도키아에 대한 칭찬을 아끼지 않았다. (*HE* 7.1, 21.8-10, 47), 반면에 후자(Sozomenus)는 안테미우스와 에우도키아에 대해 완전히 침묵하고 있다. 하지만 테오도시우스의 누나인 풀케리아를 상세히 칭찬한다(*He* 9.1). F. Geppert, *Die Quellen des Kirchenhistorikers Socrates Scholasticus* (*Studien zur Geschichte der Theologie und der Kirche* 3.4 [Leipzig 1898]), 4-9, 는 첫번째 두 권의 책의 두 번 째 개정판이 439년 이후 (하지만 444년 이전인) 에 만들어졌다고 주장했다.

2. Also named at HE 2.38.11, 15 (마케도니우스의 폭력에 관하여).

3. App, 8. 현지에서 쓰여진 자료들에 대한 효용성에 대하여서는, A, Freund, *Beiträge zur antiochenischem und zur konstantinopolitanischen Stadtchronik* (Diss. Jena, 1882)를 보라; B. Crock, 'City Chronicles of Late Antiquity,' *Reading the Past in Late Antiquity* (Rushcutters Bay, 1990), 165-203.

4. F. Geppert, *Quellen* (1898), 19-81, cf. L. Jeep, 'Quellenuntersuchungen zu den griechischen Kirchenhistorikern,' *Jahrbücher für classische Philologie,* Supp. 14 (1885), 53-178, at 105-137; P.Périchon, 'Eutrope ou Paeanius? L'historien Socrate se référait-il à une source latine ou grecque?' *Revue des études grecques* 81 (1968), 378-384, 소크라테스가 라틴어 원문과 Paeanius 그리스어 번역 둘다를 Eutropius에 대해 사용했다고 주장한다.

5. P. Heseler (with J. Bidez), 'Fragments nouveaux de Philostorge sur la vie de Constantin,' *Byzantion* 10 (1935), 403-442, at 438-440, 는 사진술로 재판했다 in J. Bidez and F. Winkelmann, *Philostorgius Kirchengeschichte^2* (Berlin, 1972), 364-393; F. Winkelmann, *Untersuchungen zur Kirchengeschichte des Gelasios von Kaisareia (Sitzungsberichte der Deutschen Akademie der Wissenschaften,* Klasse für Sprachen, Literator and Kunst 1965, Nr. 3 [Berlin, 1966]), 103-105. 젤라시오가 그의 *Ecclesiastical History* 를 끝냈던 요점은 불확실하지만, 루피누스가 그의 열 번 째 책을 끝내는 그 무렵 율리아누스의 죽음은 그럴듯한 추측이다.

6. Schwartz, *Ges. Schr.* 3 (1959), 77-82, cf. G. schoo, *Die Quellen des*

Kirchenhistorikers Sozomenos (Neue Studien zur Geschichte der Theologie und der Kirche 11(Berlin, 1911]), 109-134. Synodicus가 포함하려고 했던 것에 대한 가상의 재구성에 대해, P. Batiffol, 'Le Synodikon de S. Athanase,' BZ 10(1901), 128-143를 보아라. G. Schoo, Quellen (1911), 104-109, Schwartz에 맞서 정말로 아타나시오스의 Synodicus가 있었지만, Geppert와 Batiffol이 그 용어를 잘못 적용시켰다고 주장했다. Geppert and Batiffol은 그 용어를 잘못 적용했었다. 왜냐하면 Synodicus 는 (그래서 그가 주장했듯이) 소크라테스에 의해서만 명백하게 언급된 그 외의 알려지지 않은 소장품이 아니라 정확하게 'Vorlage der Sammlung des Theodosius Diaconus,'이다. 다시 말해, Cod. Ver. LX (58)에 텍스트들이 보존되어 있는 알렉산드리아의 모음집이었다. Historia acephala를 포함하여 궁극적으로 (제1장)에서 비롯된다.

7. F. Geppert, Quellen (1898), 69-75. Zonaras의 자료들의 어려운 문제들에 관해 M. DiMaio, 'Smoke in the WindÖ Yonarasä Use of Philostorgius, Yosimus, John of Antioch, and John of Rhodes in His Narrative of the Neo-Flavian Emperors,' Byzantion 58 (1988), 230-255; B. Bleckmann, 'Die Chronik des Johannes Zonaras nd eine pagane Quelle zur Geschichte Konstantins,' Historia 40 (1991), 3430363. contrasting treatments를 보라.

8. 그래서 최근에, PLRE 2.1024; B. Grillet (G. Sabbah와 함께), Sozomene: Histoire ecclesiastique, livres I-II (Sources chretiennes 306, 1983), 30('le terminus a quo est 443, date de la dedicace, le terminus ad quem est 448'); G. Chesnut, The First Christian Histories² (Macon, Ga., 1986), 201.

9. C. Roueche, 'Sozomen의 "교회 역사"의 테오도시우스 2세, 도시들 그리고 날짜들,' JTS, N. S. 37 (1986), 130-132.

10. Alan Cameron, Yale Classical Studies 27 (1982), 265/6. K. G. Holum, Theodosian Empresses: Women and Imperial Dominion in Late Antiquity (Berkeley, 1982), 195. 비슷하게 Pulcheria의 찬사로부터 c.449 날짜를 추론한다.

11. L. Jeep, Jahrbücher für classische Philologie, Supp. 14 (1885), 137-145; G. Schoo, 11; G. Sabbah, Sources chretiennes 306 (1983), 59-87, cf. P. Allen, '초기 그리스 교회 역사가들에게서 헬레니즘의 몇 가지 양상들', Traditio 43 (1987), 368-381, at 373-376. 그러므로 Sozomenus가 스타일 면에서 소크라테스보다 우수하다는 포티누스 (Photius)의 의견(Bibliotheca

30). 소크라테스의 일치하는 구절들은 편리하게 J. Bidez와 G. C. Hansen (GCS 50, 1960)에 의해 Sozomenus의 판의 기사에서 편리하게 언급되어 있다.

12. Sozomenus는 그가 표제를 두 번째 자리에 Crispus를 Caesar로 그의 아버지의 이름을 따라 지었던 그리스도인들에게 찬성한 콘스탄티누스의 법의 사본들을 본적이 있다는 것을 내포한다 (HE 1.5.2). 그러나 이교도와 비 유대인 노예의 유태인 소유권에 대항하는 법안에 대한 그의 장은 콘스탄티누스가 그의 집정관장 Evagrius 부여한 헌법을 콘스탄티우스에게 잘못 기인한 테오도시 규범 (code)을 따른다 (CTh 16.9.2, cf. PLRE 1.284/5; Constantine [1981], 392 각주 74). 기독교 역사의 Sozomenus의 개념에 대한 법들과 법의 중요성에 대해 J. Harries, 'Sozomen and Eusebius : 5세기 교회 역사가로서의 변호사 (Lawyer),' *The Inheritance of Historiography, 350-900*, ed. C. Holdsworth and T.P. Wiseman (Exeter, 1986), 45-52.

13. Sozomenus의 비문서적인 자료들에 대해 G. Schoo, *Quellen* (1911), 19-86; G. C. Hansen, J. Bidez (*GCS 50, 1960*), xliv-lxiv 에 의해 준비된 책에 대한 소개에서; J. F. Matthews, 'Olympiodorus of Thebes and the History of the West (A.D. 407-425),' *JRS* 60 (1970) 79-97.을 보아라. Sozomenus가 사실 'Book IX'을 439년 아래로 끝냈다는 이론을 논의할 필요가 없다. 하지만 테오도시우스가 너무 당황스러워 하는 것을 알았기 때문에 그 마지막 부분은 삭제되었다 (G. Schoo, *Quellen* [1911], 3-8). 비록 그 생각이 여전히 가끔 심각한 가능성으로서 취급되지만 (as by F. M. young, *From Nicaea to Chalcedon* [London, 1983], 33: '제국의 검열관들이 책임이 있을 가능성이 있다', Book IX 은 순수하게 문학적이고 문체적 근거로 끝나지 않은 채로 공표되었음에 틀림없다. : G. C. Hansen, *GCS* 50 (1960), 을 보라. G. Schoo, *Quellen* (1911), 80-83.

15. G. Schoo, *Quellen* (1911), 13/4.
16. 예를 들어, 358년 초에 콘스탄티우스에게 보낸 앙카라 공의회의 편지 (HE 4.13.4) 또는 the démarche of the party of Eudoxius (HE 4.16.20-22).
17. P. Batiffol, 'Sozomène et Sabinos,' *BZ* 7 (1998), 265-284.
18. G. Schoo, *Quellen* (1911), 95-134. Schoo의 분석은 유감스러운 지시문 'Synodikos und Synagoge' 을 이용한다. 그것은 아타나시오스와 친한 누군가

에 의해 만들어진 알렉산드리아의 모음집과 헤라클레아의 사비누스에 의한 반 알렉산드리아의 모음집으로부터 Sozomenus에 의해 취해진 정보와 문서에 따라 분류된다.

19. 더 많은 토론과 (더 많은 예에 대해서), G. Schoo, *Quellen* (1911), 117-130. 을 보라.
20. 341년 공의회에 대한 자료로서 Sozomenus의 간단한 평가에 대하여, W. Schneemelcher, 'Die Kirchweihsynode von Antiochien 341'을 보라. *Bonner Festgabe Johannes Straub zum 65. Geburtstag am 18. October 1977 dargebracht von Kollegen und Schülern* (Bonn, 1977), 319-346, at 336/7.
21. 제11장; App 2.
22. *Historia acephala*의 그리스 원작의 Sozomenus의 사용에 대해 P. Batiffol, *BZ* 10 (1901), 130; G. C. Hansen, *GCS* 50 (1960), Lxiii; Schwartz, *Ges. Schr.* 3(1959), 67을 보라.
23. 사비누스의 작품에 대한 날짜와 종류에 대해, W.D. Hauschild, 'Die antinizänische Synodalensammlung des Sabinus von Heraclea,' *Vig. Chr.* 24(1970), 105-126을 보라; W. A. Löhr, 'Beobachtungen zu Sabinos von Herakleia,' *ZKG* 98(1987), 386-391. 그것은 367년 이후 짧게 쓰여졌으며 목적, 내용에 대한 유형, 발표 스타일 에 있어서 아타나시오스의 *On the Councils of Ariminum and Seleucia* 를 닮아 있는 것처럼 보인다.
24. App. 10, at nn. 13-16.

부록 7. 테오도레투스 안에 있는 자료늘

1. *HE* 5.3.8은 단성론자의 개념에는 분명한 비유처럼 보인다. 그리고 c. 447년 전에는 거의 쓰여질 수 없다. 반면에 5.36.4는 테오도시우스의 (복수의) 자매들이 그의 개인적인 예배들을 함께 나누는 것으로서 언급한다 (cf. Socrates, *HE* 7.22.5). 그리고 이러한 이유로 449년 8월 3일에 마리나의 죽음 전에 쓰여졌음에 틀림없다. 반대에 대한 현대의 추정들에도 불구하고, *Ep.* 113은 *History*가 여전히 448년에 쓰여지지 않았다고 보여주지는 않는다. 최근 논의에 대해서, B. Croke, 'Dating Theodoret's Church history and Commentary on the Psalms'를 보라. *Byzantion*54 (1984), 59-73; A. D. Lee, 'Dating

a Fifth-Century Persian War in Theodoret,' *Byzantion* 57(1987), 187-190.
2. 테오도레투스의 소크라테스에 대한 사용에 대해 A. Güldenpenning, *Die Kirchengeschichte des Theodoret von Kyrrhos: Eine Untersuchung ihrer Quellen*(Halle, 1889), 39-41.를 보라. 그는 테오도레투스의 첫 번 째 책에서 3가지 분명한 어원의 경우를 발견한다. (i) 1.9-10, 그것은 소크라테스(*HE* 1.9.1-14, 32-46, 다시 말해 *Urkunden* 23, 26 (아타나시오스로부터 소크라테스에 의해 취해진, *Decr.* 36, a그리고 유세비우스, VC 3.17-20)로부터 325년 6월에 니케아로부터 쓰여진 2개의 문서를 인용할 뿐만 아니라, 소크라테스가 그들 사이에서 포함시켰던 333년의 문서를 요약한다. (9.14 <소크라테스, *HE* 1.9.30/31 = *Urkunde* 33); (ii) 15.3 <소크라테스, *HE* 1.9.46/7, 그리고 유세비우스로부터 취해진 문서들을 연결한다. VC 2.46와 4.36; 그리고 (iii) 31.5, Trier와 '이것은 그의 통치 30년째의 일이었다.'라는 기록(the note)는 Socrates, *HE* 1.35.4, 37.1로부터 유래된 것처럼 보인다. 테오도레투스의 소크라테스 이용은 사실 테오도레투스와 유세비우스의 나머지 존재하던 계승자 사이에서의 유사점들이 직접 빌림(direct borrowing)으로서보다 공통된 자료들의 그의 독립적 사용에 의해 훨씬 더 잘 설명되어 있다고 기독교 교회사의 그의 버전 서문에서 선언했던 L. Parmentier에 의해 거부당했다. 이렇게 유실된 자료들 중에서, Parmentier는 루피누스(Rufinus)의 그리스 자료들에 자료를 내주었다 - 다시 말해, 잃어버린 Gelasius of Caesarea (*GCS* 19 [1911], lxxxiv)의 기독교 역사이다. Theodoret이 Gelasius와 예루살렘에 헬레나(Helena)에 대한 그의 설명에서 유세비우스의 *Life of Constantine*을 합치는 것에 대한 증거에 대해 S. Borgehammar, 어떻게 거룩한 십자가가 발견되었는가 : 사건에서부터 중세 전설 (*Bibliotheca Theologiae Practicae- Kykovetenskapliga studier* 47 [스톡홀름, 1991]), 17-32을 보아라.
3. App. 6, at nn. 8-10, cf. n. 1. 그래서 테오도레투스의 역사를 448/9 (18-25)으로 거슬러 올라갔던 A. Güldenpenning, *Kirchengeschichte* (1889), 41-49,에 의해 주장되었듯이 테오도레투스가 Sozomenus에게서 도출해냈던 것은 연대기적으로 불가능하다.
4. L. Jeep, 'Quellenuntersuchungen zu den griechischen Kirchenhistorikern,' *Jahrbücher für classische Philologie, Supp.* 14 (1885), 53-178, at 154.
5. L. Parmentier, 그의 버전에서(*GCS* 19, 1911), xcviii-cvi; F. Winkelmann,

'Die Kirchengeschichtswerke im oströmischen Reich,' *Byzantinoslavica* 37 (1976), 1-10, 172-190, at 177/8; P. Allen, 'The Use of Heretics and Heresies in the Greek Church Historians: 소크라테스와 테오도레트 (Theodoret)에 연구들,' *Reading the Past in Late Antiquity,* ed. G. W. Clarke, (Rushcutters Bay, 1990), 265-289, at 271-282.

6. 예를 들어, 비잔티움의 알렉산더로 알렉산드리아의 알렉산더의 편지와 니코메디아(Nicomedia)의 유세비우스의 Tyre의 Paulinus에게 보내는 편지의 모든 텍스트는 또한 부분적으로 라틴어로 Marius Victorinus (*HE* 1.6 = *Urkunde* 8) 에 의해 보존되어 있다. 테오도레투스는 아마 이 두 개의 편지 모두를 Heraclea의 사비누스(Sabinus)로부터 가져왔을 것이다. : 논쟁에 대하여, A. Güldenpenning, *Kirchengeschichte* (1889), 59-61을 보아라.

7. App. 8.

8. 테오도레투스의 Gelasius-Rufinus의 이용에 대한 어려운 질문에 대한 논의에 대해 A.Güldenpenning, *Kirchengeschichte* (1889), 26-39을 보아라. (Rufinus를 'Grundquelle'로 주장하면서); G. Rauschen, *Jahrbücher der christlichen Kirche unter dem Kaiser Theodosius*(Freiburg, 1897), 559-563; L. Parmentier, *GCS* 19)1911, lxxxiv-lxxxvi.

9. A. Güldenpenning, *Kirchengeschichte* (1889), 49-56. 그 작업 (work)의 영역과 날짜에 대하여 최근에 G. Zecchini, 'Filostorgio,' *Metodologie della ricerca sulla tarda antichita,* ed. A. Garzya (Naples, 1991), 579-598.을 보라. 그것의 정확한 날짜는 확실하지 않다. J. Bidez, 는 그의 책에서 (*GCS* 21 [1913], cxxxii), Philostorgius가 433년 전에 글을 썼지만 F.M. Clover, 'Olympiodorus of Thebes and the Historia Augusta,' *Bonner Historia-Augusta-Colloquium, 1979/1981* (1983), 136-141, 는 그의 논쟁들이 결론에 도달하지 않았음을 보여준다. Clover는 430년대 말에 하나의 날짜를 주장하는데, 대략 Philostorgius, *HE* 12.7-12에서 408-423년의 기간에 대한 설명에 그리고 소크라테스의 아리우스 (*HE* 1.6.41)의 편지들을 인용했던 Eunomians의 암시에 대하여 대략적으로 근거한다. 하지만 두 개의 논쟁 둘 다 결정적이지 않다. 그리고 440년대쯤 생각해보건대 하나의 날짜를 선택할 수 있음을 알 수 있을지 모른다.

10. Brennecke, *Homöer* (1988), esp. 134-141. 그 파편들에 대해 Philostorgius,

편집본을 보라.
11. 이 잘 알려지지 않은 조각의 해석에 대해서 '황제와 주교, A.D. 324-344: 몇 가지 문제들,'을 보라. *AJAH* 3 (1978), 53-75, at 57-59.
12. L. Parmentier, *GCS* 19 (1911), xci-scv.
13. 그 목록은 A, Güldenpenning, *Kirchengeschichte* (1889), 67-74에 의한 분석에 근거를 두고 있다.
14. 아타나시오스의 진짜 작품인지에 대한 의혹이 있음 (제17장, 각주 73에서).
15. E. Bihain, 'Le "Contre Eunome" de Théodore de Mopsueste, source d'un passage de Sozomène et d'un passage de Théodorer concernant Cyrille de Jérusalem,' *Le Muséon* 75 (1962),, 331-355, 는 예루살렘의 키릴로스와 테오도레투스(HE 2.26.2)와 Sozomenus 시대(*HE* 4.25, 2-4)에 가이사랴의 아카시우스와 그 사이의 불화에 대해 전해지는 것은 몹수에스티아의 테오도르로부터 유래한다(cf. above 각주 12).
16. App. 5.

부록 8. 콘스탄티노플의 바울

1. 특히 F. Fischer, 'De patriarcharum Constantinopolitanorum catalogis et de chronologia octo primorum patriarcharum,' *Commentationes philologae Jenenses* 3 (1984), 263-333, at 310-329; Schwartz, Ges. *Schr.* 3 (1959), 273-276 (원래는 1911년에 출판됨); W. Telfer, 'Paul of Constantinople,' *HTR* 43(1950), 30-92; A. Lippold, 'Paulus 29,' *RE*, Supp. 10(1965), 510-520; G. Dagron, *Naissance d'une capitale; Constantinople et ses institutions de 330 á 451* (Paris, 1974), 418-435; Klein, *Constantius* (1977), 31, 70-77; Hanson, *Search* (1988), 265, 279-284를 보라. Opitz on 178. 15ff. 186.11, 13에 제공된 재구성(복원)은 분리된 언급을 해야 한다. Opitz는 알렉산더가 330년 전에 죽었다고 주장한다.: 그래서 바울은 첫 번째 콘스탄티노플의 주교였으며, 그는 처음으로 331년 겨울에 처음으로 추방되었다. 하지만 335년 9월 전에 콘스탄티누스에 의해 기억되길, 그는 그때 다시 폐위되어 338년 데살로니가로 유배되었다. 그곳에서 그는 트리어의 막시미누스의 보호를 간구하기 위해 고린도를, 갈리아로 이동했다. Opitz가 연이어

찬성하며 (각각, *Hist. Ar.* 7.1; CSEL 65.57; 소크라테스, *HE* 2.7, 2.16.6; *CSEL* 65.67) 제시하는 다섯 개의 증거들 중에서 두 번 째 것만 정확하게 날짜가 있다. 게다가 전체적인 복원(reconstruction)은 아리우스가 죽었을 때 알렉산더가 여전히 콘스탄티노플의 주교였다고 생각하는 것을 아타나시오스가 잘못 알고 있었다고 생각하는 가능성 없는 추정에 달려 있다. (*De Morte Arii* 2.2-3.1; *Letter to the Bishops of Egypt and Libya* 18/9).

2. 예를 들어, 클라인, 『콘스탄티누스』(1977), 71-77, 그리고 G. Dagron, *Naissance* (1974), 432은 바울이 폰투스가 아니라 서방에서 그의 첫 번째 추방을 보냈다고 주장한다. 아타나시오스가 말했듯이 반면에 Girardet, *Kaisergericht* (1975), 142는 342년에 바울을 메소포타미아로 유배보냈고, 그것은 344년 집정관 대표인 필리푸스에 의한 그의 유배에 대한 여지를 남기지 않는다(소크라테스, HE 2. 16).

3. App. 5.

4. 여기에서 사용된 주장에 대해, '황제와 주교들, A.D. 324-344: 몇가지 문제들,' *AJAH* 3 (1976), 53-75, at 64, 66.을 보아라.V. Grumel, *Traité d'études byzantines* 1: *La chronologie* (Paris, 1958), 434,은 알렉산더의 죽음을 337년 8월로 이미 추정했었으며 그것은 대략 정확한 게 틀림없다.

5. App. 9, cf. *New Empire* (1982), 86.

6. 제4장.

7. So Schwartz, *Ges. Schr.* 3 (1959), 274; F. Winkelmann, 'Die Bischöfe Metrophanes und Alexander von Byzanz,' *BZ* 59 (1966), 47-71, at 61. Alan Cameron는, 'A Quotation from S. Nilus of Ancyra in an Iconodule Tract?' *JTS*, N.S. 27 (1976), 128-131, 알렉산더의 죽음을 335년 8월만큼 이른 시기로 놓는 것에 대해 Telfer와 Dagron에게 호소한다. 반면에 Hanson은, *Search* (1988), 265, 186.11에 대해 Opitz를 따르고 있으며 대담하게 그가 330년 즈음 죽었다고 진술한다.

8. *CSEL* 65. 57. 20-21: Paulus vero Athanasi expositioni interfuit manuque propria sententiam scribens cum ceteris eum ipse damna vit.'

9. 325년에 분명한 전례가 있었는데, 그 해는 구 로마의 주교가 니케아 공의회에서 두명의 사제들에 의해 대표가 되었던 해이다: H. Helzer, H. Hilgenfeld, and O. Cuntz, *Patrum Nicaenorum Nomina* (Leipzig, 1898), xlvii-lii, 2-5,

61, 78/9, 96/7, 118/9. 콘스탄티노플의 새로운 도시의 연로한 주교는 10년 후에 똑같은 특권을 거의 거부당하지 않았을 것이다. 게다가 곧 교회 공의회에서 그들의 주교를 대표하는 성직자들의 관례(practise)는 곧 흔한 일이 되었다. 기독교 역사가들은 멀리 떨어진 공의회들에서 350년대 후반까지 그들의 주교를 대표하는 부제(deacons)들과 심지어 교구(lectors)들에게서 특이한 것은 아무것도 없었다는 것을 암시한다 (Socrates, HE 2.39.22; Soyomenus, HE 4.16.16). 359년 Seleucia의 공의회에서 부제들과 심지어 교구들은 참석하지 못한 사제들(bishops)을 대표하여 서명했으며 (Socrates, HE 2.39.22), 그리고 363년 안디옥 공의회의 종교회의의 서신에는 아다나의 주교 피소를 대신하여 서명한 라미리온 사제가 포함되어 있다; 두 명의 사제인 Orfitus와 Aetius는 Ancyra의 아타나시오스를 대신하여 서명했다; 그리고 Lamyrion이라고 이름지어진 또 다른 성직자는 Paltus의 Patricius를 대신하여 사인했다 (Socrates, HE 3.25.18).
10. Jerome의 공통된 자료와 소크라테스에 의해 또한 사용되었던 *Consularia Constantinopolitana* 에 대하여 App. 5 각주 1을 보라.
11. 제7장.
12. 제8장.
13. '집정관 장(prefects), 337-361,' *ZPE* 94 (1992), 249-260, at 254.
14. 제10장.
15. P. Franchi de' Cavalieri에 의해 편집, 'Una pagina di storia bizantina del secolo IV: Il Martirio dei santi Notari,' *Analecta Bollandiana* 64 (1946), 132-175, at 169-171.
16. W. Telfer, *HTR* 43 (1950), 86-88; A. Lippold, *RE*, Supp. 10 (1965), 519.
17. 그 두 개의 이름에 대한 혼란은 고대 작가들에게서 뿐만 아니라 (예를 들어, 테오도레투스, *HE* 3.7.6, 8.1, 21.1) 콘스탄티우스 바로 그 통치로부터의 당시 문서들에서도(예를 들어 P. *Abinn*. 47, 48, 49, 52) 그리고 현대의 학문에서도 (Structure and Chronologz in Ammianus Book 14.' *HSCP* 92 [1989], 413-422, at 415, 쉽고(easy) 빈번한 일이다. 이 책에서 문맥(the context)은 복구된 집정관 날짜가 쓰여져 있는(read) 것을 보여준다. [ὑπάτοις Κωνσταντίῳ Σεβαστῷ τὸ] ζ' καὶ Κωνσταντίῳ Καίσαρι τ [ὸ γ"]

Opitz의 186.16 기구는 '콘스탄티누'(그것은 'Κωνσταντίνου'로 잘못 인쇄되어 있다.)에 대한 변형과 추측이 없다고 주장한다. Schwartz는 주장했다. that, while the older editions printed ὑπὸ Κωνσταντίνου, 'die Mauriner haben nach der Pariser Hs. παρὰ Κωνσταντίνου eingesetzt, was durch die Fortsetzung widerlegt wird' (Ges. Schr. 3[1959], 274/5 n.6). 첫 번째 진술은 사실이다. : the *editio princeps* of 1601 (1.630B)와 the Paris edition of 1627 (1.813C) 둘 다에서는 ὑπὸ Κωνσταντίνου로 인쇄되었다. 그러나 두 번째 진술은 거짓이며, Schwartz는 사실 Benedictine edition에서 자료 (reading)이 사실 있는 것을 증명하는 데 실패했다. 그 사실들은 단순하다. Montfaucon은 παρὰ Κωνσταντίνου로 파두아가 1777년에 그의 편집에서 재 출판했듯이 인쇄했다.(paris,1698:1.348) Κωνσταντίου는 처음으로 1857년의 미뉴의 재인쇄 판에서 나타난다.—그것은 정확한 활자 술로 기록되지 않은 판(edition)이다. 유사한 라틴 번역이 *a Constantino* 를 가지고 있고 덧붙여진 각주는 Montfaucon으로부터 옮겨지게 된다 (*PG* 25.701), 미뉴의 Κωνσταντίου 는 순전한 오식이외에 거의 어떠한 것도 있을 수 없다. 하지만 그것은 W. Bright, *Historical Works of St. Athanasius* (Oxford, 1881), 188는 미그네로부터가 아닌 베네딕트회 판으로부터 그 글이 재인쇄되었다고 분명하게 나타나는 속지에도 불구하고 다시 재현된다. 그리고 필사본이 전달하는 것에 대한 Schwartz의 잘못된 진술은 A. Martin, *Sources chrétiennes* 317 (1985), 38 각주 2에 의해 반복된다.

18. 그의 빈번함에 대해 Müller, *Lexicon* (1952), 1084-1089를 보아라.
19. W. Telfer, *HTR* 43 (1950), 82-assuming a date of late 344.
20. So rightly A. H. M. Jones, 'The Career of Flavius Philippus,' *Historia* 4 (1955), 229-233, at 229.
21. Müller, *Lexicon* (1952), 1091.

부록 9. 황제의 체재와 여정(337-361)

1. *New Empire* (1982), 84-87.
2. *Phoenix* 34 (1980), 160-166. 337-361년 시기의 제국의 연대기에 대해서 D. Kienast, *Römische Kaisertabelle: Grundzüge einer römischen Kaiserchronologie* (Darmstadt, 1989), 305-320을 (황제와 찬탈자에 대한

유용한 참고문헌과 함께) 보라.

3. 350년에 분명히 나타난 다음에 나오는 찬탈자들은 생략된다. Magnentius, 353년까지 갈리아의 아우구스투스 (*PLRE* 1.532); 그의 Caesar Decentius (*PLRE* 1.244/5); Nepotianus, 그는 350년 6월 3일부터 30일까지 로마에서 짧게 황제였음 (*PLRE* 1. 624); 그리고 Vetranio, 그는 350년 봄부터 같은 해 12월 25일에 퇴위할 때까지 비록 콘스탄티우스에 충성스러웠지만 일리시움에서 아우구스투스였다 (*PLRE* 1.954), 또한 355년에 Cologne에서 짧게 선포되었던 아우구스투스였던 실바누스 또한 생략되었다 (*PLRE* 1.840/1). Poemenius에 관하여서는, 그는 Magnentius에 대항하여 반역했고 Decentius에 맞서 트리어를 지켜냈는데 (Ammianus 15. 6. 4: not in *PLRE* 1), 왕가의 가문으로 추정되지는 않지만 콘스탄티우스의 이름으로 활동했던 것이 주화들로부터 분명하게 보인다 (*RIC* 8. 164/5, Trier Nos. 328-337, cf. J. P. C. Kent, 'The Revolt of Trier against Magnentius,' *Numismatic Chronicle*[5] 9 (1959), 105-108, P. Bastien, 'Décence, Poemenius: Problèmes de chronologie,' *Quaderni ticinese: Numismatica e antichità classiche* 12 (1983), 177-189. Zosimus가 도처에서 큰 조심성을 가지고 이용된 것에 대해 처음에 조심해야 할 것은 3.1-11에서 그의 실수들에 대한 간단한 목록들이다. 355-360년에 율리아누스와 콘스탄티우스의 이동과 관련하여 심각한 허위 진술들을 포함하여 Matthews, *Ammianus* (1989), 493 각주 32를 보라. 율리아누스에 대한 분명하게 날조된 이야기들에 대하여 그것들 중 대부분은 Zosimus가 Eunapius로부터 반복했을지도 모른다. D. F. Buck, 'Some Distortions in Eunapius' Account of Julian the Apostate,' *Ancient History Bulletin* 4 (1990), 113-115.

4. 이러한 새겨진 글들에 대해서는 E. Popescu, *Inscriptiile grecesti si latine din secolele IV-XIII descoperite în România* (Bucarest, 1976), 251 No. 238 (with photograph)을 보라. 그것에 대해 the *dux limitis Scythici Sappo*는 그 세 명의 황제의 형제들에게 다음에 나오는 승리 타이틀을 준다.
콘스탄티누스 *Al[aman(icus) ma]x. G[erm(anicus) max.]*
콘스탄티우스 *Sarm(aticus) [Per]si[c(us)]*
이들의 군사 활동에 대한 추론은 337년 봄 (콘스탄티누스가 bare *Alaman(icus)*인 로마에서 상원에 보낸 콘스탄티누스 서한의 표제에서 비롯된다. 반면에

Caesars는 어떤 승리 타이틀도 없다 (*AE* 1934. 158; *New Empire* [1982], 23 No. 8 [heading only]). 이 논의에 대해 '콘스탄티누스의 승리,' *ZPE* 20 (1976), 149-155, 각주 154를 보라.; *Phoenix 34* (1980), 162, 164; J. Arce, 'The Inscription of Troesmis (ILS 724) and the First Victories of Constantius II as Caesar,' *ZPE* 52 (1983), 225-229 (몇몇 의심쩍은 가정들에 기초하여).

5. 콘스탄티누스가 그에게 속해 있던 아프리카의 총독에게 헌법을 보냈을까? Schwartz, *Ges. Schr.* 3 (1959), 288 각주 1은 그 어려움을 주목했고 그 해가 오류가 있음을 발표했다. 하지만 *CTh* 12.1.27의 수령인이었던 아우렐리우스 셀시누스(Aurelius Celsinus)는 분명히 337년과 340년 사이에 아프리카의 총독이었다 (*CIL 8.12272*, cf. *ILT* 757). 그리고 그 해는 *CTh* 10.10.4에 의해 338/9년으로서 확인된다. 그것은 338년 6월 12일에 Viminacium에 콘스탄스에 의해 발행되었다. 그러므로 이 헌법은 콘스탄티누스가 제국대학에서 그의 허약한 이론적 우위를 주장하려는 시도일 수 있다. Seeck, *Geschichte* 4 (1911), 42; F. Paschoud, Zosime: Histoire nouvelle numismatique offerts a Pierre Bastien (Wetteren, 1987), 187 (*CTh* 12.1.24-27는 모순되는 헌법을 고의로 발행하는 제국의 형제들을 보여준다는 것을 암시하는); J. P. Callu, 'La dyarchie constantinide (340-350): Les signes d'evolution,' *Institutions, societe, et vie politique au IVeme siecle ap. J. C. (284-423): Autour de l'ceuvre d'A. Chastagnol* (Rome, 1992), 39-63.

6. Schwartz, *Ges, Schr.* 3 (1959), 295, 각주 5는 Zonaras' account 'der beste Bericht'를 표명했다 (pronounced). Zosimus 2.41 은 콘스탄티누스와 콘스탄스를 혼란스러워 한다.

7. 콘스탄티우스의 거주지로서 안디옥에 대해서 *Expositio totius mundi et gentium* 23: 'Antiochia ... ubi et dominus orbis terrarum sedet'; 32: 'ibi imperator sedet.' 이 작품의 그리스 원작은 분명히 347년과 콘스탄티우스의 죽음(28) 사이에 쓰여졌다. J. Rouge는 그의 저서, *Sources chretiennes* 124 (Paris, 1966), 9-26 의 도입부에 초기 이론들을 논평했고 359/60년에 대해 논쟁했다. 하지만 안디옥뿐만 아니라 시르미움과 트리어(Trier)에 거주하고 있는 황제들에 대해 전하여진 것은 오히려 350년 이전 작품들을 가리킨다.

8. 그 황제에 대한 그의 인터뷰 이후 아타나시오스는 콘스탄티노플 길로 그가 337년 11월 23일에 들어갔던 알렉산드리아까지 이동했다 (*Index* 10, cf.

Chapter IV).
9. 위의 각주 4를 보라.
10. J.-P. Callu, 'Un "Miroir des princes": Le "Basilikos" libanien de 348,' *Gerion* 5 (1987), 133-152, at 138 각주 26는 콘스탄티우스와 콘스탄스의 만남을 리바니우스가 언급한 340년으로 정한다.
11. 그 날짜에 대해 제 4장을 보라.
12. P. Peeters, 'L'intervention politique de Constance II dans la Grande Armenie, en 338,' *Bulletin de l'Academie Royale de Belgique,* Classe des Lettres[5] 17 (1931), 10-47. 그의 *Recherches d'histoire et de philologie orientales*1 (Subsidia Hagiographica 27 [Brussels, 1951]), 222-250.
13. 그 날짜에 대하여, 'The Career of Abinnaeus,' *Phoenix* 39 (1985), 368-375, at 370.
14. 중요한 edition과 토론에 대하여, J. P. Callu, 'La préface à l'*Itinéraire d'Alexandre,*' *De Tertullien aux Mozarabes: Mélanges offerts à J. Fontaine 1* (Paris, 1992), 429-443.
15. 어거스틴의 일화, *Sermo domini in monte* 1. 12. 50 (*PL.* 34. 1254)는 집정관을 지낸 동안인 340년의 안디옥에서의 콘스탄티우스의 존재에 대한 추가적인 간접적인 증언을 제공한다.
16. Seeck, *Regesten* (1919), 192, 는 *CTh* 12. 1. 35 의 날짜를 6월 9일로 수정했다.
17. Theophanes, p. 37.11, 20/1 de Boor = Philostorgius, p.213.1/2, 11/2 Bidez. 그는 콘스탄티우스의 '아시리아인들'에 대한 승리에 대해서 그리고 a.m. 5834와 5835년 로마의 페르시아 패배를 기록한다. 그것은 341/2년과 342/3년에 일치한다: H. Lietzmann and K. Aland, *Zeitrechnong der römischen Kaiserzeit, des Mittelalters und der Neuzeit für die Jahre* 1-2000 *n. Chr.*[4] (Berlin and New York, 1984), 20, cf. 11.
18. 콘스탄티우스가 343년 11월 8일에 그곳에서 그의 *vicennalia*를 기념하기 위해 콘스탄티노플을 방문했을지도 모른다는 가설에 대해 제 9장을 보라. *CTh* 12. 2.1 + 15.1.6, 그것은 콘스탄티노플에서 발행되어졌고 *comes Orientis* Marcellinus로 언급되었는데 전송된 날짜가 349년 10월 3일에서 343년 10월 3일로 수정되어야 한다 (below, n. 25).
19. 최근 역사학자들 대다수가 이 전쟁의 연대를 추정해 왔고, 그것은 별명

νυχτομαχία/ bellum nocturnum로 보아 348년으로 알려지게 된다. Seeck, *Geschichte* 4 (1911), 93; *Regesten* (1919), 196; J. Moreau, 'Constantius II,' *Jahrbuch für Antike und Christentum* 2 (1959), 162-179, at 164; A. H. M. Jones, *Later Roman Empire*(Oxford, 1964), 112; A. Piganiol, *L'empire chrétien*² (Paris, 1972), 85; T. D. Barnes, *Phoenix* 34 (1980), 164; J.-P. Callu, *Gerión* 5 (1987), 135/6. 그러나 348년의 날짜를 제시하는 제롬과 소위 *Consularia Constantinopolitana* 는 둘 다 똑같은 하나의 출처로부터 끌어내고 있으며 그 정확한 해에 대해반드시 권위적인 것은 아니다 (cf. App. 5 각주 1). 승리를 첫 번째 기념하는 그 사건이 348년에 일어났고 황제의 주화에 새겨진 그 사실이 그 날짜에 대한 확실함을 보여주지는 못한다 (J. P. C. Kent, 'Fel. Temp. Reparatio,' *Numismatic Chronicle*⁶ 7(1967), 83-90, cf. *RIC* 8 [1981], 34-39). (Festus, *Brev.* 27에 의해 강조된) 로마의 성공에 대한 애매모호한 자료를 제공하는 그 날짜임을 확인한다.

344년을 우호적으로 보는 것에 대해 J. B. Bury, 'Date of the Battle of Singara,' *BZ* 5 (1896), 302-305; N. H. Baynes, *Cambridge Medieval History* 1 (Cambridge, 1911), 58; E. Stein, *Geschichte des spätrömischen Reiches* 1 (Vienna, 1928), 213; K. Kraft, 'Die Taten der Kaiser Constans und Constantius II,' *Jahrbuch für Numismatik und Geldgeschichte* 9 (1958), 141-186 (그의 *Gesammelte Aufsätze zur antiken Geldgeschichte und Numismatik* 1 (Darmstadt, 1978), 87-132, 특히 104에서 재인쇄된 W. Portmann, 'Die 59. Rede des Libanios und das Datum der Schlacht von Singara,' *BZ* 82 (1989), 1-18을 보리. 유명힌 멘 치음 네 명의 역사가들은 전쟁 후 대략 5년이 지난 후 콘스탄스가 죽었다는 율리아누스의 진술로부터 주로 주장했다. (*Orat.* 1, 26b: ἕκτον που μάλιστα μετὰ τὸν πόλεμον ἔτος οὗ μικρῷ πρόσθεν ἐμνήσθην). 내 관점에서 Portmann은 Libanius 에게 *Orat. 59* (그것은 길었던 (99-120) 그 전쟁을 기념한다)이 아마 344/5년에 전달되었음을 보여준다. 비록 그는 Libanius가 콘스탄티우스의 참석 중 연설을 낭송했다고 추정하는 것에 대해 잘못알고 있었지만 (*BZ* 82 (1989), 1, 12/3). Edessa의 Jacob의 연대기, 그것은 Amida의 콘스탄티우스의 건물과 Seleucid 시대의 660년 밤에 일어났던 전쟁 두 가지에 대해 언급하는데, 그것은 348/9년 에 일치한다. 그리고 그 연대는 제롬의 *Chronicle*으로부터 비롯된다 (ed.

and trans. I. Guidi, *CSCO, Scriptores Syri*³ 4 [1903], Textus 293; Versio 218). *CSCO, Scriptores Syri*³ 4 [1903] ; Versio 218).

20. Ephraem은 절대로 눈에 띄게 콘스탄티우스의 존재를 337, 346년 그리고 359년에 니시비스의 어떤 포위에도 언급하지 않는다. 결과적으로 J. W. Eadie, *The Breviarium of Festus* (London, 1967), 150/1 가 그랬던 것처럼 그가 346년의 포위를 풀었다고 주장하는 것은 잘못된 일이다.

21. 고대인 Themistius, *Orat*. 1로 향하는 것은 다음에 나온다: οὗτος εἴρηται ἐν Ἀγκύρᾳ τῆς Γαλατίας, ὅτε πρῶτον συνέτυχε τῷ βασιλεῖ, νέος ὢν ἔτι διόπερ οὐδὲ πάνυ κρατεῖ τῆς ἰδέας. 테미스티우스(Themistius)의 연설을 논의했던 대부분의 학자들은 그것을 350년으로 거슬러 올라간다: 그래서 O. Seeck, *Die Briefe des Libanius (Texte und Untersuchungen*, N.F. 15. 1/2 [Leipzig, 1906], 293/4; H. Scholze, *De Temporibus librorum Themistii* (Göttingen, 1911), 9-11; W. Stegemann, 'Themistios,' *RE* 5A (1934), 1657; G. Downey, *Themistii Orationes quae supersunt* (Leipzig, 1965), 4; *PLRE* 1.889. 그리고 347년으로 주장했던 사람들은 후자가 그의 *Orat*을 구성했을 때 테미스티우스의 연설이 리바니우스에게 알려졌다는 잘못된 전제로부터 그 날짜를 추론했다. 또는 그것은 348년 Singara의 밤에 일어났던 전투 전에 쓰여졌다. : 그래서 C. Gladis, *De Themistii Libanii Iuliani in Constantium orationibus* (Diss. Breslau, 1907), 6, 14; R. Foerster, *Libanii Opera* 4 (Leipzig, 1908), 201/2; R. Foerster와 K. Münscher, 'Libanios,' *RE* 12 (1925), 2508; T. D. Barnes, 'Himerius and the Fourth Century,' *CP* 83 (1987), 206-225, at 211. 그 질문은 아마도 잘못 제기되었을 것이다. : 콘스탄스의 죽음이나 마그넨티우스(Magnentius)와 베트레니오(Vetranio)의 선언에 대한 어떤 인식적인 암시도 없기 때문에 그 연설이 350년으로 거슬러 올라가는 것을 반대한다. 선택은 콘스탄티우스의 존재가 앙키라에서 증명된 347년 봄과 343년 혹은 349년 가을 사이에 있어야 한다. 그 중 한 해 동안 황제는 안티오키아에서 콘스탄티노폴리스로 갔다가 시리아로 돌아간 것으로 보인다.

22. *CTh* 5.6.1은 'ad Bonosum mag(istrum) equitum,' 다뤄진다. *PLRE* 1.164는 344년에 Fl. Bonosus, 즉 영사라고 밝힌다. 하지만 후자는 서양의 영사였고 그는 Fl. Salllustius에 의해 5월에 대체되었다. -그것은 보통 해고, 불명예를 내포한다 (*Consuls* [1987], 222).

23. 알려지지 않고 어려운 Festus의 글에 관해, W. Portmann, *BZ* 82(1989), 14-18을 보아라. Festus가 Singara *Praesente Constantio* 근처의 전쟁과 콘스탄티우스 역시 있었던 야간의 전쟁 사이를 구분하기 때문에 그것은 후자와 344년 사이의 명백한 상관관계이다 (above n. 19). 제롬, *Chronicle 236*; *Chr. min. 1. 236.*에서 후자를 위해 언급된 해인 348년 전자를 기점으로 344년 후자를 연호하는 것은 명백하다.

24. 부록 8.에서 번역.

25. 송신된 날짜가 343년으로 수정되어야만 할 가능성에 대해 위의 각주 18을 보라.

26. 350년 콘스탄티우스의 운동에 관해 C. S. Lightfoot, '사실들과 허구: Nisibis (A.D. 350)의 세 번째 포위,' *Historiai* 37 (1988), 105-125, 각주 113를 보라.

27. Ephraem, *Carmina Nisibena* 2.2은 콘스탄티우스가 그 도시의 포위를 해제하려고 시도하지 않았다는 것을 분명하게 한다. 그러나 그가 안디옥에 남아 있었다는 *a priori*일 가능성이 없는 것처럼 보인다. 테오도레투스가 주장했듯이 (cf. Libanius, *Orat.* 18.207).

28. 소크라테스, *HE* 2. 28. 17, 는 그 장소를 시르미움(Sirmium)으로 준다(gives): 그 날짜와 장소에 대한 그 자료들의 혼란에 대해 Seeck, *Geschichte* 4 (1911), 429/30을 보아라.

29. 율리아누스, *Orat.* 1, 36a는 마치 콘스탄티우스가 Mursa의 전투에 참여했던 것처럼 글을 쓴다. 이것을 고의적인 거짓이 아닌 다른 것으로 해석하기는 어렵다.

30. T. D. Barnes, *ZPE* 52(1983), 235; T. D. Barnes and J. Vander Spoel, 'Julian on the Sons of Fausta,' *Phoenix* 38 (1984), 175/6. (1) 352년 이탈리아의 침략을 콘스탄티우스가 연기했던 것 (2) 콘스탄티우스가 공식적으로 그 외에 알려지지 않은 사건들이 있었던 358년 전(Ammianus 17. 13. 25, 33) *Sarmaticus maximus*로 승리의 제목을 가져왔던 사실 (3) 콘스탄티우스의 그의 첫번째 칭찬사에 대해 황제 '$τήν\ πρὸς\ τους\ Γέτας\ ἡμῖν\ εἰρήνην\ τοῖς\ ὅπλοις\ κρατήσας\ ἀσφαλή\ παρεσκεύασεν$'(*Orat, 1,* 9d).

31. Seeck, *Regesten* (1919), 195. 날짜를 346년으로 수정했다. 하지만 *CTh* 11.1.6은 이탈리아의 지주자들과 관련하여 'statutum Constantis (Constantii ms.) fratris mei'를 언급한다. : 그러므로 저자는 콘스탄스가 아니라 콘스탄티우

스임에 틀림없다 (*PLRE* 1.782).

32. 만약 353년이라는 연도가 정확하다면 *CTh* 8.7.2의 수신인, 집정관 대표인 필리푸스임에 틀림없다, 에 대하여 아래 각주 53을 보라. 비록 그의 *dies imperii* 가 324년 11월 8일이었던 것이 확실하다고 하더라도 암미아누스는 353년 10월 10일에 콘스탄티우스의 30년간의 통치의 완성을 기록한다. : *CIL* 1², p. 276; *Chr. min.* 1.232, cf. AE 1937.119, which has *idibus Nov(embribus) for a.d. vi id(us) Nov(embres).* 아마 암미아누스의 글에서 *Octobres*는 *Novembres*로 수정되었을 것이다.

33. 정확한 해가 결정될 수 없는 354년과 357년 사이에 밀라노에서 콘스탄티우스에 의해 발행된 법에 대해서 Seeck. *Regesten* (1919), 44-47을 보라.

34. 두 개의 장소들은 그렇지 않다면 알려지지 않았다 : Mommsen은 Raetia에 두 개의 장소들을 위치 시켰다 (ad loc.). 왜냐하면 355년 (그의 편집본 [Berlin, 1904], ccxxxi의 서언에서 논쟁이 되었던 해)의 콘스탄티우스의 Raetioa 원정 기간 동안 그는 두 개의 헌법의 전달된 날짜를 받아들였고, 그것들을 발표된 날짜로 여겼기 때문이다.

35. Mommsen의 날짜를 'id.Ian.,'으로 수정한 것에 찬성한다면 'The Capitulation of Liberiusand Hilary of Poitiers,' *Phoenix* 46(1992), 256-265, at 258을 보라. Seeck, *Regesten* (1919), 202에서는 그 해를 356년으로 수정했다.

36. 쟁점의 장소가 옮겨진다. as both *Haerbillo* and *Med (iolani)*: Mommsen, ad loc., identified it as Helvillum on the Via Flaminia between Spoletium and Ariminum.

37. Mommsen, ad loc., declared the subscription to *CTh* 8.5.10 suspect, adducing *CTh* 11.36.14, which, like it is addressed 'ad Flavianum proc(onsulem) Afric(ae),' but with the transmitted date of 3 August 361. 지방의 총독 Flavianus는 또한 *CTh* 15.1.1의 수취인으로서 명명되는데 밀라노에서 320년 2월 2일의 집정관 날짜에 이의가 재기된다. Seeck, *Regesten* (1919), 203은 *CTh* 15.1.1과 11.36.14 두 곳의 해를 357년으로 수정했다. ―그것은 Flavianus가 2년 동안, 356년 봄부터 358년 봄까지, 아프리카의 지방총독이었다는 것을 암시한다. cf. 'Proconsuls of Africa, 337-392,' *Phoenix* 39(1985), 144-153, 273/4, at 148.

38. 정확한 날짜는 351년 12월이 될 수도 있다. cf. *PLRE* 1. 456.

39. Seeck, *Regesten* (1919), 207은 Mommsen에 이어, 사본들이 315년 6월 17일 콘스탄티노플에서 발행된 것으로 보이는 똑같은 법 *CTh* 11.1.1로부터 파생된 것으로 밝혔다. 356년 또는 357년으로 그것의 날짜를 수정한 것을 지지하여, and *dat(a) to acc(epta)*, J. Rougé, 'Le proconsul d'Afrique Proclianus est-il le destinataire de C. Th. XI, 1, 1?'를 보아라. *Revue historique de droit francais et étranger* 52(1974), 285-295; T. D. Barnes, *Phoenix* 39(1985), 149.

40. 소크라테스, *HE* 2.44.7, 46.1, 는 콘스탄티우스가 360년 봄에 안디옥에 왔던 것을 암시하는 것처럼 보이지만 그것은 아마 그 다음해 겨울의 사건들에 대한 혼란 때문일 것이다.

41. In 21.13.8, 대부분의 편집자들은, W. Seyfarth (Teubnet, 1978)을 포함하여, 'reversus est Hierapolim'이라고 판독했다. : Hierapolim' : 'Nicopolim urbem,'을 읽는 것에 찬성하여, G. Pighi, *Studia Ammianea* (Milan, 1935), 134-140 (with a schematic map on p. 136).

42. *CTh* 8.5.7에 대하여 C. E. V. Nixon, '아우렐리우스 빅터와 율리아누스' *CP* 86(1991), 113-125, at 118을 보아라. 안디옥으로부터 발행된 이 법 (constitution)은 354년 8월 3일이라는 전송된(transmitted) 날짜를 가지고 있다. 하지만 그것은 아프리카 올리브리우스의 총독에게 전달된다. 총독의 해는 361/2년임에 틀림없다 (*Phoenix* 39 [1985], 152). 따라서 Seeck, *Regesten* (1919), 74, 208은 그 해를 361년으로 수정했다. 하지만 콘스탄티우스가 8월 초에 안디옥에 있었다는 그 가설은 암미아누스 마르셀리누스(Ammianus Marcellinus)의 이야기와 양립될 수 없다. 그는 황제를 메소포타미아로부터 그 도시 *en route*를 빠르게 통과하도록 만들어 율리아누스와 맞서게 한다. *autumno iam senescente* (21.15.2). 콘스탄티우스의 360년 운동은 또한 360년 8월 3일로 날짜가 수정되는 것을 허락하지 않는다. Mommsen이 제안했듯이 (ad loc.,) 그 해뿐만 아니라 전송된 그 달은 잘못된 것임에 틀림없다. 아마도 그 법은 사실상 3월 3일에 공표되어 4월에 취임할 예정인 아프리카의 새로운 총독으로서 올리브리우스의 초기 명령의 일부를 구성했을 것이다.

43. Matthews, *Ammianus* (1989), 101, 암미아누스 21.15.3에 전송된 그 날짜 (*nonis Octobribus*)를 보존한다. : 그 역사가의 글을 수정하는 것과 나머지 출처들의 증거들을 받아들이는 것에 찬성하여 (in favor of), 'Ammianus

Marcellinus와 그의 세상,' *CP* 88 (1993), 55-70, at 64-5을 보라.

44. Note *Expositio totius mundi et gentium* 58: 'Treviris, ubi et habitare dominus dicitur'; 57: 'Pannonia regio ... semper habitatio imperatorum est. habet autem et civitates maximas, Sirmium quoque et Noricum' 그 일의 날짜에 대해서는 위의 주석 7을 보라.

45. *PLRE 1.764,* 다음에 나오는 Gothofredus와 Mommsen, ad lock는 그 해를 346년으로 수정한다.

46. 위의 주석 4을 보아라. VICTORIA (D N) CONSTANTIS AUG (USTI) (*RIC* 8.351-2 Siscia 33-38)를 고시(proclaim)하는 Siscia의 동전 발행은 관련이 있을 수 있다. : 337년과 347년 사이에 콘스탄스의 주화에 대하여, P. Brum, *Melanges de numismatique offerts a Pierre Bastien* (Wetteren, 1987), 189-199을 보라.

47. *Passio Artemii*는 콘스탄티누스가 콘스탄스가 로마에 있었을 때 그와의 전쟁을 준비했다고 진술한다. 그것은 339/40년 겨울에 거기에 그가 있었다는 것을 암시한다. 비록 주장된 그 날짜가 불가능하더라도 콘스탄티누스의 패배와 죽음 이후 로마로의 방문은 있음직하지 않은 것은 아니다. : 'Constans and Gratian in Rome.' *HSCP* 79 (1975), 325-333을 보라. 새롭게 출판된 비문의 글 (*AE* 1988.217)에서 *ILS* 726(Rome)으로부터 거기에서 도출한 추론을 강화할 수 있다. L. Gasperini, 'Dedica ostiense di Aurelio Avianio Simmaco all'imperatore Costante,' *Miscellanea greca a romana* 13 (1988), 242-250을 보라.

48. 황제의 주화는 콘스탄스가 라인강 어귀에 있는 Toxandria Franci의 정착지를 감독했다는 것을 나타낸다.: K. Kraft, *Gesammelte Aufsätze* 1 (Darmstadt, 1978), 116-125.

49. 리바니우스(Libanius)의 연설했던 날에 대하여, W. Portmann, *BZ* 82 (1989), 1-18을 보라. 그 일은 불확실하다. J. P. Callu, *Gerion* 5 (1987), 136. 리바니우스가 콘스탄티우스의 황제로서의 선언했던 기념일을 기념하는 니코메디아에서 *ludus*의 일부로서 그것을 전달했다고 주장한다. ; 그는 또한 같은 사건에 대해 나머지 연설가(speakers)들 중의 한명이, 황제들에 대해 찬양연설을 하며 제국을 여행했던, 찬양연설가인 Harpocration of Panopolis였다는 것을 시사한다 (*P. Köln inv.* 4533 *verso* 23-27, publishedby G. M. Browne,

'Harpocration Panegyrista,' *Illinois Classical Studies* 2 [1975], 184-196). 그러나 Libanius는 그가 정기적으로 (164) 그들의 집정관들을 교체하기 위해 황제들을 칭송하고 연설을 작성하도록(4, 6) 강요받았다는 것을 강조하는 그 사실이 그가 좋아하지 않았던 집정관 필리푸스에 의해 이야기하도록 강요받았음을 시사한다 (*Orat.* 1. 69-70 : contrast the warmth of his reference to Montius' 'command' that he compose *hypotheses* to the speeches of Demosthenes). 필리푸스는 344년 가을에 콘스탄티노플로부터 바울을 추방한 후에 니코메디아를 통과했을 것이다 (App. 8).

50. 또한 소크라테스는 *HE* 2.22.5, 제 10장에서 번역했고 논했다.
51. 콘스탄스와 함께 그의 청중들에게 했던 아타나시오스의 언급들로부터 이끌어 낸 추론들에 대하여 제 7장을 보라.
52. 그 헌법(constitution)은 집정관 대표인 아나톨리우스 앞으로 보내진다. : 옮겨진 날짜를 유지하는 것에 찬성하여 A. F. Norman의 'The Illyrian Prefecture of Anatolius,' *Rheinisches Museum*, N. F. 100 (1957), 253-259; T. D. Barnes, 'Praetorian Prefects, 337-361,' *ZPE* 94 (1992), 249-260, at 258을 보라. 그것은 Seeck, *Regesten* (1919), 204에 의해 357년 6월 22일로 수정되었으며 그 수정된 날짜는 *PLRE* 1.60.에서 채택된다.
53. 이 두개의 파편들은(fragments) 'ad Silvanum com(item) et magistrum militum'으로 보내진다.(are addressed)—실바누스가 Mursa 전쟁 (*PLRE* 1.840/1) 이후에 얻어낸 지위. Seeck, *Regesten* (1919), 199. 그에 맞춰 그 해를 352년으로 고쳤다. A. H. M. Jones, 'The Career of Flavius Philippus,' *Historia* 4 (1955), 229-233, at 232/3. 존스는 로마제국의 법전(Theodosian Code)의 편찬자들이 뜻하지 않게 *CTh* 7.1.2, 3과 8.7.2, 3에서 발췌한 오늘날 가까운 발췌물(adjacent extracts)들의 제목들과 혼동했던 모험적이긴 하지만 확실한 가설을 발전시켰다.

   1) *CTh* 7.1.2 + 8.7.3: 349년 5월 27일에 Sirmium에서 발행되었고 콘스탄스의 집정관장 티티아누스에게 전달되었음.

   2) CT*h* *8.7.3* : 353sus 11월 3일에 아를에서 발행되고 *magister militum* 실바누스에게 전달되었음

  (3) *CTh* 7.1.3 : 349년 5월 30일에 발행되었고 콘스탄티우스의 집정관 장 필리푸스에게 전달되었음.

54. 하늘에 십자가가 출현했던 날짜는 예루살렘의 키릴로스에 의해 콘스탄티우스에게 보내는 그의 편지에서 나타난다 (*BHG³* 413 = CPG 3587). The *Consularia Constantinopolitana* combine the correct date with that of 30 January, 그것은 Seeck, *Regesten* (1919), 198에서 선호된다.

55. 이 저항에 대해, J. Arce, 'La rebelion de los Judios durante el gobierno de Constancio Galo Cesar: 353 d.C.,' *Athenaeum* 65 (1987), 109-215 (비록 그가 추정한 353년의 날짜는 불가능하다)를 보라. J. Geiger, 'Ammianus Marcellinus and the Jewish Revolt under Gallus,' *Liverpool Classical Monthly* 4 (1979), 77; '로마에 대항한 마지막 유대인 저항 : A Reconsideration,' *Scripta Classica Israelica* 5(1979/80), 250-257. 여기에서는 예루살렘 탈무드 (Gallus에 대한 어떠한 암시가 없다는 것과 결합하여)에서 Ursicinus의 저명함이 Caesar가 Ursicinus에 대한 반항에 대한 진압을 맡겼고 직접 전쟁 지역에 방문하지 않았다는 것을 보여준다.

56. 353/4년에 Gallus의 운동의 연대기에 대해 'Structure and Chronology in Ammianus, Book 14,' *HSCP* 92 (1989), 413-422를 보아라.

57. 집정관의 날짜를 [ὑπάτοις Κωνσταντίῳ Σεβαστῷ τὸ] ζ" καὶ Κωνσταντίῳ Καίσαρι τ[ὸ γ"] 로 복구하는 것에 대해 지지한다. *HSCP* 92 (1989), 414-416을 보라. 그곳에서 그 수정된 날짜는 처음 Κωνσταντίῳ에 관해 Κωνσταντίνῳ로 한 인쇄상의 실수를 포함한다.

58. 355년부터 361년까지의 율리아누스의 운동들에 대하여, G. W. Bowerstock, *Julian the Apostate* (Cambridge, Mass., 1978), 33-65; Matthews, *Ammianus*)1989=, 81-106, 특히 지도 'Julian in Gaul, 356-360' (82)과 표 'The Rise of Julian, 359-362'(102/3)을 보라.

59. 만약 Baeterrae의 공의회가 Narbonensis의 주교들의 지방 공의회였다면(as suggested in 'Hilary of Poitiers on His Exile,' *Vig. Chr* 46 [1992], 129-140), 니케아 공의회의 다섯 번째 규범(canon)에 따르면, 그것은 부활절과 즉위 사이에 만났어야 하는데, 356년에 각각 4월 7일과 5월 19일에 속했다. C. F. A. Borchardt, *Hilary of Poitiers' Role in the Arian Struggle* (The Hague, 1966), 26-29. 율리아누스가 공의회에 가까이 있었다는 것을 부인한다.

60. 그 날짜는 그가 도시를 점령하기 10개월 전에 야만인들이 그 도시를 점령했다는 율리아누스의 발언과 355년 12월 초 토리노(Turin)에 있는 율리아누스에게

그 점령 소식이 전해졌다는 암미아누스(Ammianus)의 보고에서 추론된다. (15.8.18/9), G. W. Bowersock, *Julian* (1978), 36. (율리아누스의 '10개월'은 배타적인 계산으로 9개월을 의미할 수 있다.)

61. Matthews, *Ammianus* (1989), 492 각주 16은 암미아누스에 의해 이름지어진 그 장소가 Sens가 아니라 C. J. Simpson에 의해 제안된 Metz와 Verdun 사이에 있는, Senon이라는 이론에 대해 반대한다. 'Where Was Senonae? A problem of Geography in Ammianus Marcellininus XVI, 3, 3,' *Latomus* 34 (1974), 940-942; J. Nicolle, 'Julien apud Senonas (356-357): Un contresens historique,' *Rivista storica dell'antichita 8* (1978), 133-160.

62. 그 전투의 정확한 장소에 대한 논의는 J. J. Hatt과 J. Schwartz의 'Le champ de bataille de Oberhausbergen (257-1262),' *Bulletin de la Faculte des Lettres de l'Universite de Strasbourg* 42 (1964), 427-430을 보라.

63. 암미아누스 20.4.2는 율리아누스 선언이 360/1년 겨울이 끝나기 훨씬 전에 이루어졌다는 것을 분명히 한다. Seeck, *Geschichte* 4 (1911), 487는 그 달이 *Contra Julianum* 1.10, Ephraem에 Shebat 달의 denunciation으로부터 2월이라고 추론했지만, 이 해석이 K. E. McVey, *Ephrem the Syrian:Hymns* (New York, 1989), 229에 의해 최근 번역에서 거절되었다.

64. 361년 율리아누스의 운동에 대해서 C. E. V. Nixon, *CP* 86 (1991), 113-119을 보라. 그는 시르미움에 그가 도착한 10월의 전통적인 날짜 (G. W. Bowersock, *Julian* [1978], 58)와 J. Szidat, 'Zur Ankunft Iulians in Sirmium 361 n. Chr. auf seinem Zug gegen Constantius II,' *Historia* 24 (1975), 375-378에 의해 앞서 언급된 5월 중순의 바로 이른 날짜 둘 다를 거부한다

부록 10. 신조와 공의회들(337-361)

1. Kelly, *Creeds*³ (1972), 263-295.
2. Kelly, *Creeds*³ (1972), 265.
3. Kelly, *Creeds*³ (1972), 266-268.
4. 이 교의적 진술의 모든 측면에 대해 그리고 라틴어 버전의 비평적 글에 대해 제 8장, at nn. 35-40을 보라. (그리고 그 작품들은 거기에 인용되었다.)
5. The Hahn은 그들의 기본적 글로서 Hilary, *Syn.* 34.를 인쇄한다. Hilary (*CSEL*

65.69-73)로부터 파생된 역사적 단편들로 이루어진 그의 편집 본(edition)에서 A. L. Feder 또한 (1) Hilary, *Syn. 34;* (2) Cod. Ver. LX (58)에서 신조의 라틴어 버전, fols. 78^v- 79^v (*EOMIA* 1. 638-640); (3) F. Schulthess, *Die syrischen Kanones des Synoden von Nicaea bis Chalcedon* 에 의해 시리아 버전의 그리스 역본(*Abhandlungen der königlichen Gesellschaft der Wissenschaften zu Göttingen*, Philologisch-historishceKlasse, N. F. 10.2, 1908), 167/8; (4) 아타나시오스, *Syn.* 25.2-5 +26.II^{b}를 인쇄한다.

6. 라틴어 원작의 약간 다른 그리스어 버전에 대해서, Athanasius, *Syn*.30.2-10; 소크라테스, *HE* 2.31.8-16.을 보아라.

7. 제롬이 아리미눔의 공의회의 *acta*에 접근했다는 증거에 대해서 P. Battifol, 'Les sources de l'Altercatio Luciferiani et Orthodoxi de St. Jérôme,' *Miscellanea Geronimiana* (Rome, 1920), 97-114; Y.-M. Duval, 'Saint Jérôme devant la bapteme des heretiques: D'autres sources de *l'Altercatio Luciferiani et Orthodoxi,*' REAug 14(1968), 145-180.

8. C. J. Hefele and H. Leclercq, *Histoire de conciles* 1.2 (Paris, 1907), 848-852; E. Schwartz, 'Zur Kircheneschichte des vierten Jahrhunderts,' *ZNW* 34 (1935), 129-213, at 147, 그의 *Gesammelte Schriften* 4 (Berlin, 1960), 1-110, 각주 23/4에서 재인쇄됨(reprinted). H. Lietymann, *From Constantine to Julian,* trans. B. L. Woolf (London, 1950), 210 ; Kelly, *Creeds*^{3} (1972), 281; L. A. Speller, 'New Light on the Photinians: Ambrosiaster의 증거,' *JTS*, N. S. 34 (1983), 88-113, at 101; Brennecke, *Hilarius* (1984), 62. 하지만 E. AAmann, *Dictionnaire de theologie catholique* 14 (1941), 2175-2183에 의해 쓰여진 글 'Sirmium (formules de)'이 347년 밀라노의 폰티누스를 비난한 평의회를 찾는다. Hanson, *Search* (1988), 236, 313은 347년 밀라노에서 공의회 하나, Sirmium에서 347/8년에 하나가 있는 반면에 Simonetti, *Crisi* (1975), 202는 'nel 347 un concilio a Milano (e a Sirmio?)'를 기재한다.

9. E. Schwartz, *ZNW* 34 (1935), 145 각주 1 = *Gesammelte Schriften* 4 (Berlin, 1960), 22, 주석 1에서 그 글 안에서 빈틈(a lacuna)의 존재를 강력하게 부인했다.

10. 10장, at nn. 3-10; 13장, at nn.1-9.

11. 그 어려움은 지적되었지만 G. Bardy, *Dictionnaire de theologie catholique* 12 (1934), 1533에서 무시되었다. : 'il est assez difficile a expliquer cette

reunion d'Orientaux en une ville qui dependait alors de Constant et de l'empire d'Occident.' Hanson, *Search* (1988), 313은 '347년 또는 348년에 Sirmium의 공의회가 콘스탄티우스의 참석으로 열렸고, 그는 우연히 그 마을을 지나가고 있었다.'라는 기이한 진술을 한다.

12. C. J. Hefele and H. Leclercq, *Conciles* 1.2 (1907), 899-902 ('Deuxieme grand concile de Sirmium'); Kelly, *Creeds*[3] (1972), 285; Brennecke, *Hilarius* (1984), 312-325. Contrast Simonetti, *Crisi* (1975), 229: 'ben pochi vescovi furono presenti.'

13. Kelly, *Creeds*[3] (1972), 285.

14. A. Hahn과 G. L. Hahn, *Bibliothek*[3] (1897), 204 각주 249; C. J. Hefele와 H. Leclercq, *Conciles* 1.2 (1907), 908-928; E. Amann, *Dictionnaire de theologie catholique* 14 (1941), 2080/1; Klein, *Constantius* (1977), 89/90; Kopecek, *NeoArianism* (1979) 174/5; K. Baus, *History of the Church*, ed. H. Jedin과 J. Dolan, trans. A. Biggs 2 (New York, 1980), 46; Brennecke, *Hilarius* (1984), 343-350; Hanson, *Search* (1988), 357-362. Simonetti, *Crisi* (1975), 242. 여기에서 주장된 공의회의 회원들을 당시 Sirmium에 있었던 (1) 주교들 (2) 몇몇 동방 주교들, (3) Ursacius, Valens와 Germinius 그리고 (4) 네 명의 아프리카계 주교와 (5) Liberius로 동일시한다.

15. K. Holl, *Epiphanius* 3 (GCS 37, 1933), 287.10.

16. L. Duchesne, 'Libere et Fortunatien,' *MEFR* 28 (1908), 31-78, at 64-67; G. Schoo, *Die Quellen des Kirchenhistorikers Sozomenos* (*Neue Studien zur Geschichte der Theologie und der Kirche* 11 [베를린, 1911], 125/6.

17. '리베리오와 푸아티아의 힐러리의 항복'을 보라. *Phoenix* 46(1992), 129-140. Archibald Robertson은 358명으로 추정되는 평의회를 묵살했지만, 347, 351, 357년, 그리고 359년에 각각 여전히 모두 4개의 시르미움 평의회를 유지했다. (*Select Writings* [1892], lxxxviii-lxxxix).

18. 제13장.

역자 후기

올리브나무 출판사에서 두 번째 역서로 간행되는 이 저서는 앞선 번역본이었던 카파도키아 학파의 메가스 바실리오스의 책과는 달리 시간 관계상 저자의 한국어판 서문을 싣지 못하는 아쉬움이 있다. 다음 판에서는 반드시 저자의 인증서를 인지대를 지불하고 재판하게 되리라 약속한다. 그리고 너무 막중한 작업이어서 (본문보다 미주를 더 힘들게 작업해야 했던 관계로) 인덱스를 완성하지 못한 아쉬움도 남는다.

하지만 사랑하는 제자들, 캠퍼스 커플인 강민호, 배란미 전도사 부부, 오민교, 강병화 부부가 책이 나오기까지 타이핑에 협동심을 발휘해 주어서 감사했고 그들의 앞날에 더욱 서광이 빛나길 희망한다. 그리고 두 번째 역서까지 팬데믹의 고통스런 나날인데도 출판에 힘써 주신 올리브나무 사장님께도 감사의 마음을 전하며, 비대면 강좌로 거의 삼식이(?) 상황을 인내로 도움을 준 아내와 자녀들에게도 감사한 마음을 남긴다.

무엇보다도 영국 에딘버러에 계시는 T. D. Barnes 교수님의 연구 결과물에 경의를 표하며, 지금 연세도 지긋하실 터인데 건강과 또한 추진하는 모든 일들 위에 주님의 가호하심이 함께 하길 희망한다.

2021년 2월 어느 날
서울신학대학교 Ph.D. **주승민** 교수